Gender in der deutschsprachigen Kinder- und Jugendliteratur

Gender in der deutschsprachigen Kinder- und Jugendliteratur

Vom Mittelalter bis zur Gegenwart

Herausgegeben von
Weertje Willms

DE GRUYTER

Die freie Verfügbarkeit der E-Book-Ausgabe dieser Publikation wurde durch 35 wissenschaftliche Bibliotheken und Initiativen ermöglicht, die die Open-Access-Transformation in der Deutschen Literaturwissenschaft fördern.

ISBN 978-3-11-163105-9
e-ISBN (PDF) 978-3-11-072640-4
e-ISBN (EPUB) 978-3-11-072646-6
DOI https://doi.org/10.1515/9783110726404

Dieses Werk ist lizenziert unter der Creative Commons Attribution-NonCommercial-NoDerivatives 4.0 International Lizenz. Weitere Informationen finden Sie unter http://creativecommons.org/licenses/by/4.0/.

Die Bedingungen der Creative-Commons-Lizenz für die Weiterverwendung gelten nicht für Inhalte (z. B. Grafiken, Abbildungen, Fotos, Auszüge usw.), die nicht Teil der Open-Access-Publikation sind. Diese erfordern ggf. die Einholung einer weiteren Genehmigung des Rechteinhabers. Die Verpflichtung zur Recherche und Klärung liegt allein bei der Partei, die das Material weiterverwendet.

Library of Congress Control Number: 2022935007

Bibliografische Information der Deutschen Nationalbibliothek
Die Deutsche Nationalbibliothek verzeichnet diese Publikation in der Deutschen Nationalbibliografie; detaillierte bibliografische Daten sind im Internet über http://dnb.dnb.de abrufbar.

© 2024 bei den Autoren, publiziert von Walter de Gruyter GmbH, Berlin/Boston.
Dieser Band ist text- und seitenidentisch mit der 2022 erschienenen gebundenen Ausgabe.
Dieses Buch ist als Open-Access-Publikation verfügbar über www.degruyter.com.

Einbandabbildung: FatCamera/E+/Getty Images

www.degruyter.com

Open-Access-Transformation in der Literaturwissenschaft

Open Access für exzellente Publikationen aus der Deutschen Literaturwissenschaft: Dank der Unterstützung von 35 wissenschaftlichen Bibliotheken und Initiativen können 2022 insgesamt neun literaturwissenschaftliche Neuerscheinungen transformiert und unmittelbar im Open Access veröffentlicht werden, ohne dass für Autorinnen und Autoren Publikationskosten entstehen.
Folgende Einrichtungen und Initiativen haben durch ihren Beitrag die Open-Access-Veröffentlichung dieses Titels ermöglicht:
Dachinitiative „Hochschule.digital Niedersachsen" des Landes Niedersachsen
Universitätsbibliothek Bayreuth
Staatsbibliothek zu Berlin – Preußischer Kulturbesitz
Universitätsbibliothek der Freien Universität Berlin
Universitätsbibliothek der Humboldt-Universität zu Berlin
Universitätsbibliothek Bochum
Universitäts- und Landesbibliothek Bonn
Universitätsbibliothek Braunschweig
Staats- und Universitätsbibliothek Bremen
Universitäts- und Landesbibliothek Darmstadt
Technische Universität Dortmund – Universitätsbibliothek (Universitätsbibliothek Dortmund)
Sächsische Landesbibliothek – Staats- und Universitätsbibliothek Dresden
Universitätsbibliothek Duisburg-Essen
Universitäts- und Landesbibliothek Düsseldorf
Universitätsbibliothek Johann Christian Senckenberg, Frankfurt a. M.
Universitätsbibliothek Freiburg
Bibliothek der Pädagogischen Hochschule Freiburg
Niedersächsische Staats- und Universitätsbibliothek Göttingen
Universitätsbibliothek Greifswald
Staats- und Universitätsbibliothek Hamburg Carl von Ossietzky
Gottfried Wilhelm Leibniz Bibliothek – Niedersächsische Landesbibliothek, Hannover
Technische Informationsbibliothek (TIB) Hannover
Universitätsbibliothek Kassel – Landesbibliothek und Murhardsche Bibliothek der Stadt Kassel
Universitäts- und Stadtbibliothek Köln
Universitätsbibliothek der Universität Koblenz-Landau
Zentral- und Hochschulbibliothek Luzern
Universitätsbibliothek Magdeburg
Universitätsbibliothek Marburg
Universitätsbibliothek der Ludwig-Maximilians-Universität München
Universitäts- und Landesbibliothek Münster
Universitätsbibliothek Osnabrück
Universitätsbibliothek Vechta
Herzog August Bibliothek Wolfenbüttel
Universitätsbibliothek Wuppertal
Zentralbibliothek Zürich

Inhalt

Vorbemerkung —— XI

Einführung

Weertje Willms
Genderaspekte in der Kinder- und Jugendliteratur vom Mittelalter bis zur Gegenwart
    Historische und theoretische Einführung —— 3

I Mittelalter

Martina Backes
Kinder, Lesen und Geschlecht in der deutschsprachigen Literatur des Mittelalters —— 19

II Aufklärung

Jennifer Jessen
Geschlechterdifferenz in der Kinder- und Jugendliteratur der Aufklärung
    Joachim Heinrich Campes *Robinson der Jüngere* und *Vaeterlicher Rath für meine Tochter* —— 43

III Romantik

Simone Loleit und Liane Schüller
Zu Genderkonstrukten in Zaubermärchen der Brüder Grimm
    Schweigen und Schatten in „Die Gänsemagd" und „Die weiße und die schwarze Braut" —— 63

IV Biedermeier

Sebastian Schmideler
Genderaspekte in der Kinder- und Jugendliteratur des Biedermeier —— 89

V Vom späten 19. Jahrhundert bis zum Ersten Weltkrieg

Weertje Willms
Epochenüberblick —— 113

Jana Mikota und Nadine J. Schmidt
Geschlechterfragen in der ‚typischen' und ‚atypischen' Mädchenliteratur der deutschen Kaiserzeit —— 115

Joseph Kebe-Nguema
Genderhybridität in der Mädchenkolonialliteratur des Deutschen Reiches —— 137

Weertje Willms
Männlichkeitskonzepte in Jugendbüchern für Jungen Ende des 19. Jahrhunderts
   Sophie Wörishöffers *Das Naturforscherschiff* —— 155

VI Weimarer Republik

Christian Heigel
Genderkonstrukte in der ‚realistischen' Kinder- und Jugendliteratur der Weimarer Republik
   Erich Kästners Roman *Emil und die Detektive* —— 175

VII NS-Zeit

Anna Sator
Genderaspekte in nationalsozialistischer Kinder- und Jugendliteratur —— 215

VIII Exil

Wiebke von Bernstorff und Susanne Blumesberger
Kinder- und Jugendliteratur des Exils unter Gendergesichtspunkten
   Ein Überblick über Deutschland und Österreich —— 235

IX 1945 bis 1990

Weertje Willms
Epochenüberblick —— 273

Inka Rupp
Astrid Lindgrens *Pippi Langstrumpf* als Inversion des Backfischromans und kinderliterarische Zäsur —— 277

Philipp Schmerheim
Geschlechterkonstruktionen in der Kinderliteratur der 1950er bis 1970er Jahre zwischen Restauration und Emanzipation —— 297

Nils Lehnert
Zur Subversion von Binarität und Geschlechterstereotypen in Roger Hargreaves' *Unser Herr Glücklich und seine Freunde* —— 319

Annette Kliewer
Mädchenliteratur von 1970 bis 1990
  Von Gretchen Sackmeier zur Lady Punk —— **339**

Karin Richter
Die Diskussion um das Mädchenbuch und die Gestaltung von Mädchen- und Jungenfiguren in der Kinder- und Jugendliteratur der DDR —— 355

X 1990 bis zur Gegenwart

Weertje Willms
Epochenüberblick —— 375

Kirsten Kumschlies
Vaterfiguren und Genderkonstrukte in der Kinder- und Jugendliteratur zu Mauerfall und Wende von 1991 bis heute —— 377

Peter Podrez
Geschlechterbilder phantastischer Tierwesen in der Kinderbuchreihe *Der kleine Drache Kokosnuss* —— 393

Sarah Ruppe
Männliche Heldenfiguren und Genderstereotype in populärer Jugendliteratur für Jungen —— 419

Henriette Hoppe
Weiblichkeitskonstruktionen in zeitgenössischer serieller Literatur für Mädchen —— 439

Marie Flüh, Jan Horstmann, Mareike Schumacher
Genderaspekte in Fantasy-Jugendromanen von 2008 bis 2020
    Distant Gender Reading —— 457

Sabine Planka
Transgender-Identitäten in Jugendromanen des 21. Jahrhunderts —— 483

Die Autor*innen dieses Bandes —— 509

Autor*innen- und Werkregister —— 517

Vorbemerkung

Im Sommersemester 2018 habe ich an der Albert-Ludwigs-Universität Freiburg das Projektseminar „Genderaspekte in der Kinder- und Jugendliteratur" angeboten, in dessen Rahmen ich in Kooperation mit dem Literaturhaus Freiburg eine Konferenz für Schüler*innen, Studierende und Multiplikator*innen konzipierte und durchführte („Die erstaunliche Konferenz. Mit Pippi, Harry, Maulina und Jugendbuchexpert*innen ab 12 Jahren", Freiburg/Br., 06.–07. Juli 2018). Durch diese intensive Beschäftigung mit dem Thema Gender in der Kinder- und Jugendliteratur entdeckte ich dessen enorme Relevanz und die bestehenden Forschungslücken, die mich zu der Arbeit an diesem Band anregten. Die Realisierung des Buches wurde dadurch ermöglicht, dass mir für das Projektseminar der Bertha-Ottenstein-Preis für Gender- und Diversity-Forschung verliehen wurde. Den Entscheidungsträgerinnen und -trägern im Senat und der Ständigen Senatskommission für Gleichstellungsfragen der Universität Freiburg/Br. danke ich sehr herzlich für diese Auszeichnung und das Preisgeld.

Ich danke allen Autorinnen und Autoren dieses Bandes für ihre konstruktive Mitwirkung. Bei Recherchen und Korrekturen haben Dominique Dünow, Mara Ehret-Bacher und Lena Jakof engagiert und gewissenhaft mitgeholfen, wofür ich ihnen herzlich danken möchte. Bei den Lektoratsarbeiten unterstützte mich Inka Rupp in hervorragender Weise; für ihre kompetente und sorgfältige Arbeit bin ich ihr zu großem Dank verpflichtet. Julia Krause sei für ihre spontane Bereitschaft gedankt, unter großem Zeitdruck wertvolle Hilfe bei Korrekturarbeiten zu leisten. Nicht zuletzt sei dem De Gruyter Verlag, vor allem Herrn Dr. Marcus Böhm, für die Aufnahme des Bandes in das Verlagsprogramm und die Ermöglichung einer Open-Access-Publikation sowie Frau Stella Diedrich für die Begleitung der redaktionellen Arbeit gedankt. In der Endphase der Erstellung des Bandes erreichte uns die traurige Nachricht, dass Frau Professorin Dr. Karin Richter verstorben ist. Es ist eine besondere Ehre, dass Frau Richter, die sich in herausragender Weise um die Kinder- und Jugendliteraturforschung verdient gemacht hat, diesen Band durch ihre fachliche Expertise bereichert hat. Wir werden ihr ein ehrendes Andenken bewahren.

Freiburg/Br., im Sommer 2022   Weertje Willms

Einführung

Weertje Willms

Genderaspekte in der Kinder- und Jugendliteratur vom Mittelalter bis zur Gegenwart

Historische und theoretische Einführung

1 Relevanz des Themas

Die Untersuchung von Genderaspekten in der Kinder- und Jugendliteratur ist ein kulturwissenschaftlich und gesellschaftspolitisch äußerst relevantes Forschungsfeld. Dies hängt mit der historischen Entstehung, der Rezipientenorientierung und den daraus resultierenden Spezifika dieser Literatur zusammen.

Es kann als gesicherte Erkenntnis festgehalten werden, dass die entscheidenden Genderprägungen des Menschen während seiner Entwicklung und Sozialisation in der Kindes- und Jugendphase stattfinden (vgl. Siegler et al. 2016).[1] Dabei werden verschiedene Ebenen und Faktoren als relevant erachtet, über deren Gewichtung im Prozess der Entwicklung zum Mädchen oder zum Jungen indes keine Einigkeit besteht: Neben biologischen Unterschieden zwischen Männern und Frauen (hierzu zählen der Einfluss von Evolution, Geschlechtshormonen und Gehirnstrukturen) gehören Kognition und Motivation (das Erlernen geschlechtstypischer Rollen durch Beobachten, Schlussfolgern und Einüben im Sozialisationsprozess [Siegler et al. 2016, 577 und 581]) sowie kulturelle Einflüsse (Genderformung durch die übergreifenden soziokulturellen Struktureinflüsse einer Gesellschaft, wie etwa Statusunterschiede zwischen Männern und Frauen im Arbeitsbereich) zu den bekannten Faktoren. Die verschiedenen Theorien, welche sich mit den Aspekten von Kognition und Motivation beschäftigen, identifizieren vor allem drei Bereiche bzw. Bezugsgruppen, aus denen bereits Kleinkinder die Vorbilder für ihre Selbstsozialisation entnehmen: Eltern, Peergroup und Medien (Bücher, Filme, Spiele etc.). Die Geschlechtsentwicklung wird in der Kognitionspsychologie als ein Prozess der fortschreitenden Verfestigung beschrieben: Während Kleinkinder, die sich selbst als Junge oder Mädchen zu bezeichnen beginnen – also anfangen, eine *Geschlechtsidentität* auszubilden –, Geschlecht noch nicht als etwas Permanentes (an-)erkennen (Siegler et al. 2016, 581), orientieren sich Kinder im Alter von fünf bis sieben Jahren in einer als Geschlechtskonstanz bezeichneten Phase an gleichgeschlechtlichen Modellen, um sich ‚geschlechterkonform' zu verhalten (Siegler et al. 2016, 581). Hieran können der enorme Einfluss und die Reproduktionsmacht, die Vorbildfiguren ausüben und innehaben, ermessen werden: Kinder richten ihre Geschlechtsidentität und ihr Verhalten an den ihnen zur Verfü-

---

[1] Die Darstellung auf dieser Seite folgt der psychologischen Grundlagenforschung zur Geschlechtsentwicklung von Kindern und Jugendlichen.

gung stehenden Vorbildern aus, sie suchen aktiv nach Rollenmodellen und konstruieren dadurch ihr Wissen über die Geschlechter. In dem genuin menschlichen Bestreben nach Zugehörigkeit findet von Kindheit an eine Orientierung an Menschen gleichen Geschlechts statt, da die Geschlechtszugehörigkeit eines der wichtigsten Orientierungsmuster des menschlichen Zusammenlebens ist. Für Kinder ist die Geschlechtszugehörigkeit die zentralste Form der sozialen Identität (Siegler 2016, 583).²

Inzwischen liegen zahlreiche Studien aus unterschiedlichen Disziplinen vor, die sich mit dem Einfluss von Medien auf die Genderkonstruktionen von Kindern und Jugendlichen beschäftigen; besonders in einigen Bereichen der Psychologie und in der Medienwirkungsforschung findet eine intensive Auseinandersetzung mit diesem Thema statt.³ Die Rezipient*innen darf man sich dabei nicht als passive ‚Opfer' der medialen Repräsentationen vorstellen; dennoch gilt als gesichert, dass Medien – und somit auch Bücher – eine erhebliche Wirkung auf die (Gender-)Konstrukte von jungen Menschen haben können.

Zwar werden Bücher mehr und mehr von anderen Medien (besonders Filmen, Computerspielen und den sozialen Medien) verdrängt, doch spielen sie nach wie vor für Kinder und Jugendliche eine wichtige Rolle. Dies hängt nicht zuletzt damit zusammen, dass die prägenden Kinderbücher in der Regel von Generation zu Generation weitergegeben werden – und damit auch bestimmte Genderkonstrukte und -stereotype immer wieder verfestigt werden (vgl. Willms 2015). In der Schule werden Bücher von pädagogischen Instanzen und Lehrkräften ausgewählt und eingesetzt und können – je nach Art der Vermittlung – eine prägende Wirkung auf die Schüler*innen ausüben, wie durch entsprechende Forschungen belegt ist (vgl. Müller et al. 2016). Zunehmend entsteht ein Bewusstsein dafür, Kinder- und Jugendliteratur im Unterricht gendersensibel auszuwählen und zu vermitteln, um Genderstereotype und damit einhergehende soziale Ungleichheiten nicht fortzuschreiben (Schilcher und Müller 2016, 17). Wenn Literatur generell als Diskursebene begriffen werden kann, welche mit anderen gesellschaftlichen Diskursebenen in einem Zusammenhang steht und damit als Reflexionsmedium und häufig sogar als Seismograph für Themen, Denkweisen, Konzepte und Bewusstseinslagen fungiert (vgl. Willms 2000), so gilt dies für die Kinder- und Jugendliteratur in besonderem Maße. In kaum einem literarischen Feld manifestieren sich Genderaspekte so signifikant wie hier, was darauf zurückzuführen ist, dass diese Literatur lange Zeit Hand in Hand mit den jeweils herrschenden pädagogischen Diskursen ging und einen dezidierten Erziehungsauftrag hatte. Obwohl Kinder- und Jugendliteratur heute nicht mehr als Erziehungsliteratur im engen Sinne zu begreifen ist, versteht sie sich nach wie vor als Lektüre, welche die Sozialisation

---

2 Die weiterführenden Fragen nach den Ursachen – konstruieren Kinder ihr Geschlecht, weil Gender für die Identität in der Gesellschaft wichtig ist, oder verhält es sich umgekehrt: Gender ist wichtig, weil Menschen schon im Kleinkindalter ihr Geschlecht konstruieren? – sind zu diskutieren, würden hier allerdings zu weit führen.
3 Vgl. z. B. Jäckel 2011; einen Überblick über verschiedene Studien bieten Schilcher und Müller 2016, 21–25.

und Entwicklung von Heranwachsenden begleitet, Werte vermittelt und eine erzieherische Verantwortung trägt. Wenn man also Genderkonzepte in der Kinder- und Jugendliteratur untersucht, so erhält man Antworten auf die Frage, zu welcher Art von Frauen und Männern bzw. von Bürgerinnen und Bürgern die kindlichen Leserinnen und Leser erzogen werden sollten und sollen.

Neben der allgemeinen Relevanz, welche der Erforschung von Genderaspekten in der Kinder- und Jugendliteratur zukommt, besitzt das Thema zudem eine brisante Aktualität. Neuere Untersuchungen offenbaren eine Kehrtwende in diesem Feld, die sich in den letzten fünfzehn Jahren vollzogen hat: Die Genderforscher*innen Almut Schnerring und Sascha Verlan zeigen in ihrem Buch *Die Rosa-Hellblau-Falle* (2014), wie in vielen Bereichen der Gesellschaft – etwa in der Spielzeug- und Bekleidungsindustrie, in den Medien oder in der Ernährungsbranche – konservative und als überwunden geglaubte Genderstereotype wieder verstärkt wurden und damit eine Sozialisation von Jungen und Mädchen jenseits von binären Rollenklischees zunehmend erschwert wird. So wie Marketingstrategien schon bei der Covergestaltung von Kinderbüchern auf eine genderstereotype Blau-Rosa-Gestaltung setzen, kann eine groß angelegte Datenanalyse der *Süddeutschen Zeitung* zu Geschlechterklischees in Kinderbüchern aus dem Jahr 2019 auch auf inhaltlicher und formaler Ebene eine Zementierung von konservativen Rollenbildern nachweisen (Brunner et al. 2019), welche auch Böhm (2017) in Bezug auf neuere Verlagsreihen für Mädchen und Jungen beobachtet.

Daneben ist in vielen Kinder- und Jugendbüchern jedoch auch eine große Gendersensibilität zu beobachten. Hier werden vielfach neue Genderkonstrukte und Familienmodelle sowie eine gesellschaftliche Diversität entworfen, die zum Zeitpunkt des Erscheinens der Bücher so noch nicht allgemein im öffentlichen Diskurs und in der Gesellschaft etabliert waren. Während etwa in den 1990er Jahren das Thema Homosexualität literarisch breit verhandelt wurde und sich dabei vom ‚Problemthema' zum unproblematischen ‚Nebenthema' entwickelte (z. B. Andreas Steinhöfel: *Die Mitte der Welt*, 1998), sind im Jugendbuch der 2010er Jahre Transgender und die Auflösung von Genderidentitäten wichtige Themen geworden (z. B. Alex Gino: *George*, 2015 [dt. 2016]; David Levithan: *Every Day*, 2012 [dt. *Letztendlich sind wir dem Universum egal*, 2014]), die auch großen Raum in der aktuellen öffentlichen Diskussion einnehmen. In ihrer Auseinandersetzung mit gesellschaftlichen Themen und Konzepten zementieren Kinder- und Jugendbücher also einerseits herrschende oder auch überkommene gesellschaftliche Genderkonstrukte, entwerfen aber andererseits auch neue und sind nicht selten sogar Vorreiter auf diesem Gebiet. Dabei kommt es zu einem interessanten und zeitgleichen Nebeneinander von konservativen und innovativen Konstrukten, und darüber hinaus entstehen auch immer wieder Werke, in denen sich Ausprägungen der unterschiedlichen Konstrukte gleichermaßen wiederfinden lassen. Diese Beobachtung hat zwar für fast alle Epochen Gültigkeit, die aktuelle Situation scheint gegenüber früheren Epochen aber auszuzeichnen, dass die Schere zwischen konservativen und innovativen Werken besonders weit auseinandergeht (vgl. hierzu z. B. den Beitrag von Sarah Ruppe zu populären Romanen für Jungen und von Sabine Planka zu Transgender in der Jugendliteratur in diesem Band).[4]

2 Genderforschung: Theoretische Grundlegungen

In allen Forschungsrichtungen, die sich mit Genderfragen beschäftigen, sowie in der eigenständigen Disziplin Gender-Studien werden die sozialen, kulturellen (und zunehmend auch die biologischen) Konstruktionen von Geschlecht bzw. von Geschlechteridentitäten untersucht und in kritischer Weise hinterfragt. Dabei ist die theoretische Bestimmung von Geschlecht bzw. Gender ein ebenso wichtiger Gegenstand wie die historische Erforschung von Genderdiskursen, -konstrukten und -verhältnissen, womit – in der Nachfolge der feministischen Wissenschaften der 1960er bis 1980er Jahre – Macht- und Ungleichheitsverhältnisse aufgedeckt und für die Gegenwart verändert werden sollen.

Waren die Diskurse rund um die Geschlechter seit der Antike von naturalisierenden Vorstellungen geprägt, in denen die Frau zunächst als ‚das Minderwertige des Mannes' und, seit dem 18. Jahrhundert, als ‚das Andere des Mannes' imaginiert wurde (vgl. Kuster 2019), hat sich seit dem Ende des 20. Jahrhunderts die Auffassung von Geschlecht als sozialer Konstruktion durchgesetzt. Hierfür wurde das Begriffspaar ‚*sex* und *gender*' gebildet, das zwischen einem biologischen Geschlecht (*sex*) und einem nach der Geburt sich sozial formierenden Geschlecht (*gender*) unterscheidet und damit essentialistische Vorstellungen von der ‚Wesenhaftigkeit von Mann und Frau' (im 18. Jahrhundert mit dem Begriff des ‚Geschlechtscharakters' bezeichnet) verabschiedet. Die Konstruktion von Gender vollzieht sich während der Sozialisation, aber auch im Zuge der Identitätsarbeit während des ganzen Lebens durch sprachliches und sonstiges Handeln, welches als *doing gender* bezeichnet wird. „Mit der Theoriefigur des ‚doing gender' [...] wird Geschlechtszugehörigkeit als das Resultat von routinisierten und selbstvergessenen sozialen Praktiken, mithin als eine soziale Konstruktion erfassbar." (Kuster 2019, 9) Dieses Konstrukthandeln, das beispielsweise auch bei der Lektüre von (Kinder- und Jugend-)Literatur erfolgt, ist den Menschen in der Regel nicht bewusst. Aus diesem Grund werden die Resultate dieser Praktiken wiederum als ‚natürlich' wahrgenommen, was eine wichtige Ursache der immer weiter voranschreitenden Zementierung und Fortführung von Diskursen bzw. konkreter von Genderkonstrukten darstellt. Wenn also etwa über Generationen hinweg Mädchen durch die Lektüre von Emmy von Rhodens *Trotzkopf* während der wichtigen Entwicklungsphase der Kindheit und Jugend in bestimmten Weiblichkeitskonzepten wie Unterordnung und Fügsamkeit bekräftigt werden, so kann dieses Werk daran mit-

---

[4] Auch Wrobel (2010) konstatiert, dass in der Kinder- und Jugendliteratur nach 2000 einerseits eine starke gendernormative Adressierung zu erkennen sei und andererseits ein deutliches Interesse daran, Gendernormativität aufzulösen.

wirken, dass diese Konstrukte internalisiert und damit fortgeführt werden, statt sie kritisch zu hinterfragen und durch andere Konzepte zu ersetzen. Dies darf nicht als ein einfaches Reiz-Reaktions-Schema vorgestellt werden, sondern als ein komplexes System, bei dem viele verschiedene individuelle und gesellschaftliche Faktoren zusammenspielen (vgl. Schilcher 2016), was aber den grundsätzlichen Einfluss von Büchern bei der sozialen Konstruktion von Geschlecht – dem *doing gender* – nicht negiert.

Mit dem Theoriekonzept von *sex* und *gender* entsteht indes das Problem, die Grenzen von Natur und Kultur bestimmen zu müssen.[5] Geht man von einem biologisch gegebenen Geschlecht aus, das nach der Geburt sozial ausgeformt, überformt und konstruiert wird, so zementiert man damit letztendlich einen geschlechtlichen Dualismus auf biologischer Ebene, der nicht unumstritten ist. In diesem Zusammenhang ist Judith Butlers Schrift *Gender Trouble: Feminism and the Subversion of Identity* (1990; dt. *Das Unbehagen der Geschlechter*, 1991) prominent geworden, in der sie auch das biologische Geschlecht in den Bereich der Konstruktion mit einschließt und damit *sex* in ähnlicher Weise wie *gender* als Kulturleistung versteht. Obwohl diese Position vielfach angegriffen wurde, hat sich mittlerweile das Bestreben durchgesetzt, in der Theorie, in der konkreten wissenschaftlichen Analyse und in der öffentlichen Diskussion den Mann-Frau-Dualismus ad acta zu legen und die kulturell-sozialen Herstellungsbedingungen und Konstruktionsweisen von Geschlecht in umfassenderer Weise zu betrachten, ohne von einem binären Geschlechtermodell als gegebener Grundlage auszugehen. Gerade mit Blick auf Möglichkeiten, herrschende Machtverhältnisse zu verändern, ist die Auflösung des Geschlechterdualismus wichtig, da er als eine „gesellschaftliche Konstruktion mit normativen Implikationen" (Kuster 2019, 3) begriffen werden kann. Im Bereich der Kinder- und Jugendliteraturproduktion zeigt sich dieses Bestreben, wie oben bereits erwähnt, durch eine Reihe von aktuellen, die theoretische und öffentliche Debatte begleitenden, aber auch anregenden Werken, in welchen Geschlechtergrenzen nicht nur in der Gestaltung der weiblichen und männlichen Protagonisten aufgelöst werden, sondern in einem umfassenderen Sinne. So ist etwa die Hauptfigur in David Levithans *Every Day* ein geschlechts- und körperloses Wesen, das jeden Tag im Körper eines anderen männlichen oder weiblichen Menschen aufwacht.

Neben der Unterscheidung von *sex* und *gender* und der Konzeption des *doing gender* hat die Gendertheoriebildung von zwei weiteren wichtigen Entwicklungen Impulse erhalten: zum einen von den Männlichkeitsstudien und zum anderen durch die neuesten Betrachtungsweisen aus den Bereichen der Intersektionalitätsforschung und der *Queer Theory*. Die von Soziolog*innen Mitte der 1980er Jahre entwickelten Männlichkeitsstudien (*Men's Studies*), welche den Mann als Forschungsobjekt ins Zentrum stellen, etablierten sich innerhalb der deutschsprachigen Literatur- und Kulturwissenschaften seit der Jahrtausendwende. Auch in diesen Disziplinen wird das

---

5 Vgl. hierzu die Kapitel I.1–I.5 in Willms 2009.

Konzept der hegemonialen Männlichkeit breit rezipiert, das von Tim Carrigan, Raewyn Connell und John Lee 1985 entwickelt und in den darauffolgenden Jahren von Connell weitergeführt wurde. Unter hegemonialer Männlichkeit versteht Connell (1987; 1999) die Form von Männlichkeit, die in einem historisch und national gegebenen gesellschaftlichen Kontext die vorherrschende ist und über andere Formen von Männlichkeit ebenso wie über Weiblichkeit dominiert. Fokussierten die feministischen Wissenschaften stets das Dominanzverhältnis des Mannes gegenüber der Frau, wird nun betont, dass das historisch sich verändernde Konstrukt Männlichkeit nicht nur *eine* Form von Männlichkeit beinhaltet, sondern verschiedene Formen, von denen lediglich eine dominant ist. Und obgleich ein großer Teil der realen Männer an dem idealen Konstrukt der hegemonialen Männlichkeit virtuell partizipiert, entsprechen ihm nur sehr wenige wirklich, wodurch ein hoher Konformitätsdruck und Rollenzwang für Angehörige des männlichen Geschlechts besteht, den die feministisch orientierte Wissenschaft vielen Männlichkeitsforscher*innen zufolge stets ignoriert habe. Studien zum Identifikationsverhalten von Jugendlichen können etwa bestätigen, dass es für Jungen hochgradig stigmatisierend ist, als ‚weiblich' wahrgenommen zu werden, während Mädchen durchaus als ‚männlich' gelten dürfen, ohne an Ansehen zu verlieren (Siegler et al. 2016, 592). Dies spiegelt sich auch in Studien zum Rezeptionsverhalten kinder- und jugendliterarischer Texte durch Mädchen und Jungen wider: Während sich Mädchen mit männlichen und weiblichen Figuren gleichermaßen identifizieren können, identifizieren sich Jungen fast ausschließlich mit den männlichen Protagonisten (Siegler et al. 2016, 592–593). Dies ist sicherlich auch auf die in der Erziehung von Mädchen nach wie vor vermittelte Anpassungsfähigkeit zurückzuführen sowie auf den klassischen literarischen Kanon, der vor allem aus Werken männlicher Autoren mit männlichen Protagonisten besteht und von Mädchen eine Auseinandersetzung mit männlichen Figuren verlangt. Auch daran ist zu ermessen, wie wichtig eine gendersensible Gestaltung der männlichen fiktionalen Figuren ist.[6]

Wie auch in den literatur- und kulturwissenschaftlichen Gender-Studies allgemein, werden in den literaturwissenschaftlichen Männlichkeitsstudien einzelne Texte oder Textgruppen synchron oder diachron im Sinne von literarischen Diskursentwicklungen nach den in den Texten produzierten Geschlechterkonstrukten untersucht, wobei der Fokus nun auf den männlichen Figuren liegt. Ähnlich wie zuvor in den feministischen Wissenschaften ist es auch ein Anliegen vieler Männlichkeitsforscher*innen, diese Diskurse in ihrer Wechselwirkung mit den außerliterarischen Diskursen zu erforschen, um letztendlich Macht- und Unterdrückungsverhältnisse offenzulegen.

---

[6] Die althergebrachten Geschlechterverhältnisse einfach umzudrehen und starke Mädchen- und schwache Jungenfiguren zu konzipieren – wie dies für die Kinder- und Jugendliteratur der 1990er Jahre zu beobachten ist –, stellt demgegenüber keine Lösung dar, wie nicht zuletzt die Tatsache beweisen kann, dass sich viele Jungen mit diesen männlichen Figuren nicht identifizieren (können) (vgl. Elstner 2003).

Die neuesten Forschungen auf dem Gebiet der Gender-Studien vergrößern den Wahrnehmungsradius ein weiteres Mal, was sich vor allem in ihrer zunehmend intersektionalen Ausrichtung zeigt. In der Intersektionalitätsforschung wird das Konstrukt Gender mit anderen konstitutiven sozialen Differenzkategorien[7] wie Klasse, *race*, Nation, Herkunft oder Alter verknüpft, um Normierungs-, Herrschafts- und Machtstrukturen in ihrem komplexen Zusammenspiel und in ihren Wechselwirkungen zu hinterfragen und aufzudecken (Walgenbach 2012, 1). Das deklarierte Ziel der Intersektionalitätsforschung ist die Analyse von sozialen Ungleichheiten, auch durch die Aufdeckung verborgener und unbewusster Reproduktionsmechanismen von Konstrukten. Die Intersektionalitätsforschung ist aus dem *Black Feminism* und der *Critical Race Theory* hervorgegangen, heute werden vielfach Anstöße aus angrenzenden Forschungsfeldern wie den *Postcolonial Studies* oder den *Critical Whiteness Studies* fruchtbar gemacht, wobei häufig der für die ersten Untersuchungen zentrale Zusammenhang von Gender, *race* und Klasse betrachtet wird.

In der Kinder- und Jugendliteraturforschung gibt es bislang noch kaum intersektionale Forschungen, wie Benner (2016) betont, die einen der wenigen Grundlagentexte zum Zusammenhang von Intersektionalität und Kinder- und Jugendliteraturforschung verfasst hat (vgl. auch Lester 2014). Das ist umso erstaunlicher, als es in der Kinder- und Jugendliteratur in der Regel immer eine Verwobenheit mindestens der Kategorien Alter bzw. Kindheit oder „generationale Ordnung" (Benner 2016, 30), Gender und Klasse gibt. Der*die Held*in eines Kinder- oder Jugendbuches steht stets den Erwachsenenfiguren und dem von diesen repräsentierten System gegenüber, er*sie ist Mädchen oder Junge, er*sie entstammt einer bestimmten Klasse usw.[8] So ist auch zu beobachten, dass viele kinder- und jugendliterarische Forschungen intersektionale Zusammenhänge zumindest indirekt mitberücksichtigen, da eine Trennung der Kategorien bei der Fokussierung auf ein einzelnes Konstrukt – wie in unserem Fall auf das Konstrukt Gender – gar nicht möglich ist.[9] Wichtig ist allerdings, dass die Verwobenheiten präzise untersucht werden, um herauszuarbeiten, was in den kinder- und jugendliterarischen Texten als Norm konstruiert (Benner 2016, 37)

---

7 Auch zum Begriff der Differenz gibt es in der Genderforschung eine Debatte, vgl. hierzu Lutz 2000, 220.
8 Vgl. hierzu die Beiträge von Sebastian Schmideler, Philipp Schmerheim, Joseph Kebe-Nguema, Weertje Willms, Christian Heigel und Nils Lehnert in diesem Band. Kebe-Nguema untersucht den Zusammenhang von Gender und *race* in Mädchenkolonialromanen des 19. Jahrhunderts, wobei auch die bürgerliche Herkunft der Protagonistinnen eine wichtige Rolle spielt. Willms untersucht in Abenteuerreiseromanen für Jungen des 19. Jahrhunderts die Verwobenheiten von Gender (Männlichkeit), Alter (Jugendalter und Pubertät), *race* (Weiße Europäer/Deutsche vs. Schwarze „Eingeborene"), Klasse ([groß-]bürgerliche Herkunft und Ordnung) und Religion (Christentum vs. ‚Heidentum'), wobei sich vielfältige Verflechtungen offenbaren. In Anlehnung an die kritische Weißseinsforschung werden die Bezeichnungen ‚Schwarz' und ‚Weiß' groß geschrieben, um zu markieren, dass es sich hierbei um Konstrukte handelt.
9 Beispielsweise spielt in Christian Heigels Beitrag über *Emil und die Detektive* die Herkunft der kindlichen Helden eine wichtige Rolle.

und den Rezipient*innen zur Identifikation angeboten wird. Das Gleiche gilt für die Gender-Studien insgesamt: Gender ist immer mit vielen verschiedenen Kategorien verknüpft, die in ihren jeweiligen Konzeptionen und in ihren Interdependenzen analysiert werden müssen, um zu stabilen und umfassenden Erkenntnissen zu gelangen.

In den 1990er Jahren bildete sich in den USA die *Queer Theory* (vgl. Dietze et al. 2012) aus, in welcher in der Regel ebenfalls intersektional gearbeitet wird[10] und die zum Ziel hat, sexuelle Kategorien, Normen und Machtverhältnisse zu analysieren und zu dekonstruieren. Die Theorie ist aus den Gender-Studien und den Bewegungen sexuell marginalisierter Personen hervorgegangen und hat das zentrale Anliegen, Heteronormativität zu kritisieren und nicht-normative Gender-, Sexualitäts- und Lebensentwürfe zu etablieren. Zwar sind Queer-Studien im deutschsprachigen Raum eher marginal, doch spielen diese Ansätze in der Kinder- und Jugendliteraturforschung insofern eine Rolle, als einerseits – wie oben erwähnt – die Kinder- und Jugendliteratur in den letzten Jahren vielfach entsprechende Figuren und Themen verhandelt hat[11] und andererseits im Rahmen gendersensibler didaktischer Überlegungen die Anliegen und Bedürfnisse auch nicht-heterosexueller Schüler*innen zunehmend beachtet werden.[12]

3 Gender in der Kinder- und Jugendliteraturforschung

Innerhalb der Kinder- und Jugendliteraturforschung ist für die letzten Jahre eine große Bandbreite an Untersuchungen zu beobachten.[13] Dabei haben auch Forschungen zu Genderaspekten einen wichtigen Stellenwert. Diese bauen auf einer Forschungstradition auf, die sich in den 1970er Jahren etablierte und von ideologiekritischen feministischen Positionen ausging. So wurden zunächst primär Bücher für Mädchen und weibliche Figuren generell untersucht, um Ungleichheitsverhältnisse zulasten von Mädchen und Frauen aufzudecken. In den Forschungen der jüngeren Zeit werden

---

10 Zur Problematisierung des Verhältnisses von Intersektionalitätsforschung und *Queer Theory* vgl. Dietze et al. 2012.
11 Vgl. hierzu den Beitrag von Sabine Planka über Transgender in der Kinder- und Jugendliteratur der Gegenwart in diesem Band.
12 Vgl. Bade 2014; Buchholtz 2004; Spinner 2000.
13 So gibt es Forschungen zu einzelnen Autor*innen (z. B. Paul Maar, Michael Ende) und Werken (z. B. *Pippi Langstrumpf*), zu verschiedenen Motiven (z. B. Adoleszenz, Traum, Familie, Sterben, Tod und Trauer) und Genres (z. B. Adoleszenz- und *All Age*-Romane, Krimis, Märchen, Bilderbücher), Forschungen zu verschiedenen historischen Epochen, zur Übersetzung und Komparatistik, zu poetologischen Fragen, zu einzelnen Diskursen, zum Buchmarkt, zu Intertextualität und zur Wirkung und Rezeption; daneben nimmt die Auseinandersetzung mit didaktischen Fragen innerhalb der Kinder- und Jugendliteraturforschung einen breiten Raum ein.

spezielle Motive und Figuren[14] sowie verschiedene Genres[15] in den Blick genommen. Werden zwar insgesamt Werke unterschiedlicher Epochen untersucht, widmen sich doch viele Forscher*innen den Texten der Gegenwart.[16] So wie die kinder- und jugendliterarische Genderforschung sich zunächst auf Mädchenfiguren und Weiblichkeitskonzepte fokussierte und dabei das Genre des Mädchenbuchs ins Zentrum stellte, liegt der Schwerpunkt der Untersuchungen auch heute noch auf den weiblichen Figuren[17] sowie auf Familienstrukturen (vgl. z. B. Schilcher 2001), während Männlichkeitskonzepte – anders als in der allgemeinliterarischen Genderforschung – erst in wenigen Untersuchungen erforscht wurden. In der Leseforschung der letzten Jahre werden Jungen jedoch zunehmend in den Blick genommen, nachdem sie unter anderem durch die PISA-Studie als Bildungsverlierer identifiziert wurden.[18] Wie oben dargestellt, liegen zwar noch nicht viele Genderforschungen zur Kinder- und Jugendliteratur mit dem Schwerpunkt auf Intersektionalität oder Queerness vor, doch werden diese Aspekte zum einen häufig implizit mitthematisiert und zum anderen scheinen hier zunehmend neue Impulse zu entstehen. Insgesamt wird die kinder- und jugendliterarische (Gender-)Forschung besonders in der Didaktik mit einem Fokus auf schulrelevante Fragen vorangetrieben. Ein systematischer historischer Überblick über Gender in der Kinder- und Jugendliteratur aus literatur- und kulturwissenschaftlicher Perspektive, der zudem unterschiedliche Aspekte von Gender berücksichtigt, liegt bislang nicht vor.[19]

---

14 Z. B. Mutterfiguren (Fraustino und Coats 2016) oder Queerness (Seidel 2019).
15 Z. B. Märchen (Feustel 2004), Phantastik (Kalbermatten 2011) und nach wie vor häufig Bücher für Mädchen (Barth 2002, Wilkending 2003).
16 Vgl. Cerovina 2009, Hildebrand 2008, Seidel 2019.
17 Die erste sehr bekannt gewordene und bis heute viel zitierte Untersuchung stammt von Malte Dahrendorf (*Das Mädchenbuch und seine Leserin*, 1970). An aktuellen Untersuchungen wären z. B. zu nennen: Barth 2002, Cerovina 2009, Feustel 2004, Kalbermatten 2011.
18 Standke und Kronschläger (2020, 345) bestätigen diese Beobachtung in ihrem aktuellen Handbuch: „Wiewohl die Auseinandersetzung mit fiktionalisierter Männlichkeit in der Erwachsenenliteratur in den letzten Jahren an Relevanz gewonnen hat [...], ist die Kinder- und Jugendliteratur mit diesem spezifischen Schwerpunkt bislang wenig beforscht [...]. Männlichkeit, Geschlechtsidentität und ihre Konstruktionsweisen wurden zunächst kaum explizit behandelt. In den letzten Jahren hat sich zumindest das Interesse der Leseforschung für geschlechterspezifische Lektüreweisen erhöht [...]."
19 Der Band *Immer Trouble mit Gender? Genderperspektiven in der Kinder- und Jugendliteratur und -medien(forschung)* von Josting et. al (2016) enthält einen Abschnitt zu „Genderfragen in historischen Perspektiven" mit drei Beiträgen zur Weimarer Republik, den 1960er Jahren und der DDR. In ihrem Buch *Archaisierung und Pinkifizierung. Mythen von Männlichkeit und Weiblichkeit in der Kinder- und Jugendliteratur* (2017) untersucht Kerstin Böhm Werke der Gegenwartsliteratur.

4 Der Aufbau des vorliegenden Bandes

Der vorliegende Band stellt die deutschsprachige Kinder- und Jugendliteratur[20] erstmals systematisch in ihrer diachronen Entwicklung vom Mittelalter bis zur Gegenwart unter Genderaspekten dar. Indem wichtige Epochen, kanonisierte und zu Klassikern avancierte ‚Meilensteine' der deutschsprachigen Kinder- und Jugendliteratur ebenso wie heute vergessene, aber zu ihrer Entstehungszeit beliebte Texte sowie viel rezipierte und die Entwicklung der Kinder- und Jugendliteratur prägende Werke aus dem Ausland berücksichtigt und einer Re-Lektüre unterzogen werden, offenbaren sich diskursive Konstruktionen und Diskursentwicklungen, die nicht nur dabei helfen können, das bedeutende literarische Feld der Kinder- und Jugendliteratur besser zu verstehen, sondern auch die Auswirkungen auf die intendierten Rezipient*innen und damit letztendlich auch auf die Gesellschaft in ihrer jeweiligen Verfassung. Dies umso mehr, als Genderaspekte in ihrer ganzen Breite ernst genommen werden, d. h. es werden sowohl Weiblichkeits- als auch Männlichkeitskonzepte sowie Geschlechterrelationen betrachtet. Zudem werden die intersektionalen Verflechtungen verschiedener Differenzkategorien untersucht und Bilderbücher, Kinderbücher und Jugendbücher verschiedener Genres in den Blick genommen, wobei Bücher für alle Geschlechter ebenso zum Untersuchungskorpus gehören wie dezidierte Mädchen- und Jungenliteratur.

Alle Beiträge folgen dabei weitgehend dem gleichen Aufbau: Sie geben einen Überblick über gesellschaftspolitische oder soziokulturelle Gegebenheiten und Genderkonstrukte der jeweiligen Epoche mit Bezügen zu den herrschenden pädagogischen Diskursen der Zeit. Darüber hinaus bieten sie einen Abriss über die Kinder- und Jugendliteratur der jeweiligen Epoche und stellen exemplarische Textanalysen unter Gendergesichtspunkten vor. Zur Orientierung steht jedem Beitrag eine Zusammenfassung desselben voran; Epochenkapiteln, die mehr als einen Beitrag umfassen, ist ein knapper Überblick über die Entwicklung der Kinder- und Jugendliteratur der Zeit in Bezug auf Gender vorangestellt.

---

20 Der Band konzentriert sich auf Kinder- und Jugend*literatur*, während auf die Darstellung anderer kinder- und jugendliterarischer Medien weitgehend verzichtet werden musste. Für einen aktuellen Überblick hierzu, wenngleich nicht unter Gendergesichtspunkten, sei auf das neueste Handbuch zur Kinder- und Jugendliteratur hingewiesen (Kurwinkel et al. 2020).

Literatur

1 Primärliteratur

Gino, Alex. *George*. New York: Scholastic Press, 2015.
Gino, Alex. *George*. Aus dem amerikanischen Englisch übersetzt von Alexandra Ernst. Frankfurt a. M.: Fischer, 2016 [2015].
Levithan, David. *Every Day*. London: Egmont, 2012.
Levithan, David. *Letztendlich sind wir dem Universum egal*. Aus dem amerikanischen Englisch übersetzt von Martina Tichy. Frankfurt a. M.: Fischer FJB, 2014 [2012].
Rhoden, Emmy von. *Der Trotzkopf*. Berlin u. a.: Ueberreuter, 2011 [1885].
Steinhöfel, Andreas. *Die Mitte der Welt*. Hamburg: Carlsen, 1998.

2 Sekundärliteratur

Baader, Meike Sophia/Johannes Bilstein/Toni Tholen (Hg.). *Erziehung, Bildung und Geschlecht. Männlichkeiten im Fokus der Gender-Studies*. Wiesbaden: Springer, 2012.
Bade, Xenia. *Homosexualität und Schule. Unterstützung homosexueller Jugendlicher im Schulalltag*. Hamburg: Diplomica, 2014.
Barth, Susanne. *Mädchenlektüren. Lesediskurse im 18. und 19. Jahrhundert*. Frankfurt a. M. u. a.: Campus, 2002.
Benner, Julia. „Intersektionalität und Kinder- und Jugendliteraturforschung". *Immer Trouble mit Gender? Genderperspektiven in Kinder- und Jugendliteratur und -medien(forschung)*. Hg. Petra Josting/Caroline Roeder/Ute Dettmar. München: kopaed, 2016, 29–42.
Böhm, Kerstin. *Archaisierung und Pinkifizierung. Mythen von Männlichkeit und Weiblichkeit in der Kinder- und Jugendliteratur*. Bielefeld: transcript, 2017.
Brunner, Katharina/Sabrina Ebitsch/Kathleen Hildebrand/Martina Schories. „Blaue Bücher, rosa Bücher". *Süddeutsche Zeitung*. 11. Januar 2019. https://projekte.sueddeutsche.de/artikel/kultur/gender-wie-gleichberechtigt-sind-kinderbuecher-e970817/ (23. Juni 2020).
Buchholtz, Elisabeth. *Eine Liebe wie jede andere auch? Männliche Homosexualität in Prosatexten der Gegenwartsliteratur im Deutschunterricht*. Baltmannsweiler: Schneider Hohengehren, 2004.
Butler, Judith. *Das Unbehagen der Geschlechter*. Frankfurt a. M.: Suhrkamp, 1991 [1990].
Cerovina, Danielle. *Das Glück der Erde lesend erlebend. Mädchen-Pferdebuchserien – eine genderorientierte, strukturelle und inhaltliche Untersuchung*. Würzburg: Königshausen & Neumann, 2009.
Connell, Raewyn. *Gender and Power: Society, the Person and Sexual Politics*. Stanford, CA: Stanford University Press, 1987.
Connell, Raewyn. *Der gemachte Mann. Konstruktion und Krise von Männlichkeiten*. Hg. und mit einem Geleitwort versehen von Ursula Müller. Aus dem Englischen übersetzt von Christian Stahl. Opladen: Leske und Budrich, 1999 [1995].
Dahrendorf, Malte. *Das Mädchenbuch und seine Leserin. Jugendlektüre als Instrument der Sozialisation*. Weinheim u. a.: Beltz, 1980 [1970].
Dietze, Gabriele/Elahe Haschemi Yekani/Beatrice Michaelis. „Intersektionalität und Queer Theory". *Portal Intersektionalität*. 2012, 1–21. http://portal-intersektionalitaet.de/uploads/media/Dietze_HaschemiYekani_Michaelis_01.pdf (3. März 2021).

Elstner, Robert. „Leset ihr Knaben!" *JuLit* 29.2 (2003), 37–39.
Feustel, Elke. *Rätselprinzessinnen und schlafende Schönheiten. Typologie und Funktionen der weiblichen Figuren in den Kinder- und Hausmärchen der Brüder Grimm*. Hildesheim u. a.: Olms, 2004.
Fraustino, Lisa Rowe/Karen Coats (Hg.). *Mothers in Children's and Young Adult Literature, from the Eighteenth Century to Postfeminism*. Jackson: University Press of Missisippi, 2016.
Hildebrand, Sabine. *Schlüsselmotive der realistischen Kinderliteratur nach 2000. Familie, Geschlechterrollen und Peergroup*. Magisterarbeit. München: GRIN, 2008.
Jäckel, Michael. *Medienwirkungen: Ein Studienbuch zur Einführung*. Wiesbaden: Springer, 2011.
Kalbermatten, Manuela. *„Von nun an werden wir mitspielen". Abenteurerinnen in der phantastischen Kinder- und Jugendliteratur der Gegenwart*. Zürich: Chronos, 2011.
Kurwinkel, Tobias/Philipp Schmerheim. *Handbuch Kinder- und Jugendliteratur*. Stuttgart: Metzler, 2020.
Kuster, Friederike. „Mann – Frau: Die konstitutive Differenz der Geschlechterforschung". *Handbuch Interdisziplinäre Geschlechterforschung*. Hg. Beate Kortendiek/Birgit Riegraf/Katja Sabisch. Wiesbaden: Springer, 2019, 3–12.
Lester, Jasmine Z. „Homonormativity in Children's Literature: An Intersectional Analysis of Queer-Themed Picture Books". *Journal of LGBT Youth* 11 (2014), 244–275.
Lutz, Helma. „Differenz als Rechenaufgabe: über die Relevanz der Kategorien Race, Class und Gender". *Unterschiedlich verschieden. Differenz in den Erziehungswissenschaften*. Opladen: Leske und Budrich, 2001, 215–230. http://portal-intersektionalitaet.de/uploads/media/Lutz_Helma_Differenz_als_Rechenaufgabe__03.pdf (3. März 2021).
Müller, Karla/Jan-Oliver Decker/Hans Krah/Anita Schilcher (Hg.). *Genderkompetenz mit Kinder- und Jugendliteratur entwickeln. Grundlagen – Analysen – Modelle*. Baltmannsweiler: Schneider Hohengehren, 2016.
Richter, Dieter. Das *fremde Kind: Zur Entstehung der Kindheitsbilder des bürgerlichen Zeitalters*. Frankfurt a. M.: Fischer, 1987.
Schilcher, Anita. *Geschlechtsrollen, Familie, Freundschaft und Liebe in der Kinderliteratur der 90er Jahre. Studien zum Verhältnis von Normativität und Normalität im Kinderbuch und zur Methodik der Werteerziehung*. Frankfurt a. M. u. a.: Peter Lang, 2001.
Schilcher, Anita/Karla Müller. „Gender, Kinder- und Jugendliteratur und Deutschunterricht. Grundlagen und Didaktik". *Genderkompetenz mit Kinder- und Jugendliteratur entwickeln. Grundlagen – Analysen – Modelle*. Hg. Dies./Jan-Oliver Decker/Hans Krah. Baltmannsweiler: Schneider Hohengehren, 2016, 16–43.
Schnerring, Almut/Sascha Verlan. *Die Rosa-Hellblau-Falle. Für eine Kindheit ohne Rollenklischees*. München: Antje Kunstmann, 2014.
Seidel, Nadine Maria. *Adoleszenz, Geschlecht, Identität. Queere Konstruktionen in Romanen nach der Jahrtausendwende*. Berlin u. a.: Peter Lang, 2019.
Siegler, Robert/Nancy Eisenberg/Judy DeLoache/Jenny Saffran. „Die Entwicklung der Geschlechter". *Entwicklungspsychologie im Kindes- und Jugendalter*. Hg. Sabina Pauen. Berlin u. a.: Springer, 2016, 576–617.
Söll, Änne/Gerald Schröder (Hg.). *Der Mann in der Krise? Visualisierungen von Männlichkeit im 20. und 21. Jahrhundert*. Köln u. a.: Böhlau, 2015.
Spinner, Kaspar H. „Vielfältig wie nie zuvor. Stichworte zur Aktuellen Kinder- und Jugendliteratur und ihrer Didaktik". *Praxis Deutsch* 162 (2000), 16–20.
Standke, Jan/Thomas Kronschläger. „Gender Studies". *Handbuch Kinder- und Jugendliteratur*. Hg. Tobias Kurwinkel/Philipp Schmerheim. Stuttgart: Metzler, 2020, 343–352.
Tholen, Toni. *Männlichkeiten in der Literatur. Konzepte und Praktiken zwischen Wandel und Beharrung*. Bielefeld: transcript, 2015.

Walgenbach, Katharina. „Intersektionalität – eine Einführung". *Portal Intersektionalität.* 2012, 1–38. http:// portal-intersektionalitaet.de/theoriebildung/ueberblickstexte/walgenbach-ein fuehrung/ (3. März 2021).

Wilkending, Gisela (Hg.). *Mädchenliteratur der Kaiserzeit. Zwischen weiblicher Identifizierung und Grenzüberschreitung.* Stuttgart u. a.: Metzler, 2003.

Willms, Weertje. *Die Suche nach Lösungen, die es nicht gibt. Gesellschaftlicher Diskurs und literarischer Text in Deutschland zwischen 1945 und 1970.* Würzburg: Königshausen & Neumann, 2000.

Willms, Weertje. *Geschlechterrelationen in Erzähltexten der deutschen und russischen Romantik.* Hildesheim u. a.: Olms, 2009.

Willms, Weertje. „,Mir tun alle Menschen Leid, die nicht in Bullerbü wohnen'. Eine Untersuchung zu prägenden Büchern und literarischen Konstrukten idealer Lebenswelten auf der Grundlage einer empirischen Befragung". *Komparatistik. Jahrbuch der Gesellschaft für Allgemeine und Vergleichende Literaturwissenschaft* (2015), 193–225.

Wrobel, Dieter. „Kinder- und Jugendliteratur nach 2000". *Praxis Deutsch* 37.224 (2010), 4–11.

I Mittelalter

Martina Backes
Kinder, Lesen und Geschlecht in der deutschsprachigen Literatur des Mittelalters

Zusammenfassung: Ausgehend von der 1215 entstandenen höfischen Lehrdichtung *Der Welsche Gast* des Thomasîn von Zerclaere, die auf die Bedeutung literarischer Vorbildfiguren für Kinder eingeht, werden im Beitrag nach einem kurzen Forschungsüberblick zunächst die Geschlechterentwürfe analysiert, die Thomasîn in seiner Didaxe entwirft. Anschließend werden die dort eingeforderten Verhaltensweisen für junge Adlige mit der Konzeption der Protagonist*innen des ersten deutschsprachigen Artusromans verglichen, den Hartmann von Aue nach französischer Vorlage Ende des 12. Jahrhunderts verfasste. Am Beispiel von Erec und Enite kann gezeigt werden, wie der Roman jugendliche Rezipient*innen auf ihre geschlechtsspezifisch unterschiedlichen Aufgaben in der adligen Gesellschaft des Mittelalters vorbereitete. Ein kurzer Ausblick auf die Rezeption der mittelalterlichen Erzählstoffe in der Kinder- und Jugendliteratur der Gegenwart lässt erkennen, wie häufig die mittelalterliche Szenerie noch heute unreflektiert benutzt wird, um patriarchale Geschlechterentwürfe der Vormoderne ungebrochen zu tradieren.

1 Einleitung

„Die âventiure die sint guot / wan si bereitent kindes muot." – Rittergeschichten sind sinnvoll, denn sie formen die Gesinnung eines Kindes. Diese Behauptung findet sich in einer der berühmtesten didaktischen Großdichtungen des Mittelalters, dem 1215/ 1216 entstandenen sogenannten *Welschen Gast* des Thomasîn von Zerclaere.[1] Thomasîns Ausführungen zur Lektüre von Kindern und Jugendlichen sind in vielerlei Hinsicht bemerkenswert. Zum einen sind Text- oder auch Bildquellen, die das Lesen von Kindern thematisieren, im Mittelalter äußerst rar. Sie finden sich, wenn überhaupt, in der Regel im Bereich der religiösen Kultur und des lateinisch geprägten klerikalen Bildungssystems. In der geistlichen Literatur berichten legendarische Texte etwa von den Lesekenntnissen, die Maria, die Mutter Jesu, mit sieben Jahren erwirbt, als sie zur Ausbildung in den Tempel kommt, und markieren nicht zuletzt auf diese Weise ihre ungewöhnliche Verständigkeit und Reife bereits in der Kindheit.[2] Bilder

---

[1] Ich zitiere das Werk nach der Ausgabe von Heinrich Rückert (Neudruck: 1965), hier: V. 1089–1090. Auf eine Unterscheidung von ſ und s wird verzichtet. Zum anspruchsvollen Programm dieser höfischen Verhaltens- und Tugendlehre siehe zuletzt Jerjen 2019 (mit Forschungsüberblick).
[2] „Die heilegen schrift si schier begunde / lernen, daz si wol kunde / lesen und vernemen wol / wie daz man si versten sol." (Bruder Philipp: *Marienleben*, V. 588–591) Zur engen Verbindung von Marienverehrung und Lesekultur im Mittelalter vgl. Schreiner 1990 und 1996 sowie Hand 2013, 186–202. Zur

zeigen das junge Mädchen auch beim Lesenlernen mit ihrer Mutter Anna, wobei als Erstlesebuch in der Kunst wie in der Realität der lateinische Psalter diente.³

Abb. 1: Die Hl. Anna lehrt ihre Tochter Maria das Lesen.

Stilisierung von Lesekenntnissen in literarischen (Auto-)Biographien des Spätmittelalters vgl. auch Schlotheuber 2009.
3 Zum Psalter als Erstlesebuch und zu grundsätzlichen Konsequenzen für die Textauffassung vgl. Heinzer 2006, zu seiner Bedeutung als typischer Frauenlektüre im Mittelalter vgl. Wolf 2006 und Hand 2013.

Die lesende Maria wurde geradezu zur „Symbolgestalt mittelalterlicher Frauenbildung" (Schreiner 1996, 130). Lesekundige Jungen erhielten ihren Unterricht hingegen fast ausnahmslos wie Gregorius, der Protagonist der gleichnamigen Erzählung Hartmanns von Aue, ab sechs Jahren in der Klosterschule und damit dem Ort, an dem jahrhundertelang Lesen gelehrt und gelernt wurde.[4] Es ist kein Zufall, dass der mittelalterliche lesende Knabe in der Vorhalle des Freiburger Münsters zu Füßen der *Grammatica* sitzt, jener Personifikation des elementaren Schulfachs der antiken *septem artes liberales*, das wie kaum ein anderes die Verankerung von Lese- und Schreibkenntnissen im lateinischen Bildungssystem des Mittelalters und den Zugang dazu einzig durch kirchliche Institutionen repräsentiert (vgl. Abb. 2).

Für den Bereich der weltlichen Kultur gilt hingegen, dass bis zum Spätmittelalter auch im Adel die Unterrichtung von Kindern im Lesen die Ausnahme war (Griese und Henkel 2015). Berichte über Lesefähigkeiten jugendlicher Protagonist*innen in weltlichen Romanen (z. B. Tristan, Isolde) dienten daher stets der Hervorhebung von Exzeptionalität. Literatur wurde in der mittelalterlichen Laiengesellschaft mündlich vorgetragen und hörend aufgenommen, dies gilt für Erwachsene wie für Kinder. An diese Form der Rezeption von Vorgelesenem in einer wesentlich von Mündlichkeit geprägten Gesellschaft scheint auch Thomasîn zu denken, wenn er von den Geschichten spricht, die die Kinder „vernemen" (V. 1029) oder „hoeren" (V. 1033) sollen, doch erwähnt er zu Beginn der Passage ausdrücklich auch die Möglichkeit einer gemischten Rezeption, d. h. auch das Lesen: „nu wil ich sagen waz diu kint / suln vernemen unde lesen / und waz in mac nütze wesen." (V. 1026–1028)[5] Bemerkenswert sind aber nicht nur die Thematisierung von kindlichem Lesen außerhalb religiöser Texte und klerikaler Bildungsinstitutionen und die – zunächst jedenfalls – positive Bewertung der weltlichen Lektürestoffe (auf deren Charakterisierung ich noch genauer eingehen werde), sondern auch die Differenzierung hinsichtlich des Geschlechts der jungen Leser*innen. Thomasîn geht zwar nicht auf ein unterschiedliches Leseverhalten von Männern und Frauen ein, wie es die moderne Leseforschung inzwischen untersucht (Bertschi-Kaufmann und Plangger 2018), doch sollen die Leser*innen seiner Meinung nach offensichtlich Unterschiedliches aus der Lektüre mitnehmen, abhängig davon, ob sie *juncvrouwen* oder *juncherren* sind. Es bietet sich also an, bei der Frage nach Genderaspekten in der Kinder- und Jugendliteratur des

---

[4] Nachdem Gregorius in der Fischerfamilie gelebt hat „[...] unz ze sehs jâren / der abbet nam ez dô von in [d. i. den Zieheltern] / zuo im in daz kloster hin / [...] und hiez ez diu buoch lêren." (Hartmann von Aue: *Gregorius*, V. 1158–1163). Zur Frage, ob für Mädchen im häuslichen Umfeld erworbene Lesekenntnisse bereits eine Voraussetzung für die Aufnahme in einen Frauenkonvent darstellten, vgl. Schlotheuber 2008. Zu den Konsequenzen der strukturell engen Verknüpfungen der Oppositionen Latinität und Volkssprache, Gelehrte und Laien mit Vorstellungen von männlich und weiblich, Dominanz und Subordination im Mittelalter siehe Copeland 1994.

[5] Übersetzung: „Nun werde ich Euch sagen, was die Kinder hören und lesen sollen und was ihnen nützlich sein kann." (MB) Zur gemischten Rezeption, d. h. der engen Verbindung von Hören und Lesen im Bereich der weltlichen Kultur des Mittelalters, vgl. v. a. Green 1994.

Abb. 2: Der lesende Schüler zu Füßen der Grammatica.

Mittelalters von Thomasîn auszugehen, seine in der höfischen Erziehungslehre (*hovezuht*) enthaltenen Vorstellungen von Männlichkeit und Weiblichkeit zu analysieren und exemplarisch am Erecroman zu überprüfen, inwieweit die von ihm genannten höfischen Romane diese Vorstellungen narrativ an ein jugendliches Publikum vermitteln.

2 Zur Forschungssituation

Inwieweit ist es aber überhaupt gerechtfertigt, von Kinder- und Jugendliteratur im Mittelalter zu sprechen? Befragt man einschlägige Handbücher und Übersichtsartikel, so scheint das Phänomen Kinder- und Jugendliteratur frühestens mit dem Buchdruck zu beginnen und erst ab der Mitte des 18. Jahrhunderts in der Aufklärung relevant zu werden (Brüggemann et al. 1987).[6] Ausgehend von den einflussreichen Thesen, die Philippe Ariès in seinem 1960 erschienenen Buch *L'enfant et la vie familiale sous l'ancien régime* (dt. *Geschichte der Kindheit*, 1975) aufgestellt hatte, wurde eine Zeit lang sogar bezweifelt, dass es im Mittelalter überhaupt ein Konzept von Kindheit gegeben habe. Die hohe Kindersterblichkeit hätte ein affektives Verhältnis zu Kindern verhindert, und es habe sogar „das Bewusstsein von einem kategorialen Unterschied zwischen dem Kind und dem Erwachsenen gefehlt" (Haug 2008, 465). Die Frage nach einer spezifischen Kinderliteratur im Mittelalter schien unter solchen Prämissen erledigt. Längst hat die mediävistische Forschung solche Annahmen jedoch mit dem Verweis auf historische und literarische Quellen und die in ihnen deutlich werdenden Kindheitsvorstellungen überzeugend zurückgewiesen (Arnold 1980; Winter 1984; Schultz 1995; Classen 2005), und in der Folge wuchs in der Verbindung von sozialgeschichtlichen und literaturwissenschaftlichen Fragestellungen u. a. das explizite Interesse an Erziehungsschriften (Brunken 1989; Barth 1994; Brinker-von der Heyde und Kasten 2003; Schnell 2004; Johnston 2009; Föller 2018), die keineswegs nur auf Latein entstanden und durchaus weiter zurückreichen als bis in das 14. Jahrhundert, wie Kümmerling-Meibauer im Artikel „Kinder- und Jugendliteratur" des *Reallexikons* noch festgehalten hatte (2007, 256).[7] Dass es im Mittelalter keine eigens für Kinder verfassten Bücher im heutigen Sinne gab – abgesehen von wenigen, meist erst im Spätmittelalter entstandenen religiösen Handschriften, die nachweislich zum Lesenlernen benutzt wurden (Hand 2013, 172–186) –, liegt nicht an einer angeblich fehlenden Wahrnehmung von Kindheit als einer eigenen spezifischen Lebensphase und dem vermuteten Unwillen, dem durch entsprechende Texte Rechnung zu tragen, sondern ist vor allem der Entstehung von Literatur unter den schwierigen Bedingungen einer Manuskriptkultur geschuldet.

Die Herstellung von Handschriften war mühsam, langwierig und extrem teuer. Skriptorien gab es bis zur Etablierung einer weltlichen Schriftlichkeit an den Höfen nur im Bereich der Klöster. Es dauerte lange, bis überhaupt weltliche, nicht-religiöse

---

6 Eine Gegenposition aus mediävistischer Perspektive vertreten z. B. Öhlinger-Brandner 2002, Brunken 2008 und die Beiträge der Bände *Geschichte der Mädchen- und Frauenbildung* (Kleinau und Opitz 1996) und *Erziehung und Bildung im Mittelalter* (Brinker-von der Heyde und Kasten 2003).
7 Für die deutschsprachige Literatur sei neben Thomasîn z. B. auch auf die älteste erhaltene adlige Erziehungslehre des Wilhelm von Elmendorf aus dem 12. Jahrhundert (Bumke 1974) sowie den *Winsbeke* bzw. die *Winsbekin* hingewiesen, dialogische Lehrgedichte zwischen Vater und Sohn bzw. Mutter und Tochter, die anonym u. a. in der um 1300 entstandenen *Manessischen Liederhandschrift* überliefert sind (Reiffenstein 1962).

Abb. 3: ABC-Buch mit Alphabet und religiösen Gebeten (um 1475).

Texte den Weg auf das Pergament fanden, jenen kostbaren Beschreibstoff, der bis zur Einführung von Papier im Spätmittelalter Bücher zu einem exklusiven Luxusgegenstand machte. Legt man den Fokus nicht primär auf die Produktion, sondern vor allem auf die Rezeption und fasst unter dem Begriff Kinder- und Jugendliteratur jene Werke, die im Mittelalter von Kindern und Jugendlichen (mit-)gehört und gelesen wurden, so gehören nicht nur volkstümliche und literarisierte Lieder[8] und die von Thomasîn er-

---

[8] Der Einfluss der mündlich vermittelten Lieder auf die Prägung und Ausformung von Geschlech-

wähnte höfische Erzählliteratur des Hochmittelalters in Form von Antiken- und Artusromanen sowie *Chanson de geste*-Stoffen dazu (Düwel 1991; Dallapiazza 1996; Liebertz-Grün 1996). Zweifellos wurden darüber hinaus vor allem die zahllosen Heiligenlegenden, die auch in der Volkssprache weit verbreitet waren, auch außerhalb des Klosters als geschlechtsspezifisch ausgerichtete Erziehungs- und Sozialisationsliteratur für Heranwachsende genutzt (Fleith 2010 und 2012).[9]

Neben der Erforschung von Kindheitsvorstellungen, die in der Mediävistik seit den 1980er Jahren vorangetrieben wird, und der ungefähr zur gleichen Zeit aufkommenden Beschäftigung mit Genderfragen, die bis heute aktuell sind (Bennewitz und Tervooren 1999; Klinger 2002; Sieber 2015; Bennewitz et al. 2019), gehören auch Untersuchungen zu Lesevorgängen und Lesepraktiken in den letzten Jahren verstärkt zu den Forschungsschwerpunkten des Fachs (Lutz et al. 2010; Griese und Henkel 2015). Dabei sind die drei Forschungsgebiete keineswegs strikt voneinander getrennt. Während allerdings Verbindungen zwischen den Bereichen Lesen und Gender schon früh vor allem aus sozial- und bildungsgeschichtlicher Perspektive hergestellt wurden, wobei die Arbeiten insbesondere die historisch bezeugte Rolle von Frauen als Leserinnen und ihre Bedeutung für den mittelalterlichen Literaturbetrieb hervorhoben (Grundmann 1936; Bumke 1986; Green 2007),[10] ist eine intensive Verknüpfung aller drei Forschungsfelder nach wie vor ein Forschungsdesiderat.

3 Entwürfe idealer Weiblichkeit und Männlichkeit bei Thomasîn von Zerclaere

Swer gerne list guotiu maere,
ob er dan selbe guot waere,
so waere gestatet sin lesen wol.
ein ieglich man sich vlîzen sol
daz er ervüll mit guoter tât
swaz er guots gelesen hât. (V. 1–6)

---

terrollen ist nicht zu unterschätzen. Dies gilt für Texttypen der Liebeslyrik (Minnesang), die vor allem im Bereich der Frauenlieder oder der altfranzösischen *Chansons de toile* auch auf nicht erhaltene volkstümliche (,populäre') Grundformen verweisen, ebenso wie für die höfische Sangspruchdichtung, in der die öffentliche gesellschaftliche Normierung von Geschlechterrollen und die Skandalisierung von Verstößen gegen dieselbe großen Raum einnehmen. Vgl. hierzu etwa einen Text des Sangspruchdichters Fegfeuer: *Ein menlîch wîp, ein wîplîch man* (ed. Nolte und Schupp 2011, 294–297).
9 Im Spätmittelalter gewinnen neben den bereits genannten literarischen Gattungen auch die geistlichen Spiele zunehmend an Bedeutung, deren öffentliche Aufführungen in den Städten von allen Altersgruppen besucht wurden.
10 Aktuell verlagert sich das Interesse von sozialgeschichtlichen Aspekten auf rezeptionsästhetische Fragestellungen, vgl. hierzu Lombardi 2018 sowie das angekündigte Forschungsprojekt zu „Lesen und Geschlecht" von Linus Möllenbrink (Universität Freiburg/Br.).

Bereits zu Beginn seines Werks spricht Thomasîn von der Bedeutung richtiger Lektüre, die nicht ohne Folgen für die individuelle und gesellschaftliche Praxis bleiben dürfe. Wer gerne gute Geschichten lese, dessen Lesen führe zum Erfolg, wenn er bzw. sie in der Folge auch selbst zu einem guten Menschen werde. Denn jeder Mensch solle sich bemühen, dass er das, was er Gutes gelesen habe, auch gut und tatkräftig in seinem Leben umsetze. Zweifellos sind damit zunächst die didaktischen Lehren der *hovezuht*, d.h. die Erziehungsvorgaben für adlige Mädchen und Jungen gemeint, die Thomasîn an den Anfang seines umfangreichen Werks gestellt hat. Ob Thomasîn, der als Domherr in Aquileja bezeugt ist, bei seinen Ausführungen, die offensichtlich für ein weltliches deutschsprachiges Publikum gedacht waren, einen konkreten Hof vor Augen hatte, lässt sich nicht mehr feststellen, doch fand sein Werk in der Adelsgesellschaft offenbar große Verbreitung, wie die 25 erhaltenen handschriftlichen Textzeugen belegen.

Zentrales Ziel der Verhaltensvorschriften für junge Adlige ist bei Thomasîn, wie in anderen höfischen Erziehungslehren der Zeit, ein Leben „mit êren" (V. 163–164). Mit dem Begriff der *êre* ist der zentrale verhaltensleitende soziale, kulturelle und kommunikative Code genannt, der in der mittelalterlichen Adelsgesellschaft die Selbst- und Fremdwahrnehmung steuert und als öffentliches Regelsystem die soziale Ordnung stabilisiert, diese als Ehrverletzung oder Ehrverlust aber auch destabilisieren kann (Klein 2019). Für die Sozialisation der Kinder und Jugendlichen ist die Kenntnis dieses sozialen Codes, der durch „Sprache, Gesten, Symbole und Dinge" (Speitkamp 2010, 17) ausgedrückt wird, essenziell, meint *êre* im Mittelalter doch noch nicht, jedenfalls nicht ausschließlich, jenes „vom Urteil anderer unabhängige[s] Bewusstsein von der eigenen Bedeutung und Würde" (Klein 2019, XIII), wie es für die spätere Zeit prägend wird. Da *êre* als grundlegender Wert der höfischen Gesellschaft vor allem askriptiv als Anerkennung von außen gefasst ist, um die man sich bemühen muss, erscheint sie als Folge einer richtigen Erziehung (*zuht*): Das Verhalten, das der *êre* gemäß ist und *êre* einbringt, muss vermittelt, erlernt und eingeübt werden. Dabei spielen Vorbilder eine große Rolle.

Die langen Ausführungen Thomasîns lassen erkennen, dass *êre* allerdings auch innerhalb der höfischen Gesellschaft kein Konzept war, das einfach und leicht zu beschreiben war – zu vielschichtig waren die Kontexte, zu dynamisch die Diskurse, in denen die Konkretisierungen dieses Konzepts immer wieder neu verhandelt wurden. Dies zeigt sich in der Erziehungslehre bereits daran, dass Thomasîn einleitend zwar allgemeine Voraussetzungen und Tugenden nennt, die im Hinblick auf den Ehrerwerb für beide Geschlechter gleich sind – dazu zählt er etwa grundsätzlich die Bereitschaft, Müßiggang („trâkeit", V. 148) zu vermeiden, sich um Disziplinierung der Rede und Wahrhaftigkeit der Sprache zu bemühen sowie generell die Fähigkeit, „schame" (V. 189–198) zu empfinden, d.h. Verletzungen der *êre* zu erkennen und kritikfähig gegenüber den eigenen Verhaltensweisen zu sein –, doch ist der Begriff von *êre* im Mittelalter (und in manchen Bereichen bis heute) letztlich geschlechtsspezifisch bestimmt. Es braucht daher bei Jungen und Mädchen unterschiedliche Verhaltensvorgaben, um ein ehrenvolles Leben als anerkanntes Mitglied der Gesellschaft erreichen zu können. Die „schoeniu hovezuht" (V. 302), die den Adel von den anderen gesellschaftlichen Gruppen unterscheidet, ist innerhalb der adligen Elite noch einmal geschlechtsspezifisch zu konkretisieren; die Folge ist eine „Erziehung zur Differenz" (Bennewitz und Weichselbaumer 2003).[11] Während die jungen Männer sich verschiedenartiges Weltwissen („künste vil", V. 845) aneignen, sich um Tapferkeit („vrümkeit", V. 983) und die Vermeidung jeglicher Feigheit („zage", V. 985) bemühen sollen, sie *êre* demnach aktiv durch ein nach außen gerichtetes Handeln erwerben können, ist die *êre* der Mädchen an ihren Körper gebunden. Sie können ihre *êre* nur bewahren, indem sie sich der Regulierung und Einschränkung ihrer Wahrnehmung, Bewegung und kommunikativen Teilhabe unterwerfen. Mädchen müssen Augen, Stimme und Gang kontrollieren, sie dürfen ihre Augen nicht neugierig umherschweifen lassen (V. 400–401), sollen nur mit sanfter Stimme sprechen, keineswegs zu laut und in Gesellschaft auch nur, wenn sie gefragt werden (V. 405–406), beim Sitzen die Beine nicht übereinander schlagen (V. 411–412) und beim Gehen keine großen Schritte machen (V. 417–418). Körperliche Schönheit ist in Thomasîns Augen für adlige Mädchen wichtig, doch darf sie nicht aufreizend zur Schau gestellt werden (V. 451–456). Intellektuelle Fähigkeiten sind ebenfalls nicht öffentlich zu demonstrieren und werden als unnötig angesehen, da Mädchen, anders als Jungen, auf den Umkreis des Hauses beschränkt sind und keine öffentlichen Ämter oder gar Herrscherpflichten übernehmen sollen: „ob si dan hât sinnes mêre / sô hab die zuht und die lêre / erzeig nicht waz si sinnes hât / man engert ir niht ze potestât. [...] einvalt stêt den vrouwen wol" (V. 837–849).[12] Die größte Gefährdung weiblicher *êre* ging aber von „untriwe" und „unzuht" (V. 950) aus, d. h. die *êre* der Mädchen hing entscheidend von einem regelkonformen sexuellen Verhalten ab.[13] Zwar wurde auch von jungen Männern eingefordert, sich gemäß dem höfischen Zeremoniell gegenüber Frauen respektvoll zu verhalten, doch war ihr sexuelles Verhalten kein explizites Thema in Thomasîns Tugendlehre.

---

11 Zu den genderspezifischen Aspekten von Thomasîns Lehre vgl. auch Weichselbaumer 2002 und 2003; Classen 2008 und Starkey 2013, die vor allem die Bedeutung der Bilder in den illustrierten Handschriften untersucht, denen sie eine Schlüsselrolle „in constructing and affirming elite identity" (Starkey 2013, 3) auch hinsichtlich der Visualisierung von Gender zuschreibt. Zur mittelalterlichen Begründung solcher Genderdifferenzen als ‚natürlich' und ‚gottgegeben' vgl. Arnold 1987, zum grundsätzlichen Konstruktionscharakter über das Mittelalter hinaus Schnell 2018.
12 Übersetzung: „Wenn sie mehr Verstand hat, so sollte sie den Anstand und die Einsicht haben, nicht zu zeigen, wie klug sie ist. Man will sie nicht als Herrscherin haben. [...] Einfalt (Naivität) steht höfischen Damen gut an." (MB) Die Bemerkung über das Herrschertum von Frauen entspricht allerdings nicht der Realität im Mittelalter.
13 Diese Auffassung weiblicher Ehre und die daraus resultierende Reglementierung weiblichen Verhaltens gilt weit über das Mittelalter hinaus (Burghartz 1995).

4 Literarische Figuren als Garanten genderspezifischer Verhaltensmuster

Wie eingangs erwähnt, belässt es Thomasîn nicht bei seinen didaktischen Ausführungen, sondern thematisiert als Medium der Vermittlung höfischer Wertvorstellungen ausdrücklich die weltliche Erzählliteratur. Sie biete auf eingängige, narrative Weise Vorbilder („bilde und guote lêre", V. 1031), an denen sich Jungen und Mädchen orientieren können und sollen. Thomasîn geht also von einer identifikatorischen Lektüre der jungen Leser*innen aus und empfiehlt dafür „nicht Autoren oder Werke, sondern Einzelgestalten" (Haug 1992, 233).[14] Diese literarischen Figuren können reale Vorbilder am Hof, die „vrumen liute" (tüchtige, vorbildhafte Leute, V. 619), ergänzen, vielleicht sogar ersetzen: „Wenn das vorbildliche Korrektiv der persönlichen Leitbilder […] handlungsorientierend funktioniert, gilt das für jene ikonischen Korrektive ebenso, die, über die Literatur vermittelt, als bildhafte Vorstellungen im Gedächtnis gespeichert sind" (Wenzel 1991, 40). Für die Mädchen nennt Thomasîn acht Vorbildfiguren, die aus allen Bereichen der damals bekannten Großepik stammen: Andromache, die Gattin Hektors, Penelope, die Gattin des Odysseus, und Oenone, Geliebte des Paris, aus dem Umkreis der Antikenromane, Galiena, Gattin Karls des Großen, aus dem Bereich der *Chansons de geste* sowie Enite, Blanscheflor und Sordamor als Figuren aus dem höfischen Artusroman (V. 1029–1040). Ein weiterer Name lässt sich nicht mehr entziffern. Der Vorschlag, die verderbte Stelle durch den Namen Lavinias, der Ehefrau des Aeneas, zu ergänzen, ist durchaus plausibel, auch Laudine aus dem Iweinroman wäre denkbar (Düwel 1991, 74). Was diese literarischen Figuren genau zu Vorbildern macht, lässt Thomasîn offen, der „schoene sin" (V. 1040), von dem er ganz allgemein spricht, lässt auf eine besondere „innere Haltung" (Haug 1992, 233) schließen, die zum imitierenden Nachvollzug einlädt. Vermutlich ist es die unbedingte Treue gegenüber ihren Geliebten und Ehemännern, die diese Frauen auszeichnet. Abschreckende Gegenfigur ist Helena, die aufgrund ihrer äußeren Schönheit viele Männer vor Troja ins Verderben stürzt. Frauen werden bei Thomasîn vor allem in Beziehung zu Männern gesehen und bewertet.

Ausführlicher geht Thomasîn anschließend auf die literarischen Vorbilder der männlichen Jugend ein, wobei er sogar elf Figuren nennt, die ebenfalls das ganze Spektrum der Großepik mit einem Schwerpunkt auf dem Artusroman abdecken (V. 1041–1078). Aufgelistet werden der arthurische Musterritter Gâwein, außerdem Erec, Iwein, Cligès, Segremors, Kalogrenant, Tristan, Parzival und Artus selbst sowie Alexander und Karl der Große. Herrschertum, Zugehörigkeit zur ritterlichen Institution der Tafelrunde, Tugendhaftigkeit und vor allem Tapferkeit im Kampf machen sie zu Beispielfiguren, wobei Problematisierungen einzelner Figuren, die die Romane

---

[14] Zur grundsätzlichen Diskussion um die Konzeption literarischer Figuren im Mittelalter und ihre Rezeption vgl. die umfassende Darstellung von Möllenbrink 2020.

durchaus bieten, ausgeblendet bleiben. Es geht Thomasîn allein darum, mit den Namen „universelle Verhaltensmuster" aufzurufen (Haug 1992, 235). Auch hier wird den Vorbildern als Warnung eine negative Figur gegenübergestellt: Es ist Keie, das *enfant terrible* des Artusromans, als dessen üble Eigenschaften insbesondere seine Unzuverlässigkeit sowie sein Hang zu Lügen und maßloser Spottlust gebrandmarkt werden – Verhaltensweisen, die Thomasîn auch unter seinen Zeitgenossen als weit verbreitet beklagt, womit er die Brücke von den fiktionalen Figuren zur faktualen Gegenwart schlägt. Inwieweit Erec und Enite, die beiden in den Katalogen der literarischen Vorbilder genannten Hauptfiguren des ersten deutschsprachigen Artusromans die in Thomasîns höfischer Tugendlehre aufgeführten positiven Verhaltensweisen tatsächlich widerspiegeln und damit als literarische Modellfiguren zur *imitatio* eines geschlechtsspezifisch jeweils unterschiedlich bestimmten ehrenvollen Lebens einladen, soll im Folgenden untersucht werden. Dabei wird der Roman allein auf die Frage nach den genderspezifischen Sozialisationsangeboten für ein jugendliches Publikum hin beleuchtet.[15]

5 Zur Konstruktion von Männlichkeit und Weiblichkeit in Hartmanns Erecroman

Der Roman, um 1180 als Bearbeitung einer französischen Vorlage von Chrétien de Troyes entstanden, beginnt am Artushof, dem politischen, sozialen und kulturellen Zentrum der fiktiven adligen Gesellschaft im Text. Der Hof des Königs ist die Institution, die die Normen und Werte dieser Gesellschaft garantiert und daher über die Zuschreibung öffentlicher Ehre entscheidet, d. h. darüber, ob ein Protagonist oder eine Protagonistin die normativen Erwartungen der Gruppe erfüllt, die sich zugleich – daran lassen die Erzählerkommentare keinen Zweifel – als implizite normative Erwartungen an die adligen Rezipient*innen richten.[16] Der Artushof ist daher nicht nur Ausgangspunkt, sondern auch Endpunkt der Handlung, und die Hofszenen fungieren auch im Verlauf des Romans als Resonanzräume, die durch Anerkennung oder öffentliche Kritik den bis dahin jeweils erreichten gesellschaftlichen Status der Hauptfiguren markieren.

---

15 Ich lege die Edition von Scholz 2007 zugrunde. Aus der Fülle der Untersuchungen zum Erecroman seien an dieser Stelle lediglich die allgemeinen Einführungen von Bumke (2006) und Kropik (2021) sowie der wichtige Aufsatz von Schnell (2011) genannt, der den Roman als Erster konsequent unter der Kategorie Gender untersucht und die Ausprägung der Geschlechterrollen überzeugend für die Interpretation fruchtbar gemacht hat.
16 Der Anfang von Hartmanns Roman ist leider verloren, mit ihm der Prolog, der in der Regel das Publikumsgespräch eröffnet und die Rezeptionshaltung lenkt. Der Beginn der Handlung lässt sich allerdings nach der französischen Vorlage von Chrétien de Troyes, der Hartmann weitgehend gefolgt ist, rekonstruieren.

Zu Beginn des Romans beschließt König Artus, einem alten Brauch zu folgen und sich mit seinen Rittern auf die Jagd nach dem weißen Hirsch zu begeben. Erec, Sohn eines Königs, reitet nicht mit auf die Jagd, sondern begleitet stattdessen Königin Ginover und ihre Damen auf einen Ausritt. Warum er im Gegensatz zu den anderen Rittern nicht an der Jagd teilnimmt, sagt der Text nicht, aber es fällt auf, dass mehrfach die Jugend Erecs erwähnt wird, die Hartmann gegenüber der Vorlage sehr viel stärker betont hat (Bumke 2006, 96). Erec wird als „junger man" (V. 18), als „jungelinc" (V. 757) eingeführt, der trotz seiner ihm von Anfang an zugeschriebenen männlichen Tapferkeit („vrümekeit", V. 3) offenbar noch über keinerlei Kampferfahrung verfügt. Er ist damit als eine Figur konzipiert, die am Anfang ihres gesellschaftlichen Werdegangs steht und sich noch in der Entwicklung befindet. Sie konnte deshalb gerade jugendlichen Rezipienten als Identifikationsfigur und *role model* dienen. Unterwegs trifft die Gruppe auf einen unbekannten Ritter, der von seiner Freundin und einem Zwerg begleitet wird. Der Zwerg beleidigt Erec und schlägt ihn mit einer Peitsche grundlos ins Gesicht. Da Erec in der Eile des Aufbruchs vom Artushof unbewaffnet losgeritten und ohne ritterliche Ausrüstung „bloz als ein wîp" (in Hinblick auf Waffen nackt wie eine Frau, V. 103) ist, kann er sich nicht zur Wehr setzen und die öffentliche Ehrverletzung nicht, wie von einem adligen Mann erwartet, unmittelbar ahnden. Er beschließt aber, allein den Ritter und seine Begleitung zu verfolgen, um die erlittene Schmach bei einer passenden Gelegenheit zu rächen und so seine Ehre wiederherzustellen. Die von Thomasîn angeführte „schame" (V. 110), das Betroffensein durch den erlittenen Ehrverlust, ist dabei wesentliche Antriebskraft seines Handelns.

Die Möglichkeit der Rehabilitation bietet sich ihm beim sogenannten Sperberturnier. Um beim Turnier kämpfen zu können, braucht Erec allerdings eine Rüstung und Waffen, außerdem eine schöne Frau als Begleitung, da das Turnier mit einem Schönheitspreis verbunden ist. Beides leiht er sich bei einem verarmten Grafen, dessen Bekanntschaft er zufällig macht. Hier kommt es auch zur ersten Begegnung mit Enite, der jungen Tochter des hilfsbereiten Grafen, für deren außergewöhnliche Schönheit Erec allerdings zu diesem Zeitpunkt noch kein Auge hat. Führt der Roman den jungen Erec, dessen zukünftiges Herrschertum durch seine königliche Abkunft bereits gesetzt ist, als dynamisch agierenden Ritter zu Pferd ein, der am Hof adlig sozialisiert ist und in der Umgebung der Königin sofort selbstbewusst seinen Willen demonstriert, Konflikte öffentlich mit Waffengewalt zu lösen, so begegnet Enite den Rezipient*innen isoliert als „kint" (V. 309) in der ärmlichen häuslichen Umgebung ihrer Eltern, mit denen sie allein lebt und denen sie die fehlende Dienerschaft ersetzen muss. Klaglos und bescheiden erträgt Enite Armut und Unterordnung, sinnfällig vor allem in ihrer Darstellung als Pferdeknecht. Bei beiden Hauptfiguren haben die geschilderten Defizite offenbar Auswirkungen auf ihre geschlechtstypischen Rollen: Erec ist ohne Waffen kein richtiger Mann, Enite in der Übernahme von Aufgaben im Stall, die eigentlich Männern vorbehalten sind, keine adlige Dame. Die prekäre defizitäre Situation jenseits gesellschaftlicher Normvorstellungen wird darüber hinaus bei Enite durch das zerschlissene alte Kleid symbolisiert, durch dessen zahllose Löcher der Erzähler allerdings die körperliche Schönheit, die verbunden ist mit engelgleicher

Reinheit, umso strahlender hervorscheinen lässt – ein poetischer Kunstgriff, der das didaktische Verbot der Ausstellung äußerer Schönheit geschickt umgeht und die äußere Erscheinung des Mädchens zugleich erotisierend auflädt. Die öffentliche Integration Enites in die höfische Gesellschaft des Artushofs wird sich später folgerichtig vor allem in der sorgfältigen Einkleidung durch Königin Ginover selbst widerspiegeln, erst dann entspricht für alle sichtbar die materielle Ausstattung der äußeren Erscheinung der körperlichen (und inneren) Schönheit der jungen Frau.

Bietet der Erwerb der ritterlichen Ausrüstung Erec die Möglichkeit, sein Schicksal selbst in die Hand zu nehmen, durch den Sieg über seinen Gegner seine Ehre wiederherzustellen und auf diese Weise öffentliche Anerkennung zu sammeln, bleibt Enite zunächst passives Objekt männlicher Interessen ohne eigene Handlungsoptionen. Es sind Erec und ihr Vater, die über ihre Verheiratung verhandeln, sie selbst bleibt dabei ohne Stimme – eine Situation, die realitätsgetreu die Praktiken adliger Eheschließungen und die Dominanz männlichen Herrschaftshandelns im Mittelalter abbildet. Der Erzähler betont dabei ausdrücklich (V. 1320–1325), dass Enite sich wie alle Mädchen „bliuclîch" (schüchtern) und „schamic" in der Gegenwart Erecs verhält und sich wortlos und ergeben in die Zweckehe fügt, in der sie, da ist sich der männliche Erzähler sicher, wie alle Frauen bald schon Gefallen an dem finden werde, was ihr jetzt noch unbekannt sei. Der generalisierende Kommentar lässt keinen Zweifel daran, dass Schüchternheit, Zurückhaltung und Unerfahrenheit das gewünschte Verhalten junger Mädchen kennzeichnen, wobei diese Eigenschaften als Teil der weiblichen Natur dargestellt werden, nicht als Folge restriktiver Sozialisation. Dass ihre Aufgabe als Ehefrau vor allem in der Bestätigung und Stabilisierung des männlichen Heldenbildes bestehen wird, demonstrieren nicht nur Szenen, in denen Enite als (stumme) Zuschauerin seiner Kämpfe durch ihr bloßes Dasein Erecs Kampfgeist anspornt, sondern auch ihr Stolz auf seinen Mut und seine Tapferkeit und die explizite Versicherung, dass ihr trotz der Sorge um sein Leben ein kampfstarker Held als Ehemann lieber sei als ein Feigling („daz ir ze manne waere ein degen / lieber dan ein arger zage / und lie wache klage / und was sîner manheit / beide stolz und gemeit", V. 2847–2851).[17]

Erst auf dem Weg zurück zum Artushof verlieben sich Erec und Enite ineinander, denn erst jetzt, als seine Ehre wiederhergestellt ist, sieht Erec Enite nicht mehr nur als willkommenes Mittel für das Erreichen eigener Ziele, sondern kann sie als Person wahrnehmen, narrativ inszeniert durch den Blick für ihre Schönheit. Es gehört zum literarischen Konzept der höfischen Liebe, dass beide, Mann und Frau, in gleicher Weise emotional betroffen sind, und im Text wird ausdrücklich die zunächst ungetrübte Gemeinsamkeit der Gefühle betont, wobei Enite jedoch als Frau ihr Verlangen weniger offen zeigen darf als Erec. Dass beide fortan ihre Tage weitgehend im Schlafzimmer verbringen, wird allerdings vor allem in Bezug auf Erec als problema-

---

17 Übersetzung: Enite war sich sicher, „dass ihr ein Held lieber sei als ein übler Feigling, sie gab ihre ängstliche Klage auf und war stolz auf seine männliche Tapferkeit und froh darüber." (MB)

tische Veränderung („wandelunge", V. 2984) gesehen, da die gesellschaftlichen Erwartungen an ihn an seine ritterliche Aktivität außerhalb des Hauses geknüpft sind. Die verbreitete misogyne Auffassung, dass es allein die Frau sei, die den Mann verführe und mit ausschweifender Sinnlichkeit ins Unglück stürze, zitiert der Erzähler in dieser Szene lediglich als Figurenrede von Hofangehörigen, der allerdings nicht widersprochen wird: „si sprâchen alle: wê der stunt / daz uns mîn vrouwe wart kunt. / des verdirbet unser herre" (V. 2996–2998).[18]

Mithilfe der Doppelwegstruktur diskutiert der Roman im Folgenden ein Fehlverhalten, das keineswegs nur der Frau, sondern auch und vor allem Erec zur Last gelegt wird und das auf einem erneuten Aventiure-Weg, den das Paar gemeinsam unternimmt, korrigiert werden muss. Dabei geht es nicht um eine moraltheologisch begründete Verurteilung sinnlicher Liebe als Sünde, sondern um die Propagierung der gesellschaftlichen Verantwortung, die Erec und Enite als Herrscherpaar übernehmen müssen und der sie durch ihren selbstgewählten Rückzug nicht gerecht werden: „Soziale Isolierung, nicht sexuelle Maßlosigkeit lautet die Kritik" (Schnell 2011, 326). Es ist nicht nur Erec, sondern nun die gesamte gesellschaftliche Institution Hof, die durch das Verhalten des jungen Paares von Ehrverlust bedroht ist: „sîn hof wart aller vreuden bar / unde stuont nach schanden" (V. 2989–2990).[19] Raumsemantisch wird die Problematisierung des Rückzugs in die Zweisamkeit durch den abrupten Aufbruch aus dem Innenraum des Schlafgemachs in die unwirtliche und fremde Außenwelt der Aventiure umgesetzt, in der sich Erec und Enite geschlechtsspezifisch bewähren müssen. Die gesellschaftliche Bewährung konzentriert sich im Falle Enites auf ihre Rolle als Ehefrau, da ihre êre sich allein durch diesen Status definiert. Sie muss nicht nur ihren Wunsch, Erec ganz für sich zu haben, aufgeben und geduldig die zeitweise herabsetzende und ungerechte Behandlung durch ihren Mann ertragen, der sie einmal mehr zum Pferdeknecht degradiert, sondern sie beweist in mehreren extremen Situationen trotz sexualisierter Gewalt fremder Männer und der damit verbundenen Gefahr für Leib und Leben ihre unerschütterliche *staete* (Beständigkeit) und *triuwe* (Treue), sogar über den (vermeintlichen) Tod Erecs hinaus. Mit Selbstlosigkeit, Gehorsam, Leidensbereitschaft und unverbrüchlicher Treue demonstriert Enite gesellschaftlich erwünschte Tugenden einer Ehefrau, die dem traditionellen Ideal einer christlichen Ehefrau entsprachen und in den Ehelehren der Frühen Neuzeit vor allem durch die literarische Figur der Griseldis an weibliche Leserinnen vermittelt wurden (Bertelsmeier-Kierst 1993). Anders als die didaktischen Schriften fordert der Erecroman diese Tugenden allerdings nicht als plakative Setzungen ein, sondern er problematisiert sie, indem er die Leserinnen an einem inneren Entwicklungsprozess der weiblichen Hauptfigur teilhaben lässt, der durch eine Reihe von selbstreflexiven Monologen Enites vorgeführt wird. Das junge Mädchen, das zunächst vor allem als

---

18 Übersetzung: „Sie sagten alle: ‚Verflucht sei die Stunde, in der wir unsere Herrin kennenlernten. Durch sie wird unser Herr zugrunde gerichtet.'" (MB)
19 Übersetzung: „Sein Hof verlor jegliche höfische Freuden und geriet in den Zustand der Schande." (MB)

schweigende, schüchterne und zurückhaltende Figur eingeführt wird, findet in diesen Monologen immer rascher zu einer eigenen Stimme.[20] Das literarische Angebot einer unmittelbaren Partizipation an den Zweifeln, die Enite quälen, das Mitleid, das ihre Tränen und die Verzweiflung in vielen Episoden auslösen, aber ebenso die Bewunderung für ihren Mut, sich aus Liebe zu ihrem Mann letztlich über Verbote, Drohungen und die Gehorsamspflicht hinwegzusetzen, mithin eine deutliche Strategie der Emotionalisierung, erleichterte den adeligen Rezipientinnen zweifellos die Identifikation und damit die Einübung höfischer Verhaltensmuster, die für junge Frauen der Zeit in Hinblick auf ihre Sozialisation als zukünftige Ehefrauen angebracht schienen.

Ist es bei Enite der durch die Selbstgespräche eröffnete Innenraum, der eine Entwicklung der Figur im Romanverlauf erkennen lässt, so muss sich Erec hingegen zur Rehabilitierung erneut öffentlich als Kämpfer bewähren. Allerdings übt er nun Gewalt nicht mehr aus, um nur die eigene *êre* zurückzugewinnen, sondern er setzt seine ritterliche Stärke dem zeitgenössischen sozialethischen Konzept des *miles christianus* gemäß vor allem zugunsten anderer ein, die seiner Hilfe bedürfen. In der Durchsetzung von Recht und höfischer Ordnung demonstriert er seine Befähigung zur Herrschaft und kommt damit auch seinen gesellschaftlichen Verpflichtungen nach. Zugleich entspricht er damit wieder dem Männlichkeitskonzept der Zeit, dessen Erfüllung durch seinen Rückzug in die häusliche Zweisamkeit und die Fokussierung auf „gemach" (V. 2967) (Annehmlichkeit, Ruhe) oder, wie Thomasîn es fasst, auf „trâkeit" (Müßiggang) massiv bedroht war. Zur Zeit des häuslichen Rückzugs gab er aus absolut gesetzter Liebe zu seiner Frau seine Ritterschaft auf und verhielt sich nach Aussage des Erzählers, „als er nie würde der man" (V. 2935), als ob er nie ein männlicher Held gewesen wäre. Dieser Vorwurf der *effeminatio*, der Unmännlichkeit, „war der schlimmste Vorwurf, den man gegen einen Herrscher erheben konnte" (Bumke 2006, 99).[21] Die Restituierung Erecs als ritterlicher Kämpfer gipfelt in der Schlussaventiure im Sieg über Mabonagrin, eine Art Alter Ego Erecs, der mit seiner Freundin wie zuvor Erec und Enite in einem magischen Garten fern der höfischen Gesellschaft in völliger Selbstisolation lebt. Erec befreit dieses Paar in einem harten Kampf und führt es zurück in die Gesellschaft, wobei in den Gesprächen, die Erec und Enite anschließend jeweils geschlechtsspezifisch mit dem Paar führen, Bedeutung und Wert gesellschaftlicher Teilhabe und Verantwortung auch für die jugendlichen Rezipient*innen noch einmal reflektiert und explizit festgehalten werden. Der am Romanende erreichte gesellschaftliche Status Erecs zeigt sich schließlich in seiner feierlichen Einsetzung als Nachfolger seines Vaters und der endgültigen Übernahme der Königsherrschaft in Karnant. An die Stelle der Isolierung und des Ehrverlusts tritt ein nahezu grenzenloses, *êre* generierendes Wirken in der ganzen Welt: „ez waz eht sô umbe in gewant / daz wîten über elliu lant / was sîn wesen und sîn schîn. / [...] alsô was sîn diu

---

[20] Zur poetischen Realisierung der Identitätsfindung Enites als Prozess, der vom Schweigen zu (selbst-)bewussten Sprachhandlungen führt, vgl. Bussmann 2005.

[21] Zum historischen Kontext solcher Vorwürfe vgl. auch Schnell 2011, 329–334.

welt vol" (V. 10046–10052).²² Voraussetzung dafür ist allerdings nicht nur die Rückkehr zur Ritterschaft, sondern zugleich die Wahrung der männlichen Dominanz in der Beziehung zu seiner Frau, der er, wie es im Ausblick heißt, trotz aller Liebe nicht mehr alle Wünsche unreflektiert erfüllte (V. 10119–10123).

6 Ausblick

Thomasîn hielt die höfische Romanliteratur, auch wenn sie nicht explizit für Kinder und Jugendliche geschrieben wurde, für geeignet, um gesellschaftliche Werte und Normen bildhaft zu vermitteln und zur Sozialisation der jungen Adligen beizutragen. Lesend oder hörend konnten sie im Nachvollzug der Geschichte anhand der Romanfiguren und ihrer Erfahrungen imaginativ ihre eigenen gesellschaftlichen Rollen und vorgegebenen Geschlechtsidentitäten einüben. Allerdings ließ der gebildete Kleriker keinen Zweifel daran, dass in seinen Augen eine solche narrative Vermittlung von sozialen und moralischen Konzepten mit Hilfe fiktionaler Texte – „das wâr man mit lüge kleit" (V. 1126)²³ – letztlich nur für Kinder akzeptabel sei.²⁴ Erwachsene Leser*innen sollten sich nicht mit erfundenen Lügengeschichten abgeben, sondern sich auf der Grundlage theoretisch-normativer Werke mit den Fragen richtiger Lebensführung auseinandersetzen, die, wie Thomasîns eigene Lehrdichtung, ohne die mediale Vermittlungshilfe der Fiktion auskam. Thomasîn wertete damit den von Chrétien im Prolog des Erecromans vorgelegten Entwurf von Literatur als Geltungsraum einer neuen Art von Wahrheit, die unabhängig vom Bezug auf Faktisches ist, rigoros ab und negierte aus klerikaler Perspektive den höfischen Roman als wichtiges öffentliches Diskussionsmedium zentraler gesellschaftlicher Fragen, etwa nach der Legitimität von Gewalt, den Formen richtiger Liebe, dem Verhältnis von Individuum und Gemeinschaft oder der Relation der Geschlechter zueinander (Haug 1992, 238–240). Er nahm so Tendenzen vorweg, die Jahrhunderte später schließlich auch die Rezeption der mittelalterlichen Erzählstoffe in der Moderne kennzeichnen sollten. Denn abgesehen von Wolframs *Parzival*, der heute durchaus noch als Roman (Muschg 1993) oder Theaterstück (Bärfuss 2010) für Erwachsene aktualisiert wird, leben die anderen Artuserzählungen insbesondere im deutschsprachigen Raum tatsächlich vor allem als

---

22 Übersetzung: „Es war wahrhaftig so um ihn bestellt, dass er überall in der ganzen Welt anwesend und bekannt war. [...] Auf diese Weise war die Welt voll von seinem Ruhm." (MB)
23 Übersetzung: „Die Wahrheit präsentiert man im Kleid der Lüge." (MB)
24 In den folgenden Jahrhunderten mehrten sich allerdings die Stimmen, die das Lesen von Romanen auch im Hinblick auf Kinder und Jugendliche für unnütz oder geradezu gefährlich hielten, wobei unter Berufung auf die Position von Juan Luis Vives vor allem die Romanlektüre von Mädchen abgelehnt wurde (Brunken 2008, 20–21).

Kinder- und Jugendliteratur weiter.[25] Dabei wurden gerade in den äußerst erfolgreichen Bearbeitungen der Nachkriegszeit, etwa durch Auguste Lechner, die mittelalterlichen Genderkonstrukte durchaus ungebrochen weitertradiert und verfestigt (Feistner 2013). Doch auch in aktuellen Kinder- und Jugendbüchern erscheint das Mittelalter häufig weiterhin als „eine in erster Linie von Männern dominierte Welt" (Schwinghammer 2012, 137). Nur punktuell kam es in den letzten Jahren zu einer Umorientierung; erwähnt sei in diesem Zusammenhang vor allem Felicitas Hoppes 2008 erschienener Kinderroman *Iwein Löwenritter* (Hamann und Plotke 2015; Düwel 2017). Im Schutze einer (pseudo-)historisierenden Mittelalterszenerie überwiegt jedoch in den popularisierenden Medien, in Filmen, Computerspielen und in Büchern, weiterhin die hartnäckige Konservierung traditioneller Geschlechtervorstellungen der patriarchalen Vormoderne, die häufig noch rigider als in den mittelalterlichen Texten selbst propagiert werden und längst nicht überwunden sind.

Literatur

1 Primärliteratur

Bärfuss, Lukas. „Parzival". *Malaga. Parzival. Zwanzigtausend Seiten. Stücke.* Göttingen: Wallstein, 2012 [UA 2010], 49–122.

Bumke, Joachim (Hg.). *Wernher von Elmendorf.* Tübingen: Niemeyer, 1974.

Chrétien de Troyes. *Erec et Enide.* Hg. und übers. von Ingrid Kasten. München: Fink, 1979.

Hartmann von Aue. *Erec.* Hg. Manfred Günter Scholz. Übers. Susanne Held. Frankfurt a. M.: Deutscher Klassiker Verlag im Taschenbuch, 2007.

Hartmann von Aue. *Gregorius. Der Arme Heinrich. Iwein.* Hg. und übers. von Volker Mertens. Frankfurt a. M.: Deutscher Klassiker Verlag im Taschenbuch, 2008.

Hoppe, Felicitas. *Iwein Löwenritter. Erzählt nach dem Roman von Hartmann von Aue.* Frankfurt a. M.: Fischer, 2008.

Lechner, Auguste. *Iwein. Die Geschichte vom Ritter Iwein und der Königin Laudine, von Frau Lunete und dem Löwen.* Innsbruck u. a.: Tyrolia, 1988.

Muschg, Adolf. *Der rote Ritter. Eine Geschichte von Parzival.* Frankfurt a. M.: Suhrkamp, 1993.

Nolte, Theodor/Volker Schupp (Hg.). *Mittelhochdeutsche Sangspruchdichtung des 13. Jahrhunderts.* Stuttgart: Reclam, 2011.

Bruder Philipp. *Marienleben.* Hg. Heinrich Rückert. Amsterdam: Editions Rodopi, 1966.

Reiffenstein, Ingo (Hg.). *Winsbeckische Gedichte.* 3., neubearb. Aufl. Tübingen: Niemeyer, 1962.

Thomasîn von Zerclaere. *Der Welsche Gast.* Hg. Heinrich Rückert. Neudruck mit einer Einleitung und einem Register von Friedrich Neumann. Berlin u. a.: De Gruyter, 1965.

---

[25] Zur Rezeption mittelalterlicher Stoffe im Kinder- und Jugendbuch siehe etwa Karg 2007, Schmideler 2019 und die Beiträge des Sammelbandes *Mittelalter im Kinder- und Jugendbuch* (Bennewitz und Schindler 2012).

2 Sekundärliteratur

Ariès, Philippe. *L'enfant et la vie familiale sous l'ancien régime*. Paris: Plon, 1960 (dt. *Geschichte der Kindheit*. München: Hanser, 1975).
Arnold, Klaus. *Kind und Gesellschaft in Mittelalter und Renaissance. Beiträge und Texte zur Geschichte der Kindheit*. Paderborn: Schöningh/München: Lurz, 1980.
Arnold, Klaus. „Mentalität und Erziehung. Geschlechterspezifische Arbeitsteilung und Geschlechtersphären als Gegenstand der Sozialisation im Mittelalter". *Mentalitäten im Mittelalter. Methodische und inhaltliche Probleme*. Hg. František Graus. Sigmaringen: Thorbecke, 1987, 257–288.
Barth, Susanne. *Jungfrauenzucht. Literaturwissenschaftliche und pädagogische Studien zur Mädchenerziehungsliteratur zwischen 1200 und 1600*. Stuttgart: M&P Verlag für Wissenschaft und Forschung, 1994.
Bennewitz, Ingrid/Helmut Tervooren (Hg.). *Manlîchiu wîp, wîplîch man. Zur Konstruktion der Kategorien ,Körper' und ,Geschlecht' in der deutschen Literatur des Mittelalters*. Berlin: Erich Schmidt, 1999.
Bennewitz, Ingrid/Ruth Weichselbaumer. „Erziehung zur Differenz. Entwürfe idealer Weiblichkeit und Männlichkeit in der didaktischen Literatur des Mittelalters". *Erziehung und Bildung im Mittelalter*. Hg. Claudia Brinker-von der Heyde/Ingrid Kasten. Hannover: Friedrich, 2003, 43–50.
Bennewitz, Ingrid/Andrea Schindler (Hg.). *Mittelalter im Kinder- und Jugendbuch*. Bamberg: University of Bamberg Press, 2012.
Bennewitz, Ingrid/Jutta Emig/Johannes Traulsen (Hg.). *Gender Studies – Queer Studies – Intersektionalität. Eine Zwischenbilanz aus mediävistischer Perspektive*. Göttingen: V&R unipress, 2019.
Bertelsmeier-Kierst, Christa. „,Griseldis' – Von der Renaissancenovelle zum Ehe-Exempel". *Über die Ehe. Von der Sachehe zur Liebesheirat*. Hg. Ursula Rautenberg. Schweinfurt: Bibliothek Otto Schäfer, 1993, 60–72.
Bertschi-Kaufmann, Andrea/Natalie Plangger. „Genderspezifisches Lesen". *Grundthemen der Literaturwissenschaft: Lesen*. Hg. Alexander Honold/Rolf Parr. Berlin u. a.: De Gruyter, 2018, 550–570.
Brinker-von der Heyde, Claudia/Ingrid Kasten (Hg.). *Erziehung und Bildung im Mittelalter*. Hannover: Friedrich, 2003.
Brüggemann, Theodor (Hg.) in Zusammenarbeit mit Otto Brunken. *Handbuch zur Kinder- und Jugendliteratur*. Bd 1: *Vom Buchdruck bis 1570*. Stuttgart: Metzler/Poeschel, 1987.
Brunken, Otto. *Der Kinder Spiegel. Studien zu Gattungen und Funktionen der frühen Kinder- und Jugendliteratur*. Diss. Frankfurt a. M., 1989.
Brunken, Otto. „Mittelalter und Frühe Neuzeit". *Geschichte der deutschen Kinder- und Jugendliteratur*. Hg. Reiner Wild. 3., vollst. überarb. und erw. Aufl. Stuttgart u. a.: Metzler, 2008, 1–42.
Bumke, Joachim. *Höfische Kultur. Literatur und Gesellschaft im hohen Mittelalter*. München: dtv, 1986.
Bumke, Joachim. *Der ,Erec' Hartmanns von Aue. Eine Einführung*. Berlin u. a.: De Gruyter, 2006.
Burghartz, Susanna. „Geschlecht – Körper – Ehre. Überlegungen zur weiblichen Ehre in der Frühen Neuzeit am Beispiel der Basler Ehegerichtsprotokolle". *Verletzte Ehre. Ehrkonflikte in Gesellschaften des Mittelalters und der Frühen Neuzeit*. Hg. Klaus Schreiner/Gerd Schwerhoff. Köln u. a.: Böhlau, 1995, 214–234.
Bussmann, Britta. „,Dô sprach diu edel künegîn... Sprache, Identität und Rang in Hartmanns ,Erec'". *Zeitschrift für deutsches Altertum* 134 (2005), 1–29.

Classen, Albrecht. „Philippe Ariès and the Consequences: History of Childhood, Family Relations, and Personal Emotions. Where do we stand today?" *Childhood in the Middle Ages and the Renaissance. The results of a paradigm shift in the history of mentality.* Hg. Ders. Berlin u. a.: De Gruyter, 2005, 1–65.

Classen, Albrecht. „Thomasîn von Zerclaere's *Der Welsche Gast* and Hugo von Trimberg's *Der Renner*: Two Middle High German Didactic Writers Focus on Gender Relations". *What nature does not teach. Didactic Literature in the Medieval and Early-Modern Periods.* Hg. Juanita Feros Ruys. Turnhout: Brepols, 2008, 205–229.

Copeland, Rita. „Why Women Can't Read. Medieval Hermeneutics, Statutory law, and the Lollard Heresy Trials". *Representing Women. Law, Literature, and Feminism.* Hg. Susan Sage Heinzelman/Zipporah Batshaw Wiseman. Durham u. a.: Duke University Press, 1994, 253–286.

Dallapiazza, Michael. „Artusromane als Jugendlektüre? Thomasîn von Zirklaria und Hugo von Trimberg." *Thomasîn von Zirklaere und die didaktische Literatur des Mittelalters.* Hg. Paola Schulze Belli. Triest: Assoc. di cultura medioevale, 1996, 29–38.

Düwel, Klaus. „Lesestoff für junge Adlige. Lektüreempfehlung in einer Tugendlehre des 13. Jahrhunderts (Thomasîn von Zerclaere, ‚Der Welsche Gast')." *Fabula* 32 (1991), 67–93.

Düwel, Klaus. „Der Iwein Hartmanns von Aue als Kinderbuch. Iwein Löwenritter wiedererzählt von Felicitas Hoppe (2008)". *Riscrittura e attualizzazione dei testi germanici medievali.* Hg. Maria G. Cammarota/Roberta Bassi. Bergamo: Bergamo University Press, 2017, S. 51–100.

Feistner, Edith. „Artusritter und andere Helden: Mittelalterliche Dichtung bei Auguste Lechner". *‚Klassiker' der internationalen Jugendliteratur.* Hg. Anita Schilcher/Claudia Maria Pecher. Bd. 2. Baltmannsweiler: Schneider Hohengehren, 2013, 19–40.

Fleith, Barbara. „Myne lieben doechtern: Auf der Suche nach der idealen Mädchenlektüre im Mittelalter". *Between Lay Piety and Academic Theology. Studies Presented to Christoph Burger on the Occasion of his 65th Birthday.* Hg. Ulrike Hascher-Burger/August den Hollander/Wim Janse. Leiden u. a.: Brill, 2010, 133–171.

Fleith, Barbara. „*das ein mensche gutes bildes war neme vnd dik der heiligen leben vür sich neme* – Zur Gestaltung von Vorbildern im sogenannten ‚Solothurner Legendar'". *Exemplaris imago. Ideale in Mittelalter und Früher Neuzeit.* Hg. Nikolaus Staubach. Frankfurt a. M. u. a.: Peter Lang, 2012, 213–228.

Föller, Carola. *Königskinder. Erziehung am Hof Ludwigs IX. des Heiligen von Frankreich.* Köln u. a.: Böhlau, 2018.

Green, Dennis Howard. *Medieval Listening and Reading. The Primary Reception of German Literature 800–1300.* Cambridge: Cambridge University Press, 1994.

Green, Dennis Howard. *Women Readers in the Middle Ages.* Cambridge: Cambridge University Press, 2007.

Griese, Sabine/Nikolaus Henkel. „Mittelalter". *Lesen. Ein interdisziplinäres Handbuch.* Hg. Ursula Rautenberg/Ute Schneider. Berlin u. a.: De Gruyter, 2015, 719–738.

Grundmann, Herbert. „Die Frauen und die Literatur im Mittelalter. Ein Beitrag zur Frage nach der Entstehung des Schrifttums in der Volkssprache". *Archiv für Kulturgeschichte* 26 (1936), 129–161.

Hamann, Christof/Seraina Plotke. „Iwein, der Löwenritter: Felicitas Hoppe auf den Spuren Hartmanns von Aue". *Felicitas Hoppe.* Hg. Peer Trilcke. München: edition text + kritik, 2015, 17–24.

Hand, Joni M. *Women, Manuscripts and Identity in Northern Europe, 1350–1550.* Farnham u. a.: Ashgate, 2013.

Haug, Walter. *Literaturtheorie im deutschen Mittelalter von den Anfängen bis zum Ende des 13. Jahrhunderts.* 2., erw. Aufl. Darmstadt: Wiss. Buchges., 1992.

Haug, Walter. „Kindheit und Spiel im Mittelalter. Vom Artusroman zum ‚Erdbeerlied' des Wilden Alexander". *Positivierung von Negativität. Letzte kleine Schriften.* Hg. Ulrich Barton. Tübingen: Niemeyer, 2008, 465–478.

Heinzer, Felix. „Über das Wort hinaus lesen? Der Psalter als Erstlesebuch und die Folgen für das mittelalterliche Verhältnis zum Text". *Wolfram-Studien* 19 (2006), 147–168.

Jerjen, Vera. *Arbeiten am Welt- und Selbstbild im ‚Welschen Gast' Thomasîns von Zerclaere.* Wiesbaden: Reichert, 2019.

Johnston, Mark D. (Hg.). *Medieval Conduct Literature. An Anthology of Vernacular Guides to Behaviour for Youths, with English Translations.* Toronto u. a.: University of Toronto Press, 2009.

Karg, Ina. „Ritter, Elfen, Zauberwelten. Mittelalterbilder in aktuellen Kinder- und Jugendbüchern". *Bilder vom Mittelalter. Eine Berliner Ringvorlesung.* Hg. Volker Mertens. Göttingen: V&R unipress, 2007, 155–179.

Klein, Dorothea. „Statt einer Einleitung". *Ehre. Fallstudien zu einem anthropologischen Phänomen in der Vormoderne.* Bd. 1. Hg. Dies. Würzburg: Königshausen & Neumann, 2019, IX–XXIII.

Kleinau, Elke/Claudia Opitz (Hg.). *Geschichte der Mädchen- und Frauenbildung.* Bd. 1: *Vom Mittelalter bis zur Aufklärung.* Frankfurt a. M. u. a.: Campus, 1996.

Klinger, Judith. „Gender-Theorien. Ältere deutsche Literatur". *Germanistik als Kulturwissenschaft. Eine Einführung in neue Theoriekonzepte.* Hg. Claudia Benthien/Hans-Rudolf Velten. Reinbek: Rowohlt, 2002, 267–297.

Kropik, Cordula (Hg.). *Hartmann von Aue. Eine literaturwissenschaftliche Einführung.* Tübingen: Narr Francke Attempto, 2021.

Kümmerling-Meibauer, Bettina. „Kinder- und Jugendliteratur". *Reallexikon der deutschen Literaturwissenschaft.* Hg. Harald Fricke. Bd. 2. Berlin u. a.: De Gruyter, 2007, 254–258.

Liebertz-Grün, Ursula. „Rollenbilder und weibliche Sozialisation im Adel". *Geschichte der Mädchen- und Frauenbildung.* Hg. Elke Kleinau/Claudia Opitz. Bd. 1. Frankfurt a. M. u. a.: Campus, 1996, 42–62.

Lombardi, Elena. *Imagining the Women Reader in the Age of Dante.* Oxford: Oxford University Press, 2018.

Lutz, Eckart Conrad/Backes, Martina/Matter, Stefan (Hg.). *Lesevorgänge. Prozesse des Erkennens in mittelalterlichen Texten, Bildern und Handschriften.* Zürich: Chronos, 2010.

Möllenbrink, Linus. *Person und Artefakt. Zur Figurenkonzeption im ‚Tristan' Gottfrieds von Straßburg.* Tübingen: Narr Francke Attempto, 2020.

Öhlinger-Brandner, Christa. *Kinderliteratur im Mittelalter?* Linz: Land OÖ, Inst. für Kulturförderung, 2002.

Schlotheuber, Eva. „Bücher und Bildung in den Frauengemeinschaften der Bettelorden". *Religiöse Frauengemeinschaften in Süddeutschland.* Hg. Eva Schlotheuber/Helmut Flachenecker/Ingrid Gardill. Göttingen: Vandenhoeck & Ruprecht, 2008, 241–262.

Schlotheuber, Eva. „Kindheit und Erziehung im Spiegel der spätmittelalterlichen biographischen und autobiographischen Literatur". *Aufblühen und Verwelken. Mediävistische Forschungen zu Kindheit und Alter.* Hg. Ines Heiser/Andreas Meyer. Leipzig: Eudora, 2009, 27–53.

Schmideler, Sebastian. „Das Mittelalter als Lehrmeister des Lebens. Entwicklungslinien der geschichtserzählenden Kinder- und Jugendliteratur in theoretischer, historischer und systematischer Perspektive (1700–1900)". *Merlin in Bermuda-Shorts. Mittelalter-Stoffe in Kinder- und Jugendmedien.* Hg. Julia Brenner/Lea Braun. München: kopaed, 2019, 37–54.

Schnell, Rüdiger (Hg.). *Zivilisationsprozesse. Zu Erziehungsschriften in der Vormoderne.* Köln u. a.: Böhlau, 2004.

Schnell, Rüdiger. „*Gender* und Gesellschaft. Hartmanns ‚Erec' im Kontext zeitgenössischer Diskurse". *Zeitschrift für deutsches Altertum* 140 (2011), 306–334.

Schnell, Rüdiger. „Geschlechtscharaktere in Mittelalter und Moderne. Interdisziplinäre Überlegungen zur Natur/Kultur-Debatte". *Frühmitttelalterliche Studien* 51 (2018), 325–388.

Schreiner, Klaus. „Marienverehrung, Lesekultur, Schriftlichkeit. Bildungs- und frömmigkeitsgeschichtliche Studien zur Auslegung und Darstellung von Mariä Verkündigung." *Frühmittelalterliche Studien* 24 (1990), 314–368.

Schreiner, Klaus. *Maria. Jungfrau, Mutter, Herrscherin*. München: dtv, 1996.

Schultz, James A. *The Knowledge of Childhood in the German Middle Ages, 1100–1350*. Philadelphia: University of Pennsylvania Press, 1995.

Schwinghammer, Ylva. „Ritterbuch – Bubenbuch? Neue Ritter(innen) in alten Rüstungen als Akteure einer geschlechtergerechten koedukativen Leseförderung". *Mittelalter im Kinder- und Jugendbuch*. Hg. Ingrid Bennewitz/Andrea Schindler. Bamberg: University of Bamberg Press, 2012, 137–154.

Sieber, Andrea. „Gender Studies". *Literatur- und Kulturtheorien in der Germanistischen Mediävistik. Ein Handbuch*. Hg. Christiane Ackermann/Michael Egerding. Berlin u. a.: De Gruyter 2015, 103–140.

Speitkamp, Winfried. *Ohrfeige, Duell und Ehrenmord. Eine Geschichte der Ehre*. Stuttgart: Reclam, 2010.

Starkey, Kathryn. *A Courtier's Mirror. Cultivating Elite Identity in Thomasîn von Zerclaere's ‚Welscher Gast'*. Notre Dame: University of Notre Dame Press, 2013.

Weichselbaumer, Ruth. „Normierte Männlichkeit. Verhaltenslehren aus dem ‚Welschen Gast' Thomasîns von Zerclaere". *Genderdiskurse und Körperbilder im Mittelalter. Eine Bilanzierung nach Butler und Laqueur*. Hg. Ingrid Bennewitz/Ingrid Kasten. Münster u. a.: Lit Verlag, 2002, 157–177.

Weichselbaumer, Ruth. *Der konstruierte Mann. Repräsentation, Aktion und Disziplinierung in der didaktischen Literatur des Mittelalters*. Münster u. a.: Lit Verlag, 2003.

Wenzel, Horst. „zuht und êre. Höfische Erziehung im ‚Welschen Gast' des Thomasîn von Zerclaere (1215)". *Über die deutsche Höflichkeit. Entwicklung der Kommunikationsvorstellungen in den Schriften über Umgangsformen in den deutschsprachigen Ländern*. Hg. Alain Montandon. Frankfurt a. M. u. a.: Peter Lang, 1991, 21–42.

Winter, Matthias. *Kindheit und Jugend im Mittelalter*. Freiburg/Br.: Hochschulverlag, 1984.

Wolf, Jürgen. „*vrowen phlegene ze lesene*. Beobachtungen zur Typik von Büchern und Texten für Frauen". *Wolfram Studien* 19 (2006), 169–190.

Abbildungen

Abb. 1: „Die Hl. Anna lehrt ihre Tochter Maria das Lesen." Oxford, Bodleian Library, Ms. Douce 231, f. 3r.

Abb. 2: „Der lesende Schüler zu Füßen der Grammatica." Freiburg/Br., Vorhalle des Münsters (Foto: Philipp Backes).

Abb. 3: „ABC-Buch mit Alphabet und religiösen Gebeten (um 1475)". Göttingen, Staats- und Universitätsbibliothek, 8° Cod. Ms. theol. 243, f. 1v.

II Aufklärung

Jennifer Jessen
Geschlechterdifferenz in der Kinder- und Jugendliteratur der Aufklärung

Joachim Heinrich Campes *Robinson der Jüngere* und *Vaeterlicher Rath für meine Tochter*

„[W]ie man sich gewöhnt in der Jugend,
so bleibt man gemeiniglich all sein Lebelang."[1]

Zusammenfassung: Der Aufsatz untersucht am Beispiel von Joachim Heinrich Campes *Robinson der Jüngere* (1779) die frühkindliche Vermittlung universeller sowie geschlechtsspezifischer Werte des Bürgertums in der Aufklärungspädagogik. Der für Mädchen verfasste *Väterlicher Rath für meine Tochter* (1789) widmet sich ausführlich der zukünftigen Bestimmung als Hausfrau, Ehefrau und Mutter. Die in der Abhandlung von Campe angeführten Argumente basieren ausschließlich auf Geschlechterdifferenz und erhalten ihre Relevanz vor dem Hintergrund der patriarchalen Gesellschaftsstruktur im 18. Jahrhundert. Das Patriarchat, das nach Ansicht der Philanthropen auch die nachfolgenden Generationen überdauern soll, ist die Voraussetzung für die Fremdzuschreibung angenommener weiblicher Eigenschaften und Fähigkeiten, die letztlich die Unterdrückung der Frau rechtfertigt. Ziel der Analyse ist es, Campes Beitrag zu diesem Ansinnen, das dem in der Aufklärung populären Appell nach Mündigkeit widerspricht, nachzuvollziehen.

1 Universeller Bildungsanspruch in der Aufklärung

Die Aufklärung gilt als Epoche, in der die Mündigkeit des Individuums an Bedeutung gewinnt. Mündigkeit setzt Wissen voraus. Um vernunftbasierte Entscheidungen für sich und andere treffen zu können, bedarf es fundierter Kenntnisse eines Sachverhalts. Als Konsequenz dieses Anspruchs wächst das Interesse an Bildung, die – so das Ideal – der gesamten Bevölkerung zugänglich sein soll. In diesem Zusammenhang erklärt sich die Popularität diverser Lexika.[2] Sie sollen den gestiegenen Wissensdrang, insbesondere des Bürgertums, befriedigen. Denn tatsächlich verfügt auch Ende des 18. Jahrhunderts nur ein Bruchteil der Bevölkerung über Lesekompetenz (Wild 2008,

---

[1] Joachim Heinrich Campe: *Robinson der Jüngere, zur angenehmen und nützlichen Unterhaltung für Kinder*. Stuttgart: Reclam 2000 [1779], 170.
[2] So etwa Pierre Bayles *Dictionnaire historique et critique* (1697) und die von Denis Diderot und Jean-Baptiste le Rond d'Alembert herausgegebene *Encyclopédie* (1751–1785). Hierzulande beteiligten sich namhafte Gelehrte an dem von Johann Heinrich Zedler herausgegebenen *Universallexikon* (1731–1754).

43), wodurch die Möglichkeit des Wissenserwerbs durch Bücher einem exklusiven Kreis vorbehalten ist.

Das Erweitern von Wissen korrespondiert mit dem in der Aufklärung allgegenwärtigen Appell nach *Vervollkommnung*. Demgemäß soll sich das Individuum stets verbessern, sich mehr und mehr der Tugend zuwenden und so das Laster eindämmen, bestenfalls überwinden. In allen Lebensbereichen soll man nach *Perfektibilität* streben, um durch Selbstvervollkommnung *Glückseligkeit* zu erlangen. Dass die Aufklärung in Deutschland eng an die zeitgenössischen theologischen Diskurse im Protestantismus geknüpft ist, wird hier deutlich.[3] Denn die Vermeidung von Laster zugunsten der Hinwendung zur Tugend ist das säkularisierte Äquivalent zur Überwindung der Sünde, um nach Gottebenbildlichkeit zu streben. Der Überzeugung von der Notwendigkeit tugendhaften Handelns liegt die Vernunft zugrunde, die als Instanz der Moral verstanden wird.

Möglichst früh soll sich der Mensch mit der Idee der *Perfektibilität* vertraut machen. Lexika bieten jedoch für Kinder kaum einen Anreiz zur Lektüre und noch weniger taugen sie als Anregung zu individueller Reflexion über den Inhalt. So bildet sich ab den 1770er Jahren eine eigene Literatur für Kinder heraus, die sich zum Ziel nimmt, Wissens- und Wertevermittlung unterhaltsam und gemäß dem Erfahrungshorizont der jungen Leserinnen und Leser zu gestalten (Wild 2008, 51). Der philanthropischen Pädagogik liegt ein utilitaristischer Gedanke zugrunde. Mittels der unterhaltenden Lektüre werden die zukünftigen Bürgerinnen und Bürger von klein auf an die an sie gestellten gesellschaftlichen Erwartungen herangeführt (Wild 2008, 54).

Je nach Geschlechtszugehörigkeit des Kindes unterscheiden sich diese Erwartungen. Den Jungen, die dem bürgerlichen Stand angehören, obliegt es, die Familie nach außen zu repräsentieren. Geschäftssinn und -tüchtigkeit sollen sie bestenfalls auszeichnen. Der Wirkungskreis der Mädchen beschränkt sich auf das private Umfeld – die Öffentlichkeit als Partizipationsplattform bleibt ihnen verwehrt, ebenso der Eintritt in das Berufsleben, das eine Möglichkeit der Selbstentfaltung bieten könnte. Diese geschlechtsbedingt konträren Anforderungsprofile und daraus resultierenden Lebenswelten zeigen sich auch in den Texten der Philanthropen. Die folgende Untersuchung setzt sich stellvertretend für die Kinder- und Jugendliteratur der Aufklärung mit einem der bekanntesten Autoren der Aufklärungspädagogik auseinander – Joachim Heinrich Campe (1746–1818). Für die Analyse der Geschlechterrollen wird sein beim Publikum beliebter Roman *Robinson der Jüngere* (Erstdruck 1779) sowie das ebenso populäre Ratgeberwerk *Väterlicher Rath für meine Tochter* (Erstdruck 1789) herangezogen.

---

3 Als weiterführende Lektüre empfiehlt sich Beutel 2009.

2 Subtile Vermittlung von Geschlechterstereotypen in *Robinson der Jüngere* (1779)

In Campes *Robinson* bildet eine regelmäßig stattfindende abendliche Gesprächsrunde die Rahmenhandlung des Romans. Der Hausvater erzählt die Geschichte Robinson Crusoes (Binnenhandlung) unterhaltsam und kindgerecht Freunden der Familie, der leiblichen Tochter Lotte sowie ihm zur Erziehung anvertrauten Zöglingen (Campe 2000, 19). Gegen Ende des Romans werden fünf weitere Jungen und ein Mädchen, Christel, in den Kreis aufgenommen (Campe 2000, 284). Auch eine Hausmutter zählt zum Figurenpersonal. Ihre Rolle beschränkt sich weitestgehend darauf, die Gesprächsrunde zu unterbrechen, da das Abendessen eingenommen werden soll (Campe 2000, 33, 44, 46, 246).

Die Analyse des *Robinson* zeigt, dass die Rahmenhandlung für die Vermittlung universeller Werte und Kenntnisse wirbt – unabhängig von der Geschlechtszugehörigkeit eines Kindes. Dabei wird jedoch auch ersichtlich, wie insbesondere Lotte subtil mit den Verhaltensweisen konfrontiert wird, die von ihr aufgrund ihres Geschlechts erwartet werden.

Zunächst jedoch erfährt Lotte die gleiche Bildung wie die sonst männlichen Zuhörer. So zählt Lese- und Schreibkompetenz zum universellen Bildungsanspruch des Bürgertums, der auch den Frauen vermittelt wird. Weiter wird auch Lottes Wissensstand, etwa in Latein, geprüft (Campe 2000, 152). Neben der Vermittlung solch theoretischer Kompetenzen ist auch in der Aufklärung die Religionserziehung von großer Wichtigkeit. Denn die richtigen Begriffe von der Offenbarung vermittelt zu bekommen und zu verinnerlichen, so die bei Campe festzustellende Schlussfolgerung, stellt die Voraussetzung für vernünftiges und damit tugendhaftes, zum Gemeinwohl beitragendes Handeln dar. Somit fungiert die Religionslehre in der Erziehung der Zöglinge als Basis. Hiervon leiten sich zu vermittelnde Tugenden wie *Arbeitsamkeit* und *Mäßigkeit* ab, wovon sowohl die Binnen- als auch die Rahmenhandlung im *Robinson* vielfältige Beispiele geben. So empfiehlt der Hausvater auf die Nachfrage eines Zöglings, wie man Angstgefühle bändigen könne:

> [D]adurch, lieber Johannes, wenn man durch eine arbeitsame, mäßige und, so viel möglich, natürliche Lebensart seinen Körper abzuhärten, und seinen Geist durch unbefleckte Tugend und Gottesfurcht über jede Abwechselung des Schiksals zu erheben und gegen jedes Unglük im Voraus zu bewafnen sucht. Wenn ihr also [...] euch mit einem mäßigen Genusse gesunder, einfacher, und unerkünstelter Speisen zu begnügen, und das süße Gift der Lekkereien immer mehr zu verschmähen lernt; wenn ihr den Müssiggang, als eine Pest des Leibes und der Sele flieht und [...] durch Kopfarbeit – durch Lernen und Nachdenken – bald durch Handarbeit beschäftiget seid; wenn ihr euch oft freiwillig übt, etwas sehr Angenehmes, das ihr gar zu gern haben mögtet und auch haben köntet, aus eigener Entschliessung zu entbehren, und etwas sehr Unangenehmes, das euch äussert zuwider ist und das ihr auch abwehren köntet, mit Vorsaz zu übernehmen; wenn ihr euch der Hülfsleistungen anderer Menschen so wenig als möglich bedient, und vielmehr durch euren eigenen Verstand, und durch eure eigene Leibeskräfte eure jedesmaligen Bedürfnisse zu befriedigen, euch selbst zu rathen und aus Verlegenheiten zu ziehen sucht; wenn ihr endlich in

eurem ganzen Leben den großen Schaz eines guten Gewissens zu bewahren, und dadurch euch des Beifals und der Liebe unsers almächtigen und algütigen himmlischen Vaters zu versichern euch bestrebt: dan, liebste Kinder, werdet ihr gesund und stark an Leib und Sele sein; dan werdet ihr bei jeder Abwechselung des Schiksals ruhig bleiben, weil ihr alsdan überzeugt seid, daß euch nichts beggenen kann, was euch nicht von einem weisen und liebevollen Gotte zu eurem wahren Besten zugesandt werde. (Campe 2000, 186)

In diesem umfangreichen Textauszug werden die Anforderungen sowie die Ziele, die an eine aufgeklärte Erziehung gestellt werden, auf den Punkt gebracht. Die Ablehnung des Müßiggangs korrespondiert mit der Sünde der Trägheit. Um eine Neigung zur Untätigkeit gar nicht erst entstehen zu lassen, werden die Zöglinge im *Robinson* stets zur Arbeit während der abendlichen Erzählrunden angehalten: „Aber, was denkt ihr denn zu machen unter der Zeit, daß ich euch erzäle? So ganz müssig werdet ihr doch wohl nicht da sizzen wollen?" (Campe 2000, 20) So widmen sich die Kinder nebenher diversen nützlichen Tätigkeiten.

Maßgeblich für die Erziehung zur *Arbeitsamkeit* und *Mäßigkeit* ist das Menschenbild der Aufklärung, das auf der Überzeugung basiert, das Individuum sei zur *Perfektibilität* befähigt. Unter der Prämisse, Gott habe den Menschen gut geschaffen, etabliert sich in der Aufklärung eine positive Anthropologie. Schließlich widerspräche die Annahme des Gegenteils der Weisheit des Schöpfers, was wiederum der Vernunftmaxime in der Aufklärung entgegenstünde.

Die *Vervollkommnung* des Individuums mittels der Gott gegebenen Fähigkeiten geschieht durch *Selbstüberwindung* und *Selbstdisziplinierung*. Dieser lebenslang anhaltende Prozess soll die *Glückseligkeit* des Individuums befördern. Erziehern obliegt die Aufgabe, wie im obigen Textauszug anschaulich wird, die intrinsische Motivation für die stetige Selbstoptimierung bei ihren Zöglingen von klein auf zu wecken (Schmid 2018, 166). In der Rahmenhandlung des *Robinson* wird die im obigen Textauszug formulierte Theorie schließlich praktisch umgesetzt. Innerhalb des schützenden Rahmens, den die philanthropische Pädagogik bilden möchte, sollen die Kinder mittels möglichst früher Konditionierung zur – letztlich freiwilligen – Entbehrung auf die Widrigkeiten des Erwachsenenlebens vorbereitet werden (Campe 2000, 126 – 127). Die Zöglinge möchten sich, angespornt durch Robinsons Abenteuer auf seiner einsamen Insel, den alltäglichen Herausforderungen des Titelhelden annähern.

Begünstigt werden diese mal mehr und mal weniger spielerischen „Uebungen der Enthaltsamkeit" (Campe 2000, 229) durch die Neugier der Kinder und ihren Nachahmungstrieb. So ist es ihr eigener Wunsch, auf Schlaf zu verzichten und zu fasten, der ihnen gern gewährt wird (Campe 2000, 220 – 223 und 229 – 231). Doch nicht nur der Körper soll abgehärtet werden. Die Stärkung des Charakters ist im *Robinson* ein ebenso wichtiges Erziehungsziel. So verlangt der Erzieher den Kindern Geduld ab und konditioniert sie darin, ihre Bedürfnisse zurückzustellen. Dies geschieht etwa durch das Aufschieben einer lang geplanten und von den Kindern mit Vorfreude erwarteten Reise ans Meer (Campe 2000, 125 – 126), wie auch durch das Aussetzen der abendlichen Erzählrunden (Campe 2000, 128 und 204 – 205). Diese Übungen korrespondieren mit der in der Aufklärung wichtigen Fähigkeit der *Affekt- und Triebkontrolle*. Kurz gesagt: Nicht jedem Wunsch darf nachgegeben werden. Je früher dies anerkannt wird, so die Meinung der Pädagogen, desto nachhaltiger wird dieser Appell der Aufklärer verinnerlicht (Wild 1987, 191).

Auch der geforderten Souveränität in der *Affekt- und Triebkontrolle* liegt das Primat der Vernunft zugrunde. Die Vernunftbegabung bei Kindern ermöglicht es, sie durch Einsicht von der Nützlichkeit moralischen Handelns zu überzeugen (Wild 1987, 193–196). Das heranwachsende Individuum trifft demnach eine mündige Entscheidung für die Einhaltung sittlicher Normen. Mit diesem freiwilligen Entschluss, der aus einem eigenen, jedoch vom Erzieher angestoßenen und geleiteten Denkprozess resultiert, ist das wichtigste Ziel der aufgeklärten Pädagogik erreicht: Die Befähigung und Bereitschaft des Kindes auszubilden, im Erwachsenenalter seine individuellen Fähigkeiten für die Beförderung des Gemeinwohls zu nutzen und somit als verantwortungsvoller Bürger zum Wohl der Gesellschaft und damit zur allgemeinen Beförderung der *Glückseligkeit* beizutragen. So erklärt auch der Erzieher im *Robinson:*

> Euch alle scheint der Himmel dazu bestimt zu haben, solche viel vermögende Menschen zu werden, die ein Seegen für die ganze Geselschaft ihrer Mitbürger sein können: denn alles, was dazu gehört, hat seine gütige Vorsehung an euch verwandt. [...] sie hat euch einen gesunden Leib und unverwahrlosete Selenkräfte gegeben, und läßt euch nun auch eine Erziehung angedeien, deren sich noch nicht viele Menschen rühmen können. Alles also, was dazu gehört, ein treflicher vielvermögender Man zu werden, hat der gütige Himmel euch verliehen [...] soltet ihr wirklich solche Männer werden, welche Einfluß auf die Glükseligkeit von tausend andern Menschen haben: o so braucht doch ja das Ansehen, welches man euch verwilligen wird, dazu, des Bösen immer weniger, des Guten immer mehr zu machen unter euren Brüder, und Freud' und Glükseligkeit rund um euch her zu verbreiten! (Campe 2000, 315–316)

Nun fällt auf, dass die beiden Mädchen, Lotte und Christel, die der Erzählgruppe angehören, nicht zum Kreis der Adressierten zählen, weshalb im obigen Abschnitt die Bürgerinnen unerwähnt bleiben. Sie sind von dem Appell des Erziehers, mithilfe der je individuellen, Gott gegebenen Fähigkeiten zur allgemeinen Beförderung der Glückseligkeit beizutragen, aufgrund ihrer Geschlechtszugehörigkeit ausgenommen. Die Beschränkung des weiblichen Wirkungsradius auf den privaten Raum, das eigene Zuhause, plausibilisiert die Entpflichtung bzw. Ausgrenzung Lottes und Christels von dem aufklärerischen Ideal, aktiv an einer Verbesserung der Gesellschaft zu partizipieren.

Die Binnenerzählung, die von Robinsons Abenteuerreise berichtet, handelt ausschließlich von männlichen Protagonisten. Dadurch wird der jeweilige reale soziale Raum der dem Mann (außen, Öffentlichkeit) bzw. der Frau (innen, Hauswesen) zugewiesen wird, in die Geschichte übertragen. Robinson darf während seiner Abwesenheit von seinem Zuhause eigene, wichtige Erfahrungen sammeln; er entdeckt und erfährt die Welt als Lernort. Mädchen jedoch bleibt, selbst in der fiktionalen Literatur, die Option des Lernens außerhalb des elterlichen Hauses verwehrt. Das Versprechen und die Forderung der Aufklärer nach universeller und egalitärer Bildung sowie eigenständige Wissensaneignung als Ideal werden im *Robinson* demnach konterkariert.

Durch das Nichtvorhandensein einer Protagonistin in diesem Abenteuerroman, die sich Mädchen als Identifikationsfigur anbietet, verfestigt und verstetigt sich die kindliche, dabei sozial etablierte Annahme, die Welt jenseits des Heims, bliebe Mädchen bzw. Frauen verwehrt. Auch durch diese Leerstelle im Roman werden Mädchen subtil an ihren zukünftigen Wirkungsort, das Heim, herangeführt, indem ihnen schlichtweg kein anderer – wenn auch fiktionaler – Handlungs- und Betätigungshorizont angeboten wird.

Diese soziale geschlechtsbedingte Rollenzuweisung setzt sich in der Rahmenhandlung fort. So bestimmt der Vater den Gesprächsverlauf und fällt Entscheidungen, etwa über Antritt oder Absage geplanter Reisen. Er ist sich seiner Autorität bewusst und nutzt diese, um die Gespräche zu lenken. Der Hausvater ist die moralische sowie intellektuelle Instanz, die Wissen und Werte vermittelt, die maßregelt oder lobt. Dabei ist er für seine jungen männlichen Zuhörer eine Identifikations- und Vorbildfigur, indem er ihnen beispielhaft vorlebt, wie sie ihre zukünftigen vielfältigen Verantwortungsbereiche als erwachsene Männer wahrnehmen können.

Die Mutter hingegen spielt weder für die intellektuelle noch die sittliche Bildung der Kinder eine Rolle. Mit Ausnahme der ihr qua Geschlecht zugeschriebenen Aufgaben, denen sie etwa durch das Servieren des Abendessens nachkommt, verfügt sie über keine weiteren nachahmungswürdigen Kompetenzen, die für die Lebensrealität im 18. Jahrhundert für beide Geschlechter nützlich wäre. Für die zukünftigen beruflichen sowie gesellschaftlichen Aufgaben der Jungen ist ihre Rolle deshalb kaum relevant – außer vielleicht im Hinblick darauf, welche Erwartungen sie an ihre zukünftige Gattin stellen sollten. Für Lotte hingegen fungiert die Mutter als Beispiel für weibliche Zurückhaltung, da sie kaum an den Gesprächsrunden partizipiert. Auch die Sorge um das leibliche Wohl der Familie, sowie die verantwortungsvolle Erledigung von Aufgaben, die dem inneren Hauswesen zugeordnet sind, fallen in Lottes zukünftigen Verantwortungsbereich. In der Ausübung dieser sie erwartenden Tätigkeiten, kann sie sich die Mutter als Vorbild nehmen. So zeigt sich im Vergleich der in der Rahmenhandlung des *Robinson* beschriebenen Kompetenzen des Vaters und der Mutter die auf praktische Kenntnisse bzgl. der Haushaltsführung begrenzte Wissensvermittlung durch Frauen. Für die Ausbildung des kindlichen Intellekts und Bildung im abstrakteren Sinn ist der Vater zuständig.

Weiter deutet das Verhältnis der Geschlechter in der Rahmenhandlung auf eine Marginalisierung der Rolle der Frau bzw. des Mädchens hin. Der Erzählung des Hausvaters lauschen zunächst sieben männliche Zuhörer und nur eine Zuhörerin, Lotte, die leibliche Tochter des Erziehers. Ab dem 25. Abend der *Robinson*-Erzählung stoßen weitere fünf Jungen hinzu – und nur ein Mädchen (Campe 2000, 284). Selbst wenn man die Mutter, trotz ihrer kaum bedeutsamen Rolle für den Plot, dem Figurenpersonal zurechnet, steht eine weibliche Figur vier männlichen gegenüber. Die männliche Dominanz findet in dem festgestellten Ungleichgewicht der Geschlechter ihren erzählerischen Ausdruck (ausführlich hierzu: Wild 1987, 206).

Dieses Missverhältnis schlägt sich in der Gesprächsdynamik nieder. Lottes Redebeiträge werden von den Zuhörern wiederholt als überflüssige, den Fortgang der spannenden Geschichte verzögernde Einwürfe abgetan. Doch unterscheidet sich der Umgang des Vaters mit Lotte nicht von jenem mit den Jungen. Er schenkt ihr als Teilnehmerin während der abendlichen Erzählrunde gleichermaßen Aufmerksamkeit und ihr wird die gleiche Bildung zuteil. Mitunter richtet der Vater seine Fragen auch direkt an Lotte, die diese dann korrekt beantwortet. Der Bildungsanspruch selbst ist in Campes Robinsonade demnach vordergründig unabhängig vom Geschlecht des Kindes. Jedoch hat Lotte in ihrem jungen Leben bereits die Zurückhaltung, die man von ihr aufgrund ihres Geschlechts erwartet, teilweise verinnerlicht. So beendet sie ihre Aussagen häufig mit der sich rückversichernden, (intellektuelle) Bescheidenheit implizierenden Frage „nicht wahr, lieber Vater?" (Campe 2000, 24, 28, 50, 72, 92, 121) oder formuliert ihre Aussagen gleich als Frage (Campe 2000, 43), wie das nachfolgende Textbeispiel zeigt. Das selbstbewusste Auftreten, das etwa die Figur des Johannes charakterisiert, deutet sich zwar bei Lotte mitunter an. Doch wird ihr Heraustreten aus tradierten Geschlechterrollen wiederholt von Johannes unterbunden und damit sozial sanktioniert. Bereits am ersten Abend wird Lotte von ihm gemaßregelt, als sie eine Ortsangabe des Vaters aus der Binnenerzählung konkretisiert:

> Vater: Sie steuerten nicht weit von der Insel *Teneriffa* vorbei, auf der sie den hohen *Spizberg* liegen sahen.
> Lotte: Ich meine, der hiesse der *Piko von Teneriffa?*
> Johannes: I, das ist ja einerlei! Piko heißt ja ein Spizberg. – O nun weiter!
> (Campe 2000, 43)

Die als Frage getarnte Aussage deutet Lottes Zaghaftigkeit und gleichzeitige fachliche Unsicherheit an. Doch hat sie ihrem Drang, aktiv zum Gespräch beizutragen sowie ihr vermutetes Wissen bestätigen zu lassen, nachgegeben. Für diese Selbstüberwindung, die in Campes *Robinson* immer wieder als wichtige Tugend betont wird, erfährt Lotte allerdings kein Lob, nicht einmal einen sachlichen Kommentar. Stattdessen wirft Johannes ihr die Irrelevanz ihrer Aussage vor. Auffällig ist auch, dass viele Aussagen Lottes, nicht nur von Johannes, mit „O still doch" kommentiert (Campe 2000, 22, 165, 204, 283) oder als nicht ernst zu nehmendes Geschwätz abgetan werden (Campe 2000, 70).

In Bezug auf Lottes geschlechtskonforme Verhaltensregulierung fungiert vor allem Johannes gewissermaßen als Vertreter des gesellschaftlichen Korrektivs. Lottes Bedürfnis, ihr Wissen zu zeigen und zu teilen, widerspricht der gesellschaftlich oktroyierten Maßgabe nach weiblicher Zurückhaltung und Bescheidenheit. Der Text zeigt an vielen Stellen, insbesondere an der Figur des Johannes, dass diese Maxime für Jungen nicht gilt. Immer wieder formuliert die Figur selbstbewusst ihre Meinung, begründet diese (z. B. Campe 2000, 175) und erläutert ihr Wissen. So erklärt Johannes beispielsweise ausführlich, wie ein Stollen gebaut wird. Die Zuhörenden folgen seinen Ausführungen aufmerksam – sie nehmen ihn ernst. Der Vater lobt ihn sogar für seine genaue Erläuterung (Campe 2000, 194–195) und unterstreicht dadurch die allgemeine Anerkennung, die Johannes erfährt und aus Sicht der Gruppe verdient.

Als hingegen Lotte auf die Nachfrage Fritzchens, was denn Ebbe und Flut sei, zu einer Erklärung ansetzt, wird ihr von einem befreundeten Erwachsenen, der zum Kreis der Zuhörenden zählt, das Wort entzogen. Nicht sie, das Mädchen, soll einen Jungen belehren, sondern erneut Johannes, der von der Übertragung dieser Aufgabe an ihn überrascht ist (Campe 2000, 43). Bezeichnenderweise meldet sich Lotte – im Gegensatz zu den männlichen Kindern – erst vier Seiten später wieder zu Wort (Campe 2000, 58), wobei ihr Beitrag einen Kommentar zur Rechtgläubigkeit darstellt. Für diesen Einwand erhält sie von ihrem Vater Zustimmung. Ihre Kenntnisse in der Religion zu teilen, ist Lotte erlaubt. Denn damit bewegt sie sich innerhalb des Kompetenzbereichs, der – als eine der wenigen Ausnahmen – auch ihr als Mädchen und zukünftige erwachsene Frau von der Gesellschaft zugestanden wird. Deshalb überschreitet Lotte in diesem Fall keine unsichtbare, geschlechtsbedingte Grenze, indem sie etwa mit fachlichem Wissen zur Unterhaltung beitragen möchte – Lotte verhält sich normenkonform.

Die unterschiedlichen Reaktionen des Zuhörerkreises, die vom Geschlecht der sich zu Wort meldenden Figur abhängen, sind eine subtile Form, um ein Kind mit etablierten Geschlechterrollen vertraut zu machen. Allmählich und beiläufig wird damit langfristig das soziale, geschlechterabhängige Verhalten trainiert. Denn die innerhalb der Gruppe tolerierte Kritik von Johannes an Lotte veranschaulicht, dass mit dem Geschlecht assoziierte, stereotype Verhaltensweisen schon im Kindesalter, hier insbesondere durch die Kinder untereinander, reproduziert werden. Darin realisiert sich eine soziale Kontrollfunktion bzgl. einzuhaltender Normen, insbesondere im Hinblick auf geschlechtsspezifische Verhaltensweisen. (vgl. Gestrich, 130). So zeigt sich im *Robinson* bereits in dieser frühen Lebensphase die Funktionsweise männlicher Autorität über die Frau bzw. das Mädchen. Unabhängig vom Bildungsstand oder Alter des Mannes/Jungen, wird seine Überlegenheit gegenüber der Frau/dem Mädchen gesellschaftlich akzeptiert und im Rahmen der Erziehung an die nachfolgende Generation vermittelt (vgl. auch Wild 2008, 55). Allgemein beabsichtigt die Aufklärungspädagogik durch das Konstrukt der Geschwistergruppen in der Kinderliteratur die Vermittlung bürgerlicher Werte. Innerhalb des geschützten familiären Kontexts sollen sich die Kinder in sozial adäquatem Verhalten erproben und ihre Kompetenzen in diesem Bereich immer weiter ausbilden.

Hierzu zählt auch der Konkurrenzaspekt innerhalb einer Geschwistergruppe, der sich beispielsweise in der richtigen Beantwortung einer Frage ausdrückt. Vor allem Jungen sollen durch das spielerische intellektuelle Kräftemessen auf ihr späteres Berufsleben vorbereitet werden (Wild 2008, 60–61). Für Lotte, deren zukünftiger Beruf der der Hausfrau und Mutter sein wird, ist das Erlernen dieser männlich konnotierten Kompetenz nicht nötig. Eben deshalb wird sie von einem männlichen Erwachsenen, wie oben gezeigt, aus dem Wissenswettkampf, den die Jungen austragen sollen, ausgeschlossen.

Der Erfolg dieser frühkindlichen Implementierung stereotyper Rollenzuweisungen zeigt sich bei Lotte daran, welchen Aufgaben sie sich während der Erzählrunden widmet. Bevor sie sich an der gemeinschaftlichen, von der Mutter zugewiesenen Arbeit, „Erbsen aus[zu]krüllen" und „Bohnen ab[zu]streifen" (Campe 2000, 20) beteiligt, bittet sie um Erlaubnis, den von der Mutter gezeigten Kettenstich zu machen. Priorität hat demnach ihre weibliche Pflicht, Handarbeiten zu erledigen. An anderer Stelle, als die bereits erwähnte Reise ans Meer geplant wird, zweifelt Lotte die körperliche Kondition der Mutter an. Ob diese den Strapazen eines langen Fußmarsches gewachsen ist, wird von einer Geschlechtsgenossin angezweifelt (Campe 2000, 24). Lotte begreift sich selbst zwar noch nicht als von den Attributen und Einschränkungen Betroffene, die mit der Zugehörigkeit zum ‚schwachen Geschlecht' verknüpft sind. Doch projiziert sie diese selbstverständlich auf ihre Mutter. Dass Lotte sich in der Zeit des Heranwachsens mehr und mehr mit der gesellschaftlich oktroyierten Geschlechterrolle identifizieren wird und schließlich selbst die unterstellte verminderte intellektuelle wie auch körperliche Leistungsfähigkeit aufgrund ihres Frauseins akzeptiert, ist anzunehmen.

Auf unterhaltsame Weise macht Campe die nachfolgende Generation mit Hilfe seines *Robinson* mit den bürgerlichen Werten des 18. Jahrhunderts vertraut. Neben universellen Werten, divergieren viele je nach Geschlecht. Dieser Umstand ist auf die Annahme spezifisch männlicher bzw. spezifisch weiblicher Fähigkeiten zurückzuführen. Von klein auf vermittelte Geschlechterstereotype, die die patriarchale Gesellschaftsstruktur rechtfertigen sollen, stellen so die Weichen für die fortdauernde Unterdrückung der Frau – von Generation zu Generation.

3 Das Primat des Patriarchats oder Glückseligkeit durch Selbstverleugnung: Campes *Vaeterlicher Rath für meine Tochter* (1789)

Wie der Titel des nachfolgend untersuchten Textes von Campe mitteilt, ist die Adressatin seine bald 15-jährige Tochter (Campe 2010, 13). Doch die vom Verfasser gewählte direkte Anrede suggeriert auch gegenüber anonymen Lesenden eine Form der Vertraulichkeit, die den Ausführungen und Appellen des Autors eine ausgeprägte Intensität und Eindringlichkeit verleiht.

Anlass für Campes Abhandlung ist der in absehbarer Zeit beginnende neue Lebensabschnitt, in den seine Tochter, seinen Erwartungen entsprechend, eintritt – der Ehestand. Nun, da „die sorgenfreien Wonnetage des unbefangenen Alters, die unter dem schützenden Dache liebender Eltern" (Campe 2010, 13) verbracht wurden, bald vorüber sind, möchte der Vater seine Tochter auf das Kommende vorbereiten. Denn auf die speziellen Pflichten einer Frau bereite die „Sittenlehre der Kindheit" (Campe 2010, 13), wie sie etwa im *Robinson* vermittelt wird, nicht vor. Die bereits in der *Robinson*-Analyse beobachtete Geschlechterdifferenz ist das Leitmotiv im *Vaeterlichen Rath*.

Campe analysiert die gesellschaftliche Stellung sowie die private Situation der Frau sehr präzise. Dabei stellt er fest, „daß zufolge unserer Sitten, Moden, Vorurteile und Lebensart, fast alles, was euer Geschlecht insbesondere betrifft, darauf abzielt, euch schwach, kleinlich, furchtsam, ängstlich und unbehülflich zu machen" (Campe 2010, 27). Dieser Beobachtung zum Trotz, die die Kultivierung und Beibehaltung weiblicher Abhängigkeit ganz offen als Intention formuliert, nimmt der Autor seine männlich dominierte Gegenwart als Maßstab seiner Lektionen. Deshalb muss die Adressatin zunächst begreifen,

> **daß das Geschlecht, zu dem du gehörst**, nach unserer dermahligen Weltverfassung, **in einem abhängigen und auf geistige sowol als körperliche Schwächung abzielenden Zustande lebt**, und so lange jene Weltverfassung die nämliche bleibt, **nothwendig leben muß.**" (Campe 2010, 21; Hervorh. im Original)

Freiheit und Unabhängigkeit sind im Leben der Frau nicht vorgesehen. Die wenigen Stellen im Zitat, die Campe nicht hervorhebt, deuten zumindest die minimale Möglichkeit einer alternativen, emanzipatorischen Gesellschaftsordnung an. Da die Frau jedoch in diesem passiven Zustand verharren muss, könnte ein Prozess zur Verbesserung der sozialen Stellung der Frau nur von Männern eingeleitet werden, so die Schlussfolgerung aus diesem Zitat.

Der Autor bleibt den Lesenden eine fundierte Argumentation schuldig, die die Unterdrückung der Frau begründen könnte – jenseits stereotyper Rollenbilder und der gesellschaftlich etablierten Erwartungshaltung. So steht Campes Fähigkeit, die Missstände zu benennen, unter denen Frauen zu leiden haben, in starkem Kontrast zu den Ratschlägen, die er zum Umgang mit diesen formuliert. Er kreiert das Paradoxon, wonach die Frau keinesfalls auf eine positive Veränderung ihrer Situation hinarbeiten darf, wenn sie nicht vom Pfad der zu *Glückseligkeit* führt, abkommen will. Die Botschaft seines Leitfadens für Töchter des Bürgertums ist demnach: *Glückseligkeit* durch *Selbstverleugnung*. Dass dieser Entschluss von den Leserinnen seines *Väterlichen Raths* freiwillig gefasst werden soll, stellt Campe vor argumentative Herausforderungen, die nun untersucht werden.

Die Abhängigkeit der Frau soll von ihr als gottgewollt akzeptiert werden („Gott selbst hat gewollt, und die ganze Verfassung der menschlichen Gesellschaften auf Erden [...] ist danach zugeschnitten, daß nicht das Weib, sondern der Mann das Haupt sein sollte" [Campe 2010, 21]). Dass die Unterdrückung der Frau durch den Mann von Gott legitimiert sei, ist Campes wirkungsvollstes Argument für die Akzeptanz seiner Behauptung. Denn weibliches Aufbegehren gegen den von vollkommener Abhängigkeit vorgezeichneten Lebensweg, würde als Blasphemie verurteilt werden (Gerhard 2020, 14). Abgesehen von der Gefährdung ihres Rufs, steht dieser Vorwurf auch im Konflikt mit dem Streben nach Glückseligkeit. Deshalb beschränkt sich bei Campe der Möglichkeitsrahmen der Frau zur Gestaltung ihres Daseins darauf, sich mit dieser Beschneidung ihrer Persönlichkeitsrechte zu arrangieren.

Um etwaigen Überlegungen einer Heranwachsenden über ein eigenständiges, selbstbestimmtes Leben entgegenzuwirken, betont Campe die von ihm angenommene Unfähigkeit hierfür:

> Es ist also der übereinstimmende Wille der Natur und der menschlichen Gesellschaft, daß der Mann des Weibes Beschützer und Oberhaupt, das Weib hingegen die sich ihm anschmiegsame, sich an ihm haltende und stützende treue, dankbare und folgsame Gefährtinn und Gehülfinn seines Lebens sein sollte – er die Eiche, sie der Efeu, der einen Theil seiner Lebenskraft aus den Lebenskräften der Eiche saugt, der mit ihr in die Lüfte wächst, mit ihr den Stürmen trotzt, mit ihr steht und mit ihr fällt – ohne sie ein niedriges Gesträuch, das von jedem Vorübergehenden zertreten wird. (Campe 2010, 22)

Campe strapaziert hier als naturgegeben dargestellte weibliche als auch männliche Geschlechterstereotype: Die starke, schützende Eiche (der Mann), der biegsame, sich der Eiche anschmiegende Efeu (die Frau), der ohne die Schutz spendende Eiche nicht lebensfähig ist. Bedingungsloser Gehorsam gegenüber dem Mann soll die Gegenleistung der Frau dafür sein, dass er ihr ermöglicht, zu existieren. Die in der Metapher dem weiblichen Geschlecht zugewiesenen Adjektive ordnen die Geschlechterrollen in der Ehe. Den Schwachheit implizierenden Eigenschaften der Frau stellt Campe männliche Stärke gegenüber. Ein wirklicher Mann, der „nicht bloß den äußern Umriß der Mannheit an sich trägt" (Campe 2010, 23), sei eben von Natur aus stolz, gebieterisch, herrschsüchtig, aufbrausend, mitunter ungerecht, hart und gefühllos (Campe 2010, 23).

In der Efeu/Eiche-Metapher zeigt sich erneut, dass Campe den menschlichen Willen mit dem männlichen Willen gleichsetzt. Die weibliche Perspektive lässt er völlig außer Acht. Sein männlich dominierter und gleichzeitig väterlich autoritärer Blick auf das gesellschaftliche Gefüge genügt Campe als Argument zur Plausibilisierung des oben beschriebenen martialischen Vergleichs. Wörtlich genommen vermittelt er, es sei allgemein akzeptiert, dass eine Frau ohne männlichen Beschützer der Willkür ihrer Mitmenschen ausgesetzt ist und über kurz oder lang „zertreten wird". Die Metapher von Efeu und Eiche impliziert demnach, dass das Recht der Frau auf Unversehrtheit nicht selbstverständlich ist. Campe deutet vielmehr an, dass dieses an die Bereitschaft der Gemeinschaft geknüpft ist, der Frau Schutz zuzugestehen – trotz des Makels der Ehelosigkeit.

Dass die Tochter heiraten wird, steht für den Verfasser außer Frage. Zwar wird die Ehe als von Mühsal geplagtes und auf Selbstverleugnung (Campe 2010, 23) basierendes Lebenskonzept beschrieben, doch stellt Campe sie im Vergleich zur Ehelosigkeit als das geringere Übel dar:

> Und was würde es dir auch helfen, der ehelichen Abhängigkeit entfliehen zu wollen [...]? Die Ehe ist ja das einzige, euch noch übrig gelassene Mittel, einen bestimmten Stand-ort [sic!], Wirkungskreis, Schutz, Ansehn und einen höhern Grad von Freiheit und Selbständigkeit zu erhalten. (Campe 2010, 26; zur sozialen Abwertung unverheirateter Frauen s. a. Campe 2010, 18)

Auch wenn die Aussicht auf ein Leben, das von Fremdbestimmung geprägt sein wird, wenig rosig ist, soll die Tochter aus den reichlich angeführten Gründen keineswegs die Ehelosigkeit als Alternative in Betracht ziehen. So bietet die Ehe, allen Widrigkeiten zum Trotz, doch die größeren Annehmlichkeiten. Vor allem aber erfüllt die Frau, die

die Ehe als Lebensmodell wählt, ihre weibliche, Gott gegebene und damit einzig richtige Bestimmung. Für das Streben nach Glückseligkeit im Diesseits und die Erlangung göttlicher Gnade im Jenseits ist die Fügung in den von Campe angeführten göttlichen Willen Voraussetzung.

Die obigen Ausführungen bilden das Fundament für Campes Forderungen an eine tugendhafte „Gattinn, Hausfrau und Mutter" (Campe 2010, 29). Diese drei Rollen seien der Frau von der Natur und eben Gott zugewiesen worden. Wie wirkmächtig diese von Campe formulierten, etablierten und durch ihn mitbegründeten Rollenzuschreibungen der Frau waren und sind, lässt sich an den bis in unsere Gegenwart geführten Diskursen erahnen.

Wie bereits im *Robinson* weist Campe den Geschlechtern unterschiedliche Orte für ihren jeweiligen Aufgabenbereich zu. Der Platz der Frau ist im Haus, die Außenwelt liegt außerhalb des ihr zugeschriebenen Aktionsradius, der dadurch stark eingeschränkt ist. So beschränkt Campe den Wirkungskreis der Frau auf das innere Hauswesen. In der von ihr geforderten häuslichen Zurückgezogenheit ist sie verantwortlich für „Küche, Keller, Vorrathskammer, Hof und Garten" (Campe 2010, 29). Der Ehemann hingegen bildet das äußere Glied zur Gesellschaft, er repräsentiert als Familienvorsteher die Familie nach außen (Campe 2010, 20). Die unterschiedlichen Lebens- und Wirkungsbereiche von Mann und Frau sind auf die Etablierung der bürgerlichen Kleinfamilie zurückzuführen, in der allein der Mann für seine auswärtige Tätigkeit finanziell entlohnt wird, was zugleich die Abhängigkeit der Frau verstärkt (Wild 1987, 205). Doch trotz der häuslichen Zurückgezogenheit der Ehefrau liegt es laut Campe in ihrer Macht, ihren „unsichtbaren Einflusse" (Campe 2010, 20) auf den Gatten so zu nutzen, dass ihr – positives oder negatives – Wirken auf ihn das Geschehen außerhalb ihres Heims beeinflussen kann (Campe 2010, 20). Die Frau als das „allgewaltige[], obgleich schwache[] Geschlecht" (Campe 2010, 20) vermag es, die Geschicke der gesamten Familie zu lenken. Denn diese gründen auf der (Un-)Tugend bzw. (Un-)Sittlichkeit der Ehefrau:

> Seine [d. i. des Mannes] herrschende Gemüthsstimmung, seine Launen, die ganze fortschreitende Veredelung oder Verschlimmerung seines Wesens, sind ihr Werk! Seine größere oder geringere Thätigkeit, die größere oder geringere Ordnung in seinen Geschäften, der größere oder geringere Muth und Eifer zu staatsbürgerlichen und menschenfreundlichen Thaten, womit er sich beseelt fühlt, sind ihr Werk; die öffentliche Achtung, deren er genießt, seine Verbindungen, die angenehmen und unangenehmen Verhältnisse, worin er mit andern Familien steht, sind, wo nicht ganz, doch größtentheils, ihr Werk! (Campe 2010, 20)

Campe versucht seine These zu begründen, wonach – trotz der eingeschränkten Freiheit der Frau – „die Abhängigkeit des Weibes vom Manne [...] nur ein Schein-übel, kein wirkliches" sei (Campe 2010, 23). Denn wenn die Frau sich den Respekt und die Anerkennung ihres Mannes erarbeitet hat, kann sie ihn subtil lenken und ihn sozusagen als Mittelsmann [sic!] zur Umsetzung ihrer Ideen außerhalb ihres begrenzten heimischen, also familieninternen Wirkungskreises nutzen. Campe empfiehlt, diese Möglichkeit der Einflussnahme zu nutzen, die über den eingeschränkten weiblichen

Wirkungskreis im inneren Hauswesen hinausgeht und bis in die Öffentlichkeit wirkt. Diese vermeintliche Möglichkeit der Einflussnahme auf Entwicklungen außerhalb des Hauses kann seiner Meinung nach Frauen dabei unterstützen, ihr auf Passivität und Abhängigkeit gegründetes Dasein als erträglicher zu empfinden und die Begrenztheit ihres konkreten Wirkungs- und Handlungskreises zu akzeptieren. Ein weiterer gewichtiger Vorteil dieses Agierens im Hintergrund ist, dass die Frau der gesellschaftlichen Norm sowie ihrer weiblichen Bestimmung entspricht – die bürgerliche Fassade weiblicher Zurückhaltung wird somit gewahrt.

Frauen sind dazu bestimmt, „**beglückende Gattinnen, bildende** Mütter und weise **Vorsteherinnen des innern Hauswesens** zu werden" (Campe 2010, 19; Hervorh. im Original). Hinderlich in diesem Prozess ist laut Campe ein zu ausgeprägter Wissensdurst bei Frauen. Denn, so die unterstellte Konsequenz, ein zu hohes Bildungsniveau befördere eine Abneigung gegen die „von der Natur und der menschlichen Gesellschaft" (Campe 2010, 35) zugewiesenen schlichteren Aufgaben, die den Alltag einer guten Hausfrau und Mutter bestimmen (Campe 2010, 35). Als Campe sich deshalb für eine niedrigere Bildung der Frauen im Vergleich zu den Männern ausspricht (Campe 2010, 36), rechnet er mit dem Widerspruch seiner Tochter. Um diesem entgegenzuwirken, warnt er zunächst vor der Gefahr, der sich gebildete Frauen aussetzen würden. So seien alle gelehrten Frauen, die er kennt, „nervenkrank" geworden, als Strafe für die „Uebertretung ihrer Gesetze" (Campe 2010, 36).

Sowohl der unkonkrete Verweis auf eine nicht genauer benannte Gesetzesübertretung, die offensichtlich göttliche – und damit nicht verhandelbare – Gesetze meint, als auch die diffuse Diagnose einer Nervenkrankheit unterstreicht die Fragilität seiner These. Um diese auf festeren Boden zu stellen, zitiert Campe anschließend seitenweise Auszüge aus zeitgenössischen Abhandlungen (weder Titel noch Verfasser werden genannt), die die Notwendigkeit weiblicher Unbildung thematisieren. Die väterliche Autorität stößt an ihre Grenzen, wenn die Tochter vom freiwilligen Verzicht des Wissenserwerbs überzeugt werden soll (Campe 2010, 37–44).

Tatsächlich litten auch Männer unter den Folgen der Gelehrsamkeit, so Campe in der Annahme, dieses Argument könne seine Tochter vollends „von selbst" (Campe 2010, 37) von ihren gelehrten Ambitionen abbringen. Abgesehen von der Pflicht zu geistiger Arbeit verfügten Männer über bessere Voraussetzungen für die Ausübung derselben:

> Wir sind ja von der Natur schon mit straffern Nerven und größerer Körperkraft beschenkt; wir genießen [...] eine[] Erziehung, die auf Abhärtung abzweckt; die Schädlichkeit des Krummsitzens bei unsern Geistesarbeiten wird nicht, wie bei euch durch den Zwang eines den Unterleib zusammenpressenden Panzers vermehret; wir genießen häufiger der frischen Luft, und machen uns öftere und stärkere Leibesbewegungen. (Campe 2010, 37)

Die einengende Kleidung, die den weiblichen Körper nach männlichen Idealvorstellungen modelliert, schränkt Frauen in ihrer Bewegungsfreiheit permanent ein. Es ist plausibel, dass die körperliche Leistungsfähigkeit darunter leidet – nicht jedoch, inwiefern hier ein Zusammenhang zu verminderter Tauglichkeit für geistige Arbeit bestehen soll. Die von Campe angeführte körperliche Überlegenheit des Mannes erweist sich als schwaches Argument, ebenso wie die in diesem Zusammenhang erwähnte Erziehung. Campes Ausführungen berufen sich auf Geschlechterdifferenz in Kleidung, Bildung und körperlicher Eignung. Die Eigenschaften, die einen Mann als geeigneter für geistige Tätigkeit auszeichnen sollen, sind jedoch ausschließlich kulturell und sozial geprägt. Für die Gesellschaft des 18. Jahrhunderts bedeutet dies, dass letztere auf patriarchalen Überzeugungen basieren. Eine Reflexion über diesen Zusammenhang, zu dem Campe intellektuell fähig wäre, bleibt er seiner Tochter und den übrigen Leserinnen schuldig, würde er doch damit seiner Legitimation zur fortdauernden Unterdrückung der Frau die Grundlage entziehen.

Als wichtigstes Attribut der Tugend einer guten Ehefrau benennt Campe ihren guten Ruf. Dieser könne leicht beschädigt werden, wobei nicht einmal ein Zutun ihrerseits nötig ist – Attraktivität genügt, weckt sie doch die Triebhaftigkeit der Männer im Allgemeinen. Weibliche Schönheit stellt deshalb ein Risiko für die „eheliche[] Glückseligkeit" dar (Campe 2010, 47):

> Der Gatte, dessen Ehre und Würde an dem unbescholtenen Ruf seiner Gattinn hängt, sieht die Gefahr einer Verletzung desselben nicht sobald entstehn, als seine Zärtlichkeit sich in Eifersucht, seine Liebe in Unwillen, Zorn, Haß und Rachbegierde verwandelt. [...] Und dabei kann die schöne Frau, was die Reinigkeit ihres Herzens betrifft, noch immer ganz unschuldig sein [...]. (Campe 2010, 47–48)

Der Textauszug impliziert, die Frau sei ein Spielball männlicher Leidenschaften. Denn das ihr von den (erfolglosen) Verehrern entgegengebrachte Interesse kränkt das Ehrgefühl des Gatten. Abgesehen davon, dass die Frau sich gegen unerwünschte Avancen wehren muss, sinkt sie im Ansehen ihres Mannes, wohl weil er ihre Tugendhaftigkeit anzuzweifeln beginnt. Dies wiederum bedroht ihren Ruf, da die Frau vor allem durch die allgemeine Anerkennung ihrer Fähigkeiten als Gattin soziale Akzeptanz erfahren kann.

Obwohl offensichtlich charakterliche Unzulänglichkeiten der Männer als Ursache für den Reputationsverlust der Frau benannt werden, fällt das gesellschaftliche Urteil zu ihrem Nachteil aus. Sie muss die Konsequenzen tragen, ohne eine Möglichkeit, ihre prekäre Situation zum Guten wenden zu können. So kann die Frau in dem von Campe gewählten Beispiel nur darauf hoffen, dass ihr Mann ihr ihre Schönheit und das dadurch bei anderen Männern geweckte Begehren verzeiht. Sie selbst ist der Situation ohnmächtig ausgeliefert und muss in Passivität verharren. Die eingangs analysierte Metapher, wonach der Efeu ohne die Eiche zertreten werden würde, wird hier in die weibliche Lebensrealität übertragen.

Die beständige Bedrohung ihres Rufs bei gleichzeitigem Anspruch, dem Gatten zu gefallen, bedeutet für die Frau einen Balanceakt. Denn als gute Gattin muss sie sich bemühen, ihrem Ehemann optisch zu gefallen. Schließlich habe „der Mann [...] auch körperliche Sinne [...]. Auch diese wollen befriedigt sein" (Campe 2010, 125). Um den Ansprüchen des Gatten gerecht zu werden und unter allen Umständen ein Nachlassen seiner Zuneigung zu verhindern, ist eine Selbstkonditionierung der Frau nötig, die ihrem Mann möglichst keinen Anlass zur Kritik bietet:

> Sein Auge verlangt an dem Gegenstande, den er lieben soll, nichts Widriges, nichts Verzerrtes, nichts Ekelhaftes zu finden; sein Ohr will nicht durch das Kreischen oder Schnattern einer unangenehmen, scharfen oder rauhen Stimme beleidigt sein. Seine übrigen Sinne machen ähnliche Forderungen. Es braucht nur Einer von ihnen auf eine Widerwillen und Ekel erregende Weise angegriffen zu werden und es ist ihm [...] unmöglich, den Gegenstand, von dem die Beleidigung seiner Sinne oder seines Geschmackes ihm kam, zu lieben. (Campe 2010, 125)

Die Zuneigung eines Mannes zu seiner Frau wird hier als äußerst fragiles Konstrukt beschrieben. Die von Campe angemahnten, für die Frau nachhaltig schädlichen Konsequenzen eines eventuell beim Gatten ausgelösten Missfallens deklassieren die Frau tatsächlich als den „Gegenstand", als welcher sie im obigen Zitat bezeichnet wird. Nicht ihre Persönlichkeit, nicht ihr Wesen ist schätzens- oder liebenswert. Die Anerkennung des Ehemannes wird ihr zuteil, wenn es der Frau gelingt, dem Ideal, das der Mann von einer guten Ehefrau entworfen hat, möglichst vollständig zu entsprechen.

Unterstrichen wird diese These durch die nachfolgend von Campe benannten Eigenschaften und Verhaltensweisen, die für ihn eine gute Gattin und Mutter auszeichnen:

> Reinigkeit des Herzens und der Gesinnungen, aufgeklärte Gottesfurcht, Schamhaftigkeit und Keuschheit, Bescheidenheit, Freundlichkeit und unerschöpfliche Herzensgüte, Besonnenheit, Ordnungsliebe, Haushaltsgeist, Eingezogenheit, Anhänglichkeit an Mann, Kind und Haus, ein gänzliches, freies und freudiges Verzichtthun auf die zerstreuenden und berauschenden Vergnügungen des herrschenden üppigen Lebens, und endlich ein liebesvolles Hingeben ihres eigenen Willens in den Willen des Mannes, woraus denn nach und nach ein gänzliches süßes Zusammenschmelzen ihrer eigenen Wesenheit (Existenz) mit der seinigen entsteht. (Campe 2010, 75)

Ausführlich und Punkt für Punkt erörtert Campe die weiblichen Tugenden (2010, 75–129). Erneut konstatiert er, dass die Frau keinen eigenen Willen haben dürfe, wozu auch eigene Launen und jede Form des Widersetzens zählen (Campe 2010, 124). Gefordert wird von der Frau, neben allgemeinen Tugenden, die zum Wertekanon der Aufklärung zählen, die Preisgabe ihrer Individualität, ihrer Persönlichkeit. Voraussetzung für diesen Prozess der Selbstaufgabe ist die **„Gewöhnung an Abhängigkeit"** (Campe 2010, 124; Hervorh. im Original). Eindringlich mahnt Campe, sich nicht dagegen zu sträuben und zu sperren, sondern zu lernen, sich willig in die gesellschaftlich etablierte Ordnung zu fügen (Campe 2010, 124).

In der sukzessiven freiwilligen Selbstaufgabe erreiche die Frau, so die paradoxe Schlussfolgerung Campes, ihre natürliche Bestimmung und erfülle damit die Voraussetzung, wahre Glückseligkeit zu erlangen. Doch zwingt die Umsetzung von Campes Ratschlägen Frauen ein Marionettendasein auf. Jedwede Autonomiebestrebung in Denken und Handeln sowie Authentizität im äußerlich Wahrnehmbaren muss vermieden werden. In der dadurch erhofften Annäherung an ein von Männern konstruiertes Idealbild der Frau soll sie sich die Zuneigung des Gatten verdienen und damit einhergehend gesellschaftliche Akzeptanz erlangen. In diesem Kreislauf manifestiert sich die Abhängigkeit der Frau vom Mann.

4 Schlussbetrachtung

Mädchen werden durch die frühkindliche Erziehung und Bildung in der Ausbildung ihres Verstandes unterstützt – dies ist ein universeller, geschlechtsunabhängiger pädagogischer Anspruch in der Aufklärung, der sich auch in der aufgeklärten Kinderliteratur niederschlägt. In Campes *Väterlicher Rath* wird jedoch anschaulich, dass die genossene Bildung und die sich daraus entwickelte Vernunftfähigkeit des Mädchens für die Akzeptanz und Reproduktion der patriarchalen Gesellschaftsstruktur instrumentalisiert werden. Gemäß Campe legitimiert die Frau ihr Dasein, indem sie das Leben des Mannes erleichtert und verschönert. Als Mensch und Individuum erfährt sie weder gesellschaftliche Anerkennung noch Gottes Segen; der Wert der Frau bemisst sich daran, wie gut sie sich einem von Männern entworfenen Ideal einer Frau anzunähern vermag.

Die Aufklärungspädagogik verfolgt nicht den Anspruch, Kinder zu freiem Denken im Kant'schen Sinne zu ermutigen. Zwar ist sie bemüht, die Heranwachsenden möglichst früh an eigenständiges Denken heranzuführen. Doch dient diese Kompetenz in erster Linie der generationenübergreifenden Weitergabe bürgerlicher Werte – eigenständiges Denken verfolgt im aufgeklärten Bürgertum demnach einen Nutzen. Wichtiger als das selbstständige Denken ist deshalb, das ‚richtige Denken' zu üben, das die Akzeptanz und Adaption bestehender bürgerlicher Normen befördert (Wild 1987, 20). Die diesen Normen zugrundeliegende, wiederholt als deren Legitimation angeführte Vernunft, soll die Kinder zur freiwilligen und desto überzeugteren Einhaltung derselben bewegen. Beide Geschlechter sind von der in der Erziehung vermittelten eingeschränkten Freiheit im Denken und Handeln betroffen (vgl. etwa die für Jungen verfasste Abhandlung Campes: *Theophron, oder der erfahrne Rathgeber für die unerfahrne Jugend*, Erstdruck 1783). Doch mit dem Eintritt ins Erwachsenenalter bietet sich Jungen ein wesentlich größerer und vielfältigerer Rahmen zur Entfaltung ihrer Individualität – für Mädchen trifft das Gegenteil zu. Die in der Hochphase der Aufklärung postulierte Abhängigkeit der Frau vom Mann prägt(e) die Ungleichheit der Geschlechter nachhaltig. Campes *Väterlicher Rath für meine Tochter*, mit seinen zahlreichen Zirkelschlüssen, die die Ausgrenzung der Frau von den emanzipatorischen Bestrebungen des Bürgertums in der Aufklärungsepoche rechtfertigen möchten, hat mit dazu beigetragen.

Literatur

1 Primärliteratur

Campe, Joachim Heinrich. *Robinson der Jüngere, zur angenehmen und nützlichen Unterhaltung für Kinder*. Stuttgart: Reclam, 2000 [1779].
Campe, Joachim Heinrich. *Theophron, oder der erfahrne Rathgeber für die unerfahrne Jugend*. Braunschweig: Braunschweigische Schulbuchhandlung, 1828 [1783].
Campe, Joachim Heinrich. *Väterlicher Rath für meine Tochter*. Berlin: Contumax, 2010 [1789].

2 Sekundärliteratur

Bayle, Pierre. *Historisches und Critisches Wörterbuch*. Aus dem Französischen übersetzt von Johann Christoph Gottsched. Leipzig: Breitkopf, 1741–1744 [1697].
Beutel, Albrecht. *Kirchengeschichte im Zeitalter der Aufklärung. Ein Kompendium*. Göttingen: Vandenhoeck & Ruprecht, 2009.
Diderot, Denis/Jean-Baptiste le Rond d'Alembert (Hg.). *Encyclopédie, ou dictionnaire raisonné des sciences, des arts et des métiers*. Paris: Le Breton u. a. 1751–1785.
Gerhard, Ute. *Frauenbewegung und Feminismus. Eine Geschichte seit 1789*. München: Beck, 2020.
Gestrich, Andreas. *Familiale Werteerziehung im deutschen Bürgertum um 1800*. Hg. Hans-Werner Hahn/Dieter Hein. Köln u. a.: Böhlau, 2005, 121–140.
Schmid, Pia. *Vollkommenheit in der Pädagogik des 18. Jahrhunderts*. Hg. Konstanze Baron/Christian Soboth. Hamburg: Felix Meiner, 2018, 165–180.
Wild, Reiner. *Die Vernunft der Väter. Zur Psychographie von Bürgerlichkeit und Aufklärung in Deutschland am Beispiel ihrer Literatur für Kinder*. Stuttgart: Metzler, 1987.
Wild, Reiner. „Aufklärung". *Geschichte der deutschen Kinder- und Jugendliteratur*. Hg. Ders. Stuttgart u. a.: Metzler, 2008, 43–95.
Zedler, Johann Heinrich. *Zedlers Universallexikon (1731–1751)*. https://www.zedler-lexikon.de/ (23. November 2020).

III **Romantik**

Simone Loleit und Liane Schüller
Zu Genderkonstrukten in Zaubermärchen der Brüder Grimm

Schweigen und Schatten in „Die Gänsemagd" und „Die weiße und die schwarze Braut"

Zusammenfassung: Das Schweigen der Heldin im Märchen wird häufig als (bürgerliches) Genderstereotyp diskutiert. Im Beitrag werden demgegenüber die Polyvalenz und die vielfältigen Zusammenhänge dieses Motivs mit Gender- und Weiblichkeitsinszenierungen herausgearbeitet. Im Mittelpunkt der exemplarischen Analysen stehen die zum Themenkreis der ‚unterschobenen Braut' zählenden Zaubermärchen „Die Gänsemagd" und „Die weiße und die schwarze Braut" aus den *Kinder- und Hausmärchen* der Brüder Grimm. Den engeren Untersuchungsfokus bildet der Gegensatz von Schweigen und Reden und seine Korrelationen zur optischen Metapher von Schwarz und Weiß, Schatten und Licht. Unter Einbeziehung kommunikations- und psychoanalytischer Ansätze, anknüpfend an die stoff-, motivgeschichtlichen und ‚mythologischen' Forschungen der Grimms sowie unter Bezugnahme auf die mittelalterliche Stoff- und Motivtradition (Bertasage; *Pentamerone* 4,7) werden Perspektiven für die Erforschung von Genderkonstrukten in Märchen der Grimms aufgezeigt.

1 Vorüberlegungen

Die *Kinder- und Hausmärchen* (KHM) der Brüder Grimm sind ein „‚romantisches Buch'. Ihre Poetik ist durch philologische Poesie geprägt" (Sennewald 2004, 346). Die Sammlung als Ganzes, aber auch die einzelnen Märchen erhalten ihr charakteristisches Gepräge, wie Sennewald festhält, „durch das Zusammenwirken von wissenschaftlichem Rahmen und poetischem Gegenstand" (Sennewald 2013, 88). In eine ähnliche Richtung zielt Ewers' Erwägung, die KHM „in den Kontext der großen, in eine Rahmenhandlung eingebetteten Märchenzyklen zu stellen – in eine Reihe, die mit Basiles *Pentamerone* und den Märchen aus *Tausendundeine Nacht* beginnt und bis hin zu Ludwig Tiecks *Phantasus* und E.T.A. Hoffmanns *Serapionsbrüdern* reicht" (Sennewald 2013, 8). Eine umfassende Analyse der Genderkonstrukte in den KHM als (wissenschaftliches) Gesamt(kunst)werk steht bislang aus. Ihr Charakter als „literarisches Kunstwerk" (Ewers 2014, 8) müsste hierfür ebenso beachtet werden wie die miteinander konfligierenden Ansprüche, die aus der Kombination von philologischem Sammel- und Forschungsprojekt und Leseausgabe mit auch erzieherischem Auftrag (Märtin 2013, 129; Rölleke 2016, 89) erwachsen, sowie nicht zuletzt die Gattungsvielfalt und -hybridität der in den KHM versammelten Texte.¹ Die Forschung zu Gender-, d. h. zumeist Weiblichkeitskonstrukten in den KHM konzentriert sich jedoch in der Regel fast ausschließlich auf die Zaubermärchen innerhalb der KHM² – welche zwar „höchstens ein Drittel der Grimmschen Sammlung ausmachen, allerdings so gut wie sämtliche der bekanntesten Märchentexte repräsentieren" (Rölleke 2016, 43). Die Genderforschungserträge zu ‚Grimms Märchen' bedürfen somit eigentlich dringend einer Überprüfung in Bezug auf andere Textsorten innerhalb der KHM.³ Im Rahmen eines Bandes zu Genderaspekten in der Kinder- und Jugendliteratur und speziell im Kapitel zur Romantik erscheint jedoch eine Konzentration auf Zaubermärchen als die Hauptgattung der sogenannten Volksmärchen aus folgenden Gründen sinnvoll:

Erstens machen Zaubermärchen innerhalb der 1825 erstveröffentlichten, als Kinderbuch konzipierten *Kleinen Ausgabe* der KHM den überwiegenden Teil der darin aufgenommenen Texte aus (Rölleke 1982, 554–556).⁴ Ihr Vorbild war der 1823 erschienene erste Band der von Edgar Taylor und David Jardine erarbeiteten, an ein kindliches Publikum adressierten englischen Übersetzung von Märchen aus den KHM; die *German Popular Stories* wurden insbesondere durch die skurril-komischen Kupferstiche George Cruikshanks zum Verkaufsschlager (Freyberger 2009, 58–59).

Zweitens stehen Zaubermärchen im Fokus der psychoanalytischen Märchenforschung. Für den Zugang zu Märchen über „die Deutung von Träumen und die Suche nach Inhalten des Unbewussten" (Pöge-Alder 2016, 230) lässt sich eine Entwicklungslinie von der Romantik und ihrem Bemühen, den Symbolcharakter von Mythen zu entschlüsseln, hin zu psychoanalytischen Interpretationsansätzen der Freud'schen und Jung'schen Schule ziehen (Pöge-Alder 2016, 230–240).⁵

Drittens wird in der Vorrede zur ersten Auflage der *Großen Ausgabe* ein Konnex zwischen Märchen und Kindern hergestellt:

> Innerlich geht durch diese Dichtungen dieselbe Reinheit, um derentwillen uns Kinder so wunderbar und seelig erscheinen; sie haben gleichsam dieselben bläulich-weißen, mackellosen, glänzenden Augen (in die sich die kleinen Kinder selbst so gern greifen), die nicht mehr wachsen

---

1 Vgl. hierzu Uthers (2021, 481–482) Kategorisierungsversuch der Erzählgattungen innerhalb der KHM.
2 Als einschlägiges Beispiel für diesen Untersuchungsfokus wäre etwa Feustel 2012 zu nennen, vgl. Abschnitt 2: Typologien der Märchenheldinnen und -helden.
3 Lehnert (1996, 11) geht zwar auf den möglichen Einwand, „daß auch die Geschlechterideale und -bilder innerhalb der Grimmschen Sammlung nicht vollkommen einheitlich sind", ein und verortet dies insbesondere in der Vielfalt der in die KHM eingeflossenen Gattungen; sie nivelliert diese „Unstimmigkeiten im Gesamtkorpus" dann aber damit, dass „– besonders deutlich in den bekanntesten (Zauber-)Märchen, nämlich in denen der Kleinen Ausgabe – Kindern ganz offenkundig bürgerliche Geschlechtermodelle des 19. Jahrhunderts angeboten" würden.
4 Vgl. besonders Röllekes (1982, 555–556) Aufzählung der aus der Zweitauflage aufgenommenen Stücke.
5 Vgl. auch die Kurzüberblicke zur psychoanalytischen Märchenforschung bei Lüthi (2005, 106–108) und Rusch-Feja (1995, 9–15).

können, während die andern Glieder noch zart, schwach, und zum Dienst der Erde ungeschickt sind. (KHM/1812, viii–ix)

In der Einleitung der zweiten Auflage von 1819 werden als beispielhaft für das „Wesen der Märchen" kurzgefasste Märchenplots von „Hänsel und Gretel", „Aschenputtel", „Brüderchen und Schwesterchen" und „Die sechs Schwäne" angeführt (KHM/1819, xxii). Bei allen vier Texten handelt es sich um Zaubermärchen, welche den Grimms also offensichtlich als besonders eindrückliche Beispiele für Märchen als „Gattung von kindlicher Geistesart" (Ewers 2013, 13) erschienen. Die „seit Johann Herder üblich gewordene Parallelisierung von Phylo- und Ontogenese" (Ewers 2013, 14) erlaubte den Grimms eine doppelbödige Verwendung des Kinder- und Kindheitsbegriffs, einerseits auf die kindlichen Adressatinnen und Adressaten bezogen, andererseits als volkspoetologische Chiffre für ‚Alter', ‚Vorzeit', ‚Ursprünglichkeit'.[6] Die zahlreichen Ungereimtheiten einer solchen „Märchenpoetik aus dem Geist der spätromantischen Geschichtsphilosophie" (Ewers 2013, 10) werden von Ewers kritisch diskutiert. Wie Roots festhält, bedeutet das Postulat einer ‚Reinheit' der Vergangenheit und zugleich Kindgemäßheit (nach der bürgerlichen Moral des 19. Jahrhunderts), dass die Märchen zunehmend von sämtlichen sexuellen und erotischen Anzüglichkeiten befreit wurden (Roots 2020, 195). Einhergehend damit beobachtet Ewers eine von Auflage zu Auflage fortschreitende Verkindlichung der Heldinnen und Helden (Ewers 2013, 15). Diese der Bearbeitung durch die Grimms geschuldete Entsexualisierungstendenz ist noch einmal von dem Stilmerkmal der Sublimation zu unterscheiden, für das Lüthi (2005, 65) als Beispiel u. a. die Entwicklung sexueller und erotischer Stoffkerne anführt: „Das Märchen versteht seine eigenen (oder besser: die von ihm verwendeten) Symbole nicht mehr" (2005, 67).

2 Typologien der Märchenheldinnen und -helden

Volks- bzw. Zaubermärchen bilden die Untersuchungsbasis für die Stilanalyse Lüthis (*Das europäische Volksmärchen. Form und Wesen*, 1947) und die strukturalistische Märchenforschung Propps (*Morphologie des Märchens*, 1928). Für beide Ansätze ist festzuhalten, dass sie gewissermaßen genderneutral ausgerichtet sind. Lüthi unterteilt das Märchenpersonal in „Held oder Heldin" und weitere

> charakteristische Figuren: Auftraggeber, Helfer des Helden [...], Kontrastgestalten [...] und von Held oder Heldin gerettete, befreite, erlöste oder sonstwie gewonnene Personen [...]. Alle wichtigen Figuren also sind auf den Helden bezogen als dessen Partner, Schädiger, Helfer oder als Kontrastfiguren zu ihm [...]. (Lüthi 2004, 27)

---

6 Vgl. ein ähnliches Konzept bei Lüthi (2005, 90–92).

Propp unterscheidet die Handlungskreise des Gegenspielers (Schadenstifters), des Schenkers, des Helfers, der gesuchten Gestalt, des Senders, des Helden und des falschen Helden (Propp 1972a, 79–80). Die handelnden Personen sind dabei über die ihrem Handlungskreis zugehörigen Funktionen bestimmt, wobei die Definition einer Funktion sich „auf keinen Fall nach der Gestalt richten [darf], die die betreffende Funktion ausübt" (Propp 1972a, 26); man müsse vielmehr „von der Bedeutung ausgehen, die die betreffende Funktion im Handlungsablauf besitzt. […] So können identische Handlungen unterschiedliche Bedeutungen tragen und umgekehrt" (Propp 1972a, 27). Hinsichtlich des Genderaspekts erscheint folgende Bemerkung Propps in der Abhandlung „Transformationen von Zaubermärchen" (1928) unter dem Stichwort ‚Umwandlung' aufschlussreich: „Nicht selten verwandelt sich die Grundform in ihr Gegenteil. Frauenfiguren z. B. werden zu männlichen und umgekehrt" (Propp 1972b, 166). Die von Feustel (*Rätselprinzessinnen und schlafende Schönheiten*, 2012) unter gendertheoretischen Ansätzen erarbeitete Typologie der weiblichen Figuren konzentriert sich auf „die im Erzähltext ersichtlich dominierenden Gesinnungsarten und Handlungspraktiken der jeweiligen Märchenfiguren. Folglich können gewisse Frauengestalten auch in mehreren Kategorien erscheinen, sofern sie die jeweiligen Eigenschaften der verschiedenen Typen erfüllen" (Feustel 2012, 185). Insgesamt orientiert sich Feustels Typologie stärker an konkreten Märchenfiguren. Sie unterscheidet zauberkundige weibliche Jenseitige, Muttertypen und junge Frauen bis zur Ehereife, der sogenannte Königstochtertypus, jeweils im kurzen Vergleich mit den entsprechenden männlichen Figuren (Feustel 2012, 286–303). Feustels auf Basis der Märchen erarbeitete Figurentypologie erscheint insgesamt ergiebiger als z. B. Lehnerts Untersuchung zum bürgerlichen Frauenbild der Grimm'schen Märchen. Die von Lehnert (1996, 11, 24–30, 34–36) von außen an die Märchen herangetragenen dichotomischen Geschlechterstereotype, die sie im bürgerlichen Kontext des 19. Jahrhunderts verortet, die aber teilweise wohl weit älter sind, formen ein Kriterienraster, das, trotz der Fülle der aufgenommenen Eigenschaften, zu einer in Teilen holzschnittartig wirkenden Gegenüberstellung eines positiven und eines negativen Frauenbilds führt.

3 Zum Themenkreis der ‚unterschobenen Braut'

Die für die folgenden exemplarischen Analysen ausgewählten Zaubermärchen „Die Gänsemagd" (KHM 89) und „Die weiße und die schwarze Braut" (KHM 135) gehören, ebenso wie das zum Vergleich herangezogene Märchen „Die beiden Kuchen" aus dem *Pentamerone*, zum Themenkreis der ‚unterschobenen Braut' (Uther 2021, 196 und 274) und spezieller in den Motivkomplex der Bertasage (KHM/1856, 158 und 218; Arfert 1897, 7–8).[7] „Das Phantasma der Ersetzbarkeit der Braut durch eine andere, fremde

---

[7] Arfert ordnet die drei Märchen der Untergruppe „a. Die wahre Braut wird auf der Fahrt zum Verlobten beseitigt" der Gruppe „I. Die eigentlichen Märchen von der unterschobenen Braut" (Arfert 1897,

Frau in der Hochzeitsnacht wurzelt in all seinen Variationen tief im mittelalterlichen Erzählfundus." (Witthöft 2016, 177)

Als zentrale Vergleichstexte für beide Märchen werden die karolingische Bertasage und das italienische Märchen „Die beiden Kuchen" („Le due pizzelle") aus Basiles *Pentamerone* angeführt (KHM/1856, 218). Weitere Verweise auf stoffverwandte Texte für KHM 89 aus der italienischen und russischen, für KHM 135 aus der französischen und finnischen Literatur (KHM/1856, 158 und 217–218) zeigen, dass den Grimms das Vorkommen des Stoffs in der europäischen Literatur bekannt war; ebenso ersichtlich ist jedoch ihr Bemühen, ihn in seinen Ursprüngen in der deutschen ‚Volksdichtung' zu verorten, wie z. B. aus folgender Formulierung hervorgeht:[8] „Im Pentamerone (4, 7) findet sich ein halb aus diesem [d. i. aus KHM 135], halb aus dem Gänsmädchen (Nr. 89) zusammengesetztes Märchen" (KHM/1856, 218).

Im Mittelpunkt der aus dem karolingischen Sagenkreis stammenden, in der deutschsprachigen und europäischen Literatur breit rezipierten, altfranzösischen Bertasage (Witthöft 2019, 178) steht die Gemahlin des Frankenkönigs Pippin, des Vaters Karls des Großen.[9] Jacob Grimm sieht in der *Deutschen Mythologie* einen Zusammenhang zwischen der sagenhaften Berta und der mythischen Perahta (Berchta) (Grimm 1835, 172). Das Erkennungszeichen der Heldin – ihre missgestalteten Füße oder ein übergroßer Fuß – erinnert an den „Vogel- oder Gänsefuß, das Merkmal der wahrscheinlichen mythischen Ahnherrin der Heldin, Perchta oder Perahta" (Wolfzettel 2005, 62). Die Gänse hütende (KHM 89) oder fütternde (*Pentamerone* 4,7) Protagonistin ist ebenso wie die in eine Ente verwandelte Heldin (KHM 135) eine Reminiszenz an die sagenhaft-mythische Berta-Perahta (Wolfzettel 2005, 62).

4 Leitende Fragestellung

Im Fokus der folgenden Analyse steht der Gegensatz von Schweigen und Reden in mehrdimensionaler Korrelation zur optischen Metapher von Schwarz und Weiß, Schatten und Licht. Zu untersuchen ist die narrative Entfaltung dieses Gegensatzes in der Handlung und Figurenkonzeption der Märchen; das daraus entstehende Spannungsfeld soll mit Blick auf kommunikationsanalytische Ansätze untersucht sowie auf psychoanalytische Deutungsmöglichkeiten und, unter Anknüpfung an die stoff-, motivgeschichtlichen und ‚mythologischen' Forschungen der Grimms, auch hinsichtlich ‚mythischer' Konnotationen befragt werden. Das Schweigen der Heldin, das

---

7–8) zu: KHM 89 gehöre zur Variante „a1. Nach Verlust eines Talismans", wohingegen KHM 135 und „Die beiden Kuchen" die Variante „a2. Dadurch, dass sie ins Meer gestürzt wird" und dabei noch einmal die Untervarianten „Sie wird in Haft der Meersirene gehalten" und „Sie wird dabei verwandelt" (Arfert 1897, 8) repräsentieren.

8 Vgl. allgemeiner zu diesem Paradoxon einer gleichzeitig komparatistischen und nationalphilologischen Perspektive Zipes 2001, 867.

9 Zur historischen Kontextualisierung vgl. Rumpf 1979, 157 und 160.

Lehnert (1996, 28) zufolge einen der Eckpunkte des am bürgerlichen Vorbild orientierten Frauenbildes der Märchen darstellt, erweist sich bei genauerer Betrachtung als vieldeutig und erscheint nicht mehr eindimensional im Raster dualistischer Genderstereotype verortbar.

5 „Die Gänsemagd" (KHM 89)

In dem Märchen, das den Grimms durch Dorothee Viehmann zugetragen und später von Jacob Grimm aufgezeichnet wurde (Uther 2021, 195), wird eine junge Königstochter von ihrer Mutter in die Fremde geschickt, um einen Königssohn zu ehelichen, dem sie versprochen ist. Der Königstochter, deren Vater „schon lange gestorben" (G, 23)[10] ist, wird ihr königlicher Brautschatz und eine Kammerjungfrau mitgegeben, die die Braut bis „in die Hände des Bräutigams überliefern soll" (G, 24). Beide reisen zu Pferd; das Pferd der Königstochter, Falada, kann sprechen. In der Stunde des Abschieds nimmt die Mutter ein weißes Tuch, lässt drei Blutstropfen hinauftröpfeln und ermahnt ihre Tochter, diese gut zu verwahren: „[S]ie werden dir unterweges Not tun" (G, 24), wodurch die Blutstropfen die Funktion eines Schutzzaubers erhalten. Unterwegs weigert sich die Kammerjungfer mehrfach, der Königstochter Wasser zu bringen, als diese Durst verspürt: „[I]ch mag eure Magd nicht sein" (G, 24), spricht sie wiederholt. Als die Königstochter in einem unbedachten Moment das Tuch mit den Blutstropfen verliert, erlangt die Kammerjungfer Macht über die Königstochter. Sie nötigt diese, Pferd und Kleider mit ihr zu tauschen und gibt sich bei der Ankunft am Zielort als die ‚rechte' Braut aus, während die wahre Königstochter zu ‚niederen' Diensten als Begleitung des Gänsehütejungen, Kürdchen (bzw. Conrädchen), verpflichtet wird. Im weiteren Verlauf wird die falsche Braut durch den König, den Vater des Bräutigams, entlarvt, der mitanhört, wie die wahre Königstochter in einem Eisenofen sitzend ihr Leid klagt. Die falsche Braut spricht schließlich ihr eigenes Todesurteil und der Königssohn und die wahre Braut werden nach Vollstreckung des Urteils miteinander vermählt.

5.1 Identitätstausch

Die von der alten Königin mit der Übergabe der Tochter an den Bräutigam beauftragte Kammerjungfrau fungiert in der Ausgangshandlung als autorisierte Stellvertreterin der Mutter und nutzt diese Position, um gewaltsam zur unrechtmäßigen Stellvertreterin der Königstochter aufzusteigen. Motivation für diesen Akt der Usurpation (Bettelheim 1987, 159) scheinen Konkurrenzdenken und Neid zu sein; offensichtlich kann

---

10 Das Märchen „Die Gänsemagd" (KHM 89) – im Folgenden abgekürzt mit der Sigle G – wird nach der Fassung der Ausgabe letzter Hand von 1857 in der Edition von Rölleke zitiert: Brüder Grimm 2014, 23–30.

sie sich mit ihrer gegenüber der Königstochter inferioren Position nicht identifizieren, denn sie sagt mehrmals, dass sie nicht deren Magd sein möchte (G, 25) und befiehlt ihr schließlich „mit harten Worten" (G, 25), die königlichen Kleider auszuziehen und zu schwören, nichts von dem erzwungenen Tausch zu verraten. In dem Moment, in dem die Kammerjungfrau die königlichen Gewänder der Königstochter trägt, besitzt sie die angemessene Hülle, um alle weiteren Akteurinnen und Akteure zu blenden; über das Medium der Kleidung, die normalerweise unmissverständlich den sozialen Status der Trägerin abbildet, werden der Ordnungsverlust und die gestörte Hierarchie symbolisiert.[11] Das Kleidertauschmotiv begründet hier, wie auch in KHM 135, *Pentamerone* 4,7 und der Bertasage, den (Identitäts-)Tausch und die daraus resultierende Spannung zwischen Wahrheit und Lüge, Sein und Schein.

Dass die Königstochter sich nicht zur Wehr setzt und den plötzlichen Rollenwechsel kommentarlos hinnimmt, wohingegen die Kammerjungfer „mit den Mitteln des Raubs, der Gewalt und der Unterdrückung" (Rinne 1987, 46) agiert, entspricht auf den ersten Blick dem in der Märchenforschung zur Typologisierung weiblichen Figurenhandelns häufig verwendeten Aktiv-passiv-Schema. Lehnert hält hierbei als Beispiel für einen grundsätzlichen Genderbias fest, dass „Aktivität und Macht [...] bei Frauen negativ bewertet [werden], weil sie als ‚unweiblich' gelten. Bei Männern werden dieselben Attribute positiv bewertet" (Lehnert 1996, 35). Mit dem Modell der passiven und leidenden Heldin würden Erwartungshaltungen besonders des Publikums im 19. Jahrhundert erfüllt (Lehnert 1996, 24–25). Es lohnt sich jedoch, der augenscheinlichen Passivität der zur Gänsemagd degradierten Prinzessin auf den Grund zu gehen. Hierbei ist zunächst festzuhalten, dass der Rollentausch durch einen von der Kammerjungfer erzwungenen Schwur besiegelt wird: „[...] endlich musste sie sich unter freiem Himmel verschwören dass sie am königlichen Hof keinem Menschen etwas davon sprechen wollte; und wenn sie diesen Eid nicht abgelegt hätte, wäre sie auf der Stelle umgebracht worden" (G, 25). Lehnert sieht in der schweigenden Märchenheldin generell das „Ideal der ‚wesenhaft' ruhigen, stillen, schweigsamen Frau zur Zeit des deutschen Bildungsbürgertums" (Lehnert 1996, 28) und im (erzwungenen) Nicht-Sprechen „einen weiteren Baustein zu ihrer Machtlosigkeit [...]. Das Schweigen-Müssen scheint teilweise sogar den eigenen Willen der weiblichen Märchenfiguren zu brechen." (Lehnert 1996, 28) Am Beispiel des Schweige-Handelns in KHM 89 ist eine solche Ineinssetzung von weiblich/passiv/machtlos allerdings kritisch zu hinterfragen, denn das Einhalten des – wenn auch erzwungenen – Schwurs kann auch als aktive Handlung gedeutet werden. Dies tritt noch deutlicher hervor, wenn man die Bertasage als Subtext zugrunde legt: In Boiardos Version der Bertasage, auf die die Grimms verweisen (KHM/1856, 157), wird die Heldin von einer sie auf der Fahrt zum Bräutigam begleitenden alten Französin namens Margiste vor den „Schrecken der

---

11 Dies passt zur Geschichte der verdrängten Braut als „Geschichte einer Usurpation [...]. Das Motiv der Usurpation bezeichnet bekanntlich einen beinahe obsessionellen Aspekt mittelalterlicher Erzählliteratur, es indiziert die Angst um den Ordnungsverlust einer hierarchisch gegliederten Gesellschaft." (Wolfzettel 2005, 66)

ersten Nacht" (Boiardo 1825, 6) gewarnt und so in den folgenreichen Schritt des Brauttauschs in der Brautnacht hineinmanipuliert. Das von Margiste und ihrer als falsche Stellvertreterin fungierenden Tochter Aliste angezettelte Mordkomplott scheitert jedoch. Berta bleibt allein im Wald zurück und legt, nachdem sie wie durch ein Wunder vor zwei Räubern gerettet wird, aus Dankbarkeit und verbunden mit der Bitte um weitere Unterstützung, vor Gott den Schwur ab, ihren Namen und Stand nur bei äußerster Gefahr für Ehre oder Leben zu verraten. Berta hält mehrjährig an diesem von ihr geleisteten Schweigegelübde fest und bricht dieses nur kurzfristig, um einem sexuellen Übergriff zu entgehen; sie tarnt die in der Notsituation enthüllte wahre Identität danach jedoch wieder als Lüge, sodass sie nur durch die von ihrem Bräutigam und späteren Gemahl Pippin initiierte Wiederbegegnung mit ihrer Mutter als die wahre Braut identifiziert werden kann (Boiardo 1825, 6–8 und 17–19).

Bettelheim sieht in seiner besonders auf die ödipalen Motive konzentrierten psychoanalytischen Deutung von KHM 89 die „Gefahren, die der Heldin drohen [...] im Inneren: Sie muß der Versuchung, das Geheimnis preiszugeben, widerstehen" (Bettelheim 1987, 159). So wäre das Schweigen der Gänsemagd eng mit dem Prozess der Ablösung von der Mutter und der Autonomiegewinnung verschaltet (Bettelheim 1987, 157). Das Märchen betone, so Bettelheim, „die Schwierigkeiten auf der Lebensreise: sexuell reifen, unabhängig werden, sich selbst verwirklichen. Gefahren müssen bewältigt, Prüfungen überstanden und Entscheidungen gefällt werden [...]." (Bettelheim 1987, 162)

Die von Lüthi (2005, 16) unter dem Stilmerkmal der Flächenhaftigkeit erfasste Darstellungstendenz, dass im Märchen die sonst einer Person zuzuordnenden unterschiedlichen Eigenschaften und Handlungen auf mehrere Figuren verteilt werden, lässt die Heldin als Dreh- und Angelpunkt des Geschehens erscheinen, in dem die anderen Figuren lediglich ihre auf sie ausgerichtete Funktion erfüllen (Lüthi 2005, 18; 2004, 27). Dies korreliert mit psychoanalytischen Deutungen der Märchenhandlung und der Figurenkonstellationen als entwicklungspsychologisches Geschehen. Die stilanalytische wie auch die psychoanalytische Deutungsperspektive legen es somit nahe, die gegensätzlichen Handlungsweisen, Motivationen und Charaktereigenschaften der unterschiedlichen Figuren sämtlich auf die Heldin zu beziehen. Beispielhaft hierfür kann Rusch-Fejas Ansatz genannt werden, die Kammerjungfrau, in Anlehnung an C. G. Jung, als ‚Schatten' (*shadow*) der Königstochter zu deuten, in dem sich unbewusste Wünsche und/oder Möglichkeiten zur (Identitäts-)Entwicklung abbilden: „The shadow figure here embodied in the handmaid symbolically manifests the negative, underdeveloped aspects of the princess." (Rusch-Feja 1995, 106) Der Schwebezustand des Unterwegsseins korrespondiert bei der Königstochter mit der Entwicklungsphase der Adoleszenz, die als Zwischenstadium angesehen werden kann, in dem sich der Reifungsprozess vom Kind zur Erwachsenen vollzieht. Dies wird etwa an dem der Tochter als Talisman mitgegebenen Tuch mit den drei Blutstropfen deutlich: Zunächst die Verbindung zur Mutter repräsentierend (Rusch-Feja 1995, 104), fungiert sein Verlust als Initiation und Eintritt in eine neue Entwicklungsphase, in der die Königstochter schließlich „a new sense of identity and of feminine dignity"

(Rusch-Feja 1995, 112) erlangt. Sexualsymbolisch könnten die Blutstropfen für Menstruation und beginnende Geschlechtsreife (Rusch-Feja 1995, 104), aber auch für den bevorstehenden oder womöglich bereits erfolgten Verlust der ‚Jungfräulichkeit' stehen. Beides – sowohl die Angst vor dem ersten Geschlechtsakt als auch die Furcht, dass der Bräutigam ihr ‚Defizit' in der Brautnacht bemerken könnte – würde handlungslogisch die Macht, die die Kammerjungfrau über sie gewinnt, erklären. Auffällig ist, dass diese Details im Märchen von der Gänsemagd – anders als etwa in den unterschiedlichen Varianten der Bertasage, in denen beide Szenarien vorkommen (Witthöft 2019, 178; Wolfzettel 2005, 57) – nicht auserzählt werden, sondern eine Leerstelle bilden.

Uther (2021, 196) zählt die „drei Blutstropfen als Schutzzauber" zu den Motiven des Märchens, die „eine archaisch-magische Wirklichkeitsauffassung spiegeln". Durch den Verlust des Tüchleins mit den drei Blutstropfen wird die Königstochter, ohne es zu bemerken, entmachtet (Rusch-Feja 1995, 105–106). Sie überhört auch die zuvor zweifach von den Blutstropfen selbst ausgesprochene Warnung: „[W]enn das deine Mutter wüsste, das Herz im Leibe tät ihr zerspringen" (G, 24–25), mit der sie daran erinnert werden soll, dass es ihrer königlichen Stellung nicht geziemt, aus dem Bach zu trinken, statt von der Kammerjungfrau bedient zu werden. Es ist für den im Folgenden zu untersuchenden Aspekt des Schweigens von Interesse, dass die Königstochter nach dem Verlust des Tuchs mit den sprechenden Blutstropfen zum Schweigen genötigt wird.

5.2 Formen der Kommunikation: Sprechen und Schweigen

Im Kontext des Rollentausches zwischen der Königstochter und der Kammerjungfrau ist die Art und Weise, in der das Märchen Formen der Kommunikation thematisiert, insbesondere in Bezug auf das Sprechen bzw. Nicht-Sprechen, bedeutsam für die sich daraus entspinnende Handlung. So können Reden und Schweigen, die im Märchen in verschiedenen Spielarten vorkommen, in der „Gänsemagd" zunächst als rein „pragmatische Opposition" verstanden werden (Willand 2017, 111), der sich die zentralen weiblichen Figuren zuordnen lassen – „Sprechende" versus „Schweigende" –, um dann peu à peu eine die Handlung dynamisierende Funktion zu übernehmen. Grundsätzlich zu fragen wäre in einem ersten Schritt nach Formen und Anlässen des Schweigens, um in einem zweiten die Funktion(en) des Schweigens im Märchen zu ergründen. Wie Hahn erörtert, handelt es sich beim Schweigen letztlich um eine „paradoxe Kommunikation" (Hahn 2013, 29):

> Wer redet, braucht nicht zusätzlich zu betonen, er rede. Aber wenn das Schweigen verschwiege, dass es Schweigen ist, würde man es dann als Schweigen erkennen? Wir würden ja von jemandem, der zufällig nichts sagt oder nichts schreibt, z. B. weil er schläft, nicht sagen, er schweige. Schweigen als Kommunikation setzt voraus, dass sich etwas zwischen ‚ego' und ‚alter' abspielt. (Hahn 2013, 29)

Besonders letzterer Aspekt ist in Hinblick auf die Königstochter in der „Gänsemagd" bemerkenswert, denn: Zwischen wem spielt sich im Märchen das Schweigen als Form der Kommunikation ab bzw. wer realisiert überhaupt, dass die Königstochter hinsichtlich des Erlebten und ihrer Herkunft schweigt? Letzteres wird nicht etwa von ihrem Bräutigam bemerkt – der im gesamten Märchen untergeordnet-passiv agiert und also eine Statistenrolle einnimmt –, sondern im späteren Verlauf lediglich von dessen Vater kommentiert und hinterfragt. Das erzeugt eine wichtige Verbindungslinie zwischen der Königstochter und dem alten König, der im zweiten Teil des Märchens die Fäden insofern in der Hand hält, als er seiner Intuition folgt, die ihm eingibt, dass etwas an der Situation um die beiden Frauen nicht rechtens sei: „Da schaute der alte König am Fenster, und sah sie im Hof halten und sah wie sie fein war, zart und gar schön." (G, 25) Im Gegensatz zum alten König stellt der Königssohn die Rechtmäßigkeit der Braut überhaupt nicht in Frage.

Eine ‚sprechende', also Signale aussendende Form des Schweigens findet sich bei dem Pferd Falada, das zwar auch noch mit abgeschlagenem Kopf im Bogengang hängend sprechen kann, den mitangesehenen, durch die Kammerzofe erzwungenen Identitätstausch der beiden Frauen allerdings nicht verrät. Es spricht – bemerkenswerterweise im öffentlichen Raum – repetitiv und formelhaft das Immergleiche und wiederholt dabei zudem die Warnung der Blutstropfen: „[O] du Jungfer Königin, da du gangest, wenn das deine Mutter wüsste, das Herz tät ihr zerspringen." (G, 27) Diese Aussage unterstreicht die Funktion des Pferdes als Bindeglied zwischen Mutter und Tochter. Laut Lüthi (2005, 48) ist „die starre wörtliche Wiederholung ein Element des abstrakten Stils". Zugleich antizipiert und markiert die mehrfache Wiederholung hier – wie auch in zahlreichen anderen Märchen (vgl. etwa KHM 135 und KHM 11) – den Prozess beginnender Erkenntnis und späterer (Er-)Lösung. Das Moment der potenziellen Entlarvung des Tausches durch das Pferd schwingt im Text mit, wenn die falsche Braut den jungen König bittet, den Schinder zu rufen, um dem Tier den Kopf abzuschlagen, da sie fürchtet, „dass das Pferd sprechen möchte wie sie mit der Königstochter umgegangen war" (G, 26). Es bleibt also vordergründig verborgen, warum Falada zu dem Geschehen keine Auskunft gibt, zumal diese Möglichkeit im Text in der Szene des geleisteten Schwurs durchaus angelegt ist: „Aber Falada sah das alles an und nahm's wohl in Acht." (G, 25) Im Pferd Falada verbinden sich also zwei Formen der Kommunikation, indem es, wie die Königstochter, gleichermaßen spricht und schweigt. Das verweist auf die enge, fast symbiotische Verbindung zwischen ihm und der Königstochter und ist Ausdruck des Gefangenseins in seiner Rolle als – durch das Enthaupten entmachteter – Beschützer der Königstochter. Wenn diese später in ihrer Ofenbeichte die Worte, die das Pferd und zuvor bereits die Blutstropfen mehrfach an sie gerichtet hatten, in Ich-Form wiederholt, wird deutlich, dass das Pferd ihre Gedanken und Gefühle ausgesprochen und sie damit wiederholt an ihre wahre Identität erinnert hat. Anders als die falsche Braut erweist sich das Pferd somit als wahrer, vertrauenswürdiger Stellvertreter der Königstochter, der in ihr Geheimnis eingeweiht ist und ihr dabei hilft, das verborgen gehaltene Wissen zu bewahren. Dies entspricht dem Konzept des Schweigens als Attribut des Wissenden (von Bonin 2001, 108) und verweist, im Falle der Königstochter, auf ihre zu lösende Aufgabe: „Im Märchen ist der Held oft stumm oder es ist ihm verboten, über eine bestimmte Sache zu reden, bis seine Erlösungsaufgabe erfüllt ist. Das deutet auf den eigentlichen spirituellen Kern, den inneren Wert der Aufgabe hin, die im Märchen in äußere Vorgänge projiziert wird." (von Bonin 2001, 108)

Bezüglich der Genderkonzeptionen in dem Märchen ist es bedeutsam, dass die Protagonistin sich durch ihr Schweigen zwar isoliert, zugleich aber einen Reifungsprozess durchläuft und sich mit anderen verbindet. Um die Komplexität der sich daran anlagernden Genderkonstrukte zu erfassen, sollte das Schweigen der Heldin nicht auf ein negatives Weiblichkeitsstereotyp reduziert, sondern als Kommunikationsform verstanden werden.

5.3 Der Ofen: Kommunikationsraum und -medium

Gemäß Wittgensteins vielzitierter Einlassung aus seinem *Tractatus logico-philosophicus* muss man darüber schweigen, „wovon man nicht reden kann" (Wittgenstein 1963, Vorwort). Die Ursachen des Schweigens der Königstochter scheinen hingegen vorrangig darin zu liegen, dass sie ihren Konflikt nicht offen anzusprechen vermag und sich folglich ins Schweigen zurückzieht. Sie schweigt zunächst, da die Kammerjungfrau ihr das Schweigen unter Androhung des Todes auferlegt. Der unter Zwang geleistete Schwur gleicht insofern einem Schweigegelübde und ist für die Königstochter bindend. Auffällig ist, dass sie auch nicht über das Vorgefallene spricht, als der König, der den Betrug von Anbeginn zu spüren scheint, ihr das Angebot macht, sich zu offenbaren. Relevant scheint also nicht nur zu sein, *worüber*, *warum*, *wann* und *wo*, sondern vor allem, *wem* gegenüber die Königstochter schweigt. Erst als sie vom König dazu aufgefordert – „[...] wenn du mir nichts sagen willst, so klag dem Eisenofen da dein Leid" (G, 29) –, in den Eisenofen kriecht, beginnt sie zu sprechen. Dass sie das zuvor nicht getan hatte, bedeutet keineswegs das „Aussetzen von Kommunikation in einer Interaktion" (Assmann 2013, 51); schließlich hat der König, wenn auch über außersprachliche Signale, wahrgenommen, dass etwas nicht rechtens ist. Der Ofen entspricht hier eher der Spiegelung des eigenen ‚Unruheherds' der Königstochter, der zwar, als kalter, unbelebter Gegenstand, weder zu Rückmeldung noch zu Bewertung in der Lage ist, der Königstochter aber als wichtiger Rückzugsort, als ‚stilles Kämmerlein' dient, dem, metaphorisch gesprochen, das ‚Feuer'[12] eines Geheimnisses anvertraut wird und dem gegenüber das bislang Beschwiegene verbalisiert werden kann. Was der Königstochter in der zwischenmenschlichen Kommunikation

---

12 Vgl. hierzu KHM 135, wo die weiße Braut in Entengestalt nachts in die Küche schwimmt, den Küchenjungen um die Einheizung des Ofens bittet und ihm Fragen stellt, die schließlich zur Aufdeckung des Geheimnisses führen (vgl. hierzu ausführlicher Abschnitt 6.3: Erscheinungen und Wahrnehmungen).

nicht gelingt, da ihr ein repressives Schweigen auferlegt wurde, wird in der Stille des Zurückgezogenseins in einem unbelebten Gegenstand (und ihm gegenüber) offenbart.

Zum Motiv der Ofenbeichte schreibt Jacob Grimm in der *Deutschen Mythologie*: „unglückliche, verfolgte wenden sich zum ofen und *klagen ihr leid*, enthüllen ihm ein geheimnis, das sie der welt nicht anvertrauen [...]." (Grimm 1844, 595–596; Hervorh. im Original) Bolte und Polívka konstatieren eine List- und Trostfunktion des Motivs:

> In einigen dieser Fälle sieht es so aus, als solle durch solche Ofenbeichte nur ein erzwungener Eid über Dinge, die das Gewissen zu offenbaren gebietet, listig umgangen werden; zu Grunde aber liegt sicherlich der uralte Brauch, daß Unglückliche und Verfolgte, die bei keinem Menschen Trost finden, sich klagend an die umgebende Natur und an leblose Gegenstände wenden [...]. (Bolte und Polívka 1982, 276–277)

Der Eisenofen fungiert in der „Gänsemagd" folglich zugleich als Katalysator und als handlungsgenerierendes Moment, das den zur Lösung nötigen Transformationsprozess bei der Königstochter befördert:

> Da kroch sie in den Eisenofen, fieng an zu jammern und zu weinen, schüttete ihr Herz aus und sprach ‚da sitze ich nun von aller Welt verlassen, und bin doch eine Königstochter, und eine falsche Kammerjungfer hat mich mit Gewalt dahin gebracht dass ich meine königlichen Kleider habe ablegen müssen, und hat meinen Platz bei meinem Bräutigam eingenommen, und ich muss als Gänsemagd gemeine Dienste tun. Wenn das meine Mutter wüsste, das Herz im Leib tät ihr zerspringen.' (G, 29)

So vermag sich letztlich in dem dunklen, engen Raum ‚ihre Zunge zu lösen'. Der Ofen fungiert nicht nur als – wenn auch ungewöhnlicher – Kommunikations*raum*, sondern er stellt die besondere Form eines gleichsam genuinen Kommunikations*mediums* dar. Dies liegt nicht zuletzt darin begründet, dass der König am Ofenrohr lauscht. Hierdurch erhält der Ofen eine vom König konstituierte Übermittlungsfunktion. Dass die Königstochter sich jedoch nicht belauscht weiß und sich der König die Informationen ohne ihr Wissen aneignet, führt sie letztlich zu ihrer angestammten Rolle zurück. Hier zeigen sich zwar Tendenzen eines am bürgerlichen Vorbild orientierten Frauenbilds, da die Königstochter nur im zutiefst Privaten spricht und eine Kommunikation lediglich indirekt – und ohne, dass sie ihr bewusst wäre – stattfindet. Dennoch wird das enge Raster dualistischer Genderstereotype zumindest insofern ausgedehnt, als die Königstochter ihr Schweigen gewissermaßen für und vor sich selbst bricht und dadurch einen individuellen Reflexionsprozess in Gang zu setzen scheint, der zugleich ihren Reifungsprozess dokumentiert.

Dass die Königstochter dem Ofen ihr Leid klagt und nicht schon früher ihren beiden Interaktionspartnern, Kürdchen und dem König, kann auch im Zusammenhang damit betrachtet werden, dass der Ofen häufig schon in archaischen Kulturen der heimischen Sphäre und Weiblichkeit zugeordnet und auch noch im 19. Jahrhundert als ein wichtiges Zeichen für Privatheit, Sicherheit und soziales Miteinander definiert wird. So wird im Rahmen von genderbezogenen Analyseansätzen der Ofen als zentrale Feuer- und Kochstelle, die die „Wandlung der Nahrung vom rohen Naturin den gekochten Kulturzustand" befördert, zuweilen auch als Werkzeug gedeutet, das die „erste ‚magische' Kulturtätigkeit der Frau" (Rinne 1987, 90) ermöglicht; Darstellungen „von Nahrung, deren Zubereitung und Verzehr eröffnen [darüber hinaus] somato-sensorische Zugänge zu Extremsituationen" (Meyer 2013, 85). In der Tat wohnt dem Ofen als Feuerstelle – „Feuer erhält das Leben und vernichtet es" (von Bonin 2001, 84) – auch das Motiv der Wandlung inne: „Wandlung, Verwandlung ist immer auch mit dem Geheimnisvollen verbunden" (von Bonin 2001, 84). Umberto Eco (2020, 134) betont, dass Feuer für Leben sowie für die Erfahrung seines Erlöschens und also seiner ständigen Gefährdung stehe und stellt dessen Symbolhaftigkeit und Ambivalenz heraus: „Das Feuer ist also vieles zugleich und wird – über das Naturphänomen hinaus – zu einem Symbol, und wie alle Symbole ist es ambivalent, vieldeutig, es evoziert je nach Kontext unterschiedliche Sinnfiguren." (Eco 2020, 135) Für den Ofen als Raum erscheint die von Sigmund Freud in seinen Vorlesungen zur Einführung in die Psychoanalyse erörterte latent sexuelle Konnotation bedeutsam. Freud zufolge wird das weibliche Genital symbolisch durch Objekte dargestellt, die die Eigenschaft haben, einen Hohlraum einzuschließen (Freud 2000, 165). Der Aufzählung diverser Objekte – Gefäße, Flaschen, Schachteln, aber auch Schachte, Gruben, Höhlen – fügt Freud die Notiz hinzu, dass manche Symbole „mehr Beziehung auf den Mutterleib als auf das Genitale des Weibes" haben (Freud 2000, 165), nämlich Schränke, Öfen und Zimmer. Die Bedeutung des Ofens als Sexualsymbol wäre in dem Märchen somit mehrdeutig: Neben der Deutung, dass die Königstochter sich in einen imaginären Mutter-Raum zurückzieht, um ihr Leid klagen zu können, steht die Interpretationsmöglichkeit der Ofen-Kommunikation als Symbol für den Beischlaf; das Ofenrohr (an dem der alte König lauscht) fungiert als phallisches Symbol. Diese Ambiguität bestätigt sich in der teilweise analogen Raumkonstruktion in KHM 135 (vgl. hierzu Abschnitt 6.3: Erscheinungen und Wahrnehmungen), bei der mit Hitze/Einheizen eine traditionelle erotische Metapher und mit dem Schwert ein (nach Freud) eindeutiges Phallussymbol[13] vorkommt.

6 „Die weiße und die schwarze Braut" (KHM 135)

In dem Märchen „Die weiße und die schwarze Braut",[14] dessen mecklenburgischer Beiträger unbekannt ist (Uther 2021, 276), fragt Gott als auf Erden Wandelnder drei Frauen nach dem Weg. Lediglich die Stieftochter gibt Auskunft. Während die Stief-

---
13 „[D]as männliche Glied [...] findet symbolischen Ersatz erstens durch Dinge, die ihm in der Form ähnlich, also lang und hochragend sind [...]. Ferner durch Gegenstände, die die Eigenschaft des In-den-Körper-Eindringens und Verletzens mit dem Bezeichneten gemein haben, also spitze Waffen jeder Art [...]." (Freud 2000, 164)
14 Das Märchen „Die weiße und die schwarze Braut" (KHM 135) – im Folgenden abgekürzt mit der Sigle WS – wird nach der Fassung der Ausgabe letzter Hand von 1857 in der Edition von Rölleke zitiert: Brüder Grimm 2014, 217–222.

mutter und deren Tochter aufgrund ihrer Unhöflichkeit von Gott verwünscht und schwarz „wie die Nacht und hässlich wie die Sünde" (WS, 218) werden, werden der Stieftochter drei Wünsche erfüllt und sie wird „weiß und schön" (WS, 218). Als sich der König in das von ihrem Bruder angefertigte Bildnis der schönen Stieftochter verliebt und sie mit der Kutsche zu sich holen will, setzt die Stiefmutter ihre Zauberkünste ein, woraufhin die beiden jungen Frauen ihre Kleider tauschen. Im Anschluss wird die wahre Braut ins Wasser gestoßen, wo sie sich in eine weiße Ente verwandelt. Nachdem die verwunschene Braut als Ente dem Küchenjungen im Schloss Andeutungen über das Geschehene macht, werden die falsche Braut und ihre Mutter entlarvt. Beide sprechen ihr eigenes Urteil und kommen auf die gleiche Weise zu Tode wie die falsche Braut im Märchen „Die Gänsemagd": Sie werden nackt in ein mit Nägeln versehenes Fass gelegt und von Pferden zu Tode gezogen. Der König und die wahre Braut heiraten schließlich.

6.1 Berta – Berchta (Perahta) – weiße Braut

Die Grimms verweisen in den Anmerkungen zu KHM 135 auf die Ähnlichkeit des Märchens zur „Fabel von der Königin Berta" (KHM/1856, 218) und heben hervor:

> Besonders ist der einfache Gegensatz von Schwärze und Weiße, für Häßlichkeit und Schönheit, Sündlichkeit und Reinheit, zu bemerken, da er an die Mythe von Tag und Nacht (und der Nacht Tochter) denken läßt und Berta (die weiße, biort) schon im Wort den Tag und das Tagesbrehen [sic!], des Tages Anbruch, ausdrückt. Indem die ins Wasser Gestoßene als schneeweiße Ente aufsteigt und fortlebt, erscheint sie als Schwanenjungfrau. Ebenso ist die nordische Schwanhild weiß und schön wie der Tag, im Gegensatz zu ihren rabenschwarzen Stiefbrüdern; auch gibt es eine altdeutsche Erzählung von einem weißen und schwarzen Dieterich,[15] Zwillingsbrüdern, und eine schwarze und eine weiße Tochter kommen in einem schwedischen Volkslied (Geyer und Afzelius 1, 81) vor. (KHM/1856, 218)[16]

Die motivgeschichtlichen Ausführungen zum Gegensatz von Weiß und Schwarz, Licht und Dunkelheit nehmen etwa ein Viertel des Kommentars zu KHM 135 ein. Die Grimms fokussieren damit ein in der Interpretationsgeschichte des Märchens vieldiskutiertes Strukturelement des Textes: „Die Farben- und Lichtsymbolik im Gegensatzpaar Schwärze und Weiße und die stark kontrastreiche Handlung hat viele Deuter angeregt, sich mit dem international sehr verbreiteten Märchen zu beschäftigen." (Uther 2021, 277) Über die Einbeziehung der psychoanalytischen Deutung der falschen

---

[15] Gemeint ist die aus der *Kaiserchronik* (V. 11.352–12.812) stammende Crescentia-Erzählung; zu Inhalt und Überlieferung vgl. Mierke 2013, 14–18 und 91–92; den Grimms lag sie in einer 1853 von Schade herausgegebenen und ihnen zugeeigneten Ausgabe vor.
[16] An den Motivparallelen, die im Kommentar der Grimms zu KHM 135 genannt werden, fällt, unter Genderaspekten betrachtet, auf, dass der Weiß-Schwarz-Antagonismus in den Konstellationen weiblich–weiblich, weiblich–männlich und männlich–männlich vorkommt.

Stellvertreterin als Schatten (*shadow*) wäre die Polarität von Schwarz und Weiß in der Psyche der Protagonistin zu verorten (Rusch-Feja 1995, 143). Rusch-Feja spricht diesbezüglich vom „splitting of the personality into two emphatically opposite but complementary fairy tale charakters" (Rusch-Feja 1995, 143). Die in den Anmerkungen der Grimms zu beobachtende Tendenz, die Märchenheldinnen durch den Filter mythischer Figuren zu betrachten, führt im Fall von KHM 135, wenn man die gelegte Spur weiterverfolgt, ebenfalls zu dem Befund, dass die wahre Braut und ihre falsche Stellvertreterin als Repräsentantinnen derselben Figur gedeutet werden könnten: Unter Hinzuziehung der *Deutschen Mythologie*, in der über die ambivalente Darstellung der mythischen Berchta (Perahta) in der Volksüberlieferung berichtet wird, ließen sich nämlich sowohl die wahre (weiße) Braut als auch ihre falsche (schwarze) Stellvertreterin auf die mythische Berchta/Perahta-Figur beziehen. Auf Basis der Überlieferung beschreibt Jacob Grimm sie einerseits als ein „gutes, günstiges Wesen" (Grimm 1835, 169), betont aber zugleich, dass im Volksglauben oft die grauenhafte Seite der Berchta hervorgehoben werde (Grimm 1835, 169).

6.2 Visuelle Metaphern

Weiß und Schwarz als äußerliche Unterscheidungsmerkmale und quasi Verkörperlichungen der inneren (guten bzw. bösen) Qualität werden den beiden ungleichen Stiefschwestern in KHM 135 als Konsequenz ihres Handelns von einer jenseitigen Figur zugeteilt. Anders als Dinggaben manifestiert sich die Be*gabung* mit körperlicher Schönheit direkt in der Heldin und trägt, gabentypisch, zu ihrer Isoliertheit bei (Lüthi 2005, 54–55). Denn während sie, in Erfüllung ihres Wunsches, „schön und rein [zu] werden wie die Sonne", tatsächlich „weiß und schön, wie der Tag" (WS, 218) wird, vollzieht sich an Stiefschwester und -mutter die von Gott ausgesprochene Verwünschung, „sie sollten schwarz werden wie die Nacht und hässlich wie die Sünde" (WS, 218): „Als die Stiefmutter mit ihrer Tochter nach Hause kam und sah dass sie beide kohlschwarz und häßlich waren, die Stieftochter aber weiß und schön, so stieg die Bosheit in ihrem Herzen noch höher, und sie hatte nichts anders im Sinn als wie sie ihr ein Leid antun könnte." (WS, 218) Die weiße Farbe ist so sehr mit der Märchenheldin verschmolzen, dass sie ihr selbst in der Tiergestalt erhalten bleibt. Mit ihren Hexenkünsten *trübt* die Stiefmutter dem Bruder der Heldin, der sie zum königlichen Bräutigam kutschiert, die Augen, sodass er „halb blind" wird und *verstopft* der Heldin selbst die Ohren, sodass sie „halb taub" (WS, 219) wird. Hierdurch bewerkstelligt sie im Folgenden den Kleidertausch und schafft die Voraussetzung für den Mordanschlag. Letzterer misslingt durch die wundersame Verwandlung der Heldin in eine weiße Ente. Nachdem ihr Bruder ihr zum dritten Mal zugerufen hat, sie solle sich zudecken und vor Regen schützen, um schön zum Bräutigam zu kommen, fragt die weiße Braut, ebenfalls zum dritten Mal:

„[W]as sagt mein lieber Bruder?" „Ach", sprach die Alte, „er hat gesagt du möchtest einmal aus dem Wagen sehen." Sie fuhren aber gerade auf einer Brücke über ein tiefes Wasser. Wie nun die Braut aufstand und aus dem Wagen sich heraus bückte, da stießen sie die beiden hinaus, dass sie mitten ins Wasser stürzte. Als sie versunken war, in demselben Augenblick, stieg eine schneeweiße Ente aus dem Wasserspiegel hervor und schwamm den Fluss hinab. Der Bruder hatte gar nichts davon gemerkt und fuhr den Wagen weiter, bis sie an den Hof kamen. (WS, 220)

Der Gegensatz von Tag und Nacht, Licht und Dunkel korreliert im weiteren Handlungsverlauf mit dem von Reden und Schweigen. Der Mordversuch soll die Heldin endgültig zum Schweigen bringen; sie wird jedoch in Form einer wundersamen Rettung in eine Tiergestalt verbannt,[17] aus der heraus ihr das Sprechen bzw. die Kommunikation mit Menschen erschwert wird. Die gestörte Kommunikation wird allerdings nicht erst durch die Tiergestalt ausgelöst, sondern beginnt mit den durch Zauberkraft verstopften Ohren. Die halbe Blindheit des Bruders erklärt handlungslogisch, warum er weder den Kleidertausch bemerkt, noch zum Zeugen des Mordanschlags und der wundersamen Verwandlung wird.[18] Die Trübung der Augen und die daraus resultierende Blindheit können jedoch auch bildhaft verstanden und kommunikationssoziologisch interpretiert werden. Hahn weist darauf hin, dass Schweigen und Verschweigen nicht nur als Modifikationen der Rede verstanden, sondern in einen weiterführenden Zusammenhang mit den Sinneswahrnehmungen gebracht werden müssten, und nennt als eindrückliches Beispiel hierfür, dass „die gesamte Sphäre des Geheimnisses und des Geheimhaltens [...] mit optischen Metaphern besetzt" (Hahn 2013, 48) sei. Deutlich als Metapher fassbar ist das ‚Verblenden' der Augen des Königs durch die Stiefmutter (WS, 220), der die Hässlichkeit der schwarzen Braut zunächst nicht übersehen kann.

Obgleich es der Schwarz-Weiß-Kontrast zunächst nahezulegen scheint, sind die Genderkonzeptionen in dem Märchen keinesfalls auf dualistische Geschlechterstereotype zu reduzieren. An Schwarz und Weiß lagert sich nämlich jeweils ein breites Konnotationssspektrum an. Neben der mythischen Dimension (vgl. Abschnitt 6.1: Berta – Berchta [Perahta] – weiße Braut) erscheint besonders die Vernetzung von

---

17 Bezüglich der Entengestalt erscheint auch Rusch-Fejas (1995, 159) Hinweis von Interesse, dass die Ente in mehreren Märchen die Seele vermisster oder ermordeter Personen verkörpere.
18 Bemerkenswert ist der Vergleich mit *Pentamerone* 4,7: Hier kann die schöne Marziella – die nach dem Mordanschlag durch ihre Tante von einer Sirene vor dem Ertrinken bewahrt wird, sich aber nun in den Fesseln der Sirene befindet – nur in den Abend- und Nachtstunden aus dem Meer heraussteigen. Sie füttert dann Nacht für Nacht die vom Bruder vernachlässigten Gänse „mit Zuckerwerk und gab ihnen Rosenwasser zu trinken, so daß die Gänse fett wurden wie die Hammel und fast nichts aus den Augen sehen konnten, und immer, wann sie des Abends in einem Gärtchen anlangten, das sich unter dem Fenster des Königs befand, fingen sie an zu singen" (Basile 1972, 282). Diese ‚halbe Blindheit' der Gänse korreliert in dem Märchen mit der Ich-Fixiertheit und Unaufmerksamkeit von Marziellas Bruder, der sich den ganzen Tag über dem Kummer über seine Verbannung vom Hof hingibt. Über den Gesang der Gänse schafft Marziella sich auf Umwegen Gehör; dabei ist es vor allem die Feistheit der Gänse, die den König schließlich dazu bewegt, der Sache auf den Grund zu gehen, wodurch es Marziella schließlich ermöglicht wird, selbst mit ihm zu sprechen (Basile 1972, 282–282; 1982, 409–411).

visuellem und (nicht-)auditivem Bereich auch gendertheoretisch von Interesse. Im Auseinanderdriften wie in der Vereinigung von Schwärze und Weiße, Schatten und Licht, Reden und Nicht-Reden bzw. Schweigen gewinnt die weibliche Heldin Kontur und Gestalt und ist damit eben nicht auf ein eindimensionales Weiblichkeitsklischee reduzierbar.

6.3 Erscheinungen und Wahrnehmungen

Die weitere Handlung spielt sich, konsequenterweise, in den Abendstunden ab, also auf der Schwelle von Tag und Nacht,[19] und in zwei voneinander geschiedenen Handlungsräumen. Während der König offenbar sexuellen Kontakt mit seiner falschen Gemahlin hat – die schwarze Braut sitzt bei ihm nämlich auf dem Schoß (WS, 220) –, kommt die Ente „zum Gossenstein in die Küche geschwommen" (WS, 220). Sie bittet den Küchenjungen, ein Herdfeuer zu entzünden, damit sie sich wärmen kann, und stellt ihm Fragen nach dem Ergehen ihres Bruders und ihrer falschen Stellvertreterin (WS, 221). Die Reduktion der Erzählung auf die Abendstunden korreliert mit der Handlung des Schweigens im Sinne eines Verschweigens und Geheimhaltens: Die wahre Identität der falschen Braut darf nicht an den Tag kommen, ihre Schwärze wird durch die Nacht quasi verhüllt. Die weiße Braut kann in dieser Situation nicht mehr wie die Sonne sein; der Kontrast zwischen der Weiße ihres Gefieders und der mit Dunkelheit zu assoziierenden Abendstunden – „Einmal Abends [...] kam eine weiße Ente" (WS, 220) – ließe jedoch eine Assoziation mit dem Glanz des Mondes zu. Wolfzettel (2005, 63) interpretiert das Mondmotiv, in Bezug auf die altfranzösische Bertasage, als „Epiphanie der weiblichen Wahrheit". Die Erscheinung der sprechenden Ente ist so eindrucksvoll, dass der Küchenjunge sich nach der dritten Begegnung dem König anvertraut. Damit kommt dem Küchenjungen, ähnlich wie Kürdchen in KHM 89, eine Signal(verstärkungs)funktion zu (Rusch-Feja 1995, 112). Die von Bettelheim (1987, 165) an der Figur Kürdchens festgemachte Aufgabe, die „Lösung des Knotens in Gang" zu setzen, zeigt an der Kommunikationskette Ente – Küchenjunge – König sogar noch deutlicher: Letzterer schlägt nämlich, als er vom Küchenjungen ins Vertrauen gezogen wird, der Ente, als diese ihren Kopf in der folgenden Nacht durch den Gossenstein steckt, mit seinem Schwert den Hals durch, worauf sie sich in ihre menschliche Gestalt zurückverwandelt. Die sehr offensichtliche Sexualsymbolik (Rusch-Feja 1995, 161) ist eine naheliegende, aber nicht die einzige Deutungsmöglichkeit dieser Szene. Zu berücksichtigen ist auch, dass der Hals der Sitz der Sprechorgane ist; mit dem Durchschlagen würde die zur weißen Ente verwunschene Braut, wenn sie nicht erneut durch eine wundersame Verwandlung gerettet würde, zum Schweigen gebracht und zwar im doppelten Sinne von *sterben* und *nicht mehr reden können*. Der Schwerthieb, der das dunkle Geheimnis eigentlich endgültig vor der

---

19 Eine Parallele hierzu findet sich in *Pentamerone* 4,7, vgl. Abschnitt 6.2: Visuelle Metaphern.

Preisgabe schützen müsste, wird jedoch zum Befreiungsschlag. Dass damit die Licht-Schatten-Verhältnisse in der Märchenhandlung in ihr Gegenteil verkehrt und somit wieder ins rechte Licht gerückt werden, ist an folgender Formulierung zu erkennen: Als der König die alte Hexe, d. h. die Stiefmutter, nach einer geeigneten Strafe für den, wohlweislich anonymisierten, Hergang fragt, da „war sie so verblendet, dass sie nichts merkte" (WS, 222). Sie gerät damit in die Position, in die sie zuvor den Bruder der weißen Braut und den König versetzt hatte.

Interpretiert man bestimmte Handlungsversatzstücke als optische Metaphern, so gerät das Schweigen abermals als „paradoxe Kommunikation" (Hahn 2013, 29) in den Blick. Die Dialoge der weißen Braut, zunächst mit Gott, danach mit ihrem Bruder und später, halb taub, in der Kutsche, sind deutbar als Rede, hinter der sich Ungesagtes verbirgt. Die Stieftochter äußert sich nicht über ihre Stiefmutter und -schwester. Dieses Schweigen wird paradoxerweise erst gebrochen, als sie, in die Tiergestalt verzaubert, nur mit dem Küchenjungen kommunizieren kann und sich schließlich Gehör verschafft. Erst hier findet sie urteilende Worte, indem sie ihre Stiefschwester als „schwarze Hexe" (WS, 221) bezeichnet. Dieses erst im Nachhinein, im Licht der Rede, zu identifizierende Schweigen könnte man ebenfalls mit dem Begriff des Schattens fassen und damit an eine Überlegung Schnyders anknüpfen, die folgende Analogie zwischen Schweigen/Rede und Schatten/Licht zieht:

> Das Wort ist aber in doppeltem Sinne Anfang: Anfang des sprachlichen Kosmos, der sich in ihm gründet, Anfang aber auch des Schweigens, das in ihm endet. Außerhalb des kommunikativen Diskurses, außerhalb der vom Text, vom jeweiligen Gespräch, von der Erzählung eingerichteten Ordnung, gehört dieses Schweigen einer fremden Vorwelt an – und existiert doch nur da, wo Rede ist. Denn nur weil diese in die ihr fremde Welt einbricht und sie (zer)stört, wird sie erschaffen. Wo sich das Wort verkörpert, wirft es einen Schatten zurück. Und so wie das Licht für solchen Schattenwurf vom Text her kommen muss, aus der Zukunft sozusagen, kann das Schweigen vor dem Reden nicht anders als im Licht des ihm folgenden Textes, der ihm folgenden Rede gefasst werden. (Schnyder 2003, 47–48)

Der „Schattenwurf" der Rede der Ente ließe sich zunächst auf die nicht erzählte Vorgeschichte beziehen, nämlich auf Zurücksetzungen und Verfolgungen, die die weiße Braut womöglich schon jahrelang als Stieftochter erfahren hat. Wie die Grimms in dem „Ueber das Wesen der Märchen" betitelten Abschnitt der „Einleitung" anmerken, seien die „meisten der hier geschilderten Zustände des Lebens [...] so einfach, daß viele sie wohl im eigenen gefunden, aber sie sind, wie alle wahrhaftigen, doch immer wieder neu und ergreifend" (KHM/1819, xxii). Unter den Beispielen wird auch das durch eine harte Stiefmutter erfahrene Leid erwähnt. Das Verschwiegene wäre somit auch als Leerstelle zu fassen, die von den Rezipierenden mit eigenen Erfahrungen gefüllt werden kann. Der Schatten könnte dann als dem Lesen bzw. Hören des Märchens vorgängige Erfahrung verstanden werden, die im Licht des Märchens neu begriffen werden kann.

Die Titulierung der schwarzen Braut als „schwarze Hexe" kann dabei metaphorisch verstanden, also auf den nun erkannten schlechten Charakter der Stiefschwester bezogen werden, aber auch wörtlich genommen darauf verweisen, dass es sich bei dieser ebenso wie bei der Stiefmutter um eine Hexe handelt. In der Entengestalt würde die weiße Braut dann erstmals der magisch-mythischen Dimension der Märchenhandlung teilhaftig. Erst in der Entengestalt findet sie – wenn man die magisch-mythische Ebene als ihre eigentliche Identität interpretiert – auch zu sich selbst: Hinter der Figur der weißen Braut scheinen die gänse- bzw. vogelfüßige Perahta (Wolfzettel 2005, 62) bzw. die Schwanenjungfrau auf; hierzu sind noch einmal die Ausführungen Jacob Grimms zur Bertasage in der *Deutschen Mythologie* hinzuzuziehen:

> *Berta*, des königs Blume und der Weißblume tochter, hernach gemahlin Pippins, und mutter des großen helden Carl, verleugnet ihren mythischen ursprung nicht. sie heißt ,*Berhte* [sic!] *mit dem fuoze*' [...], *Berthe au grand pied*; [...] es scheint der fuß einer *schwanjungfrau*, den sie [...] zum zeichen ihrer höheren natur nicht ablegen kann. (Grimm 1835, 173; Hervorh. im Original)

Die die menschliche Gestalt verhüllende Tiergestalt ist somit Verbindung zum, in der Terminologie der Grimms, Mythischen,[20] das die Gebrüder Grimm über die Stoff- und Motivparallelen in den mündlich und schriftlich überlieferten Märchentexten aufzudecken suchen. Auch Wolfzettel sieht, wiederum mit Blick auf die Bertasage, eine ältere Stofftradition, in deren Kontext auch die Märchen KHM 89 und 137 zu stellen sind:

> Thema einer aus der Tradition zu erschließenden Märchenhandlung ist offensichtlich die misslungene Verbindung eines Königssohns mit der – wohl mit Vogelattributen ausgezeichneten – zauberkundigen Tierbraut, die erst nach einer lange Periode der Erniedrigung ihre angestammte Rolle einnehmen kann. (Wolfzettel 2005, 62)

Selbstverständlich kann und sollte auch die von den Grimms intendierte Re-Mythisierung der Märchenheldin unter gendertheoretischen Gesichtspunkten kritisch beleuchtet werden. Festzuhalten ist jedoch, dass sich hieraus ein facettenreicheres Bild von Weiblichkeit (und Männlichkeit) ergibt als durch den bloßen Abgleich mit dem bürgerlichen Frauenbild des 19. Jahrhunderts. Insbesondere auch die beobachteten Zusammenhänge zwischen Re-Mythisierung und Kommunikationsprozessen weisen auf eine Mehrdimensionalität der weiblichen Heldin hin, die im Zuge des Märchens – ebenso wie die Königstochter im Märchen „Die Gänsemagd" – quasi mit sich selbst kommuniziert und dabei ihre verschiedenen, teils konträren Bedeutungsschichten nach und nach aufdeckt.

---

20 Vgl. Kellner (1994, 53–56) zum romantisch geprägten Mythenbegriff der Grimms und besonders zur Vorstellung der ‚Wahrheit' des Mythos.

7 Ausblick

Der Ofen bzw. die Küche mit dem Herdfeuer fungieren, wie ausführlich dargelegt, in KHM 89 und 135 als Kommunikationsräume. Dies wird auch auf einer Metaebene deutlich, wenn sie nämlich im Vorwort zur Erstauflage der KHM von 1812 im Zuge der Tradierung der Volkspoesie in Form von Volksliedern und Hausmärchen genannt werden:

> Die Plätze am Ofen, der Küchenheerd [sic!], Bodentreppen, Feiertage noch gefeiert, Triften und Wälder in ihrer Stille, vor allem die ungetrübte Phantasie sind die Hecken gewesen, die sie [d. i. die Hausmärchen] gesichert und einer Zeit aus der andern überliefert haben. (KHM/1812, vi)

Das ‚Aufflammen' der Rede der Märchenheldinnen im Ofen bzw. am Küchenherd ist hinsichtlich der Weiblichkeitsinszenierungen in den Märchen insofern von Interesse, als diese (märchen-)poetologisch überformt erscheinen. Ähnliches hat Sennewald für die Beiträgerin bzw. ‚Märchenerzählerin' Dorothea Viehmann als „Erzählfigur und erzählte Figur zugleich" (Sennewald 2013, 89) sowie, genderübergreifend, für die „Körper-Metaphern und Körper-Inszenierungen in den Märchen" (Sennewald 2013, 91) herausgearbeitet.

Die Untersuchung von Genderkonstrukten in den Märchen der Grimms erschöpft sich, wie die ‚Tiefenbohrungen' zum Schweigen in KHM 89 und 135 verdeutlicht haben, nicht im Herausarbeiten vorgefasster (bürgerlicher) Genderstereotype. Vielmehr erscheint es wichtig, im Sinne einer ‚Spurensuche' die verschiedenen ineinandergreifenden Bedeutungs- und Textschichten der Figuren und des ihnen angelagerten Motivkomplexes zu entwirren.

Literatur

1 Primärliteratur

Basile, Giambattista. *Il Pentamerone ossia La fiaba delle fiabe* (Bd. 2). Hg. Benedetto Croce. Mit einem Vorwort von Umberto Eco. Rom/Bari: Editori Laterza, 1982 [Orig.: 1634–1636 unter dem Titel *Le cunto de li cunti*; 1674 unter dem Titel *Il Pentamerone*].

Basile, Giambattista. *Das Pentameron oder – Das Märchen aller Märchen. Mit 50 farbigen Pinselzeichnungen von Josef Hegenbarth.* Übertragen von Felix Liebrecht. München: Beck, 1985 [1846].

Boiardo, Matteo Maria. *Rolands Abentheuer in hundert romantischen Bildern. Nach dem Italienischen des Grafen Bojardo. Über die italiänischen Helden-Gedichte aus dem Sagenkreis Karls des Großen, dritter Theil.* Hg. Friedrich Wilhelm Valentin Schmidt. Berlin u. a.: Nauck, 1820.

Grimm, Jacob/Wilhelm Grimm. *Kinder- und Hausmärchen. Ausgabe letzter Hand mit den Originalanmerkungen der Brüder Grimm. Mit einem Anhang sämtlicher, nicht in allen Auflagen veröffentlichter Märchen und Herkunftsnachweise* (Bd. 2). Hg. Heinz Rölleke. Stuttgart: Reclam, 2014 [1857].

Grimm, Jacob. *Deutsche Mythologie*. Göttingen: Dieterich, 1835.
Grimm, Jacob. *Deutsche Mythologie*. 2. Ausg. Bd. 2. Göttingen: Dieterich, 1844.
KHM/1812 = *Kinder- und Hausmärchen*. Gesammelt durch die Brüder Grimm. Bd. 1. Berlin: Realschulbuchhandlung, 1812.
KHM/1819 = *Kinder- und Hausmärchen*. Gesammelt durch die Brüder Grimm. Bd. 1 und 2, verb. u. verm. Aufl. Berlin: Reimer, 1819.
KHM/1856 = *Kinder- und Hausmärchen*. Gesammelt durch die Brüder Grimm. Bd. 3, 3. Aufl. Göttingen: Dieterich, 1856.
Mierke, Gesine (Hg.). *Die Crescentia-Erzählung aus der ‚Leipziger Kleinepikhandschrift' Ms 1279*. Chemnitz: Universitätsverlag, 2013.
Schade, Oskar (Hg.). *Crescentia. Ein niederrheinisches Gedicht aus dem 12. Jahrhundert. An Jacob und Wilhelm Grimm zum 4. Januar und 24. Februar 1853*. Berlin: F. Dümmler, 1853.
Taylor, Edgar/David Jardine (Hg.). *German Popular Stories. Translated from the Kinder- und Hausmärchen. Collected by M. M. Grimm. From Oral Tradition*. Mit Illustrationen von George Cruikshank. 2 Bde. London: Baldwyn, 1823/26.

2 Sekundärliteratur

Arfert, Paul. *Das Motiv von der unterschobenen Braut in der internationalen Erzählungslitteratur [sic!]. Mit einem Anhang: Ueber den Ursprung und die Entwicklung der Bertasage*. Schwerin: Bärensprungsche Hofdruckerei, 1897.
Assmann, Aleida. „Formen des Schweigens". *Schweigen*. Hg. Dies./Jan Assmann. München: Fink, 2013, 51–68.
Bettelheim, Bruno. *Kinder brauchen Märchen*. Aus dem Englischen übersetzt von Liselotte Mickel und Brigitte Weitbrecht. München: dtv, 1987 [1976].
Bolte, Johannes/Georg Polívka. *Anmerkungen zu den Kinder- u. Hausmärchen der Brüder Grimm*. Bd. 2. Hildesheim u. a.: Olms, 1982.
Bonin, Felix von. *Kleines Handlexikon der Märchensymbolik*. Stuttgart: Kreuz, 2001.
Eco, Umberto. „Die Flamme ist schön". *Auf den Schultern von Riesen. Das Schöne, die Lüge und das Geheimnis*. Ders. Aus dem Italienischen übersetzt von Martina Kempter und Burkhart Kroeber. München: dtv, 2020, 131–164.
Ewers, Hans-Heino. „Grimms Märchen – ein romantischer Mythos. Die Kinder- und Hausmärchen im Kontext der europäischen Märchennovellistik". *Märchen – (k)ein romantischer Mythos? Zur Poetologie und Komparatistik von Märchen*. Hg. Claudia Maria Pecher. Baltmannsweiler: Schneider Hohengehren, 2013, 5–20.
Feustel, Elke. *Rätselprinzessinnen und schlafende Schönheiten. Typologie und Funktionen der weiblichen Figuren in den Kinder- und Hausmärchen der Brüder Grimm*. Hildesheim u. a.: Olms, 2012.
Freud, Sigmund. „Die Symbolik im Traum". [1915–17] *Sigmund Freud. Studienausgabe*. Bd. 1. Hg. Alexander Mitscherlich/Angela Richards/James Strachey. Limitierte Sonderausgabe. Frankfurt a. M.: Fischer, 2000, 159–177.
Freyberger, Regina. *Märchenbilder – Bildermärchen. Illustrationen zu Grimms Märchen 1819–1945. Über einen vergessenen Bereich deutscher Kunst*. Oberhausen: Athena, 2009.
Hahn, Alois. „Schweigen, Verschweigen, Wegschauen und Verhüllen." *Schweigen*. Hg. Aleida Assmann/Jan Assmann. München: Fink, 2013, 29–50.
Kellner, Beate. *Grimms Mythen. Studien zum Mythosbegriff und seiner Anwendung in Jacob Grimms „Deutscher Mythologie"*. Frankfurt a. M. u. a.: Lang, 1994.

Lehnert, Nicole. *Brave Prinzessin oder freie Hexe? Zum bürgerlichen Frauenbild in den Grimmschen Märchen.* Münster: Selbstverlag/Professur für Frauenforschung WWU Münster, 1996.
Lüthi, Max. *Das europäische Volksmärchen. Form und Wesen.* Tübingen u. a.: Francke, 2005 [1947].
Lüthi, Max. *Märchen.* Bearb. v. Heinz Rölleke. Stuttgart u. a.: Metzler, 2004 [1962].
Märtin, Jörn Ludger. „200 Jahre ‚Kinder- und Hausmärchen' der Brüder Grimm. Ursprung und Popularisierung einer gattungsprägenden Sammlung (1812–2012)". *Zeitschrift für Germanistik* 13 (2013), 124–133.
Memmer, Adolf. *Die altfranzösische Bertasage und das Volksmärchen.* Halle: Gräfenhainichen, 1935.
Meyer, Anne-Rose. „Herd, Feuer und Küchengerät in Exilwerken Anna Seghers', Irmgard Keuns und Aglaja Veteranyis". *Exilforschung. Ein internationales Jahrbuch.* Bd. 31: *Dinge des Exils.* Hg. Doerte Bischoff/Joachim Schlör. München: edition text + kritik, 2013, 71–85.
Pöge-Alder, Kathrin. *Märchenforschung. Theorien, Methoden, Interpretationen.* 3., überarb. u. erw. Aufl. Tübingen: Narr Francke Attempto, 2016 [2007].
Propp, Vladimir. „Morphologie des Märchens". [1928] Aus dem Russischen von Christel Wendt. *Morphologie des Märchens.* Ders. Hg. Karl Eimermacher. München: Hanser, 1972, 7–152 u. 226–228 (Anm.). [= 1972a]
Propp, Vladimir. „Transformationen von Zaubermärchen". [1928] Aus dem Russischen von Maria-Gabriele Woisen. *Morphologie des Märchens.* Ders. Hg. Karl Eimermacher. München: Hanser, 1972, 153–177 u. 228 (Anm.). [= 1972b]
Rinne, Olga. *Die Gänsemagd.* Zürich: Kreuz, 1987.
Rölleke, Heinz. „Zur Biographie der Grimmschen Märchen. Mit besonderer Berücksichtigung der Ausgabe von 1819". Jacob Grimm/Wilhelm Grimm. *Kinder- und Hausmärchen.* Bd. 2. *Nach der 2. verm. u. verb. Aufl. von 1819, textkritisch revidiert u. mit einer Biographie der Grimmschen Märchen versehen.* Hg. Heinz Rölleke. Köln: Diederichs, 1982, 521–578.
Rölleke, Heinz. *Die Märchen der Brüder Grimm. Eine Einführung.* 5., durchges. Aufl. Stuttgart: Reclam, 2016 [1985].
Rumpf, Marianne. „Berta". *Enzyklopädie des Märchens.* Bd. 2. Hg. Kurt Ranke/Hermann Bausinger/Wolfgang Brückner/Max Lüthi/Lutz Röhrich/Rudolf Schenda. Berlin u. a.: De Gruyter, 1979, 156–161.
Rusch-Feja, Diann. *The Portrayal of the Maturation Process of Girl Figures in Selected Tales of the Brothers Grimm.* Frankfurt a. M. u. a.: Lang, 1995.
Schnyder, Mireille. *Topographie des Schweigens. Untersuchungen zum deutschen höfischen Roman um 1200.* Göttingen: Vandenhoeck & Ruprecht, 2003.
Sennewald, Jens Emil. *Das Buch, das wir sind. Zur Poetik der „Kinder- und Hausmärchen, gesammelt durch die Brüder Grimm".* Würzburg: Königshausen & Neumann, 2004.
Sennewald, Jens Emil. „Wie es ist, ein Buch zu sein. Die ‚Kinder- und Hausmärchen, gesammelt durch die Brüder Grimm' zwischen Poetik, Identitätsfindung und Selbstbezug." *Märchen – (k)ein romantischer Mythos? Zur Poetologie und Komparatistik von Märchen.* Hg. Claudia Maria Pecher. Baltmannsweiler: Schneider Hohengehren, 2013, 81–94.
Uther, Hans-Jörg. *Handbuch zu den „Kinder- und Hausmärchen" der Brüder Grimm. Entstehung – Wirkung – Interpretation.* 3., durchges. u. erg. Aufl. Berlin u. a.: De Gruyter, 2021 [2008].
Willand, Marcus. „Funktionen des Faktischen im Fiktionalen. Die erzählten Fotografien in Lenz' Schweigeminute." *Non Fiktion* 12.1 (2017), 109–127.
Wittgenstein, Ludwig. *Tractatus logico-philosophicus. Logisch-philosophische Abhandlung.* Frankfurt a. M.: Suhrkamp, 1963 [1922].
Witthöft, Christiane. *Vertreten, Ersetzen, Vertauschen. Phänomene der Stellvertretung und der Substitution im ‚Prosalancelot'.* Berlin u. a.: De Gruyter, 2016.
Wolfzettel, Friedrich. „*Le Conte en palimpseste". Studien zur Funktion von Märchen und Mythos im französischen Mittelalter.* Wiesbaden: Steiner, 2005.

Zipes, Jack. „Cross-cultural Connections and the Contamination of the Classicale Fairy Tale". *The Great Fairy Tale Tradition from Straparola and Basile to the Grimms. Texts. Criticism.* Hg. Ders. New York u. a.: Norton, 2001, 854–869.

IV Biedermeier

Sebastian Schmideler
Genderaspekte in der Kinder- und Jugendliteratur des Biedermeier

Zusammenfassung: Ziel des Beitrags ist es, die Bedeutung der Biedermeierzeit (1814–1848) für den Modernisierungsprozess der Kinder- und Jugendliteratur in einem Epochenüberblick anhand zahlreicher Textbeispiele herauszuarbeiten. Diskutiert werden Genderperspektiven der Kinder- und Jugendliteratur im Kontext des Epochenparadigmas der Biedermeierzeit. In diesem Zusammenhang sollen genderspezifische Produktionsbedingungen, Vater-, Mutter- und Kinderfiguren sowie die Rolle von Verwandten (Onkel, Tanten, Großeltern) fokussiert werden.
Die Ausdifferenzierung der Gattungen und Genres der Kinder- und Jugendliteratur wird anhand der Herausbildung einer spezifischen Literatur für Mädchen, für Jungen sowie für Mädchen und Jungen dargestellt. Zudem wird der Einfluss der Kategorien „Klasse", „Rasse" und „Religion" untersucht und auf die zeittypische Tendenz, Figuren der Abweichung zum Gegenstand des Erzählten zu machen, als charakteristisch für das Biedermeier hingewiesen.

1 Epochenbegriff

Ob es gerechtfertigt erscheint, im Sinne Friedrich Sengles von einer ‚Biedermeierzeit' in der Kinder- und Jugendliteratur des 19. Jahrhunderts zu sprechen, ist eine nur komplex zu beantwortende Frage,[1] die nach wie vor noch nicht abschließend geklärt ist.[2] Häufig angewandt wird der Epochenbegriff zur Charakterisierung von Vielschreibern und Vielschreiberinnen, die für diese historische Phase typisch sind. Dazu zählen populäre Kinder- und Jugendbuchautoren wie Christoph von Schmid, Franz Hoffmann und Gustav Nieritz.[3] Gleichermaßen sind darunter aber auch über einen langen Zeitraum viel gelesene, auflagenstarke Kinderbuchautorinnen wie Amalie

---

[1] Sengle selbst (hier zit. n. Pech) erwähnt in seiner noch immer grundlegenden Epochendarstellung am Rande auch biedermeierliche Kinderbuchautoren wie Christoph von Schmid. Seine kritische Einschätzung wurde von der Kinder- und Jugendliteraturforschung relativiert. Vgl. hierzu kritisch z. B. Pech 1985.
[2] Im *Lexikon der Kinder- und Jugendliteratur* des Frankfurter Instituts für Jugendbuchforschung wird der Begriff Biedermeier als Epochenbezeichnung in einem Sachartikel eingeführt und erläutert (vgl. Dierks 1984). Auch Klaus-Ulrich Pech verwendet ganz unbefangen den Begriff „biedermeierliche Kinder- und Jugendliteratur" (Pech 1985, 6). Das in der Reihe der Kölner Handbücher zur Kinder- und Jugendliteratur relevante Handbuch vermeidet dieses Epochenparadigma und ersetzt es durch eine formale Zäsur der Jahrzehnte von 1800 bis 1850 (vgl. Brunken et al. 1998).
[3] Vgl. Füller 2006, der den Epochenbegriff auf erfolgreiche Autoren wie Chimani, Nieritz oder Christoph von Schmid einschränkt.

OpenAccess. © 2022 bei den Autoren, publiziert von De Gruyter. Dieses Werk ist lizenziert unter einer Creative Commons Namensnennung 4.0 International Lizenz. https://doi.org/10.1515/9783110726404-006

Schoppe, Ottilie Wildermuth und Thekla von Gumpert zu verstehen. Besonders erwähnenswert ist auch der in der Biedermeierzeit sehr beliebte ‚Sachbuchautor' für die Jugend, Johann Heinrich Meynier, der wegen seiner zahlreichen Pseudonyme (u. a. Gottschalck, Jerrer, Ewald, Freudenreich, Iselin usw.) nicht auf den ersten Blick als Vielschreiber identifiziert werden kann.

Abzugrenzen ist die Epoche des Biedermeier in der Kinder- und Jugendliteratur von Epochenbezeichnungen einer romantischen Kinder- und Jugendliteratur. Dass die Versuche, eine genuin romantische Kinderliteratur in einem eigenen Epochenparadigma zu konstruieren, umstritten bleiben muss, ist in der Forschung seit den 1990er Jahren vielfach betont worden. Viele Werke, die von Teilen der Kinder- und Jugendliteraturforschung für romantische Kinderliteratur ausgegeben worden sind, richteten sich teilweise nur sekundär an Kinder.[4] Neuere Deutungen gehen daher zu Recht von einer in Bezug auf die Entwicklung gerade der biedermeierlichen Kinder- und Jugendliteratur sehr einflussreichen Strömung und aufklärungskritischen romantischen Gegenbewegung aus. Von einer eigenständigen kinder- und jugendliterarischen Epoche der Romantik kann dann nicht mehr gesprochen werden, wohl aber von starken populärromantischen Einflüssen auf die Epoche der biedermeierlichen Kinder- und Jugendliteratur (Weinkauff 2014, 48).

Für den Begriff ‚Biedermeier' bzw. ‚Biedermeierzeit' in der Kinder- und Jugendliteraturgeschichtsschreibung spricht, dass – pointiert formuliert – die Phase der ersten Hälfte des 19. Jahrhunderts eine Kontinuitätslinie eigener Art erkennen lässt. Diese Kontinuität kann mit bestimmten Prozessfaktoren erklärt werden, die epochentypisch sind. Kennzeichnend ist die Ausdifferenzierung der Kinder- und Jugendliteratur auf einem eigenen ökonomisch sehr erfolgreichen Kinder- und Jugendbuchmarkt. Biedermeierliche Erfolgsautorinnen und -autoren beförderten diesen Prozess, während romantische Autorinnen und Autoren wie beispielsweise E.T.A. Hoffmann bis auf Ausnahmen wie die Brüder Grimm so gut wie keinen Anteil daran hatten.

Diese Entwicklung steht in enger Beziehung zur zunehmenden Alphabetisierung der Bevölkerung. Umfassende Bildungsbestrebungen und die wachsende Rolle der allgemeinen Schulpflicht in Stadt und Land sowie andere Weiterführungen der Idee der sogenannten Volksaufklärung beschleunigten diesen Vorgang. Der Kinder- und Jugendbuchmarkt florierte – direkt durch starken Absatz und indirekt durch seine erfolgreiche Distribution beispielsweise im Zusammenhang mit der bürgerlichen Lese- und Geselligkeitskultur (Lesezirkel, Leihbüchereien, ambulanter Buchhandel, Lesen als Freizeitbeschäftigung usw.). Besonders die oftmals seriell und in Reihen vertriebenen sogenannten populären Lesestoffe (vgl. Schenda 1970) – vom Einblattdruck bis zur Serien- und Heftchenliteratur und vom Ritterroman bis zur Gespenstererzählung –

---

4 Otto Brunken konstatiert in einem methodischen Grundlagenbeitrag direkt das „Fehlen einer romantischen Kinder- und Jugendliteratur" und fügt hinzu: „[W]as dafür ausgegeben wird, ist ein offensichtliches Konstrukt der neuen Kinder- und Jugendliteraturgeschichtsschreibung" (Brunken 2008, 28).

revolutionierten das Leseverhalten immer größer werdender Gruppen der Bevölkerung. Nicht wenige Kinder- und Jugendbuchautor*innen wie beispielsweise Gustav Nieritz waren daher zugleich auch sogenannte Volksschriftsteller*innen und somit auch als Verfasser*innen dieser populären Lesestoffe beliebt.

Erstmals in der Geschichtsschreibung der Kinder- und Jugendliteratur wurden als Folge dieser Prozesse eigens auf Kinder- und Jugendbücher spezialisierte Verlage gegründet. Beispiele dafür sind die Firmen Winckelmann & Söhne in Berlin, Jakob Ferdinand Schreiber in Esslingen bei Stuttgart oder Friedrich Campe in Nürnberg. Diese erfolgreichen Verlage machten überwiegend mit der massenhaften Produktion von Kinderbüchern Geschäfte. Einige Verlage – wie Schreiber – spielten auch im Schulbuchhandel eine wichtige Rolle. Sie entdeckten Kinder nicht nur als Schulkinder, sondern auch als in der Freizeit lesende Zielgruppe für das an Bedeutung zunehmende Buchmarktsegment. Ein Großteil der Kinder- und Jugendliteratur war als Geschenkliteratur zu Geburtstagen, Namenstagen, als Schulpreiseinband und zu Festen wie Weihnachten oder Ostern sowie zur Konfirmation oder Firmung bestimmt. Das Osterfest fiel mit dem Schuljahresbeginn zusammen und bildete daher in zweifacher Hinsicht einen Schenkanlass für Kinder- und Jugendbücher.

Die genannten Aspekte gingen mit einem Wandel der Professionalisierung des Autorinnen- und Autorberufs einher. Schreibende Frauen profitierten als Produzentinnen von Kinder- und Jugendliteratur verstärkt von dieser Entwicklung (vgl. die Ausführungen in Kapitel 2).

Der Prozess der Popularisierung von kinder- und jugendliterarischen Werken wurde von einem Prozess der Literarisierung bzw. Fiktionalisierung der Gattungen und Genres der Kinder- und Jugendliteratur begleitet. Das für die Epoche typische Gattungsspektrum reichte in der erzählenden Kinder- und Jugendliteratur von der Geschichts- und Abenteuererzählung bis zu vielfältigen Formen der moralischen Jugendschriften. Die biedermeierliche Kinder- und Jugendliteratur löste sich verstärkt von der moralischen Belehrung, ohne allerdings ihren belehrenden Anspruch aufzugeben, und näherte sich der literarischen Gestaltung eines Unterhaltungsangebots für Kinder mit deutlichen Konzessionen an die romantische Gegenbewegung. Sie bot einerseits „Nahrung für die Phantasie", andererseits stillte sie die „Sehnsucht nach dem Unbekannten" (Pech 1985, 33). Die epochentypisch dominierenden moralischen Jugendschriften waren stark literarisierte, die Belehrung in angenehm und spannend zu lesende Handlung einkleidende Erzählstoffe und Konzessionen der Kinder- und Jugendbuchautoren an das literarische Unterhaltungsbedürfnis der Adressat*innen, ohne den Anspruch auf Belehrung aufzulösen. Sie bildeten vor allem als historische und abenteuerliche Erzählungen eine spezifische Mischform zwischen Unterhaltung und Belehrung.

Der Aufschwung der erzählenden Kinder- und Jugendliteratur bewirkte somit eine Erweiterung des Gattungsspektrums in die Richtung der epochentypischen moralischen Jugendschriften, der Abenteuerliteratur und der historischen Geschichtsabenteuererzählung. Im Kontext des buchmarktspezifischen Aufschwungs von populären Lesestoffen wurden sie in seriellen Formen populär (vgl. Schmideler 2019 und 2020).

Erweiterte Realismuskonzeptionen, die mit diesem Prozess literarästhetisch einhergingen, plausibilisieren ebenfalls die Notwendigkeit, in diesem Zusammenhang von einer Epochenzäsur zu sprechen. Auch die genderspezifisch relevante Teilhabe populärer Autorinnen wie Amalia (auch Amalie) Schoppe, Thekla von Gumpert oder Ottilie Wildermuth an diesem Produktionsprozess spricht dafür, von dem Epochenparadigma einer ‚Biedermeierzeit' zwischen etwa 1814 (Wiener Kongress) und der Zeit um 1848 (Märzrevolution) auszugehen.[5]

Die für das 19. Jahrhundert bestimmende Weiterführung aufklärerischer Ideen im biedermeierlichen Gewand einer populären Kinderbuchproduktion und die – wie erwähnt – nach wie vor deutliche Dominanz der Aufgabe moralischer Bildung in der Kinderliteratur sprechen hingegen dafür, den sich ausdifferenzierenden Kinderbuchmarkt auch in seiner rezeptionshistorischen Kontinuität zum 18. Jahrhundert zu betrachten. Der spezifische Eigenwert des Epochenbegriffs ‚Biedermeierzeit' sollte daher nicht zu stark akzentuiert werden.

Als besonders charakteristisch zeigt sich das Biedermeierliche in Gestalt von „Gebrauchsliteratur" im „Prozess der Fiktionalisierung" (Pech 1985, 5–6). Gebrauchsliteratur meint hier konkret die Zweckrationalität der Aufklärung, die in der ersten Hälfte des 19. Jahrhunderts mit dem Bedürfnis nach gemütvoller, sentimentaler Darstellung verbunden wird. ‚Biedermeierzeit' in der Kinder- und Jugendliteratur bedeutet eine langfristig wirksame, die gesamte erste Jahrhunderthälfte umfassende Amalgamierung von Aufklärung und Populärromantik: „Literatur soll etwas unterschieben, etwas einflüstern" (Pech 1985, 9), sie soll, religiös überformt, „die Emotionalität des Kindes [...] bestimmen" (Pech 1985, 15). Die „romantischen Impulse" wurden allerdings erst „mit beträchtlicher Verspätung in der Kinder- und Jugendliteratur rezipiert" (Hurrelmann 1998, Sp. 824).[6]

Von diesem Prozessfaktor beeinflusst war vor allem die moralerzieherische Funktion von Kinder- und Jugendliteratur. Die Moral sollte „genießbar" gemacht werden „wie eine Backpflaume", so die programmatische Formulierung des biedermeierlichen Kinderbuchautors Gustav Nieritz (zit. n. Bertlein 1984, 556).

Insgesamt stellt der Begriff ‚Biedermeierzeit' in formaler und ästhetischer Hinsicht die Summe aus Populärromantik und Aufklärungstradition dar. Inhaltlich bzw. motivisch-thematisch bestimmt wurde die kinder- und jugendliterarische Entwicklung der ersten Hälfte des 19. Jahrhunderts durch folgende Merkmale:

> Ordnungsstreben und Familiensinn, Idylle und Harmonie, der Glaube an die Wahrheit im Kleinen und an die Größe des stillen Glücks, Zufriedenheit mit der jeweiligen sozialen Stellung, Passivität, Entsagungsethos, Religiosität und bereitwillige Unterordnung. (Pech 1985, 43)

---

5 Die Reihe der Handbücher zur Kinderliteratur setzt keine politisch motivierte Zäsur, sondern behandelt den Gegenstand pragmatisch innerhalb des Zeitraums 1800 bis 1850. Vgl. Anm. 2.
6 Vgl. auch Pech 1985, 15: „Nur langsam setzt sich im Biedermeier ein christlich-romantisches Kinderbild durch."

Dabei gilt, dass die „pädagogisch bestimmte Kultur des Biedermeiers [...] letzten Endes auf keinem anderen kulturellen Gebiet so weitreichende Auswirkungen" hatte „wie auf dem der Literatur für junge" Leserinnen und Leser (Pech 1985, 44).[7]

2 Produktionsbedingungen unter der Genderperspektive

Kennzeichnend für die Epoche ist der professionelle Wandel des Berufsbildes von Kinderbuchautorinnen und -autoren. Oftmals wurde der im frühen 19. Jahrhundert erst im Entstehen begriffene Beruf des Kinderbuchautors bzw. der Kinderbuchautorin als Nebentätigkeit zu einem Lehramt, einer Pfarrstelle oder einer anderen pädagogischen oder theologischen Profession ausgeübt. Schreibende Frauen waren entweder nicht berufstätig oder arbeiteten als Gouvernanten, Erzieherinnen oder Lehrerinnen. In der ersten Hälfte des 19. Jahrhunderts wandelte sich dies: Zunehmend konnten auch Frauen ihren Lebensunterhalt mit ihrer schriftstellerischen Tätigkeit bestreiten. Ein Beispiel ist die in der Biedermeierzeit viel gelesene Kinder- und Jugendbuchautorin Amalie Schoppe, die von ihren Kinder- und Jugendbüchern, die meisten davon moralische Jugendschriften, leben konnte. Andererseits gab es die für Kinder schreibenden bildungsbürgerlichen Professorengattinnen wie Clara Fechner, die Ehefrau von Gustav Theodor Fechner, oder Ottilie Wildermuth, Gattin des Gymnasialprofessors Wilhelm David Wildermuth, die – obwohl auf dem Kinder- und Jugendbuchmarkt erfolgreich – nicht direkt von den Einnahmen ihrer schriftstellerischen Arbeit abhängig waren. Den Typus der selbstbewussten, weiblichen Vielschreiberin, die vor allem von periodischen Schriften (wie den Almanachen „Herzblättchens Zeitvertreib" und „Töchter-Album") lebten, repräsentierten u. a. die Schriftstellerinnen Thekla von Gumpert und Amalie Schoppe.

In Bezug auf die genannten Jugendschriftstellerinnen und -schriftsteller lassen sich verschiedene Spezialisierungen ausmachen. Einige von ihnen sprachen mit ihren Kinder- und Jugendbüchern bevorzugt bestimmte soziale Milieus an. So betrieb die Gouvernante Thekla von Gumpert als Herausgeberin und Autorin literarische Standeserziehung. Ihre Jugendschriften richteten sich an elitär erzogene junge Mädchen des Militär- und Beamtenadels sowie des gehobenen Bildungs- und Wirtschaftsbürgertums. Gustav Nieritz, Franz Hoffmann oder Christoph von Schmid schrieben, obwohl ihre Schriften in allen Schichten gelesen wurden, bevorzugt für eine kleinbürgerliche Leserschaft, die zugleich Hauptabnehmerkreis der populären Lesestoffe war.

Einige wenige Autorinnen und Autoren errangen in der Biedermeierzeit den Status Prominenter und wurden in nahezu allen gesellschaftlichen Schichten gelesen und verehrt. Dazu zählen vor allem Christoph von Schmid und Gustav Nieritz. Man

---

[7] Vgl. in diesem Sinne auch Dierks 1984, 155, die ebenfalls zu dem Schluss gelangt, die Biedermeierzeit sei „wie kaum eine andere Epoche prädestiniert zum Illustrieren und Schreiben für Kinder" gewesen.

benannte Straßen nach ihnen, errichtete ihnen zu Ehren Denkmäler, gab Gesamtausgaben ihrer Jugendschriften heraus und würdigte sie wegen ihrer Verdienste in der Kinder- und Jugendliteratur mit der Erhebung in den Adelsstand – so Ludwig I. von Bayern im Fall von Christoph von Schmid – oder mit hochrangigen Auszeichnungen der Landesherren (zu diesem Phänomen vgl. Schmideler 2019). Von der im Entstehen begriffenen professionellen Jugendschriftenkritik wurden diese Autoren – Schmid ebenso wie Nieritz – als Vielschreiber allerdings oftmals aus religiösen, ästhetischen oder moralischen Gründen und nicht selten unter dem Vorwand, die Gefahren der Lesesucht zu schüren, abgelehnt. Dies hatte allerdings auf den Absatz ihrer moralischen Erzählungen und ihre Bekanntheit keinen Einfluss.

Auch im Hinblick auf die Illustrationen fand im Bilderbuchsegment und im Bereich der bebilderten Kinder- und Jugendliteratur eine Professionalisierung und Modernisierung statt. Der Beruf des Kinder- und Jugendbuchillustrators bzw. Grafikers kam mit den Reproduktionstechniken der Lithografie und Xylografie auf. Die neuen Verfahren ermöglichten eine massenhafte und preiswerte Verbreitung von Abbildungen. Diese Berufe wurden – wie im Fall von Luise Thalheim – erstmals auch (und bislang kaum erforscht) von einzelnen Frauen ausgeübt. Repräsentative Vertreter wie Ludwig Richter, Theodor Hosemann, Hugo Bürkner, Gustav Süs u. a. sind auf der Seite professionell ausgebildeter Künstlerinnen und Künstler zuerst zu erwähnen. Aber auch Dilettanten wie Heinrich Hoffmann, Franz von Pocci, Karl Fröhlich oder Friedrich Gustav Normann können als bedeutend für die Geschichte der Buchgrafik hervorgehoben werden. Das Kleinformatige in den Gattungen sowie die Genreszene in Bild und Wort dominierten:

> In der Illustration kommen Vignetten, Silhouette, Erzähl- und Szenenbild, dazu die Kleinbildfolge des Bilderbogens, in der Literatur die Kleinformen Gedicht, Versepos, Ballade, Märchen, Idylle, Erzählung, Novelle dem Kinde und jungen Leser besonders entgegen.[8] (Dierks 1984, 155)

Die Produktionsbedingungen von Kinder- und Jugendbüchern waren – im Gegensatz zur Idyllisierung und Harmonisierung ihrer Gattungen und Genres selbst – ausgesprochen hart. Das Schablonieren und Illuminieren der zahlreichen Illustrationen konnte, was heute im Rückblick auf die grafische Blütezeit der Kinderbuchkunst des Biedermeier nicht vergessen werden sollte, lediglich durch rücksichtslose, schlecht bezahlte Kinderarbeit preiswert werden. Auch Autorinnen und Autoren waren durch Knebelverträge mit den Verlagen gezwungen, innerhalb kurzer Fristen druckreife Manuskripte abzuliefern. Mit Ausnahme der prominenten Vielschreiberinnen und Vielschreiber – und selbst da nicht immer – wurden Autorinnen und Autoren keinesfalls übermäßig oder großzügig von Verlegern honoriert. Kinder- und Jugendliteratur wurde Teil eines Geschäfts. Für die Verlage der Kinder- und Jugendbuchproduktion war dieses Geschäft „eher ökonomisch als literarisch orientiert" (Pech 1985,

---

8 Besonderer Beliebtheit erfreute sich in der Biedermeierzeit August Gottlob Eberhards Idylle *Hanchen und die Küchlein* (1823) als Versepos für heranwachsende Mädchen.

39). Der Preis „einer immer rigideren Kommerzialisierung" führte dazu, dass Kinder- und Jugendliteratur „schnell zur Beute geschäftlicher Interessen und politischer Ideologien" wurde (Pech 1985, 44).

3 Vaterstimme, Mutterstimme, Kinderstimme: Zum produktiven Wechsel der Genderperspektiven in der ersten Hälfte des 19. Jahrhunderts

Zur biedermeierlichen Kinder- und Jugendliteratur und ihren Realismuskonzeptionen gehörte es, dass wirklichen Unterredungen nachgeschriebene Familiengespräche epochentypisch wurden. Der dialogische Ton bzw. das dialogische Gewand der Inszenierung von Rede und Gespräch brachte zahlreiche Spielarten literarischer Familienporträts in Erzählungen hervor. Die große, kaum in ihrer Gesamtheit überschaubare und bislang nur unzureichend erforschte Menge dieser pädagogisch belehrenden und unterhaltenden Sittenbilder und Genreszenen aus dem Familienleben lässt charakteristische Muster erkennen. Bereits die Titel dieser Jugendschriften mit ihrem Anspruch realistischen Erzählens sind programmatisch – so in Förtschs *Familien-Scenen aus dem wirklichen Leben. Zur belehrenden Unterhaltung der Jugend gewidmet*. Das primäre Ziel dieser Jugendschrift, „Tugendsinn zu beleben" und „Lasterhaß zu vermehren", wurde mit der Authentizitätsfiktion verbunden, dass sich „die vorkommenden Familien-Scenen" „wirklich zugetragen" haben (Förtsch 1837, V–VI). Hierbei handelt es sich um eine aktualisierende Weiterführung der philanthropischen Tradition, Familiengespräche in episodische, seriell konstruierte Erzählabende zu gliedern.

Diese Erzählabende waren bereits mit Joachim Heinrich Campes *Robinson der Jüngere* (1779) populär geworden.[9] Das Buch erlebte durch die berühmten Holzstich-Illustrationen Ludwig Richters von 1848 an eine Renaissance. Die Abbildungen betonen das Abenteuerliche und Exotische der Handlung als Konzession an das Biedermeierliche; Campes philanthropische Robinsonade bestand in der aufklärungstypischen Textgestalt zeitgleich nahezu unverändert fort. Die psychohistorische Dimension der Erziehungsmacht derartiger philanthropischer Vaterfiguren blieb daher im Verfahren der „wunschdisziplinierenden Wunscherweckung" als Modell der Affektkontrolle nach wie vor auch im 19. Jahrhundert aktuell (Steinlein 1987, 186–188).

Das pädagogische Ziel dieses literarischen Verfahrens der Wissen sowie moralische Bildung vermittelnden Erziehungsdialoge war das Zügeln kindlicher Begierden. Auch die Kinder der Biedermeierzeit sollten lernen, ihre Affekte unter Kontrolle zu halten und ihr Pflichtgefühl zu perfektionieren. Dabei folgte man weiterhin dem Muster Campes und anderer aufklärischer Autoren: Der Hausvater antizipierte daher bei diesen Verzichtübungen einen Wunsch, erweckte eine die Begehrlichkeit der

---

9 Zu Campe und dessen Werken vgl. den Beitrag von Jennifer Jessen in diesem Band.

Kinder reizende Erwartung, nahm die in Aussicht gestellte Freude aber kurz darauf wieder zurück. Das aus der Aufklärungstradition weitergeführte Verfahren mündete direkt in die biedermeierliche Tugend der willenlosen Genügsamkeit und duldsamen Selbstbescheidung. Das gemeinsame Muster ist das dialogische, zumeist vom Vater geführte Lehrgespräch innerhalb der Familie. Ein wesentlicher Unterschied bestand darin, dass in der Biedermeierzeit die bürgerliche Kleinfamilie, häufig unter Einschluss der Großelterngeneration, gemeint war. Sie löste das Modell der philanthropischen Erziehungsfamilie, bestehend aus einem Zusammenschluss von Eltern, Zöglingen und leiblichen Kindern, ergänzt durch Hausfreunde, ab. In der Vorrede zu der vierbändigen Familienrobinsonade *Der Schweizerische Robinson* (1812–1827) von Johann David und Rudolf Wyss wurde dieser Zusammenhang, der auch für den biedermeierlichen Realismus des Erzählens repräsentativ ist, nochmals explizit verdeutlicht:

> Da das Leben der Kinder meist auf den Familienkreis beschränkt ist, und in diesem sich zunächst ihr Handeln entwickelt, auf diesen zunächst die guten und die nachtheiligen Folgen äußert, die nach seiner sittlichen Beschaffenheit daraus hervorgehen müssen; so schien ein Familienbuch wohl am zweckmäßigsten eine geschlossene, von aller Welt gesonderte, aber doch mit ihr bekannte und von den nützlichen Erfindungen derselben Gebrauch machende Familie darstellen zu müssen. (Wyss 1821–1827, Bd. 1, VII)

Auch in der Biedermeierzeit tragen die Familiengespräche ihre Rückbindung an die Erzähltradition bereits im Titel. Ein Beispiel hierfür ist die von Friedrich Jacobs im dialogischen Ton verfasste Jugendschrift *Die Feierabende in Mainau* (1843), in denen „häufig" der „Grosvater [sic!] das Wort führt" (Jacobs 1843, 3). Diese Erzählabende sind voll von „Fröhlichkeit und anziehender Unterhaltung"; sie werden „als Belohnungen des gut vollbrachten Tages, und [als] die süße Frucht der Musse nach verrichteter Arbeit" angepriesen (Jacobs 1843, 3).

Innerhalb der Kinderliteratur der Biedermeierzeit fand ein exzeptioneller Wandel in Bezug auf die Vater- und Mutterstimme statt, wobei die Mutterstimme an Bedeutung gewann. Dies war das Ergebnis einer Ausdifferenzierung der Zuständigkeiten von Müttern und Vätern innerhalb der Erziehungsaufgaben von der frühen Kindheit bis zur Adoleszenz. Die Mütter traten vor allem als Bildnerinnen der frühen Kindheit und in der Mädchenerziehung in Erscheinung, während die Väter eher für die Heranwachsenden und alle Fragen des praktischen Lebens, insbesondere in der Knabenerziehung, sowie für die Verstandesschulung zuständig waren. Hauptaufgabe der Mütter war die elementare Bildung der kleinen Kinder. Ihr Ziel war die Hinführung in die literarische und Lese-Sozialisation der Jüngsten. Zahlreiche Bücher aus den Gattungen und Genres der Erstleseliteratur belegen dies. Exemplarisch deutlich wird dieser Zusammenhang in dem Elementarbuch *Das Kind auf dem Schooße der Mutter. ABC und Lesebuch* (1838), das expressis verbis „für Mütter" bestimmt war; es verfolgte das Ziel, „wahrhaft gemüthliche" Leseübungen für kleine Kinder zu bieten (Wendt 1838, I).

In der ersten Hälfte des 19. Jahrhunderts wurde vor allem in diesem Kontext die von Müttern betreute kindliche Leserschaft entdeckt. Ergebnis war die starke Ausdifferenzierung der vorrangig in der Familie rezipierten Erstlese- und ABC-Bücher, die auch als bürgerlicher Erziehungswert in Verbindung mit der Leserevolution gesehen werden sollte. Neue Arten der Erstleseliteratur, wie beispielsweise Konzeptbilderbücher, wurden im Rahmen des Aufschwungs der Anschauungspädagogik und des Volksschulunterrichts populär. Neue Zielgruppen des Buchmarkts für diese populären Formen der Erstleseliteratur wurden erschlossen. Sie richteten sich in der biedermeiertypischen Kombination als Lektüre für ‚Schule und Haus' auch an Kinder, die bereits das Lesen und Rechnen gelernt hatten. Literarische Formen der Wissensvermittlung und der Belehrung wurden als Weltanschauungsliteratur im Bilderbuch und im illustrierten Kinderbuch im Verlauf der Biedermeierzeit immer beliebter. Die mehrbändigen Tafelwerke der *Bilder zum Anschauungsunterricht für die Jugend* (seit 1835) des Verlags von Jakob Ferdinand Schreiber sind durch die zunehmende Qualität der kolorierten Steindrucke bis heute Ausweis für die herausragende Bedeutung dieser Anschauungsbücher. Auch Niklas Bohnys als Mengenlehre in drei Bildstreifen pro Anschauungstafel konzipiertes *Neues Bilderbuch. Anleitung zum Anschauen, Denken, Sprechen und Rechnen für Kinder von 2 ½ bis 7 Jahren zum Gebrauche in Familien, Kleinkinderschulen, Taubstummen-Anstalten und auf der ersten Stufe des Elementarunterrichts* (1847 und öfter) war weit und langanhaltend verbreitet. Auch zahlreiche *Orbis picti* belegen den Aufschwung der Gattung illustrierter, belehrender Kinderliteratur als Teil der Weltanschauungsliteratur und als Vorläufer moderner Sachbücher für Kinder und Jugendliche. Sie zeigen oftmals bereits im Titel ihre multifunktionale Verwendung für die private, häusliche Erziehung in Verbindung mit der schulischen Bildung an, sodass die für die Biedermeierzeit typische Funktion der unterhaltenden Belehrung dieser Jugendschriften deutlich wird.

Aufgrund dieser Öffnung der Zielgruppen, Adressierungen und der zunehmenden Vielfalt der Gattungen und Genres in der biedermeierlichen Kinderliteratur bekam die Kinderstimme selbst eine größere Bedeutung. Dies gilt ungeachtet der Tatsache, dass sich parallel ebenfalls eine Ausdifferenzierung der Jugend- und Adoleszenzliteratur am anderen Ende des Gattungsspektrums nachweisen lässt. Unter Geschwistern herrschte in den moralischen Jugendschriften ebenso wie in der Kinderliteratur selbst eine friedliche häusliche Idylle (vgl. auch Schmideler 2017): „Marie, die beste Tochter, die liebevollste Schwester, versammelte am vierzehnten Julius um sich ihre jüngeren Schwestern, die immer heitere Antonie, die freundliche Auguste, im Wohnzimmer der lieben Mutter", heißt es beispielsweise zu Beginn der Erzählung *Die Überraschung* in der moralischen Jugendschrift *Marie und Amalie, Vorbilder einer kindlichen Liebe und frommen Jugend. Ein Muttergeschenk für liebe Töchter* (Goldingen 1829, 1–2). Bereits zu Beginn des ersten Kapitels „Glückliche Tage der Kindheit" in Amalie Schoppes *Wilhelm und Elfriede oder die glücklichen Tage der Kindheit* wird die ebenso friedliche Eintracht unter den Generationen betont: „Nie können Kinder von ihren Eltern zärtlicher und aufrichtiger geliebt werden, als es Wilhelm und Elfriede von den ihrigen wurden, und nie liebten sich auch wohl Geschwister inniger" (Schoppe 1829, 3). Beide

Beispiele belegen das idyllische Harmoniebedürfnis der Biedermeierzeit im sozialen Schutzraum der bürgerlichen Familie. Ähnliche Beispiele ließen sich vielfach ergänzen.

4 Die Stimmen der Verwandten: Onkel, Tanten, Großeltern

Großeltern waren „die pädagogischen Leitbilder der Zeit" (Friedrich Sengle 1971– 1980, Bd. 1, 59, zit. n. Pech 1985, 21). Sie akkumulierten Lebenserfahrung und Lebensweisheit, die sie an die Enkelgeneration weitergaben. Ihre moralische und sittliche Autorität war unumstritten. Zudem traten sie in der Biedermeierzeit durch ihr Erzähltalent und ihre Fabulierfreude auch als ästhetische Vorbilder hervor.

In den Familiendarstellungen bildeten Großväter und Großmütter zumeist das Oberhaupt der Familie. Das aus der französischen und englischen Tradition weitergetragene Bild der Großmutter als (Märchen-)Erzählerin, die ihre Enkel um sich versammelt, um ihnen eine Fülle populärer Lesestoffe in der Form von (Zauber-)Märchen, Fabeln, Schwänken, Legenden, Anekdoten, Geschichts- und Abenteuererzählungen oder Tiergeschichten *mündlich, in freier Rede, vorzutragen*, ist als Ikone der Biedermeierzeit bis heute präsent – so in den noch heute bekannten Illustrationen Ludwig Richters zu Bechsteins *Märchenbuch* (1853).

Der Großvater als lebenserfahrener Greis, der die Summe seiner Weisheit und Lebensklugheit an seine Enkel weitergibt, ist eine aus der Aufklärungszeit tradierte und im Biedermeier fortwirkende Figur. Sie war nicht wie die erzählende Großmutter in Märchenbüchern und Fabelsammlungen, sondern ursprünglich in Sittenbüchern, Verhaltenslehren und väterlichen Räten[10] situiert. Von dort aus fanden die Großvaterfiguren Eingang in die erzählenden Jugendschriften. Nicht nur in der deutschsprachigen Kinder- und Jugendliteratur, sondern auch in der französischen wurden Großväter als Erzähler und Wissensvermittler inszeniert – beispielsweise in Alexandre de Saillets Wissen vermittelndem, erzählendem Erinnerungsbuch *Mémoires d'un centenaire. Dédié a ses arrière-petits-enfants* (1842). Hier erinnert sich ein Großvater an seine Jugend im 18. Jahrhundert und stellt das Säkulum in verschiedenen Kapiteln kulturhistorisch vor.

Häufig wurden allerdings auch ältere, lebenserfahrene Onkel und Tanten als personifizierte Figuren der Wissensvermittlung, der Weisheitslehren und der Fabulierlust inszeniert. Viele Jugendschriften markieren diesen Zusammenhang bereits im Titel – so Clara Fechners *Die schwarze Tante* (1848) oder Johann Gottlieb Oettes *Onkel Brisson's interessante Abend-Erzählungen im Kreise seiner Kinder in belehrenden Unterhaltungen über das Ausserordentliche in der Natur und Kunst* (1831). Diese Tanten

---

[10] Zu Joachim Heinrich Campes *Vaeterlicher Rath für meine Tochter* vgl. den Beitrag von Jennifer Jessen in diesem Band.

und Onkel aktualisierten die Idee von Privaterziehenden, Hofmeister*innen und Informator*innen der Aufklärungszeit, die als Hausfreund*innen – beispielsweise in Christian Felix Weißes moralischer Wochenschrift *Der Kinderfreund* (1776–1782) – diese Bildungsaufgabe innerhalb einer Erziehungsfamilie übernommen hatten. Daher waren die Tanten und Onkel dieser Kinder- und Jugendbücher nicht unbedingt als leibliche Verwandte inszeniert, sondern wurden als kindliche Vertrauenspersonen der Lebenserfahrung gestaltet, wobei ihr Alter als Garant für ihre Weisheit fungierte: Sie waren sogenannte Nenntanten und Nennonkels. In diesem Verständnis wird die „schwarze Tante" folgendermaßen charakterisiert:

> Es lebte einmal eine alte Tante, die nannten die Kinder die schwarze Tante, denn sie hatte schwarze Haare und trug immer einen schwarzen Rock. Die schwarze Tante hatte die Kinder sehr lieb und die Kinder mochten auch die Tante wohl leiden, denn sie war immer freundlich mit ihnen und wußte gar hübsch mit ihnen zu spielen und auch allerhand Dinge zu erzählen, welche die Kleinen gern hörten. (Fechner 1853, 5)

Auch „Onkel Brisson" ist wie die „schwarze Tante" als alter, jedoch in diesem Fall welterfahrener Kapitän zur See mit deutlichen Konzessionen an das Unterhaltungs- und Abenteuerbedürfnis der Kinder, aber auch an die Nützlichkeit des Belehrenden seiner Rede charakterisiert:

> Den größten Theil seines Lebens hatte der Capitain Brisson auf dem Meere zugebracht. […] Große, seltene Erfahrungen, welche die Kräfte des Geistes entwickeln, stärken und erheben, das Herz heiligen und entzücken, hatte er auf dem ungeheurn Meeresspiegel gemacht, wie sie dem Bewohner des Festlandes gar nicht vorkommen. Aber er war auch Zuschauer und Theilnehmer von Auftritten und Ereignissen, welche Schauder und Entsetzen erregen und mit jedem Augenblicke an einer langen Erhaltung des Lebens und des Eigenthums verzweifeln lassen. (Oette 1831, 3)

Um eine größere Abwechslung in der Darstellung und eine spezifisch kinder- und jugendliterarisch motivierte Gestaltung derartiger Figuren zu erzeugen, inszenierten einige Autorinnen und Autoren ein Rollenspiel mit mehreren Tanten und Onkeln. Insbesondere Thekla von Gumpert schlüpfte als Herausgeberin der zahlreichen Jahrgänge ihres Almanachs *Herzblättchens Zeitvertreib* (seit 1855/56) in verschiedene Rollen – so trat sie in jedem Band als Tante Thekla, als Onkel Christian und als die beiden Kinder Walter und Ella auf. In deren Namen verfasste sie neben Artikeln, die sie als Thekla von Gumpert unterzeichnete, Briefe und kleine Beiträge für ihre junge Leserschaft.

All diese Figuren und die Rollen, in die Thekla von Gumpert schlüpfte, sind Ausdruck einer fiktiven, quasifamiliären Intimität zwischen der jungen Leserschaft und den Autorinnen und Autoren, die den biedermeierlichen Familiensinn und das Behaglichkeitsbedürfnis literarisch gestalten sollten. Sie standen im Zusammenhang mit einer neuen Innerlichkeit. Sie dienten nicht nur der moralisch-sittlichen Belehrung, sondern erfüllten auch die Aufgabe der religiösen Erbauung. Thekla von Gumpert stand in diesem Sinn den religiösen Formen der Erweckungsbewegung nahe (zu Gumpert s. Schmideler 2013, 374–378, 380–404).

5 Die Ausdifferenzierung der Gattungen und Genres

5.1 Kinder- und Jugendliteratur für Mädchen

Historische Mädchenliteratur der Biedermeierzeit wird nach Lesealtern und Genres bzw. Gattungen differenziert in Literatur für „kleine" und „jüngere Mädchen" sowie für „junge Mädchen", die wiederum in „[r]atgebende Literatur" (Wilkending 1994, 141–142), „Lieder und Gedichte" und „[e]rzählende Literatur" untergliedert werden kann (Wilkending 1994; vgl. auch – noch immer grundlegend – Grenz 1981). In der ersten Hälfte des 19. Jahrhunderts kam es auf dem Buchmarkt zu einer starken Ausdifferenzierung der Literatur für die weiblichen Lesealter. Der Buchmarkt hielt besonders für jüngere Mädchen eine große Vielfalt literarischer Angebote bereit. Verlage für Kinder wie die Berliner Firma Winckelmann & Söhne spezialisierten sich auf diese Art literarischer Angebote. Beispiele sind Margarete Wulffs *Zwölf kleine Mädchen. Erzählungen für Mädchen von 5 bis 8 Jahre* (1851), *Die kleine Anna. Zur Unterhaltung für ganz kleine artige Mädchen* (1853) und *Die kleine Monica. Eine Unterhaltung für das zarteste Kindesalter* (1855), die sie unter dem Pseudonym Anna Stein veröffentlichte.

Als neue biedermeierliche Formen der Intimität, die, wie bereits erwähnt, teilweise der religiösen Erweckungsbewegung nahestanden, galten Briefromane, Tagebuchaufzeichnungen sowie Jahrbücher für Mädchen. Almanache wie Gumperts preußisch-konservatives *Töchter-Album* (seit 1854/55) hatten ebenso wie die Pensionserzählung und der Backfischroman – darunter Clementine Helms bekanntes, viel gelesenes und lang anhaltend verbreitetes Mädchenbuch *Backfischchens Leiden und Freuden* (1863) – bereits pubertierende Mädchen im Übergang zur jungen Frau in ihrem leseerzieherischen und literarischen Blick. Die Gattungen dieser Literatur für Leserinnen differenzierten sich insbesondere in der Jahrhundertmitte aus und waren in der zweiten Jahrhunderthälfte weit verbreitet. Als Muster erkennbar ist die „Einführung der Heldin in ihre weibliche Bestimmung" als Gattin, Mutter und Hausfrau, der zu Beginn der Erzählungen „eine Trennungsgeschichte" vorausgeht; das Pensionat wird „Ort einer Übergangszeit, nach der die Heldin in die festgefügte Kleinfamilie zurückkehren wird, um wenig später zu heiraten" (Wilkending 1994, 54–55). Die sittliche und moralische Belehrung der Mädchen blieb trotz aller Tendenzen zur literarischen Erzählung nach wie vor Hauptzweck dieser Jugendschriften.

Wie am folgenden Beispiel eines literarischen Porträts der Jugendschriftstellerin Agnes Franz für ‚höhere Töchter' zu sehen ist, war der Produktion und Rezeption von Mädchenliteratur durch junge Frauen und heranwachsende Mädchen stets die bürgerliche Bestimmung für ihre Aufgabe in der Familie übergeordnet. Die Attitüden eines sogenannten Blaustrumpfs – worunter umfassend gebildete, souveräne und emanzipierte Frauen bezeichnet worden sind – wurden dabei als Bild der Abschreckung popularisiert. Selbst eine Jugendschriftstellerin wie Agnes Franz, die erfolgreich für Mädchen schrieb, sollte sich in den engen Grenzen der bürgerlichen Aufgabe der Frau und der alle sozialen Schichten betreffenden Mildtätigkeit bewegen:

Die schlesische Dichterin ein Frauenvorbild? Sollen wir also statt der Nadel die Feder ergreifen, in der Schreibstube heimischer werden, als in der Küche, und lieber uns selbst zu gelehrten Damen steifen, als unsere Wäsche? O nein! Agnes Franz schrieb ihre Gedichte und Parabeln meist in der Stille der Nacht [...]. Man konnte sie öfterer mit dem Quirl in der Hand treffen, als mit der Feder, und später, als sie die mütterliche Pflegerin von vier Waisen geworden war, saß sie öfterer beim Ausbessern der Wäsche als am Schreibtisch und verstand es meisterhaft, aus altem Zeug neue Röckchen oder Wintermützchen für ihre Kleinen zu nähen. (Koch 1855, 262–263)

Eine Besonderheit der biedermeierlichen Mädchenliteratur war die aus Frankreich importierte ‚Spielzeugliteratur' als Sozialisationsliteratur. Die beiden vorherrschenden Formen dieser Puppengeschichten, in denen das Puppenspiel als Sozialisationsinstrument der Mädchen inszeniert wurde, sind die Puppenerziehungsgeschichte (auktorial in Exempeln erzählte Erziehung durch die Besitzerin der Mädchenpuppe) und die Mädchenpuppengeschichte (fiktive Memoiren der Puppe als Ich-Erzählung). Mädchenbücher wie die *Schicksale der Puppe Wunderhold* (1839; unter diesem Titel seit 1865) waren als Spielzeuggeschichten lang anhaltend verbreitet und überaus populär (vgl. u. a. Schmideler 2014). „Unumstritten" waren die literarischen Spiele „mit der Puppe nicht. Aufklärungspädagogen fürchteten die Verselbständigung der Phantasie. In der bürgerlichen Frauenbewegung kommt Widerstand gegen die Rollenfixierung des Puppenspiels auf" (Wilkending 1994, 72).

5.2 Kinder- und Jugendliteratur für Jungen

Im Gegensatz zur Mädchenliteratur ist die Literatur für Jungen weitaus weniger umfassend untersucht. Auch hier ist in der ersten Hälfte des 19. Jahrhunderts eine starke Ausdifferenzierung der Gattungen und Genres zu beobachten, die der Mädchenliteratur geschlechterspezifisch komplementär entspricht. Der Kadetten- oder Internatsroman der ‚Knabenliteratur' adaptierte beispielsweise die Pensionserzählung für Mädchen. Einzelne geschäftstüchtige Verlage wie Winckelmann & Söhne bedienten auch die Zielgruppe der Jungen mit eigenen Lektüreangeboten. Ein Beispiel unter vielen anderen ist Karl Gustav Winckelmanns Buch *Der kleine Vorleser. Kleine Erzählungen für Knaben von 6 bis 10 Jahren* (1841), das er unter dem Pseudonym Gustav Holting veröffentlichte.

Tendenzen der Jungenliteratur zeigten sich in einer adressatenorientierten Bevorzugung des Abenteuergenres, der Dominanz von Sachliteratur (beispielsweise von Schmetterlings-, Käfer- und Botanisierbüchern zum Anlegen von naturkundlichen Sammlungen) sowie der Weltanschauungsliteratur (Reisebeschreibungen), die der Vermittlung von Weltkenntnis dienten und primär auf den Kaufmanns- und Handelsberuf vorbereiten sollten. Charakteristisch ist außerdem eine Tendenz zum Militarismus (Geschichtsabenteuerzählungen), die sich nach der Jahrhundertmitte in geschlechterspezifischen Gattungen wie dem Kadettenroman herausbildete. Geografie (Abenteuerromane), Geschichte (historische Romane) und Naturkunde (Sachbücher) bildeten allerdings im gesamten 19. Jahrhundert den Schwerpunkt der ‚Knabenliteratur' und waren nicht nur für die erste Jahrhunderthälfte charakteristisch.[11]

Als Knabenlektüre besonders beliebt waren die sogenannten Robinsonaden, also Übersetzungen, Bearbeitungen und Neufassungen des gattungskonstituierenden Prototyps: Defoes *Robinson Crusoe* (1719). Vor allem die Fassung nach Frederick Marryats *Masterman Ready* (1841), die in der deutschen Übersetzung unter dem Titel *Sigismund Rüstig* (1843) erschien, blieb als Knabenlektüre im gesamten Verlauf des 19. Jahrhunderts populär.

In der biedermeierlichen Haltung zur Selbstbescheidung und willenlosen Duldsamkeit, ja Ergebenheit in die äußeren Umstände des Lebens war das Idealbild des vollkommen gebildeten Jungen am Ende des Sozialisationsprozesses die Belohnung für die Anstrengungen der ‚Beharrlichkeit', ein freier Bürger, ein in seinem Familienleben zufriedener Ehemann und ein weltgewandter, erfolgreicher Kaufmann zu werden. In der moralischen Jugendschrift *Der Lohn der Beharrlichkeit. Keine Dichtung* (1864) von Gustav Nieritz wurde dieses Ziel der Knabenerziehung explizit als Vorbild formuliert. Lektüre war – dem Jüngling wie dem reifen, ‚fertigen' Mann – ausschließlich den Mußestunden vorbehalten und galt als Freizeitvergnügung. Sozialer Aufstieg wurde unter den engen Grenzen dieser Bedingungen gut geheißen:

> Der vormalige kleine, schüchterne Karl Schwarz, der still im Stübchen der Großmutter dagesessen und, ohne zu klagen, den quälenden Hunger ertragen hatte, bis ihm die gütige Großmutter ein Stücklein trocknes Brot oder einen gebratenen Apfel geschenkt hatte, war zu einem hochschlanken, einnehmenden Manne geworden, der überall gern gesehn und freundlich aufgenommen wurde; [...] der ein trautes Weib errungen hatte und bei seiner Heimkehr von den glücklich ausgeführten Reisen von einer munteren Kinderschaar jubelnd empfangen wurde; der keine Nahrungssorgen mehr kannte und neben seinen vielen Berufgeschäften [sic!] noch Muße zu gewinnen wußte, um sowohl die schönen als auch die ernsten Wissenschaften, ja sogar die Dichtkunst zu pflegen. Dies Alles hatte, nächst Gott, Karl Schwarz seiner Beharrlichkeit zu danken, die, anstatt durch Schläge des Schicksals entmutigt und zur Verzweiflung verwandelt zu werden, desto eifriger auf neue Mittel und Wege sann, um zu einem glücklichen Ziele zu gelangen. (Nieritz 1864, 133)

5.3 Kinder- und Jugendliteratur für Mädchen und Jungen

Kleine Kinder wurden in der Biedermeierzeit als besonders empfänglich für Poesie betrachtet. In dieser für Mädchen und Jungen gleichermaßen bestimmten Kinderliteratur zeigte sich der Einfluss der romantischen Gegenbewegung der Aufklärungszeit, wenn auch – wie bereits erwähnt – stark zeitversetzt und mit Konzessionen an den biedermeierlichen Realismus. Noch 1836 stellte der Kinderlyriker Friedrich Güll in

---

[11] Zu Jungenbüchern im letzten Drittel des 19. Jahrhunderts vgl. den Beitrag von Weertje Willms in diesem Band.

der Vorrede zu seiner Lyrikanthologie *Kinderheimath in Bildern und Liedern* in romantischer Argumentation klar:

> Das Kind in seiner naturgemäßen Entwicklung lebt und webt im Reiche der Poesie, und ist in gewissem Sinne Dichter durch und durch. Mit einem klaren, gesunden Auge und einem ungetrübten Herzen sieht es alles um sich her von einem zauberhaften Reiz umgeben. Da ist nichts, was nicht eine höhere Bedeutung gewänne, nicht durch seine Phantasie wunderbar durchdrungen und belebt würde. Jedes winzige Thierchen, jede sonst unbeachtete Pflanze, jedes unscheinbare Geräth [...] erscheint in seinen Augen größer und wichtiger als *vor* unsern. Dieß ist auch die Quelle jener mannigfachen Wonne, jenes heiteren Strebens, in welchen sich das Kind glücklich fühlt, um nur bald wieder diese Schmetterlingsfarben an den scharfen Kanten des Lebens abzustreifen. (Güll 1836, Vorrede, o.S.; Hervorh. im Original)

Auch die Vielschreiber der Biedermeierzeit wie Christoph von Schmid, Franz Hoffmann und Gustav Nieritz wurden von Mädchen und Jungen aller Stände gelesen. Sie waren als populäre Lesestoffe selbst unter Erwachsenen beliebt. Die in der Biedermeierzeit ebenfalls gern rezipierten Almanache wie Franz Hoffmanns *Neuer deutscher Jugendfreund* (seit 1846) richteten sich teilweise an beide Geschlechter, wenn auch Jungen die primären Adressaten bildeten. Explizit für Mädchen und Jungen bestimmt war der koedukativ angelegte Kinderalmanach *Herzblättchens Zeitvertreib* (seit 1856) von Thekla von Gumpert.

Die Adressierung an Mädchen und Jungen wurde häufig auch hier bereits im Titel der Jugendschriften angezeigt. Als Beispiel sei eine inzwischen vergessene Trilogie Anna Steins (Margarete Wulffs) um die drei Kinder Wilhelm, Marie und Otto erwähnt. Die Bände bestehen aus fiktiven wöchentlichen Tagebucheinträgen der drei Kinderfiguren, in denen diese von den Ereignissen der vergangenen Woche erzählen. Auf diese Weise entstand ein reizvolles Kompendium als Vorläufer der realistischen Umweltgeschichte und fiktiver autobiografischer Aufzeichnungen von Kindheitserlebnissen. Die im Verlag Winckelmann & Söhne erschienene Trilogie umfasste die Einzelbände *52 Sonntage oder Tagebuch dreier Kinder* (1846; 37. Aufl. um 1922), *Tagebuch dreier Kinder. Fortsetzung der 52 Sonntage* (1850; 24. Aufl. um 1922) und *Marien's Tagebuch. Fortsetzung der 52 Sonntage* (1852; 18. Aufl. 1920). Die Trilogie war lang anhaltend sehr verbreitet und erreichte, wie zu sehen ist, außerordentlich hohe Auflagen. Bis heute sind die Alltagserlebnisse aus dem bürgerlichen Familienleben aufschlussreiche Dokumente aus der kindlichen Wahrnehmung der Jahrhundertmitte und zugleich Belege für die Intimität der bürgerlichen Familienkindheit, zu der Tagebuchaufzeichnungen gehörten.

6 Die Kategorien „Klasse", „Rasse", Religion

Das Ideologiepotenzial biedermeierlicher Kinder- und Jugendliteratur ist aus heutiger Sicht erheblich. Allein im Werk von viel gelesenen Autorinnen und Autoren wie Gustav Nieritz, Ferdinand Schmidt u. a. lassen sich zahlreiche Genreszenen identifizieren, die wie Kulissenelemente wiederholt eingesetzt wurden, um Ideologien zu verbreiten. Antikatholische Tendenzen, Frankophobie und Antisemitismus zählen zu den gemeinsamen Merkmalen der Jugendschriften von Nieritz (vgl. Schmideler 2009). Was für das Werk von Nieritz im Speziellen gilt, kann auch auf andere Autorinnen und Autoren übertragen werden.

Brunken verweist exemplarisch auf die Verbindung von Grausamkeit und Fremdenhass mit dem Schüren von Angstlust, die den biedermeierlichen (Geschichts-)Abenteuererzählungen als moralische Jugendschriften eingeschrieben waren. Im Hinblick auf „Rasse", Religion und „Klasse" dominierte das

> Prinzip der thematischen Akkumulation und der größtmöglichen Steigerung von Quantitäten und Qualitäten [...]. In allein einer Erzählung [d. i. *Die Negersklaven und der Deutsche*] schildert Nieritz z. B. mehrere Morde, Mordversuche, einen Selbstmord, eine Erschießung, eine Steinigung, das Ausschütten eines Sacks mit Säuglingen, die schließlich von einem Tiger gefressen werden, das Ersäufen Dutzender von Menschen und ähnliche Grausamkeiten. (Brunken/Hurrelmann/Pech 1998, Sp. 51)

Der religiöse Standpunkt spielte für die ästhetische Beurteilung insbesondere der moralischen Jugendschriften in der ersten Hälfte des 19. Jahrhunderts eine herausragende Rolle. Ablehnungen und Befürwortungen der im Aufblühen begriffenen Jugendschriftenkritik von Lehrerinnen und Lehrern sowie Theologen gab es in allen religiösen Spielarten, genauso wie Bearbeitungen von Jugendschriften speziell für katholische und protestantische Kinder. In der Differenzierung süddeutsch-katholischer Romantik im Werk von Christoph von Schmid im Gegensatz zur protestantisch-norddeutschen Neoaufklärung von Gustav Nieritz oder in Bezug auf die der (pietistischen) Erweckungsbewegung nahe stehenden Werke Thekla von Gumperts sind diese moralischen Jugendschriften auch innerhalb christlicher Traditionen stark verschieden. Selbst in der Bewertung der zunehmend professionellen Jugendschriftenkritik wurde zwischen katholischen und protestantischen Perspektiven streng differenziert.

Antisemitische Stereotypisierungen und Klischees waren keine Seltenheit und in allen Genres und Gattungen vertreten, ebenso Phänomene wie Antiziganismus und jegliche Spielarten xenophober Tendenzen, die besonders in der Abenteuerliteratur und in historischen Erzählungen deutlich wurden.

Gemäß dem statischen Weltbild der Biedermeierzeit verfolgten vor allem die moralischen Jugendschriften das Ziel, die kindliche Leserschaft zu lehren in dem Stand zu verbleiben, in dem sie geboren worden waren. Die Tugenden des biedermeierlichen Ideals, des gottgefälligen Mittelstands, wurden als selbstbewusstes Standesdenken hervorgehoben. Distinktionsmerkmale wie moralische Integrität und Mildtätigkeit gegenüber den Mitmenschen grenzten den Mittelstand vom Adel, der als moralisch diskreditiert desavouiert wurde, aber auch gegenüber dem sogenannten gemeinen Volk, dem ‚Pöbel', ab. Armut wurde als Prüfung des Schicksals geschildert. War Armut selbst verschuldet (in der zeitgenössischen Diktion beispielsweise durch sogenannte Trunksucht oder Liederlichkeit), wurden Figuren sogar verächtlich gemacht. Reichtum wurde bisweilen als Sünde dargestellt; die Tugenden der Selbstgenügsamkeit und Duldsamkeit galten mehr. Gegenüber unverschuldet in Not Geratenen waren soziale Fürsorge, Mildtätigkeit und die Bereitschaft zur Spende als Haupttugenden des Mittelstands Pflicht (vgl. Schmideler 2020). Die Jugendschriften von Vielschreibern wie Gustav Nieritz und Vielschreiberinnen wie Amalie Schoppe waren voll von Elementen derartiger statischer Weltanschauungen. Sie folgten diesen Mustern kleinbürgerlichen, biedermeierlichen Klassendenkens.

7 Figuren der Devianz

Die biedermeierliche Kinder- und Jugendliteratur kannte insbesondere in ihrer Tendenz und Hinwendung zu realistischen Formen des Erzählens eine sozialkritische Haltung. So bevorzugte sie in der Mitte des 19. Jahrhunderts Figuren der Abweichung. In diesem Zeitraum wandte sich die Anschauung von der Idylle hin zu Bildern der sozialen Not, von Armut und Elend derjenigen, die im Industrialisierungsprozess das Nachsehen hatten. Sogar das sensible Thema der Scheidung, die das Instabile des bürgerlichen Familienmodells im Industrialisierungsprozess markierte, tauchte bei einigen Jugendschriftenverfassern auf. So stellte etwa Gustav Nieritz in seiner moralischen Jugenderzählung *Der Lohn der Beharrlichkeit. Keine Dichtung* (1864) die Folgen einer Ehescheidung der Eltern aus der Sicht eines Jungen anschaulich dar. Das Ereignis wird von Nieritz als Verlust der Sicherheit einer bürgerlichen Kleinfamilie präsentiert, der in der biedermeierlichen Idyllik eine besondere Bedeutung zugeschrieben wurde. Interessant ist auch, dass die als moralische Schande dargestellte Ehescheidung als Schuld der Mutter zugeschrieben wird:

> Das Wort „scheiden" war ihm ein Messerstich in's Herz. Ach, an diesem Worte hing zugleich ein Begriff von Schande und diese, welche seine so ehrenhafte und geliebte Mutter getroffen hatte, war bereits in der Stadt bekannt worden! Fast erdrückt von der schweren Last seines Wehes schlich Karl mit gesenktem Haupte heim, wo er abermals bitterlich weinte. (Nieritz 1864, 28)

Noch lange wirkten allerdings trotz dieser ersten Ansätze sozialkritischer Perspektivierungen die biedermeierlichen Grundlagen der moralischen Jugendschriften nach, wie etwa Ottilie Wildermuths Jugenderzählung *Das braune Lenchen* (1872) zeigen kann. Lenchen wird zwar als Figur der Abweichung – als Naturkind sowie als Repräsentantin sogenannter ‚Zigeunerkinder' – gezeigt, Wildermuth nutzte die Faszination, die von der Figur ausgehen und die junge Leserschaft in ihren Bann ziehen sollte, jedoch lediglich, um literarisch Lenchens „Weg von der exotischen Fremden und vom Naturkind zur vollständig integrierten zivilisierten Christin" zu schildern" (Schmideler 2017, 179).

Am Ende des 19. Jahrhunderts inszenierte die Backfischliteratur für heranwachsende Mädchen in Pensionserzählungen mit bekannten Titeln wie Emmy von Rhodens *Der Trotzkopf* (1885) auch Figuren der Abweichung (vgl. Schmideler 2017). Die Protagonistin Ilse ist eben nicht nur am Ende der Geschichte die angepasste junge Dame von Stand, die sich auf die Rolle als Gattin, Mutter und Hausfrau vorbereitet, sondern beweist im Verlauf der Erzählung und zu Beginn der Erzählung ein erstaunliches Maß an Eigenständigkeit im Denken und Handeln, die als deviantes Verhalten gesehen werden kann. In Jahrbüchern wie Thekla von Gumperts *Töchter-Album* wurden jenseits der Ehe in bürgerlichen Familien auch „alternative Lebenswege" – wie eine Karriere in caritativen Einrichtungen oder in (Mädchen-)Schulen – für heranwachsende Frauen geschildert, „da in der Realität fast die Hälfte der jungen Frauen nicht heiratete" (Detken 2011, 196). Hier kündigte sich bereits die Herausforderung der Kinder- und Jugendliteratur an, die Dominanz des bürgerlichen Familienmodells durch eine neue Vielfalt alternativer Lebensentwürfe ästhetisch kompensieren zu müssen.

Vor diesem Hintergrund zeigt sich, dass noch heute im kulturellen Gedächtnis erinnerte Figuren der Devianz in der Kinderliteratur des 19. Jahrhunderts, wie diejenigen aus Heinrich Hoffmanns *Struwwelpeter* (1845) oder Wilhelm Buschs *Max und Moritz* (1865), keine typischen Erscheinungen ihrer Zeit waren. Sie verstellen bis heute unseren Blick auf die Vielfalt literarischer Phänomene, von denen die Jahrzehnte der Biedermeierzeit in der Entwicklung der Kinder- und Jugendliteratur geprägt sind. Allerdings waren *Struwwelpeter* und *Max und Moritz* durch ihre Reichweite und Popularität rezeptionshistorisch sehr einflussreich – sowohl in der Verbreitung der jeweiligen Originalausgaben, in den zahlreichen Übersetzungen als auch in den vielen Bearbeitungen bzw. Adaptionen als ‚Struwwelpetriaden' oder ‚Buschiaden' bzw. ‚Max-und-Moritziaden' (Rühle 1999–2019). Durch ihre massenhafte Distribution wurden aus den eigentlich atypischen Kinderfiguren aus *Struwwelpeter* (allein gelassene, psychisch gestörte Kinder) und *Max und Moritz* (‚böse' Kinder) populäre Figuren, die bis heute in Erinnerung geblieben sind, obwohl sie den Anforderungen an biedermeierliche Kinderliteratur weitgehend nicht entsprachen (vgl. Schmideler 2013). Der Innovationswert und ihr ästhetischer Überschuss als deutungsoffene, (kinder-)literarische Bildergeschichten waren langfristig so enorm, dass sie in der Nachfolge alle typischen Bilderbücher des Biedermeier verdrängten (zu den vielfältigen Ursachen vgl. Schmideler 2013). Gleichzeitig verraten beide Bildergeschichten auf der Bild- und Wortebene viel über die Kultur- und Mentalitätsgeschichte der Biedermeierzeit: So stehen Buschs satirische Berufsbilder der nicht minder bösen Erwachsenen und klein- bzw. spießbürgerliche Lebensentwürfe in *Max und Moritz* Heinrich Hoffmanns subtilen Innenperspektiven in die psychischen Dispositionen biedermeierlicher Kindheit oder seinen Anfängen phantastischer Bildergeschichten in der verkehrten Welt (*mundus inversus*) in der Episode „Die Geschichte vom wilden Jäger" gegenüber.

Aus diesem Grund der Überprägung durch erfolgreiche Kinderbücher wie *Struwwelpeter* und *Max und Moritz* ist die Mehrzahl der biedermeierlichen Kinder- und Jugendbücher heute mehr oder minder Gegenstand der spezialisierten historischen Kinderbuchforschung und – bis auf die erwähnten Klassiker – nicht mehr Bestandteil der aktiv gelesenen Kinder- und Jugendliteratur. Ihre Erforschung bedarf, nicht nur aus Sicht der Genderperspektive, künftig vermehrter Anstrengungen, die anschlussfähig für erweiterte, rezente kulturwissenschaftliche Fragestellungen sind.

Literatur

1 Primärliteratur

Bechstein, Ludwig. *Deutsches Märchenbuch*. Leipzig: Wigand, 1853 [1845].
Bilder zum Anschauungs-Unterricht für die Jugend. Esslingen: Schreiber, 1835.
Bohny, Niklas. *Neues Bilderbuch. Anleitung zum Anschauen, Denken, Sprechen und Rechnen für Kinder von 2 ½ bis 7 Jahren zum Gebrauche in Familien, Kleinkinderschulen, Taubstummen-Anstalten und auf der ersten Stufe des Elementarunterrichts*. Stuttgart u. a.: Schreiber & Schill, 1847.
Busch, Wilhelm. *Max und Moritz. Eine Bubengeschichte in sieben Streichen*. München: Braun & Schneider, 1865.
Campe, Joachim Heinrich. *Robinson der Jüngere, zur angenehmen und nützlichen Unterhaltung für Kinder*. Stuttgart: Reclam, 2000 [1779].
Cosmar, Antonie. *Schicksale der Puppe Wunderhold*. Berlin: Sauvage, 1865 [1839].
Defoe, Daniel. *The Life and Strange Surprizing Adventures of Robinson Crusoe of York [...]*. London: Taylor, 1719.
Eberhard, August Gottlob. *Hanchen und die Küchlein*. Halle: Renger, 1823.
Fechner, Clara. *Die schwarze Tante. Märchen und Geschichten für Kinder*. Mit Holzschnitten nach Ludwig Richter. Leipzig: Schlicke, 1853 [1848].
Förtsch, J. Chr. C. *Familien-Scenen aus dem wirklichen Leben. Zur belehrenden Unterhaltung der Jugend gewidmet*. Leipzig: Weinedel, 1837.
Goldingen, Gräfin von. *Marie und Amalie, Vorbilder einer kindlichen Liebe und frommen Jugend. Ein Muttergeschenk für liebe Töchter*. Leipzig: Kollmann, 1829.
Güll, Friedrich. *Kinderheimath in Bildern und Liedern*. Mit einem Vorwort von Gustav Schwab. Stuttgart: Liesching, 1836.
Gumpert, Thekla von. *Töchter-Album. Unterhaltungen im häuslichen Kreise zur Bildung des Verstandes und Gemüthes der heranwachsenden weiblichen Jugend*. Glogau: Flemming, 1855–1930.
Gumpert, Thekla von. *Herzblättchens Zeitvertreib. Unterhaltungen für kleine Knaben u. Mädchen zur Herzensbildung u. Entwickelung der Begriffe*. Glogau: Flemming, 1856–1926.
Helm, Clementine: *Backfischchens Leiden und Freuden*. Leipzig: Wigand, 1863.
Hoffmann, Franz. *Neuer deutscher Jugendfreund*. Stuttgart: Schmidt & Spring, 1846–1863.
Hoffmann, Heinrich. *Struwwelpeter*. Frankfurt a. M.: Ruetten & Loening, 1845.
Holting, Gustav [Karl Gustav Winckelmann]. *Der kleine Vorleser. Kleine Erzählungen für Knaben von 6 bis 10 Jahren*. Berlin: Winckelmann & Söhne, 1841.
Jacobs, Friedrich. *Die Feierabende in Mainau*. Leipzig: Dyk, 1843 [1820].
Koch, Rosalie. „Agnes Franz". *Töchter-Album*. Bd. 2. Hg. Thekla von Gumpert. Glogau: Flemming, 1855, 262–270.
Marryat, Frederick. *Sigismund Rüstig der Bremer Steuermann. Ein neuer Robinson nach Capitain Marryat. Frei für die deutsche Jugend bearb.* [von Heinrich Laube]. 2 Bde. Leipzig: Teubner, 1843 [1841].
Nieritz, Gustav. *Der Lohn der Beharrlichkeit. Keine Dichtung*. Wesel: Bagel, 1864.

Oette, Johann Gottlieb. *Onkel Brisson's interessante Abend-Erzählungen im Kreise seiner Kinder in belehrenden Unterhaltungen über das Ausserordentliche in der Natur und Kunst. Für das Alter von 8–14 Jahren bestimmt. Erster Theil.* Lüneburg: Herold und Wahlstab, 1831.

Rhoden, Emmy von. *Der Trotzkopf. Eine Pensionsgeschichte für junge Mädchen.* Stuttgart: Gustav Weise, 1885.

Saillet, Alexandre de. *Mémoires d'un centenaire. Dédier a ses arrière-petits-enfants.* Paris: Dessesserts, 1842.

Schoppe, Amalie. *Wilhelm und Elfriede oder die glücklichen Tage der Kindheit. Ein nützliches und unterhaltendes Lesebuch für gute Kinder, die eben so wohl Unterhaltung als Belehrung suchen.* Leipzig: Krappe, 1829.

Stein, Anna [Margarete Wulff]. *52 Sonntage oder Tagebuch dreier Kinder.* Berlin: Winckelmann & Söhne, 1846.

Stein, Anna [Margarete Wulff]. *Tagebuch dreier Kinder. Fortsetzung der 52 Sonntage.* Berlin: Winckelmann & Söhne, 1850.

Stein, Anna [Margarete Wulff]. *Zwölf kleine Mädchen. Erzählungen für Mädchen von 5 bis 8 Jahren.* Berlin: Winckelmann & Söhne, 1851.

Stein, Anna [Margarete Wulff]. *Marien's Tagebuch. Fortsetzung der 52 Sonntage.* Berlin: Winckelmann & Söhne, 1852.

Stein, Anna [Margarete Wulff]. *Die kleine Anna. Zur Unterhaltung für ganz kleine artige Mädchen.* Berlin: Winckelmann & Söhne, 1853.

Stein, Anna [Margarete Wulff]. *Die kleine Monica. Eine Unterhaltung für das zarteste Kindesalter.* Berlin: Winckelmann & Söhne, 1855.

Weiße, Christian Felix. *Der Kinderfreund. Ein Wochenblatt.* 24 Bde. Leipzig: Crusius, 1776–1782.

Wendt, Emil. *Das Kind auf dem Schooße der Mutter. ABC und Lesebuch.* Leipzig: Dörffling, 1838.

Wildermuth, Ottilie. *Das braune Lenchen. Des Königs Pathenkind. Zwei Erzählungen für die Jugend. Mit vier Illustrationen.* Stuttgart: Krabbe, 1872.

Wyss, Johann David. *Der Schweizerische Robinson oder der schiffbrüchige Schweizer-Prediger und seine Familie. Ein lehrreiches Buch für Kinder und Kinder-Freunde zu Stadt und Land.* Hg. Joh. Rudolf Wyss. 4 Bde. Zürich: Orell, Füßli u. Comp., 1821–1827 [1812–1828].

2 Sekundärliteratur

Bertlein, Hermann. „Gustav Nieritz". *Lexikon der Kinder- und Jugendliteratur.* Bd. 2. Hg. Klaus Doderer. Weinheim u. a.: Beltz, 1984, 556–557.

Brunken, Otto. „Methoden der historischen Kinderbuchforschung – Zur Genese der Kölner Handbücher". *Kinderliteratur als kulturelles Gedächtnis.* Hg. Ernst Seibert/Susanne Blumesberger. Wien: Praesens 2008, 15–28.

Brunken, Otto/Bettina Hurrelmann/Klaus-Ulrich Pech (Hg.). *Handbuch zur Kinder- und Jugendliteratur. Von 1800 bis 1850.* Stuttgart u. a.: Metzler, 1998.

Brunken, Otto/Bettina Hurrelmann/Klaus-Ulrich Pech. „Einleitung". *Handbuch zur Kinder- und Jugendliteratur. Von 1800 bis 1850.* Hg. Dies. Stuttgart u. a.: Metzler, 1998, Sp. 1–116.

Detken, Anke. „Mädchenbücher". *Der rote Wunderschirm. Kinderbücher der Sammlung Seifert von der Frühaufklärung bis zum Nationalsozialismus.* Hg. Wolfgang Wangerin. Göttingen: Wallstein, 2011, 191–196.

Dierks, Margarete. „Biedermeier". *Lexikon der Kinder- und Jugendliteratur.* Bd. 1. Sonderausgabe. Hg. Klaus Doderer. Weinheim u. a.: Beltz, 1984, 154–155.

Grenz, Dagmar. *Mädchenliteratur. Von den moralisch-belehrenden Schriften im 18. Jahrhundert bis zur Herausbildung der Backfischliteratur im 19. Jahrhundert.* Stuttgart: Metzler, 1981.

Hurrelmann, Bettina. „Literatur der Poetisierung von Kindheit". *Handbuch zur Kinder- und Jugendliteratur. Von 1800 bis 1850*. Hg. Otto Brunken/Bettina Hurrelmann/Klaus-Ulrich Pech. Stuttgart u. a.: Metzler, 1998, Sp. 821–835.

Füller, Klaus. *Erfolgreiche Kinderbuchautoren des Biedermeier. Christoph von Schmid, Leopold Chimani, Gustav Nieritz, Christian Gottlob Barth. Von der Erbauung zur Unterhaltung*. Frankfurt a. M. u. a.: Peter Lang, 2005.

Pech, Klaus-Ulrich. „Einleitung". *Kinder- und Jugendliteratur vom Biedermeier bis zum Realismus. Eine Textsammlung*. Hg. Ders. Stuttgart: Reclam, 1985, 5–56.

Rühle, Reiner. „Böse Kinder". *Kommentierte Bibliographie von Struwwelpetriaden und Max-und-Moritziaden mit biographischen Daten zu Verfassern und Illustratoren*. 2 Bde. Osnabrück: Wenner, 1999–2019.

Schenda, Rudolf. *Volk ohne Buch. Studien zur Sozialgeschichte der populären Lesestoffe 1770–1910*. Frankfurt a. M.: Vittorio Klostermann, 1970.

Schmideler, Sebastian. „‚Dumpf prasselten die Franzosenschädel noch immer gegeneinander' – Feindbilder in der biedermeierlichen Jugendliteratur von Gustav Nieritz". *Interjuli. Internationale Kinder- und Jugendliteraturforschung* 1.2 (2009), 57–75.

Schmideler, Sebastian. „‚Struwwelpeter' und ‚Max und Moritz' – Kindheitsbilder in Klassikern der Kinderliteratur des 19. Jahrhunderts". *Kinder, Kinder! Vergangene, gegenwärtige und ideelle Kindheitsbilder*. Hg. Dominik Becher/Elmar Schenkel. Frankfurt a. M. u. a.: Peter Lang, 2013, 45–65.

Schmideler, Sebastian. „Memorialkultur und Historismus in Kinder- und Jugendzeitschriften sowie in Jugendschriftenserien der Gründerzeit – Die Verlagsproduktion der Firma Carl Flemming in Glogau". *Gründerzeit*. Hg. Matthias Weber. München: Oldenbourg, 2013, 367–406.

Schmideler, Sebastian. „Bücherschicksale der ‚Puppe Wunderhold' – Die Erfolgsgeschichte eines Mädchenbuches des 19. Jahrhunderts". *Puppen. Menschheitsbegleiter in Kinderwelten und imaginären Räumen*. Hg. Insa Fooken/Jana Mikota. Göttingen: Vandenhoeck & Ruprecht, 2014, 93–109.

Schmideler, Sebastian. „Bilder aus dem Familienleben. Familiendarstellungen in der Kinder- und Jugendliteratur im Prozess der Modernisierung (18. bis 20. Jahrhundert)". *Familienaufstellungen in Kinder- und Jugendliteratur und Medien*. Hg. Caroline Roeder/Michael Ritter. München: kopaed, 2017, 55–69.

Schmideler, Sebastian. „‚Die Zigeuner halten viel auf ein freies ungebundenes Leben' – ‚Zigeuner'-Darstellungen in der Kinder- und Jugendliteratur des 19. Jahrhunderts zwischen Exotismus, Stereotypisierung und Wissensvermittlung". *„Denn sie rauben sehr geschwind jedes böse Gassenkind…". „Zigeuner"-Bilder in Kinder- und Jugendmedien*. Hg. Petra Josting/Caroline Roeder/Frank Reuter/Ute Wolters. Göttingen: Wallstein, 2017, 174–200.

Schmideler, Sebastian. „Popularisierungsphänomene in der deutschen Kinder- und Jugendliteratur des 19. Jahrhunderts. Wissen, Bildung, Formen, Produzenten". *Spielarten der Populärkultur. Kinder- und Jugendliteratur und -medien im Feld des Populären*. Hg. Ute Dettmar/Ingrid Tomkowiak. Berlin: Lang, 2019, 39–64.

Schmideler, Sebastian. „Spielarten des Fantastischen in Kinder- und Jugendliteratur vom 19. bis zum 20. Jahrhundert – Wunderbares und Zauberhaftes ‚nach Beschaffenheit der Sache und dem Ohr der Zuhörer' erzählen". *Faszination Zauberwelt. Neue Perspektiven auf die Fantastik in Kinder- und Jugendmedien*. Hg. Christoph Jantzen/Alexandra Ritter/Michael Ritter. München: kopaed, 2020, 37–60.

Schmideler, Sebastian. „Die ‚misshandelte Tugend' und das ‚hartherzige Laster'. Solidarität und Soziale Frage in moralischen Jugenderzählungen von Gustav Nieritz. Ein Beitrag zum 225. Geburtstag des Volks- und Jugendschriftstellers". *kjl&m* 72.3 (2020), 20–29.

Steinlein, Rüdiger. *Die domestizierte Phantasie. Studien zur Kinderlektüre und Literaturpädagogik des 18. und 19. Jahrhunderts*. Heidelberg: Winter, 1987.

Weinkauff, Gina. „‚Wo Kinder sind, da ist ein goldenes Zeitalter'. Die romantische Gegenbewegung". *Kinder- und Jugendliteratur.* Hg. Dies./Gabriele von Glasenapp. Paderborn: Schöningh, 2014, 43–71.
Wilkending, Gisela. *Kinder- und Jugendliteratur. Mädchenliteratur. Vom 18. Jahrhundert bis zum Zweiten Weltkrieg. Eine Textsammlung.* Stuttgart: Reclam, 1994.

V **Vom späten 19. Jahrhundert bis zum Ersten Weltkrieg**

Weertje Willms
Epochenüberblick

Für die Zeit nach 1860 ist ein enormer Aufschwung innerhalb des Buchmarktes zu beobachten, der die Produktion und Rezeption der Kinder- und Jugendliteratur nachhaltig prägte. Begleitet durch die zunehmende Alphabetisierung der Bevölkerung kam es erstmals zu einer Produktion von massenhaft hergestellter Unterhaltungsliteratur, die auch von neuen Leserschichten konsumiert wurde. Dies löste eine breite Diskussion über das Leseverhalten (vor allem von Mädchen und Frauen) sowie die sogenannte „Schunddebatte" (Kümmerling-Meibauer 2012, 51) über die Qualität der Kinder- und Jugendliteratur und ihren möglicherweise schädlichen Einfluss auf die jungen Rezipient*innen aus. Drei große Tendenzen lassen sich innerhalb der Kinder- und Jugendliteratur identifizieren, die ihre zunehmende Ausdifferenzierung hinsichtlich der intendierten Rezipientengruppen, der Themen und der Ästhetik erkennen lassen:

Zum Ersten entstanden ästhetisch innovative Werke. Zum Zweiten existierte eine Strömung linker, kritischer Werke von vor allem sozialdemokratischen und reformpädagogisch inspirierten Autor*innen, welche sich besonders an Rezipient*innen aus dem Arbeitermilieu richtete (Kümmerling-Meibauer 2012, 51) und die später einen Einfluss auf die Entstehung der proletarisch-revolutionären Kinder- und Jugendliteratur der 1920er–1930er Jahre hatte. Die dritte und größte Gruppe stellte die konservative Kinder- und Jugendliteratur dar, die als systemstabilisierende Erziehungsliteratur angesehen werden kann und mit der teilweise politisch-propagandistische Absichten verfolgt wurden. Innerhalb dieser Strömung entstanden zahlreiche Werke, die sich speziell an Mädchen oder Jungen richteten, was nur folgerichtig ist, da die ideologische Ausrichtung auf den Staat stets auch mit Genderkonstrukten einhergeht. Die Erziehung zu Bürgerinnen und Bürgern war eben auch eine geschlechtsspezifische Erziehung. Den Hintergrund hierfür stellt die Verfestigung der binären Geschlechterordnung dar, welche sich im 18. Jahrhundert ausgebildet und im Laufe des 19. Jahrhunderts immer weiter verbreitet hatte. Jungen sollten sich zu Kämpfern für die neu entstandene Nation entwickeln, was etwa durch Abenteuer-, Indianer- und Reiseliteratur begleitet wurde; in propagandistisch orientierten Werken – wie etwa der Kolonialliteratur – war das nationalistische und imperialistische Gedankengut stark ausgeprägt. Für die Mädchen wurde die aus dem 18. Jahrhundert bekannte sogenannte weibliche Bestimmung zur Gattin, Mutter und Hausfrau als konstitutiv angesehen. Bereits ab der Mitte des 19. Jahrhunderts wurden dieses Konzept und die bestehenden Ungleichheiten zwischen den Geschlechtern vonseiten der Frauenbewegung kritisiert, doch in der populären Mädchenliteratur – besonders in der seit den 1870er Jahren massenhaft produzierten Backfischliteratur – wurde dieses konservative Bild weiter zementiert und bis in die Gegenwart hinein transportiert. Eine Variante der Mädchenliteratur, welche eine Schnittstelle zur Jungenliteratur darstellt, ist die Mädchenkolonialliteratur, die konservative Weiblichkeitskonzepte mit rassistischen Konstrukten verknüpft, wodurch hier Gender, *race*/Ethnizität und Klasse in einer intersektionalen Wechselwirkung stehen.

Literatur

Kümmerling-Meibauer, Bettina. *Kinder- und Jugendliteratur. Eine Einführung*. Darmstadt: Wiss. Buchges., 2012.
Schikorsky, Isa. *Kurze Geschichte der Kinder- und Jugendliteratur*. Norderstedt: Books on Demand, 2012.
Weinkauff, Gina/Gabriele von Glasenapp. *Kinder- und Jugendliteratur*. Paderborn: Schöningh, 2018.
Wild, Reiner (Hg.). *Geschichte der deutschen Kinder- und Jugendliteratur*. Stuttgart u.a.: Metzler, 2008.

Jana Mikota und Nadine J. Schmidt

Geschlechterfragen in der ‚typischen' und ‚atypischen' Mädchenliteratur der deutschen Kaiserzeit

Zusammenfassung: Die Mädchenliteratur erlebte in der Kaiserzeit eine markante Hochphase. In Folge des zum Klassiker avancierten Romans *Der Trotzkopf* (1885) entstand eine vielfältige Mädchenliteratur, die mit Geschlechterfragen spielt und beispielsweise auch Fragen der Berufsfindung und Berufstätigkeit in das Zentrum der Handlung stellt. Der vorliegende Beitrag möchte bisher wenig erforschte Texte in den Mittelpunkt stellen und zeigen, wie Geschlechterfragen in der ‚typischen' und ‚atypischen' Mädchenliteratur diskutiert wurden – ausgewählt werden wichtige Beispiele aus dem Bereich der Pensionats-, Lehrerinnen-, Erzieherinnen-, Studentinnen- und Reiseromane. Die Auseinandersetzung mit den Autorinnen und Genres verdeutlicht die Vielfalt und den umfassenden Diskurs im Kontext der Geschlechter- und Bildungsfragen, die sich auch in der Mädchenliteratur der Kaiserzeit widerspiegeln.

1 Einleitung und historische Kontextualisierung

„Arme Nellie", sagte Ilse und ergriff ihre Hand. „Aber hast du Geschwister?"
„O nein! Keine Schwester – ganz allein! Ein alter Onkel lasst mir in Deutschland ausbilden, und wenn ich gutes Deutsch gelernt habe, muss ich eine Gouvernante sein."
„Gouvernante!", rief Ilse erstaunt. „Du bist doch viel zu jung dazu! Alte Mädchen können doch erst Gouvernante werden!" (Rhoden 1885, 34)

Dieser Dialog stammt aus dem bekannten literarischen Text *Der Trotzkopf. Eine Pensionsgeschichte für junge Mädchen* (1885) von Emmy von Rhoden, *dem* Klassiker der deutschsprachigen Mädchenliteratur schlechthin. Das englische Waisenmädchen Nellie, Ilses beste Freundin und Zimmergenossin im Internat, muss aufgrund ihrer familiären Situation als Lehrerin bzw. Erzieherin arbeiten, wofür sie von den anderen Mädchen mitunter bemitleidet wird. Es suchen jedoch auch andere weibliche Figuren im Pensionat Alternativen zu einer konventionellen Eheschließung: Das Mädchen Olga beispielsweise möchte aus innerer Überzeugung heraus in Zürich ein Medizinstudium aufnehmen. Doch am Ende des Werkes wird alles anders: Nellie heiratet ihren Deutschlehrer Dr. Althoff und wird – das veranschaulichen die Fortsetzungsbände des *Trotzkopfs* – eine gute Hausfrau; und auch Olga, die das Bild der emanzipierten Russin verkörpert, wird in *Trotzkopfs Brautzeit* (1892) ihr Studium zugunsten einer Hochzeit mit einem Arzt aufgeben. Beide Beispiele zeigen auf prägnante Weise, wie Berufstätigkeit und Schulbildung in der Mädchenliteratur der Kaiserzeit literarisch dargestellt wurden. Emmy von Rhoden greift im Fall Nellies bereits das Bild einer jungen Frau auf, die, obwohl sie eine ‚höhere Tochter' ist, aufgrund von finanziellen Sorgen lernen und später einen Beruf ausüben soll. Schon hier zeichnet sich ab, dass Bildung und Berufstätigkeit wichtige Themen waren, die im letzten Drittel des 19. Jahrhunderts kontrovers diskutiert und auch in der Mädchenliteratur entsprechend verarbeitet wurden. Die Diskussion um die Mädchenbildung ist ein fester Bestandteil der Mädchenliteratur der Kaiserzeit.

Die Etablierung und Ausdifferenzierung einer Kinder- und Jugendliteratur, die speziell an ein weibliches Lesepublikum adressiert ist und auf erstaunlich hohe Marktanteile zurückblickt, ist eine der zentralen literarischen Ausprägungen des 19. Jahrhunderts. Für diese Entwicklungstendenzen wird bereits im 19. Jahrhundert auch der Ausdruck Backfischliteratur genutzt (Wilkending 2003, 1). Der Terminus Backfischliteratur bezeichnet eine romanhafte Erzählprosa, die sich auch als ‚Pubertätsliteratur' näher fassen lässt und im letzten Drittel des 19. Jahrhunderts eine hohe Bedeutung erlangte. Kennzeichnend für diese literarischen Texte ist die Jugendzeit, die auch als krisenhafter Übergang von der Kindheit ins Erwachsenenalter entworfen wird. Die Werke sind zunächst speziell an Mädchen aus dem Bürgertum adressiert, doch weitet sich der Leserinnenkreis im ausgehenden 19. Jahrhundert immer mehr aus. Die sogenannte Mädchenliteratur, also die dezidiert an Mädchen und junge Frauen als Zielgruppe adressierte Literatur, erlebte in der deutschen Kaiserzeit eine unvergleichbare Hochzeit: Etwa 200 Mädchenbuchautorinnen lassen sich für den Zeitraum zwischen 1850 und 1914 ermitteln (Hempel 2011, 281). Gisela Wilkending (2003, 1) nimmt als „hauptsächliches Lesealter" für die Mädchenliteratur die Altersspanne zwischen 12/13 und 16/17 Jahren an. Die Mädchenliteratur erfreute sich größter Beliebtheit, die Romane wurden in mehreren Auflagen verlegt. Die spezifische Mädchenliteratur der Kaiserzeit ist als „Diskurs über die weibliche ‚Bestimmung' und den weiblichen ‚Geschlechtscharakter'" (Wilkending 1994, 244) eng verzahnt mit der Erziehungs- und Sozialgeschichte von Mädchen und Frauen (Wilkending 1994, 244) – was eine diesbezügliche forschungsorientierte Beschäftigung besonders spannend und gewinnbringend macht. Viele der Autorinnen der Mädchenbücher waren in der Frauenbewegung aktiv und Wilkending (1997, 174) bemerkt daher zu Recht, dass „die Backfischliteratur ihre Hochkonjunktur in der Phase der Konsolidierung der bürgerlichen Frauenbewegung" verorten kann. Einen großen Einfluss hatte auch die Gründung des *Allgemeinen deutschen Frauenvereins* (1865) durch Louise Otto-Peters und Auguste Schmidt.

Nicht zuletzt waren die Veränderungen im Mädchenschulwesen seit den 1870er Jahren von besonderer Bedeutung. Nach der deutschen Reichsgründung im Jahre 1871 erhöhte sich die Zahl der öffentlichen höheren Mädchenschulen sukzessive – wohingegen die Anzahl der Privatschulen für Mädchen noch um Ende des 19. Jahrhunderts wesentlich höher war. 1887 stieg die Zahl der höheren Mädchenschulen in Preußen auf 216 an – von 176 im Jahr 1879 (Schwalb 2000, 46) –, und 1911 besuchten dann schon 4,2% der Mädchen in Preußen die höheren Mädchenschulen (Schwalb 2000, 14). Untersagten die Bestimmungen von 1894 der höheren Mädchenschule noch die Gleichordnung mit den höheren Knabenschulen, so kam es mit einer Konferenz im

Januar 1908 in der preußischen Schulpolitik „zu entscheidenden Fortschritten – nachdem die Frage nach der Studienzulassung und der Abiturberechtigung von Frauen in den wichtigsten süddeutschen Staaten längst positiv erledigt war (Baden 1900, Bayern 1903, Württemberg 1904)" (Schwalb 2000, 94). Höhere Mädchenschulen und Mittelschulen für Mädchen waren allerdings noch 1911 ausschließlich in den Städten vorzufinden (Schwalb 2000, 48). Im Jahr 1908 kam es zu einer signifikanten und umfassenden „Neuordnung des höheren Mädchenschulwesens"[1] sowie zur Zulassung der Mädchen zum Universitätsstudium.

Der Wandel der Mädchenliteratur um 1900 zeigt, wie sich neben den traditionellen Geschlechterzuordnungen auch das Bild der bürgerlichen Kleinfamilie verändert, denn immer häufiger werden die heranwachsenden jungen Frauen gezwungen, selbstständig ihren Lebensunterhalt zu verdienen. Damit verschwimmt die Grenze zwischen öffentlichem und privatem Raum, die das Selbstverständnis des Bürgertums lange Zeit prägte. Die Autorinnen der typischen und atypischen Mädchenliteratur reflektieren in ihren literarischen Texten vornehmlich den Stand der gesellschaftlichen Diskussion. Dabei geht es nicht nur um Forderungen der Frauenbewegung wie höhere Schulbildung, Berufsausbildung und -tätigkeit oder das Studium für Frauen, sondern ebenso um das Frauenbild in der Gesellschaft und um die Geschlechterrollen in Ehe und Familie (Hempel 2011, 277). Am Ende des 19. Jahrhunderts war ein großer Teil der bürgerlichen Frauen in Deutschland zumindest zeit- oder teilweise auf sich allein gestellt: Statistiken zeigen, dass Ende des 19. Jahrhunderts etwa 50 % der Frauen aus dem ‚gebildeten Mittelstand' auf sich gestellt waren: als Witwe, als geschiedene oder als unverheiratete Frauen (Wilkending 1997, 231). Der „Strukturwandel der bürgerlichen Gesellschaft als Folge der fortgeschrittenen Industrialisierung hatte auch ihre Lebensverhältnisse verändert" (Hempel 2011, 279). War eine Frau nicht verheiratet, so standen ihr nur wenige Möglichkeiten zur Verfügung, den Lebensunterhalt selbständig zu verdienen (Hempel 2011, 280). Die bürgerliche Frauenbewegung versuchte Antworten zu finden auf die „sich zuspitzende ‚Mädchenfrage'" (Hempel 2011, 208). Seit der Gründung des *Allgemeinen Deutschen Frauenvereins* standen die Verbesserung der Mädchenerziehung sowie das Recht auf Berufsausbildung und Berufstätigkeit im Vordergrund des Engagements. Partizipation an der bürgerlichen Öffentlichkeit, der kulturellen oder politischen Sphäre, sollten daraus folgen (Hempel 2011, 208).

In Folge des bis heute insbesondere auch durch die Fernsehadaption bekannten *Trotzkopf*-Romans, der in der Forschung als erfolgreiches Paradebeispiel für den nicht immer wertneutral genutzten Begriff der deutschsprachigen Backfischliteratur angesehen wird (Wilkending 2003, 1), entstand eine vielfältige Mädchenliteratur, die nicht nur geschickt mit Geschlechterfragen spielt, sondern auch Fragen der Berufsfindung und Berufstätigkeit in das Zentrum der Handlung stellt und sich an zeitgenössischen Diskursen orientiert. Wilkending (2003, 5) spricht in diesem Zusammenhang von einer

---

[1] Vgl. Neuordnung des höheren Mädchenschulwesens vom 18.08.1908.

bislang kaum beachteten mädchenliterarischen Entwicklung, in der sich „neue ‚hybride Genres' wie der Mädchen-Reiseroman, der Mädchen-Kolonialroman,[2] der historische Roman für Mädchen und der Mädchen-Kriegsroman" herausbildeten. Mit dieser Herangehensweise widersetzt sich Wilkending der bisherigen Forschung, die insbesondere nach dem Paradigmenwechsel der Kinder- und Jugendliteratur seit den 1970er Jahren die Mädchenliteratur als problematisch erachtete und dem Diktum des Jugendliteraturkritikers Heinrich Wolgast folgte, der 1907 in seiner Kampfschrift *Jugendlektüre* konstatierte: „Gegen die Backfischliteratur kämpfen, heißt an der Gesundung unseres literarischen Geschmackes und an der Hebung der Frauenbildung arbeiten" (Wolgast 1907, 122). Genau in dieser Haltung sieht Wilkending (2003, 11) auch die Gründe, warum sowohl ein literarischer Wandel der Mädchenliteratur als auch die Herausbildung einer atypischen Mädchenliteratur kaum beobachtet wurden.

Doch wie wurden Geschlechterfragen in der typischen und atypischen Mädchenliteratur behandelt? In dem vorliegenden Beitrag werden ausgewählte Pensionats-, Lehrerinnen-, Studentinnen- und Reiseromane in den Fokus genommen und die dort entwickelten Diskurse näher analysiert. Mit Blick auf die Unterscheidung zwischen typischer und atypischer Mädchenliteratur der Kaiserzeit orientiert sich der vorliegende Beitrag an den Überlegungen von Wilkending, die mithilfe der Begrifflichkeiten sinnvollerweise die „generelle Diskriminierung" (Wilkending 2003, 1) der Backfisch- respektive Mädchenliteratur vermeiden möchte. Die atypische Mädchenliteratur kann dabei durchaus als ein eigenes Genre angesehen werden, das sich nicht nur inhaltlich mit Blick auf die Handlung und die Figurenzeichnung, sondern auch stofflich-motivisch, erzähltechnisch und intentional vom typischen Backfischroman unterscheiden lässt (Wilkending 2003, 106). Diese Mädchenromane widersetzen sich den tradierten narrativen Mustern und dokumentieren die Entwicklung der Geschlechterfrage des ausgehenden 19. Jahrhunderts. Als dritte Kategorie lassen sich Mischformen identifizieren, die zwischen typischer und atypischer Mädchenliteratur zu verorten sind, wobei darauf hingewiesen werden muss, dass die Grenzen zwischen den verschiedenen Ausprägungen der Mädchenliteratur fließend sind.

2 Typische Mädchenliteratur oder die Frage nach der Bildung

„Die mädchenliterarischen Lebens- und Entwicklungsgeschichten, für die im 19. Jh. die Bezeichnung Backfischliteratur geläufig war, wurden – neben der Erzählprosa für Kinder [...] – zum wichtigsten Feld, in dem sich weibliche Autorschaft etablieren und professionalisieren konnte" (Wilkending 2008, 434). Dies impliziert auch, dass bereits die Autorschaft eine Berufstätigkeit von Frauen andeutete und jungen Leserinnen in dieser Hinsicht eine Vorbildfunktion dargeboten wurde. Daher bildet dieser Gegen-

---

[2] Vgl. hierzu den Beitrag von Joseph Kebe-Nguema in diesem Band.

stand einen zentralen Aspekt in der deutschen Literaturgeschichte. Die Romane haben die schwierige Situation der jungen Frauen hinsichtlich Schulbildung, Berufstätigkeit, Ausbildung und Familie implizit oder explizit immer wieder aufgenommen. Die Autorinnen wollten in diesem Zusammenhang die Leserinnen mit ihren Texten auf ihre zukünftige Rolle als Mutter, Hausfrau und Gattin vorbereiten. Die Lektüre diente aber gleichzeitig einer Kompensation hinsichtlich der Allgemeinbildung der Leserinnen, der Öffnung neuer Lebens- und Erfahrungsräumen, zu denen die Mädchen im realen Leben keinen Zugang hatten, der Entlastung der Mädchen, die ein ‚Leben im Wartesaal' führten und auf den zukünftigen Ehemann hofften, sowie der Ablenkung vom mitunter schwierigen Pubertätsalter. Im Laufe des 19. Jahrhunderts entstanden narrative Strukturen, die gattungsbildend für die Entwicklungsgeschichte wurden: Die Liebesgeschichte rückt in den Fokus, und die junge Heldin wird für ihre Transformation mit einer Liebesheirat belohnt.

2.1 Genres der typischen Mädchenliteratur I: Pensionatsromane

Nach dem Erscheinen des *Trotzkopfs* gehört die Pensionatsgeschichte zum wichtigsten Genre der Mädchenliteratur, das bis in die 30er Jahre des 20. Jahrhunderts produziert wird. Die in den Texten propagierten Geschlechternormen entsprechen in der Regel den tradierten Modellen. Insbesondere Emmy von Rhodens Roman ist zu einem „Modell der Backfischliteratur überhaupt [avanciert], einer Literatur, die im 19. Jahrhundert die häufig sehr kurze Phase des Übergangs von der ‚Mädchenzeit' in den ‚Ehestand' erzählend kommentieren will" (Wilkending 1997, 177). Ein zentrales Merkmal ist hier die „Wahl der Heldin"; die „Hauptfigur ist ein gutbürgerliches oder adliges junges Mädchen, das vierzehn Jahre oder etwas älter ist, und deren Geschichte spätestens mit dem Verlöbnis oder dem Ausblick auf die Ehe abgeschlossen wird" (Grenz 1981, 214). Die Backfisch-Zeit gilt als eine „Phase, in der das Mädchen ‚den Übergang aus der Kinderstube in den Salon' durchleben, d. h. das ‚Kindische' ablegen lernen soll, und gleichzeitig als Schonraum, in dem das Mädchen noch möglichst lange Kind bleiben soll" (Grenz 1981, 217). Der *Trotzkopf* ist aber nicht nur als „Inbegriff einer sentimentalen, konformistischen Schema-Literatur" (Wilkending 2003, 1) zu werten, so wie er lange Zeit im literarischen Diskurs wahrgenommen wurde, sondern es muss ebenso bedacht werden, dass literarische Texte – „auch so schlichte und relativ einsinnige" (Wilkending 2003, 70) wie Romane aus dem Bereich der Backfischliteratur – stets auch dadurch zu charakterisieren sind, dass „sie mehrstimmig sind, daß in ihnen bestimmte Stimmen dominant, andere subdominant sind, daß sich in ihnen Stimmen verstärken, daß sie aber auch gegenläufig sein können" (Wilkending 2003, 70).

Mädchenromane wie *Der Trotzkopf* oder Clementine Helms *Backfischchen's Leiden und Freuden* (1863) sowie zahlreiche weitere Backfischromane erscheinen nach einer oberflächlichen Lektüre zunächst als Romane, die die jungen Leserinnen auf ihre dreifache Bestimmung als Mutter, Gattin und Hausfrau vorbereiten möchten.

Doch eine genaue Lektüre der Romane macht klar, dass auch in diesen Romanen die zeitgenössischen Debatten rund um die Frauen- und Bildungsfrage durchaus aufgenommen werden, wenngleich sie das traditionelle Geschlechtersystem nicht in Frage stellen: Nachgezeichnet werden die schwierige Situation der bürgerlichen Frau sowie die familiären Spannungen. Die Mädchen wachsen bei ihrem Vater auf, die Mutter ist verstorben, und der Vater hat die ‚weibliche Erziehung' vernachlässigt. Die Mädchen sind oftmals wild und werden von den erwachsenen Figuren als ‚jungenhaft' wahrgenommen. Auch die Erzählinstanz betont, dass die Mädchenfiguren nicht-tradierten Rollenmustern entsprechen, aber bereits im *Trotzkopf* findet sich keine negative Wertung der Mädchen mehr. Vielmehr werden die Protagonistinnen positiv eingeführt, die anderen Mädchenfiguren mögen sie, und damit unterscheiden sich diese Romane von früheren Texten, in denen die jungenhaften Mädchenfiguren negativ besetzt waren. Erste Veränderungen deuten sich bereits in *Backfischchen's Leiden und Freuden* an, in dem neben der gutmütigen und hilfsbereiten Grete das Mädchen Eugenie eingeführt ist. Diese ist eigensinnig und ‚amazonenhaft', doch trotz dieser Eigenschaften werden die Mädchen gleichwertig behandelt.

Aus der unterschiedlichen Charakterdarstellung resultieren auch unterschiedliche Ehe- und Liebesmodelle. Gretes Ehe entspricht einem traditionellen, bürgerlichen und patriarchalen Muster, Eugenies Ehe entspricht dagegen eher einer gleichberechtigten Ehe. Doch auch die beiden Männer verkörpern verschiedene Typen. Die eher schüchterne und unsichere Grete heiratet einen älteren Mann, die selbstbewusste Eugenie verliebt sich dagegen in einen etwas schüchternen jungen Baron, dem sie zudem noch ihre Liebe erklärt. Heiratet der Vater, so wird die vernachlässigte Erziehung der Mädchen besonders deutlich und das Mädchen muss in ein Pensionat gehen. Hier dominieren dann Mädchenfreundschaften (wie die von Ilse und Nellie im *Trotzkopf*), die psychischen Halt geben und so das eigentlich so wichtige familiäre Umfeld ersetzen.

Die Idee, Pensionatsgeschichten zu schreiben, tauchte etwa seit der Mitte des 19. Jahrhunderts auf. Das Pensionat war seitdem ein beliebtes Motiv der Mädchenliteratur und kulminierte im Erscheinen des mittlerweile zum Klassiker avancierten *Trotzkopf*-Romans. Ein Vorläufer der Pensionatsliteratur ist das im Jahre 1784 erschienene Werk *Julchen Grünthal* von Friederike Helene Unger, das in unterschiedlichen Erzählperspektiven die Sicht auf weibliche Erziehung und die Idee der Pensionate schildert und das Muster eines typischen Mädchenromans teilweise prägt. In diesem Roman ist das Pensionat noch negativ konnotiert, Julchen, aus bürgerlichen Verhältnissen stammend, wird auf Drängen der Mutter ins Pensionat geschickt, trifft hier überwiegend auf adelige Mädchen und gerät insbesondere durch die Romanlektüre auf Abwege. In einer Ich-Perspektive kommt Julchens Vater selbst zu Wort, der die Erziehung in Pensionaten strikt ablehnt. In Briefen und Tagebuchaufzeichnungen schildert dann Julchen selbst, wie sie das Leben im Pensionat sieht. Eine solche Ablehnung und negative Darstellung der Lehrerinnen sowie der Bildungsstätten für höhere Töchter wurde in den nächsten Jahrzehnten abgelöst und das Pensionat als positiver Erziehungsort für höhere Töchter entworfen. Doch erst um die Jahrhundertmitte wurde das Pensionat zu einem wichtigen Thema der Mädchenliteratur. Der Mädchenroman, der die Schulbildung in Pensionaten, die Tätigkeiten von Lehrerinnen und die Berufstätigkeit von heranwachsenden Frauen aufgriff, kommentierte so nicht nur die eigene Zeit und reagierte auf die Situation von Frauen im 19. Jahrhundert, sondern reflektierte auch, wie das Ansehen von Bildung und des Berufs der Lehrerin betrachtet wurde und sich im Laufe des 19. Jahrhunderts wandelte. Thematisiert und diskutiert wurden in den Pensionatsromanen die Alternativen zur Ehe, aber auch die Zukunftsängste und Ungewissheiten der heranwachsenden Frauen.

Die Autorinnen der Pensionatserzählungen besuchten oftmals selbst in ihrer Jugend Pensionate. Autorinnen wie Mathilde von Eschen, Angelica Harten, Johanna Klemm oder Olga Eschenbach arbeiteten als Erzieherinnen in Pensionaten, d. h. berufstätige Frauen schrieben für heranwachsende Mädchen. Neben den Themen des Vater-Tochter-Verhältnisses, der Trennungssituation, der Mädchenfreundschaften und Mädchengruppen ist die Bildung ein wichtiges Motiv in den Pensionatsgeschichten.

Die Pensionatsliteratur zeigt, dass die Autorinnen an der Diskussion um Mädchenbildung teilnehmen wollten und sich auch als Erziehungsinstanz wahrnahmen. Es werden hier Ziele und Vorstellungen der von Eltern, Vormunden oder (nahen) Verwandten ausgesuchten Pensionate vorgestellt und Gründe erläutert, weshalb ein Pensionatsaufenthalt für die jungen Frauen unumgänglich ist. Reflektiert wird damit nicht nur die (literarische) Geschichte des Pensionats in Deutschland, sondern es werden auch Veränderungen der Mädchenbildung dokumentiert. Dominiert noch etwa bei *Julchen Grünthal* oder in den Texten von Clementine Helm eine großbürgerliche, aristokratische Erziehung, die von Frankreich und England beeinflusst war, so veränderte sich dies im letzten Drittel des 19. Jahrhunderts und die hauswirtschaftlichen und sozialen Elemente einer bürgerlichen Mädchenerziehung standen vermehrt im Blickpunkt des Interesses; hinzu kommen aber auch Sprachen – insbesondere Englisch und Französisch – und Literatur. Damit greifen die Pensionatsromane auch den Diskurs um weibliche Lektüre auf, zeigen lesende Mädchenfiguren und beteiligen sich an der Kanonisierung. Die Pensionatsromane geben zudem Aufschluss über die Gründe, aus denen bürgerliche Familien ihren Mädchen eine Ausbildung ermöglichten. Die Mädchen erhielten bereits vor ihrem Besuch einer solchen Einrichtung Unterricht und sollten in den Pensionaten den letzten Schliff erhalten: Etwa mit Blick auf hauswirtschaftliche Fragen, aber auch das Verhalten in der Gesellschaft. Dazu gehört auch Konversation. Daher verwundert es nicht, dass der größte Teil der Pensionatsliteratur mit einer Verlobung der Protagonistinnen endet.

Die Romane *Lillis Jugend* (1871) von Clementine Helm und *Pension und Leben* (1880) von Mathilde von Eschen prägen ein Muster der Pensionatsliteratur, das sich in weiten Teilen nach dem Erscheinen des *Trotzkopfs* durchsetzen konnte. Das Mädchen Lilli, das ohne Vater gemeinsam mit der Mutter im Haus des verwitweten Schwagers aufwächst, kommt in ein Pensionat, um später für ihr Auskommen sorgen zu können. Besonders deutlich dokumentiert der Roman *Lillis Jugend* die Diskrepanz zwischen einer aristokratischen, an Frankreich und England angelehnten sowie einer bürgerlich-deutschen Erziehung. Die 13-jährige Lilli besucht ein Pensionat, nicht nur um

Manieren zu lernen, sondern um später selbst für sich sorgen zu können. Lilli wurde gemeinsam mit ihrer Mutter im Haushalt ihres Onkels aufgenommen, und die Großmutter macht Lilli unmissverständlich klar, dass sie im Haushalt nur vorübergehend geduldet ist:

> „Liebe Lilli," sagte Großmama möglichst sanft, „du bist nun eine ganze Reihe von Jahren hier in dem Hause deines Onkels gewesen und hast täglich die Wohlthaten einer sorgfältigen Erziehung und eines angenehmen Lebens genossen. Ob du dich derselben stets so würdig gezeigt hast, als sie es werth waren, darüber will ich jetzt nicht viel sprechen. Jedenfalls aber ist es nöthig, daß du nicht zu sehr durch das bequeme Leben, das du hier führst, verwöhnt wirst: denn du bist ein armes Mädchen und wirst dir später deine Stellung in der Welt selbst schaffen müssen." (Helm 1871, 51)

Das Pensionat soll somit verarmten bürgerlichen Töchtern helfen, eine Stelle als Erzieherin oder Lehrerin zu finden. Auf diese Weise erhält es zumindest in einigen Pensionatsgeschichten eine zweifache Funktion: Es soll die Frauen auf dem Heiratsmarkt attraktiver machen, es soll ihnen aber auch ein Leben ohne Verheiratung ermöglichen. Helm greift so ein wichtiges Motiv auf, weshalb bürgerliche Familien ihre Töchter in Pensionate schickten. Trotz dieser Vorbereitungen wünschen sich auch im ausgehenden 19. Jahrhundert die meisten heranwachsenden Frauen eine Heirat.

Ungeachtet dieser doppelten Funktionalisierung wird den heranwachsenden Frauen die Berufstätigkeit nicht als Alternative zur Ehe und als Chance auf mehr Eigenständigkeit angeboten, sondern stellt eine Notlösung dar. Die Mädchen, denen ein solches Leben bevorsteht, werden sogar von anderen Protagonistinnen bemitleidet, wie eingangs bereits ausgeführt wurde. In Romanen, die als typische Mädchenliteratur bezeichnet werden können, werden Mädchen aus wohlhabenden Kreisen, die Lehrerin werden wollen, so wird es angedeutet, als ‚Versagerinnen' wahrgenommen. Entweder zwingt sie die Verarmung der Familie zu diesem Schritt – was durchaus der Realität des ausgehenden 19. Jahrhunderts entsprach – oder sie wurden nicht geheiratet.

Der Aufbau der Pensionatsliteratur ist oft sehr ähnlich: Im Alter von 15 oder 16 Jahren sollen die Mädchen für einige Zeit in einem Pensionat leben, andere Mädchen treffen und unterrichtet werden. Immer wieder wird darauf verwiesen, dass die pubertierenden Mädchen dort auch ihre Gefühle zu bändigen lernen:

> „Ja, liebe Marianne, wir alle werden unsere Hilde auf Schritt und Tritt schwer vermissen. Aber diese Trennung ist notwendig zum Besten des Kindes. Ihre ungestüme Heftigkeit, ihr leicht erregtes Gemüt und ihr Hang zu allerlei losen Streichen machen es nötig, daß sie in eine strengere Zucht kommt, als der vielbeschäftigte Vater und eine schwache alte Frau, wie ich, ausüben können." (Harten 1897, 8)

Angelica Hartens Mädchenroman *Wildfang im Pensionat* (1897) benennt bereits zu Beginn die Gründe für den Pensionatsaufenthalt der Protagonistin, verweist auf die Gefühlslage des Mädchens und auf die Hoffnung der Großmutter, dass diese endlich zur Ruhe kommt. Die „strengere Zucht" (Harten 1897, 8) soll dem Mädchen auch eine gewisse Passivität lehren. Diese Ausgangslage war charakteristisch für viele Romane. Was die Autorinnen in den literarischen Beispielen beschreiben, ist die Phase der Pubertät der jungen Frauen – ohne diese jedoch konkret zu benennen. Der Ort des Pensionats kann den Mädchen helfen, diese krisenhafte Zeit zu überstehen. Sie kommen dort mit anderen Mädchen in Kontakt, tauschen sich aus und erkennen, dass sie mit den psychischen und auch sozialen Konflikten – etwa den gesellschaftlichen Erwartungen – nicht alleine sind. Genau hier liegt trotz aller Kritik an den Pensionatsromanen auch ihre Stärke, denn sie geben Mädchen – sowohl den literarischen Figuren als auch den Leserinnen – einen Halt in einer Zeit, in der über Pubertät nicht gesprochen wurde und den Mädchen bzw. jungen Frauen häufig hysterisches Verhalten attestiert wurde.

2.2 Genres der typischen Mädchenliteratur II: Erzieherinnen-, Lehrerinnen- und Studentinnenromane

Neben dem bekannten Muster des Pensionatsromans spielen auch sogenannte Lehrerinnen- und Erzieherinnenromane eine wichtige Rolle. Die Geschlechterfrage ist in diesen Texten eng verknüpft mit den Bildungschancen der Mädchen, allerdings konzentrieren sich viele Autorinnen – etwa Bertha Clément, Clementine Helm oder Frida Schanz – auf das Feld der weiblichen Berufe, also Lehrerinnen oder Erzieherinnen. Um 1900 erscheinen erste Studentinnen- und Ärztinnenromane.

Die Lehrerinnen- und Erzieherinnenromane entstanden etwa seit der Mitte des 19. Jahrhunderts. Als einer der ersten Lehrerinnenromane gilt *Magdalenen's Briefe* (1863) von Clara Cron (geb. Stock, verh. Weise). Anders noch als in ihrem Band *Mädchenleben* (1861) skizziert Cron hier keine unbeschwerte Kindheit bzw. Jugendzeit, sondern zeigt den Berufsalltag:

> Nicht jedes Mädchenleben glich diesem Bilde! In den vorliegenden „Briefen" bietet sich ein anderes, schattenvolleres dar; ein Mädchenleben, das schon früh Kraft, Demuth und Geduld fordert, dessen Trägerin eines reichen und heitern Geistes, eines frommen und selbstsuchtslosen Herzens bedarf, um Leid und Glück ihres Daseins gottgefällig zu tragen! (Cron 1863, III)

Nicht der Tod des Ernährers, wie in Nellies (*Trotzkopf*) Fall, sondern der jeweilige soziale Status und die finanzielle Not führen zur dieser Mädchenbiographie. Magdalene kommt aus einer kinderreichen Familie der Mittelschicht. Der Vater ist Gymnasiallehrer und bereitet seine Tochter schon früh darauf vor, einen Beruf, und zwar den der Lehrerin, auszuüben.

Anders als in Pensionatsromanen, in denen die Berufstätigkeit der Frauen im Hintergrund verhandelt wird und in der Regel als nicht erstrebenswerte Alternative betrachtet wird, stehen nun berufstätige Frauen, nämlich Lehrerinnen, im Mittelpunkt der Handlung. In Elisabeth Haldens Roman *In Heimat und Fremde* (1897) wird beispielsweise der Werdegang einer jungen Frau geschildert, die nach dem Tod des Vaters als Lehrerin arbeitet. Dabei werden Schwierigkeiten und Konflikte nicht verschwiegen, aber dennoch wird weibliche Berufstätigkeit positiv besetzt. Der Roman kann, auch wenn die Hauptfigur am Ende heiratet, als Aufruf für Selbstständigkeit und Berufstätigkeit von Frauen rezipiert werden.

Ein weiteres Thema, das teilweise schon im *Trotzkopf* aufgenommen wird, ist das Frauenstudium, dem dann die Autorin Johanna Spyri in ihrem Werk *Sina. Eine Erzählung für junge Mädchen* (1884) ungleich mehr Raum einräumt und welches auch in der Reiseliteratur eine große Rolle spielt. Dennoch schaffen es erst die Romane bzw. Erzählungen von Frida Schanz und Sophie Stein, die Situation der Frauen detaillierter darzustellen.

Auch Brigitte Augusti greift in ihrer vierbändigen Reihe *An fremdem Herd* (1889– 1894) immer wieder Erlebnisse junger Lehrerinnen in unterschiedlichen Ländern auf, die aufgrund von Familienverhältnissen ihr Zuhause verlassen mussten. Dabei werden verschiedene Bildungskontexte beschrieben, die jungen Frauen können in Privathaushalten unterrichten, aber auch in öffentlichen Einrichtungen. Oftmals enden die Romane mit einer Heirat der Protagonistin und das Dasein als Lehrerin wird lediglich als Episode betrachtet – wie es bei den Romanen von Augusti der Fall ist. Häufig sind die deutschen Mädchen erstaunt, welche Bildung Frauen im Ausland genießen. In *Zwillingsschwestern* (1891), dem zweiten Band der Romanreihe von Brigitte Augusti, gehen Frida und Ilse als Lehrerinnen nach Norwegen und England. Bereits zu Beginn ihres Aufenthaltes zeigt sich Frida überrascht:

> Kaum hatte man sich gesetzt, als noch ein Gast eintraf; es war die Tochter des [...] Fahlström, die die Stellung einer Lehrerin an der Volksschule des Bezirks bekleidete und mit Sigrid sehr befreundet war. Die Unterhaltung war bald im Gange; es war ein buntes Durcheinander von norwegischen und deutschen, englischen und französischen Worten, denn jeder half sich so gut er konnte; aber man verständigte sich ganz gut, und das babylonische Gewirr erhöhte noch die heitere Stimmung. Frida staunte über die gediegene Bildung, die sich bei allen diesen Bewohnern einer weltfremden Gegend kundgab; die Mädchen hatten sämtlich gute Schulen in Stockholm, Christiania und Bergen besucht [...]. Alle hatten offenbar viel gelesen und ernsthaft nachgedacht und zeigten ein lebhaftes Interesse für wissenschaftliche Fragen und die Zustände des Landes; dabei aber standen alle mitten im tätigen Leben, und keiner fand es unter seiner Würde, in Haus und Wirtschaft zu arbeiten und mit eigenen Händen zuzugreifen. (Augusti 1907b, 30)

Es scheint, so deutet es das Zitat an, selbstverständlich für Skandinavien zu sein, dass sowohl Mädchen als auch Jungen eine gute Ausbildung erhalten.

Die Lehrerinnenromane unterscheiden sich insgesamt hinsichtlich der Darstellung von Bildung und Berufstätigkeit von den Pensionatsromanen, denn sie zeigen auch den harten Alltag der Lehrerinnen. Deshalb verbindet der Lehrerinnenroman stärker als der Pensionatsroman die Frauenfrage mit der sozialen Frage; aber die Berufsbilder, die den Leserinnen angeboten werden, entsprechen den von der Frauenbewegung bevorzugten Berufszweigen und sind eng mit dem Konzept der ‚geistigen Mütterlichkeit' verknüpft. Schaut man sich die Berufsbilder in den atypischen Mädchenromanen an, so dominieren hier trotzdem jene Berufe, die als ‚weiblich' gelten, wie etwa Erzieherin oder Lehrerin, zudem bleibt die Heirat das Lebensziel der Mädchen. Mit diesen Merkmalen gehören die Lehrerinnenromane also zur typischen Mädchenliteratur, weisen jedoch auch einige Merkmale der atypischen Mädchenliteratur auf und deuten gleichsam auf sie voraus.

Im Jahre 1896 erschien mit *Vor Tagesanbruch* von Sophie Stein der erste Studentinnenroman, der nicht mit einer Verlobung bzw. Heirat endet (Wilkending 2008, 477). 1896 ist auch das Jahr, in dem in Berlin die ersten Schülerinnen die von Helene Lange eingerichteten Gymnasialkurse mit dem Abitur abschlossen. Nach Wilkending ist *Vor Tagesanbruch* der einzige Roman im Gattungsbereich der Lebens- und Entwicklungsgeschichten des 19. Jahrhunderts, in dem „der Widerspruch zwischen dem Anspruch auf berufliche Selbstbestimmung der Frau einerseits und ihrem ‚eigentlichen Beruf' als Gattin, Hausfrau und Mutter nicht aufgelöst wird" (Wilkending 2008, 477). Der Roman endet nicht mit der Verlobung oder Heirat der Protagonistin, die in Zürich Medizin studiert und promoviert, sondern mit einer Anklage gegen das Deutsche Reich. Doch nicht nur das: Die Protagonistin lehnt sogar die Ehe mit einem Arzt ab, was in den zeitgenössischen Rezensionen zu Kritik und Ablehnung führte. In Romanen wie *Studierte Mädel* (1906) von Else Ury wird das Frauenstudium noch vor den Reformen von 1908 befürwortet, und tatsächlich zieht sich dies durch das gesamte Werk Urys hindurch, was die Literaturforschung bis weit in die 1970er Jahre ignoriert hat. Mit der Reform im Jahr 1908, die festlegt, dass Mädchen in Preußen das Abitur machen können und damit auch eine Zulassung zu den Universitäten bekommen, werden Studentinnenromane beliebter. Ury greift in ihrer *Nesthäkchen*-Reihe das Bild der Studentin auf und lässt Annemarie in Tübingen Medizin studieren. Zwar bricht Annemarie das Studium ab, aber es wird ihr immerhin ermöglicht. Ihre Freundinnen machen ebenfalls ganz selbstverständlich eine Ausbildung und üben einen Beruf aus – und zwar als Lehrerinnen, Photographinnen oder Apothekerhelferinnen.

3 Mischformen zwischen typischer und atypischer Mädchenliteratur: Johanna Klemms Pensionatsroman *Das kleine Klosterfräulein* (1898)

Wie dargestellt, gelten Pensionatsgeschichten als typische Mädchenromane für die Kaiserzeit. Der Pensionats- und Backfischroman *Das kleine Klosterfräulein* (1898, 6. Aufl. 1913) von Johanna Klemm hebt sich in wesentlichen Aspekten von den tradierten Formen ab.

Klemm verfasst keine Sozialisationsgeschichte und wendet sich nicht *einem* Mädchen als Hauptfigur zu, wie es bereits in Titeln wie etwa *Wildfang im Pensionat* angedeutet wird, sondern stellt verschiedene Mädchenbilder literarisch dar. Man erfährt etwas über den Werdegang der Mädchen, und es werden zahlreiche Beschreibungen, Verse, Briefe und Gespräche integriert, die den Roman auch literarästhetisch aus der hohen Anzahl der Pensionatsgeschichten hervorheben. Berufstätigkeit ist hier positiv besetzt, ohne dass sie für alle Mädchen als erstrebenswert wahrgenommen wird. Johanna Klemm hat zahlreiche Mädchenromane verfasst, in denen sie sich, ähnlich wie in *Das kleine Klosterfräulein*, differenziert mit der Instanz der Familie und deren Mitgliedern auseinandersetzt. Charakteristisch ist auch, dass sie ihren weiblichen Figuren Selbstständigkeit attestiert (vgl. auch Asper 1999, 1). In Abgrenzung zu Barbara Aspers Einschätzung, Klemms Werk sei „konservative [...] Backfischliteratur [...] mit Idealen einer bürgerlichen Welt" (Asper 1999, 1), soll hier *Das kleine Klosterfräulein* als ein Roman an der Schnittstelle zur atypischen Mädchenliteratur gelesen werden, was sich vor allem in der Darstellung von Männlichkeit und Weiblichkeit manifestiert. In der Forschung konnten bislang keine einschlägigen Rezensionen zum Roman ausfindig gemacht werden, aber das Werk erschien in mehreren (mindestens 22) Auflagen.

Klemm stattet, kontrastierend zum *Trotzkopf* (Emmy von Rhoden) oder auch zum *Wildfang im Pensionat* (Angelica Harten), die Protagonistin Dita mit einer intakten und wohlhabenden Familie aus. Diese lebt abgeschieden in einem ehemaligen Kloster, das zu einem Adelssitz umgebaut worden ist. Eines Tages beobachten die Mutter, Dita und der jüngere Sohn eine Gruppe von Mädchen, die einen Ausflug machen. Dabei überlegt die Mutter, die selbst einige Zeit in einem Pensionat verbracht hat und sich an ihre Freundinnen erinnert, ihre Tochter wegzugeben:

> „Nein, mein Herz, es muß nun Ernst werden. Aber der Gedanke sollte dich nicht schrecken, es ist ja eine vorübergehende Zeit – vielleicht ein Jahr – aber das muß sein! Kein Mensch, auch in den glücklichsten Verhältnissen und Umgebungen, darf sich abschließen, ohne etwas anderes kennen zu lernen, sonst wird er einseitig. Und du, Dita, bei der einsamen Lage unseres Klosters, ohne Schwester und sonstige junge Gefährtinnen, du gerade mußt jetzt hinaus." (Klemm 1913, 6)

Dita soll sich demnach im Pensionat nicht ändern, sie ist weder ein *Wildfang* noch ein *Trotzkopf*, sie soll aber Neues lernen und Freundschaften mit Gleichaltrigen schließen. Somit entwirft Klemm die Geschichte nicht als eine Wandlungs- und Umkehrgeschichte für die Hauptfigur, sondern verlagert die Transgression in die Nebenfiguren.

Im Pensionat lernt Dita, die aufgrund ihrer Herkunft von den Pensionatsschwestern liebevoll ‚Nönnchen' genannt wird, sehr unterschiedliche Mädchenschicksale kennen, denn nicht alle Mädchen sind wohlhabend oder kommen aus liebevollen Elternhäusern. Die ungestüme Wigel, eigentlich Hedwig von Dalwitz, in der man „ganz gut einen verkleideten Jüngling" (Klemm 1913, 12) vermuten könnte, die sich selbst als „halbe[n] Bub[en]" (Klemm 1913, 12) bezeichnet und in der das Leben irgendwie „verquer" (Klemm 1913, 206) sitzt, entspricht jenen Mädchenfiguren, die in einem Pensionat ihre ungestüme Art ablegen sollen. Sie kann keine Knöpfe annähen, verreist mit ihrem Bruder als Begleitung zum „Nönnchen" (Klemm 1913, 250) und denkt zunächst gar nicht ans Heiraten: „[E]inen Verlobten! Kann nicht sagen, daß ich mir halt einen wünschte!'" (Klemm 1913, 180). Dennoch wandelt sich auch Wigel im Laufe des Romans, womit Klemm die für den typischen Mädchenroman tradierte

Umkehrgeschichte aufgreift: Während einer wilden Fahrradfahrt kommt es zu einem Unfall, ein kleines Mädchen aus dem Dorf bricht sich den Arm. Wigel, die für die Tat verantwortlich ist, leidet sehr darunter und beschließt, sich zu ändern.

Neben Wigel lernt Dita Hildegard Möwius kennen, die gerne schreibt und von dem Beruf der Schriftstellerin träumt. Hildegards Vater ist Professor, die Mutter ist früh verstorben, Hildegard erlebt erst in Ditas Zuhause, wie ein Haushalt mit einer Mutter aussieht. Dita, Hildegard und Wigel freunden sich an und verbringen auch ihre Ferien miteinander. Eine besondere Nähe findet sich in der Freundschaft zwischen Wigel und Hildegard, die teilweise sexuell konnotiert ist. So bedauert Wigel bereits zu Beginn, dass sie kein Junge sei, denn „,schad ist's, daß ich's nicht ganz bin, sonst heirateten wir uns'" (Klemm 1913, 12).

Neben diesen beiden Mädchen trifft Dita noch auf weitere Mädchen mit unterschiedlichen Interessen, die stellvertretend für eine spezifische Vielfalt stehen, charakteristisch für den Mädchenroman sind und in einem Reflexionsverhältnis zu gesellschaftlichen Entwicklungen stehen. Vor allem die wohlhabende Eugenie Langenhoff fällt auf, denn sie ist zwar großzügig, mag aber keine Handarbeiten und denkt, dass „mit Geld alles im Leben auszugleichen sei" (Klemm 1913, 15).

Die Pensionatsleiterin ist eine liebevolle Dame, die versucht, „auf die Eigenart jedes der ihr anvertrauten Zöglinge" (Klemm 1913, 13) einzugehen, und ihnen viele Freiheiten lässt. Im Verlauf der Handlung rückt die Frauenfrage immer mehr in den Fokus, denn vom familiären Stand hängt auch die Situation der Mädchen nach dem Verlassen der Pension ab. Manche müssen selbstständig werden und arbeiten, beispielsweise als Erzieherinnen in England, manche heiraten früh und gründen eine Familie.

Die Mutter wird als die wichtigste Bezugsinstanz Ditas beschrieben, die im Laufe der Handlung nicht nur deren Erziehung prägt, sondern auch die ihrer Freundinnen. Sie kümmert sich liebevoll, aber mit einer gewissen Strenge um ihre Kinder, ihren kranken Ehemann und den Haushalt; sie mahnt die Kinder auch immer wieder zu Sparsamkeit. Ein ausschweifendes Leben, Eitelkeiten und Verschwendungen werden nicht akzeptiert, und als Dita mit ihren besten Freundinnen Wigel und Hilde den Sommer im Elternhaus verbringt, müssen die Mädchen hauswirtschaftliche Pflichten wie Wäsche- und Handarbeiten erledigen. Damit verkörpert neben der Pensionatsleiterin Fräulein Raumers auch die Mutter die bürgerlichen Wert- und Moralvorstellungen, die die beiden weiblichen Erzieherfiguren den Mädchen mit liebevoller Strenge nahebringen möchten.

Klemm gibt im Vergleich zu anderen Pensionatsromanen männlichen Figuren mehr Raum und stattet sie nicht nur mit männlicher Stärke und Aktivität aus, sondern auch mit Schwäche. Anders als im *Trotzkopf*-Roman begegnen die Mädchen bereits früh gleichaltrigen oder älteren Jungen. Es handelt sich zwar um Brüder oder Bekannte der Brüder, aber es entstehen innige Freundschaften, die sich erst nach und nach zu Beziehungen entwickeln. So verbringt etwa Wigel viel Zeit mit Ditas Bruder Joachim, mit dem sie die Liebe zur Kunst und Malerei verbindet. Auffallend ist auch, dass die heranwachsenden Männer nicht nur tradierte Berufe des Bürgertums ausüben. Klemm gibt auch den männlichen Figuren Raum, ihre Wünsche und Sorgen zu äußern. Ditas älterer Bruder Joachim zum Beispiel soll eine militärische Ausbildung absolvieren, träumt jedoch von der Kunsthochschule. Die Eltern sehen, wie unglücklich ihr Sohn auf der Kadettenschule ist und erlauben ihm das Kunststudium. Joachim wird als sensibel beschrieben, und Wigel, die er am Ende heiraten wird, erscheint in ihrer burschikosen Wesensart viel stärker, wodurch traditionelle Geschlechterkonstruktionen dekonstruiert werden.

4 Der Bruch mit der typischen Mädchenliteratur: Literarische Beispiele für atypische Mädchenbücher

Der Begriff der atypischen Mädchenliteratur impliziert, dass

> es neben dem Mainstream der Backfischliteratur auch solche Mädchenliteratur gibt, die die gesellschaftliche Situation der höheren Töchter, ihre unsicheren Zukunftsaussichten, nicht nur unterschwellig, sondern sehr viel direkter anspricht und die ihre Protagonistinnen, Mädchen und Frauen, auch nicht nur in den engen Grenzen traditionellen Frauenhandelns – im Haus, im familialen Umfeld, in sozialen Diensten, in Schule und Pension – zeigt. (Wilkending 2003, 4)

Der Kampf junger Frauen um einen höheren Schulabschluss, um eine Berufsausbildung sowie um ein Studium zählt „zu den festen Motiven fortschrittlicher, atypischer Mädchenromane um die Jahrhundertwende, die [...] eine Erweiterung der Möglichkeiten von Frauen in der Gesellschaft propagierten" (Hempel 2010, 62). Unterschiede zum typischen Mädchenroman der Kaiserzeit sieht Wilkending insbesondere in den vielfältigen „Grenzüberschreitungen":

> Während sich im typischen Backfischroman die Brüchigkeit des geltenden dichotomischen Geschlechtermodells in den Anpassungs- und Ablösungsproblemen der Protagonistin, des „wilden", nicht gefügigen, am Ende aber immer im Raum der Familie verbleibenden Mädchens spiegelt, perspektiviert die atypische Mädchenliteratur den Geschlechterdiskurs anders, nämlich indem sie Grenzüberschreitungen der weiblichen Protagonistinnen (auch) im wörtlichen Sinn vorstellt. (Wilkending 2003, 73)

Wenn die atypische Mädchenliteratur auch in ihrer Grundausrichtung der „bipolaren Konstruktion von Geschlechterdifferenz" verhaftet bleibt, macht sie dennoch auf „Irritationen und auf spezifische Aspekte der Herstellung neuer Polaritäten im Geschlechterverhältnis in der Kaiserzeit aufmerksam" (Wilkending 2003, 73): Die klassischen Strukturmuster des typischen Backfischromans werden somit konterkariert. Im Folgenden sollen einige Beispiele atypischer Mädchenliteratur vorgestellt werden.

4.1 Reiseromane als Beispiel für einen grenzüberschreitenden Geschlechterdiskurs

Noch im 19. Jahrhundert galt das ‚wilde' Reisen im Alleingang für die bürgerliche Frau – und erst recht für Mädchen – als unanständig und wenig kultiviert (Wilkending 2003, 121). Das strukturbestimmende Motiv der allein reisenden jungen Frau ist ein Merkmal des atypischen Mädchenromans und wird erst mit Augustis Romanserie „salonfähig" (Wilkending 2003, 103). Die Reisetätigkeit „bedeutet für Frauen und heranwachsende Mädchen um 1900 ein Aufbrechen der gesellschaftlichen Vorstellungen über den sozialen Ort der Frau" (Wilkending 2003, 125) und ist „eng verbunden mit ihrem Wunsch oder auch der Notwendigkeit, als Erzieherinnen, Lehrerinnen, Künstlerinnen, Missionarinnen oder im medizinischen Dienst beruflich tätig zu werden oder sich über ein Studium im Ausland die Voraussetzung für eine Berufstätigkeit zu schaffen" (Wilkending 2003, 21). Die Fremde und der Ausbruch aus der heimischen Umgebung stehen symbolisch für die lange Suche nach einer neuen Identität und spiegeln damit jugendliche Identitätsfindungsprozesse wider.

So können Reiseromane zwar in den Kontext der atypischen Mädchenliteratur eingeordnet werden, knüpfen jedoch an „das Schema des Backfischbuchs" (Kirch 2003, 110) an. Dabei verlagert sich der Ort der weiblichen Initiation bzw. Entwicklung: Erlebt das Mädchen im typischen Mädchenroman vor allem im privaten oder halböffentlichen Raum wie dem Pensionat einen Reifungsprozess, so fungiert im Reiseroman die Fahrt als ein Ort der Initiation und des Erwachsenenwerdens.[3] Die Reise lässt die Mädchen jedoch nicht nur erwachsen werden, die Protagonistinnen durchbrechen auch vielfach Geschlechternormen. Sie sind aktiv, indem sie ihre Familie verlassen, um selbstständig Geld zu verdienen, sie ergreifen einen Beruf außerhalb des Hauses und sie müssen auf der Reise auch selbstständig Entscheidungen treffen. Dazu werden sie, folgt man den klassischen binären Geschlechterzuordnungen, mit männlich konnotierten Eigenschaften ausgestattet. Trotz einer möglichen Heirat am Ende der Werke spiegelt der Reiseroman für heranwachsende Frauen dennoch emanzipatorische Prozesse wider. Gleichzeitig nehmen die Romane gesellschaftspolitische Diskurse des ausgehenden 19. Jahrhunderts auf – sei es mit Blick auf die Kolonialisierung oder hinsichtlich der Bildung von Frauen. Auch die allein reisende Lehrerin – ein Großteil der Hauptfiguren in den Reiseromanen übt den Beruf der Lehrerin oder Erzieherin aus – ist keine ‚reine' Fiktion, denn es handelt sich dabei um ein wichtiges „europaweites Phänomen" (Kirch 2003, 122).

Eine besondere Rolle spielt in diesem Zusammenhang die bereits erwähnte vierbändige Reihe *An fremdem Herd* (1889–1894) von Brigitte Augusti, die das Motiv des allein reisenden Mädchens aufgenommen und populär gemacht hat. Weitere Autorinnen der Reiseliteratur für Mädchen sind unter anderem Henny Koch, Bertha Clément oder Käthe van Beeker. Im Mittelpunkt ihrer Werke stehen junge Frauen, die

---

3 Vgl. hierzu die Beiträge von Joseph Kebe-Nguema und Weertje Willms in diesem Band.

in Länder wie Spanien, die USA oder Indien reisen. Silke Kirch (2003, 104) hält fest, dass der Mädchenroman, der die „Thematik der Reise, Auswanderung und Leben in der Fremde aufnimmt [...] [,] um 1900 ein Novum" in der Literatur für junge Leserinnen darstellte. Das Textkorpus der Reiseliteratur für Mädchen ist im Vergleich zu der Gesamtproduktion der mädchenliterarischen Texte gering, allerdings deuten die Auflagenzahlen eine große Popularität der Romane an: *An fremdem Herd* von Augusti wurde in fünf Auflagen bis in die 1920er Jahre verlegt; *Im Rosenhause* (1898) von Bertha Clément hatte ebenfalls mehrere Auflagen, und der Folgetitel *In den Savannen* (1900) „erreichte zwischen 1900 und 1925 insgesamt 13 Auflagen" (Kirch 2003, 104). Man sollte also die Bedeutung der jungen Reisenden nicht unterschätzen, denn die Protagonistinnen avancierten zu Vorbildern, und mit der Beschreibung der Länder weitete sich der Blick der Leserinnen aus.

Schaut man sich die Beweggründe, aus denen die Mädchenfiguren in den Romanen reisen, genauer an, so dominieren wirtschaftliche und finanzielle Sorgen oder der Verlust der Familie. Damit ist die Reise – anders als in den Romanen für männliche Jugendliche – kein Abenteuer, keine Freizeit oder ein ungezwungener Akt, sondern die Mädchen müssen in der Fremde arbeiten, um sich eine lohnenswerte berufliche Zukunft aufzubauen. Auch im Pensionatsroman begegnen den Leserinnen weibliche Figuren, die im Pensionat unterrichten und entweder aus Frankreich oder England kommen oder länger im Ausland waren und dort an Schulen lehrten. Während jedoch im Pensionatsroman die Leserinnen die fremden Länder nicht kennenlernen, werden im Reiseroman die Länder narrativ konkret erfahrbar. Die Autorinnen nehmen hierfür vielfach literarische Landschaftsbeschreibungen auf. Kirch sieht darin u. a. Brüche im Sozialisationsprozess der jungen Frauen, denn die atypischen Mädchenromane weichen Geschlechternormen auf und dekonstruieren Geschlechterkonventionen (vgl. Kirch 2003).

4.2 Ein markantes Beispiel: Die Romanreihe *An fremdem Herd* (1889–1894) von Brigitte Augusti

Der erste Band der Reihe, *Gertruds Wanderjahre. Erlebnisse eines deutschen Mädchens im Elsaß, in Spanien, Italien und Frankreich* (1889), spielt, wie es der Untertitel andeutet, unter anderem in Frankreich und Spanien. Im zweiten Band, *Zwillingsschwestern* (1891), lernen die Leserinnen dann die Verhältnisse in Skandinavien und England kennen, während in *Unter Palmen. Schilderungen aus dem Leben und der Missionsarbeit der Europäer in Ostindien* (1893) das Leben in Indien gezeigt wird. Der letzte Band, *Jenseits des Weltmeeres* (1894; in der 1. Auflage steht auf dem Cover „Jenseit"), spielt in den USA und erzählt von Monika, die dort das Medizinstudium absolviert. Damit entfaltet Augusti ein umfangreiches Panorama gesellschaftlicher Fragen, setzt sich mit dem Studium ebenso auseinander wie mit der Berufstätigkeit und stellt Frauen vor, die als Lehrerinnen oder als Diakonissinnen in fremde Länder reisen. In allen vier Bänden setzen sich die Mädchenfiguren auf unterschiedliche

Weise mit der Frauenbildung auseinander. In verschiedenen Dialogen verweisen insbesondere die weiblichen Figuren auf die Benachteiligung der Frauen, die vor allem in Preußen kaum Bildungsmöglichkeiten erhalten. Während sie etwa englische Ärztinnen beobachten, erleben sie deutsche Frauen oft in ‚mütterlichen' Berufen wie dem der Krankenschwester oder der Lehrerin.

Auch in Bezug auf diese Fragen wurde Augustis Romanreihe sowohl von Pädagog*innen als auch von Literaturkritiker*innen vielfach positiv rezipiert. So heißt es beispielsweise in der Zeitschrift *Die Lehrerin in Schule und Haus* mit Blick auf den vierten Band *Jenseits des Weltmeeres* (1894):

> Angesichts der Reformbestrebungen der Frauen Deutschlands, bei denen vielfach die Blicke auf die Frauen Amerikas, deren Bildung, Stellung und Wirksamkeit gerichtet werden, dürfte es für unsere heranreifende weibliche Jugend von ganz besonderem Interesse sein, die amerikanischen Frauen sozusagen von Angesicht zu Angesicht zu sehen. (Loeper-Housselle 1893/94, 189–190)

Die im ausgehenden 19. Jahrhundert verorteten Bände sollen – unter anderem durch detaillierte Landschaftsschilderungen und Hinweise auf kulturelle Unterschiede – „bunte Bilder aus der Nähe und Ferne mit besonderer Berücksichtigung des häuslichen und des Frauenlebens in verschiedenen Ländern darbieten, natürlich im Vergleich zu unseren heimatlichen Verhältnissen" (Augusti 1907a, o. S.). So beschreibt es der Verleger im Vorwort zum ersten Band der Reihe *An fremdem Herd, Gertruds Wanderjahre*. Zu Beginn des Buches reist die Protagonistin Gertrud Stein, die „älteste Tochter des preußischen Pfarrers Stein" (Augusti 1907a, 10), nach dem bestandenen Lehrerinnenexamen alleine und recht „einsam" (Augusti 1907a, 25) nach Spanien, genauer nach Barcelona, um dort eine Stelle als Erzieherin anzutreten. Sie hat wenig Geld (Augusti 1907a, 140), aber die große Hoffnung, dass sie in diesem Land einiges „für ihre Ausbildung thun könne" (Augusti 1907a, 140). Dabei spielt das Lernen für Gertrud eine entscheidende Rolle, es ist ihre „Losung, ihr Ziel" (Augusti 1907a, 158), und sie beobachtet die Bildungschancen von heranwachsenden Frauen in Frankreich und Spanien. Hier greift die Autorin eine der wichtigsten Aufgaben der Frauenbewegung auf: die Bildung. Immer wieder wird deutlich, wie schwer es sich für die Protagonistin gestaltet, unter fremden Verhältnissen und Menschen eine Anstellung zu erhalten – obgleich Gertrud sehr gebildet ist. Sie wird als strebsam, auf ihre Bildung und wenig auf ihr Äußeres bedacht beschrieben (Augusti 1907a, 14): „[F]ür ein Mädchen, das auf eignen Füßen seinen Weg durch die Welt finden soll, ist eine gesunde Häßlichkeit eine bessere Mitgabe als große Schönheit" (Augusti 1907a, 19). Hier wird dezidiert und kritisch Bezug genommen auf die Verhältnisse, in denen eine Frau viel zu häufig auf ihr Äußeres reduziert wird (vom Aussehen der jungen Damen ist im Roman des Öfteren die Rede), was wiederum dazu führt, dass der Weg in die Fremde und Ferne noch ‚anspruchsvoller' ist, wenn männliche Kommunikationspartner nicht die Intelligenz der Frau im Blick haben, sondern sich auf ihre Schönheit fokussieren. Gertrud begleitet und betreut im Ausland für eine gewisse Zeit das französische Fräulein Eugénie, die Tochter von Madame Mangin, auf ihrem Bildungsweg, indem sie unter anderem Vorlesungen eines Professors mit ihr besucht, der in einer schwungvollen Rede insbesondere auf die „Notwendigkeit einer höheren Bildung für das weibliche Geschlecht" hinweist (Augusti 1907a, 142). Die Vorlesungen wirken allerdings sehr oberflächlich; sie sind nicht darauf angelegt, eine kritische Reflexion anzuregen und tragen keineswegs zum Überdenken und gründlichen Erfassen der Thematik bei, was sicherlich für das junge Mädchen Eugénie sinnvoll gewesen wäre, da sie eine ‚traditionelle Einstellung' genossen hat. Diese zeigt sich anhand ihrer naiven Eindimensionalität und schlichten, festgefahrenen Meinungssicherheit: „‚Mein Vater ist reich, ich werde früh heiraten und ein elegantes Haus machen; dazu braucht man keine Gelehrsamkeit, wohl aber Geschmack, Takt und Esprit. Das alles lernt man nicht in langweiligen Lehrstunden, das sind angeborne Talente!'" (Augusti 1907a, 142) Gertrud hat eine völlig andere Lebensauffassung (beide Figuren stehen sich konträr gegenüber und repräsentieren ein spezifisches Frauenbild) und wirft ein, dass die Frau „‚doch die Gefährtin ihres Mannes sein'" solle und sie „‚daher so viel gelernt haben [müsse], um seine Interessen zu verstehen'" (Augusti 1907a, 143–144). Eugénie belächelt dies und erwidert:

> „[...] bei ihnen in Deutschland mag das Sitte sein, daß Herren mit einer Dame über ihre Geschäfte sprechen, in Frankreich ist das anders! Da läßt ein Mann von Welt alle diese häßlichen Dinge in seinem Büreau oder Kontor zurück und ist in Gesellschaft nur der feine Kavalier, der eine leichte, witzige Unterhaltung führt." (Augusti 1907a, 144)

Während Gertrud insbesondere an das noch sehr junge Alter des Mädchens denkt und daran, dass bei einer Heirat die „sorglosen Mädchenjahre" (Augusti 1907a, 144) vorbei sind, gibt Eugénie zu bedenken, dass die Frau in Frankreich durch festgefahrene „Schranken eingeengt" ist: „‚[D]ie Freiheit beginnt erst im eigenen Hause. In zwei Jahren will ich verheiratet sein und ich werde meinen Willen durchsetzen – verlassen Sie sich darauf!'" (Augusti 1907a, 144) In aller Deutlichkeit wird hier der paradoxe Widerspruch zwischen weiblichen Bildungsbestrebungen und der Suche nach einem Leben ohne finanzielle Sorgen entlarvt. Was nützt die weibliche Bildung, so der Roman, wenn die Frau so „eingeengt" ist, dass sie sich nach den Vorteilen einer frühen Heirat sehnt, die es ihr endlich ermöglicht, freier zu sein? Solange sich an den gesellschaftlichen Bedingungen nichts ändert, wird nicht die Bildung, sondern die Heirat als Erlösung vom abhängigen Dasein wahrgenommen. Die Aussage Eugénies regt die Leserinnen dazu an, das Paradox der in der realen Lebenswelt existierenden Verhältnisse zu entlarven.

Der Roman *Zwillingsschwestern* (Band zwei der Romanreihe) dreht sich um die aus einem westpreußischen Pfarrhaus stammenden Schwestern Ilse und Frida Stein, deren Vater sich wünscht, „daß seine Kinder etwas von der Welt sehen und im Verkehr mit fremden Menschen und Verhältnissen Erfahrung und Selbstständigkeit erwerben möchten" (Augusti 1907b, 8). So ist beiden jungen Frauen das Reisen möglich: Ilse reist nach England, Frida nach Norwegen. Die Trennung wird zu Beginn erläutert, denn als den Vater zwei Briefe erreichen, in denen gefragt wird, ob er eine seiner

Töchter als Lehrerin bzw. Gesellschafterin entbehren könne, schickt er schließlich schweren Herzens beide Mädchen in die jeweiligen Länder. Auf ihrer Schiffreise trifft Ilse auf Meta Weller, ein mittelloses, intelligentes Mädchen, das früh ihren Vater verloren hat und das ihr „Glück in der Fremde versuchen" (Augusti 1907b, 10) möchte:

> „Wenn man keine einflußreichen Freunde hat und weder Schönheit noch Geld besitzt," sagte sie [d. i.Meta Weller] bitter, „so hat man es schwer, sich ehrlich durch die Welt zu bringen. [...] Man hat mir gesagt, in England wären deutsche Erzieherinnen sehr angesehen, und es sei gar nicht schwer, dort eine vorzügliche Stelle zu finden." (Augusti 1907b, 10)

Es wird auf berufliche Missverhältnisse von Frauen aufmerksam gemacht: „„Ich wollte, meine Eltern hätten eine Schneidermamsell oder ein Kindermädchen aus mir gemacht, wie aus meinen Schwestern, aber sie waren so stolz auf ihre kluge Tochter, die immer die besten Zeugnisse mit nach Hause brachte'" (Augusti 1907b, 112), sagt Meta Weller einige Zeit später zu Ilse. Irgendwann bekommt sie das Angebot für eine Stelle als Volksschullehrerin in der Nähe von Danzig (Augusti 1907b, 120). Meta erzählt davon, dass in England Frauen das höhere Studium erleichtert werde, und sie fragt Fräulein Walter, ihre englische Gefährtin, wie es sich in Deutschland verhalte. Deren Antwort darauf lautet wie folgt:

> „Die deutschen Hörsäle sind uns noch fest verschlossen, und die Männer sträuben sich mit einer unbegreiflichen Hartnäckigkeit, die fast etwas Ängstliches hat, dagegen, sie uns zu öffnen. Und wenn es wirklich einst geschähe – wer würde bei uns solche Häuser bauen, in denen ein alleinstehendes Mädchen alles findet, was es für Leib und Seele bedarf? Dazu gehört eben der englische Sinn für Anstand und Komfort – und das englische Geld." (Augusti 1907b, 207–208)

Hier spiegelt sich eine kritische Stellungnahme mit Blick auf die weibliche Bildungssituation von Frauen und Mädchen um 1900 wider (auch Wilkending 2003, 124).

Im dritten Band der Romanserie (*Unter Palmen. Schilderungen aus dem Leben und der Missionsarbeit der Europäer in Ostindien*) begegnet den Leserinnen Ilse Stein erneut, die nun als Diakonissin auf dem Weg nach Indien ist und auf dem Schiff auf das Mädchen Henny trifft. Die 18-jährige Henny reist zu ihrem Vater, um sich um ihn zu kümmern. Sie wird als ein ruhiges, sensibles und leidenschaftliches Mädchen dargestellt. Ähnlich wie Gertrud reist auch Henny alleine, schließt aber bereits am zweiten Reisetag Freundschaft mit Ilse Stein, die älter und erfahrener ist und die junge Frau unter ihre Fittiche nimmt. Insgesamt sind reisende Frauen auf dem Schiff keine Seltenheit, Ilse und Henny begegnen Diakonissinnen, die unter anderem in Nordafrika aussteigen, um in Missionarsstationen zu arbeiten oder Missionare zu heiraten.

Die weiblichen Heldinnen in den hier vorgestellten Mädchenreiseromanen sind alle „nicht auf das Heiraten sozusagen dressiert, sie warten nicht auf den Mann, sehen nicht in jedem männlichen Wesen den Erlöser von einem unnützen Dasein, oder den Versorger eines sich nicht versorgen könnenden Geschöpfs" (Loeper-Housselle 1889/90, 157). Gemeinsam ist den hier vorgestellten Mädchenfiguren, dass sie konkrete Aufgaben haben. Sie reisen nicht aus Neugierde in fremde Länder, sondern sollen im

Ausland arbeiten, den Vater oder andere Angehörige treffen. Dabei ist die Reise ein Entwicklungsprozess, wobei das Reisemotiv wiederum in Verbindung mit „emanzipatorischen Forderungen" (Wilkending 2003, 124) steht.

5 Fazit

Die vorangegangenen Ausführungen zum Pensionats-, Lehrerinnen-, Studentinnen- und Reiseroman im Bereich der Mädchenliteratur zeigen insgesamt, als wie vielfältig und durchaus mehrdimensional sich das Textkorpus während der Kaiserzeit erweist. Die Geschlechterfrage erlebte in diesen Jahren diverse Ab- und Aufweichungen und ist nur schwerlich auf einen gemeinsamen Nenner zu bringen. Den Rezipientinnen werden in den literarischen Texten immer wieder neue Möglichkeiten und Perspektiven aufgezeigt, und sie können ihre eigenen Wünsche in den Romanen wiederfinden. Nach wie vor gilt, dass viele Mädchenromane der Kaiserzeit aus dem erstaunlich umfangreichen Konvolut der erschienenen Texte bislang noch zu wenig in den Fokus der Aufmerksamkeit gerückt wurden und hier weitere Forschungstätigkeiten anzuschließen sind.

Literatur

1 Primärliteratur

Augusti, Brigitte. *An fremdem Herd. Bunte Bilder aus der Nähe und der Ferne mit besonderer Berücksichtigung des häuslichen Lebens in verschiedenen Ländern. Für das reifere Mädchenalter.* Bd. 1–4. Leipzig: Hirt & Sohn, 1889–1894.
Augusti, Brigitte. *Gertruds Wanderjahre. Erlebnisse eines deutschen Mädchens im Elsaß, in Spanien, Italien und Frankreich. Für das reifere Mädchenalter* (= *An fremdem Herd*, Bd. 1). Leipzig: Hirt & Sohn, 1907a [1889].
Augusti, Brigitte. *Zwillingsschwestern. Erlebnisse zweier deutscher Schwestern in Skandinavien und England. Für das reifere Mädchenalter* (= *An fremdem Herd*, Bd. 2). Leipzig: Hirt & Sohn, 1907b [1891].
Augusti, Brigitte. *Unter Palmen. Schilderungen aus dem Leben und der Missionsarbeit der Europäer in Ostindien. Für das reifere Mädchenalter* (= *An fremdem Herd*, Bd. 3). Leipzig: Hirt & Sohn, 1893.
Augusti, Brigitte. *Jenseits des Weltmeeres. Schilderungen aus dem nordamerikanischen Leben. Für das reifere Mädchenalter* (= *An fremdem Herd*, Bd. 4). Leipzig: Hirt & Sohn, 1894.
Clément, Bertha. *Im Rosenhause.* Nürnberg: Stroefer, 1898.
Clément, Bertha. *In den Savannen.* Nürnberg: Stroefer, 1900.
Cron, Clara. *Magdalenen's Briefe.* Stuttgart: Schmidt & Spring, 1863.
Cron, Clara. *Mädchenleben.* Stuttgart: Schmidt & Spring, 1861.
Eschen, Mathilde von. *Pension und Leben. Eine Erzählung für junge Mädchen.* Frankfurt a. M.: Diesterweg, 1880.
Halden, Elisabeth. *In Heimat und Fremde. Erzählung für junge Mädchen.* Berlin: Meidinger, 1897.
Harten, Angelica. *Wildfang im Pensionat. Erzählung für junge Mädchen.* Köln: J. P. Bachem, 1897.

Helm, Clementine. *Backfischchens Leiden und Freuden. Eine Erzählung für junge Mädchen.* Leipzig: Wigand, 1878 [1863].
Helm, Clementine. *Lillis Jugend. Eine Erzählung für junge Mädchen.* Durchgesehen von Luise Glaß. Leipzig u.a.: A. Anton & Co., 1871.
Klemm, Johanna. *Das kleine Klosterfräulein. Erzählung für junge Mädchen und solche, die mit der Jugend fortleben.* Mit vier Tondruckbildern von A. Mandlick. Stuttgart u.a.: Union Deutsche Verlagsgesellschaft, 1913 [1898].
Rhoden, Emmy von. *Der Trotzkopf. Eine Pensionsgeschichte für junge Mädchen* (Bd. 1). Stuttgart: Gustav Weise, 1885.
Spyri, Johanna. *Sina. Eine Erzählung für junge Mädchen.* Stuttgart: Krabbe, 1884.
Stein, Sophie. *Vor Tagesanbruch. Erzählungen aus der Gegenwart für jüngere wie reifere Mädchen.* Berlin: L. Oehmigkes, 1896.
Unger, Friederike Helene. *Julchen Grünthal. Eine Pensionsgeschichte.* Berlin: Unger, 1784.
Ury, Else. *Studierte Mädel. Eine Erzählung für junge Mädchen.* Stuttgart u.a.: Union Deutsche Verlagsgesellschaft, 1916 [1906].
Wildhagen, Else. *Trotzkopfs Brautzeit* (Bd. 2). Stuttgart: Gustav Weise, 1892.

2 Sekundärliteratur

Asper, Barbara. „Johanna Klemm". *Kinder- und Jugendliteratur. Ein Lexikon.* Bd. 3: Hoh-Man. Hg. Kurt Franz/Günter Lange. Meintingen: Corian, 1999, 1–3.
Grenz, Dagmar. *Mädchenliteratur. Von den moralisch-belehrenden Schriften im 18. Jahrhundert bis zur Herausbildung der Backfischliteratur im 19. Jahrhundert.* Stuttgart: Metzler, 1981.
Hempel, Dirk. „,Studierte Mädel?' Die Diskussion um das Frauenstudium im Spiegel der Backfischliteratur zwischen Kaiserreich und Nazizeit". *INTERJULI* 2 (2010), 61–79.
Hempel, Dirk. „,Zu meiner Zeit zogen die Mädchen nicht hinaus in die Welt' – Backfischliteratur und bürgerliche Frauenbewegung". *Geschlechterbilder im Wandel? Das Werk deutschsprachiger Schriftstellerinnen 1894–1945.* Hg. Sabine Hastedt/Sarah Guddat. Frankfurt a. M. u.a.: Peter Lang, 2011, 277–293.
Kirch, Silke. „Reiseromane und Kolonialromane um 1900 für junge Leserinnen". *Mädchenliteratur der Kaiserzeit. Zwischen weiblicher Identifizierung und Grenzüberschreitung.* Hg. Gisela Wilkending. Stuttgart u.a.: Metzler, 2003, 103–164.
Loeper-Housselle, Marie. „Rez. Brigitte Augusti, Gertruds Wanderjahre". *Die Lehrerin in Schule und Haus* 6 (1889/90), 156–158.
Loeper-Housselle, Marie. „Rez. Brigitte Augusti, Jenseits des Weltmeeres". *Die Lehrerin in Schule und Haus* 10 (1893/94), 189–190.
„Neuordnung des höheren Mädchenschulwesens (18.08.1908)". *Centralblatt für die gesamte Unterrichts-Verwaltung in Preußen* 10, 8 (1908) 692–717.
Schwalb, Angela. *Mädchenbildung und Deutschunterricht. Die Lehrpläne und Aufsatzthemen der höheren Mädchenschulen Preußens im Kaiserreich und in der Weimarer Republik.* Frankfurt a. M. u.a.: Peter Lang, 2000.
Wilkending, Gisela (Hg.). *Kinder- und Jugendliteratur. Mädchenliteratur. Vom 18. Jahrhundert bis zum zweiten Weltkrieg. Eine Textsammlung.* Stuttgart: Reclam, 1994.
Wilkending, Gisela. „Mädchenlektüre und Mädchenliteratur: ‚Backfischliteratur' im Widerstreit von Aufklärungspädagogik, Kunsterziehungs- und Frauenbewegung". *Geschichte der Mädchenlektüre: Mädchenliteratur und die gesellschaftliche Situation der Frauen vom 18. Jahrhundert bis zur Gegenwart.* Hg. Dies./Dagmar Grenz. Weinheim u.a.: Juventa, 1997, 173–195.

Wilkending, Gisela (Hg.). *Mädchenliteratur der Kaiserzeit. Zwischen weiblicher Identifizierung und Grenzüberschreitung.* Stuttgart u. a.: Metzler, 2003.

Wilkending, Gisela. „Lebens- und Entwicklungsgeschichten für die Jugend". *Handbuch zur Kinder- und Jugendliteratur. Von 1850 bis 1900.* Hg. Dies./Otto Brunken/Bettina Hurrelmann/Maria Michels-Kohlhage. Stuttgart u. a.: Metzler, 2008, Sp. 434–537.

Wolgast, Heinrich: *Jugendlektüre. Das Buch vom Kinde. Ein Sammelwerk für die wichtigsten Fragen der Kindheit.* Bd. 2. Hg. Adele Schreiber. Leipzig: Teubner, 1907, 114–124.

Joseph Kebe-Nguema
Genderhybridität in der Mädchenkolonialliteratur des Deutschen Reiches

Zusammenfassung: Dieser Beitrag setzt sich mit der Genderhybridität in der Kolonialmädchenliteratur des Deutschen Kaiserreiches – eine zwischen Backfisch- und Jugendkolonialliteratur angelegte Gattung – auseinander. Da die untersuchten Werke an die koloniale Frauenfrage und an historische Ereignisse in Deutsch-Südwestafrika anknüpfen, werden im ersten Teil des Beitrags der deutsche Kolonialkontext und die Einbeziehung deutscher Frauen und Mädchen in das Kolonialvorhaben des Kaiserreiches dargestellt.
Das Hauptaugenmerk des zweiten Teils liegt auf den Genderkonstruktionen der Heldinnen. Dabei wird der Fokus vor allem darauf gelegt, wie sich die Hauptfiguren Eigenschaften, die im Kaiserreich als männlich galten – z. B. Tapferkeit, Umgang mit Waffen, Einsatz im Dienste einer Nationalaufgabe – aneignen. Danach werden die Grenzen und Folgen, genauso wie die Implikationen der angebotenen Rollenbilder thematisiert. Dabei wird auf die Ambivalenz dieser Bilder und ihre Verflechtung mit dem kolonialrassistischen Diskurs hingewiesen werden.

1 Kontextualisierung

Zu der von Jana Mikota und Nadine Schmidt in diesem Band thematisierten atypischen Mädchenliteratur gehört die Mädchenkolonialliteratur. Doch diese Gattung ist im heutigen Deutschland – ca. 100 Jahre nach dem Verlust der deutschen überseeischen ‚Schutzgebiete' – im wissenschaftlichen und öffentlichen Diskurs offenkundig in Vergessenheit geraten. Die letzten detaillierten Forschungen zu diesem hybriden Genre zwischen Backfisch- und Kolonialliteratur[1] wurden zu Beginn des aktuellen Jahrhunderts veröffentlicht (vgl. Kirch 2002, 2003). Demzufolge sind eine aktualisierte Forschung und eine neue Lektüre erforderlich. Aufgrund der Tatsache, dass die Mädchenkolonialliteratur des Deutschen Reiches mit dem in letzter Zeit[2] vielbespro-

---

Anmerkung: Diana Bonnelamé und Dorothee Bertenhoff gewidmet; besonderer Dank gilt Helga Bernel und Geneviève Lagnon.

[1] Bei ihrer Thematisierung in Sammelbänden zur Kinder- und Jugendliteratur wird sie entweder in Beiträgen über Kolonialliteratur (Hopster 2005, 333) oder Mädchenbücher (Wilkending 1990, 247) dargestellt.
[2] Aufgrund der wiederholten Versuche der Nachkommen der OvaHerero und Nama, eine offizielle Entschuldigung und Reparationen von der deutschen Bundesregierung zu erlangen, gewann der da-

OpenAccess. © 2022 bei den Autoren, publiziert von De Gruyter. Dieses Werk ist lizenziert unter einer Creative Commons Namensnennung 4.0 International Lizenz. https://doi.org/10.1515/9783110726404-009

chenen kolonialpolitischen Vorhaben des Kaiserreiches untrennbar verbunden ist, muss der geschichtliche Kontext dargestellt werden, bevor der Fokus auf die damaligen Geschlechterdiskurse und letztendlich die ambivalenten Rollenbilder dieses Genres gelegt werden kann.

1.1 Kulturgeschichtlicher Kontext

Das Deutsche Reich verfügte bereits seit den 1880er Jahren über verschiedene ‚Schutzgebiete' auf afrikanischem Boden. 1884 wurden deutsche Kolonien in Togo und Kamerun gegründet (Mamozai 1982, 33). Doch die Inbesitznahme dieser Gebiete verlief nicht ohne Widerstand. Gleich zu Beginn der Inbesitznahme brach ein Aufstand in Togo aus (Mamozai 1982, 29), während die Lage in Kamerun bis 1910 angespannt blieb. Dort wurde während des Großteils der deutschen Besatzung von verschiedenen Lokalnationen militärisch Widerstand geleistet (Hoffman 2007, 9). Doch nicht nur in Westafrika wollte das Kaiserreich Siedler*innen etablieren. Kurz nach der Errichtung der beiden erwähnten westafrikanischen Kolonien wurde von Otto von Bismarck im selben Jahr die Gründung eines ‚Schutzgebietes' in Südwestafrika[3] beschlossen (Wassink 2004, 46). In diesem Gebiet, das flächenmäßig viel größer als das Deutsche Reich war (*Der Spiegel* 1969, 121), hatten sich die meisten deutschen Siedler*innen niedergelassen (Mamozai 1982, 29). Ein Jahr danach entstand eine deutsche Kolonie in Ostafrika (Warmbold 1982, 12). Genauso wie in Westafrika war die deutsche Kolonialherrschaft sowohl in Südwestafrika als auch in Ostafrika mit dem Widerstand der Lokalvölker konfrontiert (Mamozai 1982, 29). Aus der kontinuierlichen Unterdrückung ging im Januar 1904 ein Aufstand der OvaHerero gegen die deutschen Kolonialherren – deutsche Frauen und Kinder genauso wie nichtdeutsche Bürger sollten geschont werden (Wassink 2004, 75) – hervor. Aus der deutschen militärischen Antwort resultierte ein Vernichtungskrieg bzw. der erste Völkermord des 20. Jahrhunderts. Dieser Konflikt wurde von Lothar von Trotha, der als General für den Vernichtungsbefehl verantwortlich war (Wassink 2004, 305), als „Rassenkrieg" bezeichnet (Wassink 2004, 70). Die deutschen Besatzer wurden von den Nama überfallen, nachdem die OvaHerero von der ‚Schutztruppe' besiegt worden waren. Doch auch deren Aufstand wurde letztendlich niedergeschlagen. Es folgte die Errichtung von Konzentrationslagern, um die überlebenden OvaHerero und Nama einzusperren (El-Tayeb 2001, 81). So fanden Widerstandskämpfe in allen deutschen Kolonien statt, die sich auf afrikanischem Boden befanden.

---

malige Völkermord in den letzten Jahren bundes- und weltweit immer mehr an medialer Resonanz. Die weltweiten Proteste gegen Rassismus und Polizeigewalt haben diesem Ereignis einen neuen Schwung gegeben.
3 Das Land heißt heutzutage Namibia.

Nicht nur politisch[4] erhielt die Lage in Südwestafrika zu Beginn des 20. Jahrhunderts eine neue Aufmerksamkeit. Obwohl es bereits seit dem Ende des 19. Jahrhunderts deutsche Kolonialerzählliteratur gab, kam es zu Beginn des 20. Jahrhunderts zu einer neuen Konjunktur. Frieda von Bülow hatte in diesem Bereich mit *Deutsch-Ostafrikanische Novellen* (1892) und *Tropenkoller: Episode aus dem deutschen Kolonialleben* (1895) Pionierarbeit geleistet. Im jugendliterarischen Bereich fand die Wende jedoch erst später statt. *Peter Moors Fahrt nach Südwest: ein Feldzugbericht* (1906) von Gustav Frenssen gilt als Auslöser und Musterbeispiel für die Jugendkolonialliteratur.[5] In diesem Werk wird erzählt, wie ein gelernter Schlosser aus Itzehoe sich nach dem Beginn des Herero-Aufstands freiwillig für sein Land zur Verfügung stellt, „um an einem wilden Heidenvolk vergossenes deutsches Blut zu rächen" (Frenssen 1907, 6). Es war eines der auflagenstärksten deutschen Jugendbücher der ersten Hälfte des 20. Jahrhunderts[6] und gehörte zudem einst zu den Pflichtlektüren der Kaiser- (Wassink 2004, 140) und der NS-Zeit (Baer 2017, 60). Auch in der Mädchenliteratur wurde dieses Thema aufgegriffen. Doch die Auswahl Südwestafrikas als Schauplatz lag nicht allein an der damaligen Beliebtheit der Jugendkolonialliteratur, sondern auch an den zu der Zeit herrschenden Geschlechterdiskursen bzw. an der kolonialen Frauenfrage.

1.2 Die koloniale Frauenfrage

Generalmajor Theodor Leutwein berichtet in *Elf Jahre Gouverneur in Deutsch-Südwestafrika* (1906)[7] davon, dass sich im Jahr 1903 „4682" Weiße[8] Menschen in Südwestafrika aufhielten, darunter jeweils „1249" Personen „weiblichen Geschlechts" und „3391 männlichen" Geschlechts (Leutwein 1906, 232). Aufgrund der niedrigen Zahl an Weißen Frauen galten die deutschen Weißen Männer als „gefährdet", ‚Opfer' der kolonisierten Frauen zu werden (Burchard 2014, 150). Diese Propaganda hinderte einige Siedler trotzdem nicht daran, kolonisierte Frauen zu heiraten. Die Kolonialbehörden wollten deswegen gegen die damals in verschiedenen Kreisen vielkritisierte „Verkafferung" vorgehen. Dieser damals gebräuchliche Begriff steht für:

---

4 Vgl. die ‚Hottentotten'-Wahlen. Die SPD musste 1907 bei dieser Wahl eine heftige Niederlage einstecken, weil sie sich weigerte, Gelder für den Krieg in Deutsch-Südwestafrika zu erhöhen (El Tayeb 2001, 68).
5 Sie war zwar bereits davor vorhanden, aber nicht in diesem Maße.
6 Es erreichte eine Gesamtauflage von ca. 400.000 Exemplaren im Jahr 1943.
7 Der Titel ist wahrscheinlich eine Anspielung auf *Ansiedlerschicksale: Elf Jahre in Deutsch-Südwestafrika* (1905) von Helene von Falkenhausen.
8 Ich schreibe ‚Schwarz' und ‚Weiß' groß, um zu betonen, dass es sich um Sozialkonstrukte handelt, die zeit- und kulturabhängig sind. Diese Schreibart wird in der Kritischen Weißseinsforschung (*Critical Whiteness Studies*) verwendet, z. B. bei Eske Wollrad. ‚Schwarz' und ‚Weiß' sind zwar Konstrukte, jedoch haben sie trotzdem reale Folgen. Genauso handelt es sich bei Gender um ein Sozialkonstrukt; so sind etwa Rollenbilder je nach Kultur unterschiedlich.

das Herabsinken eines Europäers auf die Kulturstufe des Eingeborenen, [...] ganz besonders aber die Mischehe mit jenen begünstigt diese bedauerliche Entartung weißer Ansiedler. [...] Das sicherste Mittel gegen diese [...] Gefahr besteht in der Erleichterung der Eheschließung mit weißen Frauen." (Schnee 1920, III: 606)

Auf den ersten Blick scheinen sich die Kolonialmächte nur auf die Weißen Männer fokussiert zu haben. Dies lag vermutlich daran, dass die südwestafrikanische Gesellschaft – juristisch betrachtet – patriarchalisch geregelt war. Die Kinder bekamen bei „staatlich gemischten Ehen" (Leutwein 1906, 232) daher die Staatsangehörigkeit des männlichen Elternteils und galten demzufolge als Deutsche. Die Kinder dagegen, die in „staatlich gemischte[n] Ehen" zwischen deutschen Frauen und kolonisierten Männern auf die Welt gebracht wurden, stellten keine potenzielle Bedrohung für das Kaiserreich dar, da sie keinen rechtlichen Anspruch auf die deutsche Staatsangehörigkeit hatten.[9] Deshalb wurde 1905 beschlossen, Ehen zwischen deutschen Bürgern und kolonisierten Frauen in Deutsch-Südwestafrika zu verbieten, um die Geburtenrate der aus diesen Ehen hervorgegangenen Kinder zu reduzieren[10] (El-Tayeb 2001, 92). Wichtig war dem Staat aber auch, die Ursache dieser Lage zu beseitigen. Leutwein war nämlich der Ansicht, dass die Ehen zwischen deutschen Männern und kolonisierten Frauen auf die bereits erwähnte niedrige Zahl „an weißen Frauen" in Deutsch-Südwestafrika zurückzuführen seien (1906, 232). Mit anderen Worten: Man hielt allein die Weißen Frauen dazu imstande, die deutschafrikanischen Männer[11] zu ‚retten', weshalb sie ins Land geholt werden sollten. Bemerkenswert ist die Tatsache, dass hier nicht das Deutschsein, sondern das Weißsein erwähnt wird. Dies deutet auf die Rassenpolitik der Kolonialherrschaft hin. Das Weißsein wird hier als das Hauptmerkmal identifiziert. Vor allem reichsdeutsche Frauen sollten sowohl kulturell als auch biologisch ihren Beitrag leisten, um das Weißsein und das dortige ‚Deutschtum' vor dem vielbefürchteten Untergang zu retten.

Im Jahre 1907 wurde demzufolge der „deutsch-koloniale Frauenbund" gegründet (Schnee 1920, I: 662). Nachdem er 1908 Teil der deutschen Kolonialgesellschaft wurde, erfolgte seine Umbenennung in „Frauenbund der deutschen Kolonialgesellschaft"; sein Hauptziel bestand darin, „im Anschluss an die Bestrebungen der deutschen Kolonialgesellschaft in den deutschen Kolonien deutschen Familiengeist und deutsche Art zu pflegen" (Schnee 1920, I: 662). Er sollte also zur Erhaltung des ‚Deutschtums' in den Kolonien beitragen. Dafür musste eine Werteinversion stattfinden. Denn obwohl reichsdeutsche Frauen im damaligen Geschlechterdiskurs hinsichtlich der Kultur-Natur-Dichotomie der Kategorie der Natur zugewiesen wurden, bekamen sie

---

9 Dies bedeutet allerdings nicht, dass diese Ehen gesellschaftlich gepriesen wurden, im Gegenteil. Beziehungen Weißer Frauen mit Schwarzen Männern galten auch nach dem Verlust der deutschen Kolonien als unmoralisch (vgl. die „Schwarze Schmach am Rhein", s. Fßn. 20).
10 Nicht alle Kinder, die von deutschen Weißen Männern und kolonisierten Frauen stammten, gingen aus Partnerschaften hervor. In Bezug auf diese Kinder war die juristische Lage einfacher, da diese nie als deutsche Bürger*innen galten.
11 Damit sind die deutschen Kolonial*herren* gemeint.

nun in den Kolonien den Auftrag, die deutsche Kultur zu verkörpern und zu verbreiten. Mit anderen Worten: Sie wurden zu Kulturträgerinnen. Um seinen Auftrag erfüllen zu können, war der von der Schriftstellerin Adda von Liliencron geführte Verein dafür zuständig, potenzielle Kandidatinnen anzuwerben, um sie als Arbeitskräfte für Deutsch-Südwestafrika zu rekrutieren (Schnee 1920, I: 662). Man erhoffte sich mit diesem Vorgehen, die bisher diesbezüglich vernachlässigten reichsdeutschen Frauen für die Kolonialsache zu gewinnen. Besonders junge Frauen sollten herbeigelockt werden, um ihren Beitrag zum Aufbau des ‚Deutschtums' zu leisten, indem sie deutsche Weiße Männer heirateten und deutsche Kinder zur Welt brächten. Die Frauen sollten deshalb zwischen „20 und 35 Jahren alt" sein (Mamozai 1982, 140). Für die Frauen, die zum Großteil aus bescheidenen Verhältnissen kamen, bot eine Existenz in Deutsch-Südwestafrika bessere Zukunftsperspektiven an, als diejenigen, die ihnen im Deutschen Reich prognostiziert wurden (Mamozai 1982, 194). Während nämlich die Frauenfrage in Deutschland jahrelang kontrovers diskutiert wurde und sich deutsche Frauen erst 1918 das Wahlrecht erhielten, hatten deutsche Weiße Frauen in den Kolonien mehr Spielraum. Das schildert Clara Brockmann in *Die deutsche Frau in Südwestafrika: ein Beitrag zur Frauenfrage in unseren Kolonien* (1910), indem sie schreibt, dass man „sich nach seiner Rückkehr in Deutschland beengt und unfrei" fühle, nachdem man Südwestafrika erlebt habe (Brockmann 1910, 2). Sie berichtet zudem davon, dass eine Bekannte von ihr sich darüber beschwert habe, sich von ihrer in Deutschland zurückgebliebenen Familie nicht ernst genommen zu fühlen, sobald sie „um Spaten, Waagen und Maschinen" bitte (Brockmann 1910, 40). Die Bekannte fährt fort: „Ich passe auch so wenig in diese engen Verhältnisse in Deutschland hinein, wo man jede Abweichung von der Norm als fixe Idee behandelt.'" (Brockmann 1910, 40) Man stellt hier fest, dass die größeren Spielräume besonders die Genderrollen betreffen. Weiße Frauen bekamen zudem ungeachtet ihrer sozialen Schicht in Südwestafrika ein besseres Ansehen aufgrund ihres Weißseins und stiegen gesellschaftlich auf.[12]

Die gesellschaftlichen Bemühungen, deutsche Frauen und Mädchen in das Kolonialvorhaben einzubeziehen, gingen nicht nur von Kolonialvereinen aus. Auch in der Literatur wurde an das Engagement der zurückgebliebenen deutschen heranwachsenden Frauen appelliert. Dies drückt sich etwa in dem Mädchenroman *Hilde Stirner* (1909) in der Figur des Hans Joachim, dem Verlobten Hildes, aus, der sich der ‚Schutztruppe' anschließen will und sich dabei sogar auf „Frenssens Heldenlied"[13] beruft. Er tröstet Hilde, indem er ihr sagt: „‚Aber trotzdem kannst auch du, mein Liebling, bei dem großen Werke mithelfen, wie du es wünschest, indem du durch warmen Patriotismus auch andere für das Schicksal unserer Kolonien zu begeistern suchst!'" (Baisch 1909, 160–161) Man erhoffte sich offenbar, die Leserinnen der

---

[12] Dies bedeutet nicht, dass innerhalb der Siedlergruppe keine Klassenunterschiede vorhanden waren.
[13] Eine eindeutige Anspielung auf *Peter Moors Fahrt nach Südwest* (1906).

Backfischliteratur durch diese Werke für die Kolonien anwerben zu können. Am deutlichsten kommt dieser Aspekt in der Mädchenkolonialliteratur zum Ausdruck. Weil sie im staatlichen Sinne war, wurde die Tatsache, dass die Gattung die tradierten Rollenbilder teilweise auf den Kopf stellte, offenbar akzeptiert.

2 Genderhybridität in der Mädchenkolonialliteratur

2.1 Aneignung männlicher Rollenbilder ...

„Angesiedelt zwischen Pfadfinder und Parzival, ist der koloniale Held männlich nur durch seine Funktion als Waffenträger und die darauf abgestellten Tugenden", schreibt Marieluise Christadler zur Jugendkolonialliteratur (1978, 46). Das Tragen von Waffen und die damit assoziierten Fähigkeiten gehören zum herkömmlichen Soldatenbild; der Begriff „Soldatin" wäre im Kaiserreich zweifelsohne ein Neologismus gewesen. „Waffenträger" sind daher in der an ein männliches Publikum adressierten Kolonialliteratur nur Männer. Personen weiblichen Geschlechts können in der Kolonialliteratur zwar bisweilen erscheinen, doch sie tragen generell nicht zur Handlung bei und bleiben in der Regel im Hintergrund:

> Die deutschen Frauen [...] stehen in den Kolonialromanen mehr oder weniger als Metaphern für Heimat. Sie verkörpern die Tugenden, nach denen sich der deutsche Mann [...] in der Fremde sehnt: Geborgenheit, Ordnung, Reinlichkeit, Reinheit. (Christadler 1978, 49)

Die Mädchenkolonialliteratur der Kaiserzeit bietet dagegen andere Rollenbilder. Es werden hier Heldinnen geschaffen, denen es gelingt, die im Kaiserreich vorhandenen weiblichen und männlichen Rollenbilder in einem anderen Kontext miteinander zu vereinbaren.

Dies hängt bei einigen Figuren mit ihrer Sozialisation zusammen. Johanna, die Hauptfigur in *Die Vollrads in Südwest: Eine Erzählung für junge Mädchen* (1916) von Henny Koch und einziges Mädchen in ihrer fünfköpfigen, mutterlosen Familie, wird beispielsweise von ihrem Vater und ihren Brüdern „Hänsel" genannt (Koch 1922, 1). Dies geschieht deshalb, weil sich ihr Vater Rudolf Vollrad, das Familienoberhaupt, einen vierten Sohn gewünscht hätte;[14] daher ist Johanna für ihn „[sein] vierte[r] Bub" (Koch 1922, 2). In dem Buch *Auf rauhen Pfaden: Schicksale einer deutschen Farmerstochter in Deutsch-Südwest-Afrika* (1910) von Valerie Hodann erfährt man auch, dass die Hauptfigur Erika keine traditionelle weibliche Erziehung von ihrem Vater erhalten hat, sondern eine männliche (1910, 35). Dieses Phänomen kann in der untersuchten Gattung entweder aus funktionalen Gründen geschehen, wie es bei Hodann der Fall

---

14 Dies erinnert stark an *Papas Junge* (1905) von derselben Autorin. In diesem Werk hatte sich der Vater der weiblichen Hauptfigur ebenfalls einen Sohn gewünscht.

ist, oder aus frauenfeindlichen. In der Tat verachtet Rudolf Vollrad „die Langhaarigen" (Koch 1922, 1), womit er Personen weiblichen Geschlechts meint. Nur seine verstorbene Frau nahm er aus dieser Wertung aus (Koch 1922, 1).

Unabhängig von ihrer jeweiligen Erziehung sind die Heldinnen der Kolonialmädchenromane nicht waffenscheu, sondern lernen alle, wie man mit Waffen umzugehen hat. Manche unter ihnen müssen etwa bei der Jagd schießen. Die Zeit in Deutsch-Südwestafrika ermöglicht beispielsweise Hedda, der Hauptfigur in *Heddas Lehrzeit in Südwest: Erzählung für Mädchen* (1909) von Käthe van Beeker, das Waffentragen und das Jagen zu erlernen – beides Aktivitäten, die im Kaiserreich als traditionell männlich galten. In anderen Fällen beherrschen die Mädchen den Umgang mit der Waffe bereits, wie bei Erika in *Auf rauhen Pfaden*. Sie schafft es, „sogar einen Tiger" zu erschießen (Hodann 1910, 46). Allerdings geht es nicht nur um das Schießen von Wildtieren. Die Hauptfiguren sind alle imstande, sich notfalls gegen reale und imaginäre Feinde zu wehren. Ernestine bzw. Tina, die Hauptfigur in *Schwere Zeiten: Schicksale eines deutschen Mädchens in Südwestafrika* (1913) von Elise Bake, ist dafür zuständig, das Familienheim zu verteidigen, in dem sich noch ihre Schwester Toska und ihre Mutter befinden, während der Vater und der Bruder abwesend sind, um die Herero zu bekämpfen. Mit einer Pistole bewaffnet schießt sie einem feindlichen Herero „ins Auge", um ihrer Mutter, die auf der Flucht aufgeben wollte, das Leben zu retten (Bake 1913, 98). Bei Koch gelingt es Johanna – die allein in Vollrads südwestafrikanischem Zuhause zurückbleibt – überfallende Herero in die Flucht zu schlagen, indem sie durch den Türspalt schießt und damit einen Feind verletzt (1922, 162). Zu den imaginären Feinden: In *Briefe eines deutschen Mädchens aus Südwest*[15] (1912) von Clara Brockmann erfährt man, dass sie von anderen Siedlern ausgelacht wird, weil sie zum Gewehr greifen will, als sie Ovambo-Gesänge hört, die sie unkorrekt als Kriegslieder deutet (Brockmann 1912, 140). Die dargestellten Mädchenfiguren eignen sich alle beispielhaft das Waffentragen an und sind offenbar imstande, ihren Beitrag gegen den Feind zu leisten. Das gelingt ihnen auch, weil sie als mutig konstruiert werden.

Eine Tugend, die ein ‚Waffenträger' verkörpern und die zum Sieg verhelfen soll, ist die Tapferkeit, die ein immer wiederkehrendes Motiv in der Jugendkolonialliteratur ist. Ein Kriegsveteran des deutsch-französischen Krieges in *Peter Moors Fahrt nach Südwest* (1906) spricht die Südwest-Freiwilligen an und unterstreicht die Wichtigkeit von „Tapferkeit", bevor diese das Kaiserreich verlassen müssen (Frenssen 1907, 9). Diese Freiwilligentruppe besteht überwiegend aus jungen Männern, die keine Angst davor haben, ihr Leben für ihr Land zu opfern (Frenssen 1907, 9). Es ist nicht verwunderlich, dass die untersuchten Heldinnen genauso opferbereit und tapfer sind. Tugend wird hier diskursiv erzeugt, indem die Hauptfiguren alle als tapfer charakterisiert werden. Das ist beispielsweise der Fall bei Johanna, die von der Erzählinstanz

---

15 Trotz des Titels ist es kein typischer Mädchenbriefroman. Man kann nicht genau definieren, wieviel von Brockmann fiktionalisiert wurde. Daher kann es auch nicht als Sachliteratur für Mädchen eingestuft werden, sondern höchstens als Mädchenlektüre.

schon vor ihrer Ankunft in Südwestafrika regelmäßig als „tapfer" beschrieben wird und zu Beginn des Krieges zu einem Schutztruppler sagt: „'Das Vollradmädel fürcht' sich nit, so wenig wie die Vollradsbuben.'" (Koch 1922, 161). Sogar als ein kolonisierter Dienstbote Johanna mitteilt, was die Herero vorhaben, und ihr nahelegt, das Land zu verlassen, entscheidet sie sich dafür, bei ihrer Familie zu bleiben (Koch 1922, 158). Dieser Mut trifft auch auf Tina in *Schwere Zeiten* zu. Sie wird sogar von ihrem Onkel Probst als der „tapfere, kleine Kerl" (Bake 1913, 61) bezeichnet. Er ist dieser Auffassung, weil sich Tina dafür entschieden hat, mit ihrer aufgrund von Fehlinvestitionen plötzlich verarmten Familie nach Südwestafrika auszuwandern, anstatt ihren Komfort – der vermögende Onkel bot Tina einen Platz in seinem Zuhause an – im Kaiserreich beizubehalten. Weil sich ihre weiter oben erwähnte Heldentat als folgenschwer erweist, wird Tina später in der Erzählung als „das mutige, junge Mädchen" (Bake 1913, 107) erwähnt. Sie zeichnet sich zudem bereits kurz nach ihrer Ankunft dadurch aus, dass sie eine Schlange, vor der sich die Herero fürchten, steinigt, um ein kolonisiertes Kleinkind zu retten (Bake 1913, 64). Doch die Tapferkeit zeigt sich auch auf andere Weise: Die heranwachsende Erika hat beispielsweise kein Problem damit, sich ohne jegliche Begleitung in der südwestafrikanischen Wildnis aufzuhalten. Sie ist zudem bereit, sich das Leben zu nehmen, um dem Feind nicht ausgeliefert zu sein (Hodann 1910, 119). Was die Tapferkeit der Heldinnen besonders macht, ist die Tatsache, dass keine unter ihnen eine soldatische Ausbildung oder Ähnliches erhalten hat. Das wird dadurch impliziert, dass sie nicht nur den hinterlistigen Feinden überlegen sind – auch moralisch, denn die Hauptfiguren werden in Südwestafrika als selbstlos und mutig konstruiert –, sondern auch mit deutschen Männern mithalten können. Es ist demzufolge nicht verwunderlich, dass Tinas Vater seine Töchter und deren Mutter als „eine richtige Schutztruppe" (Bake 1913, 87) betitelt.

Die Schutztruppler und die Heldinnen haben außerdem eines gemeinsam: den Einsatz für eine nationale Aufgabe. Doch dieses Engagement kommt unterschiedlich zum Ausdruck. Bei Ersteren geschieht dieser Einsatz vor allem militärisch. Es handelt sich bei den Schutztrupplern um junge Männer, die freiwillig diesen Weg gehen und dafür ausgebildet wurden. Bei den Heldinnen handelt es sich in den meisten Fällen um heranwachsende Frauen, die sich nur aus familiären Gründen in Deutsch-Südwestafrika befinden. Doch auch wenn die Entscheidung, dorthin auszuwandern, nicht in ihrer Hand lag, gilt ihre Anwesenheit in Deutsch-Südwestafrika als Einsatz für die Nation. Um die Gründung einer deutschen Familie geht es dabei jedoch in der Regel nicht – diese wird nur bei Brockmann in *Briefe eines deutschen Mädchens aus Südwest* erwähnt. Über die Rolle deutscher Frauen in den Kolonien schreibt sie nämlich: „Die Anwesenheit der Frau ist geboten in Rücksicht auf die Reinerhaltung der Rasse und dadurch auf Entwicklung und Erstarkung unseres Deutschtums" (Brockmann 1912, 84). Mit anderen Worten: Es wird von deutschen Weißen Frauen verlangt, deutsche Weiße Kinder auf die Welt zu bringen. Ihre Teilnahme ist erforderlich, um dazu beizutragen, das ‚Deutschtum' in den Kolonien aufrechtzuerhalten und gegen die damals kritisierte „Verkafferung" vorzugehen. Es handelt sich hier um den einzigen Text in den untersuchten Werken, in dem eindeutig „*rassenhygienisch*" argumentiert wird.

Dass der biologische Ansatz in den anderen Werken nicht erwähnt wird, liegt höchstwahrscheinlich an Folgendem: Sexualität gilt in der damaligen Backfischliteratur als Tabu (eine Ausnahme stellen lediglich *Die Pensionsbriefe eines enfant terrible* (1909) von Helene Faber dar [Wilkending 1990, 221]). Was die Kolonialjugendliteratur allgemein betrifft, so wird darin höchstens die Sexualität Schwarzer Frauen angedeutet (vgl. *Peter Moors Fahrt nach Südwest*). In den untersuchten Werken sind die Figuren dagegen ‚Musterdeutsche'. Liebesbeziehungen, sofern sie vorhanden sind, entstehen nur zwischen Personen gleicher Hautfarbe. Diese stehen jedoch nicht im Vordergrund. Also soll die nationale Aufgabe, die die Hauptfiguren zu erfüllen haben, demzufolge auf kulturellem Terrain – und nicht auf Biologischem – stattfinden. Dies unterstreicht den Einfluss, den die koloniale „Frauenfrage" auf die Mädchenkolonialliteratur ausgeübt hat. In Brockmanns Buch liest man: „Überall im Mutterlande erwachte der Kolonialgedanke und wuchs das Verständnis für unsere Pflichten dieser jungen Kolonie gegenüber und für unsere Kulturaufgaben in Südwestafrika" (1912, Vorwort). Damit wird gezeigt, dass die ganze Nation die ihr zugewiesene Rolle spielen sollte, Frauen inbegriffen. Brockmann betont in demselben Werk, dass die deutsche Frau diejenige sei, die den deutschen Mann kulturell retten könne (1912, 84).

Doch nicht nur deutsche Männer, sondern auch die kolonisierten Menschen sollen von dieser weiblichen ‚Kulturarbeit' profitieren. Die Heldinnen müssen nämlich laut Brockmann die Letzteren züchtigen, um ihnen die ‚deutschen Tugenden' beizubringen. Ihre kulturelle Aufgabe ist deshalb auch erzieherisch zu verstehen, weil in verschiedenen Werken die Ansicht vertreten wird, dass die Lokalnationen wie Kinder zu betrachten und zu behandeln seien. Es ist deswegen nicht verwunderlich, dass die Heldinnen gegenüber der kolonisierten Bevölkerung bisweilen diskursiv als Familienoberhaupt konstruiert werden. In *Heddas Lehrzeit in Südwest* erfährt man, dass Schwarze Menschen „alle wie die Kinder" (Beeker 1909, 133) seien. Sie mit Strenge zu behandeln, ist daher Teil „unserer Kulturarbeit" (Beeker 1909, 133) – das „unserer" bezieht sich hier auf die deutschen Siedler*innen. Ähnliches ist bei Brockmann zu lesen, in deren Roman es heißt, Schwarze Personen „brauchen Strenge und verlangen Autorität" (Brockmann 1912, 113). Bei Henny Koch wird Schwarzen Personen gegenüber auch Gewalt gerechtfertigt, da dies in deren Sinne sei, wenn sie sich „wie Kinder" (Koch 1922, 146) verhielten. Deren Ausrottung wird sogar vom Vater Johannas gerechtfertigt. Er sagt nämlich: Die Deutschen hatten „das Recht des Tüchtigeren und Fleißigeren" (Koch 1922, 246). Ähnliches war bereits bei Frenssen vorhanden (1907, 200). Nicht verwunderlich ist die Tatsache, dass Hedda und Johanna Missionaren zuarbeiten. Diese Menschen gehören nämlich zu der Gruppe, die vor der Entstehung des Deutschen Kolonialreiches ‚Kulturarbeit' geleistet haben soll. Diese ‚Kulturarbeit' erfolgt nicht immer nur durch Gewalt. Welches Ergebnis das weibliche Engagement bringt, erfährt man bei Bake: „[...] die ungeschickten Eingeborenen waren wenigstens einigermaßen angelernt, Sauberkeit und Ordnung herrschten überall auf der großen Farm" (1913, 73). Deutsche Frauen fungieren hier als Bindeglied zwischen den männlichen Kolonialherren und der kolonisierten Bevölkerung. Dass sie diese Rolle spielen, unterstreicht ihre Unerlässlichkeit für das kolonialpolitische Vorhaben des

Kaiserreiches. Die Bücher weisen hierfür sowohl deutschen Weißen Schutztrupplern,[16] als auch deutschen Weißen Frauen Verantwortung zu.

2.2 ... und ihre Grenzen

Obwohl sich die Heldinnen traditionell männliche Eigenschaften aneignen, was größtenteils kolonialbedingt beeinflusst wird, tauchen solche Schilderungen in den untersuchten Erzählungen nicht sehr häufig auf.

Zwar wurde erwähnt, dass die Heldinnen alle mit Waffen umgehen können und sich bisweilen durch Heldentaten auszeichnen, die Kehrseite kann aber nicht übersehen werden. Die Protagonistin bei Brockmann wird beispielsweise von den sie begleitenden Siedlern ausgelacht, als sie um eine Waffe bittet, da sie die Situation nicht richtig deutet (1912, 140). Während die anwesenden Männer Ruhe bewahren – dies geschieht nicht, weil sie Männer sind, sondern weil sie länger im Land leben als die Erzählerin – und nicht zum Gewehr zu greifen brauchen, zeigt die Erzählerin angesichts des Verhaltens dieser Männer eine Überreaktion, da keine Gefahr vorhanden ist. Bei Hodann kann die Protagonistin Erika zwar mit Waffen umgehen, allerdings ist sie nur in einer Notwehrsituation bereit, einen Feind zu erschießen (Hodann 1910, 74). Dadurch unterscheidet sie sich von den männlichen Kolonialhelden, die jederzeit bereit sind, den Feind zu überfallen. Was Tina betrifft, so gelingt es ihr zwar, sich gegen einen Feind zu behaupten, aber sie wird gleich danach außer Gefecht gesetzt: „[D]er Kirri des zweiten Herero hatte sein Ziel nicht verfehlt" (Bake 1913, 98). Johanna schafft es, die Bedrohung durch die Feinde abzuwenden, doch als sie ihren Erfolg feiern will, bricht sie in Tränen aus, weil sie Angst um ihre Familie hat (Koch 1922, 161). Hieraus kann man schließen, dass die Protagonistinnen auch in den Situationen, in denen sie den Feind bekämpfen, anders inszeniert werden als ihre männlichen Pendants. Bemerkenswert ist die Tatsache, dass mehrere von ihnen dafür zuständig sind, das Heim zu verteidigen. Während sich die männlichen Figuren außerhalb befinden, bleiben sie in der Regel zu Hause. Auch in der Mädchenkolonialliteratur bleiben sie daher eine Metapher für Heimat und müssen sich um das Heim kümmern.

Überdies passen sich die meisten Hauptfiguren den gesellschaftlichen Rollenbildern definitiv an, sobald der Konflikt vorüber ist. Es scheint so, dass im Großteil der untersuchten Werke die erlebten Ereignisse während des Aufstandes die geschlechtliche Ambivalenz reduzieren. Ein junger Leutnant der Schutztruppe, der an der Seite von Johannas Bruder in *Die Vollrads in Südwest* gekämpft hat, bittet beispielsweise am Ende der Erzählung Johannas Vater um deren Hand (Koch 1922, 269). Was Ernestine betrifft, so wird sie die Gattin eines Oberleutnants, den sie bereits vor dem Aufstand kannte (Bake 1913, 132). Diese Tatsache erinnert daran, dass sich die Mädchenkolo-

---

16 Nicht alle Mitglieder der Schutztruppe waren Weiß und bzw. oder deutsch.

nialliteratur zentraler Motive der Backfischliteratur bedient, indem eine Hochzeit angesagt wird bzw. stattfindet.

Die bereits erwähnte Aneignung männlicher Eigenschaften trifft in den jeweiligen Erzählungen nur auf die Heldinnen zu, während alle anderen weiblichen Figuren ambivalent konstruiert sind. Die weibliche Figur, die durch ihr Handeln nicht die gesellschaftlichen Erwartungen an Rollenbilder hinterfragt, ist entweder die Schwester, wie es in *Schwere Zeiten* der Fall ist, oder, wie bei Koch, die Freundin. Angesichts dessen ist festzustellen, dass das von der Mädchenkolonialliteratur angebotene Aufbrechen der Rollenbilder nur für die Protagonistinnen gilt.

Überdies ist die Macht der weiblichen Hauptfiguren nur begrenzt. Frauen sind zwar aus der Perspektive des Lokalgesetzes der kolonisierten Bevölkerung zweifellos überlegen, dennoch befinden sie sich immer noch in einer von deutschen Weißen Männern regierten Gesellschaft. Genauso wie es im Kaiserreich der Fall war, haben die Männer auch in den Kolonien das Sagen. Dies ändert sich auch in den untersuchten Erzählungen nicht. Deswegen verfügen die Heldinnen über keine gesellschaftspolitische Macht. Ihre etwas höhere Stellung und symbolische Macht hängen nur von der rassistischen gesellschaftlichen Ordnung – diese hat die Apartheid beeinflusst (El-Tayeb 2001, 83) – und von einer Teilnahme am imperialistischen Vorhaben ab. Jeder Versuch der jungen Heldinnen, den Kolonialismus in Frage zu stellen, wird daher konterkariert. Dies geschieht entweder durch das gewalttätige Handeln der „Eingeborenen", denn dies soll darauf hinweisen, dass der Kolonialismus erforderlich ist. Oder es wird sozialdarwinistisch für die deutsche Kolonialpolitik argumentiert. Sobald diese Ereignisse eintreffen, wird das Handeln der deutschen Kolonialherrschaft nicht mehr in Frage gestellt. Die weiblichen Hauptfiguren können sich zwar durch Heldentaten auszeichnen, aber sie müssen der Männerwelt ihren Wert unter Beweis stellen und sich als „guter Kamerad" erweisen – nie umgekehrt.

Es muss außerdem betont werden, dass die Heldinnen der Mädchenkolonialliteratur offenbar auch im Hinblick auf den männlichen Blick geschaffen wurden, nicht nur, was den imperialistischen Diskurs betrifft, sondern auch in Bezug auf die damalige Moral. Das Zielpublikum bestand zwar aus weiblichen Personen, allerdings wurden die untersuchten Werke in einer patriarchalischen Gesellschaft veröffentlicht. Demzufolge wurden nur Heldinnen entworfen, die moralisch akzeptabel waren. Die Migration der Protagonistinnen nach Deutsch-Südwestafrika ist daher in den Erzählungen für Mädchen eine familiäre Entscheidung. Dies ist erwähnenswert, wenn man die Bemühungen der deutschen Kolonialgesellschaft bedenkt, einzelne Kandidatinnen auszuwählen, um ihnen ein neues Leben in Südwestafrika anzubieten. Daraus folgt, dass es sich nicht nur um ein Familienunternehmen handelte, sondern auch um ein nationales und politisches Unternehmen. Doch die Heldinnen haben immer ihre Familie um sich, bisweilen sogar mehrere Brüder – wie etwa Erika, Tina und Johanna –, was ihre ‚Respektabilität' in einer patriarchalischen Gesellschaft betont. Brockmann vertritt die These, dass Frauen, die „böse Zungen" in Südwestafrika als „Abenteurerinnen" abstempeln, es dort besonders schwer haben (Brockmann 1910, 50). Das heißt, die Brüder und die männlichen Bezugspersonen fungieren als Moralgaranten. Demzufolge war die kolonialbedingte Hoffnung auf Emanzipation nur angesichts der noch schlechteren Verhältnisse, die im Deutschen Reich herrschten, glaubwürdig. Denn sie blieb nicht frei von der bürgerlich-männlichen, zweideutigen Moral.

2.3 Kritik

Wilkending schreibt, es gehe bei der Backfischliteratur „um die Stärkung des Selbstbewusstseins der Mädchen, um Befreiung von dem Gefühl, als Mädchen nur eine Belastung für Familie und Umwelt zu sein" (1990, 221). Dieser Anspruch stimmt auf den ersten Blick mit der Mädchenkolonialliteratur überein, indem dem Zielpublikum untypische Rollenbilder angeboten wurden,[17] welche die Hauptfiguren vorbildlich verkörpern. Die jungen Heldinnen werden als unerlässlich für ihr Umfeld und das deutschkoloniale Vorhaben konstruiert. Das Interessante an der untersuchten Mädchenkolonialliteratur liegt also unter anderem daran, dass die weiblichen Hauptfiguren trotz des damaligen Geschlechterdiskurses im Kaiserreich mit dem männlichen Geschlecht mithalten können. Allerdings eignen sie sich dabei bisweilen die kolonialrassistischen Wahrnehmungs- und Handlungsweisen der Männer an. Johanna, deren Familie in Deutschland nicht reich war und keine Dienstboten hatte, beschwert sich darüber, „schwarze Schlingel" als Dienstboten zu bekommen (Koch 1922, 19). Als Erika in Gefahr ist, bezieht sie sich auf ihr Weißsein, um ihren Feind daran zu erinnern, dass er ihr Respekt zollen müsse (Hodann 1910, 122). Das heißt, die Heldinnen sind der Meinung, dass sie der kolonisierten Bevölkerung überlegen sind, und das vergessen sie nie. Hiermit zeigt sich, dass diese auf den ersten Blick emanzipatorischen Rollenbilder auf Kosten der kolonisierten Bevölkerung bzw. Figuren hergestellt werden.

Schwarze Figuren – ungeachtet ihres Geschlechts – werden nämlich in allen untersuchten Werken allgemein abwertend dargestellt. In Henny Kochs *Die Vollrads in Südwest* gelten z. B. die „Krabons" – die für die Landung der Kolonialherren zuständigen kolonisierten Personen – als arbeitsscheu (Koch 1922, 9). Als die Familie Vollrad auf Hereros trifft, liest man: „Sie sind faul von Natur und tun nur, was unbedingt nötig ist." (Koch 1922, 29) Kurz danach wird die „Faulheit der Schwarzen" betont. Man merkt also, dass die „Faulheit" der kolonisierten Bevölkerung ein gemeinsames Merkmal aller kolonisierter Figuren ist. Indem behauptet wird, dass die arbeitsscheue Einstellung der Hereros angeboren wäre, wird diese Eigenschaft naturalisiert. Genauso wie der Fleiß zum ,Deutschtum' gehören soll – wenn man dem Buch Glauben schenken mag –, so gehört auch eine untätige Einstellung zum Schwarzsein. Es soll

---

[17] Auf dem ersten Blick unterscheidet sich diese Tatsache kaum von einigen Klassikern der Backfischliteratur. Die Protagonistin in *Der Trotzkopf: eine Pensionsgeschichte für erwachsene Mädchen* (1885) von Emmy von Rhoden etwa wächst „wie ein Junge" auf (Kümmerling-Meibauer 2012, 94).

allerdings unterstrichen werden, dass dieses Stereotyp nicht ausschließlich der Mädchenkolonialliteratur angehört. Schon Immanuel Kant prangerte einst die Faulheit der Schwarzen Menschen an (1775, 438). Es steht fest, dass sich dieses Vorurteil über die Jahrhunderte hinweg etabliert hat. Fakt ist, wer sich wehrte, die ihm von den Kolonialherr*innen auferlegten Aufgaben durchzuführen, wurde körperlich bestraft (Ayim 2018, 51), auch wenn kolonisierte Dienstbotinnen nur von Kolonialherren Schläge bekommen durften, was in Deutsch-Südwestafrika offiziell „lediglich Vorrecht der Männer" sei, wie Clara Brockmann bemängelt (1912, 109).

Die einst in Südwestafrika ansässige Autorin bezeichnet „Eingeborene[]" außerdem als „schmutziges zerlumptes Volk" (Brockmann 1912, 215). Dies erinnert an ihre Aussage über den „Eingeborenen" in ihrem Beitrag *Die deutsche Frau in Südwestafrika:* „[...] dass er eine unüberwindliche Abneigung gegen Wasser und Seife besitzt, [...] dass man außerdem bei der schwarzen Hautfarbe garnicht einmal immer das Vorhandensein von Unsauberkeit genau feststellen kann" (Brockmann 1910, 27). Die Assoziation zwischen der Farbe Schwarz bzw. der schwarzen Haut und dem Dreck ist eine altbekannte, die nicht nur in der Kolonialliteratur vorhanden ist. Man erfährt beispielsweise in *Jim Knopf und Lukas der Lokomotivführer* (1960) von Michael Ende über die Hauptfigur namens Jim, dass das Waschen ihm „überflüssig" sei, „weil er ja sowieso schwarz war und man gar nicht sehen konnte, ob sein Hals sauber war oder nicht" (2017, 13). Man kann feststellen, dass die Assoziation der Farbe Schwarz mit dem Dreck seit mehreren Jahrhunderten besteht.[18] Es ist daher nicht verwunderlich, dass die Heldinnen alle als ‚reinrassig', jungfräulich und mit Sinn für Gerechtigkeit konstruiert werden. Sie sind auch charakterlich rein bzw. Weiß, während die Feinde moralisch schmutzig bzw. Schwarz sind. Die einzigen Ersteinwohner, die dem Rest der kolonisierten Bevölkerung moralisch überlegen sind, haben europäische Züge (bei Koch) oder eine hellere Haut (bei Bake).

Doch es gibt in diesem Genre noch mehr Stereotype. In *Heddas Lehrzeit in Südwest* wird Schwarzen Menschen sogar das Menschsein abgesprochen (Beeker 1909, 327), ein Topos, der auch in anderen Genres vorkommt.[19] Man liest z. B. in *Die deutsche Frau in Südwestafrika* von Brockmann Folgendes: „Diese Leute benehmen sich in der Tat oft kaum anders als Tiere" (1910, 27). Auch bei Frenssen (1907, 85) wird der erschossene Feind mit einem „Affen" gleichgesetzt. Schwarze Besatzungssoldaten wurden außerdem während der „Schwarzen Schmach am Rhein"[20] mit „Bestien" gleichgesetzt, die nur darauf aus seien, sich an Weißen Frauen zu vergehen (Wigger 2007, 9).

---

18 Dies ist auch in der Werbung lange der Fall gewesen. Es war durchaus nicht unüblich, mit Schwarzen Figuren für Seife und Reinigungsmittel zu werben (Hund 2017, 104).
19 Vgl. hierzu auch den Beitrag von Weertje Willms über die Reiseabenteuerromane für Jungen in diesem Band. Auch diese Werke haben kolonialistische und rassistische Züge, und es werden in ihnen dieselben Stereotype verwendet wie hier beschrieben.
20 Unter diesem Ausdruck versteht man die Propagandakampagne, die vor allem zwischen 1920 – 1923 stattfand und darauf abzielte, der Besatzung Deutschlands von Schwarzen Truppen ein Ende zu setzen.

Es wurde, wie dargestellt, in den untersuchten Werken der Mädchenkolonialliteratur noch Weiteres über Schwarze Personen ausgesagt; mit den obigen Ausführungen sollte noch einmal gezeigt werden, dass die Hoffnung auf Emanzipation für deutsche weibliche Personen vor allem symbolisch war und nicht für Schwarze Frauen und Mädchen galt. Man erfährt über die kolonisierten Personen weiblichen Geschlechts, dass für sie die „Frauenbewegung" ein Fremdwort sei und sie die Unterdrückung der Schwarzen Männer ohne Widerstand hinnähmen (Beeker 1909, 91). Dies ignoriert die Tatsache, dass seit jeher verschiedene Nationen in Südwestafrika lebten, die sich nicht nur äußerlich und sprachlich voneinander unterschieden, sondern auch kulturell. Die Nation der Ovambo ist z. B. matriarchal organisiert (Ejikeme 2011, 9). Doch es ging den Autorinnen der Kolonialmädchenliteratur nicht darum, für weltweite weibliche Solidarität zu kämpfen und sich von matriarchalen Gruppen inspirieren zu lassen. Es ging ihnen vielmehr darum, die im deutschen Kaiserreich lesende Jugend für die koloniale Idee zu begeistern und zugleich das Können und das Engagement der deutschen Frauen und Mädchen beim kolonialen Aufbau unter Beweis zu stellen. Dafür mussten andere Frauen und Mädchen abgewertet werden, unabhängig davon, dass auch sie aufgrund ihres Geschlechts gesellschaftlich unterdrückt wurden.[21] Darüber hinaus gelten auch für sie die vorher erwähnten Stereotype. Sie sind unter anderem deshalb problematisch, weil sie zwangsläufig zu Diskriminierungen führen. Wer faul ist, gilt nicht als Wunschkandidat bei der Arbeitssuche. Man konnte damals mit einem solchen Vorwurf die einheimischen Dienstboten körperlich bestrafen. Die Assoziation dunkler Hautfarbe mit Schmutz bestärkt die Kultur- und Naturvolkdichotomie und kann dazu beitragen, in letzter Konsequenz andere Menschen mit Tieren gleichzusetzen. Dies hat historisch zu Völkerschaustellungen geführt und wurde dazu benutzt, die Vernichtung der so abgewerteten Menschen zu rechtfertigen.[22]

Anstatt um Solidarität mit Personen zu werben, die auch in ihrer jeweiligen Gesellschaft unterdrückt wurden, beteiligte sich die Mädchenkolonialliteratur aktiv am imperialistischen Diskurs. In diesem Genre stand demzufolge nicht der Genderzusammenhalt im Vordergrund, sondern der ‚rassische' und nationale. Die noch im Kaiserreich herrschende Natur-Kultur-Dichotomie des Genderkonstrukts wurde offenbar in einen kolonial-literarischen Kontext transportiert und auf die Hautfarbe angepasst. Es soll allerdings nicht behauptet werden, dass diese Einstellungen einfach dem damaligen Zeitgeist entsprechen. Denn in Deutschland und in der Welt

---

[21] In keinem der untersuchten Werke wird die sexuelle Gewalt gegenüber den kolonisierten Frauen thematisiert. Man weiß jedoch aus der Forschung, dass diese zu der Entstehung des damaligen südwestafrikanischen Aufstands beigetragen haben (El-Tayeb 2001, 80). Ob kolonisierte Männer in Südwestafrika auch von den Kolonialherren sexuell missbraucht wurden, ist mir nicht bekannt.
[22] Die drei erwähnten Stereotype gelten historisch in einem deutschen Kontext nicht nur für Schwarze Menschen, sondern auch für Jüdische Menschen sowie für Sinti und Roma. Diese drei Gruppen wurden in der Lokalfarbensymbolik historisch mit der Farbe Schwarz assoziiert und waren zudem vom „Blutschutzgesetz" betroffen (vgl. Hund 2017).

waren zur gleichen Zeit auch gegensätzliche Diskurse vorhanden (vgl. Mamozai 1982, 215). Man muss sich allerdings darüber im Klaren sein, dass eine positive Darstellung von feindlichen „Naturvölkern" und eine Verurteilung der Kolonialherrschaft im deutschen Kaiserreich kontrovers aufgenommen worden wäre.[23]

Inwiefern der Kontext der „Schwarzen Schmach" in der Weimarer Republik zu den Neuauflagen einiger der untersuchten Werke beigetragen hat, sollte zukünftig erforscht werden. Insgesamt kann festgestellt werden, dass die Genderkonstrukte der Mädchenkolonialliteratur-Heldinnen ihrer Zeit voraus waren. Sie entsprachen nämlich in weiten Teilen dem späteren NS-Mädchenideal. Mit anderen Worten: dem „Bild von einem selbstständigen, selbstbewussten und auch zupackenden und brauchbaren Mädchen" (Hopster 2005, 35). Man sollte diesbezüglich das Verhältnis von Nationalsozialismus und Kolonialismus im jugendliterarischen Bereich näher untersuchen.[24] In dem Zusammenhang kann erwähnt werden, dass ein Großteil der deutschen Kolonialliteratur zwischen 1933 und 1945 noch einmal aufgelegt wurde (Wassink 204, 135). Besonders interessant wäre dabei auch zu beobachten, wie die Diskurse je nach Zielpublikum angepasst wurden. Die in diesem Beitrag untersuchten Themen – ob es sich um Gender- oder *Race*diskurse handelt – sind anlässlich der Ereignisse der letzten Jahre aktuell und sowohl wissenschaftlich als auch gesellschaftlich relevant.

Literatur

1 Primärliteratur

Baisch, Amalie. *Hilde Stirner. Eine Jungmädchenerzählung*. Berlin: Meidingers Jugendschriften Verlag, 1909.
Bake, Elise. *Schwere Zeiten. Schicksale eines deutschen Mädchens in Südwestafrika*. München: Pfadfinderverlag Otto Gemelin, 1913.
Beeker, Käthe van. *Heddas Lehrzeit in Südwest. Erzählung für Mädchen*. Stuttgart: Loewe, 1909.
Brockmann, Clara. *Briefe eines deutschen Mädchens aus Südwest*. Berlin: Ernst Siegfried Mittler & Sohn, 1912.
Bülow, Frieda von. *Deutsch-Ostafrikanische Novellen*. Berlin: Fontane, 1892.
Bülow, Frieda von. *Tropenkoller. Episode aus dem deutschen Kolonialleben*. Berlin: Fontane, 1895.
Ende, Michael. *Jim Knopf und Lukas der Lokomotivführer*. Stuttgart: Thienemann, 2017 [1960].
Falkenhausen, Helene von. *Ansiedlerschicksale. Elf Jahre in Deutsch-Südwestafrika*. Berlin: Reimer, 1905.
Frenssen, Gustav. *Peter Moors Fahrt nach Südwest. Ein Feldzugsbericht*. Berlin: Grote, 1907 [1906].
Hodann, Valerie. *Auf rauhen Pfaden. Schicksale einer deutschen Farmerstochter in Deutsch-Südwest-Afrika*. Dresden: Dietrich, 1910.

---

[23] Vgl. die anfangs erwähnte ‚Hottentotten'-Wahl. Deshalb wäre eine radikalere Einstellung der Autorinnen eventuell gesellschaftlich verurteilt worden.
[24] Nicht nur, was die Konstruktionen Weißer Frauen und Mädchen als ‚rein' betrifft, sondern auch die verschiedenen Konstruktionen des Schwarzseins.

Koch, Henny. *Papas Junge. Eine Erzählung für junge Mädchen*. Stuttgart u. a.: Union Deutsche Verlagsgesellschaft, 1914 [1905].

Koch, Henny. *Die Vollrads in Südwest. Eine Erzählung für junge Mädchen*. Stuttgart u. a.: Union Deutsche Verlagsgesellschaft, 1922 [1916].

Rhoden, Emmy von. *Der Trotzkopf. Eine Pensionsgeschichte für erwachsene Mädchen*. Stuttgart: Gustav Weise, 1885.

2 Sekundärliteratur

Ayim, May. „Rassismus, Sexismus und vorkoloniales Afrikabild in Deutschland". *Farbe bekennen: Afro-deutsche Frauen auf den Spuren ihrer Geschichte*. Hg. Dies./Katharina Oguntoye/Dagmar Schultz. Berlin: Orlanda Buchverlag, 2018 [1986], 27–65.

Baer, Elizabeth. *The Genocidal Gaze: From German Southwest Africa to the Third Reich*. Detroit: Wayne State University Press, 2017.

Brockmann, Clara. *Die deutsche Frau in Südwestafrika: Ein Beitrag zur Frauenfrage in unseren Kolonien*. Berlin: Ernst Siegfried Mittler & Sohn, 1910.

Burchard, Sophie. *Die Konstruktion eines rassifizierten weißen Weiblichkeitsideals in der Zeitschrift des Frauenbundes der Deutschen Kolonialgesellschaft: Kolonie und Heimat. Deutsche Kolonialgeschichte in ‚Deutsch-Südwestafrika' im Kontext von Geschlecht, ‚Rasse' und Sexualität*. Unveröff. Manuskript, Universität Wien, 2014.

Christadler, Marieluise. „Jungdeutschland und Afrika: Imperialistische Erziehung durch das Jugendbuch 1880–1940". *Die Dritte Welt im deutschen Kinderbuch 1967–1977: Analysen und Katalog zu der Ausstellung während der 30. Frankfurter Buchmesse 1978*. Hg. Jörg Becker/Rosmarie Rauter. Wiesbaden: Akademische Verlagsgesellschaft, 1978, 36–57.

Ejikeme, Anene. *Culture and Customs of Namibia*. Santa Barbara: Greenwood, 2011.

El-Tayeb, Fatima. *Schwarze Deutsche: Der Diskurs um ‚Rasse' und nationale Identität*. Frankfurt a. M. u. a.: Campus, 2001.

Hoffmann, Florian. *Okkupation und Militärverwaltung in Kamerun*. Göttingen: Cuvillier, 2007.

Hopster, Norbert: „Kolonien". *Kinder- und Jugendliteratur 1933–1945. Ein Handbuch*. Bd. 2. Hg. Norbert Hopster/Petra Josting/Joachim Neuhaus. Stuttgart u. a.: Metzler, 2005, 307–352.

Hund, Wulf. *Wie die Deutschen weiß wurden: Kleine (Heimat)Geschichte des Rassismus*. Stuttgart: Metzler, 2017.

Kant, Immanuel. „Von den verschiedenen Racen der Menschen". *Vorkritische Schriften*. Bd. 2. Königsberg: Hartung, 1775, 427–443.

Kirch, Silke. „Mission und Submission. Die ‚Frauenfrage' in den afrikanischen Kolonien im Spiegel des Mädchenkolonialromans um 1900". *Jahrbuch für historische Bildungsforschung*. Bd. 8. Hg. Johannes Bilstein/Peter Dudek/Klaus Harney/Heidemarie Kemnitz/Martin Kintzinger/Martin Kipp et al. Bad Heilbrunn: Julius Klinkhardt, 2002, 31–56.

Kirch, Silke. „Reiseromane und Kolonialromane um 1900 für junge Leserinnen". *Mädchenliteratur der Kaiserzeit: Zwischen weiblicher Identifizierung und Grenzüberschreitung*. Hg. Gisela Wilkending. Stuttgart u. a.: Metzler, 2003, 103–164.

Kümmerling-Meibauer, Bettina. *Kinder- und Jugendliteratur: Eine Einführung*. Darmstadt: Wiss. Buchges., 2012.

Leutwein, Theodor. *Elf Jahre Gouverneur in Deutsch-Südwestafrika*. Berlin: Mittler, 1906.

Mamozai, Martha. *Herrenmenschen: Frauen im deutschen Kolonialismus*. Reinbek: Rowohlt Taschenbuch, 1982.

o.V. „Deutsche Gesittung" *Der Spiegel* 10. 23 (1969), 121–124.

Schnee, Heinrich (Hg.). *Deutsches Kolonial-Lexikon*. Bd. 1–3. Leipzig: Quelle und Meyer, 1920.

Warmbold, Joachim. *„"Ein Stückchen neudeutsche Erd'..."*: *Deutsche Kolonial-Literatur. Aspekte ihrer Geschichte, Eigenart und Wirkung, dargestellt am Beispiel Afrikas.* Frankfurt a. M.: Haag + Herchen, 1982.

Wassink, Jörg. *Auf den Spuren des deutschen Völkermordes in Südwestafrika: Der Herero-/Nama-Aufstand in der deutschen Kolonialliteratur. Eine literarhistorische Analyse.* München: Martin Meidenbauer, 2004.

Wigger, Iris. *Die „Schwarze Schmach am Rhein": Rassistische Diskriminierung zwischen Geschlecht, Klasse, Nation und Rasse.* Münster: Westfälisches Dampfboot, 2007.

Wilkending, Gisela. „Mädchenliteratur von der Mitte des 19. Jahrhunderts bis zum Ersten Weltrkrieg". *Geschichte der deutschen Kinder- und Jugendliteratur.* Hg. Reiner Wild. Stuttgart: Metzler, 1990, 220–250.

Weertje Willms

Männlichkeitskonzepte in Jugendbüchern für Jungen Ende des 19. Jahrhunderts

Sophie Wörishöffers *Das Naturforscherschiff*

Zusammenfassung: Die Reiseabenteuerliteratur gehörte im späten 19. Jahrhundert zu den beliebtesten Genres. Innerhalb der Kinder- und Jugendliteratur war sie die eigentliche Literatur für Jungen, während sich der sogenannte Backfischroman an weibliche Jugendliche richtete. Sophie Wörishöffer war eine der bekanntesten Autorinnen der Zeit, deren Reiseabenteuerbücher eine enorme Verbreitung hatten. Da sich ihre Romane an ein bürgerliches, jugendliches Publikum und damit an die tragende gesellschaftliche Schicht richteten, können sie Auskunft über das herrschende und – gemäß dem didaktischen Impetus der Kinder- und Jugendliteratur der Zeit – über das angestrebte hegemoniale Männlichkeitskonzept geben. Dieses manifestiert sich in dem besonders populären Reiseabenteuerroman *Das Naturforscherschiff* (1880), der im Zentrum der vorliegenden Analyse steht, in genrespezifischen Merkmalen, in der Figurenkonstellation, im Reisemotiv, in der Charakteristik der jugendlichen Helden, in der ihrer Erzieherfiguren und in der Gegenüberstellung mit den jeweiligen Einheimischen, denen die Protagonisten während ihrer Reise begegnen. Die genaue Untersuchung des Werks kann die verschiedenen Facetten, aber auch die Ambivalenz des hegemonialen Männlichkeitskonzepts und seine Verflochtenheit mit anderen sozialen Differenzkategorien aufzeigen.

1 Kontextualisierung

1.1 Die Jugendliteratur im letzten Drittel des 19. Jahrhunderts

Seit der Mitte des 19. Jahrhunderts findet durch die veränderten politisch-ökonomischen Rahmenbedingungen, die Entwicklung neuer Produktionsmöglichkeiten und die zunehmende Alphabetisierung der Bevölkerung eine drastische Veränderung des deutschen Buchmarkts statt. Neben literarisch und ästhetisch innovativen Werken entsteht nun erstmals eine massenhaft hergestellte Unterhaltungsliteratur für breite Leserschichten (Wilkending 2008, 171–177). Dies verändert auch den kinder- und jugendliterarischen Markt des Kaiserreichs: Um neue Leserschichten zu gewinnen, werden gezielt Jugendliche als Zielpublikum angesprochen, wodurch Teile der Jugendliteratur in der populären Unterhaltungsliteratur aufgehen (Wilkending 2008, 176 und 184). Da mit dem Entstehen eines Massenmarktes die jugendlichen Leser*innen indes zunehmend den literaturpädagogischen Instanzen entzogen werden, während gleichzeitig politische Interessensvertretungen immer mehr auf die Jugendliteratur zugreifen (Wilkending 2008, 176), erlangt Kinder- und Jugendliteratur einen neuen Stellenwert. Pädagogen diskutieren über den pädagogischen Wert und die möglichen Gefahren der an Jugendliche adressierten Unterhaltungsliteratur, während gleichzeitig Kinder- und Jugendliteratur insgesamt zum Gegenstand breiten öffentlichen Interesses wird, zumal sie seit 1871 vielfach als Medium der Nationsbildung oder gar als nationalistisches und militaristisches Propagandamedium funktionalisiert wird (Wilkending 2008, 172 und 228). Es ist als Folge dieses impliziten politischen Auftrags zu verstehen, dass sich auf dem besonders stark expandierenden Sektor der realistischen Erzählliteratur (Wilkending 2008, 183) eine spezielle Literatur sowohl für Mädchen als auch für Jungen herausbildet, welche den Jugendlichen durch die Vermittlung bestimmter konservativer Genderkonzepte eine spezifische Rolle im Staatsgebilde zuweist. Dabei werden weite Kreise junger Menschen angesprochen, da sich einige Verlage an die Jugendlichen aus bürgerlichen Schichten richten, andere dagegen an diejenigen aus den unteren Gesellschaftsschichten.

Die dezidiert an junge Mädchen adressierte Literatur – die sogenannte Backfischliteratur –, welche eine extrem hohe Marktbedeutung hat (Wilkending 2008, 200), propagiert dabei, wie in den vorangegangenen Beiträgen dieses Bandes bereits dargestellt wurde, die schon aus der Aufklärung bekannte sogenannte ‚weibliche Bestimmung' des Mädchens zur Ehefrau, Hausfrau und Mutter mit spezifischen dazugehörigen Werten.

Neben der Mädchen- bzw. Backfischliteratur ist das beliebteste und marktgängigste Genre der Jugendliteratur seit der Mitte des 19. Jahrhunderts die Abenteuer- und Reiseliteratur, welche besonders nach der Reichsgründung 1871 eine Hochkonjunktur erfährt (Pellatz-Graf 2008, 616). Zu dem Genre der Abenteuerliteratur zählen viele verschiedene Untergenres, wie – als populärste Subgattung – Reiseabenteuerromane, außerdem, und z. T. damit verwandt, Robinsonaden, Seeabenteuerromane, Indianer-, Wildwest- und Kolonialromane. Zwar war die Robinsonade, wie der Beitrag von Jessen in diesem Band zeigt, bereits seit der Aufklärung Bestandteil der jugendliterarischen Tradition, allerdings zielte diese auf sittlich-moralische Erziehung, während nun – neben der Wissensvermittlung – das Abenteuer selbst und damit die Unterhaltung im Vordergrund stehen. Entsprechend den nationalistischen, imperialistischen und kolonialistischen Tendenzen der Zeit sind die kommerziell sehr erfolgreichen Reiseabenteuerromane indes auch politisch geprägt, und selbstverständlich bleibt die Kinder- und Jugendliteratur auch in dieser Zeit noch Erziehungsliteratur, wenngleich die genannten Genderkonzepte und sozialen Rollen in der Abenteuergeschichte versteckt werden.

Adressiert sind die bei Jugendlichen und Erwachsenen gleichermaßen beliebten Reise- und Abenteuerromane in der Regel an „die Jugend" oder an die „reife Jugend", selten explizit an die „männliche Jugend" (Wilkending 2008, 220), doch kann man aus den Paratexten der Verlage schließen, dass es sich bei diesen Werken um die eigentliche Literatur für Jungen handelt (Wilkending 2008, 220). Die Werke werden sowohl als Serienproduktionen als auch als teure Ausgaben für ein gehobenes bürgerliches Publikum publiziert (Pellatz-Graf 2008, 627); es werden einerseits entsprechende Heftchenserien aufgebaut, andererseits entwickeln bürgerliche Jugendbuchverlage speziell an die Jugend adressierte Abenteuerliteraturprogramme, wofür sie u. a. Hausautor*innen rekrutieren oder klassische Abenteuerbücher adaptieren, die sich zur Überformung für Jugendliche besonders eignen (besonders *Lederstrumpf*, *Robinson Crusoe*).

1.2 Sophie Wörishöffer und ihr Werk

Sophie Wörishöffer (1838–1890) gehört neben Karl May zu den meistgelesenen Autorinnen und Autoren des 19. Jahrhunderts und wurde auch in der Kritik viel beachtet (Pellatz-Graf 2008, 619–622).[1] Vor allem in Bezug auf das wichtige Genre des Reiseabenteuerromans für Jugendliche gilt sie als die „erfolgreichste deutschsprachige Autorin" (Wallenborn 2008, 683), die stilprägend bis weit in das 20. Jahrhundert hinein wirkte und gelesen wurde.

In den 1870er Jahren gewinnt Wörishöffer einen vom Verlag Velhagen & Klasing ausgeschriebenen Wettbewerb, mit dem ein Hausautor für jugendliterarische, vornehmlich an die „reifere Knabenwelt" (Steinbrink 1983, 181) adressierte Abenteuerliteratur gesucht wurde. Von 1877 bis 1891 werden elf sehr umfangreiche Abenteuerbücher für Jugendliche unter verschiedenen männlichen Pseudonymen publiziert. Damit sollte die Autorität des Verlages gegenüber den potenziellen männlichen Lesern gestärkt werden (Steinbrink 1983, 178; Tuxhorn 2008, 76), bestand doch die Befürchtung, die Offenlegung der wahren Identität der Autorin „würde die Glaubwürdigkeit der Bücher bei der Jugend erschüttern und dadurch Absatz und Erfolg schädigen" (aus einem Verlagskatalog, zit.n. Tuxhorn 2008, 77).

Bei den Romanen handelt es sich um Auftragsarbeiten, die einem genauen Konzept des Verlags folgten, durch welchen das Ziel, die Inhalte und die Handlungsschauplätze weitgehend vorgegeben wurden (Wallenborn 2008, 683). Die Abenteuerjugendbücher sollten ihren jugendlichen Lesern dabei zum einen naturwissenschaftliches, geographisches und historisches Wissen vermitteln, das sich die Autorin aus diverser, vom Verlag zur Verfügung gestellter geographischer, naturwissenschaftlicher oder auch schiffstechnischer Sachliteratur erarbeitete, aber auch den zu dieser Zeit weit verbreiteten Abenteuerromanen entnahm (Steinbrink 1983, 180; Tuxhorn 2008, 28). Der Verlag orientierte sich damit an der Konjunktur von Abenteuererzählungen, die, wie dargestellt, Mitte des 19. Jahrhunderts begonnen hatte und auch im Bereich der Massenunterhaltungsliteratur weit verbreitet war. Doch bei Wörishöffers Jugendromanen handelt es sich nicht um Heftchen- oder Kolportageliteratur – im Gegenteil: Die Romane richteten sich dezidiert an Jugendliche der bür-

---

[1] Karin Tuxhorn (2008, 35) weist darauf hin, dass neben der positiven Wahrnehmung der Autorin auch zu ihren Lebzeiten schon Kritik an nationalistischen und chauvinistischen Tendenzen geäußert wurde, u. a. durch den bekannten Pädagogen Heinrich Wolgast.

gerlichen Schichten, was an der hochwertigen Ausstattung (aufwändige Illustrationen und Cover) und dem extrem hohen Preis von neun Mark zu erkennen ist (Tuxhorn 2008, 20–35) (die Heftchenliteratur war schon für wenige Pfennige zu haben). Somit sollten die Romane neben der Funktion der Wissensvermittlung zum anderen auch die der Erziehung der bürgerlichen männlichen Jugend erfüllen. Die pädagogischen Leitlinien des Verlags lauteten: „Geschichtlich-patriotisch, praktisch, geographisch-naturwissenschaftlich. Volle Garantie für sittliche Unanstößigkeit und pädagogische Korrektheit."[2] Mit diesem Programm versprechen die Romane Wörishöffers, die trotz ihres hohen Preises beim bildungsbürgerlichen Publikum sehr erfolgreich waren, die Gender- und vor allem die Männlichkeitskonzepte der tragenden gesellschaftlichen Schichten zu offenbaren und damit Auskunft über das hegemoniale Männlichkeitskonzept der Zeit zu geben. Dieses manifestiert sich vor allem in den jugendlichen männlichen Helden und Identifikationsfiguren der Romane, welche ein Erziehungs- und Initiationsprogramm durchlaufen, um am Ende in die vorgesehene bürgerliche Ordnung mit den dort gültigen Genderkonzepten einzutreten.

Das Naturforscherschiff aus dem Jahr 1880 ist Sophie Wörishöffers zweiter Roman für den Verlag, welcher besonders erfolgreich wurde. An ihm lassen sich nicht nur die intendierten oder unterschwellig transportierten Genderkonzepte aufzeigen, sondern auch die Bilder vom Eigenen und Fremden, welche für Jugendliche auf lange Zeit prägend wurden.

2 Männlichkeitskonzepte in Sophie Wörishöffers *Das Naturforscherschiff* (1880)

2.1 Genre und Figurenschema

Der Reiseabenteuerroman *Das Naturforscherschiff* von Sophie Wörishöffer folgt dem bekannten Schema des Abenteuerromans (vgl. Pellatz-Graf 2008, 622): Ein Held bricht aus dem bürgerlichen Leben aus, erlebt eine Reihe von gefährlichen Abenteuern – im Reiseabenteuerroman erfolgt dies im Zuge einer Reise –, welche seine Initiation bewirken, damit er am Ende in ein bürgerliches Leben zurückkehren kann. Dieses allgemeine Schema wird in der Jugendliteratur etwas modifiziert, etwa durch die Abschwächung der dargestellten Gefahren sowie die Vermittlung naturwissenschaftlicher Kenntnisse und einer moralisch-religiösen Orientierung für das jugendliche Zielpublikum.

Im *Naturforscherschiff* stehen die beiden jugendlichen Helden Franz und Hans Gottfried im Zentrum der Handlung. Es handelt sich um die 16 und 14 Jahre alten Söhne eines reichen Reeders und Kaufmanns aus Hamburg, die sich, gemeinsam mit

---

[2] Aus einem Verlagskatalog von Velhagen & Klasing aus dem Jahr 1880, zit. n. Tuxhorn 2008, 22.

ihren beiden Erziehern, Doktor Bolten und Doktor Holm – Letzterer ist zugleich der Führer der Expedition und der Lehrer der Jungen –, auf eine dreijährige Expeditionsreise durch den Atlantischen, den Indischen und den Stillen Ozean bis zur Handelsniederlassung des Vaters in Samoa und zurück nach Hamburg machen. Außerdem haben die Jungen einen Vertrauten im Obersteuermann „Papa Witt" (Wörishöffer 2017, 12), einem alten Freund der Familie, der, selbst kinderlos, als Ersatzvater für sie fungiert. Damit stehen den beiden Protagonisten mehrere Vater- und Erzieherfiguren zur Seite, was – neben dem jugendlichen Alter der Helden (i. d. R. 14–16 Jahre) – einer weiteren jugendspezifischen Modifikation des Abenteuerschemas entspricht, nämlich der Einbindung der Helden in eine familiäre Atmosphäre bzw. ihrer Anbindung an Erzieherfiguren oder Mentoren, was zugleich dem typischen Figurenschema der Romane Wörishöffers entspricht (Wallenborn 2008, 685).

Neben diesen zentralen Figuren treten außerdem der Kapitän des Schiffes und seine Matrosen in Erscheinung sowie verschiedene „Eingeborene", denen die Naturforschercrew auf ihrer Reise begegnet. Im Roman treten dagegen keine Frauen als sprechende oder handlungstragende Figuren auf. Dies ist besonders in Bezug auf die Mutter der beiden Protagonisten auffällig, denn während ihr Vater sowohl beim Abschied und der Rückkehr nach Hamburg als auch als Referenzgröße der Entwicklung während der ganzen Reise eine Rolle spielt, wird die Mutter nicht erwähnt und ist auch beim Abschied und bei der Begrüßung am Hafen nicht anwesend, sondern wartet stattdessen im Haus auf die Rückkehr der Jungen. „‚Jetzt kommt zur Mutter nach Dockenhuden!'" (Wörishöffer 2017, 288), sagt der Vater nach der Begrüßung der beiden Söhne, womit nicht Hamburg, sondern das Haus mit der Mutter gewissermaßen als das endgültige Zuhause benannt ist. Somit verweisen bereits das Genreschema und die Figurenkonstellation auf die patriarchale Ordnung, nach der der Ort der Frau der private Innenraum ist, während dem Mann die öffentliche Sphäre und der Außenraum zugeschrieben werden, was besonders durch die Reisetätigkeit zum Ausdruck kommt.

2.2 Die Reise

Zentraler Handlungsbestandteil des Genres ist die Reise, in deren Verlauf die Protagonisten eine Serie von gefahrvollen Abenteuern erleben. Dabei erfüllt sie für die Helden und für die Leser verschiedene Funktionen.

Der vordergründige und erklärte Sinn und Zweck der Reise besteht in der wissenschaftlichen Erforschung von Tieren, Pflanzen und Menschen in fernen Gegenden und Ländern: „[D]ie Tierwelt der Tiefsee und des Landes, die Flora des Meeres und des Innern, die Rassen und Gebräuche der Einwohner" (Wörishöffer 2017, 11) sollen erkundet werden. Hierfür sammeln die Reisenden, die sich selbst immer wieder stolz als Naturforscher bezeichnen, Tiere und Pflanzen, sie fertigen Beschreibungen der Flora und Fauna sowie der Menschen, ihrer Dörfer, Sitten und Lebensweisen an und machen Zeichnungen und Photographien; einmal nehmen sie von den Gesichtern der

Bewohner*innen eines Dorfes Gipsabdrücke. Die Funde werden nach Hamburg verschickt, wo sie von Gelehrten untersucht und ausgewertet werden. Tiere werden außerdem eingefangen, um sie später im zoologischen Garten auszustellen, oder sie werden für das Natur- und Völkerkundemuseum von Herrn Gottfried geschossen und ausgestopft. Die Naturerforschung folgt also wissenschaftlichen Zielen, hat dabei jedoch auch einen religiösen Überbau, wie Doktor Bolten zum Ausdruck bringt:

> „Indem wir die Gesetzmäßigkeit in der Natur erkennen, [...] sehen wir, daß ein weiser Schöpfer über uns und aller Kreatur wacht. Je tiefer der Menschengeist in die Natur eindringt, um so mehr erkennt er das Walten einer höheren Macht." (Wörishöffer 2017, 51)

Somit wird gegenüber den Rezipient*innen sowohl die Funktion der Wissensvermittlung erfüllt als auch ein christliches Orientierungsgerüst geschaffen.

Wie aus dieser Darstellung bereits hervorgeht, erfolgt die naturwissenschaftliche Erforschung ohne besondere Rücksichtnahme gegenüber der Natur und den Menschen, welche als Objekte der Aneignung und Zurschaustellung angesehen werden. Dies kommt auch in anderen Verhaltensweisen zum Ausdruck, aus denen hintergründig ein weiterer Zweck der Reise erkennbar ist: Bereits zu Beginn wird die Reise wie ein abenteuerlicher Ausflug geschildert – man befindet sich in „urgemütliche[r] Reiselaune" (Wörishöffer 2017, 31) –, bei dem die Protagonisten, ausgestattet mit allen Absicherungen und allem Komfort und ohne finanzielle oder sonstige Einschränkungen und Entbehrungen, ihren abenteuerlichen Vergnügungen nachgehen können. Dies manifestiert sich besonders häufig im nicht zweckorientierten Jagen von Tieren:

> In aller Augen glühte die Jagdlust; die gefährliche Lage, in der man sich den raubsüchtigen Wilden gegenüber befand, war vergessen; man dachte jetzt nur noch an die räuberischen Tiere, welche diesen Bau bewohnten und an das Vergnügen, sie herauszutreiben. (Wörishöffer 2017, 150; ähnlich 133)

Könnte man argumentieren, dass das Spielerische der Reise ein Zugeständnis an das jugendliche Lesepublikum ist („wir spielen Robinson zu zweien", Wörishöffer 2017, 63), so drückt sich hier jedoch insgesamt eine zeittypische imperialistische Haltung aus. Die „Jagdlust", welche die Helden immer wieder ergreift und sie zum Vergnügen Tiere schießen lässt, wird, wie auch im Beispiel oben zu erkennen ist, von der auktorialen Erzählinstanz nicht kommentiert oder als problematisch gewertet. Auch gegenüber den jeweiligen Einheimischen drückt sich diese Einstellung aus: „Bei den Hottentotten im Kaplande war jedenfalls mehr Aussicht auf Abenteuer" (Wörishöffer 2017, 75), kündigt die Erzählinstanz einen Reiseschritt an. So ist es kaum erstaunlich, dass die Reisenden sich immer wieder einen Spaß daraus machen, die Einheimischen zu erschrecken oder sich über sie zu belustigen.

Das dritte und letzte Ziel der Reise besteht – erzählstrukturell und auch rezeptionsästhetisch – in der an der konservativen männlichen Rollennorm orientierten Bildung, Initiation und Entwicklung der beiden jugendlichen Helden Hans und Franz. Das Naturforscherschiff fungiert als „pädagogische[] Insel" (Wilkending 2008, 222), die der Reifung der Jugendlichen zu gefestigten männlichen Erwachsenen dient. Damit knüpft der Roman an die Robinsonaden der Aufklärungszeit an, ohne jedoch auf der erzählerischen Ebene so dezidiert moralisch und didaktisch zu sein. Gleichzeitig werden mit der Reise- und Abenteuerstruktur die pubertären Ausbruchswünsche befriedigt, die aufgrund ihrer anthropologischen Funktion bis heute in der Kinder- und Jugendliteratur eine wichtige Rolle spielen; im 19. Jahrhundert bekamen solche Ausbruchsphantasien aufgrund der zunehmenden Mobilität der Menschen eine weitere Dimension. Besonders der ältere Bruder Franz, der als 16-Jähriger bereits konkreter über seine beruflich-gesellschaftliche Rolle nachdenken muss als der jüngere der beiden Helden, bringt häufig zum Ausdruck, dass er nicht in die Fußstapfen seines Vaters treten möchte, da ihm das Leben zu Hause und im Kontor zu eng sei. Hierin darf man indes nicht nur allgemeine jugendliche Ausbruchswünsche erkennen, sondern auch einen Verweis auf die Kehrseite der hegemonialen Männlichkeit. Denn während den Jungen und Männern des 19. Jahrhunderts einerseits mehr Möglichkeiten und Spielräume eingeräumt wurden als den Mädchen und sie temporär aus der vorgegebenen Ordnung ausbrechen konnten, standen sie dennoch – genau wie Mädchen und Frauen – unter dem Erwartungsdruck, einen Platz in der bürgerlichen Ordnung einzunehmen und diesen rollengemäß auszufüllen. Und so beschließt auch Franz nach der abenteuerlichen Reise am Ende des Buches, in die väterliche und bürgerliche Ordnung einzutreten. Mit der Reifung des Helden und seinem glücklichen Eintritt in die bürgerliche Gesellschaft wird ein weiteres Genreelement des jugendliterarischen Reiseabenteuerromans aufgerufen (Pellatz-Graf 2008, 625), das eine entsprechende erzieherische Funktion bei den männlichen jugendlichen Lesern erfüllen sollte. Wallenborn sieht darin auch einen der Erfolgsgründe der Romane Wörishöffers:

> Es gelingt ihnen [d.i. den Romanen] das Bedürfnis heranwachsender Jugendlicher nach Ausbruch, Abenteuer und Anerkennung zu befriedigen, ohne dabei deren lebensweltlichen Hintergrund in Frage zu stellen. [...] Von solchen Fahrten in fernste Länder bringt niemand den Drang zur Revolte mit nach Hause; der Weg in die Weite führt zurück in die heimatliche Ordnung. (Wallenborn 2008, 693)

Das Männlichkeitskonstrukt der beiden jugendlichen Helden und die damit verbundene Initiation sowie ihre Rückkehr in die bürgerliche Ordnung sollen nun noch eingehender untersucht werden.

2.3 Das durch die jugendlichen Helden verkörperte Männlichkeitskonstrukt

Wie im Schema des jugendliterarischen Reiseabenteuerromans üblich, stehen im *Naturforscherschiff* gleich zwei jugendliche Helden im Zentrum (Pellatz-Graf 2008, 623). Durch die Konstellation von zwei zunächst sehr unterschiedlich angelegten Charakteren, die sich jedoch beide am Ende in dieselbe Ordnung einfügen, wird die identifikatorische Wirkung des Romans mit seinen bürgerlichen, christlichen und nationalistisch-imperialistischen Grundpfeilern auf die Leser*innen erhöht.

Der jüngere Bruder, Hans Gottlieb, wird als mitfühlend, schüchtern und manchmal sogar ängstlich beschrieben (Wörishöffer 2017, 88 und 97), während der ältere Bruder, Franz Gottlieb, stark, mutig und bisweilen unvernünftig und draufgängerisch ist. Dessen ungeachtet verbindet beide eine ganze Reihe positiv besetzter Eigenschaften: Sie sind intelligent und im Sinne des Denkhorizonts des Romans moralisch korrekt, sie haben eine christlich gefestigte, nationale und patriotische Gesinnung und sind von großbürgerlicher Herkunft. Damit wird das Konstrukt Gender genauer spezifiziert und mit den Differenzkategorien Religion, Nation und Klasse verschränkt. Die beiden Jungen überwinden alle Gefahren und Widrigkeiten, wodurch auch dem schüchternen Hans allein durch die Tatsache, dass er Teil der gefährlichen und abenteuerlichen Unternehmung ist, eine grundsätzliche Stärke zugeschrieben wird und er am Konzept der hegemonialen Männlichkeit partizipiert. Dies manifestiert sich auch in dem im gesamten Buch rekurrenten Kriegsvokabular: Die Nachtlager sind Festungen (Wörishöffer 2017, 60), die Natur ist ein Krieg (Wörishöffer 2017, 72 und 134), Natur, Tiere und die „Wilden" sind Feinde (Wörishöffer 2017, 95). Die beiden männlichen Protagonisten sind die unangefochtenen und von allen bewunderten Helden (z. B. Wörishöffer 2017, 94), welche alle Gefahren durchstehen und überwinden.

Entscheidend ist, dass sich die Jungen genreregemäß am Ende von „spielenden, ahnungslosen Knaben" zu „denkende[n] Menschen" (Wörishöffer 2017, 285) wandeln und als solche in die bürgerliche Ordnung zurückkehren bzw. in sie eintreten. Davor durchlaufen sie allerdings eine unterschiedliche Entwicklung. Während der zurückhaltende Hans bekennt, dass er immer schon in die Fußstapfen des Vaters treten wollte (Wörishöffer 2017, 288), muss der draufgängerische Franz sein Ungestüm erst ablegen und die bürgerliche Ordnung zu schätzen lernen. Ihm war der Beruf des Vaters zunächst zu eng und zu langweilig, ihn lockte das Abenteuer. Doch schon nach den ersten gefährlichen Expeditionen beginnt Franz, sich dem Beruf des Vaters mental zuzuwenden: „‚[I]ch habe so oft den Kaufmannsstand langweilig und das Sitzen am Pult trostlos genannt, – das war unrecht von mir.'" (Wörishöffer 2017, 89; ähnlich 67) Diese Hinweise wiederholen sich, bis Franz in einer deutschen Siedlung beschließt, auf schnellstem Wege nach Hause zurückzukehren, um voller Überzeugung in die väterliche Welt einzutreten:

> Franz dachte der Niederlassungen seines Vaters in der Südsee, und wie vielen Hunderten, ja Tausenden von armen Wilden das Haus Gottfried schon bürgerlichen Wohlstand und Erlösung aus der Nacht tiefster menschlicher Unwissenheit in ihre entlegene Inselheimat gebracht. Der Beruf des Kaufmannes war doch ein schöner, großer, war ein Zweig der hohepriesterlichen Sendung, welche nach Gottes Willen der Mensch dem Menschen gegenüber vollzieht, wo immer dem ärmeren Bruder die Hand gereicht und das Fackellicht der Gesittung in früheres Dunkel getragen wird. (Wörishöffer 2017, 128; ähnlich 244, 277, 279, 282–285, 288)

Franz' größere Abenteuerlust kommt ihm nun insofern zugute, als sie ihn auch zu Großem befähigt, entwickelt er doch Pläne für neue Handelsbeziehungen und Niederlassungen (Wörishöffer 2017, 284).

Die Eingliederung in die bürgerliche Ordnung am Ende des Buches weist verschiedene Facetten auf: Zunächst ist es die Ordnung des *Vaters*, der gegenüber sich die Jungen beweisen wollen (Wörishöffer 2017, 76). Hierin zeigt sich die Ambivalenz des hegemonialen Männlichkeitskonstrukts. Denn einerseits ist es den Söhnen des reichen Großbürgers gestattet, auf eine *Grand Tour* zu gehen, um sich zu bilden und zu reifen, bevor der vorbereitete Platz in der Gesellschaft eingenommen wird; andererseits werden die Jungen in den Personen ihrer Lehrer, Erzieher, Mentoren und Ersatzväter gewissermaßen immer von der Vaterautorität begleitet und stehen unter deren Einfluss. Somit ist die ihnen zugestandene Freiheit keine absolute, sondern eine Vorbereitung auf die angestrebte Ordnung, die es stets zu bewahren gilt. Die jugendliche Lust am Ausbruch wird so kanalisiert und gezähmt.

Mit dem Eintreten in die (groß-)bürgerliche Ordnung des Vaters fügen sich die Helden außerdem in die *staatsbürgerliche und nationale Ordnung* ein, denn als Hamburger Kaufleute und Reeder mit Handelsniederlassungen in fernen Ländern haben sie auch einen national-patriotischen und kolonialistischen Auftrag, der angeblich der Verbreitung von Kultur, Aufklärung und Christentum dienen soll.

Nicht zuletzt ist der Eintritt in die gesellschaftliche Ordnung auch die Übernahme der herrschenden *Genderordnung*, die auf dem Konzept der aus dem 18. Jahrhundert bekannten sogenannten Geschlechtscharaktere[3] fußt. Für die beiden Söhne des Großbürgers Gottfried bedeutet dies zugleich die Übernahme des hegemonialen Männlichkeitskonstrukts, das sich aus den bisher genannten Eigenschaften Stärke, Mut, Führungsfähigkeit und Überlegenheit (hierzu genauer in Abschnitt 2.5) zusammensetzt und mit den eben genannten Kategorien Christentum, Heimatliebe, Patriotismus und soziale Klasse verknüpft ist.

Wie im Abschnitt über die Figurenkonstellation bereits ausgeführt, bestätigt auch die Zuordnung der Figuren zu einem Innen- und einem Außenraum dieses konservative Geschlechtermodell. Dies kann ein Vergleich mit dem Prototypen der Mädchen- und Backfischliteratur, Emmy von Rhodens *Der Trotzkopf* (1885), verdeutlichen: Auch die Protagonistin dieses Romans muss für eine Zeit das Elternhaus verlassen, um zu einer vernünftigen Erwachsenen heranzureifen. Sie wird in ein Pensionat geschickt, das strukturell der ‚pädagogischen Insel' des Naturforscherschiffes ähnlich ist (von ihr selbst wird es als „Insel" bezeichnet [Rhoden 2011, 33]); dort erwirbt sie alle Fähigkeiten, die eine Frau besitzen soll, um am Ende in die bürgerliche Geschlechterordnung eintreten und die ihr zugedachte Genderrolle übernehmen zu können. Das Pensionat ist indes kein Raum der Freiheit, in dem sich Talente und Persönlichkeit erfüllen und sich freie Entscheidungen über das Leben entwickeln können – welcher das Naturforscherschiff durch die Reise ja trotz allem ist –, sondern es ist im Gegenteil

---

3 Vgl. hierzu den Beitrag zu Campe von Jennifer Jessen in diesem Band.

ein Raum der Einübung in die vorgegebene weibliche Rolle. Die Phase der Ausbildung zum erwachsenen Menschen endet entsprechend nicht, wie bei den Jungen, mit der Wahl eines Berufs, sondern mit einer Verlobung und der Aussicht auf eine Liebesheirat, welche die Berufstätigkeit der Frau als großes Stigma ausdrücklich ausschließt.

Das Reiseabenteuerbuch für Jungen erfüllte im späten 19. Jahrhundert also gleich mehrere Funktionen: Während es das Ausbruchs- und Abenteuerbedürfnis sowie die Wissbegierde von Jugendlichen bediente, bekräftigte es zugleich die herrschende Ordnung und vor allem die Genderordnung. Somit bot es gleichermaßen Evasion und Bestätigung der hergebrachten Lebensentwürfe.

2.4 Das Männlichkeitskonzept der Erzieherfiguren

Gemäß der oben beschriebenen Erkenntnis, dass es sich bei dem Naturforscherschiff – ähnlich der Insel in der Robinson-Geschichte – um einen Ort der Erziehung und Bildung der beiden jugendlichen Helden handelt und die Erforschung von Natur und fremden Völkern demgegenüber nur das vordergründige Ziel der Reise darstellt, muss noch ein genauerer Blick auf die beiden Lehrer und Mentoren der Jungen und deren Männlichkeits- und Erziehungskonzept geworfen werden.

Bei dem „würdigen Doktor Bolten" und dem „jungen Doktor Holm" (Wörishöffer 2017, 11) handelt es sich um einen Theologen und um einen Naturwissenschaftler. Damit sind bereits die beiden Bereiche angesprochen, aus denen die Helden – und die Rezipient*innen – lernen sollen: Naturwissenschaften und christlich-moralische Grundsätze. Während Doktor Holm die Gewissheit vermittelt, sich die Welt mittels Erforschung Untertan machen zu können, vertraut Doktor Bolten allein auf Gott:

> Der alte Theologe legte die Hand auf seines Zöglings Schulter, „Das ist die Ehrfurcht, welche ein gewaltiges, erschütterndes Ereignis dem Menschenherzen abnötigt, mein Junge, das ist die Unthätigkeit, wozu wir angesichts der Gefahr verurteilt sind, die uns ganz wehrlos in Gottes Hand legt. Du vertraust nicht mehr auf dich, also fühlst du auch keine Unruhe, – das ist das Geheimnis alles wahren Glaubens!" (Wörishöffer 2017, 71–72)

Beides – naturwissenschaftliche Erfassung und christliche Schicksalsergebenheit – vermittelt letztlich dieselbe optimistische Grundhaltung und soll den jugendlichen Leser*innen Orientierung geben.

Daneben vermitteln die Erzieher den Jungen bestimmte Charaktereigenschaften, welche vor dem großbürgerlichen Hintergrund der jugendlichen Identifikationsfiguren dem hegemonialen Männlichkeitskonzept zugeordnet werden können. Neben den an die Gebote der Aufklärung gemahnenden Eigenschaften Besonnenheit und Vernunft handelt es sich um die Werte Mut, Stärke und Rücksichtslosigkeit, welche mit den nationalistischen und kolonialistischen Diskursen des späten 19. Jahrhunderts korrespondieren. Positiv hervorgehoben werden männliche ‚Führungsfähigkeiten'; diplomatisches Geschick ist damit stets nur in der Überzeugung der eigenen Überlegenheit gegenüber den „Eingeborenen" gefordert.

Diese Werte münden in national-patriotischen Gesinnungen und patriotischer Heimatliebe, welche zentral im Roman sind. Hierfür sei ein Gespräch zwischen Franz und Doktor Holm über das Vok der Vedda als Beispiel angeführt:

> „Gerade wie bei uns die Zigeuner," rief Franz. „Ohne Arbeit, in stetem Müßiggang, stehlend und bettelnd, unter Schmutz vergraben, jedes feste, dauernde Obdach meidend, – welche Ähnlichkeit!"
> „Weil die Verhältnisse die gleichen sind," fiel der Doktor ein. „Menschen ohne Nationalgefühl, ohne staatsbürgerliche Rechte und Pflichten müssen sittlich verkommen. Alle diese als ‚wild' und ‚halbwild' bezeichneten Völker sterben aus, während die Kulturstaaten alljährlich Tausende ihrer Unterthanen abgeben, um an fernen Enden der Welt neue Reiche der Bildung und Gesittung gründen zu helfen." (Wörishöffer 2017, 149–150)

Nach einem Attentat auf den Kaiser[4] wird nicht nur in Deutschland, sondern auch in den fernen Handelsniederlassungen ein Dankgottesdienst für den Herrscher abgehalten:

> Auch auf der fernen Insel des Stillen Meeres waren und blieben sie Deutsche, auch unter fremden Völkern lebend bewahrten sie die Liebe zu Kaiser und Reich, das empfanden alle, das gestaltete sich während dieser erhebenden Feier in vielen Herzen zu einem Entschluß, dem die beiden Brüder Gottfried nach beendetem Gottesdienst zuerst Worte liehen. (Wörishöffer 2017, 276)

Zwar wird der Text nur selten explizit politisch, wenn etwa für Kaisertreue und gegen die Sozialdemokraten Stellung bezogen wird (Wörishöffer 2017, 233), doch ist er von einem grundsätzlichen national-patriotischen Gedanken getragen, welcher letztlich politisch und gesellschaftlich affirmativ wirken musste.

Die beiden Erzieher erklären ihren Zöglingen immer alles wissenschaftlich und moralisch, sie belehren sie, rufen zur Besonnenheit auf und sprechen Verbote aus. Doch welche Bedeutung das Übertreten solcher Verbote hat, kann wieder besonders der Vergleich mit dem Mädchenbuch des späten 19. Jahrhunderts zeigen, wodurch wiederum zentrale Aspekte des Männlichkeitskonstrukts deutlich werden. Nachdem etwa Franz entgegen dem ausdrücklichen Verbot durch Doktor Holm ein Krokodil abschießt, um einen zum Tode verurteilten Dorfbewohner zu retten (Wörishöffer 2017, 97), wird die gesamte Naturforschercrew zum Tode verurteilt und kann nur durch Glück der Vollstreckung entkommen. Trotz dieser drastischen Folgen seines Ungehorsams wird Franz indes in keiner Weise zurechtgewiesen. Es wird in den Dialogen im Gegenteil mehrfach darauf hingewiesen, dass Franz „[d]as Rechte" (Wörishöffer 2017, 98) getan habe: „Unmöglich kann Gott dem Bösen den Sieg verleihen'" (Wörishöffer 2017, 98), betont Franz. Hierin werden eklatante Unterschiede zum Mädchenbuch deutlich, was noch einmal an Emmy von Rhodens *Trotzkopf* (1885) illus-

---

[4] Wörishöffer bezieht sich hier auf ein historisches Ereignis: Kaiser Wilhelm I. wurde 1878 während einer Fahrt in offener Kutsche angeschossen und lebensbedrohlich verletzt.

triert werden soll:[5] Es ist das zentrale Ziel des Erziehungsprogramms für die Protagonistin Ilse, ihren Ungehorsam und ihren Willen zu brechen, gehörten doch Gehorsam, Nachgiebigkeit und Anpassungsfähigkeit zu den wichtigsten Elementen der sogenannten weiblichen Bestimmung.[6] Wenn von den Jungen Gehorsam verlangt wird, so ist dies ein grundlegender Gehorsam gegenüber den väterlichen Autoritäten – Vater, Kaiser und Gott –, doch in Bezug auf die individuelle Entwicklung werden den Jungen Regelbrüche als Teil des Männlichkeitskonstrukts zugesprochen und unter Eigenschaften wie Mut, Stärke und korrekter Gesinnung subsumiert. Zwar werden auch die Jungen, wie gezeigt, letztendlich in eine Ordnung eingefügt, doch diese Ordnung weist ihnen einen machtvollen – einen hegemonialen – Platz zu. Wenn Franz also seinem Gewissen folgt und sich über die Regeln der einheimischen Bevölkerung und das Verbot seines Erziehers hinwegsetzt, so wird dies zum einen in eurozentrischer Wahrnehmungsweise von allen Hauptfiguren des Buches und der Erzählinstanz akzeptiert, zum anderen als männliche Charakterstärke positiv gewertet. Die hegemoniale Position wird allerdings – selbst als virtuelle Partizipationsmöglichkeit – nicht allen Männern zuerkannt, wie die Abgrenzung der Helden von den nicht-Weißen[7] Männern verdeutlicht.

2.5 Das Männlichkeitskonzept in der Gegenüberstellung von Europäern und Einheimischen

Aus den bisherigen Ausführungen ist bereits das Imperialistische, Kolonialistische und Rassistische der national-patriotischen Äußerungen die Romans zu erkennen, die sich wie ein roter Faden durch das Buch ziehen und in den Reiseabenteuerromanen der Kaiserzeit weit verbreitet waren.[8] Hegemoniale Männlichkeit ist an den bürgerlichen, Weißen Europäer bzw. Deutschen gekoppelt und wird hier auch in Abgrenzung zur Männlichkeit der „Eingeborenen", „Wilden" oder „Neger", wie sie im Buch genannt werden, konstruiert, die als grundsätzlich minderwertig dargestellt und angesehen werden. Zum Konzept der hegemonialen Männlichkeit gehört also – zusätzlich zu den bisher genannten Kategorien und Eigenschaften – auch die Kategorie *race*/ Ethnizität.

---

[5] Vgl. hierzu die Beitrag von Jana Mikota und Nadine J. Schmidt in diesem Band.
[6] Vgl. hierzu auch den Beitrag von Jennifer Jessen in diesem Band.
[7] ‚Weiß' und ‚Schwarz' werden hier, wie in der Kritischen Weißseinsforschung (*Critical Whiteness Studies*) üblich, großgeschrieben, um sie als Konstrukte zu kennzeichnen (vgl. hierzu auch den entsprechenden Hinweis im Beitrag von Joseph Kebe-Nguema in diesem Band). Die Substantive ‚Weiße/r' und ‚Schwarze/r' erhalten eine Kursivierung des ersten Buchstabens als Markierung.
[8] Daneben existierten auch ‚echte' Kolonialromane, die das Ziel hatten, die koloniale Idee unter Jugendlichen zu verbreiten und zu festigen (vgl. Pech 1980, 678–679); vgl. hierzu den Beitrag von Joseph Kebe-Nguema in diesem Band.

Zwischen den Deutschen und den Angehörigen der von den reisenden Protagonisten jeweils aufgesuchten einheimischen Bevölkerungen wird eine unüberbrückbare Kluft in Charaktereigenschaften, Lebensweise und letztlich auch Wertigkeit konstruiert. Den bisher dargestellten positiven Eigenschaften der männlichen Weißen Deutschen im Buch steht eine Reihe wiederkehrender negativer Eigenschaften aufseiten der *Schwarzen* gegenüber: Stets sind diese hässlich, faul bzw. arbeitsscheu, hinterhältig, habgierig und schmutzig; letztgenannte Eigenschaft ist gewissermaßen die äußere Sichtbarkeit ihrer inneren Verkommenheit. Das hegemoniale Männlichkeitskonstrukt beinhaltet also in Form einer binären Opposition gegenüber den Nichtdeutschen sogenannte ‚deutsche Tugenden' wie Fleiß bzw. Arbeitsamkeit, Ordnung, (moralische) Korrektheit und Sauberkeit. Die Einheimischen werden außerdem entweder als bösartig oder als kindlich-dümmlich eingestuft, womit sie den Europäern moralisch und faktisch unterlegen sind. Bei jeder neuen Begegnung mit „Wilden" wird verdeutlicht, dass diese nicht eine *andere* Kultur haben, sondern dass sie *keine* Kultur und Zivilisation besitzen. Durch Beschreibungen, Bilder und auch konkrete Vergleiche werden die *Schwarzen* in einen Bereich jenseits des erwachsenen Menschen verwiesen (Kinder), oder es wird behauptet, dass sie sich in einem Stadium zwischen Mensch und Tier befänden, womit ihnen sogar die Zugehörigkeit zum Menschlichen an sich abgesprochen wird.

> [D]as Schiff steuerte den Inseln Australiens entgegen, [...] wo ein friedliebender, harmloser Papuastamm auf allerunterster Stufe, fast im Zustand der Tierheit, leben oder besser vegetieren sollte. (Wörishöffer 2017, 223)

> Es war komisch und bedauernswert zugleich, diese hingestreckten schwarzen Gestalten zu beobachten, wie sie, weit mehr Tier als Mensch, so hilflos dalagen, aller vernünftigen Vorstellung bar [...]. (Wörishöffer 2017, 227; ähnlich 148, 155, 224, 227–229)[9]

Aufgrund von allgemeinen äußeren Merkmalen, die aus der Warte einer groben, eurozentrischen Wahrnehmung konstruiert sind, werden hier Menschen kategorisiert und ihre Charaktereigenschaften, ihre Bestimmung und ihr Wert auf ihre „Rasse" zurückgeführt. Dabei wird deutlich, dass das Konstrukt „Rasse" ganz ähnlich funktioniert wie das Konstrukt Gender: Die zur Abgrenzung herangezogenen äußeren Merkmale – etwa Hautfarbe oder Körpergröße –, aber auch kulturelle Merkmale wie Sprache, Kleidung und Bräuche werden biologistisch umgedeutet und einem von den Europäern festgelegten Wertungsraster unterzogen. Die behauptete Höherwertigkeit der Weißen Deutschen, die auf ihrer angeblich höheren Zivilisationsstufe beruht, deren Grundlage das Christentum ist, wird nie in Frage gestellt.

Bei genauerem Hinsehen werden die einheimischen Bevölkerungen auch nicht eigentlich *erforscht*, sondern sie werden per se als Feinde eingestuft (vgl. Wörishöffer 2017, 95), abgewertet, unterworfen und assimiliert. Die Naturforscher befinden sich

---

9 Vgl. zu diesen Konstrukten den Beitrag von Joseph Kebe-Nguema in diesem Band, der in Bezug auf den Mädchenkolonialroman die gleichen Stereotype herausarbeiten kann.

stets nur wenige Tage in den Dörfern und sehen sich dort alles mit der Empörung und Abwertung an, die sie bereits mitgebracht haben und nicht reflektieren. Nach einem kurzen, oberflächlichen Blick in die andere Welt, der das mit größter Rücksichtslosigkeit durchgeführte Sammeln von Material einschließt (es sei an die Gipsabdrücke der Gesichter von Dorfbewohner*innen erinnert), finden die *Weißen* stets die eigenen Vorurteile bestätigt. Besonders deutlich wird diese Haltung gegenüber Rua-Roa, einem Schwarzen Dorfbewohner, den die Naturforscher retten und auf ihr Schiff mitnehmen. Franz und die anderen Männer nutzen nun nicht die sich ihnen bietende Chance, mithilfe Rua-Roas die andere Kultur wirklich kennenzulernen, sondern sie werden seine Lehrer, die ihn der europäischen Kultur assimilieren. Dies gipfelt darin, dass sich der *Schwarze* in Dankbarkeit auf den Namen Rudolf Harms taufen lässt und mit seinem Namen den letzten Rest seiner Identität aufgibt. Obwohl er und Franz Blutsbrüder werden, bleibt die hierarchische Beziehung zwischen beiden bestehen, in der Franz immer der Herr und der assimilierte „Wilde" bzw. „Halbwilde" der Sklave bleibt:

> Der Halbwilde nahm die Hand seines Freundes und legte sie sich auf den Kopf, während umgekehrt seine Rechte Franzens Scheitel berührte. „Ich danke dir," sagte er innig, „du hast deinem Sklaven viel geschenkt, aber er wird sich dessen würdig zeigen." (Wörishöffer 2017, 127)

Damit ist es nur folgerichtig, dass die Kolonisierung als Befreiung der Einheimischen aus einem unzivilisierten, kulturlosen, unchristlichen und letztlich tierähnlichen Zustand bezeichnet wird: „Ich möchte einmal mit eigenen Augen sehen, wie sich auf einer und derselben Insel Schritt um Schritt die tiefste Vertiertheit des Menschengeschlechts in europäische Kultur verwandelt" (Wörishöffer 2017, 155), sagt Doktor Holm. Die Handelsniederlassungen des Kaufmannes Gottfried, welche seine Söhne Franz und Hans mit ihren Erziehern aufsuchen, werden – durchaus realitätsgetreu – als kolonialistische Keimzellen beschrieben. Die Kolonisierung dieser Gebiete wird als Kultur, Aufklärung, Glück und bürgerlichen Wohlstand bringend dargestellt, der deutsche Kaufmann gilt damit als der „Fackelträger der Zivilisation" (Wallenborn 2008, 687). Als Legitimationsgrundlage des Handelskolonialismus fungieren nicht nur der tief verwurzelte Rassismus, sondern auch das Christentum. So heißt es etwa an anderer Stelle, als das mit Knochenschmuck ausgestattete Zelt eines Häuptlings betrachtet wird:

> Der alte Theologe stand starr. „Dieser Greuel!" rief er. „Ob da nicht Steine und Wände predigen müßten! Es ist himmelschreiend."
> „So abscheulich dieser Schmuck auch ist," sagte Holm, „so wollen wir doch nicht unterlassen, diese Stätten entsetzlichen Heidentums photographisch aufzunehmen [...]. Vielleicht erweckt ihr Anblick in dem Herzen glaubensvoller Männer das Verlangen, den armen Heiden die milden Sitten des Christentums aufs neue entgegenzubringen, wenn auch bis jetzt weder Missionare noch Kaufleute einen entscheidenden Einfluß haben ausüben können [...]." (Wörishöffer 2017, 190)

Wie deutlich wurde, konstruiert sich hegemoniale Männlichkeit also auch in der Gegenüberstellung von Eigenem und Fremdem und ist dabei europäisch, deutsch, Weiß und christlich. Dazu gehört außerdem eine rassistische und imperialistisch-kolonialistische Haltung, was mit den weiter oben genannten Eigenschaften der Jungen (Rücksichtslosigkeit, Führungsqualitäten u. ä.) korrespondiert.

3 Fazit

Die Reiseabenteuerromane Sophie Wörishöffers waren Ende des 19. Jahrhunderts extrem bekannt und verbreitet und prägten ihre jugendlichen Rezipient*innen auf Jahrzehnte. Zwar haben auch Mädchen die Romane gelesen, doch war das hauptsächliche Publikum die männliche bürgerliche Jugend, an welche die Konzepte der Romane ausdrücklich adressiert waren. Damit geben die Werke Auskunft über die herrschenden und die angestrebten *hegemonialen* Männlichkeitskonzepte, richteten sie sich doch an die tragende gesellschaftliche Schicht. Gerade die konservative, didaktisch orientierte Kinder- und Jugendliteratur des 19. Jahrhunderts ist damit eine Fundgrube für Genderdiskurse, die aufzeigt, in welche Genderrollen bürgerliche Mädchen und Jungen eingepasst werden sollten und mit welchen anderen sozialen Differenzkategorien die Genderkonstrukte dabei verflochten sind.

Das hegemoniale Männlichkeitskonstrukt war zur Entstehungszeit des Textes grundsätzlich positiv assoziiert und gegenüber dem Weiblichkeitskonstrukt mit Privilegien sowie einer größeren Anzahl an Entfaltungsmöglichkeiten ausgestattet, doch die Analyse zeigt, dass es durchaus auch ambivalent ist. Wie auch der punktuelle Vergleich mit dem Mädchenbuch noch einmal bekräftigen kann, werden den Jungen gemäß der bereits aus dem 18. Jahrhundert bekannten Geschlechterordnung zunächst deutlich mehr Freiheiten und individuelle Entfaltung zugestanden. Das Abenteuerparadigma bestätigt die dichotomische Geschlechterordnung (Wilkending 2008, 220), indem es auf das Schema der Zuweisung zu einem Innen- und einem Außenraum sowie auf Gendereigenschaften wie weibliche Passivität, Unterordnung und Emotionalität versus männliche Aktivität, Führungsstärke und Rationalität abhebt. Doch diese Freiheiten sind durchaus auch eingeschränkte, die nicht mit unseren heutigen Freiheitsvorstellungen gleichzusetzen sind. Während im 20. Jahrhundert der Raum jenseits des Alltags als ein Raum der individuellen Freiheit, Entfaltung und Phantasie semantisiert wird, in dem die Kinder als die ‚besseren Menschen' fungieren (man denke etwa an Erich Kästners *Emil und die Detektive* oder Michael Endes *Die unendliche Geschichte*), ist dies im 19. Jahrhundert auch in den Romanen für Jungen grundlegend anders. Den männlichen Jugendlichen wird im 19. Jahrhundert zwar anders als den Mädchen ein (zumindest temporärer) Ausbruch aus der Ordnung und eine Entwicklung im Außenraum zugestanden, außerdem haben sie verschiedene Wahlmöglichkeiten (Kaufmann oder Naturforscher) und sind nicht auf das einzige Ziel beschränkt, eine ‚gute Partie' zum Heiraten zu finden. Doch letztlich sollen auch die Jungen in eine herrschende Genderordnung eingepasst werden, die aus den konkret vorgegebenen Elementen ‚deutsche Tugenden', bürgerliche Lebensführung, Christentum und Nationalismus besteht. Der zweite Raum dient der Reifung und Entwicklung und damit der Vorbereitung auf die vorgegebene Rolle, außerdem fungiert er als temporäres Zugeständnis an die Ausbruchswünsche, welche aber wiederum stets kanalisiert sind. Im modernen Kinder- und Jugendbuch dient der zweite Raum zwar auch der Reifung und Entwicklung der Kinder und Jugendlichen, nicht aber der Eingliederung in die herrschenden Verhältnisse; hier finden vielmehr häufig eine zweckfreie Phantasieausübung und eine ganz auf das Individuum konzentrierte Entfaltung statt. Während die weiblichen Jugendlichen in den (konservativen) Mädchenromanen des 19. Jahrhunderts also mithilfe der Raumbewegung angepasst und in die weibliche Genderordnung gezwungen werden, sollen sich die männlichen Jugendlichen dagegen *sowohl* entfalten *als auch* einpassen. Damit bedient die Abenteuerreise bei den Rezipient*innen allgemeine pubertäre Ausbruchswünsche, die nicht nur bei den weiblichen, sondern auch bei den männlichen Jugendlichen des 19. Jahrhunderts außerdem mit den eigenen Erlebnissen von Enge und Zwang (vgl. Wilkending 2018, 221) korrespondieren. Das Abenteuerparadigma gesteht den Jungen einen größeren Aktionsradius als den Mädchen zu, muss aber zugleich als die Kehrseite der hegemonialen Männlichkeit betrachtet werden.

Hegemoniale Männlichkeit wird hier indes nicht nur in Opposition zu *Weiblichkeit* konstruiert, sondern auch bzw. sogar noch offensichtlicher in Abgrenzung zu *anderen (nicht-hegemonialen) Formen von Männlichkeit*. Das Konstrukt Gender wird dabei mit den Kategorien Klasse, Nation, Religion und *race*/Ethnizität verknüpft und ist – gemäß der vorherrschenden Geisteshaltung des späten 19. Jahrhunderts – mit nationalistischen, imperialistisch-kolonialistischen und rassistischen Diskursen verwoben. Nicht-europäische und nicht-Weiße Männlichkeiten werden als grundsätzlich minderwertig gegenüber der Männlichkeit der Weißen deutschen Protagonisten dargestellt, teilweise wird ersteren sogar der Status des Menschseins abgesprochen. Den hegemonialen männlichen Figuren werden damit also sowohl ‚*männliche*' Werte zugesprochen (wie etwa Bewegung im Außenraum, Aktivität, Stärke, Führungsfähigkeit) als auch – durch ihre Zugehörigkeit zur großbürgerlichen Klasse, zur deutschen Nation, zum Christentum und zur Gruppe der *Weißen* – *(groß-)bürgerliche* und *christliche* Werte sowie vermeintlich ‚*deutsche* Tugenden', wobei sich die Merkmale der genannten Kategorien überschneiden. Zu nennen sind hier etwa: moralische Korrektheit, Arbeitsamkeit, Fleiß, Sauberkeit, Ordnung, Gehorsam gegenüber väterlichen Autoritäten, Sittlichkeit, Heimatverbundenheit, Patriotismus, Glaube. Als weitere Differenzkategorie wäre der Status des *Menschlichen* gegenüber der ‚Kulturlosigkeit', ‚Unzivilisiertheit' und in letzter Stufe dem Tierähnlichen der Nicht-Europäer zu nennen. Das Konstrukt der hegemonialen Männlichkeit wird damit in letzter Konsequenz gleichgesetzt mit der Kategorie ‚Mensch'. Indem zum hegemonialen Männlichkeitskonstrukt des 19. Jahrhunderts Elemente aus den Bereichen Klasse bzw. Herkunft, Nation, Religion bzw. Christentum und *race*/Ethnizität gehören, verflechten sich hier verschiedene soziale Differenzkategorien. Das daraus resultierende Genderkonzept weist zwar durchaus auch ambivalente Züge auf, ist aber von einem grundlegenden

Überlegenheitsgestus gegenüber Weiblichkeiten und nichthegemonialen, insbesondere nicht-Weißen Männlichkeiten getragen, der, ebenso wie die dichotomische Geschlechterordnung mit den ihr zugewiesenen Elementen, lange Zeit weitertransportiert wurde.

Literatur

1 Primärliteratur

Rhoden, Emmy von. *Der Trotzkopf.* Berlin u. a.: Ueberreuter, 2011 [1885].
Wörishöffer, Sophie. *Das Naturforscherschiff. Abenteuerroman – Fahrt der jungen Hamburger mit der Hammonia nach den Besitzungen ihres Vaters in die Südsee.* O.O.: e-artnow, 2017 [1880].

2 Sekundärliteratur

Fragoso, Gabriela. „Triviale Jugendliteratur im Deutschen Kaiserreich am Beispiel von Werken Sophie Wörishöffers und C. Falkenhorsts". *Hohe und niedere Literatur. Tendenzen zur Ausgrenzung, Vereinnahmung und Mischung im deutschsprachigen Raum.* Hg. Annie Bourguignon. Berlin: Frank & Timme, 2015, 159–171.
Lukasch, Peter. *Der muss haben ein Gewehr. Krieg, Militarismus und patriotische Erziehung in Kindermedien vom 18. Jhdt. bis in die Gegenwart. Ein Beitrag zur Geschichte der Kindermedien.* Norderstedt: Books on Demand, 2012.
Mehnde, Heilwig von der (Hg.). *Vor allem eins, mein Kind ... Was deutsche Mädchen und Knaben zur Kaiserzeit gelesen haben.* Hamburg: Hoffmann und Campe, 1972.
Pech, Klaus-Ulrich. „Reiseromane und -erzählungen". *Handbuch zur Kinder- und Jugendliteratur. Von 1850–1900.* Hg. Otto Brunken/Bettina Hurrelmann/Maria Michels-Kohlhage/Gisela Wilkending. Stuttgart u. a.: Metzler, 2008, 666–683.
Pellatz-Graf, Susanne. „Abenteuer- und Reiseromane und -erzählungen für die Jugend". *Handbuch zur Kinder- und Jugendliteratur. Von 1850–1900.* Hg. Otto Brunken/Bettina Hurrelmann/Maria Michels-Kohlhage/Gisela Wilkending. Stuttgart u. a.: Metzler, 2008, 616–665.
Pleticha, Heinrich. „Das Abenteuerbuch im 19. Jahrhundert. Über die Entwicklung einer Gattung". *Ansätze historischer Kinder- und Jugendbuchforschung.* Hg. Alfred Clemens Baumgärtner. Baltmannsweiler: Burgbücherei Schneider, 1980, 42–56.
Steinbrink, Bernd. *Abenteuerliteratur des 19. Jahrhunderts in Deutschland. Studien zu einer vernachlässigten Gattung.* Tübingen: Niemeyer, 1983.
Tuxhorn, Karin. *Mit Sophie Wörishöffer ins Abenteuerland. Vertraute Heimat, eigenartige Landschaften, unbekannte Ethnien und Kulturen.* Hamburg: Dr. Kovač, 2008.
Wallenborn, Markus. „Autorenprofil: Sophie Wörishöffer". *Handbuch zur Kinder- und Jugendliteratur. Von 1850–1900.* Hg. Otto Brunken/Bettina Hurrelmann/Maria Michels-Kohlhage/Gisela Wilkending. Stuttgart u. a.: Metzler, 2008, 683–695.
Wilkending, Gisela. „Vom letzten Drittel des 19. Jahrhunderts bis zum Ersten Weltkrieg". *Geschichte der deutschen Kinder- und Jugendliteratur.* Hg. Reiner Wild. Stuttgart u. a.: Metzler, 2008, 171–240.

VI **Weimarer Republik**

Christian Heigel

Genderkonstrukte in der ‚realistischen' Kinder- und Jugendliteratur der Weimarer Republik

Erich Kästners Roman *Emil und die Detektive*

Zusammenfassung: Die Zeit der Weimarer Republik fällt mit gewaltigen politischen, sozialen und kulturellen Umbrüchen in den 1920ern und frühen 1930er Jahren zusammen. Diese gehen mit zahlreichen Ungleichzeitigkeiten und Ambivalenzen einher, die sich nicht zuletzt in den zwischen traditionellen und progressiven Tendenzen verorteten Weiblichkeits- und Männlichkeitsentwürfen niederschlagen. Die Literatur wirkt an der Produktion dieser Geschlechterbilder mit und fungiert zugleich als kritisches Korrektiv. Das Subsystem ‚realistisch'-neusachlicher Kinder- und Jugendliteratur der Zeit partizipiert an diesen Entwicklungen: In ihm zeigt sich die Ambivalenz der Geschlechterkonstruktionen ebenso wie deren kritische Reflexion. Am Beispiel von Erich Kästners Kinderroman *Emil und die Detektive* – als einem bis heute stark rezipierten ‚Klassiker' des Genres – lässt sich zeigen, wie ein literarischer Text Genderkonstruktionen seiner Entstehungszeit verhandelt und dabei die genannten Ambivalenzen widerspiegelt.

1 Einleitung

Die Zeitspanne zwischen dem Ende des Ersten Weltkriegs 1918 und dem Beginn der nationalsozialistischen Diktatur 1933 zeichnet sich durch eine stark ausgeprägte Gleichzeitigkeit von innovativen und reaktionären Tendenzen sowie oft extremen Gegensätzen im Gelingen und Scheitern gesellschaftlicher und kultureller Projekte aus. Damit gehen zahlreichen Ambivalenzen im politischen, sozialen und kulturellen Leben der Zeit einher. Vielversprechende politische Utopien stehen neben den immer noch dominierenden traumatischen Folgen des Krieges und schließlich einem Scheitern des noch jungen Weimarer Parlamentarismus. Ein – bis heute bemerkenswerter – Aufschwung des kulturellen Lebens wird stets und in zunehmendem Maße von der prekären wirtschaftlichen Lage in großen Teilen der Bevölkerung begleitet (vgl. Peukert 1987).

Diese Ambivalenzen zeigen sich nicht zuletzt auch in den Geschlechterkonzepten sowie dem Alltag von Männern und Frauen, wobei zwischen Anspruch und Wirklichkeit in vielen Fällen eine große Lücke klafft. Sowohl sich verändernde Vorstellungen von Männlichkeit und Weiblichkeit als auch die gelebten Herausforderungen und Widersprüche in den Geschlechterverhältnissen werden immer wieder im Medium der Literatur thematisiert. Die Texte reflektieren dabei gesellschaftliche Entwicklungen und wirken zugleich selbst aktiv an der Hervorbringung und Weiterentwicklung von Genderkonstruktionen mit. Literatur im engeren Sinne tritt zudem angesichts eines sich rasant entwickelnden Kulturlebens in intertextuelle und intermediale Austauschprozesse mit journalistischen Formen, Theater, Kabarett und Revue und immer stärker auch mit dem noch jungen Medium Film. Ein Autor wie Erich Kästner hat entscheidenden Anteil an der Vielgestaltigkeit der kulturellen Äußerungen: Kästner verfasst Romane und Gedichte, Essays und Rezensionen für Zeitungen und Zeitschriften, Texte für den Hörfunk und das Kabarett sowie Drehbücher für den Film und erschreibt sich damit eine zunehmend prominente Position im literarischen Leben der Weimarer Republik. Nicht zuletzt leistet er Beachtliches für die Kinder- und Jugendliteratur, der er durch seine in den 1920er und frühen 1930er Jahren vorgelegten Romane entscheidende Innovationsschübe verschafft. Die Frage, wie diese an ein junges Publikum adressierten Texte sich zu den Genderkonzeptionen und -praktiken ihrer Entstehungszeit verhalten, soll im Folgenden erörtert werden. Dabei wird Kästners Debut im Bereich der Kinder- und Jugendliteratur, sein Roman *Emil und die Detektive* (1929), im Mittelpunkt stehen, für die Gender-Thematik relevante Bezüge zu Kästners anderen kinderliterarischen Werken dieser Zeit – vor allem zu *Pünktchen und Anton* (1931), *Der 35. Mai oder Konrad reitet in die Südsee* (1931), *Das fliegende Klassenzimmer* (1933) sowie der *Emil*-Fortsetzung *Emil und die drei Zwillinge* (1934)[1] – erfolgen punktuell. Zunächst soll jedoch beleuchtet werden, auf welche Genderkonzepte (in der ‚Erwachsenenkultur') der Zeit sowie Vorstellungen von Kindheit und Jugend Kästners Texte rekurrieren und in welches Korpus zeitgenössischer Kinder- und Jugendliteratur sie sich einschreiben.

2 Gesellschaftliche und kulturelle Kontexte der 1920er und frühen 1930er Jahre

2.1 ‚Neue Frauen' und ‚Krisen der Männlichkeit': Geschlechterkonstruktionen und -verhältnisse der Weimarer Zeit

Die Zeit der Weimarer Republik ist in hohem Maße durch Innovationen und Verschiebungen der Geschlechterrollen und Geschlechterbeziehungen geprägt. Im Zusammenhang mit tiefgreifenden gesellschaftlichen, kulturellen und wirtschaftlichen

---

[1] *Das fliegende Klassenzimmer* erschien vor dem Beginn der nationalsozialistischen Herrschaft, *Emil und die drei Zwillinge* danach. Der letztgenannte Roman wird aufgrund der dichten intertextuellen Bezüge zu *Emil und die Detektive* im Folgenden dennoch herangezogen. Zudem ergeben sich auch durch die spezifische Situation Kästners als von den Nationalsozialisten teils verbotenem, teils geduldetem Autor gewisse Kontinuitäten, auf die hier nicht näher eingegangen werden kann.

Wandlungsprozessen findet zunächst eine Neuausrichtung weiblicher Lebensentwürfe statt. Zum einen ist die Frau ‚Konsumgegenstand' und passives Objekt männlicher Begierden in den Revues und den visuellen Medien der Zeit, sie ist in zunehmendem Maße jedoch auch aktive Mitgestalterin: Sie verdient ihr eigenes Geld und entwirft zudem, mittels Kleidung, Frisur und anderen Accessoires, ihr eigenes Selbstbild:

> In den 1920er Jahren erobern die ‚City Girls' die Medien und Metropolen. Sie treten in einem neuen Look auf: mit Bubikopf, kurzem Rock und mit Zigarette. Ihr Schauplatz ist die Großstadt. Die Bubiköpfe, Blaustrümpfe, Working Girls und Tippmamsells sind Ausdruck eines veränderten Rollenverständnisses der Frau zu Beginn des 20. Jahrhunderts. Rastlosigkeit, Tanzwut und Exzess kreieren für eine kurze Zeitperiode einen verrückten Kosmos. Weiblichkeit, Großstadt und Moderne verdichten sich zum Mythos der ‚Neuen Frau'. (Freytag und Tacke 2012, 9)

Diese Ausführungen lassen erkennen, dass die Rede von der ‚Neuen Frau' der 1920er Jahre Fakten und Fiktionen gleichermaßen in sich birgt, wobei zwischen beidem nicht immer ganz klar zu trennen ist, vor allem, wenn es um das Verhältnis von Selbst- und Fremdzuschreibungen in Bezug auf Weiblichkeitsbilder geht. Einen entscheidenden Anteil daran haben die sich rasant entwickelnden Print- und visuellen Medien, die zur Herausbildung ‚neuer Frauentypen' führen (Sykora et al. 1993; Gonzalbez Cantó 2012).

Eine wichtige realpolitische Grundlage für die Selbstbestimmung der Frau ist die Einführung des Wahlrechts für Frauen ab zwanzig Jahren mit der Gründung der Weimarer Republik. Auch auf dem Arbeitsmarkt entsteht eine neue Situation für Frauen: Durch den Ersten Weltkrieg fehlen Männer als Arbeitskräfte und auch als traditionelle eheliche Versorger. Dadurch bleiben viele Frauen erst einmal ledig und beginnen zu arbeiten. Sie tun dies jedoch nicht mehr vorrangig als Hausmädchen oder in der Landwirtschaft. Die junge Weimarer Republik bringt vielmehr einen neuen Berufszweig hervor: die Büroangestellte.

Die Zahl weiblicher Angestellter steigt – nicht nur in Deutschland – deutlich an, von einer halben Million 1907 auf fast anderthalb Millionen 1925. Auch unter den verheirateten Frauen geht fast ein Drittel einer Erwerbstätigkeit nach, darunter allerdings überproportional viele Arbeiterfrauen und einige wenige hochqualifizierte Akademikerinnen. Die nicht berufstätige Ehefrau und Mutter bleibt auch in der Weimarer Republik das gesellschaftliche Ideal, was sich unter anderem an der immer wieder aufflammenden Debatte über weibliche Doppelverdienerinnen ablesen lässt (Frevert 1986, 163–180). Auch die verbreitete romantisch-utopische Vorstellung von den Tätigkeiten der stets adrett gekleideten weiblichen Angestellten entspricht kaum der Realität. Vielmehr ist der Arbeitsalltag vieler Büroangestellter von langen Arbeitszeiten, Unterbezahlung, sexuellen Übergriffen und schwierigen Arbeitsbedingungen geprägt, was auch in der Literatur (insbesondere von Frauen) reflektiert wird.[2]

---

2 Vgl. etwa Anita Brücks dokumentarischen Roman *Schicksale hinter Schreibmaschinen* (1930).

Ein zentraler kulturell geformter Frauentypus der 1920er-Jahre ist das ‚Girl' – in den USA auch ‚Flapper' genannt. Der Begriff stammt aus der Tierwelt. Mit ‚Flapper' werden Vögel bezeichnet, die noch nicht fliegen können, jedoch kurz davorstehen, ihr Nest zu verlassen und bereits heftig mit den Flügeln flattern, was im Englischen ‚to flap' heißt. Mit diesem Bild wird eine Mobilität angesprochen, die sich auf reale wie übertragene Bewegungsmöglichkeiten von Frauen bezieht. Als offensichtlicher Ausdruck der neuen Bewegungsfreiheit fungieren Mode und Tanz. In einem Deutungsakt, den man heute als kulturwissenschaftlich bezeichnen würde, haben schon zeitgenössische Publizistinnen und Publizisten die für die sogenannte ‚Flapper'- oder ‚Girl'-Kultur charakteristischen modischen Phänomen auf weitreichende soziale und politische Freiheiten bezogen. Dementsprechend erscheint die Mode so fortschrittlich wie das selbstbestimmte Agieren der Frauen im öffentlichen Leben, Handlungsräume von Frauen erweitern sich, es findet ein „Wechsel vom Innen- zum Außenraum" statt, die weibliche „Präsenz im öffentlichen Raum" ist gegenüber der früheren Beschränkung auf die häusliche Sphäre deutlich erhöht (Becker 2018, 108). Diese neue Bewegungsfreiheit ist innerlich wie äußerlich wahrnehmbar. In diesem Sinne schreibt die Modejournalistin Dinah Nelken 1928 in der Modezeitschrift *Elegante Welt*: „Wir sind stolz geworden, [...] seit wir gelernt haben, am Steuer des Autos zu sitzen; wir können unbegleitet gehen, seit wir zu gehen gelernt haben, wir können uns selbst schützen, seit unsere Röcke uns das Davonlaufen gestatten [...]" (zit. n. Bertschick 2005, 229). Die angesprochene Bewegungsfreiheit offenbart also nicht zuletzt eine Selbstbehauptung angesichts männlicher Führungsansprüche und gewährt Schutz vor Übergriffen. Sie ist wesentlich gebunden an die neue Mode: Anstatt einengender Korsetts werden hemdartige Kleider entworfen, die mehr Bewegungsfreiheit garantieren, aber auch den Körper optisch verlängern und dadurch wiederum neue Körperideale fordern: die große schlanke Frau. Ein neues Körperbewusstsein als Ausdruck weiblicher Emanzipation zeigt sich auch in der Teilhabe von Frauen am Phänomen des Massensports, der sich in der Weimarer Republik entwickelt. So nehmen etwa 1928 zum ersten Mal Leichtathletinnen an den Olympischen Spielen teil (Becker 2018, 228). Dass Frauen als Fahrerinnen auch die „Männerdomäne Automobil"[3] erobern, ist einerseits Ausdruck einer Emanzipationsbewegung und eine Annäherung der Geschlechter, andererseits kann das Autofahren – in Analogie zur gewandelten Mode – als Metapher für die neugewonnene soziale Mobilität von Frauen gedeutet werden. Das ‚Eindringen' von Frauen in traditionell männlich konnotierte Sportarten wie das Boxen (das mit Aggression und Durchsetzungskraft assoziiert wird) wird von zeitgenössischen Kommentatoren als Bedrohung männlicher Dominanz gesehen. Gleichzeitig wird eine ‚Degeneration' klassischer weiblicher Schönheitsideale befürchtet, wie sich etwa in zeitgenössischen Karikaturen zeigt (Sutton 2008, 7–74).

---

3 So der Titel der Studie von Hertling (2013), in der sie die enge Verflechtung von Autofahren und literarischer Produktion anhand der Autorinnen und ‚Selbstfahrerinnen' Ruth Landshoff-Yorck, Erika Mann und Annemarie Schwarzenbach herausarbeitet.

Ein wichtiger Diskurs betrifft dementsprechend auch die ‚Vermännlichung' der Frau und den Typus der *Garçonne*, der, ausgehend von der Literatur, nicht zuletzt durch die Auftritte Marlene Dietrichs in den Filmen der 1930er Jahre eine breite Wirkung entfaltet. Eng verbunden mit der (körperlichen) Bewegungsfreiheit und einem männlichen Habitus sind Konzepte einer veränderten weiblichen Sexualmoral, die durch Selbstbewusstsein und aktives Handeln geprägt ist; initiiert zunächst durch Frauenrechtlerinnen der Zeit, wie etwa der russischen Autorin Alexandra Kollontai, die sich in theoretischen Schriften und literarischen Texten auf sehr offene Weise mit weiblicher Sexualität auseinandersetzt (Becker 2018, 118–120). Damit einher gehen Ängste und Unsicherheiten aufseiten von Männern, die etwa in Erich Kästners Roman *Fabian* (1931) ihren Ausdruck finden. Sexuelle und ökonomische Unabhängigkeit gehen oftmals Hand in Hand, der Frau werden die gleichen sexuellen Freiheiten zugestanden wie dem Mann, Geschlechtsverkehr ist nicht länger an die Ehe oder eine feste Beziehung gebunden. Dass diese emanzipatorischen Ideale oftmals an der sozialen Wirklichkeit scheitern, ist ebenso Thema der Literatur der ‚neuen Frauen' in der Weimarer Republik.[4]

Insgesamt gesehen ist das Konzept der ‚neuen Frau' eines, das nur von einem geringen Teil der weiblichen Bevölkerung der Zeit tatsächlich gelebt wird, der sich im Wesentlichen aus Intellektuellen und Künstlerinnen zusammensetzt (Becker 2018, 117) und das zumindest partiell auch ein mediales Konstrukt im Zuge der sich rasant entwickelten Zeitschriften-, Film- und Werbekultur der Zeit darstellt (Peukert 1987, 105). In der Endphase der Weimarer Republik wird im öffentlichen Diskurs zunehmend die Restituierung traditioneller Frauenbilder propagiert, die im Übrigen die gesamte Weimarer Zeit über niemals gänzlich verschwunden waren (Sutton 2011, 25–26). Auf der visuellen Ebene werden diese durch traditionellere Kleidung und längere Haarmoden charakterisiert, in sozialer Hinsicht durch die ‚Bestimmung' der Frau zu Häuslichkeit, Ehe und Mutterschaft. In der zeitgenössischen Publizistik ist hier – in Angrenzung von ‚Girl' und ‚Garçonne' – vom ‚Gretchen'-Typus die Rede (vgl. Frame 1999; Hung 2016).

Der Aufstieg der prototypischen ‚neuen Frau' sowie ihre affirmative, aber auch kritische Betrachtung in Diskursen der Weimarer Zeit wird vielfach mit einer ‚Krise der Männlichkeit' während dieser Zeit in Verbindung gebracht. Diese geht mit einem Verlust traditioneller männlicher Rollenbilder einher. Ursachen sind zunächst in der psychischen und physischen Versehrtheit und der Abwesenheit von Männern als direkte Folgen des Ersten Weltkriegs zu sehen: Männer kehren nicht nur als Invaliden zurück, die Kriegstoten führen auch zu einer erheblichen Dezimierung der männlichen Bevölkerung. In direktem Zusammenhang damit nehmen Frauen, wie bereits

---

4 Ein bedeutendes literarisches Zeugnis weiblicher Selbstermächtigung ist in dieser Hinsicht etwa Irmgard Keuns Roman *Das kunstseidene Mädchen* (1932). Im Zentrum stehen eine weibliche Emanzipationsgeschichte und deren Scheitern. Die Ich-Erzählerin Doris artikuliert ihr sexuelles Begehren offen und macht immer wieder deutlich, dass sie männliche Verhaltensweisen durchschaut und kritisiert.

beschrieben, teilweise traditionell männlich besetzte Positionen im gesellschaftlichen und wirtschaftlichen Leben ein. Nicht zuletzt ist die Weltwirtschaftskrise von 1929 zu nennen, „welche die Männer in die Massenarbeitslosigkeit und mit ihnen ihre Familien in die Armut stürzt" (Wieland 2009/10, 179). Damit wird die Rolle des Mannes als ‚Versorger' und ‚Ernährer' der Familie bedroht. Angesichts dieses „Rollentauschs" ist von einer „Vermännlichung der Frau" und umgekehrt einer „Verweiblichung des Mannes" die Rede (Becker 2018, 235). Als Nachwirkung der psychischen und physischen Spätfolgen der Kriegserlebnisse aus dem Ersten Weltkrieg werden Männern traditionell weibliche Verhaltensdispositionen zugeschrieben: „Die feminine Nervositätskultur der Jahrhundertwende schlägt um in Kriegsneurosen und durch den Krieg ausgelöste Nervenkrankheiten bzw. in zerstörerische männliche Hysterie." (Becker 2018, 239)

Ein Versuch, die ‚bedrohte Männlichkeit' wiederherzustellen, begegnet in der Formierung von ‚Männerbünden' als Teil der Massenkultur in der Weimarer Republik (Schmidt 2000, 35–40). Dabei dominieren eine starke militärische Ausrichtung und das Ideal der Kameradschaft, „vor allem bei den Freikorps, den paramilitärischen Kampfverbänden der politischen Parteien und bei der bündischen Jugend" (Schmidt 2000, 37). Das „maskuline Stereotyp des Kämpferischen", „Disziplin- und Ordnungsvorstellungen" sowie „Freund-Feind-Kategorien" (Schmidt 2000, 37–38) sollen dabei helfen, die ‚bedrohte Männlichkeit' zu restituieren. Eine in diesem Zusammenhang vergleichbare Funktion kommt dem Sport als klassenübergreifendem und zugleich – trotz wachsender weiblicher Teilhabe – stark männlich dominiertem Massenphänomen zu. Als Inbegriff von körperlicher und mentaler Stärke sowie der Kontrolle über das Geschehen spielt der Boxkampf eine große Rolle, die etwa Bertolt Brecht auch im literarischen Diskurs reflektiert (Gumbrecht 2020, 73). Das Boxen gilt im zeitgenössischen Diskurs als Ausdruck von körperlicher und charakterlicher Härte und steht in ausdrücklicher Abgrenzung von der mit dem ‚Weiblichen' konnotierten Weichheit (Schaper 2006, 93–94). Ein solchermaßen mit Männlichkeitsidealen aufgeladener und dem ‚Weiblichen' entgegengesetzter Sportbegriff kann in der Zeit nach dem Ersten Weltkrieg als „Ersatz zu militärischem Drill" (Becker 2018, 229) gedeutet werden.[5] Angesichts der mit dem Sport assoziierten männlichen Dominanz, der Ver-

---

5 In diesem Sinne konstatiert etwa Fritz Giese in seiner 1925 erschienenen Analyse der amerikanisierten „Girlkultur" eine geschlechtsspezifische Körperkultur. Demnach sei das Ziel von Körperübungen bei Männern „Ertüchtigung des Leibes für kommende Kriege" (Giese 1925, 10), aus dem sich zudem ein national geprägtes Curriculum ableitet: „Leibesübung, Kampf, Sieg, Militarismus: das sind deutsche Assoziationen gewohnter Bahnung von Kindesbeinen an." (Giese 1925, 10) Demgegenüber müssten die sportlichen Aktivitäten von Mädchen und Frauen schon allein aufgrund ihrer anatomischen und psychischen Besonderheiten anders ausgerichtet sein: „Das Mädchen kann nicht immer turnen wie ein Knabe; es kann auch nicht alles turnen wie der Junge. Es verlangt seinen eigenen Turnstil, dank psychophysischer Besonderheit." (Giese 1925, 10) Deshalb orientiere sich das für Mädchen und Frauen konzipierte Programm an einer modernen Gymnastik, die in einem dichotomischen Verhältnis zu den genannten männlichen Attributen steht: „Harmonie, Weichheit nach außen; Funktion und Anatomie nach innen: das wird Formel." (Giese 1925, 10) Hinzu tritt laut Giese für das

bindung von Sport und Militär sowie der latenten Aggressionen auch im Publikum sehen Kritiker*innen, wie etwa Marieluise Fleißer, am Ende der Weimarer Republik im Massensport Vorboten des Nationalsozialismus.

Doch neben diesen Versuchen, eine verlorene Männlichkeit durch ‚Ersatzhandlungen' wiederherzustellen, finden sich auch neue Männlichkeitsentwürfe, die „einen bestimmten Habitus, etwa eine dandyhafte Lässigkeit statt militärischem Strammstehen, eine andere Kleidung, eine veränderte Haltung, feminine Eigenschaften statt maskuliner Eindeutigkeit" (Becker 2018, 235) hervorbringen. Analog zu den visuell geprägten Konzepten der ‚neuen Frau' finden sich in den zeitgenössischen Illustrierten Bilder einer „zivile[n] Männlichkeit [...], [repräsentiert durch] Männer mit kurzen Haaren, mit streng blickendem Gesicht, markanten Zügen und mit durchtrainiertem Körper" (Becker 2018, 243). Auch wenn hier ein durch körperliche und mentale Stärke charakterisierter Habitus noch einen Teil der männlichen Identität ausmacht, so deutet sich zugleich die Betonung eines Schönheitsideals an, das auf ein ‚gepflegtes Äußeres' abzielt (Schmidt 2000, 69–72) und sich den mode- und ‚lifestyle'-bewussten Weiblichkeitskonzepten zumindest partiell annähert. Analog zur ‚neuen' und ‚maskulinen' Frau werden ‚verweiblichte' Männlichkeitsentwürfe in der Zeitschriftenkultur der Weimarer Zeit in affirmativer Absicht dargestellt (Sutton 2008, 132–133). Die Sozialfigur des Dandys aus dem 19. Jahrhundert erfährt dabei eine Renaissance. Er folgt den ästhetischen Normen der modischen Eleganz, der Erotisierung des eigenen Körpers. Als großstädtischer Flaneur geht er der hedonistischen Beschäftigung mit Kunst und anderen Genüssen des Alltags nach. Diese Abkehr von einem auf physische Stärke und militärische Härte setzenden Männlichkeitsideal ruft jedoch, besonders in konservativen Kreisen, auch heftige Kritik hervor, die sich häufig in satirischen Darstellungen äußert. Darin wird – im Anschluss an sexualwissenschaftliche Prämissen – das ‚feminisierte' Männlichkeitskonzept (oft verbunden mit homophoben Ressentiments) als pervers und degeneriert disqualifiziert und als Symptom eines ‚nationalen Niedergangs' gedeutet (Sutton 2008, 136). Entsprechend werden aus dieser Sicht physisch und mental ‚gestählte' Männer – insbesondere in Verbindung mit athletischer Betätigung als Supplement für eine militärische Haltung – favorisiert.

Während sich also die zeitgenössischen Weiblichkeitsentwürfe zwischen ‚vermännlichter' Selbstbestimmung und der Rückkehr zu traditionell häuslichen Konzeptionen bewegen, oszillieren Männlichkeitsbilder zwischen soldatisch-sportlicher Härte und einem feminisierten Dandy-Typus.

---

weibliche Geschlecht ein an den Lehren der Hygiene und dem modernen Ausdruckstanz orientiertes Schönheitsideal, das er in der ‚Girlkultur' der amerikanischen Unterhaltungsindustrie und ihrer Revuen verwirklicht sieht (Giese 1925, 11–15).

2.2 Das Spannungsverhältnis zwischen den Lebenswelten Heranwachsender und der Kinder- und Jugendliteratur

Die gesellschaftlichen und politischen Verwerfungen der Weimarer Republik prägen das Aufwachsen von Kindern und Jugendlichen in dieser Zeit erheblich: Arbeitslosigkeit, Armut und Hunger bis in erhebliche Teile der Mittelschicht hinein wirken sich hier ebenso aus wie das kriegsbedingte Aufwachsen mit invaliden Vätern oder ganz ohne Vater sowie mit alleinerziehenden und mit der Mehrfachbelastung von Hausarbeit, Erwerbstätigkeit und Kindererziehung konfrontierten Müttern, wobei sich diese Tendenzen in der zunehmend von der Wirtschaftskrise bedrohten Endphase der Republik entscheidend zuspitzen. Diese Herausforderungen „stellen das bürgerliche Projekt der Familienkindheit als umhegte Schutzsphäre infrage; auch bürgerliche Kindheit wird, wie die proletarische seit je, jetzt tendenziell als krisenhafte und krisenanfällige erfahren" (Karrenbrock 2008, 241). Dennoch bestehen weiterhin starke soziale Unterschiede: Der Großteil der Kinder aus dem Arbeitermilieu ist mit gravierenden materiellen Entbehrungen und extrem beengten Wohnverhältnissen konfrontiert (Reulecke 1989, 90), sodass für viele von ihnen die Straße als vorrangiger Lebensraum fungiert. „Dort spielen sie oder betätigen sich auf der Suche nach zusätzlichem Einkommen als Straßenhändler, Zeitungsverkäufer, Bettler oder sogar als Diebe." (Karrenbrock 2008, 242) Der Zusammenschluss von (obdachlosen) Kindern aus prekären sozialen Verhältnissen zu Banden oder Cliquen war ein Phänomen der Großstädte, allen voran Berlin, das sich als literarisches Motiv etwa in Wolf Durians Kinderroman *Kai aus der Kiste* (1926) oder in Ernst Haffners Roman *Blutsbrüder* (1932) wiederfindet (Merz 2020, 123–130). Auch in institutionalisierten Kontexten finden sich Heranwachsende in der Weimarer Republik auf breiter Ebene zusammen. Fast jeder zweite Jugendliche ist in politischen, kirchlichen, sportlichen oder autonomen Jugendverbänden organisiert, wobei deutlich mehr männliche als weibliche Mitglieder zu verzeichnen sind (Reulecke 1989, 99–100). Trotz der Heterogenität der Gruppierungen zeichnet sich dabei eine Form der „[s]tark männerbündlerisch" (Reulecke 1989, 103) orientierten Jugendkultur ab. Diese charakterisiert sich durch einen paramilitärischen Charakter mit hierarchischen, auf Befehl und Gehorsam sowie dem Prinzip eines ‚charismatischen Führers' beruhenden Strukturen.

Die zeittypischen sozialen, kulturellen und geschlechterbezogenen Themen und Diskussionsfelder der ‚Erwachsenenwelt', einschließlich der mit ihnen verbundenen Antagonismen und Verwerfungen, finden ihren Niederschlag auch im pädagogischen Diskurs. In Anbetracht der rasanten Modernisierungsprozesse entwickelt sich eine neue Sichtweise auf das Heranwachsen in dieser Welt in Form eines

> erstaunten, neugierigen Blick[s], der die Kinder nicht länger in ein idyllisches Märchen-Kinderland bannt, sondern in ihnen höchst gewitzte Zeitgenossen erkennt, für die die neue Wirklichkeit, mit der die Erwachsenen sich noch schwer tun, schon selbstverständlich ist. (Karrenbrock 2008, 244)

Zugleich wird die Jugend als etwas Schützenswertes (vgl. das Reichsjugendwohlfahrtsgesetz von 1922), aber auch Bedrohliches erfahren. Kinderliterarische Texte werden staatlicher Beobachtung und Kontrolle unterworfen, was insbesondere an der Debatte über die sogenannte Schund- und Schmutzliteratur, dem Gesetz „zur Bewahrung der Jugend vor Schund- und Schmutzschriften" von 1926 und den Empfehlungslisten der *Jugendschriften-Warte* abzulesen ist (vgl. Dettmar 2012). Im Kontext der Massenkultur der Weimarer Republik werden als literarisch minderwertig eingestufte Werke, etwa aus dem Genre der Abenteuer- oder der ‚Backfisch'-Literatur indiziert, von denen schädliche Einflüsse auf die geistig-seelische und körperliche Entwicklung von Kindern und Jugendlichen befürchtet werden.

Die Jugendschriftenbewegung befürwortet vor allem kinderliterarische Bearbeitungen von Werken der Weltliteratur wie *Don Quichote* oder *Robinson Crusoe* und beliebte und auflagenstarke Kinder- und Jugendliteratur aus der Zeit des Kaiserreichs, darunter Johanna Spyris *Heidi*-Romane (1880/81), Emmy von Rhodens *Der Trotzkopf* (1885) und seine diversen Fortsetzungsbände sowie *Die Biene Maja und ihre Abenteuer* (1912) von Waldemar Bonsels. Unter den Neuerscheinungen finden sich zunächst hauptsächlich Märchen, die zumeist biedermeierliche Idyllen konstruieren oder phantastisch-allegorische Gegenentwürfe zur zeitgenössischen Wirklichkeit darstellen.

Ab der Mitte der 1920er Jahre „beginnt sich dann im Zeichen des ‚Modernisierungsprinzips Sachlichkeit' auch in der Kinderliteratur ein Paradigmenwechsel abzuzeichnen [...]" (Karrenbrock 2008, 248), der durchaus auch von den Verantwortlichen der Jugendschriften-Prüfungsausschüsse honoriert wird, die etwa Kästners *Emil und die Detektive* empfehlen und dabei besonders das Motiv der Großstadt und die Tugenden der männlichen Kinderbande lobend hervorheben. Sie bezeichnen Kästners Roman als ein „spaßhaftes Kriminalabenteuer aus dem gegenwärtigen Großstadtleben in Berlin. Eine Bande Straßenjungen verfolgt und stellt durch Geschicklichkeit, Unerschrockenheit und stetes Zusammenhalten einen Taschendieb" (Verzeichnis empfehlenswerter Jugendschriften 1930, 17).

Ein Großteil dieser innovativen Kinder- und Jugendliteratur greift, wie das Beispiel *Emil und die Detektive* zeigt, zeitgenössische Entwicklungen und Diskurse auf. So findet sich das Motiv der Großstadt in der an ein erwachsenes Publikum adressierten Literatur (wie etwa Kästners *Fabian*, 1931) ebenso wie in Kästner *Pünktchen und Anton* (1931) sowie in weiteren kinderliterarischen Werken der Zeit wie Wolf Durians *Kai aus der Kiste* (1927), der im Übrigen in mehrfacher Hinsicht als ein wichtiger Prätext des *Emil*-Romans fungiert (vgl. Karrenbrock 1995). Auch die soziale Schichtung der Gesellschaft und die sich zuspitzenden Gegensätze zwischen Armut und Reichtum werden in der Kinder- und Jugendliteratur der Zeit aufgegriffen. Zudem verlaufen hier ideologische Trennlinien zwischen gemäßigt-liberalen, linken und konservativen Autorinnen und Autoren. So unterliegt die Großstadt unterschiedlichen moralischen Bewertungen, ebenso, wie sich eine linke von einer nationalkonservativen Kinderliteratur abgrenzen lässt (Kaminski 2002, 257–265). Dabei finden sich vor allem im linken Lager Formen einer engagierten Literatur, die politische Missstände benennt und, im Modus der Narration (aber auch im lyrischen Sprechen), aus ihrer Perspektive wünschenswerte Lösungsmöglichkeiten aufzeigt, teilweise sogar direkt zum Klassenkampf aufruft. Diese Tendenz geht oft mit präzisen Milieuschilderungen, vor allem in Bezug auf proletarische Schichten bzw. die Lebenswirklichkeit von Arbeiterinnen und Arbeitern einher. Zu ihrer Zeit beliebte und in der heutigen Kinder- und Jugendliteraturforschung wiederholt behandelte Werke in dieser Hinsicht sind etwa *Peter Stoll. Ein Kinderleben* (1925) von Carl Dantz und Alex Weddings *Ede und Unku* (1931).

Im Hinblick auf die Darstellung von Mädchenfiguren finden sich in der Kinder- und Jugendliteratur – beispielsweise in Romanen von Grete Berges, Clara Hohrath oder Tami Oelfken – zunehmend Rollenbilder, die sich in Gestalt von ‚neuen Mädchen' der ‚neuen Frau' der 1920er Jahre annähern (Tost 2005, 273–311). Diese progressiven Tendenzen grenzen sich von der sogenannten ‚Backfisch'-Literatur – etwa in Romanen von Emmy Rhoden oder Magda Trott, die sich ebenfalls in der Weimarer Zeit noch großer Beliebtheit erfreuen – ab. Während in den Backfischbüchern weibliche Unabhängigkeit und Wildheit im Zuge der Sozialisation gebändigt werden und die traditionelle ‚Bestimmung' der Heranwachsenden als Ehefrau und Mutter den Zielpunkt weiblicher Entwicklung darstellt, gehen die Protagonistinnen in Gestalt der ‚neuen Mädchen' oftmals andere Wege. Sie durchbrechen „traditionelle geschlechtsspezifische Verhaltensmuster und Klischees [...]. Bekannte stereotype Zuordnungen, wie Mädchen und Jungen ‚zu sein haben', geraten in diesen innovativen kinderliterarischen Texten durcheinander und öffnen den Blick für neue Perspektiven der Gestaltung [...]" (Tost 2005, 274). Dabei schließen sie an Motive der zeitgenössischen Kinderliteratur wie den Schauplatz der Großstadt oder die soziale Formation der Kinderbande an und adaptieren diese bezüglich empanzipatorischer Weiblichkeitsentwürfe. So gründet etwa die Protagonistin in Grete Berges Roman *Liselott diktiert den Frieden* (1932) in Hamburg eine Mädchenbande, um sich eine Gleichstellung der Geschlechter in der Auseinandersetzung mit einer Jungenbande zu erkämpfen. Die fortschrittlichen Mädchenbilder zeigen sich in vielen Fällen bereits optisch, durch die an das Erscheinungsbild der ‚neuen Frau' angelehnten Kurzhaarfrisuren wie den Bubikopf oder traditionell ‚männliche' Kleidung (Tost 2005, 275–283). Damit einher gehen veränderte Selbstbilder und Verhaltensweisen in Form aktiver, selbstbestimmter und dynamischer weiblicher Charaktere. Diese sind vielfach an räumliche Ordnungen geknüpft: Ähnlich wie die prototypischen ‚neuen Frauen' verlassen die neuen Mädchenfiguren die traditionell in der Literatur an Weiblichkeit geknüpften Innenräume und bewegen sich in den öffentlichen Räumen der Großstadt, wie etwa in öffentlichen Verkehrsmitteln oder Warenhäusern. Damit „erobern [die ‚neuen Mädchen'] neue Spiel- und Freiräume [und] erweitern Handlungs- und Entwicklungsräume" (Tost 2005, 288), worin sich nicht zuletzt – wie in den progressiven Weiblichkeitsentwürfen der Weimarer Zeit – eine veränderte soziale Mobilität ausdrückt. Dies wird bereits an zwei programmatischen Romantiteln deutlich: *Hannelore erlebt die Großstadt* (1932) von Clara Hohrath und Tami Oelfkens *Nickelmann erlebt Berlin* (1930). Auch das Automobil als Ausdruck technischen Fortschritts und gesteigerter Mobilität und Autonomie der ‚neuen Frau' spielt zum Teil eine zentrale Rolle für die jugendlichen weiblichen Protagonistinnen. In *Drei Mädel in einem Auto* (1929) der dänischen Autorin Estrid Ott unternimmt die siebzehnjährige Protagonistin mit ihren beiden amerikanischen Cousinen eine Autofahrt durch die USA.

Oelfkens Protagonistin Nickelmann, deren offizieller Name Gertrude ist, zeigt zudem durch ihren Spitznamen „Nickelmann" – und ihren insgesamt traditionell männlich konnotierten Habitus – einen veränderten Umgang mit Geschlechterrollen an. ‚Geschlecht' wird damit in einem sehr modernen Sinn als ein performatives, gestalt- und veränderbares Konzept begriffen. Dadurch sind auch Verbindungen von traditionell weiblichen und männlichen Verhaltensmustern im Rahmen eines jugendlichen weiblichen Lebensentwurfs möglich. Dies zeigt etwa die Protagonistin in Lotte Arnheims *Lusch wird eine Persönlichkeit* (1932), die trotz eines traditionell weiblichen Habitus und der (temporären) Übernahme häuslich-mütterlicher Tätigkeiten (in Abwesenheit ihrer Mutter) selbstbestimmt auftritt und eine außerhäusliche Berufstätigkeit anstrebt. Identitätskonflikte zwischen traditioneller Weiblichkeit und neugewonnener Selbstbestimmung bleiben in vielen Romanen ebenso wenig ausgeklammert wie Auseinandersetzungen zwischen den weiblichen Heranwachsenden und ihren oftmals traditionelleren, patriarchalischen Werten verpflichteten Vätern (Asper 2012, 96–99). Zudem werden in den genannten Romanen immer wieder Verflechtungen mit sozialen Problemlagen und Herausforderungen der Weimarer Zeit deutlich, wie etwa soziales Elend, Arbeitslosigkeit und der wachsende Antisemitismus der frühen 1930er Jahre, denen die jungen Protagonistinnen begegnen, die sie kritisch hinterfragen und dabei zum Teil zu Problemlösungen beitragen. Bei den erwachsenen Figuren finden sich im Hinblick auf die Genderkonzeptionen ebenfalls typische zeitgenössische Konstellationen, wie etwa die – oftmals als unhinterfragte Selbstverständlichkeit dargestellte – Erwerbstätigkeit von (alleinerziehenden) Müttern oder kranke, versehrte oder (zumeist durch Tod) abwesende Väter.

3 Genderaspekte in Kästners *Emil und die Detektive* unter Bezugnahme auf seine weiteren kinderliterarischen Werke der Zeit

3.1 Erzählerische Vermittlung: Männliche Erzählerfigur und Programmatik der ‚Neuen Sachlichkeit'

Im Folgenden soll gezeigt werden, dass bereits die Erzählsituation in *Emil und die Detektive* von polarisierenden Genderkonzeptionen durchzogen ist. Die narrative Vermittlung im Roman ist, wie in allen frühen Kinderromanen Kästners, von einem auktorialen Erzähler geprägt, der stellenweise als Figur in Erscheinung tritt[6] und sich direkt an seine kindlichen Leser*innen wendet. Die Erzählerfigur markiert sich selbst als Autor und als männlich.[7] In dem die Erzählhandlung einleitenden fiktiven Vorwort mit dem Titel „Die Geschichte fängt noch gar nicht an" (7–17)[8] wird die Dominanz der Erzählerfigur für poetologische Reflexionen genutzt. In diesem Zusammenhang werden auf kindgerechte Weise durchaus komplexe literarische Fragen verhandelt – im Hinblick auf den dichterischen Schaffensprozess und das Programm eines literarischen Realismus in Anlehnung an die Neue Sachlichkeit, den der Roman verfolgt. Dies geschieht zunächst in negativer Abgrenzung in Form des von der Erzählerfigur schlussendlich nicht realisierten, der phantastischen Literatur zuzurechnenden „Südseeromans". Einige Inhalte daraus werden im Vorwort in Form metafiktionaler Kommentare skizziert, die wiederum durch kleine Erzählungen illustriert werden. Auffällig ist, dass darin ausschließlich weibliche Figuren auftreten. Zunächst wird eine ungewöhnliche weibliche Protagonistin und Titelheldin[9] erwähnt, nämlich „das kleine schwarz-weiß karierte Kannibalenmädchen, das Petersilie hieß" (8) und das sich in der hier angedeuteten Mischung aus Exotik und Phantastik jeglichen zeitgenössischen und realistischen Geschlechterordnungen zu entziehen scheint.[10] Zudem wird die „Diamantenwaschfrau Lehmann" vorgestellt, die, im Bezug auf den ihr zugewiesenen Beruf, phantastische Elemente und realistisch geprägte traditionelle Weiblichkeitszuschreibungen vereint. Hier deutet sich die Tendenz an, traditionelle Geschlechterzuschreibungen teilweise zu zitieren und auch zu reproduzieren, diese andererseits aber auch im Hinblick auf eine im Stil der Phantastik inszenierte gesellschaftliche Utopie zu überschreiten. Diese ambivalente Geschlechterprogrammatik scheint typisch für Kästners Erzählweise im phantastischen Kinderroman; der Autor hat sie in seinem tatsächlichen ‚Südseeroman' mit dem Titel *Der 35. Mai oder Konrad reitet in die Südsee* (1931) zwei Jahre nach *Emil und die Detektive* in vielen Fällen verwirklicht.[11]

---

6 Dabei tritt der Autor Kästner in fiktionalisierter Form auf und erzählt in Form metafiktionaler Äußerungen von der Entstehung seines eigenen Textes. Im Rahmen der späteren Handlung taucht er zudem als Romanfigur in Gestalt des Journalisten Kästner auf, der Emil während und nach der Verbrecherjagd unterstützt (vgl. 144–149).
7 Vgl. dazu auch Zhang (2018, 29–30). Dies geschieht deutlich stärker in der *Emil*-Fortsetzung *Emil und die drei Zwillinge* (Kästner 2019, 11).
8 Wenn im Folgenden lediglich die Seitenzahl genannt wird, beziehen sich alle Zitate aus *Emil und die Detektive* auf die im Literaturverzeichnis angeführte Textausgabe.
9 Der vom Erzähler geplante Roman sollte den Titel „Petersilie im Urwald" (9) tragen.
10 Allerdings ließe sich der Name ‚Petersilie' auch metonymisch als Hinweis auf eine traditionelle Geschlechterrollenzuschreibung des Mädchens bzw. der zukünftigen Frau im Hinblick auf die ihr zugedachte Rolle als Hausfrau oder Köchin deuten, die mit der traditionellen Küchenzutat hantiert.
11 Der gesamte Roman *Der 35. Mai* ist in für die phantastische Literatur idealtypischer Weise von Grenzüberschreitungen zwischen einer realistisch und einer phantastisch konturierten Welt geprägt. Im Hinblick auf die im Text entworfenen Genderkonstrukte scheinen in der ‚realen' Welt traditionelle Rollenbilder durch, die aber auch immer wieder durchkreuzt werden – etwa wenn vom Erzähler

Im Vorwort von *Emil und die Detektive* dienen die Poetologie des Phantastischen und die ihr eingeschriebene partiell progressive Geschlechterprogrammatik jedoch als Negativfolie, um ein realistisches Literaturverständnis zu entwerfen, das zugleich die Poetik des folgenden *Emil*-Romans projektiert. Auffällig ist, dass diese poetologischen Überlegungen wiederum auf der Folie von traditionellen Geschlechterordnungen inszeniert werden – als eine Unterhaltung unter Männern. Aufgrund eines Gesprächs mit dem „Oberkellner Nietenführ" über die literarischen Arbeiten des Ich-Erzählers (9), beschließt Letzterer, seine ursprünglichen Pläne zu einem phantastischen „Südseeroman" (8) aufzugeben und dem Rat Nietenführs zu folgen, über „Dinge [zu] schreiben […], die man kennt und gesehen hat" (9). Der Erzähler berichtet, er habe mit *Emil und die Detektive* schließlich „eine Geschichte über Dinge geschrieben, die wir, ihr und ich, längst kennen." (13) Auf diese Weise konstituiert er eine fiktive Gemeinschaft von Autor und Rezipient*innen, die sich durch die gemeinsame Teilhabe an einer Gegenwartserfahrung auszeichnet. Damit wird eine programmatische Ausrichtung von Bezügen zwischen Kultur und Gesellschaft zur Entstehungszeit des Romans und dessen Inhalten und Themen projektiert. Zugleich wird so die Programmatik der Neuen Sachlichkeit als die einer männlich konnotierten „wirklichkeitsnahe[n] Literatur" (Wieland 2009/10, 180) aufgerufen. Dort „spielt das Thema der Männlichkeit eine bedeutende Rolle, wie schon allein der Terminus ‚Sachlichkeit' anzeigt, der eine in unserer Kultur männlich kodierte Eigenschaft benennt" (Wieland 2009/10, 180). Inhaltlich-thematisch orientiert sich die Literatur der neuen Sachlichkeit an zeitgenössischen Diskursen, sprachlich-formal an journalistischen Schreibweisen. Vor diesem Hintergrund ist auch der metaleptische Teil der Erzählhandlung zu verstehen, in der sich der männliche Autor Kästner als Journalist mit Namen Kästner (144) in die Romanhandlung einschreibt.

Dass die aufgerufene neusachliche Programmatik eine Auseinandersetzung mit Geschlechterkonzeptionen und Geschlechterverhältnissen einschließt, wird nicht nur im folgenden Romantext, sondern bereits in den poetologischen Gesprächen des

---

konstatiert wird, dass der männliche erwachsene Protagonist als Junggeselle „keine Frau [hat], die das Mittagessen hätte kochen können", sodass er „lauter verrücktes Zeug" zubereitet, das alle bürgerlichen Konventionen sprengt (Kästner 2019b, 6). Im Bereich der phantastischen Welt lassen sich einzelne Begebenheiten durchaus als Kritik an überkommenen Geschlechterordnungen lesen, etwa im Hinblick auf den militärisch geprägten männlichen Heldentypus: Die historischen Feldherren Hannibal und Wallenstein werden in ihrer borniterten Ernsthaftigkeit und Engstirnigkeit der Lächerlichkeit preisgegeben, wobei auch das kindlich-männliche Spiel mit Zinnsoldaten auf der Figurenebene kritisch hinterfragt wird (Kästner 2019b, 51–56). Auf der Ebene der Kinder werden in der phantastischen Welt traditionelle Rollenmuster einerseits reproduziert, wenn Mädchen einkaufen und Jungen mit „Aktenmappen" offensichtlich in der Berufswelt unterwegs sind (Kästner 2016, 61) oder die Mutter der Südseeprinzessin Petersilie nach ihrer Hochzeit mit dem „schwarzen Südseehäuptling" ihren Beruf als „Tippfräulein" aufgibt (Kästner 2019b, 96–97); zudem werden die traditionellen Genderkonstrukte hier, wie in der gesamten „Südsee"-Episode, von rassistischen Ressentiments flankiert. Andererseits findet sich mit der „Ministerialrätin für Erziehung und Unterricht" (Kästner 2019b, 63) ein Mädchen in einer politisch-öffentlichen und verantwortungsvollen Position.

Vorworts deutlich. Anders als in den phantastischen Elementen aus dem „Südseeroman" sind hier Geschlechterverhältnisse erkennbar, die zunächst deren konservativen Varianten zur Entstehungszeit von *Emil und die Detektive* zu entsprechen scheinen. So zitiert der Erzähler ein „Fräulein Fiedelbogen", die, angesichts seiner Entscheidung, den „Südseeroman" aufzugeben, „beinahe geweint" habe (8). Dies kommentiert der Erzähler in der Folge ironisch, um schließlich eine generalisierende Anmerkung zu einem unterstellten weiblichen ‚Geschlechtscharakter' anzufügen: „Sie hatte aber gerade keine Zeit, weil sie den Abendbrottisch decken musste, und verschob das Weinen auf später. Und dann hatte sie es vergessen. So sind die Frauen." (8–9) Neben die nicht weiter hinterfragte Erwähnung einer traditionell weiblich konnotierten häuslichen Arbeit tritt die stereotype Charakterisierung der Frauen als zugleich emotionale und kühl-pragmatische Wesen, deren Emotionalität dabei zugleich als oberflächliche Geste entlarvt wird.[12] Auch das bereits erwähnte Gespräch mit dem Oberkellner Nietenführ über die literarischen Arbeiten des Erzählers ist von solch traditionellen Zuschreibungen geprägt. Nietenführ erzählt in diesem Zusammenhang von einer aufgrund mangelnder Kochkenntnisse misslingenden Zubereitung einer Weihnachtsgans durch ein „Dienstmädchen", um in allegorischer Weise zu verdeutlichen, dass ein Schriftsteller ebenso wenig Themen wählen solle, deren Kenntnis sich ihm entziehe, wie die Köchin etwas verarbeiten solle, mit dessen Zubereitung sie nicht vertraut sei (9–10). Damit setzt sich die traditionell-stereotype Geschlechterdarstellung im Hinblick auf die Festschreibung ‚typisch' weiblicher, häuslicher Berufsfelder fort – zu dem hinsichtlich seiner Kochkünste als unfähig dargestellten „Dienstmädchen"[13] tritt noch dessen Vorgesetzte „Frau Neugebauer", die lediglich durch die von ihr erledigten „Einkäufe" charakterisiert wird (10). Interessant ist, dass also bereits vor dem Einsetzen der Romanhandlung deren realistische Programmatik mithilfe zeitgenössischer Alltagsbeispiele inszeniert wird, die zugleich von traditionell-stereotypen Geschlechterdarstellungen geprägt sind. Es stellt sich die Frage, ob die folgende Romanhandlung von einer ebensolchen traditionellen Geschlechterordnung bestimmt ist oder ob diese (zumindest partiell) auch von den eingangs erwähnten progressiven Geschlechterinszenierungen und -realitäten aus der Zeit der Weimarer Republik durchkreuzt wird.

---

12 Eine vergleichbare Ironisierung der dem weiblichen ‚Wesen' zugeschriebenen Emotionalität bei gleichzeitig nüchternem Pragmatismus findet sich in der Romanhandlung im Hinblick auf Emils Mutter. Als sie ihren nach Berlin reisenden Sohn am Bahnhof verabschiedet, kommentiert der Erzähler: „Die Mutter winkte noch lange mit dem Taschentuch. Dann drehte sie sich langsam um und ging nach Hause. Und weil sie das Taschentuch sowieso schon in der Hand hielt, weinte sie gleich ein bisschen. Aber nicht lange. Denn zu Hause wartete schon Frau Fleischermeister Augustin und wollte gründlich den Kopf gewaschen haben." (41) Ähnliche Zuschreibungen finden sich in Kästners Lyrik (Haywood 1999, 76–77).
13 Zu der vielfach auf der diegetischen Ebene und durch Erzählerkommentare abgewerteten Figur der weiblichen Hausangestellten in den Kinderromanen Kästners vgl. Haywood 1999, 81–85.

3.2 Genderkonzepte bei Erwachsenenfiguren

Auch wenn in der Romanhandlung, anders als im Vorwort, Kinder als Protagonist*innen klar dominieren, so treten in deren Verlauf doch eine Reihe erwachsener Figuren auf.

Die wichtigste Bezugsperson des männlichen Protagonisten Emil ist seine Mutter. Durch ihre Fürsorglichkeit und ihre enge emotionale Bindung an ihren Sohn steht sie in einer Reihe positiv konnotierter Mutterfiguren in den Kinderromanen Kästners (Haywood 1999, 77–81). Eingeführt wird sie – gemeinsam mit anderen zentralen Haupt- und Nebenfiguren – in Form eines knappen Porträts im Rahmen des Vorworts. Dass dieses direkt im Anschluss an das Emils platziert ist, unterstreicht ihre Bedeutung – weniger für die Romanhandlung, in deren Hauptsträngen sie über weite Strecken gar nicht vorkommt, als vielmehr in Bezug auf den männlichen Protagonisten. In der ersten Nennung ihres Namens im Vorwort wird ihre Identität einerseits aus ihrem Beruf,[14] andererseits aus ihrer familiären Rolle abgeleitet: „Frau Friseuse Tischbein, Emils Mutter" (19). Ihre Berufstätigkeit wird dabei eng an die Abwesenheit ihres verstorbenen Ehemanns geknüpft: „Als Emil fünf Jahre alt war, starb sein Vater, der Herr Klempnermeister Tischbein. Und seitdem frisiert Emils Mutter." (19) Somit wird hier die weibliche Berufstätigkeit in zeittypischer Weise mit dem Verlust des männlichen ‚Versorgers' – wenn auch hier offenbar nicht wie in der frühen Weimarer Republik als unmittelbare Folge des Krieges – und der daraus resultierenden ökonomischen Notwendigkeit gerechtfertigt. Damit grenzt sich Emils Mutter von den „Ladenfräuleins" (19), also (vorzugsweise als Verkäuferinnen im Einzelhandel arbeitenden) weiblichen Angestellten ab, die zu ihren Kundinnen zählen und die in den 1920er Jahren zumindest in feuilletonistisch-literarischen Diskursen als Prototyp der unabhängigen, ihre Freiheit genießenden und die Produkte der modernen Massenkultur konsumierenden ‚neuen Frau' galten.[15] Gerade der Friseurinnenberuf ist gleichwohl ein in der Weimarer Republik zunehmend von Frauen ‚erobertes' Berufsfeld – nicht zuletzt vor dem Hintergrund der neuen Haarmoden, allen voran der ‚Bubikopf' als Inbegriff der ‚neuen Frau' in den 1920er Jahren (vgl. Kornher 2012). Emils Mutter weiß diesen Umstand offenbar zu schätzen: „Sie hat den Emil sehr lieb und ist froh, dass sie arbeiten kann und Geld verdienen" (19). Die weibliche Erwerbstätigkeit wird hier als ein offensichtlich nicht selbstverständliches Privileg

---

[14] Auch die Einführung von Emils Mutter in die Romanhandlung im Rahmen des ersten Kapitels erfolgt mittels einer Szene, in der sie in Ausübung ihres Berufs gezeigt wird (29–31).
[15] So stellt Siegfried Kracauer in seiner Artikelserie *Die kleinen Ladenmädchen gehen ins Kino* (1927) den Prototyp der weiblichen Verkäuferin in den Mittelpunkt seiner kritischen Analyse des Kinos in der Weimarer Republik, um – nicht ohne männlichen Überlegenheitsgestus – zu zeigen, wie sich die Frauen als Konsumentinnen von den ‚Blendwerken' des Kinos beeindrucken lassen (vgl. Kracauer 2017).

dargestellt. Zugleich wird sie als Form der wirtschaftlichen Notwendigkeit[16] und mütterlichen Selbstaufopferung ausgewiesen:

> Emil hatte keinen Vater mehr. Doch seine Mutter hatte zu tun, frisierte in ihrer Stube, wusch blonde Köpfe und braune Köpfe und arbeitete unermüdlich, damit sie zu essen hatten und die Gasrechnung, die Kohlen, die Miete, die Kleidung, die Bücher und das Schulgeld bezahlen konnten. (35)

Zugleich grenzt sich Emils Mutter in der Rolle der aufopferungsvollen Mutter und tüchtigen erwerbstätigen Hausfrau von dem Typus der emanzipierten berufstätigen ‚neuen Frau' der 1920er Jahre ab, deren Berufstätigkeit Ausdruck einer neugewonnen weiblichen Autonomie darstellt und die zudem aktiv am kulturellen und sozialen Leben ihrer Zeit partizipiert. Dass dieser moderne Frauentypus unvereinbar mit der Rolle einer fürsorglichen Mutter ist, macht der Erzähler anhand von Frau Pogge, Luises (genannt Pünktchen) Mutter in Erich Kästners *Pünktchen und Anton* (1931), deutlich.[17]

---

16 Dieser Aspekt wird in *Emil und die drei Zwillinge* (1934) noch stärker betont. Dort denkt Frau Tischbein - trotz gegenteiliger Gefühle und einer starken ödipalen Bindung an ihren Sohn - darüber nach, den Oberwachtmeister Jeschke zu heiraten, um einen männlichen Versorger insbesondere für Emil zu haben, da sie Zweifel hat, ob sie ihre Berufstätigkeit aufrechterhalten kann (vermutlich aufgrund der zunehmend wirtschaftlich angespannten Situation) (Kästner 2019, 37). Auch Emil wäre bereit, (zukünftig) Geld zu verdienen, „[d]amit sie [d.i seine Mutter] nicht mehr zu arbeiten braucht" - und „um das ganze Leben mit ihr zusammenzubleiben." (Kästner 2019, 34). Neben der auch von Emil empfundenen ödipalen Bindung an seine Mutter sieht er die weibliche Berufstätigkeit damit als ein notwendiges, im Sinne der Frau zu überwindendes Übel und nicht als eine emanzipatorische Leistung an. Gleichwohl betont Emil an anderer Stelle gegenüber seiner Großmutter, dass seiner Mutter „ohne Arbeit [...] das Leben keinen Spaß machen" (Kästner 2019, 82) würde. Dass er ihr diesen „Spaß" an der Arbeit dennoch zu nehmen bereit wäre, zeigt, wie sehr die traditionellen Geschlechterrollenbilder zur Handlungszeit des Romans immer noch als eine zu erfüllende gesellschaftliche Idealvorstellung fungieren.

17 Auf der diegetischen Ebene beurteilt der unverkennbar männlich markierte Erzähler das Verhalten von Frau Pogge explizit, nicht ohne (anders als bei männlichen Figuren) auch eine Bewertung ihres äußeren Erscheinungsbildes einfließen zu lassen: „Sie war zwar sehr hübsch, aber, ganz unter uns, sie war auch ziemlich unausstehlich." (Kästner 1987, 16–17) Immer wieder wird ihr ‚vergnügungssüchtiges' und konsumorientiertes Verhalten betont, das sie als eine Verkörperung der ‚neuen Frau' erscheinen lässt, die einkauft, „Fünf-Uhr-Tees", und „Modevorführungen" ebenso besucht wie „Sechstagerennen, Theater, Kino, Bälle" und damit an den zentralen Elementen der Massenkultur der 1920er Jahre partizipiert (Haywood 1999, 79). Dass dieser ‚moderne' weibliche Habitus gegenüber dem traditionellen Rollenbild der Mutter und Ehefrau als nachrangig einzustufen ist, macht der Erzähler spätestens in einer der den gesamten Roman strukturierenden ‚Nachdenkereien' deutlich: „Die Frau vernachlässigt ihre Pflicht, habe ich recht? Niemand wird etwas dabei finden, daß sie gern ins Theater geht oder ins Kino oder meinetwegen auch zum Sechstagerennen. Aber zunächst einmal ist sie Pünktchens Mutter und Herrn Pogges Frau." (Kästner 1987, 20) Im weiteren Verlauf des Romans wird Frau Pogge durch aggressiv zur Schau gestellte patriarchale Machtgesten ihres Mannes gezwungen, sich seinen Vorstellungen der traditionellen Frauenrolle zu beugen (Kästner 1987, 126–133, 150–151), was der Erzähler zudem durch generalisierende Hinweise auf den nötigen „Respekt" der Frauen ge-

Erwachsene Frauen treten ansonsten nur als Nebenfiguren auf und sind im Vergleich zu den erwachsenen Männern im Roman deutlich unterrepräsentiert. Neben den Frauen aus Emils Familie, die sich allesamt in der häuslichen Sphäre aufhalten, werden am Rande auch berufstätige Frauen erwähnt, die stärker an den ‚neuen Frauentypus' der Weimarer Republik angelehnt sind. So begegnet Emil im Redaktionsbüro des Herrn Kästner einer weiblichen Bürokraft, die der Angestelltenkultur der Zeit entspricht und in protypischer Weise mit einer Schreibmaschine assoziiert wird. Gleichwohl dominiert auch hier der männliche Blick: „Sie kamen in ein Zimmer, in dem ein hübsches blondes Fräulein saß. Und Herr Kästner lief im Zimmer auf und ab und diktierte das, was Emil erzählt hatte, dem Fräulein in die Schreibmaschine." (147) Zum einen wird die Frau erkennbar in ihrer Körperlichkeit wahrgenommen und dabei – anders als die Männerfiguren im Roman – zugleich bewertet und sexualisiert. Zum anderen wird sie in ihrer Funktion als dienende Arbeitskraft repräsentiert, die Befehle des hierarchisch übergeordneten Mannes ausführt. Interessant ist dabei die Geschlechtertrennung in der Hierarchie von Schreibtätigkeiten. Dem Journalisten Kästner fällt die Autorschaft zu, die Frau ist demgegenüber diejenige, die lediglich die männlichen Gedankeninhalte – Emils Erlebniserzählung und Kästners Formgebung derselben – reproduziert.

Es fällt auf, dass – ebenso wie der Journalist Kästner – auch ein großer Teil der übrigen männlichen Erwachsenenfiguren Träger gesellschaftlicher Ressourcen und Ämter sind, wie Straßenbahnschaffner (70), Chauffeure (98, 150–51), ein Liftboy und ein Portier (116), Bankbeamte (128–131), Polizeiwachtmeister und -kommissare (136–145) sowie Journalistenkollegen Kästners (143–145). Diese männlichen Figuren bewegen sich (im Falle von Fahrern und Schaffnern sogar im wörtlichen Sinne) im öffentlichen Raum und stellen auch durch ihre Tätigkeiten im direkten Kontakt mit ihren Kundinnen und Kunden wirkmächtige öffentliche Situationen her (anders als etwa das ‚Schreibfräulein' im Redaktionsbüro). Neben diesen zumeist nur skizzenhaft angedeuteten und für den thematischen Gehalt des Romans tendenziell sekundären Nebenfiguren erhält eine weitere männliche Figur eine etwas klarere Kontur und eine inhaltlich-thematisch stärkere Relevanz (wenn auch vor allem in Form von Emils Imaginationen): der Polizeiwachtmeister Jeschke, der Emil und seiner Mutter auf dem Weg zum Bahnhof begegnet. Er erscheint Emil mit seiner brummenden, „dicke[n] Stimme" (38) als Autoritätsperson, zudem empfindet der Junge bei seinem Anblick ein schlechtes Gewissen – angesichts eines Jungenstreichs, den er gemeinsam mit Klassenkameraden verübte und bei dem er – so vermutet es Emil zumindest – von Jeschke beobachtet und erkannt wurde, bevor die Jungen fliehen konnten. Trotz der Freundlichkeit, die Jeschke Emil und seiner Mutter erweist, entwickelt Emil im Angesicht Jeschkes – von körperlichen Symptomen wie ‚flauen Knien' begleitete – Angstphantasien, in denen er Jeschkes Autorität in hyperbolischer Weise imaginiert: „Und jeden

---

genüber ihrem Ehemann untermauert, wobei Frauen mit zu strafenden Kindern gleichgesetzt werden (Kästner 1987, 134–135) (vgl. auch Klüger 1996, 78–79).

Augenblick rechnete er damit, Jeschke werde plötzlich hinter ihm herbrüllen: ‚Emil Tischbein, du bist verhaftet, Hände hoch!" (39) In diesen Phantasien erscheint die männliche Autorität als imaginäre Macht, die gerade angesichts der Abwesenheit einer männlich-väterlichen Instanz in Emils Leben ins Gewicht fällt.[18] Durch die Verknüpfung Jeschkes mit dem, „Denkmal des Großherzogs" (38) als dem Vertreter der einstmals regierenden Aristokratie, das die Jungen angemalt haben, als sie von Jeschke (vermeintlich) erkannt wurden, wird dessen Autorität gleichsam potenziert und als eine der vergangenen (Geschlechter-)Ordnung des Kaiserreichs zugehörige apostrophiert. Dazu gehört auch die „Pferdebahn" (37–38), die – statt der zu der Zeit (etwa in Berlin) bereits existierenden elektrischen Straßenbahn – in der Provinzstadt Neustadt noch fährt und aus der Emil und seine Mutter gerade ausgestiegen sind, bevor sie auf den Polizeimeister Jeschke treffen. Potenziert werden Jeschkes Autorität und ihre bei Emil auslösenden Ängste in dem Traum Emils während seiner anschließenden Zugfahrt nach Berlin. Dort erscheint Jeschke eindeutig als reaktionärer Vertreter eines überkommenen Regimes, der als „Lokomotivführer" einen Eisenbahnzug von einem „Kutschbock" aus mithilfe von Pferden lenkt (51–52) – zu einer Zeit, als in Deutschland längst Dampflokomotiven und zum Teil auch schon elektrische Eisenbahnen betrieben wurden. Der reaktionär-autoritäre Charakter Jeschkes findet in diesem Traum seinen Ausdruck weiterhin in einem aggressiven Habitus, der sich sowohl den Pferden als auch Emil gegenüber zeigt. So schlägt er wiederholt „mit der Peitsche wie verrückt auf die Pferde ein" (52). Den sich ängstigenden und ein Zugunglück befürchtenden Emil weist er barsch zurück (52) und konfrontiert ihn auf bedrohliche Weise mit dem von Emil und anderen Jungen verübten Streich: Jeschke „blickte ihn [d.i. Emil] durchdringend an und rief ‚Wer waren die anderen Jungens? Wer hat den Großherzog Karl angeschmiert?'" (51) Als Emil die Namen seiner Helfer nicht preisgeben will, droht Jeschke, die gefährliche Zugfahrt „im Kreise" (52) fortzusetzen. Als Emil schließlich aus dem Zug springt, wird er von dem ihn weiterhin anbrüllenden und seine (später losgelassenen) Pferde malträtierenden Polizeiwachtmeister und der sich monströs vergrößernden Eisenbahn verfolgt (54–55). Dabei überwindet der reaktionäre Jeschke mit seinem Zug sogar die zweihundert Etagen hohen Wolkenkratzer der sich im Traum offenbarenden modernen Großstadt und deutet somit die Überlegenheit traditionell-aggressiver Männlichkeit gegenüber den Entwicklungen der (auch im Hinblick auf sich verändernde Geschlechterordnungen) progressiven Moderne an.

---

18 Zieht man an dieser Stelle die Romanfortsetzung *Emil und die drei Zwillinge* (1934) hinzu, erhält die geschilderte Szene aus *Emil und die Detektive* die Funktion einer Prolepse: Dass Emils Mutter einige Jahre später den mittlerweile zum ‚Oberwachtmeister' aufgestiegenen Jeschke heiraten wird, wie in *Emil und die drei Zwillinge* anvisiert, lässt die imaginierte väterlich-autoritäre Macht Jeschkes zu einer realen werden – wobei Jeschke sich dort letztlich als weit weniger autoritär erweist als von Emil befürchtet. Wichtig ist in diesem Zusammenhang also das von Emil als Vertreter der Kindergeneration internalisierte gesellschaftliche Imaginäre der väterlichen Macht.

Emil gelingt es schließlich, in den Schutzraum der Mutter und ihrer weiblichen Kundin zu flüchten, die sich in einer durchsichtigen „gläserne[n] Mühle" (55) befinden. Interessanterweise bedient sich die Mutter – auf Anraten ihrer Kundin – moderner Technik in Form von motorisierenden gläsernen Mühlenflügeln, um den herannahenden Jeschke samt seiner Bahn und seinen Pferden davon abzuhalten, das Gebäude zu stürmen. Da die von Frau Tischbein in Gang gesetzten Mühlenflügel sich so drehen, dass sie eine starke Blendwirkung entfachen, werden die Pferde scheu und die Gefahr ist abgewendet (56–57). In diesem Bild verbinden sich verschiedene Aspekte, die in Bezug auf Geschlechterkonstellationen bedeutsam sind. Auf der einen Seite agiert die weibliche Figur Frau Tischbein in ihrer Rolle als Mutter, die ihren Sohn mit Unterstützung ihrer weiblichen Kundin beschützt und Gefahren von ihm abwendet. Die Mühle, in der sie sich befindet, ist ein traditioneller, kleinstädtisch-ländlicher Ort, der hier zudem als Schutzraum dient. Mit ihrer gläsernen Architektur und technischen Ausstattung in unmittelbarer Nähe der Hochhäuser repräsentiert sie jedoch zugleich einen modernen, großstädtischen Schauplatz. Die dort agierenden Frauen bedienen sich moderner Technik in wohlüberlegter und souveräner Weise und behaupten sich damit zugleich gegenüber einer Männlichkeit (in Form des Polizeiwachtmeisters Jeschke als Vertreter der Staatsgewalt), die sich in ihren Mitteln und ihrem gesamten Habitus als reaktionär und aggressiv darstellt. Damit zeigt sich hier im Gewand des phantastisch-utopischen Traumgeschehens eine Geschlechterdichotomie, bei der einer überkommenen Tradition verhaftete männliche Geschlechterkonzepte einer Konfiguration des Weiblichen gegenüberstehen, die traditionelle mit modernen Aspekten verbindet. In der erzählten realen Welt zeigen sich die Genderkonzepte insgesamt weniger plakativ und eindeutig. Liest man den Traum jedoch als Angstphantasie eines Heranwachsenden,[19] in der sich zugleich Aspekte des gesellschaftlich Imaginären zeigen, dann offenbaren sich darin in für den Traum typisch verdichteter Form Geschlechterdiskurse, die in der Gesellschaft der Weimarer Zeit virulent sind und die für viele Zeitgenoss*innen zugleich eine Chance und eine Bedrohung darstellten. Dies zeigt, dass der Roman aus der Kindersicht eine Geschlechterdichotomie in der Erwachsenenwelt entwirft, die die traditionelle Seite der Genderkonzeptionen in der Weimarer Zeit repräsentiert: Einer mit Mütterlichkeit assoziierten emotional aufgeladenen Version von Weiblichkeit steht eine kühl-sachliche und autoritäre und mit der Figur des (realen oder imaginären) Vaters verbundene Männlichkeit gegenüber.

Einen im Vergleich zu Jeschke ganz anderen Männlichkeitstypus repräsentiert die männliche Erwachsenenfigur, die am stärksten im Mittelpunkt der Handlung steht:

---

[19] Als Emil bemerkt, dass ihm sein Geld im Zug gestohlen wurde, wird sofort die Angst vor der Polizei in Gestalt des Wachtmeisters Jeschke wieder in ihm wach. Emil fürchtet dessen Autorität, gegen deren Anschuldigungen, Emil sei der eigentlich Schuldige, der den Diebstahl nur vorgetäuscht habe, er chancenlos wäre (61–62). Selbst nach der erfolgreichen Überführung des Diebs im Polizeipräsidium (143–144) und beim Besuch des Wachtmeisters, der Emils Finderlohn überbringt (155), kommen Gedanken an Jeschke und Ängste vor einer Verhaftung wieder in ihm hoch.

der Dieb mit dem (wie sich später herausstellt falschen) Namen Grundeis. In direkter Opposition zu „eine[r] Frau, die an einem Schal häkelte" (43), erscheint er zwar bei seinem ersten Auftritt im Zugabteil als „ein Herr im steifen Hut [, der] die Zeitung" (43) liest, wobei durch die skizzenhafte Figurenzeichnung geschlechtsbezogene Typisierungen in Bezug auf das Freizeitverhalten umso deutlicher hervortreten. In der Folge entfernt sich seine Darstellung jedoch von solch eindeutig typisierenden Genderkonstrukten. Vielmehr entpuppt er sich als ein kreativer Autor phantastischer, die kindliche Phantasie herausfordernder Geschichten. So skizziert er im Gespräch mit Emil ein Bild von Berlin, das die Modernität der Großstadt in utopisch-phantastischer Manier überhöht, wenn er etwa von „hundert Stockwerke" hohen Häusern berichtet, deren „Dächer man am Himmel [hat] festbinden müssen, damit sie nicht fortwehen" (44), oder von einer „Röhre", in der Menschen gleich einem „Rohrpostbrief" durch die Stadt transportiert werden (44). Der intertextuelle Bezug zur „automatische[n] Stadt" mit dem Namen „Elektropolis", die den Protagonisten in *Der 35. Mai* auf ihrer phantastischen Reise begegnet (Kästner 2019b, 72–85), ist evident. Dort finden sich ebenfalls, neben einer Fülle an „Wolkenkratzern" (Kästner 2019b, 73), utopisch anmutende, hochtechnisierte Fortbewegungsmittel, wie automatisch gesteuerte Züge (Kästner 2019b, 72–73), selbstfahrende Autos (Kästner 2019b, 76–77) sowie Bürgersteige in Form von automatisierten Laufbändern (Kästner 2019b, 78). Auch dort sind die phantastischen (und in die erzählte Realität transformierten) Erzählungen an einen unkonventionell-künstlerisch veranlagten Männertypus (in Form des Onkels Ringelhuth) gebunden, dem sich Grundeis anzunähern scheint. Nicht zuletzt ließe sich die von Grundeis entworfene (und in Emils Traum wieder aufgegriffene) Vision der modernen Großstadt mit einer – gerade an den urbanen Raum gebundenen – progressiven Geschlechterkonzeption in Verbindung bringen. Bezeichnenderweise deutet bereits das äußere Erscheinungsbild von Grundeis auf einen modernen Männlichkeitstypus hin. Die Innensicht Emils aufnehmend charakterisiert es der Erzähler wie folgt:

> Warum der Mann nur immer den Hut aufbehielt? Und ein längliches Gesicht hatte er, einen ganz schmalen, schwarzen Schnurrbart und hundert Falten um den Mund, und die Ohren waren sehr dünn und standen weit ab. (46)

Grundeis erscheint auf den ersten Blick mit dem Hut als Accessoire als ein offensichtlich durchaus eleganter und modebewusster Herr, wozu auch der „ganz schmale" Schnurrbart beiträgt, sodass der Mann insgesamt dem Habitus eines Dandys zu entsprechen scheint. Dieser Eindruck setzt sich fort, als der ‚Mann mit dem steifen Hut' – der sich bei seinem letzten Auftritt noch einen Schlips umbindet (120) – im weiteren Handlungsverlauf Zigaretten rauchend und „seelenvergnügt" (78–79), offenbar ohne weitere Beschäftigung, auf der Terrasse des Berliner Cafés Josty (in der damaligen Kaiserallee) sitzt. Auch dieser Ort charakterisiert Grundeis als dandyhaft-künstlerischen Männlichkeitstypus, war das Café Josty – wenn auch im Wesentlichen in Gestalt seiner Hauptfiliale am Potsdamer Platz – doch ein zentraler Treffpunkt von (vorwiegend männlichen) Schriftstellern des Expressionismus und der Neuen Sachlichkeit.[20] In der Folge hat Grundeis Muße, „sich die Gegend [zu betrachten] als wäre er in der Schweiz" (97), in aller Ruhe am Kiosk eine Zeitung zu lesen und sich schließlich per „Autodroschke" zu einem vornehmen Hotel fahren zu lassen (98–101), das sich wiederum in unmittelbarer Nähe zu einem Kino befindet (103). Auf diese Weise nähert sich der spätere Dieb dem Typus des Ästhetik und Genuss schätzenden feminisierten ‚neuen Mannes' mit den Zügen eines großstädtischen Flaneurs an.[21] Interessanterweise vermuten auch die Jungen, es sei wohl möglich, dass Grundeis (statt sich im Hotel zur Ruhe zu begeben) „stundenlang im Auto rumsaust und in Restaurants geht oder tanzen oder ins Theater oder alles zusammen" (104), also die typischen Aktivitäten der Vergnügungskultur der Weimarer Zeit ausübt, die weiblich konnotiert sind. Zu dieser ‚feminisierten' Männlichkeit treten Anzeichen einer versehrten und deformierten Körperlichkeit in Form der faltenreichen Mundpartie und der dünnen, weit abstehenden Ohren, die dem Idealbild des kämpferisch-starken, soldatischen Mannes zuwiderlaufen und sich – zumindest metaphorisch – eher einer ‚beschädigten' Männlichkeit annähern, die als Folge der Wunden des Ersten Weltkrieges lesbar wird. Allerdings legt es der Kontext der Romanhandlung auch nahe, diese Beschreibungen in der Tradition der Physiognomie als Ausweis des kriminellen Mannes zu lesen, als der sich Grundeis im weiteren Verlauf erweist. Damit erfahren aber auch die positiv lesbaren Formen ‚neuer', verletzlicher und auf einem modisch-dandyhaft beruhenden Habitus beruhenden Männlichkeit eine entschiedene Abwertung im Sinne einer ‚demaskierten Identität', zumal Grundeis als ihr einziger Repräsentant im Roman fungiert. Diese betrifft auf einer poetologischen Ebene auch Grundeis' Autorschaft im Bereich des für kindliche Imaginationen sensiblen utopisch-phantastischen Genres – zumal Emil infolge von Grundeis' Erzählungen lediglich einen Albtraum erleidet.[22] Dieser schließt direkt an die Vision einer hochtechnisierten Großstadterfahrung an, die Grundeis zuvor entworfen hatte. Das Traumgeschehen wird, wie bereits im Hinblick auf die Figur des Polizeiwachtmeisters Jeschke verdeutlicht, von räumlich inszenierten Geschlechterkonstruktionen durchzogen. Der in der Realität Emil zunächst zugewandte Grundeis mutiert im Traum zu einem Mann – dem einzigen in dem das Geschehen dominierenden Zug – mit einem „steifen Hut aus Schokolade" (51). Teile davon bricht der Mann ab, bietet die Schokoladenstücke, anders als in der Realität,

---

20 Eine literarische Verewigung erfuhr die Filiale am Potsdamer Platz durch Paul Boldts expressionistisches Sonett *Auf der Terrasse des Café Josty* (1912). Der Autor Erich Kästner verkehrte wiederum selbst im Café Josty in der Trautenaustraße, Ecke Kaiserallee, in dessen Nähe er zeitweise wohnte.
21 Dazu passt auch, dass Grundeis Emil während der Zugfahrt Schokolade anbietet, die als traditionell weiblich konnotiertes Genussmittel gilt (vgl. Rossfeld 2001).
22 Demgegenüber wird, im bereits analysierten Vorwort und seiner Abgrenzung realistischer von phantastischer Literatur, das neusachlich-realistische Programm der Erzählerfigur Kästner und der Figur des Journalisten Kästner aufgewertet. Dass der reale Autor Kästner mit *Der 35. Mai oder Konrad reitet in die Südsee* (1932) einen phantastischen Roman mit phantasiebegabten Männer- und Jungenfiguren geschrieben hat, ist Teil der ambivalenten Vielschichtigkeit seines Gesamtwerks.

jedoch Emil nicht an, sondern verschlingt sie in hedonistisch-solipsistischer Weise selbst (51). Dies könnte als bildlicher Ausdruck für die Egozentrik und Selbstbezüglichkeit auch seiner (literarischen) Phantasien gelten, was sich durchaus mit einem Konzept männlicher Autorschaft in Verbindung bringen lässt. Emil flieht vor der aggressiven, bedrohlichen und selbstbezüglichen Männlichkeit in den Schutzraum der liebenden, fürsorglichen und selbstlosen Mutter, sodass in dieser räumlichen Inszenierung eine stark traditionell geprägt Geschlechterdichotomie reproduziert wird.

3.3 Mädchen- und Jungenfiguren

Im Zentrum des Romans stehen ganz eindeutig die Kinderfiguren, deren Selbstwirksamkeit durch ihre die Handlung entscheidend vorantreibenden Charaktere betont wird. Welche geschlechtsspezifischen Diskurse dabei – auch im Verhältnis zu den Erwachsenenfiguren – zu erkennen sind, soll im Folgenden herausgearbeitet werden.

Bezeichnenderweise wird Emil im Rahmen des Vorworts zuerst in Bezug auf seine Mutter vorgestellt. Sein äußeres Erscheinungsbild in „seinem dunkelblauen Sonntagsanzug" (18) wird aus der Perspektive seiner um sein ordentliches Aussehen besorgten Mutter präsentiert. Zugleich wird aus seiner Perspektive verdeutlicht, wie die Grundbedingungen seiner Existenz und seine Bildungschancen von der Aufopferungsbereitschaft seiner Mutter abhängen (18). Somit ist seine Identität ebenso sehr an sie geknüpft, wie dies umgekehrt der Fall ist. Die mütterliche Fürsorge dem Sohn gegenüber wird von diesem zudem erwidert, wenn es darum geht, der Mutter in Notsituationen beizustehen: „Manchmal ist sie [d.i. Emils Mutter] krank und Emil brät für sie und sich Spiegeleier. Das kann er nämlich. Beefsteak braten kann er auch." (19) Diese Beziehungskonstellation wird im Rahmen der Romanhandlung fortgeführt:

> Nur manchmal war sie [d.i. die Mutter] krank und lag zu Bett. Der Doktor kam und verschrieb Medikamente. Und Emil machte der Mutter heiße Umschläge und kochte in der Küche für sie und sich. Und wenn sie schlief, wischte er sogar die Fußböden mit dem nassen Scheuerlappen, damit sie nicht sagen sollte: „Ich muss aufstehen. Die Wohnung verkommt ganz und gar." (35)

Damit übernimmt Emil, darin Anton aus *Pünktchen und Anton* vergleichbar,[23] traditionell weiblich konnotierte Rollenmuster im Hinblick auf hauswirtschaftliche Tätigkeiten. Ebenso wie bei Frau Tischbeins Übernahme eines traditionell männlichen Lebensentwurfs ist dieser Geschlechterrollentausch jedoch auch hier an eine (temporäre) Notlage geknüpft und nicht als eine davon unabhängige emanzipatorische Entwicklung zu betrachten.[24] Im Hinblick auf andere Verhaltensweisen wird Emil

---

23 Der Erzähler selbst weist in seinem Nachwort zu *Pünktchen und Anton* auf Parallelen zwischen den beiden männlichen Protagonisten hin (Kästner 1987, 155).
24 Vor diesem Hintergrund ist es bezeichnend, dass der Erzähler in *Pünktchen und Anton* das traditionell weibliche Rollenmuster des den Haushalt versorgenden Jungen nur angesichts der Notlage der

dann auch bezeichnenderweise durch traditionell männliche Attribute charakterisiert. So wird etwa, als Emil infolge des Verlusts seines Geldes und der Verletzung durch einen Nadelstich zu weinen beginnt, sogleich betont, dass die emotionale Regung keinesfalls auf den physischen Schmerz zurückzuführen sei:

> Er wickelte das Taschentuch um den Finger und weinte. Natürlich nicht wegen des lächerlichen bisschen Bluts. Vor vierzehn Tagen war er gegen den Laternenpfahl gerannt, dass der bald umgeknickt wäre, und Emil hatte noch jetzt einen Buckel auf der Stirn. Aber geheult hatte er keine Sekunde. (59)

Die sprichwörtliche männliche Tapferkeit wird hier also zur Verteidigung gegen mögliche Einwände angesichts von Emils Gefühlsäußerung hervorgehoben. Damit wird zugleich eine Geschlechterdifferenz markiert, erscheint das Weinen bei Frauen doch als selbstverständlicher Teil ihres ‚Geschlechtscharakters', wie an anderen Stellen – etwa bei Emils Mutter – verdeutlicht wird. Das Weinen des Jungen wird dagegen in der vorliegenden Szene in Bezug auf eine exzeptionelle Situation gerechtfertigt, die eng an seine Rolle als Sohn geknüpft ist:

> Er weinte wegen des Geldes. Und er weinte wegen seiner Mutter. Wer das nicht versteht, und wäre er noch so tapfer, dem ist nicht zu helfen. Emil wusste, wie seine Mutter monatelang geschuftet hatte, um die hundertvierzig Mark für die Großmutter zu sparen und um ihn nach Berlin schicken zu können. Und kaum saß der Herr Sohn im Zug, so lehnte er sich auch schon in eine Ecke, schlief ein, träumte verrücktes Zeug und ließ sich von einem Schweinehund das Geld stehlen. Und da sollte er nicht weinen? (59–60)

Emils Weinen wird hier vom Erzähler als angemessene Reaktion auf ein durch Emil gestörtes Vertrauensverhältnis zur Mutter eingeordnet, wobei er mittels interner Fokalisierung die Perspektive Emils übernimmt, der sich wiederum mit den Augen seiner Mutter betrachtet, was zeigt, wie stark er deren Wertesystem bereits internalisiert hat. Mit der Selbsterniedrigung des Sohnes geht zudem eine Überhöhung der Mutter und ihrer Opferbereitschaft einher. Dass der Sohn die Opfer, die seine Mutter erbringt, zu schätzen weiß und sich durch sein ebenfalls pflichtbewusstes und loyales Verhalten ihr gegenüber auszeichnet, bringt ihm vonseiten des Erzählers die anerkennende Charakterisierung als „Musterknabe" (35) ein. Eine der wenigen Stellen, an denen sich der Erzähler außerhalb des Vorworts direkt an die Leser*innen wendet, beschäftigt sich mit diesem Thema

> Könnt ihr es begreifen und werdet ihr nicht lachen, wenn ich euch jetzt erzähle, dass Emil ein Musterknabe war?

Mutter gelten lässt. Während es dort sogar mit dem Hinweis auf ein Verhalten, auf das man stolz sein könne, aufgewertet wird, erscheint ein darüberhinausgehender ‚weiblicher' Habitus bei Jungen aus Sicht des Erzählers als etwas deutlich weniger Erstrebenswertes. In einem seine Sichtweise illustrierenden Gespräch bemerkt der Erzähler gegenüber einem männlichen Freund: „Wenn du mit einer Puppenküche spieltest, hättest du vielleicht Grund, dich zu schämen." (Kästner 1987, 32)

> Seht, er hatte seine Mutter sehr lieb. Und er hätte sich zu Tode geschämt, wenn er faul gewesen wäre, während sie arbeitete, rechnete und wieder arbeitete [...] Er sah, wie sie sich bemühte, ihn nichts von dem entbehren zu lassen, was die andern Realschüler bekamen und besaßen. Und da hätte er sie beschwindeln und ihr Kummer machen sollen? Emil war ein Musterknabe. So ist es. Aber er war keiner von der Sorte, die nicht anders kann, weil sie feig ist und geizig und nicht richtig jung. Er war ein Musterknabe, weil er einer sein wollte! Er hatte sich dazu entschlossen, wie man sich etwa dazu entschließt, nicht mehr ins Kino zu gehen oder keine Bonbons mehr zu essen. Er hatte sich dazu entschlossen und oft fiel es ihm recht schwer.
> Wenn er aber zu Ostern nach Hause kam und sagen konnte: „Mutter, da sind die Zensuren und ich bin wieder der Beste!", dann war er sehr zufrieden. Er liebte das Lob, das er in der Schule und überall erhielt, nicht deshalb, weil es ihm, sondern weil es seiner Mutter Freude machte. Er war stolz darauf, dass er ihr, auf seine Weise, ein bisschen vergelten konnte, was sie für ihn, ihr ganzes Leben lang, ohne müde zu werden, tat ... (35–36)

Damit erfährt auch Emils ‚Feminisierung' im Hinblick auf sein Weinen eine Rechtfertigung. Trotz seiner engen emotionalen Bindung an die Mutter und seines Pflichtbewusstseins ihr gegenüber betont Emil, er sei „noch lange kein Muttersöhnchen" (112). Für den Fall einer solchen Beleidigung droht er präventiv mit männlich konnotierter Gewaltbereitschaft: „Und wer das nicht glaubt, den schmeiße ich an die Wand." (112)

An anderen Stellen wird dann auch Emils traditionell ‚männliche Seite' betont, etwa beim ersten Aufeinandertreffen mit Gustav. Als dieser ihn wegen seiner provinziellen Herkunft und seines Kleidungsstils beleidigt (80), antwortet Emil sofort mit der Androhung körperlicher Gewalt, die er in hyperbolischen Zügen ausmalt: „Nimm das zurück! Sonst kleb ich dir eine, dass du scheintot hinfällst." (80) Sein Gegenüber fasst dies als Aufforderung zum stark männlich konnotierten „Boxen" auf, lenkt aber gleichzeitig „gutmütig" ein (80), was zeigt, dass diese Form der verbalen Androhung körperlicher Gewalt offensichtlich als üblicher Teil eines männlichen Habitus und der Wahrung und Verteidigung des eigenen Selbst zu gelten scheint. An diesem Wettbewerb der sich überbietenden körperlichen Auszeichnungen im Boxen halten die beiden Jungen auch nach geschlossener Freundschaft fest.[25] Während Gustav an dieser und weiteren Textstellen jedoch auf den körperlich geprägten Anteil dieser

---

[25] Sie vereinbaren, nach der erfolgreichen Jagd auf den Dieb miteinander zu boxen und überbieten sich verbal mit ihren Erfolgen vom „Champion der Landhausbande" zum „Meister fast aller Gewichtsklassen" (108). Bei dem entscheidenden Erfolg über den Dieb Grundeis heißt es über Gustav, er „machte breite Schultern und stieg vor Emil her wie ein Boxkämpfer, der vor Kraft nicht laufen kann" (125). Und schlussendlich kommt Gustav nach der erfolgreichen Gefangennahme des Diebs wieder auf den anfänglich abgemachten Boxkampf mit Emil zurück und will diesen noch austragen (140), Emil lehnt jedoch, Gustav und den Professor an den Händen haltend, ab: „Ich bin so guter Laune! Das Boxen lassen wir am besten sein. Ich brächte es vor lauter Rührung nicht übers Herz, dich für die Zeit zu Boden zu schicken." (140) In dieser Aussage mischen sich männliches Selbstbewusstsein und Siegesgewissheit mit der, auch durch die körperliche Nähe ausgedrückten, eher ‚unmännlichen' Rührung angesichts der emotionalen Verbundenheit.

Identität und auf seine Außenwirkung reduziert wird,[26] beweist Emil immer wieder auch mentale Stärke, etwa, wenn er Gustav auffordert, Freunde zu mobilisieren, was schließlich zur Formation der Kinderbande, bestehend aus „mindestens zwei Dutzend Jungen" (83), führt. Dass diese Gruppierung ausschließlich aus männlichen Mitgliedern besteht, die sich zudem als ‚normgerechte' Vorbilder ihres Geschlechts zu erweisen haben,[27] wirft ein starkes Licht auf die oftmals nach Geschlechtern getrennte Sozialisation von Kindern und Jugendlichen, die sich etwa auch in den organisierten Jugendbewegungen der 1920er und 1930er Jahre niederschlägt.

Auch an das Phänomen der (in vielen Fällen) männlich dominierten Kinderbande und der ‚männerbündlerisch' geprägten Jugendbewegungen der Weimarer Zeit schließt die hierarchisch organisierte Jungenbande in *Emil und die Detektive* an. Bereits in der Charakterisierung Gustavs scheint das Moment des Anführers durch, dem die anderen Jungen gehorchen und den sie behandeln, „als wäre er ihr Präsident" (24). Der zur Entstehungszeit des Romans (und bis in die jüngere Gegenwart gebrauchte) Begriff der „Kameraden" (82) verweist klar auf die militärische Provenienz dieses Konzepts männlichen Zusammenhalts. In der Folge zeigt sich anhand der Organisationsstruktur und des von den Jungen verwendeten Vokabulars der paramilitärische Charakter der von der Jungenbande geplanten und durchgeführten Aktionen.[28] Es ist Emil selbst, der das erste Planungstreffen der Jungen explizit als

---

26 Vgl. zum Beispiel den ironischen Erzählerkommentar an der Stelle, als die Idee zur Mobilisierung der Freunde geboren wird: „Gustav hupte leise, um sein Denken anzuregen. Es half nichts." (82)
27 In *Emil und die drei Zwillinge* (1934) stellt der Erzähler die Verbrecherjagd der männlichen Kindergruppe in *Emil und die Detektive* rückblickend als ein vorbildhaftes männliches Verhalten dar, das sich „jeder richtige Junge" (Kästner 2018a, 10) wohl vorstellen könne und das durch diese Charakterisierung als ein normativer Aspekt von Männlichkeit herausgehoben wird. Bereits die Selbstcharakterisierung der Jungenbande in *Emil und die Detektive* trägt aus der Sicht des „Professors" normative Züge, wenn er die Mitlieder dazu auffordert zu zeigen, dass sie „richtige Jungens" (95) seien, die sich durch volle Einsatzbereitschaft auszeichnen. Dass etwa der „kleine Dienstag" diese Werte internalisiert hat, zeigt er mit dem Fazit, das er aus seiner Mitwirkung in der Jungenbande zieht: „Ein richtiger Junge tut, was er tun soll." (167)
28 Eine noch stärkere Ausprägung erfährt das Konzept der paramilitärisch organisierten Jungenbande in Kästners *Das fliegende Klassenzimmer* (1933). Dort stehen körperlich und verbal auf brutale Weise ausgetragene Kämpfe zwischen Jungengruppen aus zwei traditionell verfeindeten Schulen im Mittelpunkt der Handlung, die vom Erzähler und den Figuren wiederholt als „Krieg" (Kästner 2016, 45) bezeichnet und von den erwachsenen Bezugspersonen sogar toleriert werden. Die Kampfhandlungen werden ausführlich und unter wiederholtem Rückgriff auf militärisches Vokabular beschrieben. Weibliche jugendliche Protagonistinnen kommen im Kontext der gesamten Handlung nicht vor, sodass der gezeigte Habitus als ein rein männlicher zu verstehen ist. Ruth Klüger bezeichnet diese „Kriegsspiele" (Klüger 1996, 74) als „reaktionäre[] Heldentümelei", in der sich „nur die allerherkömmlichsten und traditionellsten Wertvorstellungen von Männlichkeit und Tapferkeit" (Klüger 1996, 75) offenbarten. Zudem wird in *Das fliegende Klassenzimmer* innerhalb der männlichen Schülerschaft des Gymnasiums dieses auf körperliche Stärke und Durchsetzungskraft fokussierte Konzept von Männlichkeit gegenüber einer Gruppe älterer männlicher Schüler abgegrenzt, die sich durch das Üben von Paartänzen und einen ‚weiblichen' Habitus auszeichnen und von der ‚kämpferischen' Jungengruppe mit Verachtung belegt werden (Kästner 2016, 25–28).

„Kriegsrat" (86) bezeichnet, in der Folge werden „Nachrichtendienst", „Vorposten" und „Stafetten" (86), sowie eine „Wache" (101) organisiert und aufgestellt, die verschiedenen Einheiten der Jungenbande werden vom Erzähler als „Kindertrupps" (124) bezeichnet, die einer „Marschordnung" (125) folgen. Bei der „Jagd" (114) auf den Dieb wird eine „Taktik" (121) ersonnen, die daraus besteht, „ihn in die Enge [zu treiben], bis er sich ergibt" (121).[29] Anstelle des eher auf körperliche Durchsetzung fokussierten Gustav übernimmt der eindeutig als intellektueller Führer charakterisierte „Professor" das Kommando der Aktionen. Dieser legt sich in seinem Auftreten einen bewusst erwachsenen und männlichen Habitus zu,[30] wenn er „wie sein Vater, der Justizrat" (87), agiert, Befehle erteilt und die Gruppe insgesamt hierarchisch und arbeitsteilig organisiert, indem er einen „Bereitschaftsdienst", „Ersatzleute" und „Verstärkung" einteilt und in einem militärischen Befehlston Anweisungen gibt (89). Als ein Junge aus der Gruppe, Petzold, das autoritäre Verhalten des Anführers und dessen Befehlsstruktur in Frage stellt,[31] reagiert der Professor mit rigiden Maßnahmen, wenn er vorschlägt, dass der sich Widersetzende „sofort ausgewiesen wird und dass man ihm verbietet, weiterhin an der Jagd teilzunehmen" (114). Nicht zuletzt gehört auch die fast sprichwörtlich gewordene „Parole Emil" (96) in diesen paramilitärischen Kontext. Gleichwohl finden sich neben dieser militärisch geprägten Verhaltensnorm auch demokratische Elemente, etwa wenn ein kurzer Meinungsaustausch über die moralische Frage stattfindet, ob es legitim sei, dem Dieb das von diesem entwendete Geld wiederum zu stehlen (90–91), oder wenn Emil vorschlägt, über eine mögliche Verwarnung Petzolds „wie im Reichstag ab[zu]stimmen" (114). Zu Letzterem kommt es jedoch nicht, da Petzold die Gruppe aus eigenen Stücken verlässt, und im ersten Fall beendet

---

[29] Ruth Klüger sieht im Vorgehen der Jungen bei der Verfolgung des Diebs ein fragwürdiges Verhalten, das sie mit der beschränkten Perspektive der Kinder begründet: „Vom Strandpunkt der Berliner Kinder könnte ja der Herr im steifen Hut genausogut unschuldig wie schuldig sein. Sie trauen Emil auf Anhieb und instinktiv, weil er ihnen gleicht und weil ihnen seine Notlage ein Abenteuer verspricht, während der Herr im steifen Hut fremd und verdächtig erscheint." (Klüger 1996, 71) Darin sieht Klüger ein moralisches Fehlverhalten. „Daß Kinder jederzeit bereit sind, mit oder ohne Disziplin, sich zusammenzurotten, um einem Sündenbock nachzustellen, ob es nun ein Krüppel oder ein Ausländer oder ein wie immer Andersartiger ist [...]" (Klüger 1996, 72), deutet sie als gruppendynamischen Prozess: „Mit Überzeugung hat das meist weniger zu tun als mit einem aggressiven Zusammengehörigkeitsgefühl, das nach einem Opfer sucht." (Klüger 1996, 72) Klüger sieht diese Problematik auch vor dem zeitgenössischen Hintergrund antisemitischer Gewalttaten: „Einige Jahre nach dem Erscheinen des Romans und des Films [d.i. die erste Verfilmung des Romans aus dem Jahr 1931, Regie: Gerhard Lamprecht] gab es die Verhöhnung und gelegentliche Verprügelung von einzelnen Juden durch Kinderbanden, die auch irgend jemand überzeugt hatte, daß der Fußgänger dort drüben gefährlich und schuldig sei. Es dürften ‚Emil'-Leser darunter gewesen sein." (Klüger 1996, 73) Diese These lässt sich auch vor dem Hintergrund eines militärisch-aggressiven Habitus innerhalb der Jungengruppe in *Emil und die Detektive* aufrechterhalten, wie er in der vorliegenden Interpretation herausgearbeitet wird.
[30] Dieser wird von der Gruppe insgesamt übernommen. So heißt es etwa an einer Stelle: „Man verabschiedete sich. Alle schüttelten sich, *wie kleine ernste Männer*, die Hände." (118; Hervorh. C.H.)
[31] „‚Schrei gefälligst nicht so', sagte Petzold [zum Professor], ‚du hast mir einen Dreck zu befehlen.'" (114)

der Professor den Diskurs recht barsch und entscheidet den moralischen Streit qua Autorität mit dem Hinweis auf den juristischen Tatbestand des Diebstahls (90–91). Durch den wiederholten Hinweis auf das väterliche Vorbild und die väterliche Autorität (87, 95) erscheint die durch den Professor geführte Jungenbande als Fortführung einer männlich-patriarchalischen Tradition, in der weibliche Vorbilder oder Mitglieder keinerlei Rolle spielen und dementsprechend auch an keiner Stelle erwähnt werden. Stattdessen wird die männlich-militärische Traditionslinie sogar historisch weiter zurückverfolgt, indem der Erzähler (wenn auch mit ironischem Unterton) über den auf einem Stuhl in einem Hinterhof sitzenden Professor bemerkt: „Er sah aus wie Napoleon während der Schlacht bei Leipzig." (101) ‚Weibliches' Verhalten ist in diesem Männerbund nicht erwünscht, es wird abgewertet und entsprechend sanktioniert. Einige Mitglieder der Jungenbande, die weitere Jugendliche „mobilisiert" (120) haben und damit aus Sicht des Professors das ganze Unternehmen gefährden, belegt der Anführer mit einer misogyn konnotierten Beleidigung: „Wenn der Kerl uns durch die Lappen geht, seid ihr dran schuld, ihr *Klatschtanten!*" (120; Hervorh. C.H.) In der abschließenden Einschätzung des „kleinen Dienstag" wird deutlich, dass das Verhalten in der Jungenbande vom Imperativ eines internalisierten männlichen Geschlechtscharakters geleitet ist. Anlässlich der Würdigung seiner Aufgabe innerhalb der Gruppe legitimiert er sein von den anderen Kindern gelobtes Verhalten als ein ‚typisch männliches': „Ein richtiger Junge tut, was er soll. Basta!" (167) Von den (vorwiegend männlichen) Erwachsenen wird das Verhalten der Jungen unter expliziter Erwähnung ihres Geschlechts ebenfalls gelobt. So bezeichnet die den Autor spiegelnde Romanfigur des Journalisten Kästner Emil, Gustav und den Professor als „Prachtkerle" (147), was zur Steigerung ihres Selbstbewusstseins führt, indem „sie sehr stolz auf sich selber" (147) werden, und ein Mitreisender der nach Berlin fahrenden Frau Tischbein nennt Emil ebenfalls einen „Prachtkerl" (160) und „richtige[n] Kerl, aus dem später mal was werden wird" (162). So ist der Ruhm ein stark männlich konnotierter.

Auch die einzige weibliche Kinderfigur wird bezüglich ihrer Geschlechtszugehörigkeit markiert: Der Spitzname „Pony Hütchen" charakterisiert Emils Cousine metonymisch mit zwei prominenten visuellen Merkmalen der ‚neuen Frau' in der Weimarer Republik: Die Ponyfrisur ist oft zentraler Bestandteil des viel zitierten Bubikopfs und auch die weibliche Hutmode ist ein zentrales Accessoire des neuen Frauentyps. Die Diminutivform „Hütchen" charakterisiert Emils Cousine gleichsam als prämature Vorform der ‚neuen Frau', als ‚neues Mädchen'. Die solchermaßen zunächst durch visuelle Merkmale eingeführte Figur wird vom männlichen Erzähler im Rahmen des Vorworts als „reizendes Mädchen" (22) charakterisiert und dabei zugleich einer Bewertung unterzogen. Das Adjektiv ‚reizend' ist stark geschlechtlich konnotiert: Es bezieht sich fast ausschließlich auf weibliche Personen und wird zudem häufig im Hinblick auf ein ‚hübsches' optisches Erscheinungsbild verwendet, das die Sinne des (männlichen) Betrachters ‚reizt'.[32] Somit ist mit dieser Begriffsverwendung eine erotische Konnotation verbunden. Diese scheint in dem späteren, von Bewunderung geprägten Verhalten der männlichen Kinderbande wieder auf. Auch die erste Charakterisierung der Figur innerhalb der Romanhandlung erfolgt aus männlicher Perspektive. Da er sie länger nicht gesehen hat, versucht sich Emil auf der Fahrt nach Berlin vorzustellen, „wie Pony Hütchen jetzt aussähe" (48). An ihr Gesicht erinnert er sich nicht mehr, jedoch daran, dass sie „mit ihm hatte boxen wollen" (48). Damit wird das Mädchen mit einem in der Zeit sehr beliebten und stark männlich konnotierten Sport in Verbindung gebracht, der bezeichnenderweise auch im bereits erwähnten ‚Kräftemessen' der Jungen zitiert wird. Auch wenn es sich bei oberflächlicher Betrachtung lediglich um ein frühkindliches Spiel handeln mag, wird Pony Hütchen damit zugleich als ein Mädchen charakterisiert, das Aspekte der ‚neuen Frau' der 1920er Jahre für sich reklamiert, indem es an die Vergnügungskultur der Weimarer Zeit anschließt und dabei zugleich Attribute traditioneller Männlichkeit übernimmt.[33] Emil hat diesen Anspruch Pony Hütchens seinerzeit zurückgewiesen, was er rückblickend mit dem Hinweis auf die große Selbstverständlichkeit seiner Haltung untermauert:

> Er hatte natürlich abgelehnt, weil sie ein Papiergewicht war und er mindestens Halbschwergewicht. Das wäre unfair, hatte er damals gesagt. Und wenn er ihr einen Uppercut geben würde, müsse man sie hinterher von der Wand kratzen. (48)

Die solchermaßen begründete Ablehnung bezieht sich offensichtlich auf Ponys Geschlecht und den aus männlicher Sicht vermessenen Anspruch, sich mit einem männlichen Gegner auf Augenhöhe messen zu wollen. Sowohl die Selbstüberhöhung als „mindestens Halbschwergewicht" als auch die Herabsetzung Ponys in Form der niedrigsten Gewichtsklasse des „Papiergewichts" stellen den hyperbolischen Versuch dar, jenseits annähernd gleichwertiger körperlicher Voraussetzungen im Kindesalter eine Geschlechterdifferenz zu behaupten, die die männliche Überlegenheit mithilfe zeittypischer biologistischer Argumentationsmuster betont und die Eroberung traditionell männlicher Sphären durch Angehörige des weiblichen Geschlechts negiert.[34]

---

[32] Vgl. hierzu die Einträge zu *DWDS. Der deutsche Wortschatz von 1600 bis heute* im Literaturverzeichnis.

[33] Auch in ihrem Auftreten in der Erzählgegenwart lässt sie einen ‚männlichen' Habitus erkennen, wenn sie etwa Emil „einen Schlag auf die Schulter" (106) gibt. In *Emil und die drei Zwillinge* bezeichnet der männliche Erzähler Pony – rückblickend auf die Handlungszeit von *Emil und die Detektive* – als „ein[en] halbe[n] Junge[n]" (Kästner 2019, 24) und betont damit die hybride Geschlechtsidentität Ponys, den er in der Erzählgegenwart fortgesetzt sieht: Pony changiert dabei aus seiner Sicht zwischen „junge[r] Dame", patente[m] Kerl" und halbe[m] Backfisch", vereint also traditionell männlich und weiblich konnotierte Rollenbilder und befindet sich zudem in der Entwicklung vom Mädchen zur Frau.

[34] An einer späteren Stelle in *Emil und die Detektive* findet sich ein ähnliches Argumentationsmuster Emils gegenüber seiner Cousine. Wiederum betont er ihre angebliche körperliche Unterlegenheit und verknüpft diese mit ihrem Geschlecht. Nachdem Emil Ponys Radfahrkünste als „Afferei" bezeichnet und den Sattel ihres Rads in der Höhe verstellt hat, beleidigt Pony ihn ihrerseits als „Affe" und droht mit der Beendigung ihrer Freundschaft. Darauf entgegnet Emil: „Wenn du nicht ein Mädchen wärst

Trotz dieser Abwehrversuche hatte sich Pony seinerzeit nicht von ihrem Vorhaben abbringen lassen und „erst Ruhe gegeben, als Tante Martha dazwischenkam" (48).

Diese Selbstbehauptung zeigt sich auch in Ponys erstem Auftritt im Rahmen der Erzählgegenwart, als sie mit ihrem Fahrrad am Bahnhof Friedrichstraße erscheint und sich damit gegen ihre Großmutter durchgesetzt hat, die ihr das Mitnehmen des Fahrrads hatte verbieten wollen (73). Das Fahrradfahren kann dabei – analog zum Boxen – vor dem Hintergrund seiner zeitgeschichtlichen Bedeutung im Rahmen der Selbstermächtigung von Frauen in den 1920er Jahren gedeutet werden. Das Fahrrad als Mittel zur Steigerung der Mobilität des Mädchens ließe sich dabei als kindliche Vorstufe des Autos deuten, das als ein wichtiges kulturelles Symbol fungierte, welches die größer gewordene Bewegungsfreiheit von Frauen verdeutlichte – im Straßenverkehr, aber auch als pars pro toto für die neu gewonnene gesellschaftliche Mobilität. Bezeichnenderweise wird Pony zugeschrieben, sie wolle „wie eine Rennfahrerin aussehen" (169), was von Emil wiederum mit dem abwertenden Ausdruck „Afferei" (169) quittiert wird. Zugleich ist Ponys Fahrrad eng an ein männliches Blickregime gebunden. Angesichts ihres Fahrrads ist Pony „guter Laune und freute sich auf Emils respektvollen Blick. ‚Sicher findet er es oberfein', sagte sie und war ihrer Sache völlig gewiss" (73). Diese Gewissheit bleibt einerseits an eine antizipierte männliche Bestätigung gebunden, andererseits drücken sich darin auch weibliches Selbstbewusstsein und Stolz angesichts dieser Errungenschaft aus.

In der Folge werden Ponys selbstbewusstes, bestimmtes und forsches Auftreten sowie ihre Schlagfertigkeit und ihr ‚kesses (Berliner) Mundwerk' immer wieder betont (z. B. 75). Dabei bewertet sie zugleich einen von ihr unterstellten männlichen Geschlechtscharakter als negativ. Angesichts von Emils ausbleibender Ankunft am Bahnhof stellt sie gegenüber ihrer Großmutter fest: „Sicher ist er falsch ausgestiegen. Jungens sind manchmal furchtbar blöde. Ich möchte wetten! Du wirst noch sehen, dass ich recht habe." (75) Dieses weibliche Selbstbewusstsein wird jedoch nicht nur von der Großmutter wiederholt in die Schranken der Wohlanständigkeit verwiesen, wenn sie ihre Enkelin zum Teil in barschem Ton zum Schweigen zu bringen versucht (75–76) und sogar mit dem Verlust des Fahrrads durch die patriarchalische Autorität droht, sollte Pony die aus erwachsener Sicht zu ‚wilden' Fahrkünste fortführen: „Wenn das [d.i. das Mitnehmen eines Jungen (!) auf der Lenkstange] noch ein einziges Mal vorkommt, nimmt dir dein Vater das Rad für immer weg." (76) Auch der (männliche) Erzähler lässt eine negative Bewertung der (weiblichen) Selbstermächtigung Ponys erkennen, wenn er ihre Äußerungen als ‚Wichtigtuerei' disqualifiziert (75). Auf der Handlungsebene widersetzt sich Pony diesen Versuchen, ihre Selbstbestimmtheit einzuschränken, jedoch immer wieder. So nimmt sie Emil gegenüber wiederholt eine überlegene Haltung ein (vgl. die Ausführungen weiter unten) und auch der Autorität ihres Vaters begegnet sie mit ihrer typischen wortgewandten und schlagfertigen Art.

---

und dünn wie eine Strippe, würde ich dich mal Moritz lehren, mein Kind" (169), um dann, als Zeichen unterdrückter (männlicher) Aggressivität, „bockig beide Fäuste in die Hosentaschen" (170) zu stecken.

Als dieser Emil versagen will, über die Verwendung des ihm zuerkannten Belohnungsgeldes selbständig, ohne erwachsene Anleitung zu verfügen, weist sie ihn mit recht barschen Worten zurecht: „‚Alle Wetter, Heimbold, bist du ein Dickschädel‘, sagte Pony Hütchen zu ihrem Vater. Siehst du denn nicht, dass Emil sich so darauf freut, seiner Mutter was zu schenken? Ihr Erwachsenen seid manchmal kolossal hart verpackt.‘" (169)

In weiten Teilen der Romanhandlung wird Pony in ihrem Verhältnis zu der männlichen Kinderbande charakterisiert und dabei einem männlichen Blickregime unterworfen. Bei dem ersten Aufeinandertreffen Ponys mit der Kinderbande fällt auf, dass die Jungen ihr imponieren wollen, indem sie sich in Galanterie üben („Der Professor bot Hütchen höflich seinen Stuhl an und sie setzte sich" [104]),[35] oder sich in betont ‚männliche‘ Posen werfen und dabei gleichzeitig verlegen werden: Auf Ponys Kompliment gegenüber dem von ihr mit dem Rad zur Gruppe transportierten Bleuer („Netter Kerl übrigens" [105]) errötet dieser „und drückte die Brust raus" (105). Selbst der sonst so souveräne und überlegene Professor wird im Angesicht Pony Hütchens unsicher: Er „lachte verlegen und stotterte ein paar unverständliche Worte" (106). Dass die Jungen Pony offensichtlich in Bezug auf ihr äußeres Erscheinungsbild wahrnehmen, wird vom Erzähler durch einen aussagekräftigen Vergleich explizit thematisiert: „Sie saß wie eine Schönheitskönigin auf dem Stuhl und die Jungen umstanden sie wie die Preisrichter" (106). Hier wie an anderen Stellen (vgl. etwa den bereits erwähnten Gestus des Professors) orientieren sich die Jungen am Verhalten und Habitus erwachsener männlicher Vorbilder.[36] Ein in der Erwachsenenwelt übliches männliches Blickregime im Hinblick auf den weiblichen Körper wird hier bereits im Jungenalter präfiguriert. Der Körper der Frau wird taxiert und männlichen Blicken und Bewertungen unterworfen.[37] Die Erwähnung der „Schönheitskönigin" und der männlichen „Preisrichter" verweist auf die in den 1920er Jahren sich etablierenden Miss-Wahlen[38] im Zuge der amerikanisierten ‚Girlkultur‘.[39] Damit wird ein Ungleich-

---

35 Vgl. auch 123: „Die Jungen benahmen sich [d.h. Pony Hütchen gegenüber] äußerst aufmerksam. Der Professor hielt Ponys Rad. Krummbiegel ging, die Thermosflasche und die Tasse auszuspülen. Mittenzwey senior faltete das Brötchenpapier fein säuberlich zusammen. Emil schnallte den Korb wieder an die Lenkstange. Gerold prüfte, ob noch Luft im Radreifen wäre. Und Pony Hütchen hüpfte im Hof umher, sang sich ein Lied und erzählte zwischendurch alles Mögliche."
36 Pony beteiligt sich an diesem Spiel, wenn sie den Jungen Geld gibt, damit sich diese „Zigarren" kaufen können (106).
37 Diese Betonung des weiblichen erotisierten Körpers setzt sich in *Emil und die drei Zwillinge* (1934) mit dem Hinweis auf Ponys Heranwachsen zur „junge[n] Dame" (Kästner 2019, 24) fort. Die Charakterisierung der Figur durch den deutlich männlich markierten Erzähler im „Vorwort für Fachleute" wird von einer Zeichnung Walter Triers begleitet, die sich deutlich von ihrem kindlich geprägten Pendant in *Emil und die Detektive* abhebt und Pony mit hohen Schuhen, kurzem Rock, figurbetontem Oberteil, Kurzhaarfrisur und einer modischen Mütze eindeutig als ‚neue Frau‘ der Weimarer Zeit ausweist.
38 Bezeichnenderweise fand die erste Wahl zur Miss Germany 1927, also zwei Jahre vor Erscheinen von *Emil und die Detektive*, in Berlin statt (Didczuneit 1998, 13–14).

gewicht der Geschlechter – männliches Anschauen und weibliches Angeschaut-Werden – ebenso konnotiert wie die Etablierung weiblicher Schönheitsideale, die nicht zuletzt durch die visuelle Massenkultur der 1920er Jahre (Fotografie, Kino, Werbung) propagiert wird. Die Trennlinie zwischen weiblicher Selbstermächtigung und Unterwerfung unter patriarchalische Normen ist gerade im Hinblick auf Mode und Körperinszenierung der Frau nicht immer leicht zu ziehen. Spätestens angesichts des Fortbestehens traditioneller Verhältnisse in den Geschlechterrelationen (vgl. Kap. 2) entstehen wiederum Ungleichgewichte. Diese spiegeln sich auch in der Figur Pony Hütchen wider. Verweisen ihr Aussehen und ihr Verhalten einerseits auf die selbstbewusste und selbstbestimmte ‚neue Frau', so unterwirft sich das Mädchen doch andererseits gerade im Verhältnis zu der Jungenbande traditionellen Geschlechterrollen. Sie bezeichnet sich selbst als „anständiges Mädchen" (106), das ins Bett „gehört" (106) und sich diesem Gebot fügt, anstatt mit den Jungen den Abend zu verbringen. Einen Höhepunkt erreicht die Übernahme traditioneller Verhaltensmuster, als sie die Jungen während der Belagerung des Hotels, in dem sich der Dieb aufhält, mit Kaffee und Buttersemmeln versorgt (122), nachdem sie ihnen schon beim ersten Zusammentreffen offenbart hatte, dass sie zu gerne für sie „Kaffee kochen" würde (106). Die klare Rollenverteilung zwischen den im öffentlichen Raum agierenden Jungen und ihrer häuslichen, fürsorgenden Tätigkeit ist ihr dabei wohl bewusst und sie kommentiert letztere affirmativ: „Ja, ja, es ist eben doch was andres, wenn eine Frau im Hause ist!" (122) Ähnlich wie die Jungen sich als erwachsene Männer inszenieren und auf ihre Väter als Vorbilder rekurrieren, folgt Pony dem Rollenbild der erwachsenen Haus- und Ehefrau. Als das öffentliche Agieren der Jungen bei der Jagd auf den Dieb seinen Höhepunkt erreicht und der Professor die entscheidenden Befehle zum Aufbruch erteilt (124), wird Pony bezeichnenderweise von den Jungen zurückgelassen, was ihr missfällt: „Pony Hütchen blieb, etwas beleidigt, allein zurück." (124) Letztlich ist sie nicht bereit, vollständig in der traditionellen Frauenrolle aufzugehen. Gemäß ihrem bereits erwähnten Habitus als ‚neues Mädchen', das forsch und selbstbestimmt auftritt, möchte sie auch am öffentlichen Agieren der Jungen aktiv teilhaben: „Dann schwang sie sich auf ihr kleines vernickeltes Rad, murmelte wie ihre eigene Großmutter: ‚Die Sache gefällt mir nicht. Die Sache gefällt mir nicht!', und fuhr hinter den Jungen her." (124) Erneut fungiert hier das Fahrrad als Symbol weiblicher Mobilität und Autonomie, wenn es auch vorläufig bei einem durchaus symbolisch zu verstehenden ‚Hinter-den-Jungen-Herfahren' bleibt, der Anschluss weiblicher an die männliche Handlungsfähigkeit also noch nicht hergestellt ist. So bleibt Pony auch bei der entscheidenden finalen Aktion rund um die Gefangennahme des Diebs von den Jungen räumlich getrennt: „Pony Hütchen fuhr *neben* dem Umzuge und klingelte vergnügt." (125; Hervorh. C.H.) Sie ist also nicht Teil der Jungengruppe, sondern im

---

39 Giese verortet in den USA der 1920er Jahre eine „Kultur der Körperschönheit", in der „ideale Körper" mittels Preisausschreiben gesucht würden, wobei der „Mädchentyp" bevorzugt werde (Giese 1925, 43). Die erste Wahl zur Miss America fand 1921 statt.

Wortsinn eine Begleiterscheinung, die zudem eher für gute Stimmung sorgt, als dass sie entscheidend in das Geschehen eingreift.[40] Dies scheint jedoch eher an den vorauseilenden Jungen zu liegen als an ihrer durchaus vorhandenen Bereitschaft zur Mitwirkung: „Pony Hütchen bat einen Knaben, ihr Rad zu halten, und trat zu Emil. ‚Da bin ich', sagte sie. ‚Kopf hoch. Jetzt wird's ernst. O Gott, o Gott, ich bin gespannt. Wie ein Regenschirm.'" (127) Sie ist auch in der Folge bereit, sich aktiv am Geschehen zu beteiligen, soweit ihr das im von den Jungen abgesteckten Handlungsrahmen möglich ist, indem sie etwa „mit ihrem kleinen Rade" (133) einen Schutzpolizisten zur Hilfe holt. Letztlich bleibt sie aber doch externe Beobachterin und hat keinen entscheidenden Anteil am Erfolg der Jungen, was erneut anhand der räumlichen Ordnung deutlich wird:

> Pony Hütchen fuhr auf ihrem kleinen vernickelten Fahrrad *nebenher*, nickte dem glücklichen Vetter Emil zu und rief: „Emil, mein Junge! Ich fahre rasch nach Hause und erzähle dort das ganze Theater." Der Junge nickte zurück und sagte: „Zum Mittagessen bin ich zu Hause! Grüße schön!" (134, Hervorh. C.H.)

An dieser Stelle fällt Pony wiederum in eine mütterliche Rolle zurück, indem sie ihren Cousin mit „mein Junge" anspricht, um sich anschließend in die häusliche Sphäre zurückzuziehen.[41] Dort erscheint sie dann auch im Schlusstableau des Romans und

---

40 Vgl. zur Marginalisierung Pony Hütchens auch Haywood (1999, 73–76). In *Emil und die drei Zwillinge* (1934) gerät Pony Hütchen noch stärker in den Hintergrund – hier grenzt sie sich als ‚junge Dame' zunehmend von den als vom Erzähler als noch vergleichsweise kindlich beschriebenen Jungen ab, sodass jedoch letztlich wieder eine Dichotomisierung in den Geschlechterrelationen entsteht und die Jungen schließlich in der entscheidenden Phase der Handlung als „Detektive unter sich" (Kästner 2019, 122) bleiben, die zu ihrer Entfaltung geradezu der Abwesenheit von Frauen bedürfen. Nachdem er von der Abreise Pony Hütchens und der erwachsenen Frauen berichtet hat, bemerkt der Erzähler über die Jungengruppe: „Wenige Minuten später waren Emil, Gustav und der Professor allein. Und ihrer selbständigen Entwicklung stand nichts mehr im Wege." (Kästner 2019, 122) Auch Pünktchen in *Pünktchen und Anton* erscheint – obwohl Titelheldin – letztlich gegenüber den männlichen Protagonisten im Hinblick auf entscheidende Handlungsmomente untergeordnet (Haywood 1999, 73–74). Bezeichnenderweise steht Anton – zudem in einer vom Erzähler hergestellten Parallelisierung zu Emil aus *Emil und die Detektive* – im Mittelpunkt des an die Erzählhandlung anschließenden Nachworts. Das Handeln der beiden männlichen Protagonisten werden den (wohl hauptsächlich männlichen) Lesern zur Nachahmung empfohlen, zudem wird die Bedeutung ihrer männlichen Tugenden für ihr späteres Erwachsenenleben betont. In Form einer direkten Leseransprache heißt es dort: „Vielleicht entschließt ihr euch, so wie sie zu werden? Vielleicht werdet ihr, wenn ihr sie liebgewonnen habt, wie diese Vorbilder, so fleißig, so anständig, so tapfer und so ehrlich? Das wäre der schönste Lohn für mich. Denn aus dem Emil, dem Anton und allen, die den beiden gleichen, werden später einmal sehr tüchtige Männer werden. Solche, wie wir sie brauchen werden." (Kästner 1987, 155) Pünktchen – und mit ihr alle Mädchen und zukünftigen Frauen – bleiben aus dieser vom Erzähler empfohlenen Lehre des Romans ausgeschlossen.
41 Ihre Abschiedsworte in dieser Szene lassen jedoch einen ironischen Unterton in Richtung der sich männlich gebärdenden Jungengruppe erkennen: „Wisst ihr, wie ihr aussieht? Wie ein großer Schulausflug!" (135) Damit holt sie die sich als Erwachsene inszenierenden Jungen auf den Boden ihrer

scheint ganz in ihrer Rolle als Hausfrau aufzugehen, die wohl nach dem Vorbild ihrer Mutter konzipiert ist: „Und Pony Hütchen hielt ihm [d.i. Emil] den Ellbogen hin, trug eine Schürze von ihrer Mutter und quiekte: ‚Vorsicht! Ich habe nasse Hände. Ich wasche nämlich Geschirr ab.'" (152) In der Folge wird sie in Verbindung mit einer Reihe von häuslichen Tätigkeiten erwähnt: Sie „schleppt[] eine Vase heran" (153), deckt, nach Aufforderung ihrer Mutter, pflichtbewusst den Tisch (154) und „[rennt] mit einer großen Kanne von einem zum andern und schenkt[] heiße Schokolade ein" (164), während die Jungen sich von ihr bedienen lassen und keinesfalls in die häuslichen Tätigkeiten eingebunden zu sein scheinen. Allerdings erkennt Pony zumindest in Ansätzen die geschlechtliche Verortung dieser Aufgabenbereiche und bedauert es, dass Vertreterinnen ihres Geschlechts daran gebunden zu sein scheinen, wenn sie Emil gegenüber ausruft: „Wir armen Frauen!" (152) Hier wird erneut ihr bereits in anderen Situationen offenbarter Drang zu einem selbstbestimmten Agieren auch im öffentlichen, traditionell männlich besetzten Raum deutlich. Dieser kommt auch dann zum Tragen, wenn sie mit ihrem Cousin Emil und ihrem Fahrrad auf der Straße unterwegs ist. Dabei lässt sie Emil auch einmal auf das Rad steigen, tritt ihrem männlichen Verwandten gegenüber aber zugleich als erfahrene und überlegene Expertin für das (kunstvolle) Radfahren auf:

> Emil radelte durch die Schumannstraße. Und Hütchen rannte hinter ihm her, hielt den Sattel fest und behauptete, das sei nötig, sonst fliege der Vetter hin. Dann musste er absteigen und sie fuhr ihm Kreise und Dreien und Achten vor. (155)

Im Rahmen der Gesamtkonzeption des Romans ist es bemerkenswert, dass dieser mit einem Auftritt Pony Hütchens endet, der ihr selbstbewusst-forsches Auftreten und ihre physische und geistige Mobilität unterstreicht: Nachdem sie schon kurz vorher, auf einem Stuhl reitend, einen Ausruf ihrer Großmutter singend intensiviert und imitiert hat,[42] setzt sie, wie im allerletzten Satz des Romans vermerkt wird, mit einem Freudeschrei ihre kleine Reise fort: „‚Hurra!' rief Pony Hütchen und ritt auf einem Stuhl ins Schlafzimmer." (171) Der Roman lässt offen, ob dieser Ritt ins Schlafzimmer der Auftakt zu einem Leben als selbstbestimmte ‚neue Frau' der Weimarer Zeit oder der Rückzug in ein eher traditionelles Familienleben ist.[43]

---

kindlichen Realität zurück. Eine deutliche Akzentuierung der Rolle Pony Hütchens als selbstbestimmte, autonome Mädchenfigur findet sich in der filmischen Adaption des Romans aus dem Jahr 2011 (Regie: Franziska Buch), in der Pony zur Anführerin einer gemischtgeschlechtlichen Kindergruppe avanciert, während ältere Verfilmungen eher die traditionellen Aspekte der Geschlechterverhältnisse akzentuieren (Zhang 2018, 41–64).

42 „‚Quatsch, Quatsch, Quatsch!', sang Pony Hütchen und ritt auf einem Stuhl durchs Zimmer." (170)
43 In *Emil und die drei Zwillinge* erscheint Pony einerseits wiederum als selbst- und modebewusste ‚junge Dame', die – anders als die gleichaltrigen Jungen – zugleich jedoch in hauswirtschaftliche Tätigkeiten eingebunden wird (Kästner 2019, 74) und sogar das Kochen erlernt (Kästner 2019, 111), während die Jungen sich vergnügen. Andererseits strebt Pony ihrer eigenen Aussage nach eine berufliche Tätigkeit an: Neben dem traditionell ‚weiblichen' Beruf der „Krankenpflegerin" zieht sie auch

3.4 Familienbilder

Bereits anhand der Darstellung von Emils Mutter konnte verdeutlicht werden, dass der Roman – trotz der weiblichen Erwerbstätigkeit der Frau – in Bezug auf Familienkonstellationen traditionelle Rollenbilder reproduziert. Hausarbeit bleibt auch angesichts der beruflichen Selbständigkeit der Frau eine ausschließlich weibliche Angelegenheit. So heißt es über Emils Mutter: „Außerdem [d. h. neben ihrer Tätigkeit als selbständige Friseurin] muss sie kochen, die Wohnung in Ordnung halten, und auch die große Wäsche besorgt sie ganz allein." (19)

Über ihre Schwester sagt Frau Tischbein: „Ihr Mann verdient ganz anständig. Er ist bei der Post. Im Innendienst." (30) Der relative wirtschaftliche Wohlstand ist hier also eindeutig auf die Berufstätigkeit des Mannes bezogen. Dessen Ehefrau, „Tante Martha", scheint Hausfrau zu sein, da sie offenbar nichts zum Einkommen der Familie beiträgt und ausschließlich im häuslichen Kontext gezeigt wird.

Auffällig ist zudem die zeittypische Abwesenheit von Vätern. Emils Vater ist tot, Pony Hütchens Vater zeigt zwar – wie weiter oben ausgeführt – gelegentlich seine patriarchale Autorität und erhält mit Zigarre und Bier traditionell männliche Attribute, spielt aber, gemessen an den Frauen der Familie (Pony, ihre Mutter und Großmutter), keine große Rolle im Hinblick auf das Romangeschehen. Seine Sphäre ist offensichtlich die Berufswelt (aus der er erst am Abend zurückkehrt, z. B. 168), die emotional stark aufgeladenen familiären Angelegenheiten rund um Emils Sorgen und schlussendlichen Erfolg begleitet er im Vergleich zu den handlungswirksamen weiblichen Familienmitgliedern eher passiv und allenfalls beratend (z. B. 76). Gleichwohl werden, wie bereits gezeigt, aus Sicht der Jungen oftmals die Väter als vorbildhafte Autorität zitiert, deren Werte und Normen sie internalisiert haben,[44] während die Mütter in diesem Kontext keine Erwähnung finden. Vor diesem Hintergrund erscheint Emils enge und ödipal anmutende Bindung an die Mutter exzeptionell, wobei Emil auch ihre Leistung immer wieder würdigt und bemüht ist, ihr diese durch sein strebsames Verhalten zu vergelten. Innerhalb dieses ebenfalls durch die Abwesenheit des Vaters gekennzeichneten und somit aus Mutter und Sohn bestehenden Haushalts scheint Emil zugleich die Rolle der fürsorglichen Mutter wie auch die des abwesenden Ehemanns zu übernehmen und hat damit – wiederum angesichts der ‚Notlage' des fehlenden Vaters und Gatten bzw. der Doppelrolle der Mutter als Hausfrau und Erwerbstätiger – Anteil an den familiären Rollenbildern beider Geschlechter.

„Drogistin" zeitweise in die engere Wahl. Einer ihrer – wenn auch von ihr selbst als eher utopisch apostrophierten – Berufswünsche ist jedoch mit dem Inbegriff der modernen, mobilen und selbstbewussten Frau ihrer Zeit verknüpft: „Wenn ich reich wäre, würde ich Pilotin." (Kästner 2019, 188)
44 Vgl. neben den bereits erwähnten Textbeispielen etwa folgende Aussage des Professors: Er [d.i. der Vater des Professors] hat gesagt, ich solle mir ausmalen, ob ich genauso handeln würde, wenn er dabei wäre. Und das täte ich heute." (95)

Generell fällt auf, dass die Familien im Roman eine untergeordnete Rolle spielen. Stattdessen stehen die Kinder sehr im Vordergrund, was ein Zeichen dafür ist, dass diesen eine neue Wichtigkeit zugemessen wird, die, so deutet es sich vor allem bei den Figuren Emil und Pony Hütchen an, als junge Generation zumindest partiell auch neue Geschlechterrollenbilder etablieren.

4 Fazit

Die Darstellung von Geschlechterrollen, Geschlechterverhältnissen und Genderkonstrukten in Kästners *Emil und die Detektive* ist von zahlreichen Ambivalenzen durchzogen. Diese korrelieren teilweise mit den unterschiedlichen Generationen, denen die dargestellten Figuren angehören. Bei den erwachsenen Frauen- und Männerfiguren begegnen uns traditionelle, teils aus der Zeit des Kaiserreichs fortwirkende Geschlechterbilder, die den wirtschaftlichen und sozialen Bedingungen der Weimarer Republik geschuldet und an diese angepasst sind, z. B. die der alleinerziehenden Erwerbstätigen, ohne jedoch darüber hinaus in einem gesellschaftlichen oder kulturellen Sinne emanzipativ zu wirken. An einer grundsätzlichen Behauptung von traditionellen Genderkonstrukten, vor allem in Bezug auf die Trennung in eine weiblich-häusliche und eine männlich-öffentliche Sphäre, wird jenseits wirtschaftlicher Notlagen festgehalten. Junge erwerbstätige, stärker selbstbestimmte Frauen finden sich nur in skizzenhaft angedeuteten Nebenfiguren – in Gestalt der ‚Ladenmädchen' und ‚Bürofräuleins' –, die dabei zugleich einem männlichen, erotisierenden Blick unterworfen werden. Zudem bekleiden sie im Gegensatz zu den männlichen Figuren weniger verantwortungsvolle und öffentlichkeitswirksame Positionen.

Der männliche Blick – vermittelt durch die männliche Erzählinstanz und die überwiegend männlichen Protagonisten – prägt auch den Blick auf die Kinderfiguren im Text. Die für die Haupthandlung konstitutive Jungenbande folgt einem traditionell männlichen Kameradschaftsideal, das stark hierarchisch und paramilitärisch geprägt ist und Mädchen als Akteurinnen weitgehend ausschließt. In der Charakterisierung des männlichen Protagonisten Emil findet sich neben stereotypen männlichen Eigenschaften (wie der Betonung von Stärke und Tapferkeit) auch die Übernahme traditionell weiblicher Rollenmuster, die jedoch wiederum an die spezifischen familiären und wirtschaftlichen Bedingungen der Weimarer Zeit geknüpft sind und keinen generellen sozialutopischen Charakter innehaben. Die einzige kindliche weibliche Figur trägt in Habitus und Verhalten zum einen deutliche Züge eines ‚neuen' Mädchentyps, wie ihn ein Teil der progressiven, von Frauen verfassten Jugendliteratur der Zeit entwirft, bzw. wirkt als Präfiguration der ‚neuen Frau' der Weimarer Zeit. Zugleich bleibt sie jedoch von den entscheidenden männlich dominierten Handlungen ausgeschlossen und charakterisiert sich durch Verhalten und Äußerungen auch immer wieder selbst als der traditionellen hausfraulichen Sphäre zugehörig – wobei angedeutet wird, dass ihr dies durchaus missfällt. Somit bleibt im Roman letztlich offen, wohin sich die dargestellte Generation der Kinder im Hinblick auf ihre Jugend und ihr

Erwachsenendasein entwickeln wird, da sie sich offenbar in einem Schwellenzustand zwischen traditionellen und modernen Geschlechterentwürfen befinden.

Die zwei Jahre nach dem Erscheinen von *Emil und die Detektive* beginnende nationalsozialistische Diktatur lässt im Hinblick auf die Geschlechterbilder und -verhältnisse das Pendel eindeutig in die traditionell-konservative Richtung ausschlagen und nimmt viele Entwicklungen zurück, die in der Weimarer Republik ihren Anfang genommen haben.

Literatur

1 Primärliteratur

Arnheim, Lotte. *Lusch wird eine Persönlichkeit. Ein lustig-nachdenkliches Mädelbuch*. Stuttgart: D. Gundert, 1932.
Berges, Grete. *Liselott diktiert den Frieden. Eine Geschichte mit heiteren Zwischenfällen*. Stuttgart u. a.: Union Deutsche Verlagsgesellschaft, 1932.
Brück, Anita. *Schicksale hinter Schreibmaschinen*. Berlin: Sieben-Stäbe, 1930.
Dantz, Carl. *Peter Stoll. Ein Kinderleben. Von ihm selbst erzählt*. Berlin: J. H. W. Dietz Nachf., 1925.
Durian, Wolf. *Kai aus der Kiste*. Hamburg: Dressler, 2004 [1926].
Haffner, Ernst. *Blutsbrüder*. Berlin: Aufbau, 2015 [1932].
Hohrath, Clara. *Hannelore erlebt die Großstadt. Eine vergnügliche Geschichte von den heutigen Schwaben*. Stuttgart: Thienemanns, 1932.
Kästner, Erich. *Emil und die Detektive*. Zürich: Atrium, 2020 [1929].
Kästner, Erich. *Fabian. Die Geschichte eines Moralisten*. Zürich: Atrium, 2019 [1931]. [= Kästner 2019a]
Kästner, Erich. *Pünktchen und Anton*. Hamburg: Dressler, 1987 [1931].
Kästner, Erich. *Der 35. Mai oder Konrad reitet in die Südsee*. Zürich: Atrium, 2019 [1931]. [= Kästner 2019b]
Kästner, Erich. *Das fliegende Klassenzimmer*. Hamburg: Dressler/Zürich: Atrium, 2016 [1933].
Kästner, Erich. *Emil und die drei Zwillinge*. Zürich: Atrium, 2019 [1934]. [= Kästner 2019c]
Keun, Irmgard. *Das kunstseidene Mädchen*. Berlin: Ullstein, 2004 [1932].
Oelfken, Tami. *Nickelmann erlebt Berlin. Ein Großstadt-Roman für Kinder und deren Freunde*. Berlin u. a.: Hentrich & Hentrich, 2020 [1931].
Ott, Estrid. *Drei Mädel in einem Auto*. Aus dem Dänischen übersetzt von Else von Hollander-Lossow. Stuttgart: Thienemanns, 1929.
Wedding, Alex. *Ede und Unku*. Berlin (DDR): Der Kinderbuchverlag, 1982 [1931].

2 Sekundärliteratur

Asper, Barbara. „Das alte und das neue Mädchenbuch". *Die Kinder- und Jugendliteratur der Weimarer Republik*. Teil 1. Hg. Norbert Hopster. Frankfurt a. M. u. a.: Peter Lang, 2012, 89–124.
Becker, Sabina. *Experiment Weimar. Eine Kulturgeschichte Deutschlands 1918–1933*. Darmstadt: Wiss. Buchges., 2018.
Bertschick, Julia. *Mode und Moderne. Kleidung als Spiegel des Zeitgeistes in der deutschsprachigen Literatur (1770–1945)*. Köln u. a.: Böhlau, 2005.

Dettmar, Ute: „Der Kampf gegen ‚Schmutz und Schund'". *Die Kinder- und Jugendliteratur der Weimarer Republik*. Teil 2. Hg. Norbert Hopster. Frankfurt a. M. u. a.: Peter Lang, 2012, 565–586.

DWDS. *Der deutsche Wortschatz von 1600 bis heute. Digitales Wörterbuch der deutschen Sprache*. Hg. Berlin-Brandenburgische Akademie der Wissenschaften. https://www.dwds.de/wb/reizend#wb-1 (21. 02. 2021).

Didczuneit, Veit: *Miss Germany. Eine schöne Geschichte*. Hamburg: S&L Medien Contor, 1998.

Frame, Lynn. „Gretchen, Girl, Garçonne? Auf der Suche nach der idealen Neuen Frau". *Frauen in der Großstadt: Herausforderung der Moderne?* Hg. Katharina von Ankum. Dortmund: edition ebersbach, 1999, 21–58.

Frevert, Ute. *Frauen-Geschichte. Zwischen Bürgerlicher Verbesserung und Neuer Weiblichkeit.* Frankfurt a. M.: Suhrkamp, 1986.

Freytag, Julia/Alexandra Tacke. *City Girls. Bubiköpfe & Blaustrümpfe in den 1920er Jahren*. Köln u. a.: Böhlau, 2012.

Giese, Fritz. *Girlkultur. Vergleiche zwischen amerikanischem und europäischem Rhythmus und Lebensgefühl*. München: Delphin, 1925.

Gonzalbez Cantó, Patricia. *Fotografische Inszenierungen von Weiblichkeit. Massenmediale und künstlerische Frauenbilder der 1920er und 1930er Jahre in Deutschland und Spanien.* Bielefeld: transcript, 2012.

Gumbrecht, Hans Ulrich. *1926. Ein Jahr am Rand der Zeit.* Aus dem Englischen übersetzt von Joachim Schulte. Frankfurt a. M.: Suhrkamp, 2020 [2003].

Haywood, Susanne. „Die Mädchen- und Frauenfiguren in Erich Kästners frühen Kinderromanen vor dem Hintergrund der sozialen Verhältnisse der Weimarer Republik". *Kinder- und Jugendliteraturforschung 1998/99*. Hg. Hans-Heino Ewers. Stuttgart: Metzler, 1999, 70–87.

Hertling, Anke. *Eroberung der Männerdomäne Automobil. Die Selbstfahrerinnen Ruth Landshoff-Yorck, Erika Mann und Annemarie Schwarzenbach*. Bielefeld: Aisthesis Verlag, 2013.

Hung, Jochen. „Das veränderliche Gesicht der weiblichen Generation. Ein Beitrag zur politischen Kulturgeschichte der späten Weimarer Republik". *Geschlechter(un)ordnung in der Weimarer Republik*. Hg. Gabriele Metzler/Dirk Schumann. Bonn: Dietz, 2016, 217–253.

Kaminski, Winfried. „Weimarer Republik." *Geschichte der deutschen Kinder- und Jugendliteratur*. Hg. Reiner Wild. 2. Aufl. Stuttgart u. a.: Metzler, 2002, 251–265.

Karrenbrock, Helga. „Das stabile Trottoir der Großstadt. Zwei Kinderromane der Neuen Sachlichkeit. Wolf Durians ‚Kai aus der Kiste' und Erich Kästners ‚Emil und die Detektive'". *Neue Sachlichkeit im Roman. Neue Interpretationen zum Roman der Weimarer Republik*. Hg. Sabina Becker/Christoph Weiss. Stuttgart u. a.: Metzler, 1995, 176–194.

Karrenbrock, Helga. „Weimarer Republik". *Geschichte der deutschen Kinder- und Jugendliteratur*. Hg. Reiner Wild. 3. Aufl. Stuttgart u. a.: Metzler, 2008, 241–259.

Klüger, Ruth. „Korrupte Moral. Erich Kästners Kinderbücher". *Frauen lesen anders*. Dies. München: dtv, 1996, 63–82.

Kornher, Svenja. *Virtuose Haargestaltung. Mode- und Branchenentwicklung im deutschen Friseurhandwerk (1871–1945)*. Köln u. a.: Böhlau, 2012.

Kracauer, Siegfried. „Die kleinen Ladenmädchen gehen ins Kino." *Das Ornament der Masse. Essays*. Ders. Mit einem Nachwort von Karsten Witte. 13. Aufl. Frankfurt a. M.: Suhrkamp, 2017, 297–294.

Merz, Kai-Uwe. *Vulkan Berlin. Eine Kulturgeschichte der 1920er-Jahre*. Berlin: Elsengold, 2020.

Peukert, Detlev J. K. *Die Weimarer Republik. Krisenjahre der klassischen Moderne*. Frankfurt a. M.: Suhrkamp, 1987.

Reulecke, Jürgen. „Jugend und ‚junge Generation' in der Gesellschaft der Zwischenkriegszeit". *Handbuch der deutschen Bildungsgeschichte*. Bd. 5: *Die Weimarer Republik und die* nationalsozialistische Diktatur. Hg. Dieter Langewiesche/Heinz-Elmar Tenorth. München: Beck, 1989, 86–110.

Rossfeld, Roman. „Vom Frauengetränk zur militärischen Notration. Der Konsum von Schokolade aus geschlechtergeschichtlicher Perspektive." *Berner Zeitschrift für Geschichte und Heimatkunde* 63 (2001), 55–65.

Schaper, Ukrike. „Boxsport – Männersport. Männlichkeitsbilder im Boxdiskurs der Weimarer Republik". *Berliner Debatte Initial* 17 (2006), 92–102.

Schmidt, Jens. *„Sich hart machen, wenn es gilt". Männlichkeitskonzeptionen in Illustrierten der Weimarer Republik.* Münster u. a.: Lit Verlag, 2000.

Sykora, Katharina/Annette Dorgerloh/Doris Noell-Rumpelts/Ada Raev. *Die neue Frau. Herausforderungen für die Bildmedien der 1920er Jahre.* Marburg: Jonas Verlag, 1993.

Sutton, Katie. „From Dandies to Naturburschen. The Gendering of Men's Fashions in Weimar Germany". *Edinburgh German Yearbook* 2 (2008), 130–148.

Sutton, Katie. *The Masculine Woman in Weimar Germany.* New York u. a.: Berghahn, 2011.

Tost, Birte. *Moderne und Modernisierung in der Kinder- und Jugendliteratur der Weimarer Republik.* Frankfurt a. M. u. a.: Peter Lang, 2005.

Verzeichnis empfehlenswerter Jugendschriften. Zusammengestellt und herausgegeben von den Vereinigten Deutschen Prüfungs-Ausschüssen für Jugendschriften (Arbeitsgemeinschaft für geistige Jugendpflege). Hamburg: Geschäftsstelle Wilhelm Senger, 1930.

Wieland, Klaus. „Die Maskulinität des kleinen Mannes. Anmerkungen zur neusachlichen Männlichkeit". *Jahrbuch zur Kultur und Literatur der Weimarer Republik* 13/14 (2009/10), 179–207.

Zhang, Tao. *Vom Premake zum Remake. Gender-Diskurse und internationale Bezüge in den deutschen Verfilmungen der Kinderromane Erich Kästners.* Heidelberg: Universitätsverlag Winter, 2018.

VII NS-Zeit

Anna Sator

Genderaspekte in nationalsozialistischer Kinder- und Jugendliteratur

Zusammenfassung: Die Machtübernahme der Nationalsozialisten 1933 stellte auch eine Zäsur im Bereich der Kinder- und Jugendliteratur dar. Es zeigte sich, dass der Buchmarkt durch die Gleichschaltungsbestrebungen der NS-Politik zwar deutlich gelenkt wurde, aber dennoch weiterhin nicht genuin nationalsozialistische Werke verlegt wurden. Darüber hinaus fanden auch nicht alle nationalsozialistischen Produkte der Kinder- und Jugendliteratur positiven Anklang in den Zensurorganen. Der folgende Beitrag zeichnet die Geschlechterideologie des Nationalsozialismus anhand dreier unterschiedlicher Werke nach: Magda Trotts Klassiker der Mädchenlektüre *Försters Pucki* (1935), den prototypischen NS-Propagandaroman *Der Hitlerjunge Quex* von Aloys Schenzinger (1932) und Elvira Bauers hetzerisches Bilderbuch *Trau keinem Fuchs auf grüner Weid und keinem Jud bei seinem Eid* (1936). Hinsichtlich der Geschlechterkonstruktionen lässt sich zeigen, dass in der NS-Ideologie Geschlecht eng mit „Rasse" und politischer Einstellung verknüpft und damit immer auf der Negativfolie der ‚Anderen' konstruiert ist.

1 Einleitung

Fällt das Stichwort Nationalsozialismus im Kontext von Kinder- und Jugendliteratur, sind die häufigsten Assoziationen wohl Romane mit Erscheinungsdatum nach 1945 – wie *Damals war es Friedrich* (Richter 1979) oder *Als Hitler das rosa Kaninchen stahl* (Kerr 1971) –, die sich mit der Zeit der NS-Diktatur auseinandersetzen, und nicht solche, die in der Zeit des Nationalsozialismus entstanden sind. Auch gibt es in der Forschung ein Ungleichgewicht hinsichtlich systematischer Arbeiten zum Thema – so fehlen im Gegensatz zu Untersuchungen zum *Nationalsozialismus in der Kinderliteratur* laut der Historikerin Martina Winkler noch umfassende Untersuchungen zur *Kinderliteratur im Nationalsozialismus* (Winkler 2017, 163).

In der Geschichte der ersten Hälfte des 20. Jahrhunderts stellt das Jahr 1933 eine nicht nur gesellschaftlich, sondern auch literarisch weitreichende Zäsur dar. Nach der Machtübernahme der NSDAP wurden viele Bücher verboten und verbrannt, nicht selten wurden ihre Autor*innen ins Exil getrieben. Auch in der Kinder- und Jugendliteratur lässt sich dieser Einschnitt spüren: Zwar werden die Kinderbücher mancher verfemter Autor*innen – wie z. B. Erich Kästners *Emil und die Detektive* (1929) – nicht sofort verboten, aber es lässt sich unverkennbar ein Zusammenspiel von Zensur und einer zeitgleichen ideologischen Instrumentalisierung von Literatur nachzeichnen. Jedoch wäre es ein Fehlschluss anzunehmen, dass jegliche Literatur, die zwischen 1933 und 1945 in Deutschland erschien, auch nationalsozialistische Literatur war: Die

Literatur der NS-Zeit ist, wie die Literaturwissenschaftlerin Petra Josting ausführt, ein sehr heterogenes Feld (Josting 1997, 143). Einen grundlegenden Überblick über die gesamte Kinder- und Jugendliteratur in dieser Zeit bieten das Handbuch *Kinder- und Jugendliteratur 1933–1945* (Hopster et al. 2005) und Julia Benners Monographie *Federkrieg* (2015).

Im Hinblick auf gesellschaftlich vorherrschende Geschlechterbilder ist eine Rückorientierung auf traditionelle Geschlechterrollen des 19. Jahrhunderts festzustellen, die aber auch während der relativ liberalen Zeit der Weimarer Republik nie vollständig von progressiveren Geschlechterbildern abgelöst worden sind. Auch in der Kinder- und Jugendliteratur zeigt sich dies: Es dominieren Geschichten von soldatischer Ehre und Heldentum für Jungen und Literatur, die Mädchen zu guten Müttern und Hausfrauen erziehen soll. Allerdings richten sich diese Bücher nur an jene Kinder, die als ‚richtige' Deutsche angesehen wurden. Denn in der antisemitischen und rassistischen Ideologie wird gerade geschlechtliche Devianz den ‚Anderen' zugeschrieben und als Mittel der Abwertung derselben genutzt.

Im Folgenden werden nach einer Einordnung der Kinder- und Jugendliteratur im Nationalsozialismus hinsichtlich ihrer Publikationsbedingungen und politisch-pädagogischen Einbettung die Geschlechtervorstellungen und -verhältnisse während des Nationalsozialismus skizziert. Auf Basis dieser Kontextualisierung werden dann drei exemplarische Werke bezüglich der Kategorie Geschlecht analysiert. Um ein differenziertes Bild zu gewährleisten, wird je ein Beispiel aus der Mädchen- und Jungenliteratur betrachtet; darüber hinaus wird ein weiteres Werk analysiert, in dem nicht nur die idealtypischen deutschen Jungen und Mädchen thematisiert werden und sich hier die Verwobenheit von Geschlecht mit anderen Identitätskategorien besonders gut zeigt. Ausgewählt wurde Karl Aloys Schenzingers Jungenbuch *Der Hitlerjunge Quex*, das zwar bereits 1932 publiziert wurde, aber durch die Verfilmung 1933 eine zentrale Stelle in der NS-Propaganda einnimmt. Für die Mädchenliteratur steht stellvertretend *Försters Pucki* (1935) als erster Band der beliebten *Pucki*-Buchreihe von Magda Trott. Ergänzend dazu wird das Bilderbuch *Trau keinem Fuchs auf grüner Heid und keinem Jud bei seinem Eid!* (1936) von Elvira Bauer analysiert.

2 Kinder- und Jugendliteratur während der Zeit des Nationalsozialismus

Das gute deutsche Jugendbuch ist mitberufen, ein Geschlecht heranzubilden aus der großen fruchtbaren Dreieinigkeit von Körper, Seele und Geist, von Rasse, Volk und Gott, eine Jugend, die weiß, dass man fest auf der Erde stehen muß, wenn man nach Idealen streben, nach den Sternen greifen will. Keine lebensfremden Stubenhocker und bleichwangigen Bücherwürmer, sondern ganze Kerle, echte deutsche Männer und Frauen sollen aus unserer Jugend hervorwachsen. Das rechte und rechtgebrauchte Jugendbuch kann dem dienen. (Schemm, zit. n. Otto 1986, 69)

Diese vielzitierte Stelle aus dem Geleitwort Hans Schemms zum Jugendschriftenverzeichnis von 1933 illustriert den Stellenwert, aber auch die zugewiesene Funktion der Kinder- und Jugendliteratur in der nationalsozialistischen Politik. Das Jugendbuch sollte nicht zum Eskapismus anregen, sondern zur Bildung und Festigung eines starken Charakters beitragen und Ideologie vermitteln (Haible 1998, 29). Damit sollte die Jugend der zentralen Forderung Adolf Hitlers folgend „zu künftigen Trägern des nationalsozialistischen Staates erzogen werden" (Haible 1998, 22). Dem Buch als Medium wurde die Eigenschaft zugeschrieben, im Gegensatz zu den neueren Medien Radio und Film einen bleibenden Eindruck hinterlassen zu können. Lesen sollte nicht weiter eine Beschäftigung der Eliten sein, „sondern eine ‚Sache der ganzen Nation' werden" (Josting 2005b, 95; Haible 1998, 24).

Die Gleichschaltungspolitik der NSDAP war darauf ausgelegt, alle Bereiche des Lebens für Menschen aller Altersgruppen unter den „totalen Zugriff des Staates" (Haible 1998, 22) zu stellen. Somit sollte die NS-Ideologie die Bürger*innen[1] vom Kindergarten bis ans Sterbebett begleiten und didaktische Grundlage sowohl in offiziellen Bildungsinstitutionen für Kinder und Jugendliche sein als auch in den Freizeitorganisationen wie der Hitlerjugend (HJ) und dem Bund Deutscher Mädel (BDM) (Haible 1998, 22–23). So dienten diese Indoktrinationsmechanismen unter anderem dazu, das System der Indoktrination selbst am Laufen zu halten: Ab 1935 wurden beispielsweise vor allem Kindergärtnerinnen aus dem BDM rekrutiert, um deren ideologische Festigkeit als Erziehungs- oder Lehrpersonen sicherzustellen[2] (Schreckenberg 2001, 48). Der Erziehungswissenschaftler Matthias Schwerendt stellt in seiner Studie zu nationalsozialistischen Schulbüchern heraus, dass durch die Vermittlung von antisemitischen Vorgaben und Bildern gerade während der Schulzeit ein erheblicher Einfluss auf die Phase der Sozialisation und Identifizierung mit der Herkunftsgesellschaft genommen wurde (Schwerendt 2009, 333).

Der Kinder- und Jugendliteratur kam in der Zeit von 1933 bis 1945 eine Schlüsselfunktion sowohl in der Propaganda als auch in der Gegenpropaganda von Antifaschist*innen zu, da beide Seiten Kinder und Jugendliche als Träger*innen der Zukunft erkannten und diese somit zu beeinflussen suchten (Benner 2015, 8–11). Trotz großer Bemühungen war es der NS-Literaturpolitik nicht möglich, vollständig zu verhindern, dass „viel KJL [d. i. Kinder- und Jugendliteratur] kursierte, die von [der NS-Literaturpolitik] unerwünschte Ideologeme verbreitete, wenngleich die Herstellung und Distribution von kontrafaschistischer Literatur immer mehr eingedämmt und schließlich nahezu erstickt wurde" (Benner 2015, 55). Die versuchte Steuerung der Literaturproduktion vollzog sich vor allem in Form von Erlässen, Empfehlungs- wie

---

[1] Gemeint sind in dem Falle nur die als ‚richtige deutsche' Bürger*innen angesehenen Personen, die nicht durch die rassistisch-antisemitische Ideologie des Nationalsozialismus ausgeschlossen wurden.
[2] Eine ausführliche kommentierte Bibliographie zu *Erziehung, Lebenswelt und Kriegseinsatz der deutschen Jugend unter Hitler* hat Heinz Schreckenberg (2001) zusammengestellt.

Verbotslisten, der Vergabe von Preisen und Rezensionen.³ Die ausführenden Organe hinter diesen Strategien waren zum einen der Nationalsozialistische Lehrerbund, bereits 1927 durch den Autor des einleitenden Zitats, Hans Schemm, gegründet, und zum anderen die Reichsjugendführung unter Baldur von Schirach (Josting 1997, 148; Benner 2015, 47).

> Von Anfang an bestand zwischen den Zensurinstanzen trotz vieler Absprachen und gemeinsamer Aktivitäten auch ein Konkurrenzverhältnis, bzw. Gerangel um Kompetenzen, bedingt nicht zuletzt auch durch unterschiedliche literaturpolitische Grundsätze und Zielsetzungen. (Hopster 2005b, 582)

Dies führte nicht nur dazu, dass die Indizierung von Schriften in den ersten Jahren der NS-Diktatur „recht chaotisch und willkürlich" (Benner 2015, 53) war, sondern dass auch später immer wieder uneinheitliche Verbote formuliert wurden. So wurden zum Beispiel die Abenteuerromane Karl Mays letztendlich entgegen energischer Versuche, sie wegen „Rassenmischung" und „Pazifismus" auf den Index zu setzen, nicht verboten, da May u. a. mit Hitler selbst „mächtige Fans" hatte (Benner 2015, 51–53). Es wurde aber nicht nur Literatur politischer Gegner*innen zensiert, sondern auch viele Werke, die offen und positiv das NS-Regime thematisierten. Diese wurden häufig als zu kitschig oder offensichtlich propagandistisch abgewertet und von den beiden Prüfinstanzen abgelehnt – so auch Helga Knöpke-Joests Quex-Pendant *Ulla, ein Hitlermädel* (1933), das als bürgerliche Geschichte mit nationalsozialistischer Übertünchung abgewertet wurde (Benner 2015, 48–49).

Auch gab es im Rahmen des gesteuerten Buchmarkts anfangs noch ein jüdisches Buch- und Verlagswesen (Benner 2015, 47; Josting 1997, 143). Ferner gab es einige Autor*innen und Titel aus der Zeit des Kaiserreichs und der Weimarer Republik, die während der NS-Diktatur weiter verlegt wurden. Lediglich die proletarisch-revolutionäre Literatur fiel konsequent der Zensur zum Opfer (Hopster 2005a, 12). Petra Josting führt aus, dass nur ungefähr 15 Prozent der deutschen Literatur der Zeit genuin nationalsozialistische Literatur darstellte. Dadurch, dass der Literaturmarkt weitestgehend ein privater Sektor blieb, wurde auch entsprechend Konjunkturliteratur produziert, die aber, wie an *Försters Pucki* zu sehen ist, auch nicht immer frei von NS-Ideologemen war (Hopster 2005b, 541; Josting 1997, 144).

Zur ideologischen Erziehung sollte nach Vorstellung Hitlers und seiner Pädagog*innen nicht nur das Formen aufrechter „Arier*innen" gehören, sondern auch deren Eingliederung in das Volk,⁴ „dessen Zwecke[n] [sie] sich gehorsam unterzu-

---

3 Eine ausführliche Darstellung der unterschiedlichen Steuerungsmethoden finden sich in Josting 2005a, 68–88.
4 Doch auch hier zeigen sich mehr Kontinuitäten als Brüche, wie die Historikerin Antje Harms feststellt: „Obwohl meist mit dem Nationalsozialismus in Verbindung gebracht, gehörte der Begriff der Volksgemeinschaft bereits seit 1900 zu einem der zentralen Topoi politischer Sprache in Deutschland." (Harms 2010, 95)

ordnen hatte[n]" (Schreckenberg 2001, 17). Neben der Lossagung vom Individualismus ist die Abgrenzung essenzieller und notwendiger Teil der völkischen Ideologie und deren Lebenspraxis, daher werden die als deviant markierten Menschen – besonders jüdische Menschen – nicht ausgeblendet, sondern als gegnerische Pendants konstruiert (Schwerendt 2009, 337). Sowohl die Konstruktion der eigenen Identifikation als Deutsche wie auch jene der ‚Anderen' ist dabei immer auch geschlechtlich konnotiert:

> Geschlecht spielt dabei eine zentrale Rolle, weil sich mit Hilfe des geschlechtlichen Körpers der ganze kulturelle und soziale Überbau der NS-Ideologie materialisieren ließ, so dass sich letztlich durch die Körper hindurch zwei verschiedene Wesen gegenüberstanden: Mensch und „Antimensch" wie es bei Hitler hieß. (A.G. Gender-Killer 2005, 18)

3 Geschlechterkonstruktionen im Nationalsozialismus

Am Beispiel dieser komplementären Konstruktion wird ersichtlich, dass es hinsichtlich des Ordnungsprinzips innerhalb der Gesellschaft eine klare Verschiebung gab. Die Kategorie der „Rasse" nahm nun die zentrale Stelle ein und bestimmte somit über die jeweils zulässigen Geschlechterrollen. Die NSDAP hatte von Beginn an keinen Hehl daraus gemacht, dass sie sich als männerbündische Organisation verstand und dementsprechend in ihren Anfängen auch keinerlei Wert auf frauenspezifische Werbung oder gar Politik gelegt. Zentral war lediglich die Rolle der Frau als Mutter. Bereits kurz nach dem Ersten Weltkrieg wurde in diesem Zuge der emanzipatorische Kampf der Frauen zu einem Geschlechterkrieg stilisiert, der die Gesellschaft zu zerstören drohe. Die NSDAP versprach hingegen Idylle und die Möglichkeit für als „arisch" gesehene Frauen, „im völkischen Staat [wieder] ‚echte Frauen' sein [zu können], die in ihrer ‚kleinen Welt' das Fundament legen für die ‚große Welt' der Männer" (Frevert 2007, 200–201). Diese geschlechterpolitischen Bestrebungen stellen aber eben nicht, wie in der älteren Forschung oft angeführt, einen radikalen Bruch dar, denn sowohl die Vorstellungen über Männlichkeit als auch die misogynen Tendenzen und die damit verbundenen Frauenbilder beziehen sich auf bereits seit dem Kaiserreich vorhandene Diskurse. So stellt die Historikerin Ute Frevert fest, dass der Nationalsozialismus nicht einfach als Rückfall in alte Zeiten gedeutet werden könne, „sondern als höchst ambivalente Episode, in der ‚modernistische' und ‚traditionalistische' Tendenzen in eigentümlicher Form aufeinander trafen" (Frevert 2007, 242).

Das im Nationalsozialismus dominante Bild des ‚arischen' Kriegers findet sich in Diskursen der Weimarer Republik genauso wieder, wie die Frau als fürsorgliche Mutter, jedoch werden diese im Kontext der sogenannten Rassentheorie nun antisemitisch aufgeladen:

> In den Geschlechterbildern des Arischen© und des Jüdischen™ verdichtete sich eine Reihe von Motiven – während in die arischen Körper der Werte- und Normenhorizont des NS eingeschrieben war, sedimentierte sich in den jüdischen Köpern die Abweichung von der Norm.[5] (A.G. Gender-Killer 2005, 9)

So steht dem Bild des schlanken, schönen und wehrhaften „Ariers" das des effeminierten jüdischen Menschen oder auch des jüdischen Vergewaltigers gegenüber. Entsprechend wurde die ‚arische' Mutter in ihrer bescheidenen und fürsorgenden Art in Abgrenzung zur jüdischen ‚Femme fatale' oder aber dem ‚jüdischen Mannsweib' dargestellt.[6] Darüber hinaus wurde die Geschlechterordnung auch komplementär gezeichnet, wenn oft ungewollte Emanzipationsbestrebungen von Frauen als zusätzliche Abwertung ihrer Männer inszeniert wurden.

Es wäre jedoch zu kurz gefasst, die Frau in der Ideologie des Nationalsozialismus nur allein als Mittelpunkt des Mutterkultes zu sehen, der ihre Subjektwerdung nur durch die eigenen Kinder ermöglicht (Grenz 1997b, 217). Zwar wurde die Rolle als Mutter durch biologistische Erklärungen naturalisiert, es gab aber darüber hinaus einen – wenn auch zeitlich begrenzten – Raum, in dem junge Mädchen als Kämpferinnen auftreten durften. So durften auch die „Mädel" des BDM anfangs öffentlich marschieren, bis diese öffentliche Zurschaustellung weiblicher Kampfbereitschaft als zu anstößig empfunden wurde (Schreckenberg 2001, 215). Im autobiographischen Roman *Kämpfen und Glauben* (1933) von Eva-Maria Wisser findet sich ebendiese innere Entwicklung. Die Protagonistin scheut keine physische Auseinandersetzung mit politischen Gegner*innen während der sogenannten Kampfzeit:

> Unerschrocken wehrt [die Ich-Erzählerin] sich mit gekonnten Boxschlägen gegen Angriffe kommunistischer Jugendlicher, und nur nach langem inneren Ringen kann sie akzeptieren, daß es für eine Frau doch besser sei, dem Führer Kinder zu gebären, als wie ein Mann für ihn auf der Straße zu kämpfen. (Grenz 1997b, 221–222)

Prinzipiell ist die deutsche Frau in der NS-Ideologie im Kontext ihrer Rolle als Ehefrau und Mutter gezeichnet als stark, tatkräftig, fleißig und körperlich fit, aber schlicht im Aussehen (A.G. Gender-Killer 2005, 37; Schreckenberg 2001, 18).

---

[5] Die Projektgruppe A.G. Gender-Killer nutzt die Sonderzeichen © und ™, um deutlich zu machen, „dass es sich bei den markierten Begriffen um Konstruktionen handelt. Das ™ macht deutlich, dass [...] in keiner Weise von real existierenden Jüdinnen und Juden [gesprochen wird], sondern von (durchaus wirkungsmächtigen) Bildern, die Antisemitismus und Nationalsozialismus produziert haben. Das © [wird] für die identifikatorischen Selbstbilder der AntisemitInnen [verwendet], die diese genauso wie die Bilder des ‚Jüdischen' (re-)produzieren, verwalten und zirkulieren liessen." (A.G. Gender-Killer 2005, 9)

[6] Anzumerken an dieser Stelle ist auch, dass sich die Reproduktionspolitik für als „arisch" oder „nicht-arisch" gesehene Frauen gravierend unterschied: Während u.a. jüdische Frauen zwangssterilisiert wurden, wurden Verhütung und Schwangerschaftsabbruch bei „arischen" Frauen hart geahndet (Frevert 2007, 229).

Auch Männlichkeit ist im Geschlechterdiskurs der NS-Zeit an körperlicher Fitness, Schönheit und darüber hinaus soldatischer Stärke orientiert. Zentral ist hier der weiter in der Pädagogik wichtige Gemeinschaftskörper: Die Erfüllung des „arischen" Mannes findet sich in der Kameradschaft, dem Männerbund, als zentralem Strukturprinzip im Nationalsozialismus (Reulecke 2014, 158–159). Diese Sphäre wurde dem Familienleben entgegengesetzt und unterlag verschiedenen Deutungsimpulsen: Der Ethnologe Heinrich Schurtz postulierte bereits 1902, dass „[dem] innersten Wesen des Mannes […] sehr viel mehr das männerbündische Miteinander [entspreche]" (Reulecke 2014, 154). Hans Blühers Aneignung dieser These in *Die Rolle der Erotik in der männlichen Gesellschaft* von 1917 löste starke Gegenwehr aus, sodass sich in vielen Werken über Kameradschaft eine Betonung des ausschließlich homosozialen Charakters der kameradschaftlichen Beziehung findet (Reulecke 2014, 154–155).

Auf Grundlage dieser Kontextualisierungen sollen nun die drei exemplarischen Analysen vorgestellt werden. *Hitlerjunge Quex* und Elvira Bauers Lesebuch vertreten zwar beide offen nationalsozialistische Positionen, Letzteres wurde aber von den Kontrollinstanzen des NS-Literaturmarktes abgelehnt, ableitbar daraus, dass es weder auf Empfehlungslisten geführt noch offiziell für den Unterricht zugelassen wurde (Schwerendt 2009, 7; Josting 1997, 144). Die Mädchenbücher Magda Trotts, u. a. ihre *Pommerle*- und *Goldköpfchen*-Reihen, zählen zu jener Literatur, die schon vor 1933 sehr beliebt war. Der hier untersuchte erste Band der *Pucki*-Reihe fand lange über 1945 hinaus hohe Auflagen. Auch wenn sich in Trotts Literatur keine offenen Bekenntnisse zum Nationalsozialismus finden, lässt sich doch vor allem in den Geschlechterbildern ihrer Romane eine feste Verankerung nationalsozialistischer Ideologeme herausarbeiten.

4 Exemplarische Analysen

4.1 *Försters Pucki* von Magda Trott (1935)

Ein Großteil der Mädchenliteratur vor und auch während der NS-Zeit war traditionell ausgerichtet und wurde von den NS-Zensurinstanzen des Literaturmarktes zwar abgelehnt, aber nicht zwingend verboten – so auch die *Pucki*-Reihe der vielschaffenden Autorin Magda Trott,[7] die bis heute Leser*innen findet (Josting 1997, 144). Entgegen den *Pucki*-Romanen reihten sich Trotts vorige Mädchenbücher in die modernen Narrative ein, in denen Frauen durch Bildung und Berufstätigkeit ihre Abhängigkeit mindern konnten (Grenz 1997a, 211). In der Forschungsliteratur finden sich einheit-

---

[7] Im Datensatz der Deutschen Nationalbibliothek finden sich 455 Publikationen der Autorin (DNB, Katalog der Deutschen Nationalbibliothek 06.11.2020). Die *Pucki*-Bücher wurden nach 1945 neu aufgelegt, die Illustrationen von Artur Schreiner wurden durch die von Ingrid Jansen ersetzt, Ortsnamen und ganze Kapitel geändert.

liche Angaben dazu, dass keiner von Trotts Romanen je auf Empfehlungslisten der Nationalsozialisten stand – die Hinweise auf Verbote unterscheiden sich hingegen. Während der Germanist Norbert Hopster anführt, dass einige Titel aus der *Pucki*-Reihe abgelehnt worden seien, jedoch keine verboten (Hopster 2005a, 21), findet sich bei dem Publizisten Jörg Weigand die Aussage, dass mehrere ihrer früheren Romane zu „unerwünschten Schriften erklärt wurden" (Weigand 2008, 9). Weigand stellt sogar in den Raum, dass es sich bei den *Pucki*-Bänden um eine Auftragsarbeit der Nationalsozialist*innen handeln könnte, da sich gerade im Hinblick auf das Frauenbild viele Anleihen aus der NS-Ideologie finden und dasselbe konträr zu den Frauenbildern in ihren anderen Romanen steht (Weigand 2008, 9). Zudem gab Magda Trott etwa zeitgleich mit dem ersten *Pucki*-Band *Das Deutsche Mädel-Buch* (1935) heraus, in dem u. a. Erfahrungsberichte von BDM-Mitgliedern zu finden sind. In diesem Falle wird ersichtlich, dass auf der einen Seite der NS-Buchmarkt trotz aller ideologischen Kontrollinstanzen ein privater Wirtschaftssektor blieb, in dem man sich an Absatzzahlen orientierte, und vielgelesene Autor*innen, deren frühere Werke abgelehnt wurden, dennoch weiter publizieren konnten. Andererseits zeigt sich damit einhergehend im Falle Magda Trott, dass manche Autor*innen sich entsprechend flexibel in ihrem Schreiben an die neuen gesellschaftlichen Normen anpassen.

In *Försters Pucki* verfolgen die Leser*innen, wie die vierjährige Försterstochter Hedi Sandler – Pucki genannt – durch Abenteuer und Auseinandersetzungen schlussendlich lernt, sich in die Rolle des artigen Mädchens zu fügen. Gleich zu Beginn des Romans wird auf Hedis Äußeres eingegangen: „Durch den im Frühlingssonnenschein liegenden Garten des Försters Sandler schritt langsam und bedächtig die vierjährige Hedi. Der frische Wind blies die weißblonden Löckchen in das gerötete Antlitz, aus dem ein Paar strahlend blaue Augen schauten." (Trott 2017, 3) Dass diese äußerlichen Merkmale, die das Kind als „arisch" markieren, wichtig sind, lässt sich daran erkennen, dass die blonden Haare und blauen Augen immer wieder erwähnt werden.[8]

Hedis Charaktereigenschaften zeigen sich in der Handlung anfangs als ambivalent. Es scheint das übergreifende Narrativ dieses ersten Bandes zu sein, das Kind zu einem ‚richtigen' Mädchen zu machen und auf den rechten Weg zu bringen. Immer wieder wird auf Hedis zärtliches und liebevolles Wesen verwiesen: Sie liebt „jedes Tierchen, wenn es auch noch so unscheinbar [ist]" (Trott 2017, 4) und tröstet immer wieder ihren Spielkameraden Paul, auch wenn dem meist ein Streich oder eine Provokation seinerseits vorausgeht (Trott 2017, 24, 28, 141). Gleichzeitig kommt aber auch immer wieder Hedis rabiate Art zur Sprache: So verprügelt sie ihre Spielkameraden, die Drillingsbrüder des Nachbarhofs (Trott 2017, 16 und 35). Allerdings wird hier von ihren Eltern immer wieder eingeschritten, bis Hedi am Ende des Romans artig ist und

---

[8] Zudem findet sich in der ersten Version auf Seite 4 noch eine Illustration des Kindes im Wald, auf der es den (linken) Arm ähnlich einem Hitlergruß ausstreckt. Da diese Illustration in der Neuauflage nach 1945 verschwunden ist, kann davon ausgegangen werden, dass bei den Zeitgenoss*innen zumindest entsprechende Assoziationen mit dem Hitlergruß aufkamen.

nicht mehr mit den Jungen tobt. Sie versteht anfangs nicht, warum sie sich nicht genauso wie die Jungen verhalten darf. Immer wieder wird sie von ihren Eltern darauf hingewiesen, dass sie als Mädchen artig sein muss und nicht so wild wie die Jungen sein darf (Trott 2017, 6 und 28). Es zeigt sich, dass es sowohl unterschiedliche Verhaltensnormen als auch Handlungsspielräume für Mädchen und Jungen gibt, in die diese sich fügen müssen. Besonders deutlich wird dies in einer Szene, in der Hedi vor dem Besuch bei den Nachbar*innen die Mutter bittet, statt ihres Kleides ihr Spielhöschen tragen zu dürfen, da sie ein Junge sein wolle:

> „Weil der Paul dann sagt, daß ich ein dummes Mädchen bin. Bei Onkel Niepel dürfen wir auf die hohe Leiter kriechen. Und wenn ich dann ein Mädchen bin, lassen mich die Jungen nicht 'rauf. – Ich möchte heute ein Junge sein."
> „Du brauchst mit den drei Buben nicht immer mitzuklettern. Kleine Mädchen müssen artiger sein als Jungen."
> „Warum denn, Mutti?"
> „Weil sie schon ein viel feineres Stimmchen haben und weil sie der liebe Gott nicht so kräftig geschaffen hat wie die Knaben."
> Die Vierjährige schlug ein lautes Lachen an, dann sagte sie mit tiefer Stimme: „Ach, Mutti, so finster wie ich kann nicht mal der Paul sprechen. – Hör mal zu! – Und den Fritz habe ich neulich verprügelt. – Oh, ich hab' schon Kräfte. Der liebe Gott hat gemeint, ich bin ein Junge."
> „Du bist unser liebes, kleines Mädchen und sollst es bleiben. Ich möchte auch ein artiges kleines Mädchen haben, keinen Eigensinn, wie du manchmal einer bist. Du sollst doch später ein liebes Mädchen werden, das alle Menschen gern haben."
> „Ja, ich will auch eine liebe Mutti werden, so eine liebe Mutti, wie du eine bist. Musstest du immer artig sein, Mutti, damit du eine so liebe Frau geworden bist?" (Trott 2017, 15–16)

Während Jungen das Recht zugesprochen wird, zu toben und unartig zu sein, richtet sich die Vorstellung von Mädchen danach, zu gefallen und zu gehorchen. Interessant ist allerdings, dass Hedi die biologistischen Argumente der Mutter entkräftet, die Mutter aber unbeeindruckt darauf beharrt, dass Hedi die Norm zu erfüllen habe. Darüber hinaus ist ersichtlich, wie allein die Kleidung geschlechtlich konnotiert wird – so kann Hedi zumindest im Kreise ihrer männlichen Spielkameraden durch das Tragen einer Hose Handlungsspielräume für sich beanspruchen. Weiter fällt auf, dass sich Hedi nicht zwischen den Optionen Mädchen und Junge, sondern Frau und Junge entscheidet, was zeigt, dass ihr die Identifikationskategorie Mädchen eher fern liegt.

Im Laufe der Handlung zeigen sich immer wieder Stellen der Selbstidentifikation mit weiblich konnotiertem Verhalten, die zum Ende hin zunehmend Raum einnehmen. Zunächst verspricht sie dem Vater immer wieder, ein artiges Mädchen zu sein und nicht zu toben (Trott 2017, 6), sie zeigt wiederholt mütterliches Verhalten gegenüber ihren Spielkameraden (Trott 2017, 47–48) und macht sich Gedanken über die Wirkung ihres Äußeren auf männliche Personen (Trott 2017, 99). In der von Magda Trott inszenierten Erziehung Hedis werden somit bereits in ihrem Wesen verankerte, vermeintlich natürlich weibliche Eigenschaften belohnt (Fürsorge, Unterordnung, Altruismus, Bescheidenheit), während von diesem Konstrukt abweichendes Verhalten bestraft wird. Diese Entwicklung wird auch dadurch unterstützt, dass Hedi ihre

Freunde nicht mehr sieht: „Seitdem Pucki nicht mehr täglich mit den drei wilden Knaben von Niepels spielte, war sie ruhiger und sanfter." (Trott 2017, 45)

Strafen und Drohen sowie emotionale Erpressungen stellen den Kern der Erziehungsmethoden des Ehepaars Sandler dar. Der Vater erzählt der Tochter eine Geschichte vom Waldgeist Puck, nach der es immer schlimm für Hedi ausgehen werde, wenn sie Streiche spiele. Diese kausale Verknüpfung von für sie schlimmen Ereignissen und dem eigenen Verhalten hat Hedi bald internalisiert: So meint sie, nicht nur für den Beinbruch von Paul verantwortlich zu sein, sondern auch für die Krankheit der Mutter. Gerade letzterer Umstand wird mehrmals genutzt, um Hedi zur Artigkeit zu zwingen: „Du bist an allem schuld! Wenn deine Mutti jetzt sehr krank wird, hast du es dir zuzuschreiben, du unartige Pucki!" (Trott 2017, 50, 121, 144) Doch auch von körperlicher Gewalt und deren Androhung wird Gebrauch gemacht. Hedis Vater prügelt sie einmal (Trott 2017, 81) und droht ihr auch Prügel an, sollte sie sich nicht benehmen: „Höre ich eine Klage [vom Nachbarn über sie], so tanzt die Rute auf unserem Pucki." (Trott 2017, 85) Psychische oder physische Auswirkungen dieser Gewalt gegen die Kinder werden ausgeblendet, es wird alleinig die Effektivität dieser Erziehungsmethode dargestellt, die auch die Nachbarsjungen mehrfach trifft (Trott 2017, 51 und 115). Hedi wird von den Erwachsenen auf verschiedene Arten ‚erzogen' – während der Vater Gebrauch von Autorität und physischer Gewalt macht, nutzen die Mutter und andere weibliche Figuren in der Regel psychische Gewalt, um das Kind gefügig zu machen. Die oberste Entscheidungsinstanz über familiäre Angelegenheiten bildet dabei grundsätzlich der Vater.

Die Figur der Mutter Hedis entspricht klar dem Frauenbild des Nationalsozialismus. Sie ist eine fürsorgliche und arbeitsame Frau, die um Erziehung und Haushalt bemüht ist. Auch wenn sie im Laufe der Handlung mehrmals als krank und schwächlich gezeichnet wird, stehen doch ihr Fleiß und ihre Tüchtigkeit stets im Vordergrund. Die Mutter dient als Rollenbild für Hedi und schreibt damit den einzig möglichen, vermeintlich natürlichen Entwicklungsweg von Hedi fest (Hopster 2005a, 35). Hedi spiegelt nicht nur das „Bild vom selbstständigen, selbstbewußten und auch zupackenden und brauchbaren Mädchen" (Hopster 2005a, 35), sondern ihre Darstellung als asexuelles, freundliches und sozial engagiertes Wesen, dem kleine Fehltritte immer wieder verziehen werden, ist auch prototypisch für das Mädchenideal der Zeit (Josting 2008, 288).

4.2 *Der Hitlerjunge Quex* von Karl Aloys Schenzinger (1932)

Der Hitlerjunge Quex erschien bereits 1932 und war durch die ganze Zeit der NS-Herrschaft eine verbreitete Lektüre (Aley 1967, 5). Der Roman ist ein Paradebeispiel für nationalsozialistische Märtyrerliteratur und wurde von den Literaturorganen nach 1933 als einziges der drei hier gewählten Beispielwerke empfohlen[9] (Hopster 2005a, 30).

Der Roman kam den Forderungen an das nationalsozialistische Jugendbuch nach Authentizität sowie der Darstellung von Opferbereitschaft und Heldentum nach, wie auch der Darstellung von „Treue, Mut, Pflichtbewusstsein und Vaterlandsliebe als funktionalen Tugenden" (Josting 2008, 278). Der titelgebende Protagonist Heini Völker schließt sich zunächst einer kommunistischen Clique an, realisiert dann aber, dass er sich zur Hitlerjugend hingezogen fühlt, welcher er auch beitritt. Während seiner Aktivität bei der HJ erhält Heini Völker aufgrund seiner Schnelligkeit den Spitznamen Quex. Nach seinem rasanten Aufstieg in der HJ-Struktur wird Heini nach dem Besuch bei einem befreundeten Geschwisterpaar von seinen ehemaligen Genossen des Nordsterns getötet.

Heini wird immer wieder als klein und schwächlich beschrieben (Schenzinger 1940, u. a. 92 und 254), physisch hat er keine herausragenden Fähigkeiten oder besonderen Stärken, außer seiner Schnelligkeit. Diese Zeichnung des Protagonisten dient zum einen dazu, seine Tötung als noch verwerflicher darzustellen – es gibt bereits vorab im Text Verweise darauf, dass Gewalt gegenüber physisch Unterlegenen nicht „ehrenhaft" sei (Schenzinger 1940, 40). Zum andern dient dies auch als Identifikationsmöglichkeit für all jene jungen Männer, die (noch) nicht dem Bild des gestählten Soldaten entsprechen. Darüber hinaus stehen bei Heini auch klar seine charakterlichen Tugenden im Vordergrund: seine Treue, sein Pflichtbewusstsein und natürlich seine Opferbereitschaft.

Sichtbar wird an der Figur des Heini aber auch, dass Körperbilder sehr selektiv eingesetzt werden können. Während sie im Fall Heinis die Tragödie seiner Tötung unterstreichen sollen, wird körperliche Devianz vom NS-Normkörper für nicht als „arisch" gesehene Menschen als Zeichen einer bösartigen oder kranken Psyche gewertet (A.G. Gender-Killer 2005, 16).

Ähnlich wie bei Hedis innerer Verankerung ‚des Weiblichen', finden sich viele Stellen am Anfang des Romans, die Heinis Beitritt in der HJ und seine Begeisterung für den Nationalsozialismus bereits erahnen lassen. So läuft er im Marschschritt alleine zur Schule: „Als ging er in Reih und Glied, als marschiere er im geschlossenen Verband. Er hörte ordentlich die Schritte der Kameraden neben sich, fühlte sich mitgezogen, eingereiht in den großen unaufhaltsamen Marsch nach vorn." (Schenzinger 1940, 24) Unmittelbar auf den ersten Seiten des Romans wird zudem schon Heinis Liebe zu polizeilichen Instanzen beschrieben und zu „Ordnung, Zucht, Disziplin, wie es noch in den alten Geschichten zu lesen war." (Schenzinger 1940, 7) Er erinnert sich daran, einmal unwissentlich bei einem Aufmarsch der HJ mitgelaufen zu sein: „Eine Stunde lang war er nebenher gelaufen, nur den einen Wunsch im Herzen, mitmarschieren zu dürfen in diesen Reihen, mit diesen Burschen, die jung waren wie er, die

---

9 Im Einband des Buches findet sich bereits der Hinweis: „Gegen die Herausgabe dieser Schrift werden seitens der NSDAP keine Bedenken erhoben." (Schenziger 1940)

Lieder sangen, bei denen ihm fast das Heulen kam." (Schenzinger 1940, 8) Die nationalsozialistische Bewegung wird hier als etwas Sogartiges gezeichnet, das tiefste Bedürfnisse anzusprechen scheint und immer wieder als eine Vorwärtsbewegung markiert wird. Diese Vorwärtsbewegung geht auch einher mit dem Zurücklassen des Alten: Nicht nur Heini kehrt seinem kommunistischen Vater den Rücken, sondern auch andere Jungen aus der HJ entsagen mit ihrer Entscheidung für „die Bewegung" ihrem bürgerlichen oder kommunistischen Elternhaus (Schenzinger 1940, 58 und 85). Heinis Vater ist ein arbeitsloser, alkoholkranker Kommunist, der sowohl seinen Sohn als auch seine Frau schlägt. Die Gewalt des Vaters und die Ohnmacht des Sohnes spielen eine zentrale Rolle, wobei betont wird, dass Heini nicht Angst vor dem Vater, sondern um die Mutter hat (Schenzinger 1940, 9). Wie auch Hedi will sich Heini um seine Mutter kümmern und sie entlasten – wobei erstere durch Artigkeit und Hilfe im Haushalt die Mutter unterstützt, während es bei Heini um einen klar männlich konnotierten ‚Beschützerinstinkt' der Mutter gegenüber geht. In beiden Romanen werden die Mutterfiguren als schwächliche, kranke Frauen gezeichnet, die der Rettung bedürfen.

Heinis eigene Rettung scheint zunächst seine Aufnahme in die Clique Nordstern durch deren Anführer Stoppel zu sein. Dieser imponiert Heini, als er ihn anspricht und sich „mit ihm zeigen lässt" (Schenzinger 1940, 17). Als „breit, massig, schwarz, ein großes drohendes Tier" (Schenzinger 1940, 19) wird Stoppel beschrieben und stellt sich auch im Kampf der Anführer der Jugendcliquen durch sein martialisches Auftreten als Stärkster heraus. Stoppel stellt eine starke Autoritätsperson dar, vor der die Mutter Heinis sich fürchtet und selbst sein Vater einlenkt. Trotz seiner kommunistischen Gesinnung wird Stoppel dennoch nicht negativ gezeichnet: Er ist es, der Heinis Mutter vor weiteren Prügeln bewahrt und auch Heini selbst mehrmals schützt (Schenzinger 1940, 119–121, 201). In der Zeichnung seiner Figur – und auch jener der meisten anderen Jugendlichen – zeigt sich eine gewisse Offenheit, deviante politische Einstellungen junger Menschen nur als Verwirrung oder Fehlleitung zu sehen, im Gegensatz zu den erwachsenen Kommunisten wie Heinis Vater.

Es gibt eine klare Gegenüberstellung der nationalsozialistischen Jugendorganisationen und der linken Gruppen. NS-Ideale von Sauberkeit, Disziplin und Ordnung stehen dem Chaos, der Lautstärke und „Gaunerei" der Cliquen gegenüber (Schenzinger 1940, 27–32, 41). Weiter gibt es bei den Cliquen keine konsequente Geschlechtertrennung, was zum einen in Heinis Augen zu einer moralischen Verrohung führt und zum anderen Ablenkung für die Jungen darstellt. Die Mädchen der linken Gruppen sind „sehr laut" (Schenzinger 1940, 27) und aufdringlich, wie die Figur der Gerda, die zudem als Verführerin dargestellt wird (Schenzinger 1940, 34). Später wird sogar thematisiert, dass die linken Gruppen gezielt ihre Mädchen, die Heini als „Nutten" diffamiert, schicken würden, um Jungen anzuwerben (Schenzinger 1940, 213). Diese Darstellungen und Wertungen entsprechen der NS-Geschlechtermoral, in der Kameradschaft über allem steht und die Geschlechter getrennt organisiert werden, da ihnen unterschiedliche Aufgaben zufallen.

Besonders die männerbündische Organisationsform erhält viel Raum im Roman. Wie Reulecke feststellt, treten auch im Fall der HJ „Kleingruppen oder Horden praktisch an die Stelle der traditionellen Familie" (Reulecke 2014, 157). Die Gruppe grenzt sich selbst durch die Uniform (die zu Beginn der Handlung noch verboten ist) von anderen ab: „Sie ist die Kleidung der Gemeinschaft, der Kameradschaft, der Idee, der Eingliederung." (Schenzinger 1940, 164) Zudem identifizieren sich die Jungen als „Tatmenschen" und setzen sich somit wieder in Gegensatz zu den von ihnen als „Schwätzer" identifizierten Kommunisten (Schenzinger 1940, 60–61). Hinsichtlich der Geschlechterordnung sind hier klar die männlichen Personen in der aktiven ‚Macher-Rolle', wobei HJ und BDM gemeinsam dazu aufrufen, „wieder eine natürliche Gesellschaft [zu] werden" (Schenzinger 1940, 60). Für die Kameradschaft gilt absolute Treue, denn „[j]eder treibt bei uns den andern, Kamerad ist Kamerad, und einer lässt sich für den andern in Stücke hauen" (Schenzinger 1940, 61).

Ein weiteres wichtiges Merkmal soldatischer Männlichkeit lernt Heini erst durch seinen HJ-Mentor Kaß, der ihm erklärt, dass er seine Emotionen nicht ablegen, sondern lernen soll, sie zu kontrollieren. Er vermittelt ihm, dass er den Verlust der Mutter tragen solle, „wie man seinen Tornister trägt, oder die Blasen an den Füßen verbeißt auf dem Marsch" und weiter: „Ein Junge kann heulen, solange er mag. Ein Hitlerjunge nicht. Er kann meinetwegen heulen, aber er soll aufhören können." (Schenzinger 1940, 149) Nach und nach wird Heini, der zu Beginn der Handlung immer wieder ohnmächtig und weinend vor Problemen stand, zu einem Tatmenschen, der seine Emotionen kontrolliert und sogar den Tod in Kauf nimmt für seine Gesinnung.

Weibliche Figuren gibt es wenige in der Handlung. Neben Gerda, die als Negativbeispiel der vermeintlich sittlichen Verwahrlosung durch Emanzipation steht, gibt es Ursula (Ulla), das prototypische BDM-‚Mädel'. Für sie hegt Heini romantische Gefühle, sie kommt ihm aber nach seiner Abreise aus der Stadt erst wieder in den Sinn, als sie angegriffen wird und er das Bedürfnis spürt, sie zu beschützen (Schenzinger 1940, 190). Heinis Zuneigung zu Ulla gestaltet sich als sehr keusch und protektiv, was in einem Traum deutlich wird: Er träumt, wie Ulla ihrem Schwesterndienst im Badeanzug nachgeht und sein erster Gedanke ist, dass er ihren Körper bedecken müsse, um sie zu schützen (Schenzinger 1940, 210). Er zieht es auch vor, Ulla nur zu beobachten, statt sich ihr zu zeigen, und ist dennoch sichtlich erfreut, als er erfährt, dass Ulla eine Kuss-Szene mit ihm in einem Stück spielen wird. In dieser Szene ist es aber auch Ulla, die die Initiative ergreift (Schenzinger 1940, 252). Sie entspricht dem nationalsozialistischen Rollenbild für junge Frauen, nach dem diese selbstbewusst, bescheiden und tüchtig zu sein haben und sich darüber hinaus am Kampf beteiligen dürfen, solange sie sich mit Eintritt in das Familienleben als Ehefrau und Mutter unterordnen.

4.3 *Trau keinem Fuchs auf grüner Weid und keinem Jud bei seinem Eid* von Elvira Bauer (1936)

Als „Produkt eines primitiven, barbarischen Hasses" bezeichnet der Germanist Peter Aley das Lesebuch von Elvira Bauer (Aley 1967, 5). Die zum Zeitpunkt der Publikation als Erzieherin tätige Elvira Bauer fand zunächst keinen Verlag, der das Buch drucken wollte. Letztendlich wurde es vom Stürmer-Verlag publiziert, dessen Gründer Julius Streicher auch explizit darin erwähnt wird. Das Kinderbuch ist auf keiner Empfehlungsliste aufgeführt und hat auch keine offizielle Zulassung für den Unterricht bekommen. Aus der Auflagenhöhe von 70.000 Exemplaren und der Erwähnung in Erika Manns Studie *Zehn Millionen Kinder* (1938) zur Erziehung im Nationalsozialismus folgt Schwerendt jedoch, dass das Bilderbuch eventuell dennoch Anwendung als Lesefibel in der Schule fand (Schwerendt 2009, 7).

Das Bilderbuch ist sehr bunt gestaltet und der Schriftsatz zweifarbig, sodass die entsprechenden Worte sich gut einprägen können. Es ist untergliedert in elf Überschriften,[10] denen jeweils eine Text- und eine Bilderseite folgen. Das erste Kapitel, „Der Vater des Juden ist der Teufel", thematisiert die „Rassentheorie" und die angebliche Bedrohung der Deutschen durch „die Juden". Am Ende des Buches findet sich ein Bild, auf dem auswandernde „Juden" dargestellt sind, nachdem zwei Seiten zur HJ und deren Standhaftigkeit in „Des Führers Jugend" ausgeführt werden.

Die Lesefibel ist durchzogen von der Gegenüberstellung rassistisch-antisemitisch überzeichneter Stereotype von ‚Juden' und idealisierten „Arierkörpern". Die Figuren der jüdischen Männer entsprechen den gängigen antisemitischen Bildern: Sie werden als hässlich, zu dick oder zu dünn, impotent, doch zugleich sexuell gierig, und im Allgemeinen unmännlich dargestellt (A.G. Gender-Killer 2005, 43). So folgt der ersten Illustration die Darstellung eines oberkörperfreien, schlanken, „stolze[n] Mann[es], der arbeiten und kämpfen kann" und durch seine Schönheit und seinen Mut den Hass „des Juden" provoziere. Hier ist der „Jude" als dicklicher Mann mit krummen Beinen und schwarzen Haaren gezeichnet, der die stereotype Zigarre raucht, die sich in zahlreichen antisemitischen Karikaturen seit der Jahrhundertwende findet und ihn als ‚Bonzen' identifiziert. Die „Jüdin" taucht nur im Bild der „häßlichen" und maskulinisierten, aber auch dekadenten Frau auf. Einmal rauscht sie im Kapitel „Der Sabbat" „in Samt und Seiden" vorbei, und im Kapitel „Das Dienstmädchen" werden Ehefrau und Töchter „des Juden" als faule und dickliche Tyranninnen dargestellt, die das deutsche Dienstmädchen drangsalieren. Dieses Weiblichkeitsbild steht der tatkräftigen und fürsorglichen Hausfrau und Mutter der NS-Ideologie entgegen, „[d]enn Putzen, Kochen, Fegen [ist für die „Jüdin"] Schande und nicht Segen!".

Darüber hinaus wird an mehreren Stellen auf Sexualität und sexuelle Devianz Bezug genommen. Auch unter der Überschrift „Das Dienstmädchen" findet sich der

---

10 Da das Buch keine Seitenzahlen hat, beziehe ich mich jeweils auf die Überschriften als Orientierung.

Vers „Was ist der Jud ein armer Wicht! / Mag seine eignen Frauen nicht! / Er meint, er sei entsetzlich schlau, / Wenn er sich stiehlt 'ne deutsche Frau." Weiter heißt es, er würde neben der deutschen Frau „erbärmlich" aussehen und würde besser daran tun, sich eine jüdischen Frau zu wählen. Zum einen ist hier interessant, dass die vermeintlich gestohlenen Frauen keine Stimme oder *Agency* haben, außer zu schön für den „Juden" zu sein. Die dazugehörige Illustration zeigt eine junge blonde Frau, die ihren Blick von einem dicken Mann mit Anzug und Zylinder abwendet, der besitzergreifend seinen Arm um sie gelegt hat. Anhand solcher Konstruktionen zeigt sich, wie Frauenkörper für das Aufrufen einer bestimmten Täter-Opfer-Metaphorik genutzt werden: Der „Jude" bedroht nicht nur individuell eine deutsche Frau, sondern die deutsche Nation, die auf diesen Frauenkörper projiziert wird. Im Textteil nach diesem Bild geht es um die „arische" Tochter, die einen „Juden" um seines Geldes willen heiraten will; auch hier wird ähnlich dem vorigen Bild kommentiert: „Er paßt gar nicht einmal zu ihr!" und mit „Ans Wagenjoch der guten Kuh / Spannt niemals man den Dackel zu" Rekurs auf die Nürnberger Gesetze genommen.

Zuletzt wird mit der wiederholten Betonung der soldatischen Männlichkeit der „Deutschen" der entsprechend als nicht-männlich konnotierte Körper der „Juden" hervorgehoben. So machen sich im Schlussbild „Jüdinnen und Juden" unter einem Schild mit der Aufschrift „Einbahnstraße" auf den Weg, da sie laut dem Narrativ schon durch den Anblick „der Deutschen" weichen müssen.

5 Fazit

Durch die Beispiele des *Hitlerjungen Quex* und des Bilderbuches von Elvira Bauer konnte deutlich herausgestellt werden, wie eng Geschlechtervorstellungen in der Zeit des Nationalsozialismus mit der Kategorie „Rasse" aber auch mit der politischen Gesinnung der ‚Anderen' verknüpft sind. In *Försters Pucki* zeigt sich eher die Wichtigkeit der Sozialisierung, um das Kind in seine als adäquat angesehene Rollenvorgabe einzupassen.

In *Hitlerjunge Quex* und *Försters Pucki* ist die NS-Geschlechterideologie subtil verwoben, es zeigen sich immer wieder Ambivalenzen, die später korrigiert werden. Im Bilderbuch von Elvira Bauer sind die Bilder von „Deutschen" und „Juden" auf fast schon groteske Weise ideologisch überformt und platt, sodass es keiner tiefergehenden Analyse bedarf. Es strukturiert ganz klar die Zuschreibungen gut = schön und böse = hässlich, während jeweils tüchtig arbeitende „Deutsche" – die Idealbilder der Ideologie – faulen „Juden" gegenüberstehen.

Sicher ist, dass die nationalsozialistische Ideologie auch in mancher Konjunkturliteratur wie *Pucki* ihren Niederschlag fand und auch jene Werke, die explizit nationalsozialistisch geprägt waren, die Sozialisation von Kindern und Jugendlichen maßgeblich beeinflussen konnten. Die Frage, die jedoch weiterhin offen bleibt, ist die der Rezeption seitens der Kinder und Jugendlichen der Zeit.[11] Auch weiterhin ein Desiderat bleibt eine umfassende und systematische Untersuchung von Genderaspekten in der Kinder- und Jugendliteratur während des Nationalsozialismus, die einen intersektionalen Einblick in Diskursverschiebungen bieten könnte.

Literatur

1 Primärliteratur

Bauer, Elvira. *Trau keinem Fuchs auf grüner Heid und keinem Jud bei seinem Eid*. Leipzig: Verlag Der Schelm, 2016 [1936].
Kästner, Erich. *Emil und die Detektive. Ein Roman für Kinder*. Hamburg: Dressler, 1973 [1929].
Kerr, Judith. *Als Hitler das rosa Kaninchen stahl*. Aus dem Englischen übersetzt von Annemarie Böll. Ravensburg: Maier, 1973 [1971].
Knöpke-Joest, Helga. *Ulla, ein Hitlermädel*. Leipzig: Schneider, 1933.
Mann, Erika. *Zehn Millionen Kinder. Die Erziehung der Jugend im Dritten Reich*. Reinbek: Rowohlt Taschenbuch, 2011 [1938].
Richter, Hans Peter. *Damals war es Friedrich*. München: dtv, 1979 [1961].
Schenzinger, Karl Aloys. *Der Hitlerjunge Quex*. Berlin: Verlag für Zeitgeschichte, 1940 [1932].
Trott, Magda. *Försters Pucki. Mit 15 teils farbigen Illustrationen*. Hamburg: Fabula, 2017 [1935].
Trott, Magda (Hg.). *Das deutsche Mädel-Buch*. Berlin: Franke, 1935.
Wisser, Eva-Maria. *Kämpfen und Glauben. Aus dem Leben eines Hitlermädels*. Mit einem Geleitwort von Frau Dr. Goebbels. Berlin: Steuben-Verlag Potsdam, 1933.

2 Sekundärliteratur

A.G. Gender-Killer. „Geschlechterbilder im Nationalsozialismus. Eine Annäherung an den alltäglichen Antisemitismus". *Antisemitismus und Geschlecht. Von „effeminierten Juden", „maskulinisierten Jüdinnen" und anderen Geschlechterbildern*. Hg. A.G. Gender-Killer. Münster: Unrast, 2005, 9–67.
Aley, Peter. *Jugendliteratur im Dritten Reich. Dokumente und Kommentare*. Gütersloh: Bertelsmann, 1967.
Benner, Julia. *Federkrieg. Kinder- und Jugendliteratur gegen den Nationalsozialismus 1933–1945*. Göttingen: Wallstein, 2015.
DNB, Katalog der Deutschen Nationalbibliothek. Datensatz Magda Trott. http://d-nb.info/gnd/127101403 (06. November 2020).
Frevert, Ute. *Frauen-Geschichte. Zwischen bürgerlicher Verbesserung und neuer Weiblichkeit*. Frankfurt a. M.: Suhrkamp, 2007.
Graf, Werner (Hg.). *Gift im Bücherschrank. Kinder- und Jugendlektüre im Nationalsozialismus*. Berlin: Literatur & Erfahrung, 1992.
Grenz, Dagmar. „„Das eine sein und das andere auch sein... .' Über die Widersprüchlichkeit des Frauenbildes am Beispiel der Mädchenliteratur". *Geschichte der Mädchenlektüre*.

---

[11] Bis auf wenige Publikationen wie *Gift im Bücherschrank* (Graf 1992) und die Handbucheinträge (Hopster 2005), findet sich noch keine umfassende Aufarbeitung der Rezeption.

Mädchenliteratur und die gesellschaftliche Situation der Frauen vom 18. Jahrhundert bis zur Gegenwart. Hg. Dies. Weinheim u. a.: Juventa, 1997, 197–215. [= Grenz 1997a]

Grenz, Dagmar. „Kämpfen und arbeiten wie ein Mann – sich aufopfern wie eine Frau. Zu einigen zentralen Aspekten des Frauenbildes in der nationalsozialistischen Mädchenliteratur". *Geschichte der Mädchenlektüre. Mädchenliteratur und die gesellschaftliche Situation der Frauen vom 18. Jahrhundert bis zur Gegenwart.* Hg. Dies. Weinheim u. a.: Juventa, 1997, 217–239. [= Grenz 1997b]

Haible, Barbara. *Indianer im Dienste der NS-Ideologie. Untersuchungen zur Funktion von Jugendbüchern über nordamerikanische Indianer im Nationalsozialismus.* Hamburg: Dr. Kovač, 1998.

Harms, Antje. „Jugendbewegte Gemeinschaftsideen in geschlechtergeschichtlicher Perspektive". *Jahrbuch des Archivs der deutschen Jugendbewegung* (7/2010): *Jugendbewegte Geschlechterverhältnisse.* Schwalbach: Wochenschau, 2010, 95–110.

Hopster, Norbert. „Zur Geschichte und wissenschaftlichen Erarbeitung der Kinder- und Jugendliteratur in der NS-Zeit". *Kinder- und Jugend- literatur 1933–1945. Ein Handbuch.* Hg. Ders./Petra Josting/Joachim Neuhaus. Stuttgart u. a.: Metzler, 2005, 5–54. [= Hopster 2005a]

Hopster, Norbert. „Kinder, Familie, Alltag". *Kinder- und Jugendliteratur 1933–1945. Ein Handbuch.* Hg. Ders./Petra Josting/Joachim Neuhaus. Stuttgart u. a.: Metzler, 2005, 541–602. [= Hopster 2005b]

Josting, Petra. „Kinder- und Jugendliteratur. Ein Aktionsfeld literaturpolitischer Maßnahmen im NS-Staat". *Hier, hier ist Deutschland. Von nationalen Kulturkonzepten zur nationalsozialistischen Kulturpolitik.* Hg. Ursula Härtl/Burkhard Stenzel/Justus H. Ulbricht. Göttingen: Wallstein, 1997, 143–172.

Josting, Petra. „Kinder- und Jugendliteraturpolitik im NS-Staat". *Kinder- und Jugendliteratur 1933–1945. Ein Handbuch.* Hg. Dies./Norbert Hopster/Joachim Neuhaus. Stuttgart u. a.: Metzler, 2005, 55–94. [= Josting 2005a]

Josting, Petra. „Kinder- und Jugendliteratur im Kontext von Pädagogik, Ästhetik und NS-Ideologie". *Kinder- und Jugendliteratur 1933–1945. Ein Handbuch.* Hg. Dies./Norbert Hopster/Joachim Neuhaus. Stuttgart u. a.: Metzler, 2005, 95–115. [= Josting 2005b]

Josting, Petra. „Faschismus". *Geschichte der deutschen Kinder- und Jugendliteratur.* Hg. Reiner Wild. Stuttgart u. a.: Metzler, 2008, 276–294.

Otto, Bernd. „Nationalsozialistische Propaganda in Kinder- und Jugendbüchern des Dritten Reichs". *Die endliche Geschichte. Geschichte im Kinder- und Jugendbuch.* Hg. Roswitha Cordes. Schwerte: Katholische Akademie, 1986, 69–84.

Reulecke, Jürgen. „Im Vorfeld der NS-Schulungslager". *Jugendbewegung, Antisemitismus und rechtsradikale Politik. Vom „Freideutschen Jugendtag" bis zur Gegenwart.* Hg. Gideon Botsch/Josef Haverkamp. Berlin u. a.: De Gruyter, 2014.

Schreckenberg, Heinz. *Erziehung, Lebenswelt und Kriegseinsatz der deutschen Jugend unter Hitler. Anmerkungen zur Literatur.* Münster u. a.: Lit Verlag, 2001.

Schwerendt, Matthias. „*Trau keinem Fuchs auf grüner Heid, und keinem Jud bei seinem Eid". Antisemitismus in nationalsozialistischen Schulbüchern und Unterrichtsmaterialien.* Berlin: Metropol, 2009.

Weigand, Jörg. „Patriotin, Feministin und Jugendbuchautorin. Magda Trott (1880–1945) war mehr als nur die Verfasserin von ‚Pucki' und ‚Goldlöckchen'". *Jugend Medien Schutz-Report* 4 (2008), 8–9.

Winkler, Martina. *Kindheitsgeschichte. Eine Einführung.* Göttingen: Vandenhoeck & Ruprecht, 2017.

VIII Exil

Wiebke von Bernstorff und Susanne Blumesberger

Kinder- und Jugendliteratur des Exils unter Gendergesichtspunkten

Ein Überblick über Deutschland und Österreich

Zusammenfassung: Die Kinder- und Jugendliteratur des Exils entsteht vor dem Hintergrund des Nationalsozialismus in der Zeit zwischen 1930 und 1950 unter jeweils unterschiedlichen Bedingungen in den jeweiligen Exilländern der deutschsprachigen Emigration dieser Zeit. Unter gendertheoretischer Perspektive werden drei Diskursstränge durch das breit gefächerte Textkorpus verfolgt. Die Frage nach demokratischen Organisationsformen wird im Kontext von Banden-, Detektiv- und Inselromanen aufgegriffen. In diesem Kontext werden in den Texten Fragen nach der Gleichberechtigung der Geschlechter diskutiert. Die Auseinandersetzung mit den Jugendidealen des Nationalsozialismus zeigt sich besonders deutlich im Diskursstrang des Antimilitaristischen. Hier sind die Figurengestaltungen für die Diskussion von Männlichkeit und Weiblichkeit ausschlaggebend. Als dritte Diskurslinie entfaltet sich ein Bild von Kindheit, das Spiel, Kreativität und Eigenwertigkeit dieser Phase betont. Damit verknüpft ist häufig ein spielerischer literarischer Umgang mit Geschlechternormen in der Konstruktion der Texte.

1 Einleitung

Spricht man von Exilliteratur oder der Literatur des deutschsprachigen Exils war bis in die 1990er Jahre hinein zumeist Literatur von deutschsprachigen Autor*innen gemeint, die aus unterschiedlichen Gründen zwischen 1933 und 1945 aus Deutschland und Österreich, später dann auch aus den europäischen Exilzentren Prag, Paris, Dänemark und den Niederlanden fliehen mussten. Das *Handbuch der deutschsprachigen Exilliteratur – Von Heinrich Heine bis Herta Müller* von 2013 setzt dagegen bewusst auf eine Ausweitung und Generalisierung des Exilbegriffs und steht damit exemplarisch für Forschungsansätze, die Exil in allgemeinmenschlicher, zunächst nicht historisch kontextualisierter Perspektive verstehen. Im Folgenden liegt der Fokus aber, der diachronen Perspektive des vorliegenden Handbuchs folgend, auf der Kinder- und Jugendliteratur deutschsprachiger Autor*innen etwa aus der Zeit von 1930 bis 1950, die im Exil verfasst oder veröffentlicht wurde. Auch mit dieser Einschränkung ist die Frage, welche Autor*innen und welche Texte zur Kinder- und Jugendliteratur des Exils gehören, in der Forschung nicht abschließend geklärt. Das liegt unter anderem daran, dass dieses literarische Feld von einer großen Diversität gekennzeichnet ist und weder die zeitlichen und räumlichen Koordinaten noch die Zuordnung der Autor*innen zum Exil eindeutig festzumachen sind (vgl. zum ‚Nachexil' Mikota 2020). In jedem Exilland

OpenAccess. © 2022 bei den Autoren, publiziert von De Gruyter. Dieses Werk ist lizenziert unter einer Creative Commons Namensnennung 4.0 International Lizenz. https://doi.org/10.1515/9783110726404-013

entwickelten sich eigene Strukturen und damit unterschiedliche Rahmenbedingungen (Benner 2015, 82). Wann beginnt oder endet das Exil für eine Autorin oder einen Autor? Gehören Texte, deren Autor*innen im Exil leben, die aber in Deutschland oder Österreich veröffentlicht wurden, dazu? Was ist mit Texten, die aufgrund der Exilsituation nie, erst sehr viel später oder nicht auf Deutsch geschrieben oder veröffentlicht wurden? Welchen Status billigt man Übersetzungen, zum Beispiel von Märchen, in die Sprache des Ziellandes zu? Das sind nur einige Fragen, die zum Teil kontrovers diskutiert werden. Für die folgenden Ausführungen schließen wir uns der breit gefassten Definition von Petra Josting an, die in *Kinder- und Jugendliteratur 1933–1945. Ein Handbuch* alle oben genannten Textarten zur „Kinder- und Jugendliteratur deutschsprachiger ExilautorInnen" zählt (Josting 2005b, Sp. 837). Obwohl schon sehr früh auf die Bedeutung der Kinder- und Jugendliteratur des Exils durch Alex Wedding mit ihrem Beitrag „Kinderliteratur" in der Exilzeitschrift *Das Wort* (1937), durch Franz C. Weiskopf (1947) und später zum Beispiel durch Guy Stern (1991) – alle selbst Exilant*innen – hingewiesen worden ist, bleibt die intensive Beschäftigung mit dieser bis heute in der (Exil-)Forschung ein Desiderat (Bernstorff 2012, 320; Blumesberger 2020, 48).

Insgesamt ist festzuhalten, dass im Exil eine Vielfalt an literarischen Formen und Themen in der Kinder- und Jugendliteratur entstand. Daher hat es eine ganze Reihe von Versuchen gegeben, dieses vielgestaltige literarische Feld thematisch oder politisch-ideologisch einzugrenzen. Dirk Krüger zum Beispiel bezeichnet die Kinder- und Jugendbücher des Exils als „Protest und Alternative gegen die auf Rassenhass, Unmenschlichkeit, Völkerfeindschaft und Kriegsbereitschaft zielende Kinder- und Jugendliteratur im nationalsozialistischen Deutschland" (Krüger 2007, 14; vgl. a. Kaminski 1990, 298) und greift damit die von Stern bereits 1993 formulierte These von der Widerständigkeit der Kinder- und Jugendliteratur des Exils auf:

> Was den gemeinsamen Nenner und Wert dieser trotz allem entstandenen Exilliteratur im politischen Kontext ausmacht, ist ihr eindeutiges oppositionelles Engagement. Wurden die repressiven Nazijugendorganisationen innerhalb des Dritten Reichs verherrlicht, so versuchte ein Exil-Jugendbuch den Nimbus zu zerstören. [...] Verherrlichte die Naziliteratur Nationalsozialismus, Konformismus und Krieg, so stellten die Exilanten dem humanistische, kosmopolitische und menschenrechtliche Gedanken entgegen. (Stern 1993, 299)

Diese These ist nicht unwidersprochen geblieben. Josting weist darauf hin, dass nicht sämtliche Texte, die im Exil erschienen, widerständigen Charakter hatten, viele durften nur deshalb nicht im nationalsozialistischen Österreich oder Deutschland erscheinen, weil die Urheber*innen jüdischer Abstammung waren (Josting 2008 Sp. 299).[1] Josting wie auch Fernengel (2008) weisen als verbindendes Element auf das moderne Kinderbild in der Kinderliteratur des Exils hin. In vielen Texten werden

---

[1] Julia Benner verwendet in ihrer Studie für Werke, die sich gegen den Nationalsozialismus richteten, den Begriff „kontrafaschistisch", weil „antifaschistisch" oft für antikapitalistische und proletarisch-revolutionäre Texte verwendet wird, die keinen direkten Bezug zum Nationalsozialismus haben (Benner 2015, 22).

progressive pädagogische Strömungen der 1920er Jahre auch sozialistischer Färbung aufgenommen und literarisch verarbeitet. Für Österreich wäre zum Beispiel der pazifistische Roman von Adrienne Thomas *Die Katrin wird Soldat. Ein Roman aus Elsaß-Lothringen* (1930) und die *Die Perlmutterfarbe* (1948) von Anna Maria Jokl zu nennen.

Aus Deutschland ging die Pädagogikprofessorin Anna Siemsen ins Exil: Ihre Konzepte zum Beispiel für eine Berufsgrundausbildung auch für Mädchen (Siemsen 1930) und die Ideen der *Kinderfreunde* können als gedanklicher Hintergrund für die Bilder von (Reform-)Schulen und die Repräsentation von Kindergruppen in der Kinderliteratur des Exils angenommen werden. Kurt Löwenstein, Mitbegründer der SPD-nahen Bewegung *Kinderfreunde*, trat in *Das Kind als Träger der werdenden Gesellschaft* (1924) für eine Erziehung „vom Kinde aus" (1976, 100) ein. Die *Kinderfreunde* hatten im Sommer 1927 ein Zeltlager mit 2.300 Kindern organisiert. In dieser „Kinderrepublik Seekamp" gab es keine Geschlechtertrennung in den Zelten, die Kinder waren für alle Belange selbst verantwortlich und organisierten sich demokratisch. Die *Kinderfreunde* warben für einen Abbau von Hierarchien zwischen Erwachsenen und Kindern und vertraten ein demokratisches Erziehungsideal. Diese neuen Organisationsformen und die radikale pädagogische Kehrtwende, die darin lag, Erziehung durch ein Denken „vom Kinde aus" zu ersetzen, prägte die Kinderliteratur der folgenden Jahre.

Auf den Prüfstand kamen diese und ähnliche (sozial-)demokratische Konzepte ab 1931 in der Zweiten Spanischen Republik, die eine umfassende Alphabetisierung und Bildung der Bevölkerung zur Hauptaufgabe ihrer Regierungsarbeit machte. Auf diese pädagogische Revolution und ihre Wirkung wird in Reportagen und Berichten aus Spanien vor und während des Bürgerkriegs ausführlich eingegangen. In der Einrichtung von (koedukativen) Internatsschulen für verwaiste und geflüchtete Kinder, in der Erwachsenenbildung und den Alphabetisierungskampagnen sah man den Modellfall sozialistischer, demokratischer Erziehung in die Tat umgesetzt. Anna Siemsen zum Beispiel schreibt aus dem spanischen Bürgerkrieg über die Kinderheime:

> Ungezählte Tausende von Kindern lernen zum erstenmal die Schönheit und den Reichtum der Erde, zum erstenmal ein gesundes und sicheres Leben kennen, erfahren zum erstenmal, was Technik und Kunst zu leisten vermögen, um das Menschenleben zu erleichtern und zu verschönern und erleben eine freie Gemeinschaft. [...] Die Erfahrung dessen, was ein menschenwürdiges Leben ist, wird in ihnen bleiben und sie treiben, es zu erobern ... für sich und andere. Es ist gewiß noch niemals ein solch gewaltiges soziales Experiment gemacht worden. (Siemsen 1939, 78–79)

Typisch für eine sozialistisch-humanistische Pädagogik ist die Ambivalenz, mit der Siemsen auf die Soldatinnen der Revolutionsarmee schaut. Bei aller Fortschrittlichkeit ihrer pädagogischen Konzepte und der Forderung nach umfassender Berufsbildung für Mädchen kritisiert sie doch das ideologisierte Bild der kämpfenden Frauen im Bürgerkrieg:

> Zu Beginn des Krieges sah man überall die Bilder der Milizionärinnen. Eine lebende Milizionärin ist mir in Spanien nicht begegnet. [...] Wo sind die Milizionärinnen geblieben? „Sie sind aufgerieben", sagte man an der Front, „aufgerieben schon in den ersten Monaten." Man hat sie aber

> auch von der Front zurückgezogen, weil die Sache sich eben doch als ein mehr oder weniger ernstes Spiel erwies. [...] Gewiß haben es viele unter ihnen ernst genug gemeint und das mit ihrem Tod bewiesen. [...] Heute sind die Frauen überall in der Retraguardia, in der Heimatfront, und ihre Arbeit hier, unentbehrliche Arbeit, kann gar nicht hoch genug veranschlagt werden. (Siemsen 1939, 48–49)

Die propagandistische Vereinnahmung der Frauen als Kämpfer*innen wird von Siemsen mit der Realität des Krieges konfrontiert. In ihrer Kritik drückt sich ein bürgerlich-humanistischer und traditioneller Vorbehalt gegen die radikale Modernisierung des Frauenbildes als Kämpferin und Kameradin sowohl im kommunistischen als auch im nationalsozialistischen Kontext aus. Die Modernisierung der Vorstellungen von Weiblichkeit durch die revolutionären Bewegungen seit der russischen Revolution von 1917 und in den folgenden Jahren hat zwar einerseits in der Pädagogik zu wichtigen Reformen geführt, diente aber im Kontext der totalitären Systeme und des Weltkriegs vor allem der Rekrutierung massenhafter billiger Arbeitskraft von Frauen. Im Gegenzug kam es im Kontext des Exils häufig zu einer Mythologisierung der Frau als im Hintergrund versorgende und für das Weiterleben stehende Kraft. Beispielhaft für diese Tendenz steht Anna Seghers' Essay „Frauen und Kinder in der Emigration" (1938). Diese Art der Mythologisierung entsprang in der Situation des Exils häufig dem Bedürfnis nach positiven Gegenbildern zur Kriegsrealität,[2] ist aber lange Zeit von der Exilforschung unreflektiert übernommen worden (vgl. Lühe 1996). Die Annahme lautete, die exilierten Frauen hätten sich als anpassungsfähiger und widerstandsfähiger erwiesen als die Männer und hätten diese zum Beispiel durch Putzjobs und andere ‚niedere' Arbeiten durchgebracht. Die unreflektierte Übernahme solcher Bilder in der Forschung versperrt den Blick auf die tatsächlichen Lebensbedingungen von Frauen und Männern im Exil, so zum Beispiel die der Frauen, die alleine ins Exil gingen, und verdeckt die Machtkonstellationen, deren Ergebnis sie sind.

Die beschriebene Ambivalenz in Bezug auf das Bild der modernen Frau als (kämpfende) Kameradin des Mannes schlägt sich auch in der Kinderliteratur des Exils nieder. Die Themen Koedukation und Gleichberechtigung werden in diesen Texten häufig mit der Frage nach der jeweiligen Rolle der Kinder im Kontext einer Gemeinschaft verknüpft und dabei manchmal genderspezifisch oder auch genderunspezifisch ausbuchstabiert.

Zusammenfassend lässt sich konstatieren, dass bei aller Vielgestaltigkeit der Kinder- und Jugendliteratur des Exils, der politischen Positionen ihrer Autor*innen und ihren von Exilort zur Exilort unterschiedlichen Schreib- und Lebensbedingungen die Situation im nationalsozialistischen Deutschland und Österreich sowie die Prämissen nationalsozialistischer Erziehung und literarischer Produktion den Hintergrund für die Produktion der Kinderliteratur des Exils bildeten. Hopster et al. haben für die in Deutschland und Österreich produzierte Kinderliteratur zwischen 1933 und

---

2 Zu Anna Seghers vgl. Bernstorff 2006.

1945 zeigen können, dass die Übergänge zwischen nationalsozialistischer und nichtnationalsozialistischer Kinder- und Jugendliteratur fließend sind:

> Das Projekt hat gezeigt, daß eine Abgrenzung von nationalsozialistischer und nicht nationalsozialistischer KJL bei einem Großteil der insgesamt erschienenen Titel nicht oder nur bedingt möglich ist. (Hopster et al. 2001, 4)

Im Umkehrverfahren gilt das auch für die Kinderliteratur des Exils, in der die Unterscheidung zwischen anti-nationalsozialistischer und unpolitischer Literatur nicht eindeutig zu treffen ist. Die jeweiligen örtlichen und biographischen Kontexte, in denen die Kinderliteratur des Exils entstanden ist, sind so divers, dass eine politische oder anders geartete Eingrenzung dem Korpus nicht gerecht werden würde. Nimmt man aber den zeitgenössischen Hintergrund des Nationalsozialismus, des Spanischen Bürgerkriegs und des Zweiten Weltkriegs ernst, können unter gendertheoretischer Perspektive drei wichtige Diskursstränge genannt werden, die sich als mögliche Wege durch das breite und diverse Textkorpus der Kinder- und Jugendliteratur des Exils anbieten.

2 Zentrale Diskursstränge der Exilliteratur (Wiebke von Bernstorff)

2.1 Das Demokratische

Die literarische Repräsentation von demokratischen Ideen findet anhand von verschiedenen Motiven statt. Neben dem bereits genannten Bandenmotiv (Balázs, Jokl, Lazar, Tetzner, Rewald, Steffin, Gmeyner), häufig im Genre der Detektivgeschichte (Zimmering, Mann), sind auch die Inselgeschichten, in denen sich eine Kindergruppe selbstständig organisieren muss, um zu überleben, prominent vertreten (Lobe, Tetzner, Wedding, Faber du Faur, Seidlin/Plant). Die Kindergruppen sind zumeist divers zusammengesetzt, was Klassenzugehörigkeit, Alter, Nationalität und Geschlecht angeht, und müssen Wege (er-)finden, diese Diversität friedlich miteinander zu verhandeln und auszutarieren. Im Hintergrund steht zumeist eine ideale Vorstellung von Demokratie, teilweise mit sozialistischem Akzent. Den kulturhistorischen und pädagogischen Hintergrund dazu bilden sowohl Ansätze der Reformpädagogik und der Jugendbewegung als auch Ideen der sozialistischen Pädagogik (Anna Siemsen), der *Kinderfreunde* (Kurt Löwenstein, Anton Afritsch, Adelheid Popp, Anton Tesarek, Max Winter) und des *Roten Wien* (Otto Glöckel, Otto Felix Kanitz) (vgl. Göttlicher 2020), in denen die Ideen zu einer demokratischen Erziehung mit Koedukation und ersten Vorstellungen von einer möglichen Gleichberechtigung der Geschlechter verbunden wurden.

2.2 Das Antimilitaristische

Bedeutsam im Kontext von Fragen nach Genderkonstrukten ist außerdem eine häufig zu findende antimilitaristische Haltung, die im Gegensatz zur „Militarisierung der Jugendliteratur" (Hall 2017, 99) in Deutschland und Österreich ab 1933 steht und daher auch als kontrafaschistisch (vgl. Benner 2015) bezeichnet werden kann. Der Gegenentwurf der Kinderliteratur des Exils findet sich besonders in den Bildern von (jugendlicher) Männlichkeit und in der Ablehnung der Kriegsverherrlichung. Aber auch die Mütterideologie und das Frauenbild, wie bei Siemsen schon zu sehen war, spielen in diesem Kontext eine Rolle. Das diskursive Element des Antimilitaristischen findet literarisch besonders auf der Ebene der Figurengestaltung seinen Ausdruck. Die Protagonist*innen der Texte sind keine unpersönlichen Held*innen, wie sie in der Kinder- und Jugendliteratur des Nationalsozialismus zu finden sind (vgl. Josting 2005a), sondern Menschen mit Fehlern und Schwächen. In der sozialistisch geprägten Kinder- und Jugendliteratur des Exils wird zum Teil die Idee vom Kampf gegen den Faschismus aus der Weimarer Republik, der Zwischenkriegszeit in Österreich und später dem Spanischen Bürgerkrieg weiter tradiert, sodass sich hier am ehesten noch Metaphern und Erzählkonstruktionen finden, die militaristisches Denken repräsentieren, wie zum Beispiel in Balázs' *Heinrich beginnt den Kampf*. Das ‚Opfer' des ‚Helden' geht aber auch hier zumeist nicht über das Zurückstecken von eigenen Bedürfnissen und das Aushalten von (kurzzeitigen) körperlichen Entbehrungen hinaus (Wedding 1936).

2.3 Die Bedeutung des (literarischen) Spiels auch mit Geschlechternormen

Versteht man die Herstellung von (Geschlechts-)Identität mit Butler als performativen Akt, ist Sprache als Medium der performativen Herstellung von Geschlecht sowie die Reflexion über genau diesen Umstand zentral für die Frage danach, wie Gender in und durch literarische Texte hergestellt wird. In der Kinder- und Jugendliteratur des Exils wird teilweise an die literarische Moderne der 1920er Jahre angeknüpft, wodurch reflexive Momente der Sprachverwendung in die Texte inkorporiert werden. Sehr häufig sind Rahmenerzählungen als direkte Leser*innen-Ansprachen, die Antwort auf die Frage geben, warum eine Geschichte erzählt wird. Aber auch in den Geschichten selbst wird das Erzählen zum Thema gemacht. Dabei treten häufig Erwachsene als Erzähler*innen auf. Die Reflexion von Rahmen- und Binnenhandlung wird gespiegelt in einem Erzählen, das zwei Ebenen unterscheidet und zugleich reflektiert miteinander verbindet: die der Erwachsenen und die der Kinder. Im Rahmen einer häufig als ‚Pädagogik der Humanität' bezeichneten Vorstellung dürfen Kinder Kinder sein. Auch das literarische Motiv vom ‚ewigen Kind' findet sich in den Texten (vgl. Ewers 1985; vgl. zu diesem Aspekt bei Gmeyner: Werner 2006). Erwachsene treten als Helfer*innen und Erzähler*innen auf, ihre Vorbildfunktion ist häufig gekoppelt mit untypischem Geschlechterrollenverhalten. Viele Mutterfiguren arbeiten zum Beispiel, und Vaterfiguren werden als fürsorglich charakterisiert. Maßgeblich ist die Darstellung von Kindern als Kinder mit ihren spezifischen und individuellen Bedürfnissen und nicht als Verkörperung einer entindividualisierten jugendlichen Heldenhaftigkeit, wie sie sich in der Literatur des Nationalsozialismus findet (vgl. Josting 2005a). In diesem Feld geht die Spannbreite von Repräsentationen von Kindheit als ‚heiler Welt' bis hin zu realistischen Darstellungen des Kindes in seiner sozialen Umwelt, die zu Infragestellungen von (Geschlechter-)Rollen führen können, wie beispielsweise bei Mira Lobe.

Die Anknüpfung an die modernen Erzählformen sowie die in der Situation des Exils erforderlichen Akkulturationsleistungen der Schriftsteller*innen führten zur Entwicklung oder Modernisierung von Genres wie zum Beispiel dem der ‚Faction' (vgl. Stern und Sumann 1995). Musiker- und Künstlerbiographien oder Sachbücher für Kinder, beispielsweise von Marie Neurath, die für den kinderliterarischen Markt des Exillandes verfasst wurden, sind durch moderne erzählerische Verfahren und Experimente geprägt und bilden einen großen Anteil an der kinderliterarischen Produktion im Exil. Tradierte Genres wie die Abenteuergeschichte (Tetzner, Wedding) und die Robinsonade (Lobe, Tetzner) werden in der Kinderliteratur des Exils weiterentwickelt. Mit den Theaterstücken *Wenn er einen Engel hätte* und die *Geisteranna* geht Margarete Steffin in der Dramatik für Kinder neue, anspruchsvolle Wege.

2.4 Erika Manns *School for Barbarians* (1938) / *Zehn Millionen Kinder. Die Erziehung der Jugend im Dritten Reich* (1938)

An Erika Manns *School for Barbarians* (1938, dt. *Zehn Millionen Kinder. Die Erziehung der Jugend im Dritten Reich*) können die oben genannten die Kinder- und Jugendliteratur des Exils prägenden Diskurslinien in Bezug auf Genderfragen exemplifiziert werden. Mann, die neben Lisa Tetzner zwischen 1933 und 1945 am häufigsten übersetzte Autorin von Kinder- und Jugendliteratur des Exils (Josting 2005b, Sp. 866), war 1937 bei dem Versuch, die europäische Erfolgsgeschichte ihres politischen Kabaretts *Die Pfeffermühle* in den USA fortzusetzen, gescheitert. Ihre politische Aufklärungsarbeit setzte sie in der Folge durch eine intensive Vortragstätigkeit, die sie quer durch die Vereinigten Staaten führte, fort. In Kirchen, *Women's Clubs*, Volkshochschulen, vor Flüchtlingskomitees und (jüdischen) Wohlfahrtsorganisationen hielt sie Vorträge zu tagesaktuellen politischen Themen. Ihre *Lectures* zum Beispiel über Erziehung, die Situation der Frauen im Nationalsozialismus oder die vom ‚Hitler-Regime' ausgehende Kriegsgefahr hatten großen Erfolg und dienten der Mobilisierung gegen den deutschen Faschismus. Mann, die bis 1933 bereits zwei Kinderbücher veröffentlicht hatte, ließ die Erfahrungen ihrer Vortragstätigkeit in *School for Barbarians* einfließen. Der Bestseller auf dem amerikanischen Markt erschien im gleichen Jahr unter dem Titel *Zehn Millionen Kinder. Die Erziehung der Jugend im Dritten Reich* im Amsterdamer Exilverlag Querido auf Deutsch. Erika Mann verarbeitete mannigfaltiges dokumentarisches Material und bettete dieses in selbst erlebte Geschichten ein. Wie auch Maria

Leitner in ihren Reportagen und Essays aus und über Deutschland (vgl. Leitner 2014) recherchierte, benutzte Mann unter anderem Schulerlasse, Lehrerbegleithefte, Fibeln, nationalsozialistische Kinderbücher, Texte aus dem *Stürmer* und präsentierte Auszüge aus *Mein Kampf*. Faction, eine Mischung aus Faktizität und Fiktionalität, ist als Genrebezeichnung für diesen und ähnliche (Exil-)Texte vorgeschlagen worden (Stern und Sumann 1995). Die Dokumente zeigen unmissverständlich, worauf die nationalsozialistische Vereinnahmung von Kindheit und Schule zielte. So heißt es gleich zu Beginn:

> Keine Menschengruppe aber im besonderen wurde so sehr, so entscheidend erfaßt von den Wandlungen, welche die Nazi-Diktatur im Leben ihrer Untertanen vornahm, wie die Kinder. Denn während der erwachsene Deutsche zwar *erstens* Nationalsozialist zu sein hat, zweitens aber doch vorläufig noch Ladenbesitzer oder Fabrikant sein mag, ohne daß sein Laden oder seine Fabrik verstaatlicht worden wären, ist das deutsche Kind schon heute ein Nazi-Kind und nichts weiter. (Mann 2007, 21)

Die Entscheidung der Autorin für die ausführliche Darstellung der *Erziehung der Jugend im Dritten Reich* erwächst aus dem Bewusstsein für die totalitäre Struktur des Systems, die sich besonders an den Kindern zeigt. Um ihren (amerikanischen) Adressat*innen ein Bild davon zu vermitteln, wie die Kinder in das totalitäre System hineinerzogen werden, betrachtet sie alle Erziehungsinstitutionen des Lebens im Nationalsozialismus und nimmt Familie, Schule und „Staatsjugend" (Mann 2007, 134) in den Blick. Das dokumentarische Material, das ihr die „reinste Übelkeit" (Lühe 2007, 202) bereitet, wird eingebettet in fiktionalisierte Erzählungen von Kindern, Müttern und Vätern in ihrem nationalsozialistischen Alltag, in dem keine Zeit mehr ist für ein gemeinsames Abendbrot oder gemeinsame Stunden des Erzählens und des Spiels. Sie schildert auch, wie der Vater eines kränkelnden Jungen vor dem „Pimpfenführer" (Lühe 2007, 206) kapituliert, weil er einsehen muss, dass sein Bemühen, seinen Sohn vor den auszehrenden Wehrübungen zu schützen, dem Jungen nur schaden wird. Die Gedanken des jüdischen Mädchens, das sich für seine jüdischen Eltern schämt und trotz ihrer Liebe zu ihnen gerne ohne diesen ‚Ballast' mit den anderen Kindern spielen würde, werden imaginiert. Dokumentarisches Material und fiktionalisierte Erzählung werden verbunden, wenn beispielsweise von der Lektüre einer Figur berichtet wird. Hier ist es eine Mutter, die gerade in einer Broschüre für Mütter ein Gedicht gelesen hat:

> „Auf seiner durchschossenen Brust man fand
> Eine Locke, grau mit verblichenem Band.
> Darauf eine Inschrift zeigte sich:
> Mein lieber Sohn, ich bete für Dich."
> [...]
> Sie geht hinüber in sein Zimmer, die Mutter, um zu sehen, ob er schläft. Da liegt er, flach auf dem Rücken, Stiefel und Hosen hat er auf den Boden geworfen, das braune Hemd klebt ihm noch am Leibe. [...] Um die Hand hat er ein Taschentuch gewunden, etwas Blut sickert nach außen. Dieser da gehört nicht mir, weiß die Mutter, er gehört dem Staat, der ihn in den Krieg schicken wird, sobald er groß ist, dem Staat, der ihn mir jetzt schon entfremdet und weggenommen hat, der ihn

marschieren und schießen läßt und der ihn gelehrt hat, daß die Treue zum Staat über alles geht, – auch über die Liebe zu mir. (Mann 2007, 35)

Die Mutterideologie der Nationalsozialisten wird konfrontiert mit dem Erleben einer Mutterfigur und so entlarvt. Dieses genuin aufklärerische Verfahren prägt den Text und ist typisch für das ‚Genre' der Faction. Der erwachsene Blick auf den erschöpft schlafenden Jungen lässt die nicht direkt ausgesprochene Kritik am kämpferischen Jugend- und Männlichkeitskult der Nationalsozialisten und deren Mutterideologie deutlich werden.

Die Stimme der erzählenden Instanz stellt sich im „Prolog" und im „Nachspiel" (die theatralen Referenzen sind hier nicht zufällig gewählt) als exilierte Ich-Erzählerin vor, die von ihren Erlebnissen mit Menschen aus dem nationalsozialistischen Deutschland (journalistisch) berichtet und so zwei ihrer Quellen direkt (im dramatischen Modus) zu Wort kommen lässt. Dieses Verfahren erhöht den Charakter der Authentizität, der für das Ziel dieser Veröffentlichung von großer Bedeutung war.

Im „Nachspiel" wird die Ich-Erzählerin in New York von zwei deutschen Brüdern (Till, 7, und René, 12) in ihrem Hotel besucht. Die Eltern der Jungen haben die Kinder in die USA geschickt, um sie dem Zugriff des nationalsozialistischen Staates zu entziehen. Die traumatischen Erlebnisse des älteren Bruders in der HJ sind dem Jungen von Beginn des Besuchs an anzumerken. Die Brüder leben seit einigen Monaten in einem Internat und haben den amerikanischen Freund des älteren Bruders (Bruce) mitgebracht. Über Bruce heißt es: „Er trägt eine Art Pfadfinderuniform, die Mütze dreht er in den Händen, – es sind zerkratzte Bubenhände, – Indianerspielhände, und dies überhaupt ist ein richtiger Indianerspielknabe; [...]." (Mann 2007, 190) Im krassen Gegensatz zu der seelischen und körperlichen Gesundheit des amerikanischen Freundes und der Unbekümmertheit des jüngeren Bruders stehen die Traumatisierungen des älteren Bruders durch die HJ. Diese werden, ausgelöst durch ein Bild seiner Mutter, von der Figur selbst zur Sprache gebracht. René berichtet stockend, aber ausführlich von der (versehentlichen) Erschießung seines besten Freundes durch den Gruppenführer bei einer Nachtübung der HJ.

> „In der Zeitung stand, es war ein Unglücksfall", sagt René, und in seinen Augen stehen Tränen, – „es war aber eigentlich schon fast ein Mord." – Bruce legt dem Freund den Arm um die Schultern. Man hätte nicht geglaubt, daß dieser zerkratzte Indianerspielknabe so behutsam sein könnte. (Mann 2007, 193)

Durch eine von langen Monolog- und Dialogpassagen geprägte (theatrale) Erzählweise erreicht Mann einerseits den Eindruck großer Direktheit und Authentizität. Zugleich kann sie auf diese Weise die verschiedenen Perspektiven und Erfahrungen zum Ausdruck bringen und sie nebeneinander bestehen lassen. Jede der Jungenfiguren repräsentiert einen anderen Zugang zur Welt. Während der kleine Bruder Till kaum noch Spuren nationalsozialistischer Erziehung zeigt, ist René der nationalsozialistischen Ideologie noch nicht entwachsen. Als Zeichen für seine Schädigung durch diese Erziehung lässt Mann ihn die HJ-Binde und den Dolch seines erschossenen Freundes stets bei sich tragen. Als später die Frage im Raum steht, ob die beiden Brüder amerikanische Staatsbürger werden wollen, deklamiert Bruce spielerisch übertrieben, aber doch ernst gemeint:

> „We'll be glad to have you." [...] „Unsere Regierung tut, was *wir* wollen", versichert Bruce, – „oder aber, sie fliegt raus!" [...] René erschrickt heftig über so viel Kühnheit. [...] Bruce [...] deklamiert mit lauter und heller Stimme: „Unsere Regierung steht in unseren Diensten. Wir haben sie selbst gewählt, und wir gehorchen ihr, weil wir das für richtig halten, und nicht, weil wir Angst vor ihr haben." (Mann 2007, 195–196)

Das im Zitat repräsentierte Ideal der (amerikanischen) Demokratie ist zum einen dem Dank der Autorin als Exilantin an ihr Exilland geschuldet, das sie in späteren Jahren sehr viel kritischer betrachtete. Es dient aber auch der Formulierung eines Gegenbildes zur Diktatur in Deutschland. Über die Figur Bruce holt Erika Mann die Perspektive ihres amerikanischen Zielpublikums ein. Zugleich bietet die amerikanische Kinderfigur die Möglichkeit, typisch jugendlichen oder kindlichen Enthusiasmus zu Wort kommen zu lassen. Die drei Jungen sind charakterlich ganz unterschiedlich gezeichnet und sie machen alle drei Fehler. Während René an seine Mutter ein paar Zeilen schreibt, schnappt sich Bruce zum Beispiel die HJ-Binde und das Messer seines getöteten Freundes und spielt ‚Nazi'. Das führt zu einem heftigen Ausbruch von René. Dessen Traumatisierung bekommt so erneut Raum. Am Ende seines Ausbruchs zerfetzt er die HJ-Binde eigenhändig, was nun wieder Till befriedigt zur Kenntnis nimmt. Die Jungen sind verletzt und verletzlich, verspielt und ernst, fehlerhaft und offen für seelische Entwicklungen, die sie sich erarbeiten müssen. Mann stellt hier ein Bild von jugendlicher Männlichkeit dar, das dem nationalsozialistischen Männlichkeitskult diametral entgegengesetzt ist. Die Jungen sind altersgerecht gezeichnet, verkörpern also kein allgemeines Jugendideal. Mann legt viel Wert auf den Unterschied eines gerade Siebenjährigen und eines Jungen am Beginn der Pubertät. Till in seiner relativen Unverletztheit und kindlichen Offenheit für alles Neue wird für seine Naivität weder getadelt noch belohnt. Diese hat in der Gemeinschaft der drei Jungen die Funktion, Entwicklungsmöglichkeiten aufzuzeigen. Hier deutet sich bereits das Motiv der Kindergruppen, zum Beispiel als Banden, an, das in der Kinder- und Jugendliteratur des Exils prominent vertreten ist. *School for Barbarians* ist ein wichtiges Dokument für die Auseinandersetzung der Exilant*innen mit dem Erziehungssystem und der Kinderliteratur des Nationalsozialismus. Es zeigt in einem erschreckenden Ausmaß, was man 1937 anhand von Recherchen und dem Willen zum Wahr- und Ernstnehmen der Gefahr, die für die Welt und für die Kinder von Deutschland ausging, alles wissen konnte. Die für die Kinderliteratur des Exils unter gendertheoretischer Perspektive zu verfolgenden Diskurslinien Demokratisierung, Antimilitarismus inklusive Frauen- und Männerbild und die Wertschätzung von kindlichem, spielerischem Verhalten finden sich auch in diesem essayistischen Text über die Situation der Kinder in der Diktatur.

3 Fallanalysen: Werke von Exilautor*innen aus Deutschland (Wiebke von Bernstorff)

3.1 Max Zimmerings *Die Jagd nach dem Stiefel* (1932) und andere Kinderbanden

Die Jagd nach dem Stiefel spielt in einer nicht näher benannten deutschen Großstadt, in der eine Gruppe Kinder einem Mörder auf der Spur ist, nachdem sie am Tatort einen Stiefelabdruck auf einer Zeitung gefunden hat. Zimmering schrieb das Buch 1932. „Damals war auch der Hitler noch nicht an die Macht gekommen, Deutschland lebte noch in Frieden, und unsere Städte waren noch nicht von Bomben zerstört" (Zimmering 1955, 5), wie er in einer deutschen Ausgabe von 1955 schreibt. 1933 muss Zimmering nach Frankreich und später nach Tschechien und England ins Exil gehen. In Tschechien erscheint das Buch zuerst in tschechischer Übersetzung (*Honba za botou*, 1936). Der deutsche Originaltext geht im Exil verloren, sodass der Autor Anfang der 1950er Jahre anhand einer Rückübersetzung die Geschichte noch einmal neu schreibt. Zimmering erzählt diese „Geschichte einer Geschichte" (1955, 5) seinen Leser*innen im ersten Kapitel der deutschen Ausgabe. Damit wird eine sehr typische ‚Exil- und Veröffentlichungsgeschichte' von (kinder-)literarischen Texten (vgl. auch Jokl: *Die Perlmutterfarbe*) präsentiert. Diese rahmt die erneute Erzählung der Geschichte aus einer Zeit, in der „leider [...] die Arbeiter nicht einig geworden" sind (Zimmering 1955, 5). Hatte der Aufruf zum gemeinsamen Handeln im Rahmen der Volksfront den Ausgangspunkt für die erste Niederschrift des Textes im Jahr 1932 markiert, bildete die nachträgliche Erkenntnis des Scheiterns derselben den Ausgangspunkt für die Neuerzählung. Das kameradschaftliche Miteinander der Kinder dient zu beiden Veröffentlichungszeiten als Vorbild für (zukünftiges) politisches Verhalten. Die Diskurslinie von Demokratisierung und gemeinschaftlichem Handeln wird von Zimmering in biographischer und metareflexiver Perspektive deutlich benannt. Die Kindergruppe selbst bietet – wie häufig in der Kinderliteratur des Exils – ein realistisches Bild der gesellschaftlichen Verhältnisse, in denen neue Ideen von Geschlechtsidentität und demokratischen Strukturen bereits vorhanden, aber noch nicht allgemein anerkannt sind. Die Kindergruppe wird zum Verhandlungsort für diese Fragen und Ideen. Häufig sind es die nationalsozialistisch geprägten Jungen oder die aus anderen Gründen verfeindeten Banden, die den Mädchen die Aufnahme in die Gruppe verweigern. In der *Jagd nach dem Stiefel* sind es der reiche und neu in die Klasse gekommene Fritz Huschke mit dem Spitznamen „Lederwams" und seine bulligen, aber nicht besonders klugen Kumpanen, durch die Zimmering diese ablehnende Haltung repräsentiert: „Und Lederwams nahm natürlich keine Mädchen auf, hatte doch ihr Anführer Fritz Huschke mehr als einmal erklärt, alle Mädchen seien Kühe, mit denen man sich besser nicht abgäbe." (Zimmering 1955, 17) Die Motivation dieser negativ besetzten Figur ist auf den Machtbesitz und Machterhalt beschränkt.

Die Motivationen, die die Kinder der „Rotschlipse" dagegen zusammenführen, sind vielfältig und im Kern auf Freundschaft, Solidarität und Gerechtigkeit gegründet. Die Bande besteht aus drei Jungen und drei Mädchen. Alle haben ihre Stärken und Schwächen. Zwei der Mädchen sind jüdische Zwillinge: Rosel, die viel träumt, und Fanny, die sehr gut rechnen kann. Das dritte Mädchen ist Gerda, die tatkräftig und sehr mutig ist. Jack, der „der rote Jack" genannt wird, weil er bei den Jungpionieren ist, nimmt eine Führungsrolle innerhalb der Gruppe ein. Paule ist auch bei den Jungpionieren, sein Vater arbeitet in einer anderen Stadt, und Paules Mutter bringt sich und ihren Sohn durch Wäschewaschen und das Austragen von Zeitungen gerade so über die Runden. Der Vater des dritten Arbeiterjungen, „Falkenauge" genannt, ist im SPD-nahen Reichsbanner-Verein organisiert. Die Kinderfiguren repräsentieren so die Milieus, die Zimmering als Adressaten im Blick hat. Die Identitäten der Kinder sind sozial konstruiert und zugleich wandelbar. Die Identitätskonstruktionen durch die Erzählinstanz sind eher zurückhaltend. Die Erzählinstanz charakterisiert die Figuren nur skizzenhaft. Im Vordergrund stehen die Identitätskonstruktionen durch die Figuren untereinander. Auf diese Weisen werden Identitäten durch Zimmering als durch Zuweisungen konstruiert präsentiert. Über die Zwillinge heißt es zu Beginn lediglich: „Rosel und Fanny, die schwarzhaarigen jüdischen Zwillinge" (Zimmering 1955, 12). Sie werden zunächst bei gemeinsamen Spielen in der Schulpause als selbstverständlicher Teil der Klasse präsentiert. Erst als ein Mitschüler sie als „Niggerfratzen" (Zimmering 1955, 12) bezeichnet, wird ihre prekärer werdende soziale Lage in der Klasse durch die Figurenrede thematisiert. Jack bezieht im Gespräch mit Rosel eindeutig Stellung:

> „Reg dich doch nicht gleich auf, ich bin's gewohnt, daß die anderen Kinder so häßliche Dinge zu mir sagen, ich mache mir nichts mehr daraus." Jack sah sie erstaunt an. „Was redest du da für'n Unfug, du machst dir nichts draus? Ist doch 'ne Gemeinheit, zu dir ‚Judenaffe' zu sagen." „Aber das kannst du ja auch nicht ändern ... sie sind doch alle so!" [...] Jack schwieg eine Weile, überlegte und pfiff vor sich hin. „Siehst du, Rosel, die Sache ist eben so", begann er endlich, an das vorangegangene Gespräch anknüpfend, „die sind alle aufgehetzt und hören so was von ihren Alten zu Hause, aber für uns Arbeiterkinder gibt's das nicht. Alle, die gegen die Nazis und gegen den Krieg sind, den der Hitler will, die müssen zusammenhalten. Ist doch ganz klar. Und es ist auch gleichgültig, ob sie Neger sind, Chinesen, Christen oder Juden." (Zimmering 1955, 49)

Der Aufruf zum gemeinsamen Handeln im Sinne der Einheitsfront bildet den politischen Hintergrund der Geschichte. Vorgeblich ethnische, religiöse, geschlechtliche oder nationale Differenzen werden unter diesem Vorzeichen irrelevant. Bemerkenswert im größeren Kontext ist aber, dass die jüdischen Figuren sehr häufig Mädchen sind. Diese Präsentation der Figuren verweist auf die Intersektionalität von Diskriminierungen. Die Einbindung der Mädchen in die Gruppe steht damit zugleich für die Einbindung jüdischer Kinder und Jugendlicher, wie sie in der bündischen Jugend der 1920er Jahre bereits häufig gelebte Praxis war. Die Kinder der „Rotschlipse" finden zusammen, weil sie sich von den Gemeinheiten der Gruppe um den reichen Jungen „Lederwams" nicht einschüchtern lassen. Der Konflikt scheint also zunächst entlang von Klassenunterschieden zu verlaufen.

Besonders das Verstecken von Kleidungsstücken schienen sich einige Lederwamsler zur Gewohnheit zu machen. Da aber Paule und Jack schwer auf ihre Mützen und Falkenauge nicht auf sein einziges Paar Handschuhe bei der Kälte verzichten konnten, da Gerda sich nicht anrempeln ließ, weil sie ‚nur ein Mädel' war, und weil Fanny und Rosel sich nicht ‚Affengesicht' oder ‚Niggerfratze' schimpfen ließen, beschlossen die sechs Rotschlipse, weiter zusammenzuhalten.³ (Zimmering 1955, 18)

Die Klassenunterschiede (im doppelten Sinne in der Klasse und als gesellschaftliche Klassen) werden jedoch ab dem Moment des Mordes an einem Kommunisten zur Nebensache. Die wirkliche Aufgabe der Kinder ist eine übergeordnete. Der Mörder muss gefunden werden und die Polizei tut ihre Arbeit nicht, sodass die Kinder selbst tätig werden. Sie stoßen bei ihrer Jagd nach dem Mörder immer wieder auf Hindernisse und müssen unsichere Situationen meistern. Ein großer Teil der Erzählung ist dem gemeinsamen Nachdenken und Beratschlagen der Kinder gewidmet. Das gemeinsame Ziel lässt auch die Geschlechterunterschiede verschwinden. Ganz im Sinne der kommunistischen Doktrin von Haupt- und Nebenwiderspruch formuliert Jack:

„[...] dann heißt's aufpassen, daß er uns nicht durch die Lappen geht. Dazu brauchen wir mindestens drei Mann." „Und was ist mit uns Mädchen?", vernahm man Gerdas Stimme. „Na, klar", beschwichtigte Jack, „es können auch Mädchen sein. Wenn ich ‚drei Mann' sage, so meine ich eben drei von uns sechs." (Zimmerling 1955, 41)

Bei der Aufgabenverteilung und -durchführung herrscht in der Gruppe eine nur an der zitierten Stelle thematisierte, sonst selbstverständliche Gleichberechtigung. Im Einsatz für das gemeinsame Ziel wechseln die Rollen und Einfälle in der Gruppe ab. Jack hält zwar einmal eine einem Anführer gemäße ermutigende Ansprache, in mehreren anderen Situationen aber weiß er auch nicht weiter und es ist ein anderes Gruppenmitglied, das die entscheidende Idee hat. Jedes der Kinder ist mal verzagt oder ängstlich, unvorsichtig oder besonders gewitzt. Diese Verhaltensweisen und Emotionen werden nicht entlang von Geschlecht oder Milieu konstruiert. Die Stiefel des Mörders, und damit den Beweis zur Überführung des Mörders, findet schließlich Gerda.

In Erika Manns Detektivgeschichte *Zehn jagen Mr. X* (1990; *A Gang of Ten*, 1942) macht sich im Jahr 1942 eine Kindergruppe auf die Suche nach einem Unbekannten, der sich, nach der Vereitelung eines Anschlags auf ein Flugzeugwerk durch die Kinder, als deutscher Agent entpuppt. In diesem Flugzeugwerk arbeiten die Eltern der Kinder, während diese die Internatsschule mit dem Namen „New World" besuchen. Hier bestimmen die Kinder selbst in demokratischen Prozessen über ihre Angelegenheiten. Die Schule und ihr Direktor werden als reformpädagogisches Idealbild konzipiert. Die Geschichte, die Mann während ihrer Reisen als *Lecturer* durch die USA schrieb, ist aber zugleich von deutlichen Bezügen zum politischen Tagesgeschehen geprägt. Die

---

3 Es zeigen sich im Text einige Unstimmigkeiten, die wohl auf ein ungenaues Lektorat zurückzuführen sind. Die Haltung der Zwillinge zu den Diskriminierungen ist, anders als auf S. 18 behauptet, tatsächlich defensiv. Im Zitat von S. 17 ist der genannte Anführer Fritz Huschke selbst Lederwams.

Kindergruppe ist international besetzt, weil in die Internatsschule geflüchtete Kinder aus Europa, Russland und China aufgenommen worden sind, deren Fluchtgeschichten am Beginn durch die Kinderfiguren selbst erzählt werden. Die sich nach der Ankunft der geflüchteten Kinder neu zusammenfindende Kindergruppe nennt sich die „Kinder der Vereinten Nationen" und der Kampf gegen den deutschen Faschismus ist auch hier Anlass für die Detektivgeschichte. Wie Zimmering hat auch Erika Mann ihr Publikum bei der Konzeption der Geschichte klar im Blick. Sie wirbt mit dem Text für die Idee der Vereinten Nationen,[4] für die Aufnahme von (auch deutschen) Flüchtlingen aus Europa und China und nicht zuletzt für den Kriegseintritt der USA. Die Darstellung der Geschlechterverhältnisse orientiert sich am realistischen Setting der Geschichte in einer kalifornischen Kleinstadt Anfang der 1940er Jahre. Mann präsentiert zunächst geschlechtertypische Verhaltensweisen der Kinder, räumt diesen aber in den selbstorganisierten demokratischen Zusammenhängen der Schule und später in der Detektivgeschichte keine weitere Bedeutung ein (Bernstorff 2013, 425). Die homodiegetische Erzählerin ist Journalistin, die aus der Kleinstadt, in der das Flugzeugwerk gebaut wird, berichten soll. Durch die Freundschaft zu den Kindern wird sie in die Jagd nach Mr. X involviert. Sie tritt so besonders am Anfang als berichtende und auch zwischen den geflüchteten und den amerikanischen Kindern vermittelnde Instanz auf. Im weiteren Verlauf der Handlung wird sie mehr und mehr Teil der Jagd von Mr. X. Über die Figur der Journalistin gelingt Erika Mann eine Erzählkonstruktion, die politische Aufklärung mit einem aktionsreichen Kinderkrimi verknüpft. *Zehn jagen Mr. X* gehörte nicht ohne Grund zu den erfolgreichsten Kinderbüchern des Exils. Das große Happy End des Buches wartet etwas zusammenhanglos mit der Verlobung der Erzählerin mit ihrem Chef auf. Da das Liebesleben der Erzählerin bis zu dieser letzten Seite nicht die geringste Rolle gespielt hat, erscheint das wenig folgerichtig, sorgt aber für Rührung. Indem Mann hier die Genrestrukturen in leicht parodistischer Manier übererfüllt, bietet sie Raum für Romantik. Das Bestehen auf Romantik und auch Sentimentalität kann als bewusster Widerspruch zu den Geschlechterbildern des Nationalsozialismus verstanden werden. In der *Jugendschriften-Warte* von 1936 hatte Georg Usadel zum Beispiel für die Literatur des Deutschen Jungvolks behauptet, „die ‚Zeiten des süßen Mädchenkitsches mit ihrem Schwarm und ihrer unechten Romantik' seien vorbei" (zit. n. Hopster 2005, Sp. 154). Erika Mann dagegen besteht auf dem Spiel mit Genre- und Genderkonventionen.

Die Kindergruppen,[5] die sich zum Beispiel in der *Jagd nach dem Stiefel*, der Jagd nach Mr. X oder dem Schutz vor Verfolgung (Balázs: *Karlchen, durchhalten!*, 1936; *Heinrich beginnt den Kampf*, 1939; Held: *Die rote Zora und ihre Bande*, 1941) zusammenfinden, spiegeln ein in Maßen emanzipiertes Geschlechterbild. Das geschieht oft sowohl auf der Ebene der Eltern und Erwachsenen als auch auf der Ebene der Kinder. Während es unter den Eltern und Erwachsenen zumeist einige wenige, dafür aber

---

4 Die Deklaration der Vereinten Nationen fand am 1. Januar 1942 statt.
5 Vgl. zu diesem Aspekt den Beitrag von Christian Heigel in diesem Band.

umso wichtigere Vorbilder gibt, wie zum Beispiel den Vater, der sich liebe- und phantasievoll um Kinder und Haushalt kümmert, die Mutter, die mutig und klug illegale Parteiarbeit leistet, Lehrer*innen oder die berufstätige Frau, die die Kinder unterstützt, müssen die Rollenvorstellungen in den Kindergruppen häufig erst ausdiskutiert werden. *Das Mädchen aus dem Vorderhaus* (1935), der dritte Band von Tetzners *Kinderodyssee*, zum Beispiel ist komplett der Auseinandersetzung um die Aufnahme eines (fremden und wiederum jüdischen) Mädchens in die Jungsbande gewidmet. Helds *Rote Zora* muss ebenfalls Konflikte in ihrer Bande austragen und schlichten.

Die Rolle der erwachsenen (Vorbild-)Figuren in diesen Bandengeschichten besteht sehr häufig darin, den Kindern Geschichten zu erzählen. Die hart arbeitenden Väter oder älteren Männer nehmen sich am Abend oder am Wochenende Zeit dafür und erzählen Erfundenes und Wahres, Lehrreiches oder auch einfach Lustiges. Die Mütter erklären den Kindern auf diese Art parabelhaft gesellschaftliche Zusammenhänge und die Journalistin hilft durch das Berichten ihrer Beobachtungen. Sie stellen so einen Rahmen bereit, in dem die Kindergruppe weitgehend selbstständig aktiv werden kann. Vater, Mutter und erwachsene Freund*innen zeichnen sich durch Fürsorge, Phantasie und Kreativität aus. Das intradiegetische Erzählen dieser Vorbildfiguren wird durch die metareflexive Einbettung der erzählten Geschichten durch die Autor*innen gespiegelt. Die Antwort auf die in der Situation des Exils essenzielle Frage: Wozu in Kriegszeiten Kinderliteratur schreiben respektive Geschichten erzählen?, wird durch diese selbstreferenzielle Struktur der Texte beantwortet.

3.2 Ruth Rewald: *Vier spanische Jungen* (1938) und andere Jugendliche und Kinder im Krieg

Verfolgt man die Diskurslinie des Antimilitarismus ist die kritische Orientierung an den im nationalsozialistischen Deutschland propagierten Kinder- und Jugendbildern und den damit einhergehenden Geschlechtervorstellungen besonders deutlich. Der spanische Bürgerkrieg ist bevorzugtes Sujet dieser literarischen und essayistischen Auseinandersetzungen.

Ruth Rewalds Kinderbuch *Vier Spanische Jungen* (1938) geht auf einen realen Vorfall während des Spanischen Bürgerkriegs zurück. Am 16. Juni 1937 hatten sich vier Jungen aus einem von den franquistischen Truppen besetzten Dorf zu den Internationalen Brigaden durchgeschlagen, um zu ihren Vätern zu kommen, die auf republikanischer Seite kämpften. Der Text ist ein Auftragswerk der Internationalen Brigaden. Rewald reiste dafür aus dem Pariser Exil nach Spanien, informierte sich vor Ort über die Umstände und lernte die vier Jungen kennen. Das Buch konnte erst 1987 veröffentlicht werden. Als Rewald den Text fertig geschrieben hatte, war der Spanische Bürgerkrieg bereits entschieden und niemand hatte mehr Interesse an einer Veröffentlichung. Rewald wurde 1942 in Auschwitz ermordet (vgl. Krüger 1989). Um den verwaisten Kindern des Krieges und den Kindern der kämpfenden Eltern Schutz zu bieten, gründeten die Republikaner Kinderheime. Hier wurde versucht, eine sozialistisch-demokratische Pädagogik in die Tat umzusetzen, deren Vordenker*innen aus den 1920er Jahren unter anderem *Die Kinderfreunde* und *Das rote Wien* waren.

Auch hier ist die Metareflexion über die Entstehung und Motivation des Buches wichtiger Bestandteil der Narration. Hervorgehoben wird die Authentizität des Erzählten, die ‚wahre Begebenheit'. Die Erzählkonstruktion Rewalds wechselt jeweils zwischen der Ebene der Väter und jener der Kinder. Das erste Kapitel ist der Perspektive der Väter gewidmet. Die Erzählung beginnt im Stil einer Abenteuererzählung. Eine Gruppe republikanischer Männer ist nachts im von Faschisten besetzten Gebiet auf der Suche nach ihrem verschollenen Anführer:

> Nur selten kämpfte sich der Mond durch die Wolken. Der Wind sauste eisig über die Berge. [...] Zwölf Mann tappten mühsam die steile Höhe empor. In dem schwachen Lichtschimmer vereinzelter Sterne türmte sich die Bergwand wie ein endloses Ungeheuer vor ihnen auf [...]. (Rewald 1987, 5)

Sie umzingeln eine Hütte, in der sie Feinde vermuten. Als sie die Hütte stürmen, bemerken sie, dass sich dort ihr eigener Anführer versteckt hält. Die abenteuerliche Szene löst sich in Gelächter und Erleichterung auf. Die Männer werden als ängstlich und mutig, müde und verletzlich sowie humorvoll charakterisiert. Den Abschluss der Szene bildet der Blick auf die in der Hütte schlafenden fremden Kinder:

> Die drei Männer standen stumm über das fremde Kinderbett gebeugt. Sie dachten alle an das Gleiche, an ihre Kinder, die sie in Penarroya zurücklassen mußten, als sie vor den Faschisten flohen. Schliefen sie auch so friedlich? Hatten sie zu essen? Dachten sie noch an ihre Väter, die sie seit vielen Monaten nicht mehr gesehen hatten? (Rewald 1987, 12)

Dieser Blick auf die Kinder wird am Ende der Erzählung wiederholt durch den Blick der Männer der Internationalen Brigaden auf die Jungen, die sich zu ihnen durchgeschlagen haben – es sind die Söhne der anfangs eingeführten Männer. Die Männer der Internationalen Brigaden versorgen die vier Jungen und erzählen dabei von ihren eigenen Kindern. Sie machen den Jungen sehr deutlich, dass sie nicht werden mitkämpfen können. Ihr Platz ist in einem der neuen Kinderheime, wo sie lernen sollen, damit sie es später einmal besser haben, wie ihnen die Soldaten mitteilen. Die Rahmung macht zweierlei deutlich: Dieser Krieg wird erstens auf der republikanischen Seite für die Zukunft der eigenen Kinder geführt und zweitens ist der Krieg kein Ort für Kinder. Sie müssen vor dem Krieg beschützt und von ihm ferngehalten werden. Damit stellt sich Rewald explizit gegen die kriegsverherrlichende Kinder- und Jugendliteratur des Faschismus. Auch die Männer, die hier alle Väter sind, sind keine prototypischen Helden. Das wird in der Eingangsszene besonders deutlich. Die angedeutete Heldennarration löst sich in Gelächter auf.

Die Jungen begegnen auf ihrem Weg zu ihren Vätern mehrfach Erwachsenen, die ihnen den Ernst der Lage deutlich machen und sie vor falschem Heldentum warnen. Immer wieder wird durch diese Figuren betont, dass der Krieg kein Spiel ist, nichts, was herbeigesehnt werden sollte, wie die Jungen es anfangs tun. Denn sie wollen sich wehren gegen die Besatzer ihres Dorfes und mittun im Kampf.

> „Alvarez", rief er [d. i. Rubio], „das wird jetzt richtig Krieg geben, wir wollen jetzt die Faschisten hinausjagen." „Red nicht solchen Unsinn, Junge", sagte Perez. „Einmal gibt es deswegen noch lange keinen Krieg und dann ist Krieg überhaupt niemals ein Grund zur Freude. Krieg ist etwas Schreckliches, den soll man sich niemals wünschen, verstehst du?" (Rewald 1987, 33)

Die Väter aber entscheiden sich, nachts in die Berge zu gehen und das Dorf und damit ihre Familien vorerst der Besatzung zu überlassen, während sie den Partisanenkampf aufnehmen. Zur Enttäuschung der Kinder halten sie nichts vom vorgeblich heroischen Widerstand gegen die franquistischen Truppen, da deutlich ist, dass diese in der Übermacht sind. Die schwierigen Verhandlungen der Erwachsenen über die beste Strategie des Widerstands werden vorher in der Kneipe geführt und von Rewald ausführlich beschrieben. Die demokratische Idee, dass jede*r seine bzw. ihre Meinung sagen darf und die Gemeinschaft im Konsens zu einer Entscheidung kommt, wird in diesen Szenen repräsentiert. Das gilt auch für die Gestaltung der Schule durch die Kinder in der Phase vor der Besetzung des Dorfes durch die franquistischen Truppen. Seit der Bürgermeister aus dem Dorf geflohen ist, gibt es in dessen schönem Haus eine Schule für alle Kinder. Die Kinder müssen, weil ihre Eltern seit Gründung der Republik genug verdienen, nicht mehr arbeiten und können so zur neu gegründeten Schule gehen. Diese Schule entspricht, ähnlich wie in *Zehn jagen Mr. X* die „New World"-Schule, den Grundsätzen sozialistisch-demokratischer Erziehung, Auch hier lässt der Direktor die Kinder die Belange ihrer Schule selbst entscheiden. Er greift zum Beispiel nicht ein, als die Kinder beim Spielen beinahe die Rosenbeete zerstören:

> Alle erwarteten eine tadelnde Predigt oder gar eine empfindliche Strafe. [...] „Ihr müsst selber wissen, wie ihr eure neue Schule und den Garten verwaltet", sagte Luis und ging wieder zurück in das Haus. Die Kinder blieben einige Augenblicke stumm vor Überraschung. [...] „Wißt ihr, was das heißt? Wir müssen selbst dafür sorgen, daß es schön bei uns bleibt, wir müssen selbst aufpassen, daß keiner die Blumen zertrampelt, daß die Bänke nicht kaputt gehen [...]." (Rewald 1987, 53)

Die Kinder berufen daraufhin eine Versammlung ein, auf der sie Ideen teilen, Komitees bilden, Verantwortliche wählen und sich gemeinsam eigene Regeln geben. Voller Feuereifer pflegen sie den Garten, legen einen Fußballplatz an, planen, eine Freilichtbühne zu bauen, und entscheiden selbstständig und auf demokratischem Weg über ihre Belange. Auch wenn es ein Junge ist, der den Fußballplatz als Idee einbringt, und ein Mädchen, das sich um die Beete kümmern will, hat das Geschlecht der Kinder in diesen Prozessen keine weitergehende Bedeutung. Das gilt auch für die vier Protagonisten. Die Jungen werden in ihrer Unterschiedlichkeit gezeigt und präsentiert. Während der eine groß und stark ist, ist ein anderer verträumt und ängstlich, der dritte körperlich schwach und der vierte klug und humorvoll. Rewald präsentiert sie in ihrem Abenteuer realistisch als Kinder mit naivem Mut, Ängsten und Träumen, keinesfalls aber als Kämpfer und männliche Helden.

> Die Kinderfiguren werden so zu Repräsentanten von gewöhnlichen Menschen, die als schwach und stark, fehlerhaft und kreativ sowie lernfähig gezeichnet werden. Kreativität und Lernfähigkeit aber brauchen, um wirken zu können, eine demokratische und kritische Öffentlichkeit. (Bernstorff 2016, 137)

Diesen Zusammenhang stellt Rewald über die Schule und den parallelen Erzählstrang der Erwachsenen her, die durch die neue republikanische Regierung beginnen, demokratische Verhaltensweisen einzuüben. Den Kindern wird dabei die Sphäre des Lernens und Spielens zugewiesen, den Erwachsenen die des Neu-Lernens, Arbeitens und, wenn es die Not gebietet, des Kämpfens. Besonders ist die Zeichnung der Vaterfiguren, die realistisch und zugleich individuell charakterisiert werden. Übergreifend verbindet die unterschiedlichen Charaktere und Erziehungsstile der (nur in Teilen realistische) Wunsch danach, den Kindern ein besseres Leben zu ermöglichen. Der Bürgerkrieg erscheint als ein ‚Krieg der Väter' für den Schutz der Kinder vor Ausbeutung und für ihre Zukunft.

Ambivalenter als Rewalds noch heute überzeugendes Kinderbuch erscheinen jugendliterarische Texte, die an die sogenannte „Wandlungsliteratur" (Hopster 2005, Sp. 144) der Nationalsozialisten anknüpfen und das Genre inhaltlich in sein Gegenteil zu verkehren suchen. Die jugendlichen Held*innen sind zunächst begeistert vom Nationalsozialismus und erkennen dann aber dessen ‚wahren' Charakter. Die nationalsozialistischen Texte, die die Wandlung von Jugendlichen zum Beispiel von der bündischen Jugendbewegung hin zur Hitlerjugend und zum Nationalsozialismus quasi-religiös präsentieren, sind häufig mit den Namen der Held*innen (Schenzinger: *Hitlerjunge Quex*, 1932) betitelt.[6] Daran knüpfen Maria Leitner mit *Elisabeth, ein Hitlermädchen* (1937) und Hans Siemsen mit *Die Geschichte des Hitlerjungen Adolf Goers* (1940) direkt an. Obwohl die Titel das zunächst nicht verraten, geschieht die Wandlung in diesen Texten aber in die entgegengesetzte Richtung. Die Held*innen sind zunächst begeistert von der Bewegung, der Hitlerjugend und dem Bund deutscher Mädel. Elisabeth in Leitners Jugendroman verliebt sich in einen SA-Mann. Ihr Erwachen beginnt, als sie von ihm schwanger wird, er von ihr den Abbruch der Schwangerschaft verlangt und sie aufs Land zum Arbeiten verschickt wird. Den Aufenthalt im Arbeitslager nutzt Leitner für eine ausführliche Schilderung der Schießausbildung der Mädchen. In den Dialogpassagen zwischen dem Oberjungbannführer, der für die Schießausbildung ins Lager kommt, und der Ausbilderin Fräulein Kuczinsky wird das Für und Wider der (Mädchen-)Erziehung zu Kämpferinnen präsentiert.

> „Ich versichere Ihnen, dass meine elf- und zwölfjährigen Pimpfe besser schießen lernen als ein Rekrut, dem das Ganze gar keinen Spaß macht und der nur widerwillig ein Gewehr in die Hand nimmt. – Eine Armee aufgeweckter Jungens würde größere Taten vollbringen als die alten Landstürmer; die sehnen sich nach ihrer Familie, die jammern über Unbequemlichkeiten, aber die Jungens sind biegsam, sie sind waghalsig, abenteuerlustig und opferbereit – ich meine, wenn man sie richtig erzieht." Fräulein Kuczinsky blickte mit starren Augen auf Herrn von Kreuth. Ihr

---

6 Vgl. hierzu den Beitrag von Anna Sator in diesem Band.

> Gesicht verlor plötzlich die Farbe des Lebens; [...]. In ihrem blutlosen Gehirn jagten Bilder, Bilder dieser Kinder, die grausam zerfetzt zwischen den Falten der Erde lagen. [...] Und nach einer kurzen Pause: „Was denken Sie von der heutigen weiblichen Jugend und von den kriegerischen Fähigkeiten der Mädchen?" „Ich glaube nicht, dass unter Jungens und Mädchen, wenn ihre Erziehung früh genug einem neuen Ziel zustrebt, große Unterschiede sein können." „Sie glauben also, dass sich unsere Mädchen zum Kriegerhandwerk eignen würden?" „Warum nicht? Dort zum Beispiel, dieses große, schöne Mädchen mit den glatten, hellen Haaren könnte ich mir als guten Soldaten vorstellen." (Leitner 2020, 169)

Herr von Kreuth lässt die Mädchen dann zur Übung aufeinander zielen und bringt sie durch Anerkennung und Machtdemonstration alle dazu, schießen zu lernen. Dabei wählt Leitner variable interne Fokalisierungen, um die Gefühle und Gedanken der Figuren und damit verschiedenen Haltungen zu den behandelten Fragen zu repräsentieren.

Der männliche Protagonist Adolf aus Hans Siemsens Jugendroman sucht 1933 nach den verloren gegangenen bündischen Jungenfreundschaften und tritt zunächst neugierig und, wie er in seiner Ich-Erzählung immer wieder betont, ohne politisches Interesse in die HJ ein. Auch diese Erzählung wird metareflexiv eingebettet. In einer Herausgeberfiktion berichtet Hans Siemsen zunächst, dass ihn ein deutscher junger Mann im Pariser Exil aufgesucht und ihm über Monate von seinen Erfahrungen in Deutschland berichtet habe, verknüpft mit der Bitte, diese aufzuschreiben. Siemsen nutzt die Rahmung zum Nachweis der Authentizität. Am Ende wird die Rahmung geschlossen durch zwei Briefe Adolfs aus dem Spanischen Bürgerkrieg, in denen er davon berichtet, dass er „jetzt schon ein richtiger Soldat" sei (Siemsen 1947, 223). Die ‚Richtigkeit' wird verbürgt durch die Meldung des Jungen zu den Internationalen Brigaden. Ambivalenzen in Bezug auf das Militärische, Kämpferische und die Vorstellungen von Männlichkeit durchziehen den gesamten Text. In der vom Herausgeber sozusagen stellvertretend aufgeschriebenen Ich-Erzählung des Hitlerjungen Adolf Goers reflektiert die Figur nachträglich über die eigenen Beweggründe und Erlebnisse in der Hitlerjugend. Das Militärische der HJ sei ihm von Beginn an verhasst gewesen, darin bestehe für ihn der größte Unterschied zur bündischen Jugend. Der erste Sonntag in der HJ endet für den ehemaligen Profi-Sportler mit blutig gelaufenen Füßen und dem Schwur, alsbald zu einem „Führer" in dieser Jugendorganisation aufzusteigen, um dem militärischen Drill zu entkommen. Prominent und ambivalent wird in diesem Wandlungsroman die Homosexualität in der HJ und vorher in der bündischen Jugend verhandelt. Der Ich-Erzähler berichtet zunächst im schwärmerischen Ton von seinen Erfahrungen in der bündischen Jugend, seiner Liebe zu den Freunden, schließt aber für sich jede homosexuelle Neigung und Erfahrung aus. In der HJ erkennt er nach und nach eine heimlich von homosexuellen Freundschaften durchzogene Organisation. Adolf ist zwar immer wieder bemüht, seine normgerechte Männlichkeit unter Beweis zu stellen und zu verbürgen, dabei wird in der Figurenrede Homosexualität aber nicht grundsätzlich abgelehnt. Der Kontakt zu seinem homosexuellen Bruder und dessen Freunden wird ihm später zum Verhängnis, führt zu seiner Verhaftung, zur Überführung in ein Konzentrationslager und zur Flucht nach

Paris. Das Bild von der HJ als mehr oder weniger homosexuellem Männerbund dient aber zugleich als Abwertungsstrategie. Der militaristische Habitus der Organisation wird entlarvt als Tarnung für homosexuelle Männerbünde. Bei den Internationalen Brigaden aber wird Adolf zu einem „richtigen Soldaten". Er schreibt: „Wenn ich nur einmal an der Front einem richtigen Hitlersoldaten oder einem Mussolini persönlich gegenüberkäme! Das ist mein größter Wunsch." (Siemsen 1947, 223) Die Vorstellungen von Soldatentum und Männlichkeit im Text von Hans Siemsen sind daher mehr als ambivalent.

An diesem Beispiel für die Umkehrung des Genres der Wandlungsliteratur wird deutlich, dass die intendierte Anknüpfung an die Erlebniswelt der Jugendlichen im Nationalsozialismus Inkongruenzen produziert, die es erschweren, den realistischen Anspruch, die Adressatenorientierung und zugleich das Sujet der Wandlung hin zu einer reflektierten und aufgeklärten Weltsicht überzeugend miteinander zu verbinden.

3.3 Lisa Tetzner: *Mirjam in Amerika* (1945) und andere ‚outcasts', die die Welt erkunden

Mirjam in Amerika ist der sechste Band von Tetzners Serie *Die Kinder aus Nr. 67*, die sie mehrheitlich im Schweizer Exil schrieb. Die ersten beiden Bände sind noch in Berlin entstanden. Die Vielgestaltigkeit dieser Serie bringt es mit sich, dass hier alle genannten Diskurslinien aufzufinden sind. Sich demokratisch organisierende Kinderbanden sind genauso vertreten wie die Auseinandersetzung mit dem Krieg und der nationalsozialistischen Vorstellung vom kämpfenden Helden bzw. Soldaten. Kindgerechte Entwicklung und ein spielerischer Umgang mit sozialen Normen sind im fünften und sechsten Band, der hier näher betrachtet wird, besonders anschaulich. Der erste Band *Erwin und Paul* (1933) ist inspiriert von den Geschichten der Kinder, die Tetzner als Redakteurin und Moderatorin der Kinderstunde des Berliner Rundfunks in ihre Sendung eingeladen hatte. Die sogenannte *Kinderodyssee* begleitet die beiden Berliner Freunde und Arbeiterkinder Erwin und Paul, und ab dem zweiten Band auch Mirjam, die als Waise zu ihrer (jüdischen) Tante in das Berliner Wohnhaus der Jungen zieht (*Das Mädchen aus dem Vorderhaus*, 1935) durch die Jahre des beginnenden Nationalsozialismus bis zum Kriegsende. Während der zweite Band noch die Integration des fremden Mädchens in die Jungenbande behandelt, trennen sich schon ab dem dritten Band und mit dem Jahr 1933 die Wege der Kinder. Erwin flüchtet mit seinem sozialdemokratischen Vater über Paris ins schwedische (*Erwin kommt nach Schweden*, 1941) und später ins englische Exil, von wo aus er im Krieg als Soldat nach Deutschland zurückkehrt (*Als ich wiederkam*, 1946). Der siebte Band behandelt die Geschichte Pauls, der in Berlin bleibt und dort das Kriegsende erlebt (*War Paul schuldig?*, 1945). Mirjam flüchtet mit ihrer Tante nach Paris und reist dann weiter mit einem Schiff in Richtung USA. Dem Flüchtlingsschiff wird in keinem Hafen die Einfahrt erlaubt, bis es schließlich aufgrund eines Erdbebens sinkt (*Das Schiff ohne Hafen*, 1943). Eine Kindergruppe, darunter Mirjam und das ihr anvertraute Baby Ruth, kann sich auf eine Insel retten (*Die Kinder auf der Insel*, 1944). Als sie nach vielen Wochen gefunden und geborgen werden, bringt sie ein Kriegsschiff nach New York, wo Mirjams amerikanisches Abenteuer beginnt (*Mirjam in Amerika*, 1945). Mirjam hatte Ruths Mutter das Versprechen gegeben, Ruth zu ihrem Vater nach Amerika zu bringen. Sie hat aber nur ein Foto von ihm und seinen Namen. Da Mirjam als einzige der Kinder elternlos ist, wird sie in einem Mädcheninternat untergebracht, wo sie sich nicht weiter um Ruth und die Suche nach deren Vater kümmern kann. Hesekiel ein (Schwarzer) Liftboy, mit dem sich Mirjam gegen den Willen der weißen Damen vom Flüchtlingskomitee angefreundet hat, und dessen Freund Mackenzie, ein Straßenjunge, sehen, dass die neuen, sehr reichen Pflegeeltern von Ruth schon bald gar keine Zeit mehr für sie haben und kidnappen sie, um mit Mirjam zusammen den Vater Ruths zu suchen. Als die beiden nachts im Internat auftauchen, um Mirjam an ihr gegebenes Versprechen zu erinnern, bleibt ihr nichts anderes übrig, als aus ihrer „guten amerikanischen Erziehung wegzulaufen" (Tetzner 2005, 270) und mit in Mackenzies Versteck zu kommen, wo auch Ruth untergebracht ist. Für ihre Reise quer durch die USA nach Kanada, wo sich Ruths Vater inzwischen aufhalten soll, verwandeln sich die drei Freunde in drei Brüder (Mackenzie, Mirjam, Ruth) und ihren „Nigger" (Hesekiel) (Tetzner 2005, 216). Hesekiel erklärt Mirjam, der es schwerfällt, ihn als ‚Nigger' zu behandeln, dass das unbedingt notwendig sei, weil sie sonst sofort auffallen würden. Mädchen auf Reisen fallen ebenso auf, daher wird Mirjam in einen Jungen verwandelt. Für diesen Geschlechtertausch werden ihr von Mackenzies Bande die Haare geschnitten. Jeder der Jungen darf mal schneiden, zum Schluss macht Mackenzie einen einigermaßen passablen Schnitt daraus:

> „Die Lady gibt einen hübschen Jungen ab", erklärte er. Ihm gefielen Jungen überhaupt besser als Mädchen, setzte er noch hinzu. Meine Nähe sei ihm ohnehin unbehaglich gewesen. Jetzt fühlte er sich gleich wohler." (Tetzner 2005, 284)

Geschlecht wird hier als sozial konstruiert präsentiert. Die Kleidung, der Haarschnitt und später noch der Name Joshua machen aus Mirjam einen „hübschen Jungen". Die Geschlechtsrolle wird zum Versteck für die Protagonistin, die so auf ihre eigene große Abenteuerreise gehen kann. Mirjam muss auf der Reise lernen, wie ein Mann zu sprechen, und wenn andere anwesend sind, ihren Freund Hesekiel als ‚Nigger' zu adressieren. Das tradierte Motiv des Geschlechtertauschs, in dem die Verkleidung einer Frau als Mann in der Regel der Ermöglichung von selbstbestimmter Bewegung in der Welt dient, wird von Tetzner für Mirjams Reise durch die soziale Ordnung der US-amerikanischen Gesellschaft aufgegriffen. So wird das tradierte Genre der Abenteuererzählung mit zumeist männlichen Helden oder Abenteurern ebenfalls neu konzeptualisiert. Das typische Strukturmodell einer Abenteuererzählung folgt einem idealtypischen (freudianischen) männlichen Sozialisationsmodell, nach dem sich der junge Mann von der Mutter lösen sowie Aufgaben und Kämpfe bestehen muss, um erwachsen zu werden. Mirjam dagegen geht auf die Suche nach dem Vater der ihr anvertrauten Ruth und findet am Ende in Ruths Vater und seiner neuen Frau eine neue eigene Familie, in der sie bei aller gewonnenen Selbstständigkeit in einem sie unterstützenden sozialen Umfeld heranwachsen kann. Ihre Herausforderung ist die für eine Jugendliche zu große Verantwortung für ein Kleinkind. Ziel der Abenteuerreise ist es, diese Verantwortung wieder abzugeben. Das ist eine Neukonzeptualisierung des Genres der Abenteuererzählung. Mirjam macht sich entgegen der Tradition des Abenteuerromans daher nicht alleine auf die Reise, sondern mit ihren Freunden, die in mehrfacher Hinsicht sozial als *outcasts* markiert sind. Erstens ist Hesekiel Schwarz und damit aus Sicht der Mehrheitsgesellschaft ‚kein Umgang' für Mirjam; zweitens ist Mackenzie als Straßenjunge sozial geächtet. Das Kidnapping von Ruth macht sie zudem zu gesuchten Verbrechern. Über Mackenzie schreibt die intradiegetische Ich-Erzählerin Mirjam, dass er ein Don Quijote sei, der zu viele Abenteuerromane gelesen habe (Tetzner 2005, 274). Sie selbst markiert also die kritische Haltung gegenüber den Traditionen des Genres. Sie hebt den spielerischen Charakter ihres Agierens hervor und reflektiert über die Falschheit der sozialen Normen. Die Gruppe der Kinder auf ihrer Abenteuerreise steht außerhalb der sozialen Norm. Ihre Gender- und *race*-Performance („drei Brüder" und ihr „Niggerboy"; Tetzner 2005, 314, 325 u. a.) dient der Ermöglichung von Selbstermächtigung. Wenn Sie alleine sind, nennt Mackenzie Mirjam stets „die Lady" und spielt ihr gegenüber die Gentleman-Rolle. Für ihn ist das Leben ein Theaterspiel, was den performativen Charakter aller seiner Handlungen betont. Sprache als performativer Diskursakt und in ihrer politisch-ideologischen Form wird durch Tetzners Erzählung kenntlich gemacht. Gender- und *race*-Performance wird intersektional als parodistische Re-Präsentation konzeptualisiert.

Auch in diesem Buch ist die metareflexive Rahmung von großer Bedeutung. Von Beginn der Serie an wendet sich Tetzner als Erzählerin direkt an ihre Adressat*innen und erklärt die Umstände der Geschichte oder kommentiert auch im Verlauf des Textes die Geschehnisse. Der Band *Mirjam in Amerika* nimmt aber eine Sonderstellung ein, weil die Autorin hier mit einer Herausgeberfiktion arbeitet. Sie erzählt, wie Mirjam zu ihr gekommen sei und ihr einen Stapel Papiere überreicht habe, mit der Bitte, diese zu korrigieren und zu veröffentlichen. Mirjam selbst hält sich nicht für einen „Schriftsteller" (Tetzner 2005, 164), hat die Erlebnisse aber für Erwin aufgeschrieben und möchte sie ihm nach dem Krieg schenken. Der Haupttext erscheint so als Mirjams Autodiegese, auch stilistisch: Hinzugefügte Kommentare oder Erklärungen der Herausgeberin Tetzner sind kursiv oder in Klammern klar unterscheidbar vom Haupttext. Dieses Verfahren wendet Tetzner nur in diesem Band der Serie an. Damit verleiht sie der Mädchenstimme eine besondere Bedeutung. Das selbstreflexive Moment des Schreibens und die Autorschaft der eigenen Geschichte werden betont. Das spiegelt sich in einer Episode des Textes, in der Mirjam einen Journalisten, der ihrem Versteck auf die Schliche gekommen ist, bittet, nicht über sie zu schreiben oder erst dann, wenn sie ihre Aufgabe erfüllt hat, Ruth zu deren Vater zu bringen. Den Band beschließt ein Brief an den Journalisten, in dem Mirjam ihm erlaubt, nun, nachdem sie ihr eigenes Buch geschrieben hat, über sie zu berichten. Die Autorschaft Mirjams ist verbunden mit der fiktionalisierten Herausgeberschaft Tetzners und damit mit jener der erwachsenen Autorin. Poetisch handelt es sich also um eine doppelte (weibliche) Autorschaft, in der die erwachsene Stimme die Autorschaft der jugendlichen Frau ermöglicht.

4 Fallanalysen: Werke von Exilautor*innen aus Österreich (Susanne Blumesberger)

4.1 Anna Gmeyner: *Manja. Ein Roman um fünf Kinder* (1938)

Anna Gmeyner (1902–1991) begann schon früh, vor allem Theaterstücke zu schreiben; 1933 wurden ihre Werke verboten. 1934 emigrierte sie nach England, wo sie ab 1950 ihre Schreibtätigkeit wieder aufnahm. Ihr Roman *Manja* erschien 1938 im deutschsprachigen Verlag Querido, der vom emigrierten ehemaligen Verlagsleiter des bekannten Kiepenheuer Verlages in Berlin, Fritz Landshoff, und dem politisch engagierten sozialdemokratischen Verleger Emanuel Querido in Amsterdam gegründet worden war. Das Buch, das gleichermaßen als Kindheits-, Frauen- und Jugendroman sowie als antifaschistischer und antirassistischer Text zu lesen ist, wurde in Deutschland erstmals 1984 im Mannheimer Persona Verlag publiziert und mehrfach neu aufgelegt, zuletzt im Jahr 2014. Eine Hörbuchfassung des Werks erschien im Jahr 2007, eine Verfilmung konnte jedoch nicht realisiert werden (vgl. Blumesberger 2016 und 2020, 66).

Der Roman, den Anna Gmeyner unter ihrem Mädchennamen Anna Reiner herausgab und der den Untertitel *Das Leben von fünf Kindern im Zeitraum von 1920 bis 1934* trug, kann man unter anderem als erschütternden Zeitbericht lesen. Fünf Kinder aus gesellschaftlich und politisch unterschiedlichen Familien, einer großbürgerlich-jüdischen, einer mittelständisch-gebildeten, einer kleinbürgerlichen und sozial verfallenen, einer proletarischen und einer ostjüdischen (Klapdor 2008, 396), deren Leben ab dem Zeitpunkt ihrer Zeugung beschrieben werden, verbindet eine tiefe Freundschaft, die unzerstörbar scheint. Der ungewöhnlich gewählte Zeitrahmen der Erzählung, der sich auf neun Monate vor der Geburt ausdehnt und damit die Familienverhältnisse der Elternteile und vor allem der fünf Mütter miteinbezieht, ermöglicht es der Autorin, einen noch tieferen Einblick in die unterschiedlichen Lebensbedingungen der Figuren zu geben. Die Kinder wachsen heran und mit ihnen auch der Antisemitismus und der Faschismus. Im Klappentext der 1984 erschienen Neuauflage ist zu lesen:

> Die Freundschaft der Kinder, ihre Geheimnisse und Zerwürfnisse, spiegeln die gesellschaftlichen Verhältnisse Deutschlands zu jener Zeit. MANJA schilderte als eines der ersten Bücher die verheerenden Auswirkungen des Nationalsozialismus auf die heranwachsende Jugend. Rassismus und Denunziantentum treffen die Kinder ganz unvermittelt. (Gmeyner 1984, Klappentext)

Die Leser*innen sehen sich zunächst mit der Elterngeneration und damit mit den Rahmenbedingungen konfrontiert, in die die fünf Protagonist*innen hineingeboren werden: Der arbeitslose Vertreter Anton Meißner gibt pauschal den Juden die Schuld an seiner Misere und wird schließlich Mitglied der SS. Im gleichen Haus wohnt auch der klassenbewusste Proletarier Eduard Müller, der zunächst in den Untergrund flüchtet und schließlich in ein Konzentrationslager deportiert wird. Eine Nachbarin der beiden ist die aus sehr armen Verhältnissen stammende Jüdin Lea mit ihren drei Kindern, unter ihnen die Protagonistin Manja. Eine große Rolle spielt auch die Familie des liberalen und engagierten Arztes Ernst Heidemann und die des großbürgerlichen Kommerzienrates Max Hartung, der seine jüdische Abstammung verleugnet.

Die Frauenfiguren geraten insgesamt sehr oft in Widerspruch zu den Meinungen ihrer Ehemänner, sind ihre Opfer, zugleich aber auch ihre Retterinnen. Damit bricht Gmeyner mit der Spiegelung der damals herrschenden Machtstrukturen; im Fall Manjas wird dies besonders deutlich, da sie diese Ausübung von Macht in Form einer Vergewaltigung nicht verkraften kann und den Freitod wählt. Die Männerfiguren sind sehr ambivalent gestaltet, das zeigt sich schon zu Beginn des Romans, wo sie teilweise als hilflose und Schutz suchende Liebhaber, aber auch als aggressiv und fordernd beschrieben werden.

Durch die Beschreibung der einzelnen zum Teil durch Armut und Entfremdung geprägten Familienverhältnisse zum Zeitpunkt der Zeugung der fünf Kinder Franz Meißner, Karl Müller, Harry Hartung, Heini Heidemann und Manja, deren Vater direkt nach dem Zeugungsakt Selbstmord begeht, zeichnet die Autorin die gesellschaftspolitischen Zustände des Jahres 1930 anschaulich nach.

Auffällig ist, dass es sich bei Manja innerhalb der fünfköpfigen Kindergruppe um die einzige Protagonistin handelt. Ihre äußerst prekäre Ausgangslage als Kind einer verwitweten, alleinerziehenden, mehrfachen Mutter aus armen Verhältnissen und als Jüdin wird durch ihre Geschlechtszugehörigkeit noch verstärkt. Die fünf Kinder treffen einander regelmäßig an einer Mauer und spielen zunächst harmlose Kinderspiele, bis im Laufe der 14 Jahre deutlich wird, dass die Freundschaft, die sie sich einst geschworen haben, dem politischen Druck nicht gewachsen ist und Manja schließlich am Antisemitismus und an einem sexuellen Übergriff zerbricht und Selbstmord begeht. Dieses Ende wird im ersten Kapitel unter dem Titel „Ende als Vorspiel" vorweggenommen. Der Selbstmord der Protagonistin infolge des erfahrenen sexuellen Übergriffs setzt die bereits durch den Tod des Vaters etablierte Verknüpfung von Sexualität und Tod fort.

Die eng miteinander verwobenen Schicksale der Familien und der fünf Kinder entwickeln sich völlig unterschiedlich, dennoch ist das Demokratische in ihnen zu erkennen; sie alle sind aufeinander angewiesen, brauchen diese Kindergruppe um überleben zu können, vor allem aber brauchen sie Manja, das Mädchen, das aus einer ostjüdischen Familie stammt. In einer im Jahr 2015 erschienenen Rezension heißt es: „Und ja, jeder ist auch verliebt in sie. In der Gruppe, die sich jeweils an der Mauer trifft, erleben sie eine Gegenwelt zum eigenen Zuhause, hier gelten andere Gesetze, es gibt so etwas wie Gleichheit und Gerechtigkeit, Werte, die draußen zunehmend an Wert verlieren." (Suder 2015) In ihrer Kindheit gibt die Gruppe der Kinder den Einzelnen Halt und Wärme:

> Wie kleine Tiere waren sie gewesen, die beieinander Wärme suchen. Nun war der gute Katzenkorb der Kindheit umgeworfen und sie konnten nicht wieder hineinklettern. Sie waren jeder ganz allein, obgleich sie noch nahe beieinander saßen, als ob Berührung schon Hilfe wäre und Schutz. Aber das ‚Wir' und ‚Uns' und ‚Miteinander' war auf einmal wie ausgewachsene Kinderkleidchen, eng, abgetragen und gestrig. [...] Sie verstanden, jeder auf seine besondere Weise, dass sie einander nur halten konnten, wenn sie sich losließen, nur beisammen bleiben, wenn sie sich trennten. (Gmeyner 1938, 8)

In ihren kindlichen Spielen ist der Ernst des Lebens bzw. des aufkommenden Faschismus zu erkennen, der es schließlich schafft, das Zusammengehörigkeitsgefühl zu schwächen, und der dazu führt, dass aufgrund des massiven Drucks, der auf allen lastet, Manja schließlich verraten und im Stich gelassen wird. Das jedoch ist nicht den Kindern anzulasten, vielmehr den Umständen, die diese Zeit mit sich bringt und den Bezugspersonen, die selbst dem Druck nicht standhalten können. Manja ist die Einzige, die ohne Schuld bleibt, und als sie, seelisch gebrochen durch eine Vergewaltigung, Selbstmord begeht, endet das Hoffen auf eine Verbesserung der Umstände. Die einzige weibliche kindliche Protagonistin ist also auch die einzige Schuldlose, die Einzige, die nur Opfer bleibt und schließlich an physischer und verbaler Gewalt zugrunde geht. Als Verkörperung schuldloser Reinheit, die an der Grausamkeit äußerer Umstände zerbricht, rückt sie in die Nähe christlicher Märtyrerinnen. Die christliche Symbolik wird am Ende des Werkes erneut aufgenommen, als die übrig gebliebenen Protagonisten über dem Kreuz am Kirchturm die Enthüllung der Kassiopeia beobachten.

Gleichzeitig sind Anleihen bei der Mythologie zu erkennen, die immer sichtbare Kassiopeia durchzieht die gesamte Geschichte und spielt auch zuletzt, nach dem Tod Manjas, eine große Rolle, als die vier übrig gebliebenen Jugendlichen in den Himmel schauen:

> Alle vier sahen nun über dem Kirchturmkreuz, langsam wie bei einer Enthüllung, einen Wolkenfetzen fallen. Klar und wunderbar deutlich mit ihren fünf Endsternen, vom zackigen Wolkenrand wie mit einem schwarzen Rahmen umschlossen, stand die Kassiopeia ihnen zu Häupten. Keiner sprach ein Wort. Es war eine ungeheure, alles erfüllende Freude. [...] Der schützende Raum um sie war bis in den Himmel erhöht und ein Teil des Gewölbes von Stille, das den regungslosen Kristall des Augenblicks umschloss wie mit tausend sanft darübergelegten Händen. [...] Es war nichts geschehen. (Gmeyner 1984, 392–393)

Kurz vor Manjas Selbstmord heißt es: „Sie ging, ohne sich umzusehen und ohne Furcht. Alles, was geschehen konnte, war schon geschehen." (Gmeyner 1984, 387) Dies könnte unter anderem auch als Vorwegnahme der Gräuel während der NS-Zeit gelesen werden.

Aus heutiger Sicht sind vor allem die Weitsicht, mit der der aufkommende Nationalsozialismus beschrieben wird, und die detailreiche Beschreibung der unterschiedlichen Welten, in denen die Kinder aufwachsen, erstaunlich. Die Schilderungen wirken authentisch, aus erster Hand erfahren, und sind nicht mit späterem Wissen über diese Zeit vermengt. Berthold Viertel, mit dem Gmeyner gemeinsam Theaterstücke schrieb, meinte: „Von allen Büchern, die bisher das neudeutsche Chaos zu gestalten versucht haben, scheint mir dieses eines der reichsten, der lebensvollsten und der schönsten zu sein." (Viertel 1938, 1355) Dieses Jugendbuch ist zudem in einer erschreckenden Klarheit verfasst: Gmeyner beschönigt nichts, stellt den Alltag in all seiner düsteren Realität dar, schildert die Armut und das einfache Leben der Familien, die Naivität, mit der die Kinder dem Nationalsozialismus begegnen, und begleitet das jüdische Mädchen durch sämtliche Gefühlslagen, bis das kurze Leben im verzweifelten Selbstmord endet.

Der Adressat*innenkreis dieses Werkes, das als „soziologisch umfassendes und mit den Jahren zwischen 1920 und 1934 zeitlich weitgreifendes Panorama, in dem die Schicksale [...] miteinander verwoben wurden" (Klapdor 2008, 396), gelesen werden kann, geht weit über Jugendliche hinaus. Gmeyner schuf damit ein umfassendes Bild der Weimarer Republik und zugleich einen Einblick in den alltäglichen Faschismus. Manja selbst könnte als Vision eines ewigen Kindes gesehen werden.

4.2 Die Inselgeschichte: Mira Lobes *Insu-Pu* (1948)

Mira Lobes Roman wurde 1948 unter dem Titel *I-Hajeladim* (‚Die Kinderinsel') erstmals publiziert. Die stark bearbeitete deutsche Fassung erschien 1951 unter dem Titel *Insu-Pu. Die Insel der verlorenen Kinder.* Die hebräische Version verfasste Mira Lobe (1913–1995) als Exilantin in Palästina, die deutschsprachige Version, die entstand, als die Autorin in Wien lebte, bildete ihre erste Veröffentlichung in Österreich.

Die beiden Ausgaben der Robinsonade unterscheiden sich in wesentlichen Punkten, vor allem wird in der deutschen Ausgabe der Kontext völlig ausgespart. Zohar Shavit mutmaßt, dass Lobe angenommen haben könnte, dass die deutschsprachigen Leserinnen und Leser nichts über das Schicksal von jüdischen Kindern während und nach dem Holocaust wissen wollten (Shavit 2005, 71). Hintergrund des auf Deutsch erschienenen Romans war deshalb ein nicht näher bezeichneter Krieg, während in der hebräischen Version ganz klar der Nationalsozialismus angesprochen wird. In der ursprünglichen Form von *Insu-Pu*, abgeleitet von ‚Insula Puerorum' (‚Insel der Kinder'), weist das Werk außerdem direkte Verbindungen zu Vertreibung und Exil auf, die in den deutschen Versionen ab 1951 verschwinden. In der Originalversion wird eine große Gruppe englischer Kinder von England nach Amerika geschickt, um sich von den Bombenangriffen während eines Krieges zu erholen. Dabei läuft ihr Schiff auf eine deutsche Mine auf und sinkt. In den späteren, deutschen Ausgaben fehlt dieser Bezug zur Realität. Die Kinder geraten hier zufällig auf eine Insel, eine Bombardierung gibt es nicht. Die Länder erhalten fiktive Namen, und auch die Namen der Kinder ändern sich, sie tragen in *Insu-Pu* deutsche Namen. Das Arbeiterkind Pete sagt nicht, wie in der hebräischen Fassung, dass es später für die Rechte der Arbeiter kämpfen will, und der jüdische Junge, der sehr gut Geige spielt, spricht in der deutschen Version nicht von der Judenverfolgung. Mit diesen Veränderungen wurde der historische Bezug gelöscht und mit ihm auch die Chance, sich in der Kinder- und Jugendliteratur kritisch mit der eigenen Vergangenheit zu befassen.

Die Handlung bleibt jedoch in ihrer Grundstruktur gleich. Elf der Kinder auf dem gekenterten Schiff flüchten auf eine Insel und bauen einen Kinderstaat auf, bis sie schließlich gerettet werden. Die Geschichte wird in zwei Erzählsträngen erzählt, einerseits dem des Kinderstaates auf der Insel und andererseits dem der Befreiung der Kinder durch Michael, den Enkel des Präsidenten auf Terranien. Mira Lobe berichtet in dieser politischen Erzählung, in der sich laut Werner Wintersteiner (2005, 105) noch Spuren einer Kindererzählung aus Kolonialzeiten finden, vor allem von der Entfaltung der Sozialbeziehungen. Im Kinderstaat, den Mira Lobe entwirft, sind sämtliche Klassen vertreten, wobei es zu einer Klassenversöhnung kommt, als die Kinder akzeptieren, dass nur die Arbeitsleistung für die Gemeinschaft zählt. Jungen sind meist die Helden, Ausnahmen wie das artistisch begabte Schlangenmädchen existieren jedoch. Außerdem gibt es eine klare Arbeitsteilung zwischen den Geschlechtern, bei der die traditionelle Rollenaufteilung beibehalten wird, es jedoch keine Einteilung in wichtigere oder unwichtigere Arbeiten gibt. Interessant ist in diesem Zusammenhang auch, wie Lobe Machtverhältnisse darstellt. Als ein Junge den Anführer stürzen möchte, kommt es zunächst zum Kampf, danach zu einer Abstimmung, die der Anführer nur knapp gewinnt. Der Aufrührer muss die Gemeinschaft verlassen, wird aber von der Gruppe wieder aufgenommen, als er schwer erkrankt. Fazit dieses Vorfalles ist, dass man alleine nicht überleben kann, einer braucht den anderen. Macht muss immer Hand in Hand mit Verantwortungsbewusstsein gehen. In dieser Konstellation werden Mädchen und Jungen als gleichermaßen wichtig für die Gruppe geschildert, weder bei der Herkunft noch beim Geschlecht oder bei den zugewiesenen Aufgaben werden Unterscheidungen getroffen, sodass die althergebrachten Genderoppositionen und -stereotype hier nivelliert werden. Wintersteiner weist darauf hin, dass die Rettung der Kinder erst nach der Lösung ihrer Konflikte in ihrem Staat erfolgt. Damit zeigt Lobe das Potenzial von Kindern in Bezug auf Solidarität, Verantwortungsbewusstsein und Engagement auf (Wintersteiner 2005, 109). Gleichzeitig schildert Lobe diesen Kinderstaat keineswegs als perfekte Struktur, sondern lässt Spielraum für die moralische Bewertung der jungen Leserinnen und Leser.

4.3 Auguste Lazar: *Sally Bleistift in Amerika* (1935)

Auguste Lazar gilt neben Alex Wedding als Wegbereiterin der sozialdemokratischen Kinder- und Jugendliteratur, ihr erstmals 1935 unter dem Pseudonym Mary Macmillan in Moskau erschienenes Buch *Sally Bleistift in Amerika* gehörte zum festen literarischen Kanon der DDR und gilt heute als Klassiker der DDR-Literatur. Im Klappentext des Buches ist zu lesen: „Es ist ein Kapitel Kampf um die Menschenrechte, das in diesem Buch geschrieben ist, ein dramatisches Stück Befreiungsgeschichte, das sich hinter den Kulissen und unter dem Fußboden des Alltags abspielt." (Lazar 1947, Klappentext)

Zu Beginn stellt Lazar die handelnden Personen vor: Sally Bleistift, „eine alte Tante aus Rußland, die alte Kleider in einer amerikanischen Fabrikstadt verkauft. Sie verträgt sich schlecht mit der Polizei und gut mit den Arbeitern" (Lazar 1947, 7); John Brown, ein Schwarzes Findelkind, „das Sally bei sich aufgenommen hat" (Lazar 1947, 9); Betti, Sallys Enkelin, deren Mutter an einer Lungenkrankheit gestorben und deren Vater in der Fabrik tödlich verunglückt ist; Redjacket, ein fünfzehnjähriger Indianerjunge, den Sally Bleistift aufgenommen hat, er „arbeitet in einer Fabrik und kämpft in den Reihen der Arbeiterjugend" (Lazar 1947, 13); Billy, semmelblond und sommersprossig; und seine Eltern: „gute Leute, aber gar zu ängstlicher Natur" (Lazar 1947, 17); Jim, genannt „Niggerjim", ein Schwarzer „mit einem Glasauge. Er fährt in einem Speisewagen in Amerika herum und hat geheime Aufträge für Redjacket und Billy" (Lazar 1947, 19); Wenzel Swoboda, „ein alter böhmischer Arbeiter, der mehr kann als Klarinette blasen" (Lazar 1947, 21); Samuel F. Gold, „ein Landsmann von Sally Bleistift, der aber keinerlei Ähnlichkeit mit ihr hat. Glücklicherweise tritt er persönlich in der Geschichte überhaupt nicht auf" (Lazar 1947, 23); Sheriff Bullering, „ein dicker, immer wütender Polizeimann. Es ist gerade ein Vergnügen, ihn zum Narren zu halten" (Lazar 1947, 25); und „ein Mann in einem weißen Mantel, der nur bei Nacht und Nebel durch die Straßen geht" (Lazar 1947, 25).

Sally Bleistift, eine auf sich selbst gestellte und sehr durchsetzungskräftige Frau, die wegen eines Pogroms im Jahre 1903 aus ihrer Heimat Kischinew, Russland, flüchten musste, betreibt einen Secondhandladen in Amerika, der zugleich Anlaufstelle für alle Unterdrückten ist. Die Erzählung beginnt, als in einer Gewitternacht ein kleiner Schwarzer Junge vor den Laden Sally Bleistifts gelegt wird, die sich selbstverständlich des Kindes annimmt. Auch Redjacket hatte sie 15 Jahre zuvor, nachdem seine Mutter verstorben war, zu sich genommen. Das Baby wird von Sally Bleistift John Brown genannt, in Anlehnung an einen Kämpfer gegen die Sklaverei. Dieses Kind ist es auch, das unabsichtlich die Vergangenheit von Sally Bleistift wieder ans Licht holt, indem es versehentlich einen Koffer voll mit Bildern und Erinnerungsstücken umwirft und dieser sich öffnet. Das veranlasst Sally Bleistift dazu, von ihrem Haus und ihrem Werkzeuggeschäft in Kischinew zu erzählen. Der Antisemitismus schwelte dort seit längerem, und der örtliche Wirt schürte in der verängstigten und unwissenden Bevölkerung die Judenfeindlichkeit. Eines Tages überfielen die Russen die Straße mit ausschließlich jüdischen Häusern und Geschäften, in der auch Sally Bleistift wohnte. Bei dem Versuch, das Haus zu schützen, wurden Sally Bleistifts Mann und – wie sie lange Zeit fälschlicherweise angenommen hat – ihr Sohn ermordet.

Im Buch wird nicht nur über die Judenfeindlichkeit berichtet, sondern vor allem auch über die allgemeine politische Situation in den USA und in Russland, die sehr angespannt ist. Die hohe Arbeitslosigkeit lässt die Menschen verarmen. Als publik wird, dass ein russischer Kommunist sprechen wird, nimmt sich die Polizei vor, diese Versammlung zu stören. Vorgewarnt durch Sallys Schwarzen Freund Jim, lenken jedoch die Kinder der Arbeiter die Polizisten ab, indem sie Wenzel Svoboda folgen, der klarinettenspielend durch die Stadt zieht.

Ein zweites Mal bringt der kleine John Brown Sally Bleistift in Kontakt mit ihrer Vergangenheit, als er wegläuft und am Bahnhof sein Lied über John Brown singt und dabei auch seine Adresse und den Namen von Sally Bleistift nennt. Der Russe, der den Vortrag gehalten hat und eben wieder abreisen wollte, erkennt den Namen und überbringt der überraschten Sally Bleistift die Nachricht, dass ihr Sohn nicht, wie vermutet, bei der Revolution umgekommen ist, sondern nur für lange Zeit nach Sibirien geschickt worden war. Sally Bleistift beschließt daraufhin mit Betti und John Brown in die UdSSR zu gehen und überredet Redjacket mitzukommen und in Sibirien den unterdrückten Völkern zu helfen. Redjacket ist einverstanden, hat aber vor, nach einigen Jahren zurückzukommen, um die in Amerika lebenden „Indianer" zu unterstützen. Verborgen vor Sally Bleistift arbeiten Billy und Redjacket an einer geheimen Sache, sie verteilen selbstgeschriebene kommunistische Flugblätter im ganzen Land, in Kooperation mit Jim, der durch seine Tätigkeit als Kellner im Speisewagen viel herumkommt.

Auguste Lazar selbst schrieb in ihren Erinnerungen mit dem Titel *Arabesken*: „,Sally Bleistift' war ein Protest gegen meine ganze Vergangenheit, gegen die geistige und politische Haltung der Kreise, aus der ich kam." (Lazar 1957, 84) Ursula Seeber-Weyrer merkt 1997 an:

> Auguste Lazar zählt zu jener [...] Gruppe sozialdemokratischer und kommunistischer Autoren, die ausdrücklich gegen den Nationalsozialismus schrieben – und wissen, daß es der Ehrgeiz aller Autoren ist, der Jugend habhaft zu werden – Jugendliteratur dezidiert als Mittel der politischen Aufklärung im proletarisch-revolutionären Sinn verstanden. (Seeber-Weyrer 1997, 117)

Auguste Lazar richtete sich gegen Vorurteile aller Art und gegen sämtliche Überzeugungen der Nationalsozialisten. Statt „Reinheit der Rasse" wird Multikulturalität gefördert, das Aussehen von Sally Bleistift, die zur Überwindung von Rassenvorurteilen aufruft und vehement den Kommunismus unterstützt, wird gleich zu Beginn mehrmals hintereinander als „alt und dick" (Lazar 1947, 31) bezeichnet und widerspricht jeglichem Schönheitsideal. Sally Bleistift nimmt direkt auf die Verfolgung von Jüd*innen und die Situation im Exil Bezug, kümmert sich dort unter anderem um einen Schwarzen Jungen und den „Indianerjungen" Redjacket und ruft damit zur Überwindung von Rassenvorurteilen auf. Zur Heldin wird in Lazars Kinderroman also untypischerweise eine mütterliche alte Frau, die selbst aufgrund ihrer Religion, ihres Geschlechts und ihres Alters marginalisiert ist und zur Beschützerin, Versorgerin und sogar zum Vorbild ebenfalls marginalisierter Jungen wird. Mit dieser Versorgungsfunktion und dem resoluten Auftreten der ehemaligen Werkzeughändlerin wird mit Sally Bleistift ein Weiblichkeitsentwurf vorgestellt, der Alter und Weiblichkeit nicht mit Schwäche, sondern mit Stärke und Kampfgeist verknüpft.

In die Geschichte sind drei Berichte Sally Bleistifts eingewoben, in denen es um die Unterdrückung und Ausrottung Schwarzer und jüdischer Menschen geht. Sally

Bleistift, kauzig, grantig, aber mit großem Herzen dargestellt, bietet dabei eine positive Identifikationsfigur. „Ich bringe den Leuten bei, was sich gehört und was sich nicht gehört", stellt sie gleich am Anfang der Geschichte fest (Lazar 1947, 33).

Interessant an diesem Text ist nicht zuletzt, dass Lazar antisemitische Vorurteile aufgreift und Sally Bleistift ‚jüdeln' lässt. Auch die Zeichnung von Samuel F. Gold als jüdischer Kapitalist, „Eisenkönig" (Lazar 1947, 23), erinnert an die antisemitischen Porträts von reichen jüdischen Kapitalisten im *Stürmer* und war bei der Erstveröffentlichung nicht unumstritten. Lazar hatte keine Scheu, Bezeichnungen wie „Neger", „Indianer" oder „Nigger" zu verwenden, sie lässt Sally Bleistift mit einfachen Worten den Kindern erklären, wie es zur Unterdrückung der „Indianer" und zur Sklaverei gekommen ist, wobei sie darauf hinweist, dass die „Indianer" „ganz und gar unbrauchbar als Sklaven" waren: „Sie haben sich das eben nicht gefallen lassen" (Lazar 1947, 56). Eine aus heutiger Warte nicht unproblematische Sicht. Lazar ging es jedoch um die Aufklärung der Kinder über Rassenhass und Ungerechtigkeit, und die Geschichte über John Brown, der gegen die Sklaverei kämpfte und dafür hingerichtet wurde, soll dem Schwarzen Findelkind ebenfalls Mut geben.

Wie dargestellt, sind in diesem Roman sowohl demokratische, antifaschistische als auch feministische Aspekte zu erkennen. Die Figur Sally Bleistift wird diametral zu den Vorstellungen einer nationalsozialistischen deutschen Frau geschildert, als Jüdin, die Kinder unterschiedlicher Herkunft um sich sammelt, die selbst entscheidet und für sich selbst sorgt und die durch ein Schwarzes Kind zu ihrem Glück findet.

4.4 Béla Balázs: *Heinrich beginnt den Kampf* (1939)

Das Werk von Béla Balázs (1884–1949) erschien erstmals 1939 im Moskauer Verlag *Verlagsgenossenschaft Ausländischer Arbeiter in der UdSSR*, der eine zentrale Position im sowjetischen Literaturbetrieb einnahm (Benner 2015, 124). „Die in der Sowjetunion entstandenen Kinder- und Jugendbücher sind vorwiegend realistisch gestaltet, explizit kontrafaschistisch und lassen sich zur proletarisch-revolutionären bzw. antifaschistischen (Kinder- und Jugend-)Literatur zählen." (Benner 2015, 127) Ab dem deutsch-sowjetischen Nichtangriffspakt entsprach die kontrafaschistische Kinder- und Jugendliteratur jedoch nicht mehr der sowjetischen Parteilinie; Werke, die den Nationalsozialismus thematisierten, wurden aus dem Verkehr gezogen und konnten erst wieder nach dem Überfall auf die Sowjetunion im Jahr 1941 erscheinen. So wurde auch Béla Balázs' *Heinrich beginnt den Kampf* 1941 publiziert. Nach 1941 erschienen dann keine kinder- und jugendliterarischen Texte mehr, da der Kriegseintritt der Sowjetunion die Publikationsmöglichkeiten einschränkte. *Heinrich beginnt den Kampf* stand 1941 und 1942 jeweils auf der *Jahresliste des schädlichen und unerwünschten Schrifttums*. Erst 1955 erschien die erste Ausgabe nach dem Zweiten Weltkrieg im Berliner Kinderbuchverlag. Sowohl in *Heinrich beginnt den Kampf* als auch in *Karlchen, durchhalten!* (1936) thematisiert Béla Balázs den antifaschistischen Kampf.

In *Heinrich beginnt den Kampf* wird Heinrich Klamm, der sechsjährige Sohn antifaschistischer Eltern, zunächst als begeisterter Nazi geschildert, auf den die Märsche großen Eindruck machen. Vater, Mutter, Heinrich und der Schäferhund Wolfi leben in einem kleinen, spärlich möblierten Zimmer neben dem Dachboden. Die Mutter möchte ihren Sohn gerne von den Polizei und SA spielenden Nachbarskindern fernhalten, aber der Vater meint:

> „Die Kinder spielen, was sie bei den Großen hören und sehen. [...] Laß Heinrich nur mitmachen. Unser Junge ist gar nicht so dumm. Er wird mit der Zeit schon merken, was los ist. Aber wenn er sich ausschließt, dann werden die anderen Kinder fragen, warum spielt der Klamm nicht mit? Erlauben es ihm die Eltern nicht, SA zu spielen? Warum denn nicht? Sind sie etwa Kommunisten? Und gleich hast du den Verdacht am Halse." (Balázs 1955, 10)

So gerät Heinrich mitten in das Spiel, bei dem Kinder, die die SA, meistens in der HJ-Uniform, verkörpern, gegen die Kinder, die die Arbeitslosen spielen, brutal vorgehen. Mit diesem grausamen Spiel, das eigentlich eine Abbildung der Wirklichkeit ist, wird den Leserinnen und Lesern die politische Situation erklärt. Eines Tages wird Heinrichs seit längerer Zeit arbeitsloser Vater als Kommunist verhaftet und vor den Augen Heinrichs und der Kinder aus der Nachbarschaft von der Polizei abgeholt. Schließlich gelingt es der Mutter durch die Erzählung eines parabelhaften Märchens, den völlig verstörten Heinrich zu einem kleinen Widerstandskämpfer zu machen. Drei andere Kinder geben sich ebenfalls als Widerstandskämpfer zu erkennen und schließen Freundschaft mit Heinrich, sie teilen Zettel mit Botschaften wie „Faschismus ist Krieg. Sozialismus ist Frieden. Hände weg von der Sowjetunion!" aus. Heinrich versteckt sogar einen Kommunisten in dem Zimmer, das er mit seinen Eltern bewohnt. Bei der Polizeiuntersuchung wird sein geliebter Hund getötet. Schlussendlich kämpft er mit zahlreichen anderen Kindern mit viel List gegen die Pimpfe, die das Begräbnis seines Hundes stören wollen. Am Ende müssen sich Heinrich und seine Mutter verstecken, es scheint jedoch alles gut zu werden.

Balázs hat in seiner Geschichte eine scharfe Grenze zwischen den als reich, brutal und dumm charakterisierten Faschist*innen und den als arm, klug und eng miteinander kooperierend dargestellten Kommunist*innen gezogen, die sich bereits bei den Kindern zeigt und nicht einmal von ihnen durchbrochen werden kann. Die politischen Konflikte der Eltern werden auf das Kinderspiel übertragen und damit zu Ernst. Da auch Kinder massiv vom Nationalsozialismus betroffen waren, werden auch sie im Roman in den Kampf miteinbezogen, obwohl sie keine Schuld an den Geschehnissen haben. Wie Benner (2015, 346) festhält, ist mit der Jugend in diesem Kontext eine Heilserwartung verknüpft.

Obwohl es sich eher um eine Jungengeschichte handelt, spielen auch weibliche Figuren eine wichtige Rolle darin. Hier ist die Mutter zu nennen, die zwar zunächst als etwas ängstlich und vorsichtig geschildert wird, aber den Kampf gegen die Faschist*innen mitträgt. Auch Hilde, das Mädchen, das kluge Entscheidungen bei der Begegnung mit den Pimpfen trifft und eine Anführerinnenrolle annimmt, und nicht zuletzt die Frau, die unter Lebensgefahr Heinrich zu einem Versteck geleitet, handeln nicht nur umsichtig, sondern auch selbstbestimmt. Die Schilderung der männlichen Figuren teilt sich dagegen in zwei gegensätzliche Lager: Auf der einen Seite gibt es konsequent nationalsozialistisch eingestellte Figuren, die sich in ihrem Fanatismus lächerlich machen, auf der anderen Seite gibt es widerständige und ausschließlich positiv konnotierte Figuren. Heinrichs Vater beispielsweise nimmt die Verfolgung und Verhaftung aufgrund seiner politischen Einstellung beinahe schon märtyrerhaft auf sich.

Insgesamt ist dieser Roman sowohl der proletarischen, demokratischen als auch der antifaschistischen Kinder- und Jugendliteratur zuzurechnen.

Literaturverzeichnis

1 Primärliteratur

Balázs, Bela. *Karlchen, durchhalten!* Berlin: Verlag Kultur und Fortschritt, 1956 [1936].
Balázs, Bela. *Heinrich beginnt den Kampf.* Berlin: Der Kinderbuchverlag, 1955 [1939].
Faber du Faur, Irmgard. *Die Kinderarche.* Frankfurt a. M.: Hirschgraben, 1949 [1935].
Gmeyner, Anna (unter dem Pseudonym Anna Reiner). *Manja. Ein Roman um fünf Kinder.* Amsterdam: Querido, 1938.
Gmeyner, Anna (unter dem Pseudonym Anna Reiner). *Manja. Ein Roman um fünf Kinder.* Mannheim: Persona, 1984.
Held, Kurt (eigentlich Kurt Kläber). *Die rote Zora und ihre Bande.* Düsseldorf: Sauerländer, 2007 [1941].
Jokl, Anna-Maria. *Die Perlmutterfarbe. Ein Kinderroman für fast alle Leute.* Berlin: Dietz, 1948.
Lazar, Auguste (unter dem Pseudonym Mary Macmillan). *Sally Bleistift in Amerika.* Wien: Globus 1947 [1935].
Lazar, Auguste (unter dem Pseudonym Mary Macmillan). *Arabesken. Aufzeichnungen aus bewegter Zeit.* Berlin: Dietz, 1957.
Leitner, Maria. *Elisabeth, ein Hitlermädchen.* Berlin: Aviva, 2020 [1937 im *Pariser Tageblatt* als Fortsetzungsroman].
Lobe, Mira. *Insu-Pu. Die Insel der verlorenen Kinder.* Wien u. a.: Jugend & Volk, 1969 [1951; Ersterscheinung hebräisch: *I-Hajeladim.* Tel Aviv: Twersky, 1948].
Mann, Erika. *Zehn Millionen Kinder. Die Erziehung der Jugend im Dritten Reich.* Mit einem Geleitwort von Thomas Mann und einem Nachwort von Irmela von der Lühe. Reinbek: Rowohlt, 2007 [1938].
Mann, Erika. *Zehn jagen Mr. X.* Aus dem Englischen übersetzt von Elga Abramowitz. Mit einem Nachwort von Golo Mann. Wuppertal: Arco, 2011 [1942].
Neurath, Marie. *Fire!* London: Parrish, 1950.
Rewald, Ruth. *Müllerstraße. Jungens von heute.* Stuttgart: D. Gundert, 1932.
Rewald, Ruth. *Janko, der Junge aus Mexico.* Illustriert von Paul Urban. Hg. und mit einem Nachwort von Dirk Krüger. Wuppertal: Arco, 2007 [1934].
Rewald, Ruth. *Vier spanische Jungen.* Hg. und mit einem Nachwort von Dirk Krüger. Köln: Röderberg, 1987.
Schenzinger, Karl Aloys. *Der Hitlerjunge Quex.* Berlin: Verlag für Zeitgeschichte, 1940 [1932].
Seidlin, Oskar/Richard Plaut [Plant]. *S.O.S Genf. Ein Friedensbuch für Kinder.* Zürich: Humanitas, 1940 [1939].

Siemsen, Hans. *Die Geschichte des Hitlerjungen Adolf Goers*. Düsseldorf: Komet, 1947 [1940].
Steffin, Margarete. *Konfutse versteht nichts von Frauen. Nachgelassene Texte*. Berlin: Rowohlt, 1991.
Tetzner, Lisa. *Die Kinder aus Nr. 67. Erwin und Paul. Das Mädchen aus dem Vorderhaus* (Bd. 1 und 2). Düsseldorf: Sauerländer, 2004 [1933; 1935].
Tetzner, Lisa. *Die Kinder aus Nr. 67. Erwin kommt nach Schweden. Das Schiff ohne Hafen* (Bd. 3 und 4). Düsseldorf: Sauerländer, 2004 [1941; 1943].
Tetzner, Lisa. *Die Kinder aus Nr. 67. Die Kinder auf der Insel. Mirjam in Amerika* (Bd. 5 und 6). Düsseldorf: Sauerländer, 2005 [1944; 1945].
Tetzner, Lisa. *Die Kinder aus Nr. 67. War Paul schuldig? Als ich wiederkam* (Bd. 7 und 8). Düsseldorf: Sauerländer, 2005 [1945; 1946].
Thomas, Adrienne. *Die Katrin wird Soldat. Ein Roman aus Elsaß-Lothringen*. Berlin: Propyläen, 1930.
Thomas, Adrienne. *Die Katrin wird Soldat. Ein Roman aus Elsaß-Lothringen*. Amsterdam: Allert de Lange, 1950.
Wedding, Alex (geb. Margarete Bernheim). *Das Eismeer ruft. Die Abenteuer einer kleinen und einer großen Mannschaft. Nach wahren Begebenheiten erzählt*. Prag: Malik, 1936.
Zimmering, Max. *Die Jagd nach dem Stiefel*. Berlin: Der Kinderbuchverlag, 1955 [1936].

2 Sekundärliteratur

Benner, Julia. *Federkrieg. Kinder- und Jugendliteratur gegen den Nationalsozialismus 1933–1945*. Göttingen: Wallstein, 2015.
Bernstorff, Wiebke von. *Fluchtorte. Die mexikanischen und karibischen Erzählungen von Anna Seghers*. Göttingen: Wallstein, 2006.
Bernstorff, Wiebke von. „Geschichte(n) machen. Für eine Wiederaufnahme der historisch-politischen Perspektive in der Exil(literatur)- und Genderforschung". *Exilforschung. Ein internationales Jahrbuch. Exilforschung im historischen Prozess* 30 (2012), 304–326.
Bernstorff, Wiebke von. „Erika Mann: *A Gang of Ten* (1942), deutsch: *Zehn jagen Mr. X* (1990)". *Handbuch der deutschsprachigen Exilliteratur. Von Heinrich Heine bis Herta Müller*. Hg. Bettina Bannasch/Gerhild Rochus. Berlin u. a.: De Gruyter, 2013, 421–427.
Bernstorff, Wiebke von. „‚[…] vom Kinde aus': Der spanische Bürgerkrieg in der Kinderliteratur des deutschen Exils: Rewald und Brecht". *Argonautenschiff* 24 (2016), 128–138.
Bernstorff, Wiebke von. „Un-/Doing Gender in Exile Children's Literature: for example Lisa Tetzners *Children's Odyssey*". *Exile and Gender I. Yearbook of the Research Centre for German and Austrian Exile Studies* 17 (2016), 207–219.
Blumesberger, Susanne. *Handbuch der österreichischen Kinder- und Jugendschriftstellerinnen*. Bd. 1: *A-L*; Bd. 2: *M-Z*. Wien: Böhlau, 2014.
Blumesberger, Susanne. „Zwischen Wehmut und Distanz. Das Bild Österreichs in der Kinder- und Jugendliteratur im Exil". *Österreichische Identitäten. libri liberorum. Zeitschrift der Österreichischen Gesellschaft für Kinder- und Jugendliteraturforschung*. 17.47–48 (2016), 65–76.
Blumesberger, Susanne. „Kinder- und Jugendliteratur im Exil. Ein Überblick über die Jahre 1933–1945". *Exilforschung: Österreich. Leistungen, Defizite & Perspektiven*. Hg. Evelyn Adunka/Primavera Driessen Gruber/Simon Usaty. Wien: Mandelbaum, 2018, 258–278.
Blumesberger, Susanne. „Facetten der politisch aufgeladenen Kinder- und Jugendliteratur in Österreich zwischen 1933 und 1945". *Parole(n) – Politische Dimensionen von Kinder- und Jugendmedien*. Hg. Caroline Roeder. Stuttgart: Metzler, 2020, 79–91.

Blumesberger, Susanne. „Spuren des Nachexils in der österreichischen Kinder- und Jugendliteratur". *Mitteilungen der Gesellschaft für Buchforschung in Österreich.* 1 (2020), 47–70.

Blumesberger, Susanne/Jörg Thunecke (Hg.). *Deutschsprachige Kinder- und Jugendliteratur während der Zwischenkriegszeit und im Exil. Schwerpunkt Österreich.* Frankfurt a. M. u. a.: Peter Lang, 2017.

Ewers, Hans-Heino. „Kinder, die nicht erwachsen werden. Die Geniusgestalt des ewigen Kindes bei Goethe, E.T.A. Hoffmann, J.M. Barrie, Ende und Nöstlinger." *Kinderwelten, Kinder und Kindheit in der neueren Literatur. Festschrift für Klaus Doderer.* Hg. Freundeskreis des Instituts für Jugendbuchforschung. Weinheim u. a.: Beltz, 1985, 42–70.

Fernengel, Astrid. *Kinderliteratur im Exil. Im „modernen Dschungel einer aufgelösten Welt".* Marburg: Tectum, 2008.

Göttlicher, Wilfried. „Otto Glöckels Schulreform, das Rote Wien und die deutsche Reformpädagogik. Zur Einordnung der Glöckelschen Schulreform 1919–1934". *1918 in Bildung und Erziehung. Traditionen, Transitionen, Vision.* Hg. Andrea De Vincenti/Norbert Grube/Andreas Hoffmann-Ocon. Bad Heilbronn: Klinkhard, 2020, 229–150.

Hall, Murray Gordon. „Die Militarisierung der Jugendliteratur 1933–1945". *Deutschsprachige Kinder- und Jugendliteratur während der Zwischenkriegszeit und im Exil.* Hg. Susanne Blumesberger/Jörg Thunecke. Frankfurt a. M. u. a.: Peter Lang, 2017, 99–114.

Hopster, Norbert/Petra Josting/Joachim Neuhaus. *Kinder- und Jugendliteratur 1933–1945. Ein Handbuch.* Bd. 1: *Bibliographischer Teil mit Registern.* Stuttgart u. a.: Metzler, 2001.

Hopster, Norbert/Petra Josting/Joachim Neuhaus. *Kinder- und Jugendliteratur 1933–1945. Ein Handbuch.* Bd. 2: *Darstellender Teil.* Stuttgart u. a.: Metzler, 2005.

Hopster, Norbert. „Literatur der Organisationen und der Dienste". *Kinder- und Jugendliteratur 1933–1945. Ein Handbuch. Bd. 2: Darstellender Teil.* Hg. Ders./Petra Josting/Joachim Neuhaus. Stuttgart u. a.: Metzler, 2005, Sp. 121–186.

Josting, Petra. „Kinder- und Jugendliteratur im Kontext von Pädagogik, Ästhetik und NS-Ideologie". *Kinder- und Jugendliteratur 1933–1945. Ein Handbuch. Bd. 2: Darstellender Teil.* Hg. Dies./Norbert Hopster/Joachim Neuhaus. Stuttgart u. a.: Metzler, 2005, Sp. 95–115. [= Josting 2005a]

Josting, Petra. „Kinder- und Jugendliteratur deutschsprachiger ExilautorInnen". *Kinder- und Jugendliteratur 1933–1945. Ein Handbuch. Bd. 2: Darstellender Teil.* Hg. Dies./Norbert Hopster/Joachim Neuhaus. Stuttgart u. a.: Metzler, 2005, Sp. 837–892. [= Josting 2005b]

Josting, Petra. „Exil". *Geschichte der deutschen Kinder- und Jugendliteratur.* Hg. Reiner Wild. Stuttgart u. a.: Metzler 2008, 295–311.

Kaminiski, Winfried. „Exil und innere Emigration". In: *Geschichte der deutschen Kinder- und Jugendliteratur.* Hg. Reiner Wild. Stuttgart: Metzler, 1990, 285–298.

Klapdor, Heike. „Nachwort". Anna Gemyner. *Manja. Ein Roman um fünf Kinder.* Mannheim: Persona, 2008, 395–403.

Krüger, Dirk. *Die Deutsch-jüdische Kinder- und Jugendbuchautorin Ruth Rewald und die Kinder- und Jugendliteratur im Exil.* Diss. Univ. Wuppertal, 1989.

Leitner, Maria. „Dorfschule im Dritten Reich. Kleines Kulturbild". *Elisabeth, ein Hitlermädchen. Ein Roman und Reportagen (1934–1939).* Hg. Dies./Helga Schwarz/Wilfried Schwarz. Berlin: Aviva, 2014 [1938], 318–320.

Löwenstein, Kurt. „Das Kind als Träger der werdenden Gesellschaft". *Sozialismus und Erziehung. Eine Auswahl aus den Schriften 1919–1933.* Hg. Ders./Ferdinand Brandecker/Hildegard Feidel-Merz. Berlin u. a.: J. H. W. Dietz Nachf., 1976 [1924], 89–21.

Lühe, Irmela von der. „‚Und der Mann war oft eine schwere, undankbare Last'. Frauen im Exil – Frauen in der Exilforschung". *Exilforschung* 14 (1996), 44–61.

Lühe, Irmela von der. „Nachwort". Erika Mann. *Zehn Millionen Kinder. Die Erziehung der Jugend im Dritten Reich*. Reinbek: Rowohlt 2007, 199–217.

Lühe, Irmela von der. *Erika Mann. Eine Lebensgeschichte*. Reinbek: Rowohlt, 2009.

Mikota, Jana. „Kinder- und Jugendliteratur des Nachexils. Exemplarische Überlegungen zur Kinder- und Jugendliteratur des Exils und ihrer Rezeption nach 1945". *Nachexil/Post-Exil*. Hg. Bettina Bannasch/Katja Sarkowsky. Berlin u. a.: De Gruyter, 2020, 370–388.

Neurath, Marie/Otto Neurath. *Visual History of Mankind*. London: Adprint 1948.

Pinfold, Debbie. *The Child's View of the Third Reich in German Literature*. Oxford u. a.: Clarendon Press, 2001.

Seeber-Weyrer, Ursula. „Zweifaches Exil? Österreichische Kinder- und Jugendliteratur im Exil". *Geschichte der österreichischen Kinder- und Jugendliteratur vom 18. Jahrhundert bis zur Gegenwart*. Hg. Hans-Heino Ewers/Ernst Seibert. Wien: Buchkultur Verlagsgesellschaft, 1997, 114–125.

Schlenstedt, Silvia. „Überlegungen zu Anna Seghers ‚Frauen und Kinder in der Emigration'" *Argonautenschiff. Jahrbuch der Anna-Seghers-Gesellschaft* 2 (1993), 123–131.

Seghers, Anna. „Frauen und Kinder in der Emigration (1938)". *Argonautenschiff Jahrbuch der Anna-Seghers-Gesellschaft* 2 (1993), 319–327.

Shavit, Zohar. „Zwischen Kinder-Insel und Insu-Pu. Wie der hebräische Text von Mira Lobe für die österreichischen Kinder geändert wurde". *Mira Lobe ... in aller Kinderwelt*. Hg. Heidi Lexe/Ernst Seibert. Wien: Praesens, 2005, 67–85.

Siemsen, Anna. „Frauenerwerbsarbeit und Mädchenbildung". *Deutsche Lehrerinnenzeitung. Organ des Allgemeinen deutschen Lehrerinnenvereins*, 47 (1930), 97–99.

Siemsen, Anna. *Spanisches Bilderbuch*. Düsseldorf: Komet, 1947 [1937].

Siemsen, Anna. *Die gesellschaftlichen Grundlagen der Erziehung*. Hamburg: Oetinger, 1948.

Stern, Guy. „Wirkung und Nachwirkung der antifaschistischen Jugendliteratur". *„Wir tragen den Zettelkasten mit den Steckbriefen unserer Freunde". Beiträge jüdischer Autoren zur deutschen Literatur seit 1945*. Hg. Jens Stüben/Winfried Woesler. Darmstadt: Häusser, 1994, 299–312.

Stern, Guy/Brigitte V. Sumann. „Women's Voices in American Exile". *Between Sorrow and Strength. Women Refugees of the Nazi Period*. Hg. Sybille Quack. Cambridge: Cambridge University Press u. a., 1995, 341–352.

Suder, Liliane. „Fünf Familien in Berlin. Der aufschlussreiche Roman ‚Manja' von Anna Gmeyner endlich wieder greifbar". *literaturkritik.de*. 13. April 2015. https://literaturkritik.de/id/20514 (13. Februar 2021).

Thomalla, Andrea/Jörg Räuber. *Kinder- und Jugendliteratur im Exil 1933–1950. Mit einem Anhang: Jüdische Kinder- und Jugendliteratur in Deutschland 1933–1938. Eine Ausstellung der Sammlung Exil-Literatur der Deutschen Bücherei Leipzig*. Frankfurt a. M.: Die Deutsche Bibliothek, 1999.

Usadel, Georg. „Nationalsozialistische Forderungen an das Jugendschrifttum". *Jugendschriften-Warte* 41 (1936), 1–3.

Wedding, Alex (geb. Margarete Bernheim). „Kinderliteratur". In: *Das Wort. Literarische Monatsschrift* 6 (1937), 50–54.

Wedding, Alex (geb. Margarete Bernheim). *Alex Wedding. Aus vier Jahrzehnten. Erinnerungen, Aufsätze und Fragmente. Zu ihrem 70. Geburtstag*. Hg. Günter Ebert. Berlin: Der Kinderbuchverlag, 1975.

Weiskopf, Franz C. *Unter fremden Himmeln. Ein Abriß der deutschen Literatur im Exil 1933–1947*. Berlin: Dietz, 1947.

Viertel, Berthold. „Ein Roman um fünf Kinder". *Die Weltbühne* 34 (1938), 1354–1359.

Werner, Birte. *Illusionslos hoffnungsvoll. Die Zeitstücke und Exilromane Anna Gmeyners*. Göttingen: Wallstein, 2006.

Wintersteiner, Werner. „,Zeit zu träumen, Zeit zu handeln'. Mira Lobe als politische Kinderbuchautorin". *Mira Lobe ... in aller Kinderwelt.* Hg. Heidi Lexe/Ernst Seibert. Wien: Praesens, 2005, 99–122.

[o.A.]. *Jahresliste des schädlichen und unerwünschten Schrifttums.* Leipzig: Brandstetter, 1939–1941.

IX **1945 bis 1990**

Weertje Willms
Epochenüberblick

Ähnlich wie in der Erwachsenen- bzw. Allgemeinliteratur gab es auch im Bereich der Kinder- und Jugendliteratur nach dem Zweiten Weltkrieg und der Ära des Nationalsozialismus keine Stunde Null. Unter den älteren Autor*innen waren einige ins Exil gegangen, andere hatten sich im NS-System kompromittiert, eine dritte Gruppe ist der sogenannten Inneren Emigration zuzurechnen. Eine neue Generation von Autor*innen musste sich erst etablieren. So wurden nach 1945 zunächst thematisch und ästhetisch konservative Werke vornehmlich des 19. Jahrhunderts wiederaufgelegt, die ‚unverfänglich' schienen oder ein heiles Weltbild und eine Flucht aus der Gegenwart anboten (z. B. Märchen oder Johanna Spyris *Heidi*). Aufgrund der zunächst geringen Anzahl an ambitionierten Eigenproduktionen wurden aber schon bald ausländische Werke übersetzt, welche eine äußerst prägende Wirkung auf die weitere Entwicklung der deutschsprachigen Kinder- und Jugendliteratur haben sollten. Den entscheidenden Umschwung löste Astrid Lindgrens dreibändiges Kinderbuch *Pippi Langstrumpf* (schwedisches Original 1945; dt. Übersetzung 1949) aus, das ein neues Kindheitsbild und radikal veränderte pädagogische Vorstellungen vermittelte, mit den hergebrachten Genderkonstrukten und -stereotypen (vor allem des Mädchenbuchs) brach und neue Ansprüche an die Literatur für Kinder und Jugendliche etablierte.

Mitte der 1950er Jahre bildete sich dann eine eigenständige Kinder- und Jugendliteratur in Westdeutschland aus, welche auf den durch *Pippi Langstrumpf* eingeführten Prämissen aufbaute. Diese Literatur der Kindheitsautonomie verband mit der Vorstellung von Kindheit als eigenständiger Daseinsform erstmals im deutschsprachigen Raum (die innovative Literatur der Weimarer Republik stellte hier eine kurze Ausnahmeperiode dar) den Gedanken, dass während dieser Phase keine Einübung in gesellschaftliche Normen stattfinden solle, sondern dass sich hier im Gegenteil eine von den gesellschaftlichen Anforderungen losgelöste Entfaltung der Phantasie, der Persönlichkeit und der persönlichen Autonomie vollziehen dürfe. Die bekanntesten Vertreter dieser Richtung waren die Autoren Michael Ende, James Krüss und Otfried Preußler, welche diese Konzepte im phantastischen Genre entfalteten.

Die Kinder- und Jugendliteratur der Kindheitsautonomie mit der Betonung von Phantasie und Freiheit und der Infragestellung der autoritären Pädagogik setzte sich auch in den 1960er Jahren fort. Allmählich entwickelte sich daneben eine realistische Kinder- und Jugendliteratur, und es entstanden erste Werke, die sich mit dem Nationalsozialismus auseinandersetzten (das erste deutschsprachige Werk dieser Art war Hans Peter Richters *Damals war es Friedrich*, 1961).

Der entscheidende Epochenumbruch fand – auf der gesellschaftlichen Ebene sowie in der Kinder- und Jugendliteratur – mit den grundlegenden Umwälzungen von 1968 statt. Die radikale Infragestellung des gesellschaftspolitischen Systems, der Elterngeneration, der Familien- und Genderkonzepte, der Pädagogik, der Auffassung von Kindheit und Jugend und vieler weiterer Bereiche prägte auch die Produktion und

Rezeption der Kinder- und Jugendliteratur. So kam es im Zuge der antiautoritären Pädagogik zu neuen Darstellungen im Verhältnis von Kindern und Erwachsenen, neue Familienmodelle wurden verhandelt, das Verhältnis der Elternfiguren zueinander sowie die Mütter- und Väterfiguren wurden in anderer Weise gestaltet als bisher, und es tauchten neuartig konzipierte Mädchen- und Jungenfiguren als Protagonist*innen in der Kinder- und Jugendliteratur auf. Die realistische Kinder- und Jugendliteratur der 1970er Jahre setzte sich verstärkt mit Themen und Problemen der Gegenwart auseinander, besonders in der Mädchenliteratur zeigte sich ein deutlicher Emanzipationsschub. Doch auch in der phantastischen Literatur wurden Zeitfragen und neue Konzepte im Verhältnis der Generationen und der Geschlechter verhandelt (z. B. Christine Nöstlingers *Wir pfeifen auf den Gurkenkönig*, 1972).

Die starke Politisierung der Kinder- und Jugendliteratur der 1970er Jahre provozierte in den 1980er Jahren eine Gegenbewegung, und es entstanden wieder mehr phantastische Werke, wie Michael Endes Bestseller *Die unendliche Geschichte* (1979), welche die Phantasie als heilsbringenden Gegenentwurf zur Realität konzipierten. Daneben wurde indes weiterhin realistische „Problemliteratur" (Kümmerling-Meibauer 2012, 72) publiziert, welche Themen wie Umweltzerstörung, Wettrüsten, Feminismus u. a. verhandelte (z. B. Gudrun Pausewang: *Die Wolke*, 1987), so dass in den 1980er Jahren insgesamt von einer großen Vielfalt innerhalb der Kinder- und Jugendliteratur gesprochen werden kann, die sich bis in die Gegenwart fortsetzt und weiter diversifiziert.

Parallel zu den Entwicklungen in Westdeutschland entfaltete sich in der DDR eine bedeutende Kinder- und Jugendliteratur, die nur teilweise mit den westdeutschen Tendenzen Hand in Hand ging. Dies kann vor allem auf den kulturellen Einfluss der Sowjetunion und später auch anderer osteuropäischer Länder, den Einfluss zurückgekehrter Exilautor*innen, die an „die Traditionen der proletarisch-revolutionären Kinder- und Jugendliteratur der 1920er und 1930er Jahre" anknüpften (Kümmerling-Meibauer 2012, 67) sowie die Wechselwirkungen mit den grundlegend anderen gesellschaftspolitischen und kulturellen Gegebenheiten zurückgeführt werden. Gerade auch im Bereich der Generationen- und Genderkonstrukte, die in der Regel miteinander korrespondieren, existierten mit der sozialistischen Ideologie und Lebenswirklichkeit andere diskursive Bezugspunkte als in Westdeutschland, die in vielen kinder- und jugendliterarischen Produktionen zu erkennen sind, besonders auch im Mädchenbuch.

Literatur

Kümmerling-Meibauer, Bettina. *Kinder- und Jugendliteratur. Eine Einführung.* Darmstadt: Wiss. Buchges., 2012.
Schikorsky, Isa. *Kurze Geschichte der Kinder- und Jugendliteratur.* Norderstedt: Books on Demand, 2012.
Weinkauff, Gina/Gabriele von Glasenapp. *Kinder- und Jugendliteratur.* 3. Aufl. Paderborn: Schöningh, 2018.
Wild, Reiner (Hg.). *Geschichte der deutschen Kinder- und Jugendliteratur.* Stuttgart u.a.: Metzler, 2008.

Inka Rupp
Astrid Lindgrens *Pippi Langstrumpf* als Inversion des Backfischromans und kinderliterarische Zäsur

Zusammenfassung: *Pippi Langstrumpf* (1949; Orig.: *Pippi Långstrump*, 1945) stellt eine Zäsur in der restaurativ und regressiv geprägten deutschen Kinder- und Jugendliteratur der Nachkriegszeit dar, indem das Werk sowohl mit der gängigen Konzeption des Mädchenbuchs als auch mit bis dahin vorherrschenden Genderrollenbildern generell bricht. Der Rezeption und Bedeutung *Pippi Langstrumpfs* für die Entwicklung der deutschen Kinder- und Jugendliteratur der 1950er und 1960er Jahre widmet sich der erste Teil des Beitrags. Im Fokus steht im Anschluss die Untersuchung der Genderverhältnisse in den drei Bänden der *Pippi Langstrumpf*-Reihe: Hierbei wird letztere zunächst als Inversion traditioneller Mädchenromane vorgestellt, während in einem zweiten Schritt das figürliche Umfeld und die transgressive Gestaltung der Protagonistin im Vordergrund stehen.

1 *Pippi Langstrumpf* als Initialzündung für die deutsche Nachkriegsliteratur

Im Jahr 2020 feierte ein Kinderbuch seinen 75. Geburtstag, das insbesondere die deutsche Kinder- und Jugendliteratur entscheidend geprägt und verändert hat: *Pippi Langstrumpf*, noch während des Zweiten Weltkriegs verfasst, ist weltweit das beliebteste Werk Astrid Lindgrens (Kümmerling-Meibauer 2004, 630) und genießt besonders in Deutschland den Status eines absoluten Klassikers (Surmatz 2005, 3; Zamolska 2019). In der deutschen Kinder- und Jugendliteratur der unmittelbaren Nachkriegszeit stellte die phantastische Erzählung um das stärkste Mädchen der Welt, das sich ihre Regeln selbst macht, Torten am Stück verspeist und Erwachsene in die Luft wirft, ein Novum und zugleich einen Normenbruch dar, ein Überschreiten des Bisherigen und einen radikalen Neubeginn.

Während in Bezug auf die Weimarer Republik eine beginnende Ablösung von tradierten kinderliterarischen Erzählformen und Genderstereotypen zu beobachten ist,[1] scheinen diese progressiven Tendenzen in der Kinder- und Jugendliteratur der Nachkriegszeit vergessen zu sein, lässt sich doch ein Rückbezug auf Klassiker und kinderliterarische Muster des 19. Jahrhunderts beobachten (Kaminski 2002, 307–308). In der restaurativ orientierten Konstruktion heiler Kindheitswelten in der Kinder- und Jugendliteratur der Nachkriegszeit war kein Platz für innovative neue Narrative und

---

[1] Vgl. hierzu den Beitrag von Christian Heigel in diesem Band.

formale Experimente (Kaminski 2002, 303–304, 307) – stabile Verhältnisse sollten, wenn nicht in der Alltagsrealität, so doch in den Büchern für Kinder und Jugendliche herrschen. Die Kinder- und Jugendliteratur der Nachkriegszeit stellte keine Fragen und „hat vor allem versäumt, sich selbst in Frage zu stellen" (Kaminski 2002, 299). Die Reproduktion überkommener Erzählmuster und Genderstereotype führte zu Konformität und beispielsweise in der Mädchenliteratur zur Wiederholung des Immergleichen: „Texte und Themen der Mädchenliteratur wirken wie untereinander austauschbare Fertigteile. Die Bücher jener Jahre lesen sich wie eine nicht endenwollende Wiederkehr des Gleichen." (Kaminski 2002, 308) Entsprechend negativ fielen die Reaktionen auf die deutsche Kinder- und Jugendliteratur aus: „Wie hübsch und rührend ist das alles – und wie unzulänglich", bemerkte beispielsweise die Pädagogin Anna Siemsen (1947, 296) im Hinblick auf eine Ausstellung zu Kinder- und Jugendliteratur im Jahr 1947 in Hamburg, die, so Siemsen, ebenso gut im Jahr 1912 hätte stattfinden können.

Die Innovativität und der Mut, alte Strukturen aufzubrechen, welche der Kinder- und Jugendliteratur der deutschen Nachkriegszeit so offenkundig fehlten, kündigten sich jedoch schon bald an – in Form einer Flut von Übersetzungen aus dem Ausland. „Keiner konnte kaufen, keiner durfte lesen, was zwischen 1933 und 1945 im Ausland erschien, aber nachdem sich auch diese Grenzen wieder öffneten, griffen besonders die jungen Leute gierig nach allem, was auf sie gewartet hatte." (Schönfeldt 2007, 82) Eine Schlüsselrolle nahm dabei das Werk Astrid Lindgrens ein: „Ihre Bücher haben die Festung der alten Jugendliteratur im Sturm genommen", notierte emphatisch Richard Bamberger (1967, 26), Gründer des Internationalen Instituts für Jugendliteratur- und Leseforschung. Allen voran der Erstling *Pippi Langstrumpf*, der in der BRD im Jahr 1949 veröffentlicht wurde:[2] Mit der Omnipräsenz von Nonsenselementen, der Abwesenheit jeglicher Didaxe und der Betonung des kindlichen Lustprinzips anstatt des Imperativs des Gehorsams markiert *Pippi Langstrumpf* einen Bruch sowohl mit stilistischen als auch pädagogischen Maßgaben der Zeit (Surmatz 2005, 86 und 89; Kaminski 2002, 302, 308–309). Auch über das prominenteste Kinderbuch der Weimarer Republik, Erich Kästners *Emil und die Detektive*, geht *Pippi Langstrumpf* einen großen Schritt hinaus: Während Emil und seine Freunde in ihrem Detektivspiel die verfassungsmäßige und militärische Ordnung der Erwachsenen nachahmen,[3] sich „wie kleine ernste Männer" (Kästner 1995, 119) die Hände schütteln und am Ende von den Erwachsenen gelobt werden, möchte Pippi weder wie die Erwachsenen sein noch deren Lob erhalten. Sie macht sich ihre eigenen Regeln und weist damit einmal mehr

---

2 In der DDR erschien *Pippi Langstrumpf* erst im Jahr 1975. Die Rezeption des Buches in der DDR bedarf einer gesonderten Untersuchung.
3 Emil schlägt vor, „wie im Reichstag" (Kästner 1995, 114) abzustimmen; die Jungen halten eine „Funktionärsversammlung" ab (Kästner 1995, 120), bilden „Stafetten" und einen „Nachrichtendienst", stellen „Vorposten" auf und halten „Ersatzleute" bereit (Kästner 1995, 86, 89). Der Anführer der Jungen sieht aus wie „Napoleon während der Schlacht bei Leipzig" (Kästner 1995, 101). Vgl. dazu auch den Beitrag von Christian Heigel in diesem Band.

über Kästners Klassiker hinaus, in dem Emil verkündet: „Denn es geht natürlich nicht, daß jeder einfach tut, was er will." (Kästner 1995, 114) Als unbesiegbares, schlagfertiges Mädchen, das tut, was ihm gefällt, steht die Figur Pippis zudem zeitgenössischen Gendervorstellungen diametral gegenüber.

Kaum verwunderlich ist, dass das Kinderbuch *Pippi Langstrumpf* nach seinem Erscheinen keine einhellige Zustimmung unter zeitgenössischen Rezensent*innen hervorrief, sondern sowohl in Schweden als auch in Deutschland auf Kritik stieß: Zu Befürchtungen, dass die Fliegenpilze verspeisende, aufmüpfige Pippi zum Vorbild ihrer jungen Leser*innen geraten könnte, gesellten sich Vorwürfe der Grobheit, Herzlosigkeit oder der mangelnden Originalität (Surmatz 2002b, 186–188). Der schwedische Psychologieprofessor John Landquist bezeichnete Pippi 1946 gar als Ausgeburt einer geisteskranken Phantasie und schrieb dem Buch eine „schädliche Wirkung auf Kinder" zu (Landquist 2002, 184). Die deutschen Kritiker*innen hatten es mit einer gegenüber dem schwedischen Original veränderten Buchfassung zu tun, gingen doch in den Übersetzungsprozess zensierende, pädagogisierende Änderungen ein (Surmatz 2005, 133; Kümmerling-Meibauer 2004, 630). Bedenkt man, dass bereits Astrid Lindgren selbst die Urfassung der *Pippi* noch einmal überarbeitet und deren Radikalität abgemildert hatte (Nix 2002, 228–230),[4] präsentiert sich *Pippi Langstrumpf* den deutschen Leser*innen bereits in zweifach gezähmter Form. In der ersten deutschen Übersetzung von 1949[5] werden beispielsweise Nonsensverse ausgespart und Fabuliergeschichten Pippis abgemildert, zum Schutz der kindlichen Leser*innen wird aus einem Fliegen- ein Steinpilz und das Ausgangsnarrativ wird um implizit wertende Kommentare ergänzt (Surmatz 2005, 134, 139–140, 143). So wird etwa einer Szene, in der Pippi eine ganze Torte verspeist, „ohne Grundlage im Schwedischen" der Satz „Thomas und Annika saßen da und starrten Pippi erschrocken an" beigefügt (Surmatz 2005, 137).

Den Kritiker*innen, die *Pippi Langstrumpf* mit Skepsis und Ablehnung begegneten, standen jene Rezensenten*innen gegenüber, welche die Neuerscheinung begrüßten, indem sie das Buch unter anderem als lange überfällige Alternative zur gängigen Mädchenliteratur der Zeit würdigten (Surmatz 2002b, 168–188). Im Laufe der 1950er Jahre fand eine umfassende positive Neubewertung des unter erwachsenen Rezipient*innen umstrittenen Buches statt, an dem nicht zuletzt die zunehmende Etablierung der Kinder- und Jugendliteratur an Hochschulen und pädagogischen Akademien Anteil hatte (Müller 2009, 253). Im Zuge der „Theorie des guten Jugendbuchs" wurden das Zurücktreten moralisierend-didaktischer Inhalte und eine kindgemäße, an den Bedürfnissen der Zielgruppe orientierte Literatur gefordert (Müller 2009, 255) – zwei Maßgaben, die *Pippi Langstrumpf* beispiellos erfüllte. Die phantastische Erzählung

---

4 Vgl. auch Kümmerling-Meibauer 2004, 629 und Surmatz 2002a, 69–70, 72.
5 Insgesamt existierten allein von 1949 bis 2001 13 deutsche Fassungen in verschiedenen Überarbeitungsstufen (Surmatz 2005, 118, 133). In den Jahren 2007 und 2008 erschien bei Oetinger eine aktualisierte, überarbeitete Textfassung der drei Bände mit bunten Illustrationen, in der die Begriffe „Negerkönig" und „Negerprinzessin" durch „Südseekönig" und „Südseeprinzessin" ersetzt wurden.

um das stärkste Mädchen der Welt wirkte in der durch Konformität geprägten Kinder- und Jugendliteratur der deutschen Nachkriegszeit als „Katalysator" und „Initialzündung" (Surmatz 2005, 4), beeinflusste und beflügelte die literarische Entwicklung der 1950er und 1960er Jahre und bereitete der phantastischen Kinder- und Jugendliteratur der Nachkriegszeit, getragen von Autoren wie Otfried Preußler, Michael Ende und James Krüss, den Boden (Kümmerling-Meibauer 2004, 630; Kaminski 2002, 313). Wie Astrid Surmatz festhält, ist „Lindgrens Einfluß auf die Umgestaltung und Erneuerung der deutschen Kinderliteratur und -kultur in den letzten fünfzig Jahren [...] unschätzbar" (Surmatz 2005, 4).

2 Genderaspekte in *Pippi Langstrumpf*

Der Überblick über die Situation der Kinder- und Jugendliteratur um 1945 zeigt, dass in *Pippi Langstrumpf* Kindheits-, Erziehungs- und Genderkonzepte der Zeit gleichermaßen außer Kraft gesetzt werden. Der Frage, wie sich die Überwindung genderspezifischer Strukturen im Genauen vollzieht, widmet sich die folgende Analyse. Zum untersuchten Textkorpus gehören neben dem ersten Band *Pippi Langstrumpf* auch die beiden Folgebände *Pippi geht an Bord* (dt. Erstausgabe 1950) und *Pippi in Taka-Tuka-Land* (dt. Erstausgabe 1951).[6] Im ersten Teil der Untersuchung steht die Frage im Fokus, inwiefern *Pippi Langstrumpf* eine Überschreitung, ja eine Inversion des traditionellen Mädchenbuchs darstellt. Anschließend wird Pippi selbst als grenzüberschreitende Figur analysiert und auch die anderen handelnden Figuren werden hinsichtlich ihrer Verortung im traditionellen binären Geschlechterrollenmodell befragt.

2.1 *Pippi Langstrumpf* als Inversion des traditionellen Mädchenbuchs

„Wie ein richtiger Junge saß sie auf dem Pferd und ließ die Füße an beiden Seiten herunterhängen. Das kurze Kleid ließ die unordentlichen, bunten Strümpfe sehen und die hohen plumpen Lederstiefel waren sichtlich seit Tagen nicht gereinigt." (Rhoden 2011, 13) Dass diese Beschreibung sich nicht auf Pippi Langstrumpf bezieht, sondern aus einem Klassiker der Backfischliteratur stammt – Emmy von Rhodens *Trotzkopf* von 1885[7] –, lässt sich nicht zuletzt anhand der wertenden Erzählstimme erkennen, welche Unordentlichkeit und Unsauberkeit bemängelt und auf die Jungenhaftigkeit der Protagonistin Ilse verweist. Trotzdem scheint letztere Ähnlichkeiten mit Pippi zu

---

6 Aus den drei Bänden wird jeweils unter Angabe der Sigle P1, P2 oder P3 zitiert.
7 Vgl. hierzu auch die Beiträge von Jana Mikota und Nadine J. Schmidt, Weertje Willms sowie Philipp Schmerheim in diesem Band.

besitzen: Neben den Übereinstimmungen im Erscheinungsbild pflegt auch die fünfzehnjährige Ilse einen Lebensstil frei von autoritärer Bevormundung und wird als ungestümer Wildfang eingeführt. Während Ilse gemäß dem Muster des Backfischromans diese Eigenschaften jedoch ablegen muss und von ihrem Vater in ein Pensionat verwiesen wird, wo eine Umerziehung zur gesellschaftsfähigen Dame stattfindet, entzieht sich Pippi jeglicher Einpassung. Im Folgenden soll anhand einzelner Aspekte erläutert werden, inwiefern *Pippi Langstrumpf* den Maßgaben des traditionellen Backfischromans zuwiderläuft und diese parodistisch überformt.[8]

2.1.1 Autonomie statt Abhängigkeit

Während die Protagonistin der traditionellen Mädchenliteratur ein „unterdrücktes, unselbständiges Wesen" darstellt, „den Weisungen und Vorstellungen der Erwachsenen und ihrer Institutionen vollständig unterworfen" (Freund 1982, 35), ist Pippi als völlig unabhängige Figur konzipiert. Sie lebt allein in der Villa Kunterbunt und hat anstelle elterlicher Autoritätspersonen ein Äffchen und ein Pferd, um die sie sich kümmert. In der traditionellen Mädchenliteratur treten Eltern als entscheidende Agenten der Normvermittlung auf (Freund 1982, 32) – bei Pippi sind sie als autoritäre Instanz ausgeschaltet: Pippis Mutter ist verstorben, als Pippi noch in der Wiege lag, und ihr Vater, Kapitän eines Schiffes, ist seit einem Sturm auf hoher See verschollen (P1, 9). Anstatt die Geschichte eines vereinsamten Waisenkindes zu erzählen, wird das Sujet der Elternlosigkeit in *Pippi Langstrumpf* positiv gewendet: „Sie hatte keine Mama und keinen Papa, und eigentlich war das sehr schön, denn so gab es niemanden, der ihr sagen konnte, dass sie schlafen gehen sollte, wenn sie gerade mitten im schönsten Spiel war [...]." (P1, 9) Der Mangel an elterlichen Bezugsfiguren bedeutet im Fall Pippis, durchaus provokant (Pietzcker 2000, 273), einen Zugewinn an Freiheit und Selbstbestimmung. Dies stellt insbesondere einen Kontrast zur Mädchenliteratur der unmittelbaren Nachkriegszeit dar, suchen die Protagonistinnen derselben doch oftmals nach „Innerlichkeit, nach Familie und Anlehnung an Autoritäten, die für Recht und Ordnung sorgen" (Kaminski 2002, 308).

Ein völlig autonomes Leben ist für die neunjährige Pippi möglich, weil sie mit zwei Eigenschaften ausgestattet ist, die sie sowohl vor existenzieller Not als auch vor dem Zugriff erzieherischer Institutionen bewahren: ihre übernatürliche Stärke und ihr unerschöpflicher Reichtum in Form von Goldmünzen, der ihr finanzielle Unabhängigkeit verschafft. Pippi wird zudem als äußerst selbstbewusste Figur eingeführt: Gleich zu Beginn des ersten Kapitels betont sie zweimal, dass sie in der Lage ist, sich um sich selbst zu kümmern: „Hab keine Angst! Ich komm immer zurecht!'" (P1, 9), äußert sie gegenüber ihrer Mutter, die sie als Engel im Himmel imaginiert, und wiederholt diese Aussage gegenüber den Matrosen auf dem Schiff ihres Vaters (P1, 11).

---

8 Diese These findet sich sowohl bei Winfried Freund (1982, 31) als auch bei Angelika Nix (2002, 256).

Diese Dopplung und die „festen Schritte[]", mit denen Pippi die Matrosen verlässt, ohne noch einmal zurückzublicken (P1, 12), unterstreichen Pippis Eigenständigkeit.

2.1.2 Stärke statt Schwäche

Joachim Heinrich Campe hielt 1789 im *Vaeterlichen Rath* fest, dass das „Weib schwach, klein, zart, empfindlich, furchtsam" (Campe 2016, 18) sei.[9] Die Figur Pippis durchkreuzt dieses fest im kollektiven Geschlechterdenken verankerte Bild, denn „nirgends [...] gab es jemanden, der so stark war wie sie" (P2, 156). Während die Protagonistinnen traditioneller Mädchenbücher oftmals der Anlehnung an eine starke männliche Figur bedürfen oder von dieser gerettet werden müssen, ist es Pippi, die wiederholt Jungen aus einer Notlage befreit: Sie rettet den Nachbarsjungen Ville vor fünf anderen Jungen, die ihn verfolgen (P1, 29–31), und trägt in einer spektakulären Rettungsaktion zwei kleine Jungen in ihren Armen aus einem brennenden Hochhaus (P1, 130). Zudem rettet sie zweimal ihren Freund Tommy, als dieser von einem Stier (P1, 79) und von einem Hai (P3, 355) angegriffen wird. Das Moment des *Gendercrossing* wird auch evident, wenn Pippi kräftige und gefürchtete Männer besiegt, so zum Beispiel den „Strolch" Laban, „einen unerhört starken Kerl", vor dem sich sogar die Polizei fürchtet (P2, 218), oder den starken Adolf im Zirkus, den angeblich stärksten Mann der Welt (P1, 94–97). Mit Pippis übernatürlicher Stärke geht physische Unverwundbarkeit einher: Sie verletzt sich weder bei ihrem Flugversuch (P1, 76) noch trägt sie beim Verzehr eines Fliegenpilzes Schaden davon (P1, 74), vom Angriff des wütenden Stiers spürt sie nur ein Kitzeln (P1, 81).

2.1.3 Selbsterziehung statt Fremderziehung

Pippi besitzt qua der ihr verliehenen Eigenschaften der übernatürlichen Stärke und des Reichtums die Möglichkeit, ein Leben nach eigenen Vorstellungen, frei von der Bevormundung Erwachsener und gesellschaftlicher Institutionen zu führen. Da innerhalb der Gesellschaft ein Kind ohne Erziehungsrahmen jedoch ein Tabu darstellt, bleibt Pippi in der Villa Kunterbunt nicht lange unbehelligt:

> Die Tanten und Onkel der Stadt fanden, dass das durchaus nicht ginge. Alle Kinder müssten doch jemanden haben, der sie ermahnt, und alle Kinder müssten in die Schule gehen und rechnen lernen. Und darum bestimmten alle Mütter und Väter, dass das kleine Mädchen in der Villa Kunterbunt sofort in ein Kinderheim solle. (P1, 36)

Die staatliche Exekutive steht schon bald in Form zweier Polizisten vor dem Gartentor der Villa Kunterbunt. Als Pippi erklärt, sie wolle nicht mitkommen, entgegnet einer

---

[9] Zum Modell der Geschlechtscharaktere Campes vgl. den Beitrag von Jennifer Jessen in diesem Band.

der Polizisten, sie „solle nicht glauben, dass sie machen könne, was sie wolle. Sie habe mit ins Kinderheim zu kommen, und das augenblicklich! Er ging schnell auf sie zu und griff sie am Arm." (P1, 38) Diesem hier buchstäblichen Zugriff durch staatliche Erziehungsinstitutionen weiß Pippi sich zu entziehen und wendet die Situation zu einem Fangenspiel mit den Polizisten, im Zuge dessen die Vertreter des Staates ironisiert und ihrer Macht beraubt werden. Eine Verkehrung des traditionellen Verhältnisses von Kind und Erwachsenen findet sich in der Verabschiedung der Polizisten durch Pippi, trägt sie diese doch mit den Worten „‚Nein, jetzt hab ich keine Zeit mehr weiterzuspielen'" (P1, 40) hinaus „und setzt sie wie zwei Kinder im Krabbelalter vor das Gartentor. Als Pointe der Vorstellung drückt sie jedem zum Trost einen verbrannten Pfefferkuchen in die Hand." (Nix 2002, 253)

Neben dem Kinderheim ist die zweite in der Erzählung präsente Erziehungsinstitution die Schule. Diese bzw. das Pensionat nimmt in traditionellen Mädchenbüchern als Ort der Erziehung, Willensbrechung und Einpassung in den weiblichen Geschlechtscharakter eine zentrale Rolle ein (Freund 1982, 34). Im *Trotzkopf* beispielsweise lernt die Protagonistin Ilse im Pensionat, ihren Trotz zu überwinden, sich unterzuordnen und sich in ihre weibliche Bestimmung – eine vollendete Dame, Gattin und Mutter zu werden – zu fügen. Pippi jedoch beschließt, nachdem sie einen Tag in der Schule verbracht hat, diese nicht mehr zu besuchen – ein Entschluss, der auch die Zustimmung der Lehrerin erhält – und entzieht sich somit dem (Um-)Formungsprozess, den die vormals ungestümen Mädchen der Backfischromane durchlaufen müssen. In ihrem einmaligen denkwürdigen Schulbesuch sprengt sie den Rahmen der schulischen Didaxe und wiederum lässt sich ein Rollentausch und damit eine Verkehrung des hierarchischen Verhältnisses von erwachsener Autoritätsperson und Kind feststellen, fordert Pippi die Lehrerin doch dazu auf, sich in eine Ecke zu setzen und dort allein ihrem kindischen Verhalten – den Rechenübungen – zu frönen (P1, 49). Pippi kennt keine Autoritäten, sie duzt die Lehrerin und entscheidet selbstbestimmt. Während erwachsene Figuren beispielsweise im *Trotzkopf* in der Regel Verhaltensvorbilder und Autoritätspersonen darstellen, sind Erwachsene in *Pippi Langstrumpf* zuweilen habgierig, auf den eigenen Vorteil bedacht (Freund 1982, 35) und gewaltbereit. Durch Pippi, die ihnen verbal und physisch überlegen ist, wird ihr Verhalten der Lächerlichkeit preisgegeben.

Neben staatlichen Erziehungsinstanzen wird im Fall Pippis auch die zweite basale Erziehungsinstanz der Eltern ausgehebelt. Der Vater, im traditionellen patriarchalen Rollenverständnis der Entscheidungsträger der Familie, gilt anfangs als verschollen und ist auf die Sphäre des Meeres verbannt. Auch als er im zweiten Teil der Trilogie unvermittelt als handelnde Figur in der Narration auftritt – er ist, wie von Pippi vermutet, Südseekönig geworden und möchte Pippi nun auf seine Insel holen –, besitzt er keinerlei Bestimmungsrecht über seine Tochter. Anders als Ilse, die sich der Weisung ihres Vaters, ein Pensionat zu besuchen, fügt, trifft Pippi Entscheidungen unabhängig vom Willen ihres Vaters. Als Pippi, schon an Bord des Schiffes, beschließt, doch in der Villa Kunterbunt und damit bei Tommy und Annika zu bleiben, entgegnet er schließlich: „‚Mach, was du willst' […]. ‚Das hast du immer getan.' Pippi nickte zustimmend. ‚Ja, das hab ich immer getan', sagte sie ruhig. Und dann umarmten sie sich wieder, Pippi und ihr Papa, sodass ihre Rippen knackten." (P2, 277)

Die Beziehung Pippis zu ihrem Vater ist nicht durch ein hierarchisches Machtgefälle geprägt, sondern stellt eine Begegnung auf Augenhöhe dar, die dadurch ermöglicht wird, dass die Kluft zwischen Kind und Erwachsenem nivelliert wird (Pietzcker 2000, 276): Pippis Vater spielt und rangelt mit seiner Tochter und nimmt weniger die Rolle einer Autoritätsperson als vielmehr die eines ebenbürtigen Freundes ein. Im spielerischen Kampf, im Zuge dessen sich Vater und Tochter durch das Zimmer schleudern, trägt Pippi den Sieg davon (P2, 255) und ihr Vater muss sich eingestehen, dass seine Tochter mittlerweile stärker ist als er (P2, 266), was als Überwindung der traditionellen patriarchalen Dominanz gedeutet werden kann. Während Pippi sich im zweiten Band gegen ein Leben bei ihrem Vater und für ihre autonome Existenz in der Villa Kunterbunt entscheidet, ist sie im dritten Band bereit, ihm auf der Taka-Tuka-Insel zumindest einen Besuch abzustatten. In dem vorangegangenen Brief des Vaters, in dem er schreibt: „‚Du kommst – das ist mein königlicher und väterlicher Wille'" (P3, 331), scheint der Duktus des Patriarchen auf, allerdings geht diesem ausdrücklichen Befehl eine Reihe von Argumenten voraus, mit der Efraim Langstrumpf seine Tochter dazu bewegen will, auf die Insel zu kommen, denn schließlich weiß er ebenso gut wie die Leser*innen, dass Pippi nur dann in die Südsee reisen wird, wenn sie selbst es möchte.

Anders als die Protagonistinnen der klassischen Mädchenliteratur verweigert Pippi die traditionelle Sozialisation über Erziehung und Bildung (Nix 2002, 232). Indem sie das Kinderheim und die Schule ablehnt und ein von elterlichen Autoritäten unabhängiges Leben führt, bildet sie einen Kontrapunkt zu den Protagonistinnen der Backfischromane, deren Einpassung in das patriarchale gesellschaftliche System sujetbildend im Zentrum der Handlung steht.

2.1.4 Entgrenzung statt Begrenzung

Entgegen der traditionellen schulischen Didaxe steht Pippi für das Prinzip des Lernens durch eigene Erfahrung. Als die Polizisten als Argument für die Notwendigkeit des Schulbesuchs anführen, dass sie so beispielsweise lernen könne, was die Hauptstadt von Portugal sei, entgegnet Pippi beiläufig, dass sie bereits in Lissabon gewesen sei (P1, 38). Zusammen mit ihrem Vater und seiner Mannschaft hat Pippi zahlreiche Länder auf der ganzen Welt bereist und somit eine Sphäre für sich reklamiert, die in der traditionellen Kinder- und Jugendliteratur Jungen vorbehalten war: die der abenteuerlichen, exotischen Ferne.[10] Die Ausbildung, welche die Protagonistinnen traditioneller Mädchenliteratur im begrenzten Raum des Pensionats erfahren, zielt darauf ab, diese auf die Ehe und das ebenfalls begrenzte Feld häuslichen Wirkens

---

[10] Zur Abenteuerliteratur für Jungen im 19. Jahrhundert vgl. den Beitrag von Weertje Willms in diesem Band.

vorzubereiten, während männliche Protagonisten auf Reisen in die Ferne ihren Horizont erweitern, ihre Identität festigen und ihre Berufswahl treffen können. Zwar tauscht Pippi die Weite der Weltmeere gegen eine Existenz in der Villa Kunterbunt ein, diese kann jedoch keineswegs als Manifestation traditionell weiblicher Häuslichkeit gedeutet werden.

2.1.5 Unordnung statt Ordnung

Als alleinige Zuständige für die Haushaltsführung in der Villa Kunterbunt übernimmt Pippi Tätigkeiten wie Kochen, Backen, Putzen und Nähen – und damit traditionell weibliche Aufgaben. Pippi bricht jedoch mit den Maßgaben von Ordentlichkeit und Reinlichkeit, die zur Ausbildung des Backfischmädchens gehören, sieht es doch bei Tommys und Annikas erstem Besuch bei Pippi so aus, „als ob Pippi vergessen hätte, am Wochenende sauber zu machen" (P1, 18). Zudem findet eine „Entheiligung der Küche" statt, „die ansonsten gerade in Mädchenbüchern den traditionellen Ort häuslichen Friedens darstellt" (Surmatz 2005, 133). So rührt Pippi beispielsweise mit einer Bürste Pfannkuchenteig, sodass er an die Wände spritzt (P1, 20), klettert mit Tommy und Annika über die Küchenmöbel oder holt zu festlichen Anlässen auch ihr Pferd in die Küche (P1, 140). Praktiken traditionell weiblich konnotierter Häuslichkeit invertiert Pippi subversiv, indem sie sie in lustvolles Spiel transformiert: Aus dem Putzen des Küchenfußbodens wird ein Schlittschuhlaufen auf Bürsten (P1, 71) und zum Mittagskaffee wirft sie ihren Gästen Kaffeetassen und Brötchen auf einen Baum hinauf (P1, 65). Eine Tischdecke bestickt sie mit „merkwürdig" anmutenden Blumen, die ihrer Aussage nach in Hinterindien wachsen (P, 136). In ihrem häuslichen Wirken dominieren kraft- und schwungvolle Verben wie „schleudern", „werfen", „schlagen" sowie „losgehen auf" (P1, 20, 22, 24), die mehr mit dem – männlich besetzten – Feld kämpferischen Ungestüms assoziiert sind als mit dem traditionell ruhigen Wirken der ordentlichen Hausfrau.

2.1.6 Lustprinzip statt Selbstverleugnung

Eine zentrale ‚Tugend', welche Backfischmädchen in ihrem Einpassungsprozess erlernen müssen, ist die der Selbstverleugnung (Campe 2016, 20). Damit verknüpft sind Zurückhaltung und Nachgiebigkeit, welche in der künftigen Ehe dazu dienen sollen, den Wünschen und Maßgaben des Mannes stets Vorrang zu gewähren und so seine „Glückseligkeit" (Campe 2016, 16) sicherzustellen. Pippi jedoch tut, was ihr gefällt, und folgt ihren Neigungen und spontanen Eingebungen, wenn sie zum Beispiel die halbe Nacht Ball spielt (P1, 33) oder, wenn ihr danach ist, ein großes Wandgemälde auf ihre Wohnzimmertapete malt (P1, 123). Mitunter lernt sie sogar – doch nur, solange sie Lust darauf hat: „‚Nein, Fridolf [...], nein, jetzt pfeifen wir drauf. Jetzt klettere ich auf die Mastspitze und gucke nach, wie das Wetter morgen wird.'" (P1, 133)

Eine weitere Tugend, die für Backfischmädchen gilt und seit der Aufklärung als bürgerliche Tugend reklamiert wird, ist die der Mäßigkeit. Pippi jedoch bricht auch mit dieser und steht mit ihrem stets wortgewaltigen und raumgreifenden Auftreten in starkem Kontrast zum Ideal des züchtigen, stillen Mädchens, das sich zu benehmen weiß. Bereits ihr Name – Pippilotta Viktualia Rollgardina Pfefferminz Efraimstochter Langstrumpf (P1, 47) – stellt ein einziges Sich-nicht-Bescheiden dar. In diesem Kontext fällt vor allem ein Kapitel besonders auf: Das Kaffeekränzchen im Hause Settergren, das als Inversion des Maßhaltens gelten kann. Pippi durchbricht mit ihrem Ankommen das ruhige Gespräch der anwesenden Damen, setzt sich auf „den besten Stuhl" (P1, 113), ist als Erste am Kuchenbuffet und häuft „so viele Kuchenstücke, wie sie nur erwischen [kann], auf einen Teller, [wirft] fünf Zuckerstücke in eine Kaffeetasse, leert[] die halbe Sahnekanne in die Tasse" (P1, 114) und verspeist im Weiteren noch eine ganze Sahnetorte (P1, 115). Zudem unterbricht sie fortlaufend das Gespräch der Damen, die sich über ihre Dienstmädchen mokieren, und überformt deren Klagen parodistisch durch Fabuliergeschichten über das Dienstmädchen Malin. Es könnte nicht deutlicher sein, dass die Figur Pippis das Gegenbild des traditionell auf Mädchen projizierten Ideals sittsamer Zurückhaltung verkörpert: „An die Stelle des Zwangs zur Ordnung, zum Anstand, zur Beherrschung der Gestik, zur Zurückhaltung beim Sprechen oder Essen [...] tritt mit dieser Figur das kindliche Lustprinzip [...]." (Pietzcker 2000, 274)

2.1.7 Seeräuber statt feine Dame

Für das Kaffeekränzchen im Hause Settergren macht Pippi sich zurecht, bis sie glaubt, sie werde die Feinste der Gesellschaft sein (P1, 112). Sie trägt ihr Haar wie eine „Löwenmähne" offen (P1, 112) und schminkt sich mit Rotstift und Ruß, sodass sie „beinahe gefährlich [aussieht]" (P1, 112). Doch bereits ihr alltägliches Erscheinungsbild stellt einen Affront gegen das tradierte Mädchenideal dar: „Im Gegensatz zu den fein herausgeputzten Heldinnen früherer Mädchenbücher wirkt sie mit dem selbstgenähten Kleid, den verschiedenfarbigen Strümpfen und den übergroßen Schuhen grotesk" (Kümmerling-Meibauer 1997, 6) und clownesk (Surmatz 2005, 154). Pippis Lederschuhe, die doppelt so groß sind wie ihre Füße (P2, 157), invertieren Maßgaben der Mode für Mädchen und Frauen, die gewöhnlich auf eine Einengung der Bewegungsfreiheit abzielen und kleinen weiblichen Füßen den Vorzug geben. Große Schuhe sind männlich konnotiert und können als Signum für (Bewegungs-)Freiheit gelesen werden. Auch Pippis kurzes Kleid garantiert Bewegungsfreiheit und ist zugleich eine Spitze gegen Anforderungen an weibliche Sittsamkeit und Züchtigkeit. Auffällig ist Pippis Selbstbewusstsein in Bezug auf ihr Erscheinungsbild: Sie ist voll und ganz zufrieden mit sich und stolz auf ihr rotes Haar und ihre Sommersprossen – in älteren Kinderbüchern noch Merkmale von Hässlichkeit (Kümmerling-Meibauer 1997, 6). In *Pippi geht an Bord* wird in einer Apotheke ein Mittel gegen Sommersprossen verkauft, Pippi jedoch hätte lieber ein Mittel für noch mehr Sommersprossen (P2, 163).

Neben der Ironisierung traditioneller Maßgaben in Bezug auf das Erscheinungsbild junger Mädchen werden auch die weiblichen Tugenden der Anmut und Grazie persifliert, reklamiert Pippi diese beiden Eigenschaften doch für sich, als sie mit Bürsten an den Füßen den Boden wischt: „‚Ich hätte eigentlich Schlittschuhprinzessin werden sollen‘, sagte sie und hob ein Bein hoch in die Luft, sodass die Scheuerbürste an ihrem linken Fuß ein Stück der Hängelampe kaputt schlug. ‚Grazie und Anmut habe ich wenigstens‘ [...]." (P1, 71 und 73)

Das Ideal, das am Ende der erfolgreichen Entwicklung eines jeden Backfischmädchens steht, wird in *Pippi geht an Bord* explizit angesprochen, als die Lehrerin Pippi fragt: „‚[D]u willst doch sicher eine wirklich feine Dame werden, wenn du groß bist? [...] Ich meine eine Dame, die immer weiß, wie sie sich benehmen soll, und immer höflich und wohlerzogen ist.'" (P2, 199) Die Gefragte ist sich da jedoch nicht so sicher, ist sie doch schon „so gut wie entschlossen, Seeräuber zu werden" (P2, 200). Pippi denkt jenseits des klassischen binären Geschlechtermodells und reklamiert für sich sowohl die Möglichkeit, eine feine Dame zu werden, als auch das Diskursfeld Abenteuer und Ferne und somit eine traditionell männliche Sphäre. Im Motiv der feinen Dame wird erneut die Maßgabe der Selbstverleugnung parodiert, als Pippi fragt, ob „Eine-Wirklich-Feine-Dame" Magenknurren haben dürfe (P2, 201), und Zucht und Anstand werden schließlich gänzlich über Bord geworfen, als Pippi auf dem Kopf stehend Karussell fährt und ihr Ballkleid ihr über den Kopf rutscht: „Die Leute [...] sahen nur ein rotes Mieder und eine blaue Hose mit weißen Punkten und Pippis lange, dünne Beine mit einem schwarzen und einem geringelten Strumpf [...]. ‚So ist das, wenn Eine-Wirklich-Feine-Dame Karussell fährt‘, sagte Pippi [...]." (P2, 209)

2.1.8 Zwischenfazit

Wie dargelegt, werden in der *Pippi*-Trilogie zentrale Elemente, durch die sich der weibliche Geschlechtscharakter seit Campe definiert, aufgerufen und parodistisch invertiert: Pippi ist weder passiv noch schwach, weder ordnet sie sich unter noch verleugnet sie ihre Wünsche und Bedürfnisse. Das bürgerliche Ideal der sittsamen feinen Dame wird dezidiert persifliert und damit auch die Gattung des traditionellen Backfischromans. Lindgren setzt ein Mädchen ins Zentrum ihrer Erzählung, aber nicht, um ihren Zähmungs- und Einpassungsprozess als Exempel für die Leserinnen vorzustellen – im Gegenteil: Sie stattet ihre Protagonistin mit Eigenschaften aus, die ihr ein autonomes Dasein frei von Zwängen ermöglichen. Durch ihre besonderen Eigenschaften entzieht sich Pippi der Einpassung und Domestizierung und stellt in ihrer Figurenkonzeption das genaue Gegenteil zum Mädchen der *Trotzkopf*-Tradition dar.

Bereits im formalen Aufbau der *Pippi Langstrumpf*-Reihe lässt sich eine Abweichung vom traditionellen Mädchenbuch feststellen: Anstatt das Heranwachsen und die Veränderung der Protagonistin darzustellen, bleibt Pippi immer Kind – am Ende nimmt sie gar Pillen gegen das Erwachsenwerden ein (P3, 392). So reihen sich anstelle einer kausalen, fortlaufenden Handlung kurze Episoden, in denen einzelne Ereignisse, wie beispielsweise der Besuch der Polizisten, erzählt werden, aneinander (Surmatz 2005, 81). Damit ist die phantastische Erzählung um Pippi Langstrumpf dem Genre des Lausbubenromans in der Tradition von *Tom Sawyer* verwandt, wobei hier bemerkenswerterweise ein Mädchen die Rolle des Lausbuben einnimmt (Nix 2002, 230 und 246). Anstatt der traditionellen Warn- und Abschreckungsgeschichten, die den Einpassungsprozess der Protagonistinnen in der traditionellen Mädchenliteratur begleiten, überschreitet Pippi ständig Grenzen des Erlaubten, Normierten und Möglichen, *Pippi Langstrumpf* kann somit als Gegenentwurf zur *cautionary tale* gelten (Surmatz 2005, 97).

Die Wahl des weiblichen Geschlechts für die Figur Pippis verstärkt ihr subversives Potenzial, da insbesondere die traditionelle Mädchenerziehung und das traditionelle Mädchenbuch „ein Höchstmaß an repressiver Erziehungspraxis" (Freund 1982, 36) aufweisen. Indem es sich bei der eigenständigen, starken Pippi, die unabhängig von Erwachsenen und Erziehungsinstitutionen nach dem Lustprinzip lebt, um eine weibliche Protagonistin handelt, werden überkommene Kindheits- und Erziehungskonzepte im Allgemeinen und Weiblichkeitskonzepte im Besonderen infrage gestellt.

2.2 Pippi und ihr Umfeld

Wendet man den Blick dem Figurenarsenal aus Pippis räumlichem Umfeld – der nicht näher bestimmten kleinen Stadt – zu, fällt auf, dass dort traditionelle Geschlechterrollenbilder vorherrschen: Der Arzt ist männlich, seine Assistenz weiblich (P3, 310), im Eisenwarengeschäft arbeitet ein Verkäufer, in der Bäckerei eine Verkäuferin (P3, 309 und 310) und im Zirkus treten Geschlechterstereotype besonders markant hervor, wenn zierliche, reizende Akrobatinnen in rosa Tüllröckchen (P1, 91) dem als unbesiegbar angepriesenen starken Adolf gegenüberstehen. Gewaltbereitschaft ist in der Trilogie auffällig oft Eigenschaft männlicher Figuren[11] und die Rollen klassischer Bösewichte wie Diebe oder Strolche sind ausschließlich männlich besetzt. Weibliche Negativfiguren sind seltener und werden mit anderen, subtileren Negativeigenschaften versehen: In Bezug auf Fräulein Rosenblom, der reichen ‚Wohltäterin', wird ihre unerbittliche Strenge betont, während die Damen beim Kaffeekränzchen über ihre Angestellten herziehen. Eine wiederkehrende positiv konnotierte Figur bildet die

---

[11] Gewaltbereites oder gewaltsames Verhalten zeigen die prügelnden Nachbarsjungen (P1, 29–30), der Strolch Laban (P2, 218), zwei Landstreicher (P1, 105), zwei Diebe (P3, 373–374), einer der Polizisten (P1, 38), ein reicher Tourist (P3, 291–292) sowie ein Mann namens Blomsterlund, der sein Pferd schlägt und auch der Schulklasse Schläge androht (P2, 194–195). Zudem treten ein Apotheker (P2, 173) und ein Verkäufer (P2, 163) als verbale Aggressoren auf.
Im Hinblick auf die weiblichen Figuren ist die Akrobatin Miss Carmencita zu nennen, die nach Pippi schlägt, um sie von ihrem Pferd zu verscheuchen (P1, 90), und Fräulein Rosenblom, die Pippi Prügel androht, sollte sie nicht folgsam sein (P3, 321).

Lehrerin, die Pippi mit Freundlichkeit und Geduld begegnet (P1, 47 und 55) und damit einen Kontrapunkt zu männlichen Aggressoren bildet.

Obgleich in der Figur Pippis das Ideal des sittsamen, ordentlichen Mädchens invertiert wird, ist es in der Erzählung dennoch präsent: in der Figur des Nachbarmädchens Annika. Die Geschwister Tommy und Annika Settergren wohnen neben der Villa Kunterbunt und sind äußerst brave, ordentliche und wohlerzogene Kinder. Die Ankunft Pippis vertreibt die oftmals empfundene Langeweile der Geschwister, halten mit ihrer neu gewonnen Freundin Pippi doch zugleich Phantasie, Unberechenbarkeit und Abwechslung Einzug. Das Nachbarschaftsverhältnis Pippis mit der Familie Settergren ist topographisch als Gegenüberstellung von Norm und Normbruch angelegt: Mit Vater, Mutter, den zwei Kindern und einer Hausangestellten verkörpern die Settergrens die gut situierte bürgerliche Normalfamilie, während die Villa Kunterbunt eine Inversion bürgerlicher Häuslichkeit darstellt, einen Raum, in dem gesellschaftliche Regeln und Verhaltensnormen außer Kraft gesetzt werden. Tommy und Annika sind ihrer Freundin Pippi als Kontrastfiguren und Verkörperungen des Bekannten gegenübergestellt, vor deren Hintergrund das Außergewöhnliche der Protagonistin besonders deutlich hervortritt (Surmatz 2005, 83; Pietzcker 2000, 277; Nix 2002, 242). Als Manifestationen der Norm stellen Tommy und Annika Verkörperungen traditioneller Geschlechterstereotype dar: Annika „mit ihren blonden Seidenlocken, ihrem rosa Kleid und ihren kleinen weißen Lederschuhen" (P1, 79) wird als ängstlich, vorsichtig und auf Ordentlichkeit bedacht charakterisiert. Bei dem ersten Satz, den sie Pippi gegenüber äußert, handelt es sich um eine internalisierte Verhaltensregel: „‚Lügen ist hässlich', sagte Annika, die endlich wagte, den Mund aufzumachen." (P1, 17) Tommy hingegen wird als mutig, unternehmungslustig und risikobereit vorgestellt; auf Vorschläge Pippis, beispielsweise in einen hohlen Baum zu klettern, geht er stets begeistert ein: „Tommy war ganz wild darauf, hinunterzuklettern. Es war ziemlich mühsam, zu dem Loch zu kommen, denn das war hoch oben, aber Tommy hatte Mut." (P1, 68) Gemäß traditioneller gesellschaftlicher Anforderungen an Jungen versucht Tommy, keine Angst zu zeigen (P1, 142) und Tränen zurückzuhalten: „Wahrhaftig – Tommy hätte auch gern ein bisschen geweint, wenn es niemand gesehen hätte. Aber das ging ja nicht." (P2, 272) Toxische Auswirkungen, die derartiger spezifisch männlicher unterdrückter Emotionalität zugeschrieben werden,[12] deuten sich auch bei Tommy an: Um seinen Gefühlen Luft zu machen, tritt er Steine ins Wasser und als keine mehr übrig sind, beißt er die Zähne zusammen und sieht „mörderisch aus" (P2, 274). Annika hingegen weint häufig, wenn sie Angst hat oder traurig ist, und scheut sich im Gegensatz zu ihrem Bruder nicht, Verletzlichkeit zu zeigen. Eine Nivellierung der strengen Rückbindung Tommys an stereotype Männlichkeitsvorstellungen findet sich jedoch in dem Umstand, dass auch er an einer Stelle „ängstlich" (P1, 67) ist und seine Tränen nicht immer zurückhalten kann (P1, 82; P2, 277; P3, 382).

---

12 Zu toxischer Männlichkeit und deren Ursachen vgl. z.B. Jack Urwins *Boys Don't Cry* (2017).

In ihrer vor allem zu Beginn ausgeprägten Vorsichtigkeit, Folgsamkeit und Ordentlichkeit steht Annika der Protagonistin Pippi als weibliche Kontrastfigur gegenüber. Anders als Annika ist Pippi niemals ängstlich und wiederholt nicht unhinterfragt vermittelte Normen und Werturteile. In Bezug auf die beiden kontrastierenden Mädchenfiguren hat der Ausspruch „Sei Pippi, nicht Annika" in diversen Medien Popularität gewonnen. In diesem verkürzenden und daher durchaus kontrovers diskutierten Appell, den es als Graffiti an Häuserwänden gibt, als T-Shirt-Aufdruck oder Poster, werden mit der Referenz auf die literarischen Figuren Annika und Pippi zwei Weiblichkeitsbilder einander gegenübergestellt: Während Annika das brave, angepasste Mädchen verkörpert, das traditionellen Zuschreibungen an Weiblichkeit entspricht, steht Pippi für einen Weiblichkeitsentwurf außerhalb dieses Stereotyps, der überkommene Strukturen kritisch hinterfragt.

Die außergewöhnliche, wandelbare, mit Superkräften ausgestattete Figur Pippis bietet jedoch weniger Identifikationspotenzial als die Figur Annikas, die als Verkörperung des Bekannten nahbarer ist.[13] Eine Identifikation mit den Nachbarskindern Annika oder Tommy wird auch durch die Erzählperspektive begünstigt, fällt doch der Blick oftmals von außen auf Pippi[14] und eine interne Fokalisierung ist in ihrem Fall äußerst selten,[15] meist bleiben ihre Gedanken und Gefühle verborgen: „‚Bei Pippi weiß man eigentlich nie was'" (P1, 35), stellt Tommy fest und auch die Erzählinstanz hält sich mit Aussagen hinsichtlich Pippis Gedankenwelt zurück: „Woran Pippi dachte, war nicht so leicht zu raten." (P2, 246) Die Protagonistin bildet gleichsam ein undurchschaubares, unberechenbares Mysterium, was maßgeblich zum Reiz ihrer Figur beiträgt, eine Identifikation jedoch erschwert – Pippi stellt daher vielmehr eine bewunderte Bezugs- und Vorbildfigur dar. Dass sie diese Funktion auch für Jungen erfüllt, zeigt exemplarisch die Figur Tommys. Letzterer bewundert Pippi „ehrfürchtig" (P2, 235) und nimmt sie sich zum Vorbild: „‚Ich will Seeräuber werden, genau wie du, Pippi.'" (P2, 234) Tatsächlich übertrifft Pippi männliche Vorbildfiguren der Literaturgeschichte, erscheint doch Robinson neben ihr fade, wie Pippi selbst feststellt: „‚Ich finde, es ist nicht weit her mit seinem Schiffbruch. Was hat er denn den ganzen Tag getrieben? Hat er Kreuzstickereien gemacht? Juhu, jetzt komm ich!'" (P2, 239)

Durch den Einfluss der selbstbewussten Freundin ermutigt, vollzieht die vorsichtige Annika über die drei Bände hinweg eine Entwicklung, die einem allmählichen Aufbrechen des anfänglichen Genderstereotyps gleichkommt: Unter den ermuntern-

---

13 Aus einer Studie des IZI (Internationales Zentralinstitut für das Jugend- und Bildungsfernsehen) geht hervor, dass die kindlichen Rezipient*innen zu Pippi aufschauen und sie bewundern, sie als Freundin haben möchten, sich jedoch nicht mit ihr identifizieren (vgl. Haager 2015, 80).
14 Man denke beispielsweise an die ikonische Schlussszene der Trilogie, in der Tommy und Annika aus ihrem Haus Pippi im Nachbarhaus beobachten, wie sie träumerisch in eine Kerzenflamme blickt (P3, 394).
15 Der Aussage Carl Pietzckers, der Blick der Erzählinstanz falle nie in Pippis Inneres (Pietzcker 2000, 279), muss widersprochen werden. Als Pippi einen Tag ohne Annika und Tommy verbringt, erhalten die Leser*innen Einblick in ihre Gedanken (P1, 123–124).

den Worten Pippis und Tommys überwindet sie ihre Angst vor dem dunklen Inneren des hohlen Baumes (P1, 70), tritt im Zuge der Schiffsreise in die Südsee aus ihrer gewohnten, begrenzten Lebenswelt heraus, ist weniger auf penible Ordentlichkeit und Sauberkeit bedacht (P1, 12, 65, 134) und glaubt schließlich „fast" wie Pippi und Tommy Seeräuber werden zu wollen, wenn sie groß ist (P3, 339).

2.3 Pippi als transgressive Figur

Im Gegensatz zu den Figuren Tommy und Annika, die in ihrer Konzeption weitestgehend das traditionelle binäre Geschlechterrollenmodell repräsentieren, unterwandert Pippi dessen Beschränkungen transgressiv und gefällt sich sowohl in der Rolle der herausgeputzten Dame als auch in jener der pistolenbewehrten Freibeuterin. Als selbstbewusste, laute, aktive, freche, mutige und starke Figur, die stets eine dominante, anleitende Rolle einnimmt, verkörpert sie Eigenschaften, die traditionell Jungen zugeschrieben werden. Zugleich ist sie jedoch auch fürsorglich, liebevoll, sanft und bergend und rückt gegenüber Tommy und Annika in die Nähe einer Mutterfigur: Als sie im zweiten Band der Trilogie zunächst vorhat, zu ihrem Vater in die Südsee umzuziehen, wendet sie sich zum Abschied an die Geschwister:

> Wie komisch ihre Augen aussehen, dachte Tommy. Genau so hatte seine Mama ausgesehen, als Tommy einmal sehr, sehr krank gewesen war. Annika lag wie ein kleines Häufchen auf der Kiste. Pippi nahm sie tröstend in die Arme. „Leb wohl, Annika, leb wohl", flüsterte sie. „Weine nicht." (P2, 276)

In Pippis Umarmung fühlt Annika sich geborgen: „Sie fühlte Pippis Arme ganz fest um sich. Das war so ein wunderbar sicheres Gefühl!" (P2, 280) Wie Angelika Nix (2002, 242) richtig festhält, ist Pippi nicht nur das personifizierte Abenteuer, sondern in paradoxer Weise zugleich die Verkörperung von Sicherheit und Geborgenheit. Als solche ist Pippi auch mit Wärme und Häuslichkeit assoziiert: „Pippi lachte herzlich und öffnete die Tür zur Küche. Oh, wie schön das war, wieder ins Licht und in die Wärme zu kommen!" (P1, 136) Aber auch auf dem Meer erweist sich Pippi als Garantin für Geborgenheit, steuert sie doch das Schiff „mit sicherer Hand" (P3, 341). In der Figur Pippis verschränken sich der männlich konnotierte Motivkomplex um Abenteuer, Mut und Reiselust und der weiblich konnotierte Topos warmer, häuslicher Geborgenheit. Traditionelle Gendergrenzen werden in der Figur Pippis invertiert, die in verschiedene Rollen schlüpft und Lausbube und Mutter, feine Dame und Seeräuber zugleich ist.

Pippi überwindet jedoch nicht nur Grenzen des binären Geschlechtermodells, sondern erweist sich auch in erweitertem Kontext als potenzierte transgressive Figur. Mit ihren übernatürlichen Eigenschaften überschreitet sie die Grenze des Menschenmöglichen und damit die Trennlinie zwischen Realität und Phantasie, in Bühnensituationen überschreitet sie die Grenze zwischen passivem Zuschauen und aktiver Teilhabe (P1, 90; P2, 211–212), auf ihren Schiffsreisen überwindet sie geographische Grenzen und mit ihren Nonsensversen bricht sie die Sprachordnung auf (Nix 2002, 249; Freund 1982, 38). Nicht zuletzt spielt Pippi transgressiv mit den Rollen von Kind und Erwachsener: Mal müssen Tommy und Annika die übermütige Pippi bremsen und sie gemäß ihrem Wunsch abends zudecken (P1, 33), mal schlüpft Pippi in die Rolle der Erwachsenen, wenn sie die Geschwister als „[l]iebe Kinder" (P1, 137) anspricht, sie beschenkt und bewirtet und sagt, wann es Zeit für sie ist, nach Hause zu gehen (P1, 22). Auch in Bezug auf Erwachsene verkehrt sie oft spielerisch die Rollen, wenn sie beispielsweise traditionell an Kinder gerichtete Floskeln verwendet – „‚Papa Efraim, wie bist du gewachsen!'" (P2, 248); „‚Nein, seht mal an, die Tante Laura [...] Und hübscher denn je!'" (P3, 297) – oder Erwachsene gleich Kindern lobt und beschenkt. Pippi tritt sowohl gegenüber Kindern (im Fall der prügelnden Jungen) als auch gegenüber Erwachsenen (man denke beispielsweise an Blomsterlund, der sein Pferd misshandelt) als moralische Instanz auf und sucht sich Kinder und Erwachsene gleichermaßen als Spielgefährten.

Auch in ihrem Denken zeigt sich Pippis transgressiver Charakter, überwindet sie doch gesellschaftlich gefestigte Ordnungsstrukturen, entwirft in ihren Phantasiegeschichten Alternativszenarien zum Gewohnten und entlarvt so den Konstruktcharakter gesellschaftlicher Normen: Wieso ist es normal, vorwärts zu gehen? Wieso kann man am eigenen Geburtstag nicht auch andere beschenken? Diese offene, fragende Haltung frei von erzieherischen Normen ist nicht zuletzt in Bezug auf überkommene Genderrollenbilder von zentraler Bedeutung. Pippi invertiert traditionelle weibliche Gendernormen und hält dazu an, Ordnungen nicht einfach unhinterfragt hinzunehmen. Als ein Mädchen auf der Suche nach ihrem Vater an Pippis Gartenzaun vorbeikommt, zeigt sie sich entgegen ihrer sonstigen Art nicht hilfsbereit, sondern erzählt dem Mädchen Phantasiegeschichten und erteilt ihm so eine Lektion: „‚Du musst doch merken, dass das gelogen ist. Du darfst dir doch nicht alles Mögliche von den Leuten einreden lassen!'" (P1, 63)

Gar nicht zu Pippis progressiv angelegter, das binäre Genderrollenmodell invertierender Figur scheint es jedoch zu passen, dass sie Tommy und Annika wiederholt genderspezifische Geschenke macht: Annika erhält von Pippi stets dekorative, schmückende Dinge – ein „Kästchen, dessen Deckel mit rosa Muscheln besetzt war" und einen Ring (P1, 22), eine Korallenkette (P1, 33), eine Schmetterlingsbrosche (P1, 137) und einen „hübsche[n] Sonnenschirm" (P3, 388) –, während Tommy Dinge mit praktischerem Nutzen erhält – ein Notizbuch (P1, 33), eine Pfeife (P1, 137), einen Dolch (P1, 22) und einen Farbkasten (P3, 388); zum Spielen bekommt Annika ein Puppenservice und Tommy einen Jeep (P3, 388). Man kann diese Geschenkwahl, die binäre Genderstereotype reproduziert, als Abschwächung des progressiven Potenzials der Figur Pippis deuten – es muss jedoch berücksichtigt werden, dass Pippi den Geschwistern eine Freude machen will und, da diese die traditionellen Genderstereotype verkörpern, ihre Geschenke entsprechend auswählt. Als Tommy und Annika mit Pippi einen Spielzeugladen besuchen, entscheidet sich Annika bezeichnenderweise für eine „wunderbare Puppe mit blonden Locken und einem rosaseidenen Kleid" – ein Abbild ihrer selbst – und Tommy für ein Luftgewehr und eine Dampfmaschine (P2, 169).

Pippi, in ihrem Zugleich von feiner Dame und Seeräuber, würde sich, so lässt sich vermuten, sowohl über eine Korallenkette als auch über einen Dolch freuen.

3 Fazit

Wie gezeigt wurde, stellt *Pippi Langstrumpf* einen „Normen- und Konventionsbruch in vielerlei Hinsicht" (Surmatz 2005, 86) dar. Die Bücher um das stärkste Mädchen der Welt, das nach dem Lustprinzip lebt, widersetzen sich zur Zeit ihres Erscheinens der herrschenden pädagogischen Didaxe sowie tradierten Gendermustern der Kinder- und Jugendliteratur. Die Figur Pippi bricht innerhalb der diegetischen Welt gesellschaftliche Konventionen und das Buch *Pippi Langstrumpf* stellt selbst einen Normenbruch innerhalb der Literatur der Nachkriegsgesellschaft dar. Es überschreitet Gattungsgrenzen, indem es märchenhafte[16] und phantastische Elemente mit Nonsenselementen verknüpft und sowohl an das Genre des Lausbubenromans als auch – inversiv – an jenes des traditionellen Mädchenbuches anknüpft (Kümmerling-Meibauer 2004, 629; Nix 2002, 258). Somit kann im Hinblick auf *Pippi Langstrumpf* von einer doppelten Transgression gesprochen werden: Zu der Transgression hinsichtlich der kinderliterarischen Gattungen tritt die Konzeption Pippis als transgressive Figur, die aus dem Rahmen tradierter Ordnungen ausbricht. Als weibliche Heldin negiert und invertiert sie Maßgaben, die in traditioneller Mädchenliteratur seit der Aufklärung an weibliche Leserinnen herangetragen werden. Vor der Kontrastfolie der binären Geschlechtscharaktere, verkörpert durch Tommy und Annika, hebt sich die transgressive Figurenkonzeption der Protagonistin besonders deutlich ab – in Bezug auf Pippi greifen traditionelle Rollenstereotype nicht. Als mutiges, selbstbestimmtes, kreatives Mädchen wird Pippi zum Vorbild sowohl Tommys als auch Annikas und steht für genderübergreifende Werte wie Phantasie, Hilfsbereitschaft, kritisches Denken und moralisches Handeln. Obgleich bereits 75 Jahre alt, hat Pippi keineswegs an Aktualität verloren. Angesichts der zu beobachtenden Rückkehr zu tradierten Gendervorstellungen in populären Werken der aktuellen Kinder- und Jugendliteratur[17] wohnt der normüberschreitenden und nunmehr ikonischen Figur Pippis noch immer subversives Potenzial inne.

---

[16] Zur Betrachtung Pippis in der Tradition des fremden Kindes der romantischen Kunstmärchen vgl. Surmatz 2005, 83; Nix 2002, 232–234 und 256 sowie Kümmerling-Meibauer 1997, 3–9.
[17] Vgl. hierzu die Beiträge von Sarah Ruppe und Henriette Hoppe.

Literatur

1 Primärliteratur

Campe, Joachim Heinrich. *Vaeterlicher Rath für meine Tochter.* Berlin: Edition Holzinger, 2016 [1789].
Kästner, Erich. *Emil und die Detektive. Ein Roman für Kinder.* Hamburg: Dressler, 1995 [1928].
Lindgren, Astrid. *Pippi Langstrumpf.* Einmalige Jubiläumsedition zum 100. Geburtstag von Astrid Lindgren. Bd. 1–3. Aus dem Schwedischen übersetzt von Cäcilie Heinig. Hamburg: Oetinger, 2007 [1945, 1946, 1948].
Rhoden, Emmy von. *Der Trotzkopf.* Berlin u. a.: Ueberreuter, 2011 [1885].

2 Sekundärliteratur

Bamberger, Richard. „Astrid Lindgren und das neue Kinderbuch". *Gebt uns Bücher, gebt uns Flügel. Almanach 1967.* Hg. P. J. Schindler. Hamburg: Oetinger, 1967, 23–38.
Freund, Winfried. „Astrid Lindgren: ‚Pippi Langstrumpf' – Das Mädchenbuch im Zerrspiegel". *Das zeitgenössische Kinder- und Jugendbuch.* Hg. Ders. Paderborn: Schöningh, 1982, 30–40.
Haager, Julia Sophie. „Was macht Pippi Langstrumpf zum Klassiker?". *BR-Online. Televizion.* 28. Februar 2015. https://www.br-online.de/jugend/izi/deutsch/publikation/televizion/28_2015-2/Haager-Was_macht_Pippi_Langstrumpf_zum_Klassiker.pdf (25. November 2020).
Kaminski, Winfried. „Neubeginn, Restauration und antiautoritärer Aufbruch". *Geschichte der deutschen Kinder- und Jugendliteratur.* Hg. Reiner Wild. Stuttgart u. a.: Metzler, 2002, 299–327.
Kümmerling-Meibauer, Bettina. „Geschlecht und Charakter in der Kinderliteratur". *Lesezeichen. Mitteilungen des Lesezentrums der Pädagogischen Hochschule Heidelberg* 2 (1997), 1–10. https://www.ph-heidelberg.de/fileadmin/user_upload/deutsch/Lesezentrum_Archiv/Hefte_01-05/kuemerling.pdf (24. November 2020).
Kümmerling-Meibauer, Bettina. „Pippi Långstrump". *Klassiker der Kinder- und Jugendliteratur. Ein internationales Lexikon.* Bd. 2. Hg. Dies. Stuttgart u. a.: Metzler, 2004, 628–632.
Landquist, John. „Schlecht und preisgekrönt. Eine Reflexion über gute und schlechte Kinderbücher" [Orig.: *Aftonbladet*, 18. August 1946]. *Astrid Lindgren. Zum Donnerdrummel! Ein Werkporträt.* Hg. Astrid Surmatz/Paul Berf. Hamburg: Oetinger, 2002, 181–185.
Müller, Sonja. „Astrid Lindgren im Spiegel der deutschen Literaturpädagogik der späten 1950er und 1960er Jahre. Von Anna Krüger bis Malte Dahrendorf". *Astrid Lindgren – Werk und Wirkung. Internationale und interkulturelle Aspekte.* Hg. Svenja Blume/Bettina Kümmerling-Meibauer/Angelika Nix. Frankfurt a. M. u. a.: Peter Lang, 2009, 253–270.
Nix, Angelika. *Das Kind des Jahrhunderts im Jahrhundert des Kindes. Zur Entstehung der phantastischen Erzählung in der schwedischen Kinderliteratur.* Freiburg/Br.: Rombach, 2002.
Pietzcker, Carl. „Ausbruch aus dem Ghetto des Mädchenbuchs. Astrid Lindgrens ‚Pippi Langstrumpf'". *Bei Gefahr des Untergangs. Phantasien des Aufbrechens.* Hg. Ina Brückel/Dörte Fuchs/Rita Morrien/Margarete Sander. Würzburg: Königshausen und Neumann, 2000, 273–293. https://freidok.uni-freiburg.de/data/3478 (13. Oktober 2020).
Schönfeldt, Sybil Gräfin. *Astrid Lindgren.* Überarb. Neuausgabe. Reinbek: Rowohlt Taschenbuch, 2007 [1987].
Siemsen, Anna. „Jugendbücher, eine Aufgabe der neuen Erziehung". *Schola. Monatsschrift für Erziehung und Bildung* 2.5 (1947), 296–299.

Surmatz, Astrid. „Von ‚Ur-Pippi' zu Pippi". *Astrid Lindgren. Zum Donnerdrummel! Ein Werkporträt.* Hg. Dies./Paul Berf. Hamburg: Oetinger, 2002, 67–109. [= Surmatz 2002a]

Surmatz, Astrid/Paul Berf (Hg.). „‚Wir lehnen dieses berühmte Pippibuch entschieden ab…'. Frühe Reaktionen auf *Pippi Langstrumpf* aus dem deutschsprachigen Raum". *Astrid Lindgren. Zum Donnerdrummel! Ein Werkporträt.* Hamburg: Oetinger, 2002, 186–188. [= Surmatz 2002b]

Surmatz, Astrid/Paul Berf. *Pippi Långstrump als Paradigma. Die deutsche Rezeption Astrid Lindgrens und ihr internationaler Kontext.* Tübingen u.a.: Francke, 2005.

Urwin, Jack. *Boys Don't Cry. Identität, Gefühl und Männlichkeit.* Aus dem Englischen übersetzt von Elvira Willems. Hamburg: Nautilus, 2017 [2016].

Zamolska, Anna. „Lindgren, Astrid". *KinderundJugendmedien.de.* Zuletzt aktualisiert am 13. April 2019. http://www.kinderundjugendmedien.de/index.php/autoren/947-lindgren-astrid (24. November 2020).

Philipp Schmerheim
Geschlechterkonstruktionen in der Kinderliteratur der 1950er bis 1970er Jahre zwischen Restauration und Emanzipation

Zusammenfassung: In kinder- und jugendliterarischen Texten der 1950er Jahre ist in Grundzügen bereits die literarische wie gesellschaftliche Ausgestaltung des Geschlechterverhältnisses der folgenden Jahrzehnte angelegt, wenngleich weitgehend noch überlagert von traditionellen bis reaktionären Vorstellungen vom Rollenverhältnis der Geschlechter. Während letztere zunehmend in den Hintergrund treten, bilden sich in den 1960er und 1970er Jahren vor allem realistisch erzählte emanzipatorische Geschlechterdiskurse heraus. Diese sind zumindest in den hier vorgestellten Beispielen auch aus intersektionaler Perspektive ergiebig, sind sie doch mit weiteren gesellschaftlichen Faktoren wie Alter, Klasse oder sozialem Status verknüpft.

1 Einleitung

„München. Hauptbahnhof. Bahnsteig 16." Ein kleines blondes Mädchen „mit Zöpfen und Zopfschleifen" (Kästner 1985, 279) wartet auf seine Mutter. Diese hat sich verspätet, denn sie ist „durch neu eingetroffenes Material für die aktuellen Seiten" der Zeitschrift, bei der sie als Bildredakteurin arbeitet, „aufgehalten worden" (Kästner 1985, 280). Schließlich erblicken Tochter und Mutter einander, wobei letztere nicht ahnt, dass sie gerade nicht ihre Tochter Lotte, sondern deren Zwilling Luise abholt. Luise wiederum kann gar nicht glauben, was sie sieht: „Diese junge, glücksstrahlende, diese wirkliche, wirbelnde, lebendige Frau ist ja die Mutter!" (Kästner 1985, 280) In der Tat ist Luiselotte Körner aus Erich Kästners Kinderroman *Das doppelte Lottchen* (1949) ein geradezu unerhörter Kontrast zu den mal reichen, mal armen Hausfrauen, alternden Jungfern, griesgrämigen Haushälterinnen oder sich eher schlecht als recht durch das Kriegswitwendasein schlagenden Frauenfiguren, die noch die Kinderliteratur der ersten Jahrhunderthälfte (und teils auch Kästners eigene Erzähltexte aus dieser Zeit) bevölkern.

Frau Körner nimmt am Ende der Geschichte doch wieder den Namen ihres geschiedenen Mannes an, gibt ihre Anstellung in München auf und zieht als Luiselotte Palfy in seine opulente Wiener Stadtwohnung ein. Zu Beginn der Erzählung ist sie hingegen eine geschiedene, alleinerziehende junge Frau, noch dazu beruflich erfolgreich – und nicht gramgebeugt darüber, der auch Mitte des 20. Jahrhunderts noch als ‚angestammt' betrachteten Rolle der treu sorgenden Haus- und Ehefrau nicht nachkommen zu können. Damit verkörpert sie exemplarisch einen Frauentypus der unmittelbaren Nachkriegszeit: In Abwesenheit der an den Kriegsfronten stationierten und in Kriegsgefangenschaft befindlichen Männer sind es die Frauen, die allein die

Kinder großziehen, sich um die Pflege der Alten und Kranken kümmern und erst in der Kriegswirtschaft, dann in den Nachkriegstrümmern als Angestellte, Beamtinnen und Betriebsleiterinnen arbeiten und so für das Fortbestehen ökonomischer und gesellschaftlicher Strukturen sorgen. Dies ist die deutsche Wirklichkeit, in die die überlebenden Männer nach dem Ende des Kriegs und der Kriegsgefangenschaft zurückkehren (vgl. zur Mentalitätsgeschichte der Nachkriegszeit Jähner 2019).

In Kästners bereits in den frühen 1940er Jahren als Drehbuch entworfener, schließlich 1949 als Kinderroman veröffentlichter Rollentauschgeschichte ist der Krieg mit seinen Folgen auffallend abwesend (Hanuschek 1999, 356), und die Schlüsselkindergeschichte *Das doppelte Lottchen* hält auch seine emanzipatorischen Anklänge nicht mit letzter Konsequenz durch. Dennoch bietet das Verwirrspiel der Familie Palfy-Körner ein Muster – für den sich in den 1950er Jahren entfaltenden realen Geschlechterkonflikt ebenso wie für die in der Kinder- und Jugendliteratur dieser Zeit auserzählten Genderaspekte.

Da ist erstens das Spiel der Geschlechter, das die erwachsenen Figuren miteinander ausfechten, um Fragen der Lebensgestaltung, um die Verteilung der Sorgearbeit, um die Verwirklichung von Geschlechtergerechtigkeit; da ist analog zweitens das Spiel der Geschlechter der Figuren im Kindes- bzw. Jugendalter (die ja in der Regel auch die Hauptfiguren der jeweiligen Geschichte sind), die ebenfalls Geschlechterrollen und die daraus resultierenden Konflikte austesten; da sind drittens aber auch die intergenerationalen Genderkonflikte, die Fragen nach der „generationale[n] Ordnung" (Benner 2016, 37) aufwerfen. Emanzipatorische Aspekte sind in *Das doppelte Lottchen* in eine weitgehend patriarchalische Ordnung gebettet und insofern prototypisch für den Umgang der Kinder- und Jugendliteratur der 1950er Jahre mit Genderaspekten: Da Frau Körner völlig in ihre Arbeit eingespannt ist, übernimmt Tochter Lotte die Rolle des „Hausmütterchen[s]" (Kästner 1985, 281), das den Haushalt in Schwung, den Kühlschrank bevorratet und die Haushaltskasse ausgeglichen hält. Bei Vater Palfy, den seine hochdotierte Anstellung als Opernkapellmeister in Wien anderweitig beansprucht, übernimmt die Haushälterin Resi diese Rolle. Von einer wirklichen Parität der Geschlechter kann also nicht die Rede sein; Kästner verwendet hier wie überhaupt in seinen Geschichten für Kinder „Extrapolationen aus den in der Realität angelegten Tendenzen" (Kaminski 1993, 170).

2 Geschlechterrollen in der deutsch-deutschen Nachkriegsgesellschaft

An die Frauenbewegungen des 19. und frühen 20. Jahrhunderts anknüpfend, fordern Frauen auch nach Kriegsende zunehmend Gleichberechtigung auf allen gesellschaftlichen Ebenen ein, was u. a. dazu führt, dass der Gleichheit von Mann und Frau

Verfassungsrang zugesprochen wird.[1] Bezeichnend für die Beharrungskräfte der patriarchalischen Tradition ist gleichwohl, dass der Gleichheitsabsatz in Artikel 3 Abs. 2 des Grundgesetzes – „Männer und Frauen sind gleichberechtigt" – erst 1958 in Kraft tritt.

Die beschriebenen Emanzipationsprozesse verlaufen dementsprechend weder konfliktfrei noch linear. So profitieren die westdeutschen Männer von der geltenden Rechtslage, die sich im Alltag aus dem Bürgerlichen Gesetzbuch (BGB) speist, das noch weitgehend die gesellschaftlichen Zustände zu Beginn des 20. Jahrhunderts festschreibt (und, wie im Fall des Gleichheitsabsatzes, Bestimmungen des Grundgesetzes teils erst mit massiver Verspätung in konkrete rechtliche Regelungen gießt). Verheiratete Frauen dürfen ohne Zustimmung des Ehemanns nicht arbeiten, sind gesetzlich zur Haushaltsführung verpflichtet und verlieren durch ‚Zölibatsklauseln' bzw. das Doppelverdienergesetz faktisch die Existenzberechtigung auf dem Arbeitsmarkt. Dieser rechtliche Status quo hat enorme gesellschaftliche Sprengkraft: Da immer weniger Frauen sich mit den neuen alten gesellschaftlichen Realitäten arrangieren wollen oder können, steigt noch in den späten 1940er Jahren die Scheidungsrate drastisch an.

In der DDR sieht es etwas anders aus: Auch hier sind Mann und Frau qua Verfassung gleichberechtigt (Art. 7: „Mann und Frau sind gleichberechtigt."). Dieses Ideal wird frühzeitig in konkrete Gesetzgebung überführt: Mit dem am 27. September 1950 beschlossenen „Gesetz über den Mutter- und Kindschutz und die Rechte der Frau" wird die weibliche Teilhabe am Arbeitsmarkt zementiert. Frauen können gleichen Lohn für gleiche Arbeit einfordern (Art. 18: „Mann und Frau [...] haben bei gleicher Arbeit das Recht auf gleichen Lohn."), eine flächendeckende Ganztagsbetreuung von Vorschul- und Schulkindern ermöglicht es ihnen, ein integraler Bestandteil des Wirtschaftslebens der DDR zu bleiben. Unter dieser fortschrittlichen Oberfläche verbleiben jedoch wie auch in der BRD patriarchale Strukturen: Nur selten gelangen Frauen in Führungspositionen, und darum, dass der Familienhaushalt funktioniert, müssen sich letztlich auch die Frauen kümmern (vgl. ausführlicher Kaminsky 2017, 100–140). Alexandra und Michael Ritter zeigen, dass diese Arbeitsteilung der Geschlechter auch in den Fibeln der SBZ/DDR dieser Zeit reflektiert wird, die „Haushalt und Kindererziehung [...] als originäre Sache der Mütter" (Ritter und Ritter 2016, 94) darstellen.

Dies ist, in einem kurzen Überblick, die gesamtgesellschaftliche Geschlechterdynamik, unter der Kinder und Jugendliche in den 1950er Jahren aufwachsen. Von einer ‚Stunde null', die auch die gesellschaftlichen Spielregeln auf Anfang setzt, kann weder politisch und gesellschaftlich noch im Bereich der Kultur die Rede sein (Steinlein 2008, 312). Die Kindheits- und Jugenderlebnisse der 1940er und 1950er Jahre prägen eine Generation von jungen Autorinnen und Autoren, die – auch unter dem

---

[1] Für die folgenden Ausführungen siehe zur Frauenpolitik in der DDR im Überblick Kaminsky 2017. Ein Überblick zur westdeutschen Familienpolitik findet sich in Limbach und Willutzki 2002.

Einfluss der 68er-Bewegung – Impulse für die sich herausbildende emanzipatorische Kinder- und Jugendliteratur setzen, die nicht nur ihren kindlichen Protagonist*innen auf Augenhöhe begegnet, sondern auch das Geschlechterverhältnis neu ordnet.

3 Zur literarischen Reflexion gesellschaftlicher Entwicklungen

Dieser Entwicklungsprozess wird in der Kinder- und Jugendliteratur der 1950er bis 1970er Jahre in einem Spannungsverhältnis zwischen den restaurativen Tendenzen der frühen Nachkriegszeit und der ‚Wirtschaftswunderjahre' mit ihren überwiegend noch traditionellen Geschlechterbildern und -rollen einerseits und der unter dem Einfluss der 68er-Bewegung stehenden Kinder- und Jugendliteratur der 1970er Jahre andererseits reflektiert. Letztere manifestiert sich beispielsweise in antiautoritären Erzähltexten wie dem *Nein-Buch für Kinder* (Kilian und Stiller 1972), die ihren kindlichen Figuren und Lesenden auf Augenhöhe begegnen.

Die Entwicklungsgeschichte der kinder- und jugendliterarischen Geschlechterdarstellung ist jedoch keineswegs linear, keineswegs einheitlich und bildet auch nicht unmittelbar die jeweiligen gesellschaftlichen Bedingungen ab. Wie alle kulturellen und gesellschaftlichen Entwicklungen ist auch die Kinder- und Jugendliteratur ein Schichtungsphänomen: Phasen und Trends folgen nicht einfach aufeinander, sondern überlagern, verweben und vermischen sich.[2]

Zwar lassen sich in der Kinder- und Jugendliteratur der 1950er und 1970er Jahre dominante Schichten identifizieren, zugleich gibt es aber weniger ausgeprägte Schichten, die entweder aus der Vergangenheit in die Gegenwart ragen oder aber in die Zukunft weisen. Dementsprechend zeigen sich bereits in einzelnen kinderliterarischen Texten der 1940er und der 1950er Jahre (und natürlich auch bereits vor dieser Zeit) emanzipatorische, nonkonformistische (Kinder-)Figuren, etwa Luise, Lotte und ihre Mutter in *Das doppelte Lottchen* oder die rote Zora aus dem gleichnamigen Roman (1941) von Kurt Held/Kläber, die auf breiter Basis erst ab den 1970er Jahren Bekannt- und Berühmtheit erlangen.

---

2 Wenn literargeschichtliche Entwicklungen und Tendenzen beschrieben werden, geht es darum, dominante Entwicklungslinien aus dem literarischen Gesamtangebot herauszupräparieren. Mit Josef Früchtl und Michel Foucault kann man versuchen, die „Moderne [...] in basale Schichten zu zerlegen. Diese ‚archäologische' Perspektive vermeidet von vornherein eine historisch-lineare Konstruktion. Man ist davor gefeit, die Moderne als eine monolithische Einheit zu konzipieren" (Früchtl 2004, 14). Stattdessen wird sie zum „Schichtungsphänomen" (Früchtl 2004, 19). Dies „läßt Überlagerungen, Parallelisierungen und wechselseitige Gewichtungen einzelner Schichten besser begreifen. [Die] Schichten durchdringen sich, und jede Ausprägung der Moderne steht lediglich unter der Prädominanz einer dieser Schichten." (Früchtl 2004, 19–20)

Auch Astrid Lindgrens Pippi Langstrumpf aus dem gleichnamigen Kinderroman (1949)³ ist als antiautoritäre, emanzipierte Kinderfigur in den 1950er und auch noch in den 1960er Jahren eine weitgehend solitäre Erscheinung, zugleich aber eine Vorläuferin von Kinderfiguren (bzw. kindlichen Figuren), die zumindest im deutschsprachigen Raum erst im Gefolge der 68er-Bewegung vermehrt auftreten. Als Beispiele für letztere dienen etwa Paul Maars Sams aus der ab 1973 erscheinenden gleichnamigen Buchreihe, das „in der Tradition des unangepassten Kindes wie z.B. Struwwelpeter, Max und Moritz oder Pippi Langstrumpf" (Schikorsky 2003, 162) steht und sich ähnlich wie letztere den gesellschaftlichen Konformitätserwartungen versperrt; oder Irmela Brenders Jeannette aus *Jeannette zur Zeit Schanett* (1972), ein sechsjähriges Waisenkind, das im Großstadtvorort bei der ebenso unkonventionellen wie liebevollen Großmutter aufwächst und sich inmitten einer kinderunfreundlichen Umgebung kindliche Spielräume ertrotzen muss.

Die Ausdifferenzierung der Geschlechterrollen bleibt in der deutschsprachigen Kinder- und Jugendliteratur bis ins ausgehende 20. Jahrhundert hinein weitgehend monoethnisch: Die Leser*innen begegnen vorwiegend Weißen bzw. als ethnisch ,deutsch' gelesenen Kinderfiguren und Familien. Zu einer *„diversitätssensible[n]* Dekonstruktion binärer Geschlechterkonstellationen und -identitäten" (Standke und Kronschläger 2020, 343; Hervorh. P.S.) kommt es erst später. In Michael Endes *Jim Knopf* (1960) ist zumindest eine Hauptfigur präsent, deren schwarze Hautfarbe für den Verlauf der phantastischen Handlung keine Rolle spielt – abgesehen von nur scheinbar spielerisch mit Rassismen hantierenden erzählerischen Exkursen darüber, dass das Baby Jim „erschrocken [war] vor dem großen schwarzen Gesicht von Lukas, denn er wusste ja noch nicht, dass es selber auch ein schwarzes Gesicht hatte" (Ende 1960, 14).⁴

Ansonsten betreten Figuren mit unterschiedlichem ethnischem Hintergrund (insbesondere als Hauptfiguren) erst lange nach dem ersten ,Gastarbeiter-Abkommen' 1955 und der Ankunft der ersten Familien aus Italien, Griechenland, Spanien und der Türkei zu Beginn der 1960er Jahre die Bühne der deutschsprachigen Kinder- und Jugendliteratur. Genderaspekte der Kinder- und Jugendliteratur der 1950er bis 1970er Jahre lassen sich somit nur in Ansätzen „im intersektionalen Zusammenspiel [anderer] Faktoren, wie z.B. ,class', ,race' oder ,age'" (Standke und Kronschläger 2020, 343) untersuchen – in diesem Zeitraum sind nur die Aspekte ,class' und ,age' ergiebig.

Exemplarisch werden im Folgenden Entwicklungen der kinder- und jugendliterarischen Darstellung von Geschlechterrollen von den 1950er bis 1970er Jahren skizziert.

---

3 Zu *Pippi Langstrumpf* vgl. den Beitrag von Inka Rupp in diesem Band.
4 Zu den Rassismen in *Jim Knopf* vgl. Dankert 2016, 117–119. Julia Voss hat überzeugend dargelegt, dass die *Jim Knopf*-Romane auch als Abrechnung mit der Rassenlehre des Nationalsozialismus gelesen werden können und Jim Knopf selbst sein Vorbild in der historischen Figur des Jemmy Button findet, der während einer Schiffsexpedition der Beagle, an der auch Charles Darwin teilnahm, nach Großbritannien verschleppt wurde (vgl. Voss 2009; vgl. auch Ewers 2018, 37–39).

4 1950er Jahre: Zwischen restaurativen Tendenzen und antiautoritären Vorläufer*innen

Die Kinder- und Jugendliteratur der 1950er Jahre, und damit die Kinder- und Jugendliteratur der frühen Nachkriegszeit, fängt nicht bei null an. Die zeitgenössischen Autor*innen haben entweder bereits eine Publikationsgeschichte während der NS-Zeit bzw. der Weimarer Republik oder sie sind in dieser Zeit aufgewachsen und verarbeiten, ob gewollt oder nicht, ob direkt oder indirekt, in ihren Werken die eigenen Erlebnisse.

In ihren „restaurative[n] Tendenzen" (Schikorsky 2003, 140) folgt die Kinder- und Jugendliteratur der 1950er Jahre den bereits beschriebenen gesellschaftlichen Entwicklungen. Die Folgen des Zweiten Weltkriegs zeitigen den Versuch, im Wiederaufbau des Landes und im zumindest im Westen wachsenden Wohlstand das Erlebte und die kollektive Schuld zu übertünchen. Nicht überdeckt werden jedoch die grundsätzlichen Konfliktlinien im Verhältnis der Geschlechter und im Umgang der Erwachsenengeneration mit den Kindern und Jugendlichen. Dementsprechend charakterisiert Julia Benner (2020, 53) die Kinder- und Jugendliteratur der 1950er Jahre weitgehend in Kontinuität zu den Themen der Kinder- und Jugendliteratur der unmittelbaren Nachkriegszeit, zu denen unter anderem Heimat, Natur und Landleben gehören.

4.1 Buchreihen

Für diese Kontinuität sorgen unter anderem Neuausgaben von populären Buchreihen der Vorkriegszeit, etwa von Emmy von Rhodens *Der Trotzkopf* (1885) oder Else Urys *Nesthäkchen*-Serie (1913 – 1925) (Stemmann 2020, 168). Diese Reihen offenbaren die „genderspezifische Einschreibung" des „Mädchenbuch[s] [...] als eine Sonderform des Jugendromans" (Stemmann 2020, 168). Wie auch die Kinderliteratur ist der Jugendroman der 1950er und 1960er Jahre geprägt „von einem gesellschaftlichen Traditionsbewusstsein, das kaum Erneuerungsprozesse zulässt." (Stemmann 2020, 168) Somit ist die Kinder- und Jugendliteratur der 1950er Jahre zumindest in Teilen, und vor allem im Bereich der Mädchenbücher, „zunächst weiterhin noch maßgeblich den literarischen Konventionen der ‚Backfischliteratur' des frühen 20. Jahrhunderts verbunden" (Standke und Kronschläger 2020, 346; vgl. Grenz 1997a).

Mit den genannten Buchreihen schreibt sich ein bekanntes reaktionäres Handlungsschema in die Nachkriegszeit ein, denn eine Domäne des Mädchenbuchs im späten 19. und frühen 20. Jahrhundert ist es, von der zumindest vorübergehend tolerierten Rebellion des Mädchens gegen seine gesellschaftliche Umgebung zu erzählen.[5]

---

5 Zu den hier skizzierten Aneignungsmechanismen vgl. ausführlich Grenz 1997b; Mattenklott 1994, 34.

Handlungstreibend ist in solchen Geschichten der Konflikt „des wilden, jungenhaften Mädchens mit den Vorurteilen der Umwelt" (Mattenklott 1994, 34). Als noch junge Mädchen haben weibliche Figuren in der Kinder- und Jugendliteratur dementsprechend „mehr Spielraum; für eine kurze Lebensphase durften sie wild sein, ehe sie eingefangen und gezähmt, für Verlöbnis und Ehe präpariert wurden" (Mattenklott 1994, 34).

Die *Trotzkopf*-Bücher sind insofern paradigmatisch für einen emanzipatorisch entwertenden Handlungsverlauf, der auch in ausgewählten Neuerscheinungen der 1940er und 1950er fortgeschrieben wird, etwa in Hertha von Gebhardts *Ein Mädel bin ich!* (1940) oder Rosemarie Ditters *O diese Rasselbande!* (1953). Die in diesen Erzähltexten temporär freieren Mädchenfiguren können ihren Freiraum innerhalb einer männlich dominierten Welt nur dadurch erkämpfen, dass sie „kameradschaftlicher, mutiger, ehrlicher und einfallsreicher" (Mattenkott 1994, 34) agieren als ihre männlichen Gegenstücke, ohne dabei ihre spezifisch weiblichen Entwicklungsaufgaben zu vernachlässigen.

Die kinder- und jugendliterarischen Geschlechterverhältnisse spiegeln sich auch in Bandengeschichten, etwa in denen der kommerziell wohl erfolgreichsten Autorin der 1950er Jahre: Enid Blyton. Ihre im englischen Original überwiegend bereits in den 1940er Jahren veröffentlichten Werke werden ab den 1950er Jahren sukzessive ins Deutsche übersetzt und von ihren deutschen Verlagen mit Hilfe von Ghostwriterinnen wie Rosemarie Eitzert erweitert. Die Buchreihen *Fünf Freunde* (ab 1953; *The Famous Five*, ab 1942) oder *Geheimnis um...* (ab 1953; *Mystery of...*, ab 1943) sind ebenso beliebt wie ab den 1960er Jahren diejenigen um *Hanni und Nanni* (ab 1965; *The Twins at St. Clare's*, ab 1941) sowie *Dolly* (ab 1965; *Dolly*, ab 1946). Getragen werden diese Geschichten meistens von Kinderbanden, wobei sich hier recht selbstverständlich gemischtgeschlechtliche Kindergruppen finden. In diesen sind die Mädchenfiguren allerdings oft im Vergleich zu Jungenfiguren „oberflächlich gezeichnete, idealisierte Charaktere" (Schikorsky 2003, 143). Derlei gemischtgeschlechtliche Kinderbanden und -freundschaften sind allerdings kein Innovationsmerkmal, sie finden sich bereits bei Lisa Tetzner (*Die Kinder aus der Nr. 67*, 1933–1949), Kurt Held/Kläber (*Die rote Zora*, 1941) oder Erich Kästner mit *Pünktchen und Anton* (1931) und *Emil und die Detektive* (1929), wobei in letzterem Werk Emils Cousine Pony Hütchen getreu dem reaktionären Geschlechtermodus lediglich die Funktion einer Proviantlieferantin für die ansonsten männlich besetzte Detektivbande übernimmt.[6]

Restaurative Tendenzen zeigen sich auch an den biographischen Hintergründen der maßgeblichen Autor*innen der Zeit. So knüpfen viele Autor*innen der 1920er bis 1940er Jahre im Nachkriegsdeutschland an ihre Schriftsteller*innenkarrieren an – und zwar nicht nur des Nazismus unverdächtige Personen wie Kästner, Kläber oder Tetzner, sondern auch Autoren wie Alfred Weidenmann, dessen Leben geradezu exemplarisch die Einbettung früherer NS-Kader in die Macht- und Erfolgsstrukturen der

---

6 Vgl. zu Erich Kästners *Emil und die Detektive* den Beitrag von Christian Heigel in diesem Band.

jungen Bundesrepublik vorführt: Weidenmann erklimmt in den 1930er Jahren bereits als jugendlicher Schriftsteller, Filmemacher und Journalist die Karriereleiter des NS-Propagandaapparates und veröffentlicht neben zahlreichen Filmen wie *Junge Adler* (1944) auch Jungenromane und ‚Sach'bücher wie *Jungzug 2* (1936) oder *Unternehmen Jaguar. Taten der Panzerwaffe in Polen* (1940). Noch in den 1940er Jahren setzt Weidenmann seine Schriftstellerkarriere fort, mit Jugendbüchern wie *Winnetou Junior fliegt nach Berlin* (1952), *Kaulquappe, Boss der Zeitungsjungen* (1951) und *Kaulquappe und die Falschmünzer* (1953) sowie der in den 1970er Jahren erfolgreichen Buchreihe *Die Glorreichen 7* (1972–1986). Diese Geschichten sind zwar nicht mehr im NS-Milieu angesiedelt, sie orientieren sich aber an einer „Moral der Anständigkeit und des solidarischen Handelns, gepaart mit Tüchtigkeit und Gewitztheit der kindlichen und jugendlichen Akteure" (Steinlein 2008, 324). Dadurch sind die „Handlungsstereotype[]" (Steinlein 2008, 325) seiner früheren Werke geblieben: „Jungenskameradschaft, Wettkampf, clevere Schachzüge gegenüber Konkurrenten, die Bemühungen um Außenseiter und deren Integration in die Gruppe" (Steinlein 2008, 325). Weidenmanns Werke stehen für die Kontinuität tradierter Jungenbilder, analog zum Fortwirken traditioneller Mädchenbilder in den *Trotzkopf*-Fortschreibungen.

4.2 Zeitenwandel in der Kontinuität

Parallel zu derlei Kontinuitäten zeichnen sich jedoch bereits in den 1940er Jahren die Konsequenzen des epochalen Zeitenwandels der Nachkriegszeit ab. Julia Benner (2020, 52) sieht im Jahr 1949 einen in viererlei Hinsicht die folgenden Entwicklungen prägenden Wendepunkt: Mit der Gründung der BRD entsteht erstens ein von den westlichen Besatzungsmächten nicht mehr kontrollierter Buchmarkt; zweitens wird dieser zunehmend internationalisiert, was das literarische Themenspektrum erweitert. Drittens und viertens prägen zwei aus dem Niederländischen bzw. Schwedischen ins Deutsche übersetzte Titel die weitere Entwicklung der Kinder- und Jugendliteratur, die nicht von ungefähr weibliche Protagonistinnen und Autorinnen haben: 1949 erscheint die deutsche Übersetzung von Astrid Lindgrens *Pippi Långstrump*, ein Jahr später diejenige des Tagebuchs der Anne Frank. Während die deutsche Fassung von *Het Achterhuis* (1947; *Das Tagebuch der Anne Frank*, 1950) „die Auseinandersetzung mit der Shoah" (Benner 2020, 52) anregt, die sich jedoch erst in den 1970er Jahren merkbar entfalten wird, „deutet [*Pippi Langstrumpf*] frühzeitig auf die spätere Abkehr vom Ordnungsdispositiv hin" (Benner 2020, 53).

Insbesondere Pippi Langstrumpf ist eine für die Kinder- und Jugendliteratur epochale Figur:

> Erstmalig in der Geschichte der Kinder- und Jugendliteratur, und dies ist unter Gender-Gesichtspunkten entscheidend, repräsentiert eine Mädchen- und keine Jungenfigur ein neues Kindheitsbild, das für weibliche und männliche Leser gleichermaßen Identifikationspotenzial bereithält. (Standke und Kronschläger 2020, 346)

Die Bedeutung von *Pippi Langstrumpf* nicht nur für das Möglichkeitsspektrum von Kinderfiguren, sondern auch von kinderliterarisch repräsentierten Familien- und Lebensentwürfen zeigt sich besonders deutlich im Vergleich zu nur ansatzweise progressiven Erzähltexten. So lässt sich Kästners *Das doppelte Lottchen* als Plädoyer für im traditionellen Sinne intakte Familienstrukturen lesen, während *Pippi Langstrumpf* „als subversive Mädchengestalt schlechthin" (Standke und Kronschläger 2020, 346) die

> Abwesenheit bzw. Substitution traditioneller gesellschaftlicher Instanzen im Roman [exemplifiziert]. Pippi Langstrumpf lebt ohne Eltern und ist trotzdem glücklich. Für das Erleben einer erfüllten Kindheit ist in Lindgrens literarischer Welt die intakte Familie keine notwendige Voraussetzung mehr. In den *Pippi Langstrumpf*-Romanen spiegelt sich die in den 1950er Jahren stattfindende Transformation der gängigen Auffassungen von Kindheit, die mit einer schrittweisen Überwindung des moralisch-didaktischen Erzählens bis hin zu einer [so Andrea Weinmann] „kindgemäßen Literatur" verbunden war [...]. (Standke und Kronschläger 2020, 346)

4.3 Kinderliterarische Entpädagogisierung am Beispiel *Pippi Langstrumpf*

Pippi Langstrumpf ist nicht nur ein paradigmatischer neuer Typus Kinderfigur, sie steht auch für die zunehmende Entpädagogisierung des kinderliterarischen Erzählens, die Tendenzen der emanzipatorischen Kinder- und Jugendliteratur der 1970er Jahre vorwegnimmt. Damit erhalten auch kinder- und jugendliterarische Geschlechterdarstellungen eine andere Funktion: Statt, wie in den Jugendschriften der 1930er und 1940er Jahre, als Anleitungen zum ‚geschlechtergerechten Verhalten' zu dienen, werden Geschlechterrollen in entpädagogisierten Erzähltexten subtiler dargestellt und ein Stück weit von der Erwartungshaltung der Erwachsenen entkoppelt.

Pippi befreit das Kinderbild der Kinder- und Jugendliteratur von seiner der Erwachsenenwelt gegenüber subalternen Rolle und eröffnet damit einen Spielraum für die Selbstentfaltung kindlicher Figuren. Die Figur der Pippi Langstrumpf selbst bricht intergenerational wie intragenerational mit überbrachten Weiblichkeitsmodellen. Intergenerational gerät sie wiederholt in Konflikt mit den sich eher traditionell gerierenden Frauen ihrer schwedischen Kleinstadt wie Fräulein Blomkvist, Fräulein Rosenblom oder Frau Settergren; intragenerational verkörpert sie das Gegenmodell zu ihrer braven, angepassten und geradezu „stereotyp mädchenhaften" (Stichnothe 2018, 16) Freundin Annika.

Damit verweigert sich Pippi in doppelter Weise einer binären Geschlechterzuschreibung: Als fortdauernd unangepasstes Mädchen nimmt sie eine Position ein, die traditionellerweise eher Jungen bzw. Männern zugestanden wird; zudem ist sie als fremdes, wildes Kind eher androgyn charakterisiert. Stichnothe sieht den spielerischen Umgang

> mit Geschlechterrollen [...], wenn sie etwa schwankt, ob sie nun ein Seeräuber oder eine „richtig feine Dame" werden soll – oder doch besser beides. Daher wird Pippi Langstrumpf oft als eine der

> wichtigsten Ausformungen der reformpädagogischen Idee des „freien Kindes" gesehen. Sie ist aber auch im Besonderen ein freies Mädchen [...]. (Stichnothe 2018, 16)

Ebenso wichtig für die Konzeption der Figur Pippi ist, dass sie keinen tiefgreifenden Veränderungsprozess durchläuft, denn „dieses wilde Mädchen [...] bleibt wie sie ist: unabhängig, vielleicht auch etwas einsam, aber autonom. Daher lassen sich die *Pippi*-Bücher als Gegenentwurf zum Handlungsmuster der *Trotzkopf*-Zähmungen lesen, das für den Mädchenroman charakteristisch war" (Stichnothe 2018, 16).

So revolutionär Pippi Langstrumpf als Kinder- bzw. Mädchenfigur ist, so ist sie literar- und kulturhistorisch kein Solitär. Eine Leistung Lindgrens besteht darin, dass sie Charaktermerkmale von früheren (tendenziell männlich konnotierten) Figuren auf eine Mädchenfigur überträgt. Pippi Langstrumpf lässt sich als Nachfahrin des *burattino* Pinocchio lesen und mit ihm in der Tradition der notorisch nicht an die gesellschaftlichen Spielregeln angepassten Lustigen Figur, die sich kultur-, theater- und literarhistorisch als *arlecchino*, Hans Wurst oder Kasperle manifestiert (vgl. Minuth 1996). Anders jedoch als Pippi ist Pinocchio in Carlo Collodis Märchenroman *Le avventure di Pinocchio* (1883) als noch-nicht-menschliches Wesen konzipiert, als kindliche Figur, die sich nichts sehnlicher wünscht als endlich zum Menschen zu werden. Bei Collodi bedeutet dies, dass Pinocchio lernen muss, seinem Ziehvater Geppetto ein guter und braver Sohn zu werden, was mit einer Anpassung an die Moral-, Leistungs- und Disziplinerwartungen der Erwachsenengesellschaft einhergeht (vgl. Richter 2004).

Pippi will von alldem als Prototyp des neuen Kinderfigurentypus: nichts. Zumindest will die Ur-Pippi (Lindgren 2007) nichts hiervon, denn Lindgren konzipiert ihre Pippi Langstrumpf in der ursprünglichen Manuskriptfassung noch als deutlich frecher und unabhängiger als in der letztlich veröffentlichten, auf Verlagswunsch abgemilderten Fassung. Steht die Ur-Pippi noch unverblümt zu ihrem Anderssein, bemüht sich die veröffentlichte Pippi zumindest anfänglich, wenigstens einen Teil der gesellschaftlichen Spielregeln zu lernen, und zeigt sich zumindest zeitweise betrübt darüber, dass sie letztlich nicht in der Lage ist, diesen zu folgen (vgl. hierzu ausführlicher Surmatz 2005 und Lundqvist 2007).

Interessanterweise manifestiert sich diese partielle Anpassung der Pippi-Figur an gesellschaftliche Normerwartungen auch bis in die 1980er Jahre hinein in den Überarbeitungen der deutschen Übersetzungen (Stichnothe 2018, 16–17 unter Rückgriff auf Surmatz 2005). Diese verursachen eine signifikant veränderte Figurenkonzeption:

> Für die Figur der Pippi bedeuten solche Änderungen, dass ihr anarchisches Potenzial und ihre Autonomie, die gesellschaftliche und sogar physikalische Regeln außer Kraft setzt, verkleinert, quasi auf ein „mädchenhafteres" Maß heruntergebrochen werden. (Stichnothe 2018, 17)[7]

---

7 Ein Blick auf die Übersetzungsgeschichte von *Pippi Langstrumpf* und auf Blytons Erzähltexte, insbesondere *Hanni und Nanni*, reflektiert deshalb für Stichnothe auch die „Entwicklung der deutschen

Trotz solcher Anpassungen im Detail bietet *Pippi Langstrumpf* ein Figuren- und Erzählmodell, das schnell aufgegriffen und weiterverarbeitet wird: So bietet Karl Bruckners *Giovanna und der Sumpf* (1953) ein „bemerkenswertes Stück Mädchenliteratur mit jüngeren Mädchen, die bereits selbstbewusst und eigenwillig bis frech sein dürfen" (Steinlein 2008, 325). Auch Paul Maars *Sams* (ab 1973) ist nicht denkbar ohne *Pippi Langstrumpf* und ihre Verortung in historischen Spielarten der Lustigen Figur. Wie Pippi osziliert auch das Sams in seiner Geschlechtlichkeit: Zwar stellt es in seiner Rabaukenhaftigkeit Charaktermerkmale aus, die als ‚männlich' gelesen werden können, dennoch wird es nicht eindeutig geschlechtlich positioniert. Pippi hingegen wird zwar sprachlich eindeutig als „Mädchen" (Lindgren 2008, 9) identifiziert, entzieht sich durch ihre Verhaltensweisen und Rollenwechsel, die gemeinhin dem ‚anderen' Geschlecht zugewiesen werden, einer solchen eindeutigen geschlechtlichen Verortung. Pippi ist – mit Bettina Kümmerling-Meibauer gesprochen – eine transgressive Figur, die ihre Trangressivität damit bezahlt, dass sie nicht erwachsen werden kann (und will), wobei Letzteres hier bedeutet, sich eindeutig einer Identität in einem binären Geschlechtersystem zuzuordnen (vgl. Kümmerling-Meibauer 1996).

In der Zusammenschau versammeln die kinder- und jugendliterarischen Werke der 1950er Jahre das Gegenspiel von eher reaktionären Stoffen und tendenziell emanzipatorischen Geschichten, das die weitere Entwicklung der deutschsprachigen Kinder- und Jugendliteratur maßgeblich beeinflusst.

4.4 Antiautoritäre Ouvertüre in die 1960er und 1970er Jahre: Preußlers *Die kleine Hexe*

Trotz des Erfolgs von Autorinnen wie Blyton, Lindgren oder Tetzner ist die Kinder- und Jugendliteratur der 1950er bis 1970er Jahre weitgehend geprägt von männlichen Autoren wie Otfried Preußler, James Krüss, Michael Ende oder James Thurber. Auch in ihren Werken finden sich entpädagogisierende Tendenzen und im Ansatz neuartige Kinderfiguren, deutlicher aber noch als in Lindgrens *Pippi Langstrumpf* eine „Hinwendung zur phantastischen Literatur" (Standke und Kronschläger 2020, 346). Mit den phantastischen Sekundärwelten Endes, Krüss', Preußlers und Thurbers eröffnet sich eine weitere Möglichkeit, um fernab einer direkt sichtbaren Einbettung in zeitgenössische Settings die Spielräume kindlicher Lebenswelten zu erkunden, die auch von den sich neu ordnenden Geschlechterverhältnissen geprägt sind.

Exemplarisch hierfür steht Preußlers Kinderroman *Die kleine Hexe* (1957), der von Rüdiger Steinlein (2008, 329) als „radikal antiautoritäre Entmachtungsfantasie" gelesen wird, die zwar einerseits „dem kinderliterarischen Moral- und Wohlverhaltensdiskurs" folge, denn „die kleine Hexe bemüht sich [motiviert durch die Aussicht, in der Wal-

---

Kinderliteratur [...]. Die ist zunächst eher reaktionär geprägt; in beiden Fällen wird mit einer Anpassung der Hauptfiguren an das Mädchenbild reagiert." (Stichnothe 2018, 20)

purgisnacht am Hexentanz auf dem Blocksberg teilnehmen zu können; P.S.], eine *gute* Hexe im Sinne von ‚moralisch gut, anständig' zu sein [...]. Zum anderen aber lehnt sie sich gegen ihre Erwachsenenwelt mit aller Konsequenz auf" (Steinlein 2008, 329). Diese Auflehnung erfolgt allerdings erst am Ende der Geschichte, als der kleinen Hexe klar wird, dass das amoralische Hexenverständnis der großen Hexen ein Relikt der Vergangenheit ist. Denn wenn – wie die Oberhexe als Vertreterin der Erwachsenengeneration es formuliert – nur „Hexen, die immer und allezeit Böses hexen" (Preußler 1957, 119), gute Hexen sind, dann will sie keine sein. Mit dem finalen Akt des Widerstands, den großen Hexen ihre magischen Fähigkeiten zu nehmen, bekennt sich die Protagonistin von Preußlers Kinderroman zu ihrem moralischen und nicht handlungsfunktionalen Verständnis davon, was es bedeutet, eine ‚gute' Hexe zu sein.

Gendertheoretisch interessant ist *Die kleine Hexe* dadurch, dass ihre antiautoritäre Hauptfigur im intergenerationalen Konflikt mit den älteren Hexenfiguren eine Umwertung eines Figuren- bzw. Frauentypus vornimmt, der in der Geschichte der Kinder- und Jugendliteratur notorisch negativ charakterisiert ist. Mit ihr betritt ein positiv konnotierter Hexentypus die literarische Bühne, der sich auch heute noch in weiblichen Heldenfiguren wie Bibi Blocksberg, Hexe Lilli und Hermione Granger manifestiert: Frauenfiguren, die sich ihrer Macht bewusst sind und diese zum (moralisch) Guten verwenden, anstatt sie zu missbrauchen.[8]

Der moralischen Aufrichtigkeit der kleinen Hexe sind innerfiktional nicht nur die großen Hexen unterworfen. In der regelmäßig von ihr besuchten Menschenwelt bestraft sie ausschließlich Männer für deren moralisch transgressives Verhalten, die auch im traditionellen Geschlechterverständnis überwiegend als Aggressoren auftreten. Auch die Menschenkinder Thomas und Vroni, mit denen sich die kleine Hexe anfreundet, folgen in ihrer geschlechtlichen Identität traditionellen Genderkonzepten.

Die kleine Hexe hingegen ist, ähnlich wie Pippi Langstrumpf und das Sams, eine genderperspektivisch transgressive Figur: Sie wird über ihr Pronomen ebenso wie über die Figurencharakterisierung als kindliche weibliche Figur verortet, zugleich ist sie aber mit ihren 127 Jahren eben nur aus Hexenperspektive jung und ‚klein'. Intersektional ist die kleine Hexe eine in ‚age' und ‚gender' ambivalent konfigurierte Figur und somit in einem erweiterten kinderliterarischen Diversitätsspektrum verortet. Sie ist weder ein ‚altes Kind' noch eine ‚junge Erwachsene', sondern stellt, ähnlich wie der durch E.T.A Hoffmanns gleichnamige Erzählung etablierte Figurentypus des ‚fremden Kindes', einen Figurentypus *sui generis* dar, der sich auch in späteren phantastischen Erzähltexten wiederfindet. Ein Beispiel ist die Figur der Vampirfrau Claudia in Anne Rices *The Vampire Chronicles* (erster Band: *Interview with the Vampire*, 1976), die im Körper einer Fünfjährigen gefangen ist. Im kinderliterarischen Kontext greift Angela Sommer-Bodenburgs Buchreihe *Der kleine Vampir* (21 Bände, 1979–2015) den Figurentypus des an Lebensjahren alten Kindes – mit expliziter peritextueller Verbeugung vor dem Preußler'schen Vorbild – auf: Die Vampirgeschwister Rüdiger und Anna von Schlotterstein,

---

8 Zur Literaturgeschichte der Hexenfigur vgl. Lindauer 2012.

die sich mit dem Menschenkind Anton anfreunden, wurden innerfiktional 1810 bzw. 1812 geboren und mit zehn bzw. neun Jahren zum Vampir gebissen.

Preußlers Erzähltext ist eingeschrieben, was für die phantastische Literatur generell gilt: Die phantastische Sekundärwelt, die für die Figuren der Geschichte die Alltagswelt darstellt, bietet einen Freiraum, um andere Identitäten, Geschlechterverhältnisse, Generationenverhältnisse, Gesellschaftsverhältnisse etc. zu erproben. Damit entpuppen sie sich als Imaginationsraum für gesellschaftliche Neuordnungen, die realweltlich (noch) nicht realisiert sind. Die Kinder- und Jugendliteratur der ersten Nachkriegsjahrzehnte erkundet insbesondere solche Sekundärwelten, in denen sich kindlicher Abenteuerdrang entfalten kann. Das wird nicht nur in einigen Werken Preußlers deutlich, sondern auch in anderen und späteren Erzähltexten, etwa von Astrid Lindgren (*Mio, mein Mio*, 1955 [*Mio, min Mio*, 1954]; *Die Brüder Löwenherz*, 1974 [*Bröderna Lejonhjärta*, 1973]), Michael Ende (*Momo*, 1973; *Die unendliche Geschichte*, 1979) und auch Christine Nöstlinger (*Wir pfeifen auf den Gurkenkönig*, 1972). Diese Sekundärwelten entpuppen sich aber vor allem als Räume, in denen sich Kinder unbedrängt von der Erwartungshaltung der Erwachsenengeneration zumindest zeitweise entfalten und auf die Suche nach der eigenen Identität gehen können.

5 1960er Jahre

Die 1960er Jahre leiten die „sekundäre Modernisierung der Kinder- und Jugendliteratur" (Steinlein 2008, 340) im Fahrwasser der antiautoritären Wende ein, die grundlegend die „autoritären Politik- wie Mentalitätsstrukturen in Deutschland" und damit auch die „Wertewelt der Elterngeneration" (Steinlein 2008, 340) infrage stellt. Damit verändern sich auch die Erziehungsideale: Kinder werden als Partner der Erwachsenen und als eigenständige Wesen mit eigenen Bedürfnissen wahrgenommen, die „Probleme und Widersprüche der Realität, aber auch Mittel und Wege zu ihrer Bewältigung möglichst früh kennen lernen" (Schikorsky 2003, 153) sollen. So schließt sich auch ein literarhistorischer Entwicklungszyklus, denn mit

> diesem emanzipatorisch-aufklärerischen Impuls näherte sich diese Kinder- und Jugendliteratur wieder der traditionellen Kinderliteratur der Aufklärung, allerdings mit dem Unterschied, dass das Kind nicht mehr als zukünftiger Erwachsener, sondern als eigenständiges, mündiges Wesen, das aktiv in die Wirklichkeit eingreifen könne, gesehen wurde. (Steinlein 2008, 341)

Damit tritt die „Logik und Berechtigung kindlicher Bedürfnisse [...] in den Vordergrund und entthront den alleinigen Geltungsanspruch der Erwachsenen, wie er v. a. in der Kinder- und Jugendliteratur der späten 40er und der 50er Jahre [...] reproduziert wurde" (Steinlein 2008, 341). Der bei *Pippi Langstrumpf* noch ungewohnte kindliche Ungehorsam wird ein geradezu normaler Bestandteil der Kinder- und Jugendliteratur, idealiter verkörpert in F. K. Waechters obrigkeitsverspottendem *Anti-Struwwelpeter* (1970). Kindgemäßheit in Sprache und Thematik wird nachrangig, und insbesondere die problemorientierte Kinder- und Jugendliteratur wendet sich zuvor tabuisierten Themen wie Armut, Gewalt, Einsamkeit und der Aufarbeitung der NS-Zeit zu.

Mit der Abwendung vom (männlich konnotierten) Autoritarismus steht auch das Verhältnis der Geschlechter auf dem kinder- und jugendliterarischen Prüfstand. Dies gilt vor allem für eine „emanzipatorische Mädchenliteratur, die sich vehement von den tradierten Rollenbildern distanzierte" (Kümmerling-Meibauer 2012, 72). Die kinderliterarische Neuausrichtung von Jungen- und Mädchenbildern spiegelt sich in dem populären Lied „Wer sagt, dass Mädchen dümmer sind?" von Volker Ludwig, Mitbegründer des GRIPS Theaters, das dieser für sein Theaterstück *Balle, Malle, Hupe und Artur* (1969) geschrieben hat. Das Lied inszeniert ein Lob kindlich-weiblicher Fähigkeiten, gibt dadurch aber zugleich dem stereotypen männlichen Vorwurf überhaupt erst Raum, dass Mädchen bzw. Frauen weniger klug, weniger stark, weniger fähig seien als das sogenannte ‚starke' Geschlecht.

Das ist überhaupt eines der Phänomene der Kinder- und Jugendliteratur der 1960er Jahre: Es häufen sich Beispiele für einen modernen, emanzipierten Umgang mit Geschlechterverhältnissen, der sich aber weiterhin vor der Folie eines eher patriarchalen Verständnisses abspielt. So führen Jim Knopf und Prinzessin Li Si in Michael Endes Kinderromanen (1960 und 1962) als Quasi-Verlobte zwar eine von gegenseitiger Anerkennung geprägte Kinderbeziehung, zugleich reproduzieren sie ein eher patriarchisches Geschlechterverhältnis: Während Jim mit Lukas verwegene Abenteuer erlebt, bleibt Li Si, die als gebildeter, vernünftiger und auch lebenserfahrener sowie mindestens genauso tapfer charakterisiert wird wie ihr Partner, zu Hause – erst im väterlichen kaiserlichen Palast, später auf Lummerland bei Frau Waas, der sie bei der Erledigung der häuslichen Pflichten zur Hand geht.

Neu verhandelt werden die Geschlechterverhältnisse auch jenseits traditioneller Erzähltexte: Mit *Twen* (1959–1971) und *BRAVO* (ab 1956) kommen Jugendzeitschriften auf den Markt, die ihrem jungen Publikum nicht nur die (vor allem US-amerikanisch geprägte) Popkultur näherbringen (Benner 2020, 53), sondern auch Aufklärungsarbeit zu vormaligen Tabuthemen wie Sexualität leisten. Dies hat mittelfristig auch Auswirkungen auf das Themenspektrum kinder- und jugendliterarischer Texte, wie sich am Aufkommen problemorientierter Kinder- und Jugendliteratur zeigt.

Die Popkultur kommerzialisiert den Kinder- und Jugendbuchmarkt zunehmend, was insbesondere den sich herausbildenden Medien- und Produktverbünden entgegenkommt, in denen sich eine teils interessante Verteilung von Geschlechterdarstellungen beobachten lässt. Beispielsweise liest Ute Dettmar die Figur der Barbie im Medienverbund als Symptom eines sich in den 1960er Jahren verändernden Frauenbildes. Denn während die Spielzeugfigur mit „ihren fantastischen bzw. grotesken Körpermaßen [ein] reduktionistische[s] Frauenbild" (Dettmar 2016, 58) produziert, erkunden im Medienverbund eingebettete Romane wie *Barbie löst ein Geheimnis* (Cynthia Lawrence 1967; *Barbie Solves a Mystery*, 1963) „Spiel- und Aktionsräume, die über die traditionelle Rolle und die familiären Räume hinausführen" (Dettmar 2016, 59). Dies sind Räume, in denen „weder Mutterschaft als Ideal noch familiäre Abhängigkeit propagiert" (Dettmar 2016, 60) werden, sondern sich Barbie als Detektivin in einer Männerdomäne bewährt und auch die anderen Frauenfiguren der Erzählung emanzipiert neue Rollenbilder ausprobieren. Kurz: „Der amerikanische Traum [denn *Barbie* ist natürlich ein ur-amerikanischer Import, P. S.] wird hier in weiblicher Besetzung inszeniert." (Dettmar 2016, 59)

Zu den Modernisierungstendenzen der Kinder- und Jugendliteratur der 1960er Jahre gehört auch die Hinwendung zur Innenperspektive ihrer kindlichen Hauptfiguren: So wie sich auch die Protagonist*innen von Krüss' und Preußlers phantastischen Erzähltexten in dieser Lebensphase bewähren müssen, gilt dies nun auch in Erzähltexten der realistischen Kinderliteratur – als Beispiel für psychologische Innensichten können Geschichten Ursula Wölfels wie *Sinchen hinter der Mauer* (1960) und *Feuerschuh und Windsandale* (1961) dienen, in denen „Kindsein [...] mit psychologischen Mitteln als Aufgabe und als Lebensabschnitt der Bewährung dargestellt" wird (Steinlein 2008, 334). Die Hinwendung nicht nur zu den Lebens-, sondern auch Erlebenswelten ihrer Hauptfiguren ist nur konsequent, da Kinder und Jugendliche zunehmend als autonome Akteur*innen wahrgenommen werden.

6 1970er Jahre

Die Anlagen der 1950er und 1960er Jahre entfalten sich endgültig in der Kinder- und Jugendliteratur der 1970er Jahre, die durch die Hinwendung zu problemorientierten, emanzipatorischen Geschichten gekennzeichnet ist. Stellvertretend hierfür sind nicht nur weitere Werke Wölfels, sondern auch Kinder- und Jugendbücher von Peter Härtling, Max von der Grün und – oft angereichert mit Elementen der Phantastik – Werke Christine Nöstlingers.

Kennzeichnend für die Aushandlung inter- wie intragenerationaler Geschlechterverhältnisse der 1970er Jahre ist, dass sie sich sehr gewinnbringend aus intersektionaler Perspektive betrachten lassen: So ist Max von der Grüns Jugendbuchklassiker *Vorstadtkrokodile. Eine Geschichte vom Aufpassen* (1973) auch deshalb interessant, weil in ihm verschiedene gesellschaftliche Diskurse wie Armut, Arbeitslosigkeit, Behinderung und die Ausgrenzung nicht-deutscher Mitbürger*innen zusammenlaufen. Die Kinderbande der sogenannten Krokodiler besteht aus neun Jungen sowie Maria, die nur deshalb zur Bande gehört, weil sie die Schwester des Bandenanführers Olaf ist, sich aber als unverzichtbar herausstellt (was das von Mattenklott herausgearbeitete Exzeptionalitätsmuster der Mädchenliteratur der 1950er Jahre aufgreift). Zugleich aber reflektiert der Roman zumindest in Ansätzen die Männlichkeits(-selbst-)bilder der Jungenfiguren. Beispielsweise steht anfänglich weniger die Tatsache, dass Kurt im Rollstuhl sitzt, der Aufnahme in die Kinderbande im Weg als die mit dem Rollstuhl verknüpfte Vorstellung von als nicht-männlich konnotierter Passivität. Diese findet sich bereits in dem von Max von der Grün selbst verfassten Autorenprofil:

> Weil ich selbst einen Jungen habe, der im Rollstuhl gefahren werden muss, habe ich diese Geschichte von den Krokodilern geschrieben. Auch mein Sohn muss oft warten, bis Nachbarjungen

[sic!] kommen und ihn abholen, zum Fußballplatz mitnehmen oder zum Minigolfplatz. Es ist schwer für einen Jungen, nicht einfach mit anderen Jungen weglaufen zu können, immer warten zu müssen, bis ihm einer hilft. (Grün 2002, 2)

Diese gleichsam intersektionale Ausdifferenzierung zumindest der Themen, wenngleich noch nicht immer ihrer inhaltlichen Ausgestaltung, zeigt sich auch bei anderen Autor*innen und Werken der emanzipatorischen bzw. problemorientierten Kinder- und Jugendliteratur der 1970er Jahre wie Peter Härtling und Christine Nöstlinger. Härtling greift in realistischem Duktus eine Vielzahl gesellschaftlicher Probleme auf und erzählt – meistens mit interner Fokalisierung auf einen Jungen als Hauptfigur – etwa von psychisch kranken Waisenkindern im Kinderheim (*Das war der Hirbel*, 1973) und in *Ben liebt Anna* (1979) von einer kindlichen Liebesgeschichte zwischen dem neunjährigen Ben und dem Aussiedlerkind Anna, wobei Letztere vor allem als Projektion der männlichen Hauptfigur und nicht als eigenständige Figur inszeniert wird.

Nöstlinger mischt in ihre ebenfalls problemorientierten, emanzipatorischen Geschichten oft phantastische Elemente, etwa in *Wir pfeifen auf den Gurkenkönig* (1972), „in dem der traditionellen Familie ein fantastischer Spiegel vorgehalten wird. So wie die Gurkinger ihren tyrannischen König vertreiben, so emanzipieren sich die Hogelmanns vom autoritären Vater" (Schikorsky 2003, 163). Auf diese Weise verhandeln Nöstlingers Erzähltexte das auch in den 1970er Jahren noch präsente autoritaristische, patriarchale Gesellschaftsmodell. In *Wir pfeifen auf den Gurkenkönig* sind die meisten Männerfiguren unreif, unreflektiert in ihrem privilegierten Status verankert, die Mutterfigur will ihrem Hausfrauenstatus entkommen, kann es aber nicht; die Kinder der Familie nehmen diese Unwucht des Geschlechterverhältnisses deutlich wahr und suchen nach Wegen, aus ihm auszubrechen.

Noch deutlicher zeigt sich der sichtbar werdende Bruch mit dem Tradierten in der Adoleszenzliteratur, deren Entwicklung in beiden deutschen Nachkriegsstaaten maßgeblich von der 1954 erscheinenden Übersetzung von J. D. Salingers *The Catcher in the Rye* (dt. *Der Fänger im Roggen*; Titel der ersten Übersetzung: *Der Mann im Roggen*) geprägt wird. Salingers Roman wird „vor allem in den 60er Jahren mit Begeisterung rezipiert, weil er dem Lebensgefühl einer jungen Generation Ausdruck verlieh, die zunehmend gegen die etablierten gesellschaftlichen Instanzen revoltierte, überkommene Rollenbilder angriff und auf der Suche nach sich selbst war" (Gansel 2008, 362). Diese literarische Inszenierung der Selbstsuche kulminiert in den 1970er Jahren in dem in beiden deutschen Teilstaaten zum „Kultbuch" (Gansel 2008, 363) avancierenden *Die neuen Leiden des jungen W.* (1973), Ulrich Plenzdorfs zum Roman ausgearbeitetes Bühnenstück, dessen männliche, sich im Selbstfindungsprozess befindende Hauptfigur Edgar Wibeau sich innerfiktional in der (Re-)Lektüre von Goethes klassischem Adoleszenzbriefroman *Die Leiden des jungen Werther* wiederfindet. Wie Werther ist Edgar in einer für ihn glücklosen Dreier-Liebeskonstellation gefangen, in der seine große Liebe Charlie ihm ihren in seiner Angepasstheit, Verlässlichkeit und Erfolgsorientiertheit traditionellen Verlobten Dieter vorzieht.

Die neuen Leiden des jungen W. repräsentiert noch die Traditionslinie einer vor allem von männlichen Hauptfiguren dominierten, spezifisch männliche Selbstfindungsprozesse verhandelnden Adoleszenzliteratur. In den 1970ern werden aber auch weibliche Figuren signifikant Teil der Gattung des Adoleszenzromans (Standke und Kronschläger 2020, 347), wenngleich, so Stichnothe, es bereits seit dem 19. Jahrhundert eine Traditionslinie des weiblichen Adoleszenzromans gibt, die beispielsweise durch die Backfischliteratur repräsentiert wird (Stichnothe 2016, 20). Diese verhandelt allerdings andere Rollenerwartungen als Adoleszenzerzählungen mit männlichen Protagonisten. Zur vollen Entfaltung des weiblichen Adoleszenzromans kommt es erst ab den 1980er Jahren, zumindest im Sinne der Hinwendung zur „inneren Entwicklung junger Mädchen, also der weiblichen Identitätsfindung" (Stichnothe 2016, 20), während in den 1970er Jahren noch ein gesellschaftlicher Blick auf Gleichstellungsthemen im Vordergrund steht.[9]

7 Fazit

In einzelnen kinder- und jugendliterarischen Texten der 1950er Jahre sind, so die Ausgangsthese des Beitrags, in Grundzügen bereits die Entwicklungen der literarischen wie gesellschaftlichen Ausgestaltung des Geschlechterverhältnisses der folgenden Jahrzehnte angelegt, wenngleich weitgehend noch überlagert von traditionellen bis reaktionären Vorstellungen vom Rollenverhältnis der Geschlechter. Letzteres differenziert sich in den folgenden Jahrzehnten zunehmend aus, ebenso wie die Spannbreite geschlechtlicher Identitäten, mit denen die kindlichen Protagonist*innen selbst spielen dürfen. Das ist insbesondere eine Folge der sogenannten sekundären Modernisierung der Kinder- und Jugendliteratur im Fahrwasser der 1968er-Revolution, die sich vor allem in realistisch erzählten emanzipatorischen Geschlechterdiskursen niederschlägt, aber auch ihre Spuren in phantastischen Erzähltexten hinterlässt. Die gesellschaftliche und diskursive Vielfalt der aktuellen Kinder- und Jugendliteratur ist insofern in Grundzügen bereits in den Erzähltexten der Nachkriegsjahrzehnte angelegt (die ihrerseits ebenfalls auf einflussreiche Vorbilder zurückgreifen können).

---

9 Zur Mädchenliteratur der BRD von 1970 bis 1990 vgl. den Beitrag von Annette Kliewer, zur Mädchenliteratur der DDR den Beitrag von Karin Richter in diesem Band.

Literatur

1 Primärliteratur

Romane und Buchreihen

Blyton, Enid. *Fünf Freunde erforschen die Schatzinsel* (Bd. 1). Deutsche Bearbeitung von Werner Lincke, Illustrationen von Eileen A. Soper. Stuttgart: Blüchert, 1953 [1942].

Blyton, Enid. *Geheimnis um einen nächtlichen Brand* (Bd. 1). Aus dem Englischen von Lena Stepath. Illustriert von Walter Born. Berlin: Klopp, 1953 [1943].

Blyton, Enid. *Hanni und Nanni sind immer dagegen* (Bd. 1). Aus dem Englischen von Christa Kupfer. Illustriert von Erich Hölle. München: F. Schneider, 1965 [1941].

Blyton, Enid. *Dolly sucht eine Freundin* (Bd. 1). Aus dem Englischen von Hans Rodos. Illustriert von Marga Karson. München: F. Schneider, 1966 [1946].

Brender, Irmela. *Jeannette zur Zeit Schanett.* Gütersloh: Bertelsmann-Jugendbuchverlag, 1972.

Bruckner, Karl. *Giovanna und der Sumpf.* Wien: Jungbrunnen, 1953.

Collodi, Carlo. *Le avventure di Pinocchio. Storia di un burattino.* Florenz: Felice Paggi, 1883.

Collodi, Carlo. *Pinocchio.* Aus dem Italienischen übersetzt von Paula Goldschmidt. Illustrationen von Thorsten Tenberken. Hamburg: Dressler, 2001.

Ditter, Rosemarie. *O diese Rasselbande!* Stuttgart: Thienemann, 1953.

Ende, Michael. *Jim Knopf und Lukas der Lokomotivführer* (Bd. 1). Stuttgart: Thienemann, 1960.

Ende, Michael. *Jim Knopf und Die Wilde 13* (Bd. 2). Stuttgart: Thienemann, 1962.

Ende, Michael. *Momo oder die seltsame Geschichte von den Zeit-Dieben und von dem Kind, das den Menschen die gestohlene Zeit zurückbrachte. Ein Märchen-Roman.* Stuttgart: Thienemann, 1973.

Ende, Michael. *Die unendliche Geschichte.* Von A bis Z mit Buchstaben u. Bildern vers. von Roswitha Quadflieg. Stuttgart: Thienemann, 1979.

Frank, Anne. *Het Achterhuis. Dagboekbrieven van 12 Juni 1942 – 1 Augustus 1944.* Met een woord vooraf door Annie Romein-Verschoor. Amsterdam: Uitgeverij Contact, 1947.

Frank, Anne. *Das Tagebuch der Anne Frank: 14. Juni 1942 – 1. August 1944.* Mit einer Einführung von Marie Baum. Aus dem Holländischen übersetzt von Anneliese Schütz. Heidelberg: L. Schneider, 1950.

Gebhardt, Hertha von. *Ein Mädel bin ich!* Köln: Schaffstein, 1940.

Grün, Max von der. *Vorstadtkrokodile. Eine Geschichte vom Aufpassen.* München: cbj, 2002 [1973].

Härtling, Peter. *Das war der Hirbel.* Weinheim u. a.: Beltz & Gelberg, 1973.

Härtling, Peter. *Ben liebt Anna* Weinheim u. a.: Beltz & Gelberg, 1979.

Held, Kurt (eigentlich Kurt Kläber). *Die rote Zora und ihre Bande.* Aarau: Sauerländer, 1941.

Kästner, Erich. *Emil und die Detektive. Ein Roman für Kinder.* Hamburg: Dressler, 1973 [1929].

Kästner, Erich. *Pünktchen und Anton.* Neuausgabe. Zürich: Atrium, 2018 [1931].

Kästner, Erich. *Das doppelte Lottchen.* Zürich: Atrium, 1985 [1949].

Kilian, Susanne/Günther Stiller. *Nein-Buch für Kinder. Hinterher ist man schlauer. Bilder u. Geschichten u. Texte.* Weinheim u. a.: Beltz & Gelberg, 1972.

Lawrence, Cynthia. *Barbie löst ein Geheimnis.* Aus dem Amerikanischen übersetzt von Renate Lerbs-Lienau. Illustriert von Anke Möhring. München: F. Schneider, 1967 [1963].

Lindgren, Astrid. *Pippi Langstrumpf.* Aus dem Schwedischen übersetzt von Cäcilie Heinig. Illustriert von Walter Scharnweber. Hamburg: Oetinger, 2008 [1949].

Lindgren, Astrid. *Mio, mein Mio.* Aus dem Schwedischen übersetzt von Karl Kurt Peters. Illustriert von Ilon Wikland. Hamburg: Oetinger, 1955.

Lindgren, Astrid. *Die Brüder Löwenherz.* Aus dem Schwedischen übersetzt von Anna-Liese Kornitzky. Hamburg: Oetinger, 1974.
Lindgren, Astrid. *Ur-Pippi.* Aus dem Schwedischen übersetzt von Cäcilie Heinig und Angelika Kutsch. Kommentiert von Ulla Lundqvist. Hamburg: Oetinger, 2007.
Maar, Paul. *Eine Woche voller Samstage.* Hamburg: Oetinger, 1973.
Nöstlinger, Christine. *Wir pfeifen auf den Gurkenkönig.* Weinheim u. a.: Beltz & Gelberg, 1972.
Plenzdorf, Ulrich. *Die neuen Leiden des jungen W.* BRD-Ausgabe: Frankfurt a. M.: Suhrkamp, 1973; DDR-Ausgabe: Rostock: Hinztorff, 1973.
Preußler, Otfried. *Die kleine Hexe.* Stuttgart: Thienemann, 1957.
Rice, Anne: *Interview with the Vampire.* New York: Knopf, 1976.
Salinger, J. D. *The Catcher in the Rye.* New York: Little, Brown and Company, 1951.
Salinger, J. D. *Der Mann im Roggen.* Aus dem Amerikanischen übersetzt von Irene Muehlon. Zürich: Diana, 1954.
Sommer-Bodenburg, Angela. *Der kleine Vampir* (Bd. 1). Reinbek: Rowohlt, 1979.
Tetzner, Lisa. *Die Kinder aus Nr. 67* (Bd. 1 und 2). München: dtv, 1997 [Bd. 1: *Erwin und Paul*, 1933; Bd. 2: *Das Mädchen aus dem Vorderhaus*, 1935].
Tetzner, Lisa. *Die Kinder aus Nr. 67* (Bd. 3 und 4). München: dtv, 1986 [Bd. 3: *Erwin kommt nach Schweden*, 1941; Bd. 4: *Das Schiff ohne Hafen*, 1943].
Tetzner, Lisa. *Die Kinder aus Nr. 67* (Bd. 5 und 6). München: dtv, 1989 [Bd. 5: *Die Kinder auf der Insel*, 1944; Bd. 6: *Mirjam in Amerika*, 1945].
Tetzner, Lisa. *Die Kinder aus Nr. 67* (Bd. 7 und 8). München: dtv, 1990 [Bd. 7: *War Paul schuldig?*, 1945; Bd. 8: *Als ich wiederkam*].
Tetzner, Lisa. *Die Kinder aus Nr. 67* (Bd. 9): *Der neue Bund.* München: dtv, 1992 [1949].
Rhoden, Emmy von. *Der Trotzkopf.* Stuttgart: Gustav Weise, 1885.
Ury, Else. *Nesthäkchen und ihre Puppen. Eine Geschichte für kleine Mädchen* (Bd. 1). Berlin: Meidingers Jugendschriften Verlag, 1918 [1913].
Ury, Else. *Nesthäkchen im weißen Haar. Erzählung für junge Mädchen* (Bd. 10). Berlin: Meidingers Jugendschriften Verlag, 1925.
Waechter, Friedrich Karl. *Der Anti-Struwwelpeter.* Frankfurt a. M.: Melzer, 1970.
Weidenmann, Alfred. *Jungzug 2.* Stuttgart: Loewe, 1936.
Weidenmann, Alfred. *Unternehmen Jaguar. Taten der Panzerwaffe in Polen.* Berlin: Steiniger, 1940.
Weidenmann, Alfred. *Kaulquappe, der Boss der Zeitungsjungen.* Stuttgart: Schwab, 1951.
Weidenmann, Alfred. *Winnetou Junior fliegt nach Berlin.* Stuttgart: Schwab, 1952.
Weidenmann, Alfred. *Kaulquappe und die Falschmünzer.* Stuttgart: Schwab, 1953.
Weidenmann, Alfred. *Die Glorreichen 7 und der rätselhafte Kunstraub.* Bindlach: Loewe, 1972.
Wölfel, Ursula. *Sinchen hinter der Mauer.* Düsseldorf: Hoch, 1960.
Wölfel, Ursula. *Feuerschuh und Windsandale.* Düsseldorf: Hoch, 1961.

Theater

Dorsten, Dagmar. *Balle, Malle, Hupe und Artur: Ein Spiel für Kinder.* Unter Mitarbeit von Carsten Krüger und dem Ensemble. Musik: Birger Heymann. Lieder: Volker Ludwig. Frankfurt a. M.: Verlag der Autoren, 1970.

Film

Junge Adler. Regie Alfred Weidenmann. Drehbuch: Herbert Reinecker und Alfred Weidenmann. UFA-Filmkunst GmbH, 1944.

2 Sekundärliteratur

Benner, Julia. „Intersektionalität und Kinder- und Jugendliteraturforschung". *Immer Trouble mit Gender? Genderperspektiven in Kinder- und Jugendliteratur und -medien(forschung).* Hg. Ute Dettmar/Petra Josting/Caroline Roeder. München: kopaed, 2016, 29–39.

Benner, Julia. „Geschichte der Kinder- und Jugendliteratur in der BRD". *Handbuch Kinder- und Jugendliteratur.* Hg. Tobias Kurwinkel/Philipp Schmerheim. Stuttgart: Metzler, 2020, 51–60.

Dankert, Birgit. *Michael Ende: Gefangen in Phantásien.* Darmstadt: Lambert Schneider, 2016.

Dettmar, Ute. „Modeerscheinungen, Berufswelten und Bildungsansprüche: Mädchenliterarische Genderkonstruktionen der 1960er-Jahre". *Immer Trouble mit Gender? Genderperspektiven in Kinder- und Jugendliteratur und -medien(forschung).* Hg. Ute Dettmar/Petra Josting/Caroline Roeder. München: kopaed, 2016, 57–66.

Ewers, Hans-Heino. *Michael Ende neu entdecken: was „Jim Knopf", „Momo" und „Die unendliche Geschichte" Erwachsenen zu sagen haben.* Stuttgart: Kröner, 2018.

Früchtl, Josef: *Das unverschämte Ich. Eine Heldengeschichte der Moderne.* Frankfurt a. M.: Suhrkamp, 2004.

Gansel, Carsten. „Der Adoleszenzroman". *Geschichte der deutschen Kinder- und Jugendliteratur.* 3. vollst. überarb. u. erw. Aufl. Hg. Reiner Wild. Stuttgart u. a.: Metzler, 2008, 359–379.

Grenz, Dagmar. „‚Der Trotzkopf': ein Bestseller damals und heute". *Geschichte der Mädchenlektüre: Mädchenliteratur und die gesellschaftliche Situation der Frauen vom 18. Jahrhundert bis zur Gegenwart.* Hg. Dagmar Grenz/Gisela Wilkending. Weinheim u. a.: Juventa, 1997, 115–122. [= Grenz 1997a]

Grenz, Dagmar. „Zeitgenössische Mädchenliteratur – Tradition oder Neubeginn." *Geschichte der Mädchenlektüre: Mädchenliteratur und die gesellschaftliche Situation der Frauen vom 18. Jahrhundert bis zur Gegenwart.* Hg. Dies./Gisela Wilkending. Weinheim u. a.: Juventa, 1997, 241–265. [= Grenz 1997b]

Hanuschek, Sven. *Keiner blickt Dir hinter das Gesicht. Das Leben Erich Kästners.* München u. a.: Hanser, 1999.

Jähner, Harald. *Wolfszeit. Deutschland und die Deutschen 1945–1955.* Berlin: Rowohlt, 2019.

Kaminski, Winfried. „Kinder- und Jugendliteratur in der Zeit von 1945 bis 1960". *Jugendliteratur zwischen Trümmern und Wohlstand 1945–1960. Ein Handbuch.* Hg. Klaus Doderer. Weinheim u. a.: Beltz & Gelberg, 1993, 17–207.

Kaminsky, Anna. *Frauen in der DDR.* Berlin: Christoph Links, 2017.

Kümmerling-Meibauer, Bettina. „Identität, Neutralität, Transgression". *Inszenierungen von Weiblichkeit.* Hg. Gertrud Lehnert. Wiesbaden: VS Verlag für Sozialwissenschaften, 1996, 29–45.

Kümmerling-Meibauer, Bettina. *Kinder- und Jugendliteratur. Eine Einführung.* Darmstadt: Wiss. Buchges., 2012.

Limbach, Jutta/Siegfried Willutzki. „Die Entwicklung des Familienrechts seit 1949". *Wandel und Kontinuität der Familie in der Bundesrepublik in Deutschland. Eine zeitgeschichtliche Analyse.* Hg. Rosemarie Nave-Herz. Stuttgart: Lucius & Lucius, 2002, 7–44.

Lindauer, Tanja. *But I Thought All Witches Were Wicked. Hexen und Zauberer in der phantastischen Kinder- und Jugendliteratur in England und Deutschland.* Marburg: Tectum, 2012.

Lundqvist, Ulla. „Kommentar". *Astrid Lindgren. Ur-Pippi. Deutsch von Cäcilie Heinig und Angelika Kutsch. Kommentiert von Ulla Lundqvist*. Hamburg: Oetinger, 2007, 117–168.
Mattenklott, Gundel. *Zauberkreide. Kinderliteratur seit 1945*. Frankfurt a. M.: Fischer, 1994.
Minuth, Johannes. *Das Kaspertheater und seine Entwicklungsgeschichte. Vom Possentreiber zur Puppenspielkunst*. Frankfurt a. M.: Puppen & Masken, 1996.
Richter, Dieter. *Carlo Collodi und sein Pinocchio: ein weitgereister Holzbengel und seine toskanische Geschichte*. München: Wagenbach, 2004.
Ritter, Alexandra/Michael Ritter: „,Mama am Herd'. Zur Inszenierung von Geschlecht und sozialer Rolle in Fibeln der SBZ/DDR und ihren Nachfolgern." *Immer Trouble mit Gender? Genderperspektiven in Kinder- und Jugendliteratur und -medien(forschung)*. Hg. Ute Dettmar/Petra Josting/Caroline Roeder. München: kopaed, 2016, 79–95.
Schikorsky, Isa. *Kinder- und Jugendliteratur*. München: Dumont, 2003.
Standke, Jan/Thomas Kronschläger. „Gender Studies". *Handbuch Kinder- und Jugendliteratur*. Hg. Tobias Kurwinkel/Philipp Schmerheim. Stuttgart: Metzler, 2020, 343–352.
Steinlein, Rüdiger. „Neubeginn, Restauration, Antiautoritäre Wende." *Geschichte Der Deutschen Kinder- und Jugendliteratur*. 3. vollst. überarb. u. erw. Aufl. Hg. Reiner Wild. Stuttgart u. a.: Metzler, 2008, 312–342.
Stemmann, Anna. „Epische Texte 2: Jugendroman". *Handbuch Kinder- und Jugendliteratur*. Hg. Tobias Kurwinkel/Philipp Schmerheim. Stuttgart: Metzler, 2020, 166–176.
Stichnothe, Hadassah. „Liebe, Krieg und Sommerferien: der weibliche Adoleszenzroman im historischen Überblick". *Der Deutschunterricht* 2 (2016), 14–24.
Stichnothe, Hadassah. „Was tun mit schwierigen Mädchen?" *julit* (2) 2018, 16–21.
Surmatz, Astrid. *Pippi Langstrumpf als Paradigma. Die deutsche Rezeption Astrid Lindgrens und ihr internationaler Kontext*. Tübingen u. a.: Francke, 2005.
Voss, Julia. *Darwins Jim Knopf*. Frankfurt a. M.: Fischer, 2009.

Nils Lehnert
Zur Subversion von Binarität und Geschlechterstereotypen in Roger Hargreaves' *Unser Herr Glücklich und seine Freunde*

Zusammenfassung: Anhand der *Little Miss/Mr. Men*-Reihen von Roger Hargreaves lassen sich zentrale Tendenzen illustrieren, die die Literatur für Kinder und Jugendliche in den 1970er und 1980er Jahren diskursiv prägen. Neben dem Dualismus von Unterhaltung und Belehrung sind dies ästhetische Anleihen bei der Pop-Art und die Aushandlung von Tradition und Modernisierung. Insbesondere werden im Beitrag die auf den ersten Blick stereotyp-binären Geschlechterkonstellationen herausgearbeitet, die sich bei näherer Analyse als durchaus progressiv zu erkennen geben. Sukzessive lässt sich eine Entwicklung von der Subversion der dichotomen Geschlechtscharaktere bis hin zur frühzeitigen Etablierung eines non-binären Rasters des Sozialgeschlechtlichen nachvollziehen, also zu einer androgynen und neutroisen Modellierung von Geschlechtsidentitäten, was gerade im Korsett der dichotom angelegten Heftchen rund um *[u]nser[e] [...] kleinen Damen und Herren* erstaunt. Die *Mr. Men/Little-Miss*-Reihen beglaubigen damit nicht nur den diachronen Wandel der Geschlechterkonstellationen, sondern auch, dass sich immer wieder bestimmte Werke der Kinder- und Jugendliteratur ausmachen lassen, welche das synchrone Nebeneinander von sozialgeschlechtlicher Innovation und Tradition abbilden.

1 Einführung

Roger Hargreaves porträtiert seit den frühen 1970er Jahren in vielen einzelnen Heftchen der Serie *Unser[e] [...] kleinen Damen und Herren* (stereo-)typisierte Protagonistinnen und Protagonisten auf unterhaltsame wie sozialgeschlechtlich fragwürdige Weise.[1] Ursprünglich unter dem Titel *Mr. Men/Little Miss* lanciert (dt. *The Other Boy*, in der Neuübersetzung *Mister Glücklich und seine Freunde*), ab 1981 um die *Little Miss*-Bücher erweitert, reduziert der 1935 in England geborene und 1988 dort verstorbene Hargreaves die Figuren auf ein körperliches oder charakterliches Alleinstellungsmerkmal, unterbindet dadurch eine psychologisierende Ausgestaltung der Titelheld*innen und greift unverhohlen auf binäre Geschlechtscharaktere und Anleihen bei der deterministischen Temperamentenlehre zurück.

Während einzelne Titel der Reihe in puncto Gesellschaftsentwurf mitunter auch kritische wie antiautoritäre Lesarten befördern, wenn etwa ‚unser' nicht-neolibera-

---

[1] Die Bände werden nach der deutschsprachigen Erstausgabe, gesammelt in Hargreaves 1986, unter Angabe der Seitenzahl ohne Sigle im Fließtext zitiert.

listisch selbstoptimierter Herr Faulpelz „nie läuft, wenn er sitzen kann, und [...] nie sitzt, wenn er liegen kann" (138), mithin lieber schläft, statt emsig zu sein, werfen andere Titel hinsichtlich der Genderkonstellationen für sozialgeschlechtlich Vorgebildete Fragen auf, wenn etwa Little Miss Chatterbox (Unsere Polly Plaudertasche/ Miss Quasselstrippe; erstmals 1984) binär-stereotyp Mister Strong (Unser Herr Stark/ Mister Muskel; erstmals 1976) gegenübersteht (vgl. Abb. 5: Binäre Gegenüberstellung der stereotypen Geschlechtscharaktere). Ebendiese Ambivalenz macht die Untersuchungsgegenstände zu einer reizvollen Basis für einen Beitrag, der die Schwelle von den 1970er zu den 1980er Jahren fokussiert, weil sie der Prämisse des vorliegenden Bandes, dass es zu einem interessanten Nebeneinander von Konservatismus und Innovation innerhalb von bestimmten Zeitabschnitten kommt, mustergültig Rechnung trägt.

Nach einer Einbettung in die zeitgenössische Kinder- und Jugendliteratur der 1970er und 1980er Jahre (2.), die pädagogische Konzepte zwischen *prodesse* und *delectare* ebenso berücksichtigt wie eine internationalkontrastive Betrachtung der Geschlechterrelationen und soziokulturellen Begleitumstände, werden die erwähnten Text-Bild-Bücher in das Zentrum gerückt (3.). Es zeigt sich, dass diese nur auf den ersten Blick vor Stereotypien und Binaritäten strotzen (3.1 und 3.2), sie vielmehr bei näherer Betrachtung schon um 1970 teilweise durchaus antiautoritärer und subversiver als die Vergleichsliteratur in der BRD[2] gewesen sind (3.3), was sich allzumal in progressiveren Genderdarstellungen äußert (3.4). Dieser Trend entwickelt sich in den 1980er Jahren bis hin zu einer die graphische und textliche Darstellung von Zweigeschlechtlichkeit per se untergrabenden Machart (3.5), deren Untersuchung den analytischen Teil beschließt, dem ein pointiertes Fazit folgt (4.).

2 Historische und pädagogische Einbettung

Um die Untersuchungsgegenstände angemessen in ihrem Entstehungszeitraum verorten zu können, muss zunächst ein Blick auf die auch für die Kinder- und Jugendliteratur folgenschwere und einschneidende Zäsur um 1970 gerichtet werden, welche hinsichtlich der widerstreitenden pädagogischen Konzepte relevant ist:

> Die zuvor diskursbestimmenden Begriffe Ordnung und Sittlichkeit werden dabei abgelöst durch ihre Umkehrung: Unordnung und Freizügigkeit. Es entstehen Kinder- und Jugendliteraturen, die sich als emanzipatorisch, antiautoritär und/oder reformpädagogisch verstehen und das ‚bürgerliche Wertesystem' hinterfragen. (Benner 2020, 54)

---

[2] Die durchaus anders geartete Entwicklung der Kinder- und Jugendliteratur in der ehemaligen DDR kann hier aufgrund der Fokussierung nicht ausführlicher referiert werden. Vgl. dazu überblickend Becker 2020 (bezogen auf die 1970er und 1980er Jahre insbesondere die Seiten 63–64) sowie den Beitrag von Karin Richter in diesem Band.

Und auch im hier besonders interessierenden Bereich der sozialgeschlechtlichen Etikettierung finden sich ab 1970 erste Vorwehen einer emanzipatorischen Mädchenliteratur in Deutschland – Kümmerling-Meibauer (2012, 72) nennt symptomatisch etwa Nöstlingers *Ilse Janda, 14* aus dem Jahr 1974. Diese progressiven Tendenzen lassen sich dezidiert auch anhand der Illustrationen bzw. der graphischen Gestaltung ablesen, sodass man mit Ottowitz (2017, 309–310) festhalten kann:

> Für eine kurze Zeit – um 1970 – herrschte in der Bilderbuchillustration die Kunst der Pop-Art vor. […] Stilistisch wurden Elemente der Pop-Art im Bilderbuch angewendet, wie Collage (Stiller, Schlote), Comicstil (Edelmann, Schlote, Meysenbug), serielle Bilderreihung (Spohn, Stiller, Schlote), plakative Farbigkeit (Kohlsaat), Blow-up Verfahren (Spohn, Ticha) und Flachheit (Edelmann). Thematisch wurden einerseits die Dingwelt (Spohn) oder das Alltägliche (Stiller, Schlote) im Bilderbuch behandelt […]. Anderseits wurden sozial-politische Themen im Zeitgeist der 68er-Bewegung ausgesucht […]. Das Bilderbuch bekam antiautoritäre Geschichtsinhalte (Stiller), die humorvoll und provozierend (Spohn, Ticha) waren.

Erstaunlicherweise gehen zeitgleich mit diesen auf den ersten Blick lockeren und lockernden Entwicklungen pädagogische Konzepte einher, die eine erneute erzieherische Funktionalisierung der Kinder- und Jugendliteratur geradezu forcieren:

> Der kindliche Leser sollte durch das Kinder- und Jugendbuch Einsicht in die bestehenden Verhältnisse und Gesellschaftssysteme erhalten. […] Die Rückkehr zur Instrumentalisierung der Kinderliteratur im Rahmen einer politisch-gesellschaftlichen Erziehung führte zur Wiederbelebung des spätaufklärerischen Modells vom literarischen Erzieher. Mit diesem emanzipatorisch-aufklärerischen Impuls näherte sich diese Kinder- und Jugendliteratur wieder der traditionellen Kinderliteratur der Aufklärung [an]. (Kümmerling-Meibauer 2012, 71)

Damit ist Grundsätzliches des stets wandelbaren pädagogischen Konzepts angesprochen: Der wellenförmige Wechsel von *prodesse* und *delectare*, der die Kinder- und Jugendliteratur seit ihrer ‚Erfindung' bestimmt (Weinkauff und von Glasenapp 2018, 36–42), wird bis zu Bettelheims *Kinder brauchen Märchen* und Endes *Unendlicher Geschichte* Ende der 1970er Jahre hierzulande insbesondere in der *Kinder*-Literatur zugunsten des *prodesse* entschieden.

Vor diesem Hintergrund lässt sich um 1970 trotz der bereits vorhandenen antiautoritären Tendenzen in Deutschland konstatieren, dass man sich, zumal in den traditionell ‚nützlichen' Genres der ABC- und ‚Benimmbücher' wie auch generell, was die Darstellung von Geschlechtscharakteren anbelangt, noch vergleichsweise altväterlich-zugeknöpft gibt, wirkt doch mindestens in der BRD die Orientierung am moralisch-sittlichen ‚guten Jugendbuch' der Nachkriegszeit genreübergreifend noch unverkennbar nach. Und für das Bilderbuch – als multimodales Artefakt und in der Breite betrachtet, also nur scheinbar in Widerspruch zu Ottowitz' treffender Beobachtung – speziell gilt:

> Von einzelnen Innovationsschüben abgesehen, bleibt die Entwicklung des Bilderbuchs in den 1970er Jahren in ihrer Ausrichtung traditionell, sodass sich „weniger von Traditionsbrüchen

sprechen lässt als von einem Nebeneinander traditioneller und moderner Formen, Inhalte und Funktionen" (Weinkauff und von Glasenapp 2018, 175). (Kurwinkel 2020, 206)

Frei nach dem Aphorismus, dass man seine Heimat(-literatur) am gründlichsten in fremden Ländern kennenlernt, bietet sich, um klarer zu sehen, ein moderat-komparatistischer Blick (Kümmerling-Meibauer 2012, 24) auf die deutschsprachige Kinder- und Jugendliteratur um 1970 an. Denn die Entwicklungstendenz von der Tradition hin zur Moderne, also weg vom Nützlichkeitsdenken hin zu weniger Moralisierung und Belehrung und mehr Humor (Kümmerling-Meibauer 2012, 73), ist im angloamerikanischen Raum – wie auch im skandinavischen – früher im Schwange als in Deutschland. Sie erreicht das hiesige Ufer dann erst in den 1980ern. Das lässt sich auch dadurch erklären, dass sich generell ein sozialer und gesellschaftspolitischer Verzögerungseffekt der Reformbewegungen feststellen lässt.[3]

> Gemeint sind vor allem jene amerikanischen Bewegungen (der „Beatniks", „Hippies" und „Yippies"), die sich – aneinander anschließend – seit Mitte der fünfziger Jahre von der Gesellschaft abwandten und sich ihr teilweise entgegenstellten. Diesen verdankt auch die deutsche Protestbewegung um 1968 sowohl einen Teil ihrer Erscheinungs- und Demonstrationsformen als auch einen guten Teil ihrer Werthaltungen: nicht nur die Ablehnung von ‚bürgerlichen' Tugenden wie Ordnung, Sauberkeit, Pünktlichkeit, Sparsamkeit und Fleiß, sondern auch die Wertschätzung von Unkonventionalität, Spontaneität, Kreativität […] und ungehinderter Selbstverwirklichung. (Kiesel und Luckscheiter 1998)

Freilich finden sich, wie erwähnt, auch um 1970 schon literarische Beispiele im deutschen Sprachraum, welche die Wertschätzung der genannten Attribute zelebrieren (Ottowitz 2017, 196), aber noch nicht in der Breite – oder aber, wie auch bei den hier verhandelten Untersuchungsgegenständen, in Übersetzung.

Insbesondere sozialgeschlechtlich dauert der Transfer sogar eine ganze Weile: Noch 1988 kann Paul Maar (1988, 47) auf den von Tom Kindt (2011) postulierten Inkongruenzeffekt der Komik vertrauen, wenn er ein Mädchen mit Puppenwagen präsentiert, die einer ‚damenhaften' Tantenfigur und deren Frage, ob sich die „Puppenmutter" denn eines Jungen oder Mädchens erfreue, schnippisch und bestimmt entgegnet: „Nein" – weil sie Werkzeug darin transportiert. Dass Maar mit dem ‚Nein' bereits *avant la lettre* auf das non-binäre *Neutrois* vorgreift, sei ausdrücklich erwähnt (vgl. 3.5). Denn die Tendenz, „die tradierten bipolaren Zuschreibungen von Weiblichkeit und Männlichkeit ins Wanken" (Kumschlies und Kurwinkel 2016, 45) zu bringen, lässt sich hierzulande erst in den 1990er Jahren flächig beobachten.

Im Vergleich von Text-Bild-Büchern aus dem deutschen und angloamerikanischen Sprach- und Kulturraum lassen sich folgende, den weiteren Verlauf des Artikels

---

3 Hinzu kommt, dass die sogenannte Popkultur im angloamerikanischen Raum seit jeher als Teil der ästhetischen Kultur anerkannt war; nur in Deutschland meint(e) sich das Bildungsbürgertum der sogenannte Schmutz- und Schundwelle, etwa in Form des Comics für das Bilderbuch, erwehren zu müssen (vgl. Kiesel und Luckscheiter 1998).

im Hintergrund leitende Thesen vertreten: Angloamerikanische Bilderbücher für Kinder ab 1970 sind der deutschsprachigen Vergleichsliteratur hinsichtlich der antiautoritären und emanzipatorischen Ausrichtung insofern voraus, als sie

a) in Bezug auf ABC-Bücher/Fibeln und Benimmbücher komischer, spielerischer, ironischer sind und weniger mit dem schwarzpädagogischen ‚moralischen Zeigefinger' operieren;
b) hinsichtlich der binären Geschlechtscharakterdarstellungen progressiver bzw. subversiver mit den geläufigen Stereotypien brechen.

Bei den Fibeln und moralischen Beispielgeschichten äußert sich das in einem weniger trockenen Stil, weniger bemüht kindgerechter Komik und mehr graphischem Einfallsreichtum; im (nicht-)binären Sozialgeschlechtlichen in einer weniger rigiden Zuschreibung und der Subversion der Dichotomie. Da für den vorliegenden Band hauptsächlich die zweite Teilthese von Relevanz ist, wird die erste nur knapp in einem Exkurs verfolgt.

Anhand von Richard Scarrys mittlerweile transnationalem und intermedialem *Busytown*-Universum lässt sich im Zusammenschluss von „fun and learning" (vgl. Abb. 1) die Lücke zwischen den Konzepten *prodesse* und *delectare* schließen. Beginnend mit den ABC-Fibeln bzw. Wörterbüchern des 1919 in Boston geborenen und 1994 in der Schweiz gestorbenen Autors und Illustrators, zeigt sich dies schon *prima vista* im komparatistischen Vergleich.

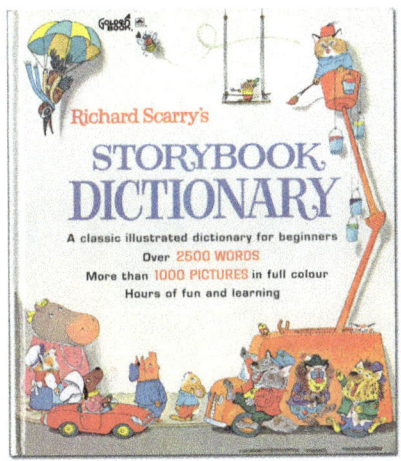

Abb. 1: Scarrys *Storybook Dictionary.*

Bereits das Cover der englischsprachigen Erstausgabe seines *Storybook Dictionary* (1966) vermittelt ein Sowohl-als-auch, und zwar sogar in der Voranstellung des „fun". Bezeichnenderweise wird in der deutschen Übersetzung (*Mein allerschönstes ABC*, 1969) auf diesen ‚Spaß' verzichtet. Das Spielerische indessen, auf das die These abzielt, bleibt: Über den prosaisch-pragmatischen Zweck hinaus, Kindern das Alphabet näherzubringen, finden sich bei Scarry Augenzwinkern, Verspieltheit und die Mitberücksichtigung größerer Leser*innen.

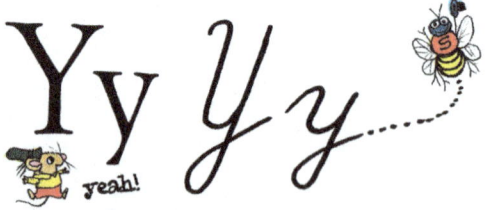

Abb. 2: Scarrys *Mein allerschönstes ABC*, Lemma X/Y.

In der Verneinung des Lemmas ‚Xanthippe' („Mamma Bär ist *keine* **Xanthippe**. Wenn sie eine wäre, würde sie jetzt mit Pappa [sic!] schimpfen, weil er einen zu großen Mantel gekauft hat" (Scarry 1969, 76; kursive Hervorh. N.L.; fette Hervorh. im Original), in der bildlichen Abwesenheit des Xylophons (Großmutter ist genervt und will die Trompete des Hauses verbannen), in der nur kognitiv herstellbaren Bezugnahme samt Perspektivübernahme von Fluppi, die lieber Yvonne heißen möchte, etc. werden viele Facetten des ersten Thesenteils wider den tierischen Ernst plastisch. Davon ist in den Fibeln und Erstlesebüchern (*Meine Fibel*; *Bunte Welt*; *Tür und Tor*; *Lustige Leseschule* usw.) im Vergleichszeitraum in der BRD noch nicht viel zu sehen – wohl wissend, dass der Vergleich deswegen hinkt, weil es sich bei Scarry nicht um genuin für den schulischen Unterricht entworfenes Material handelt. In den genannten Fibeln sagt mal die Kasperpuppe „wau wau", da stiehlt mal der Rabe eine Wurst, aber das ist doch alles recht betulich und graphisch wenig elaboriert, zumal nicht selten die Zeichnungen aus den 1950er Jahren wiederverwendet werden (vgl. Ottowitz 2017).

Auch im Bereich der Verhaltenslehre nehmen Scarrys Bücher eine Vorreiterrolle ein, „the fun inherent in the characters and situations always keeps the books from being didactic or pedantic" (Retan und Risom 1997, 130). In der deutschen Kinder- und Jugendliteratur wird gerne noch mit Kontrasten einer schwarzen Pädagogik gearbeitet. Scarry demgegenüber versieht die Etikette-förderlichen Darstellungen, auf die er durchaus großen Wert legt (Retan und Risom 1997, 130), immer mit einem kleinen Surplus, das zudem subversiv wirksam wird und beispielhaft einen spielerischen Kontrast zwischen Text und Bild heraufbeschwört. In *Huckles Good Manners* legt die Erzählinstanz etwa fest: „When Huckle is invited to play at Hilda's house, he helps to serve Hilda's cupcakes" (Scarry 2013, 3), wohingegen das Bild einen überambitioniert rennenden und den Servierwagen kaum mehr unter Kontrolle habenden Huckle zeigt, der ohne Rücksicht auf Teeservice und Cupcakes, die durch die Gegend fliegen, von Hilda stoisch-würdevoll nur zurechtgewiesen wird: „Um, not so fast please, Huckle!" (Scarry 2013, 4) Diese spielerisch-subversiven Elemente lassen sich besonders gut an den großformatigen, Wimmelbuch-ähnlichen Doppelseiten Scarrys zeigen.

Allein die Parallelsetzung von Haus und Schloss („Here are some rules that you must obey if you live in a castle; or even if you live in a house. Keep a light burning, so that the witches [...] can find their way home at night" [Retan und Risom 1997, 58]), die phantasievoll-witzige Handlungsanweisung, die eigene Rüstung zu ölen, um nicht zu quietschen, oder die Regel, dass die Geister ihre Bettwäsche reinigen bzw. Schlossbewohner den Drachen füttern mögen, wenn er hungrig ist, transportieren einen doppelbödigen und filigranen Humor, der dem härtesten Zeigefinger („Don't be naughty. Naughty people must sit in the dungeon" [Retan und Risom 1997, 58]) jegliche Schärfe nimmt (vgl. Abb. 3).

Obwohl es natürlich mit Waechters *Anti-Struwwelpeter* 1970 auch in der BRD ein leuchtendes Beispiel für die oben zitierte Tendenz zu ‚echter' „Unordnung und Freizügigkeit" bzw. der antiautoritären Hinterfragung des „'bürgerlichen Wertesystems'" (Benner 2020, 54) gibt (Ottowitz 2017, 236–243), lässt sich insbesondere für den Bereich der Fibeln und moralischen Belehrung für die kleineren Erstleser*innen Teil a)

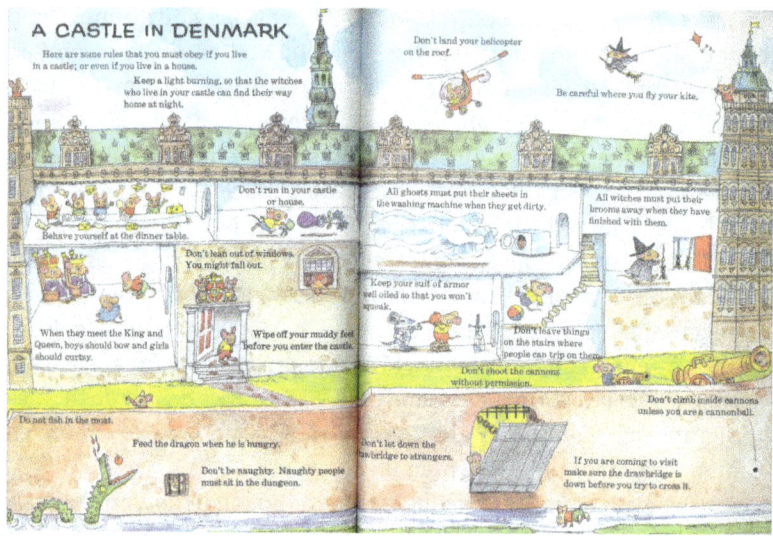

Abb. 3: Castle in Denmark.

der These bestätigen, insofern im Vergleich zur zeitgenössischen Fibel- und Erziehungsliteratur in Deutschland bei Scarry der spielerisch-ironische Umgang mit den Themen, der doppelt adressierte Humor und die Ablösung von moralischen Tendenzen durch ein Augenzwinkern dominieren. Pointiert lässt sich das auf das Votum für *prodesse et delectare* zuspitzen:

> Richard Scarry was once asked if he was basically an educational writer disguised as a fun-man, or a fun-man disguised as an educator. He answered, „I would say a fun-man disguised as an educator….Everything has an educational value if you look for it. But it's the fun I want to get across." (Retan und Risom 1997, 130)

Hinsichtlich des Teils b) der These ist hingegen anzumerken, dass auch Scarrys graphische Gestaltung wie viele seiner Texte noch klar im Patriarchat der Nachkriegszeit wurzeln. Der feminine Dresscode auch der tierischen Protagonistinnen ist nämlich die Schürze, die „Mamma" und „Mutti", wie die Figuren heißen (Scarry 1969, U2/ Schmutztitel), auf das Häusliche fixiert. Das entspricht den Gepflogenheiten rund um 1970 in Deutschland:

> Schick frisiert und geschminkt im Stil der Zeit, trägt die ‚moderne' Mutter auf dem Bild aus einer Schulfibel von 1968 doch das unvermeidliche Kleidungsstück, an dem Mütter in allen Fibeln der 1950er und 60er Jahre zu erkennen sind: eine Schürze. Auch der Vater auf dem Bild folgt dem Dresscode der Zeit und trägt das typische Accessoir [sic!] aller Fibel-Väter: die Krawatte. Seriös gekleidet macht sich der Mann auf den Weg ins feindliche (Berufs-)Leben. (Wulf 2017)

Auf den ersten Blick scheinen ‚unsere kleinen Damen und Herren', die nun hier im Fokus stehen werden, diese Geschlechterrollen aus dem (damals vorangegangenen)

19. Jahrhundert zum Vorbild gehabt zu haben; auf den zweiten Blick erweisen sie sich indessen als progressiver und ermöglichen zugleich einen Nachvollzug der bisher geschilderten Entwicklungslinien der Kinder- und Jugendliteratur.

3 Subvertierte Stereotypien: Roger Hargreaves' *Little Miss/Mr. Men*-Reihen

Bevor dezidiert auf Gender-Besonderheiten abgehoben wird, soll die Reihe, die zusammenfassend hinsichtlich der genannten Aspekte *prodesse* und *delectare* sowie der Stereotypie-Subversion in einer Sandwichposition firmiert, kurz hinsichtlich ihrer Machart und der Figuren generell skizziert werden.

3.1 Kurzporträt des Wie und Was der Reihe

Als Entstehungsmythos wird Charles Roger Hargreaves' Sohn Adam bemüht, der 1971 im Alter von acht Jahren seinen Vater beim Frühstück gefragt haben soll: „"What does a tickle look like?"" (mrmen.com/about), woraufhin Hargreaves mit *Mister Tickle* (*Unser Herr Killekille/Mister Kitzel*) das erste Buch der späterhin überaus erfolgreichen Reihe startete, welches nach zunächst zögerlicher Reaktion der Verlage noch im selben Jahr erstmalig publiziert wurde und sich innerhalb von drei Jahren eine Million Mal verkaufen sollte. Der große Absatz führte in der Folge zu einer TV-Adaption (BBC, 1974), zu Comics, Songs und einem Medienverbundangebot samt Merchandise, dessen Ausmaße beachtlich sind und das bis heute weiter anwächst (vgl. mrmen.com). In deutscher Erstübersetzung erschienen die Heftchen seit 1981 im Paladin-Verlag; hierzulande ist die klare Unterteilung in weibliche und männliche Charaktere daher rezeptionsgeschichtlich nicht so stark ausgeprägt, da Hargreaves just ab 1981 weibliche Charaktere in der *Little Miss*-Reihe seinem Universum hinzufügte, die bereits ab 1983 in deutscher Erstübersetzung vorlagen. Ab 1988 übernimmt der damals 25-jährige Adam nach dem Tod seines Vaters und fügt dem Kosmos neue Figuren bei. Ab 2010 besorgen Lisa Buchner und Nele Maar eine Neuübersetzung im Susanna Rieder Verlag.[4] Obwohl diese Übersetzung mitunter aufgrund ihrer angeblich „unnötige[n] Anglizismen", der „krampfig[]" übersetzten Namen und des damit „verlorengegangenen Wortwitz[es]" (Stegemann 2013) angefeindet wird, findet sie einen guten Mittelweg zwischen englischsprachigem Original und Erstübersetzung. Allerdings geht etwa mit der nicht-wörtlichen Übertragung von „stretch and stretch and stretch" der charakteristische, additiv-polysyndetische Ton des Originals „full of echoes" (Evans 1982, 132) verloren, wenn bei Mister Kitzel von Armen, „die sich lang und immer länger machen können" (MG, 102), gesprochen wird. Auch die Idee, wie ‚a Tickle', also ‚ein

---

4 Sofern auf die Neuübersetzung verwiesen wird, zeugt die Sigle MG davon.

Kitzel(n)' wohl aussehen mag, wird etwas platt direkt ins Personifizierte nivelliert, obwohl doch gerade das den Ursprungsmythos der Reihe ausmachte – allerdings war das auch schon in der deutschsprachigen Erstübersetzung der Fall.

Gemäß der anvisierten Leser*innen ab drei bzw. der Verwendung als Leselern-Bücher sind die graphischen und erzählerischen Besonderheiten der Reihe geartet. Für die Zielgruppe finden sich deutliche und zahlreiche Leser*innenansprachen (142), die häufig über rhetorische Fragen aufgebaut sind (123), eine einfache Sprache und auch einfache Bilder, die den Kopffüßlern entsprechen, die Kinder selbst in einem frühen Entwicklungsstadium zeichnen (Evans 1982, 132). Interessanterweise ist die Nähe zu den nasenlosen Smileys, über deren Urheberschaft lange gestritten wurde und wird, die aber immer wieder mit dem amerikanischen Werbezeichner Harvey Ball in Verbindung gebracht wird, sinnfällig. Neben den Protagonist*innen der Reihe gibt es auch menschliche Akteure, die zwar nur vier Comic-Finger haben, sonst aber in puncto Proportionen etc. eher ‚menschlich' wirken (18–19 und 124).

Das Personal lässt sich zunächst einerseits in männliche und weibliche Charaktere dichotomisieren (vgl. 3.2), andererseits klassifizieren in (relativ viele) „baddies"' vs. (relativ wenige) „goodies"' (Evans 1982, 133) – also Figuren, die aus dem Baukasten der Temperamente und Charaktereigenschaften konsensuell eher negativ bzw. positiv konnotierte Merkmale aufweisen. Im Gegensatz zu Scarrys Augenzwinkern lassen sich zumal in den frühen Büchern der Reihe durchaus ‚schwarzpädagogische Zeigefinger' entdecken – nur selten findet keinerlei Belehrung bzw. Maßregelung statt (wie bei Mr. Kitzel, vgl. 3.3). Und selbst wenn dies nur implizit geschieht oder die Erzählinstanz diesbezüglich Stellung bezieht, werden die angeprangerten Verhaltensweisen und mit ihnen die Charaktere mitunter der Lächerlichkeit preisgegeben, wie beispielsweise bei Paula Prächtig (196). Häufig ist es das Ziel, unliebsame Verhaltensweisen, die vermeintlich kausallogisch-deterministisch aus den dominanten Wesensmerkmalen hergeleitet werden und sich in den sprechenden Namen manifestieren, auszumerzen, die Figuren umzupolen und sie – mutmaßlich mitsamt den jungen Leser*innen – zu ‚bessern' bzw. die ‚goodies' zum Missionieren der auftretenden ‚baddies' anzuhalten.

Dabei wird nicht zimperlich mit ‚anders' oder ‚falsch' Temperierten umgegangen. So heißt es in der deutschsprachigen Erstübersetzung etwa, die Gemeinschaft müsse sich „etwas ausdenken, damit er [d.i. Herr Neugierig] von seiner Neugierde *geheilt* wird" (150; Hervorh. N. L.) – schwarzpädagogischer geht es kaum. Da der Zweck dazu die Mittel heiligt, wird auch vor körperlichen Züchtigungen (gegen Männer und Frauen gleichermaßen) nicht zurückgeschreckt, wenn z.B. Emma Eigensinn dadurch „KURIERT" (159) wird, dass ein Paar Zauberschuhe sie bis zur Erschöpfung durch die Weltgeschichte marschieren lässt, bis sie ihren Eigensinn aufgibt, wodurch häufiger eine moralische Überlegenheit der Mehrheitsmeinung insinuiert wird, die übergriffiges Verhalten rechtfertigt. Die Wahl der Fokalisierung korrespondiert mit diesem Befund: So wird immer dann auf Nullfokalisierung geschwenkt, sobald es der moralischen Einordnung der etwaig unklaren Geschehnisse bedarf (123 und 186) oder eine Figur mit Tadel oder Mitleid bedacht werden soll (91) bzw. werden generell nur charakterlich bessergestellte Figuren (sowohl Haupt- als auch Nebenfiguren) mit einer internen Fokalisierung geadelt (97).

Erstaunlicherweise lassen sich in den drastischen Fällen Temperamente kontraintuitiv und antipsychologisch einfach umkehren: „Nun lebte Herr Unglücklich eine ganze Weile bei unserem Herrn Glücklich, und in dieser Zeit geschah etwas Wunderbares. Weil Herr Unglücklich nun in Glücksland lebte, konnte er einfach nicht unglücklich bleiben." (14) Im Bewusstseinsbericht wird ergänzt: „Ohne es zu merken, änderte er sich, und langsam fing er an, glücklich zu werden." (14) Mit narrativer Motivierung hat das nicht allzu viel zu tun; die Speerspitze der Plausibilität bildet Herr Lustig, der die pseudodepressiven Zootiere durch seine Grimassen zum Lachen bringt und nachhaltig deren Temperament und ihre psychische Gesundheit zum Guten wendet (107).

Konsequent wird immer dann, wenn ein Charakter seinem ursprünglichen Spleen abschwört oder seiner positiven Inkarnation verlustig geht, der sprechende Name metareflexiv diskutiert: „‚Es ist zwecklos, ich werde nie wieder lachen können', schluchzte sie, und große, dicke Tränen liefen ihr die Wangen hinunter. ‚Was aber noch schlimmer ist, ich brauche einen anderen Namen. Inge Immerfroh paßt nicht mehr zu mir.'" (130) Dass die Ich-Identität bei den kleinen Damen und Herren eng an den Namen gekoppelt ist, äußert sich auch bei Herrn Schlampig. Nachdem dieser von Herrn Fein und Herrn Rein mit Gewalt in die Badewanne manövriert worden ist und sie ihn so lange

> Wuschen
> und seiften
> und schrubbten
> und kämmten
> [...], bis er gar nicht mehr schlampig aussah (187),

fragt Herr Schlampig, gesäubert und geläutert, seine Peiniger, die ihn zu ‚seinem Glück gezwungen' haben: „‚Wissen Sie, was ich jetzt tun muß?' [...] Herr Fein und Herr Rein sahen ihn mit langen Gesichtern fragend an. ‚Was müssen Sie tun?' fragten sie. ‚Einen neuen Namen muß ich finden!' rief unser Herr Schlampig und lachte." (188) Frappierend ist die Tatsache, dass sich die Figuren dem naheliegenden Verdikt, *flat characters* zu sein, insofern entziehen, als sie aufgrund der angesprochenen Wandelbarkeit eine Konstituente dieses Konzepts unterlaufen.[5]

Beständig und von Wiedererkennungswert gezeichnet ist demgegenüber das immer gleiche Ende, das entweder die Pointe liefert und zumeist die Moral von der Geschicht' emblematisiert oder als *Mise en abyme* das Buch im Buch metaleptisch hervorkehrt.

---

[5] Zumindest wenn man von Edward Morgan Forsters Zweiteilung in runde und flache Figuren ausgeht. Differenziertere Dichotomien der Figurenzeichnung finden sich bei Hochman und Culpeper. Vgl. dazu Lehnert 2018, 88–89.

Abb. 4: Ehrgeizige *Mise en abyme*.

Aber nicht nur die geschilderten Wiedererkennungs- und Strukturmerkmale charakterisieren die in Rede stehende Reihe hinsichtlich ihrer Serialität und des Erzählkosmos. So tauchen bekannte Figuren in anderen Geschichten auf (100), der intertextuelle Reihenbezug wird herausgestellt (Herr Fein und Herr Rein entsprechen dem Duo Herr Eifrig und Herr Hastig [186]), Herr Kuddelmuddel adressiert einen Brief an Herrn Komisch, teilt sich aber auch Merkmale mit ihm (120–121), Herr Lustig lädt zu einem Fest, auf dem sich viele Bewohner*innen des Erzählkosmos treffen (179), und auch bezogen auf die sich ähnelnde Beziehung von Handlung und Figur finden sich auffällige Parallelen: Es sind samt und sonders kleine *novels of character*, in denen die Handlung „oft nur ein zusätzliches Mittel der Figurenbeschreibung" (Schneider 2010, 20; Lehnert 2018, 70–71) darstellt.

Denn bezogen auf den Plot ist anzumerken, dass dieser nicht viel mehr ist als ein Steckbrief, exemplifiziert in alltäglichen, vor allem aber exemplarischen Situationen, in denen die Typik der ‚flachen' Figuren – Evans (1982, 132) spricht von „illustrated adjectives" – sich bestmöglich pointieren lässt (Kurwinkel 2017, 87–89). Die textliche wie bildliche Blaupause ist: Figur X zeichnet sich durch Eigenschaft x aus und gerät in den Situationen A, B und C in Schwierigkeiten und/oder komische Verwicklungen. Dies ist etwa der Fall, wenn Herr Vergeßlich dem Bauern Korn die Nachricht zu überbringen hat, dass eines seiner Schafe auf die Straße gesprungen sei, und in freier Anverwandlung einer stillen Post vermeldet: „‚ein Huhn hat auf der Straße gesungen!'" (91) oder auch Slapstick bzw. grobschlächtige Gut-böse-/Richtig-falsch-Oppositionen als ‚kindgerechte Komikquelle' eingesetzt werden.

Auch im Hinblick auf Genderaspekte scheint das binäre Denkmodell vorherrschend zu sein, wenngleich die paritätische und alternierende Sortierung von dreizehn kleinen Damen und dreizehn kleinen Herren im Inhaltsverzeichnis des Sammelbands von 1986 (auch in der Neuausgabe) Quotierung verheißt.

3.2 Intersektionale Stereotypieüberblendung, Binarität und Temperamentenlehre

Auf den ersten Blick hat man es mit einer intersektionalen Stereotypieüberblendung zu tun: Denn wie heutige Marketingstrateg*innen entwickelt Hargreaves erst nach der Geburtsstunde der *Mr. Men*-Reihe (ab 1971) die *Little Miss*-Bücher (ab 1981) (notabene „Little" und „Miss", nicht „Mistress", wie es das korrekte Pendant zu „Mister" gewesen wäre – im Deutschen kreativ gelöst etwa durch die Bezeichnung Sophie Säuberlich statt Fräulein Säuberlich). Und sowohl bezüglich der visuellen Gestaltung wie der Titelgebung wirkt die bipolare Etikettierung platt, wenn etwa Mister Muskel Miss Quasselstrippe gegenübersteht.

Auch die Feststellung einer generellen Reduktion auf eine dominante körperliche oder charakterliche Eigenschaft sowie deren wechselseitige Überblendung (Rosi Rundlichs Konstitutionstyp und ihr ‚Laster' spiegeln sich gegenseitig) muss zunächst irritieren in einem Beitrag, der die These der Subversion und Progressivität vertritt. Und eine absichtsvoll desillusionierende Gegenüberstellung der männlichen und weiblichen Figuren öffnet die Denkschubladen des vorvergangenen Jahrhunderts mit ihrer Polarisierung der Geschlechtscharaktere, wie sie beispielsweise Karin Hausen (1976), eine Pionierin der Geschlechterforschung, schon vor Erscheinung des ersten *Little-Miss*-Bändchens herausgearbeitet hatte.

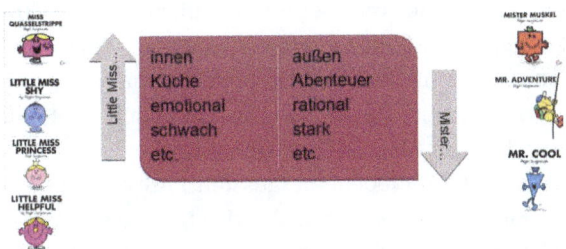

Abb. 5: Binäre Gegenüberstellung der stereotypen Geschlechtscharaktere.

Während die kleinen Herren mit Attributen wie ‚außen', ‚Abenteuer', ‚rational', ‚stark' usw. bedacht werden, werden die kleinen Damen mit ‚innen', ‚Küche/Häuslichkeit', ‚emotional' und ‚schwach' konnotiert. Da ist etwa Mister Adventure, der Abenteurer, oder Mr. Cool, der das männliche V bereits qua Konstitution mitbringt und auch sonst alles hat, um als klischierter Mann gut dazustehen: „Mr. Cool has a pilot license and can fly almost any plane. Everyone likes Mr. Cool because he is always good fun. He has been to the top of Mount Everest." (mrmen.com/mr-cool) Susi Schüchtern ist demgegenüber ‚naturgemäß' eher introvertiert und über Hille Hilfsbereit heißt es sogar dezidiert auf den Haushalt begrenzt: „Little Miss Helpful LOVES to help out. She'll help you tie your shoelaces, she'll help you clean your house. She'll even make your dinner, and wash it up afterwards! Nothing is too much for Little Miss Helpful!" (mrmen.com/little-miss-helpful)

Obwohl es vereinzelt zur Überkreuzung von Eigenschaften kommt (schüchtern und unentschieden [176–177]), lassen sich die Figuren im Großen und Ganzen eindeutig nicht nur einem ‚Temperament',[6] sondern auch einem biologischen und sozialen Geschlecht zuordnen, das auf den ersten Blick weder problematisiert noch überhaupt reflektiert zu werden scheint. Beließe man es bei dieser ersten Inaugenscheinnahme, müsste man wohl Evans zustimmen, der in seinem kurzen Aufsatz zur *Mr. Men*-Reihe sein eigenes Unwohlsein mit dieser per Analogie zu verbalisieren sucht:

> I think it's the characterisation that worries me most, in its possible effects on the young child's developing attitudes. We deplore prejudice; an important feature in prejudice formation is verbal stereotyping; if a human being is labelled as "a black," "a Jew," "a Paki," "a Red," "a Liberal," [sic!] we find it hard to go behind the label to find the person. We label on the basis of one simple, easily observable characteristic and forget the complexities that go to make up a human being. (Evans 1982, 133)

3.3 Antiautoritärer Impetus/Subversion der Stereotypie

Aber weitere Blicke lohnen: So fördert eine Betrachtung des ersten *Mr. Men*-Buchs von 1971, *Mr. Tickle*, durch die sozialgeschichtliche Analysebrille nämlich durchaus Interessantes zutage. Denn *Unser Herr Killekille/Mr. Kitzel* (erstmals 1982), der aus einer Laune heraus entscheidet, heute sei „ein richtiger Killekille-Tag" (72) und aufgrund seiner „riesig, riesig langen" (77) Arme auf die Pirsch geht, um heimlich Leute zu kitzeln, kitzelt nicht irgendwen und schon gar nicht übergriffig weibliche Charaktere, sondern gleichgeschlechtliche, wie auch die Bildebene herausstellt. Außerdem handelt es sich bei den uniformierten Figuren des Lehrers, Polizisten, Zugschaffners, Doktors und Briefträgers größtenteils um Honoratioren, deren Autorität kitzelnd untergraben wird.[7] Da ‚Kitzeln' weiterhin kein traditionell männliches Ressort ist und auch kein Aushängeschild für (toxische) Maskulinität, ist damit ein erstes Indiz für die über eine vordergründige Holzschnittartigkeit hinausgehende Subversion der Stereotypien gegeben. Mit Rückbezug auf die erste Teilthese kann man zudem festhalten, dass Herr Killekille nicht im Sinne eines *prodesse*-Gedankens sanktioniert wird. Da er von der Dorfgemeinschaft nicht zur Rechenschaft gezogen wird für seinen groben Unfug, steht es ihm zumindest potenziell frei, am nächsten Tag wieder auf Streifzug zu gehen – und zwar guten Gewissens.

---

[6] Hier ist die gedankliche Brücke zur antiken Humoralpathologie mit der Säftelehre durchaus legitim. Vgl. dazu Lehnert 2018, 441–444.

[7] Interessant ist, dass Herr Killekille nach getaner Kitzelarbeit minimal ‚gehorsamer' konstatiert, dass er nun genug „angestellt habe" (74), wohingegen Mr. Kitzel – wie in der englischsprachigen Vorlage – nur resümiert, er habe jetzt „genug Spaß gehabt" (MG, 107).

Hat man sich einmal mit der Serie näher vertraut gemacht, zeigt sich, dass auch die Liste der Eigenschaften nicht nur entlang der traditionellen Geschlechtscharakterlinien verläuft: Unsere Herren Angsthase, Kuddelmuddel, Schussel und andere unterlaufen die üblicherweise männlich konnotierten Zuschreibungen, und es lassen sich auch gegensätzliche Entwürfe innerhalb von Weiblichkeit und Männlichkeit einander gegenüberstellen, etwa in Person von Mr. Fussy (Mister Pingelig) vs. Mr. Clumsy (Mister Tölpel), die ob ihrer vergleichbaren Konstitution und Farbigkeit wie zwei Phänotypen eines Genotyps wirken.

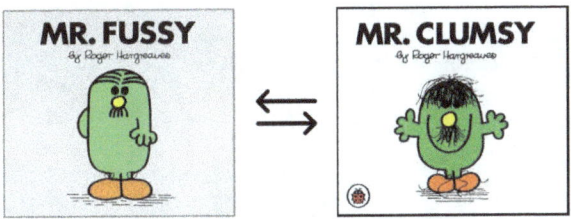

Abb. 6: Mr. Fussy (Mister Pingelig) vs. Mr. Clumsy (Mister Tölpel).

Es gibt mithin auch in der Erzählwelt der kleinen Damen und Herren solche und solche auf beiden dichotomen Seiten der Geschlechtscharaktere.

3.4 Dichotome Gendergerechtigkeit

Wenn man genau hinschaut, gibt es sogar eine Unterwanderung der Geschlechtergrenzen in puncto Stereotypie. Mister und Miss Chatterbox etwa teilen sich ihr für *beide* Geschlechtshitlisten unrühmliches Attribut der Geschwätzigkeit. Allerdings sind sie verwandt, was sich um die Ecke gedacht als problematisch hinsichtlich der Vorstellung der erblichen Determination lesen ließe. Doch es existieren weitere und bezogen auf das Argument der dichotomen Gendergerechtigkeit unproblematischere Matches: Rosi Rundlich findet in Herrn Nimmersatt nicht nur ihr Pendant, sondern beide treffen auch in einer Geschichte aufeinander und sehen sich den riskanten Tortenkonsum nach (146); Herr Leise und Susi Schüchtern werden auf ähnliche Weise als komplementäre Einheit vorgestellt, die das Erröten in der Intensität „wie ein ganzer Sack voll Tomaten" (180) auch für die Männerwelt insofern salonfähig werden lässt, als die Sympathie der Leser*innen ihm gewiss ist. Dass sich beide auf Herrn Lustigs Party treffen und Susi Schüchtern quasi gegen ihren Willen gezwungen wurde, dort zu erscheinen, erneuert die Tendenz, zu wissen, was für andere richtig und sozialgeschlechtlich geboten ist, und das auch ohne Rücksicht auf Verluste durchzusetzen – zumal es ja dann fiktionsintern auch zum Guten führt.

Zur Geschlechtergerechtigkeit im weiteren Sinne mag auch zählen, dass Eigenschaften zur Disposition gestellt werden, die traditionell an nur eine Geschlechtsidentität geknüpft sind: Little Miss Bossy (1981; dt. *Unsere Emma Eigensinn*, 1983) steht – man muss das aus dem Zeithorizont heraus positiv attribuieren – Mr. Rude (wieder ein Duo) in seinen verwerflichen Charaktereigenschaften gleichberechtigt in nichts nach, und Little Miss Brainy ist „even cleverer than Mr. Clever, and that's saying something!" (mrmen.com/little-miss-brainy)

Zwar schlägt sich die aufkeimende Emanzipation, wie erwähnt, neben der Mädchenliteratur in Deutschland auch etwa in den Fibeln ab 1975 nieder, wenn der Vater knieend und klein hinter den weiblichen Figuren im Vordergrund verschwindet und sich in der ‚feindlichen Küchenwelt' bewähren muss.

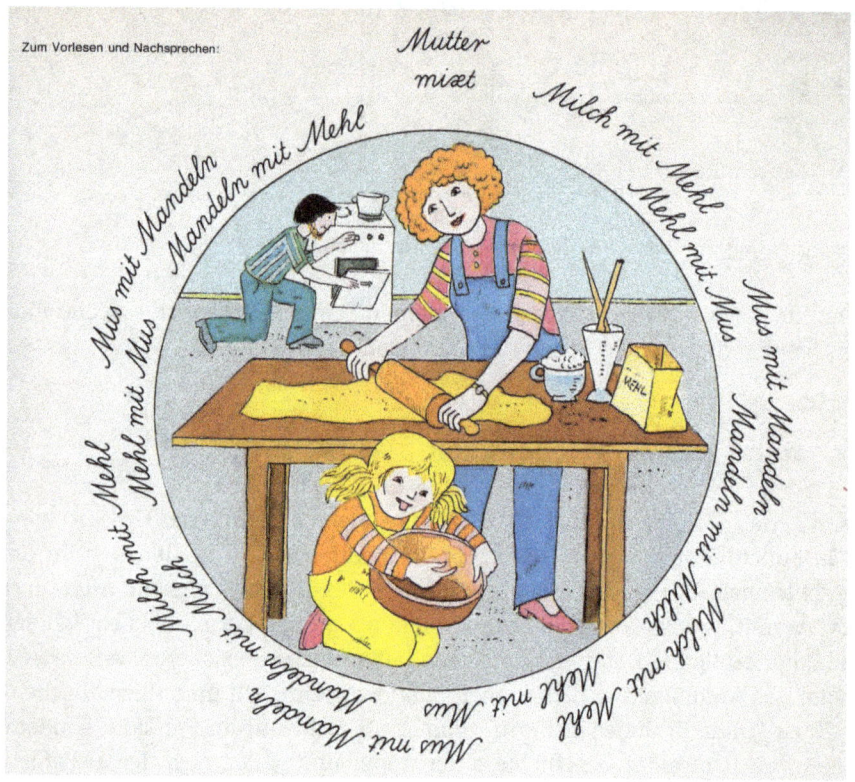

Abb. 7: Gendergerechte Fibel 1975.

Aber die deutschsprachige Vergleichsliteratur verzichtet zumeist darauf, sich an einer graduellen Subversion der Geschlechterdichotomie per se zu üben – wie sie bei Hargreaves zumindest in Ansätzen erkennbar wird.

3.5 Diversity? Androgynie/Neutrois

Im Gegensatz zum tagesaktuellen Gendermarketing, das mit einfachen Dichotomien Ausprägungen von *Archaisierung und Pinkifizierung* (Böhm 2017) reproduziert und mitunter abstruse Blüten treibt, ist das Figurenensemble bei Hargreaves durchaus androgyner gehalten.

Abb. 8: Androgynie/Neutrois.

Zumindest entzieht diese selektive Darstellung der Binarität der Geschlechtsidentitäten den Boden, da man nicht mehr nach den sonst zweifelhafte Orientierung stiftenden Kopfbedeckungen oder Schleifen im Haar die Miss/Mister-Zuordnung gewährleisten kann (Evans 1982, 132). Damit ist zumindest aber auf graphischer Gestaltungsebene die Frage aufgeworfen, ob es überhaupt um eine Verbindung vorgeblich weiblicher und männlicher Geschlechtsmerkmale geht (sowohl als auch) oder vielmehr um eine möglichst geschlechts*lose* (Evans schreibt „sexless" [1982, 132]), genderneutrale, neutroise Darstellung (weder noch), wie sie in Ansätzen ebenfalls in der französischen Vergleichsliteratur in Form der *Barbapapas* (ab 1970) vorliegt. Wenngleich auch dort qua Haarschmuck und natürlich sprechenden Namen die Binarität aufs Tapet gebracht wird, sind die zuckerwattigen und in gewissem Sinne körperlosen Phantasiewesen nicht zuletzt durch ihre Fähigkeit des Gestaltwandels – in Kombination mit ihrem ökologisch-anpassungsfähigen und -wertschätzenden Naturell – nicht immer crossgender (rosa Vater) oder androgyn, sondern zuweilen eben auch genderneutral außerhalb binärer Identitäten.

Festzuhalten bleibt im Hinblick auf den zweiten Thesenteil, dass Hargreaves zunehmend ein klares Entweder-Oder im Genderdiskurs unterläuft. Im Vergleich zur zumeist noch patriarchal geprägten Darstellung des ‚Heimchens am Herd' und ‚männlichen Machers' in klarer Bipolarität, rufen die kleinen Damen und Herren neben der All-gender-, wie auch Scarry, eine All-age-Komponente bereits im Bereich der Kleinsten auf: Die *Little Miss/Mr. Men*-Bücher „identify with a multigenerational audience through self expression, colour, simplicity and humour." (mrmen.com/about) Und hier rundet sich der Bogen zur um 1970 kurz aufleuchtenden Pop-Art auch im hiesigen Bilderbuch (vgl. 2.) bis in den Wortlaut mit ihrer plakativen Farbigkeit, der Flachheit, den Comicanleihen und der humorvollen Einfachheit auf der vordergründigen, der Mehrdimensionalität auf einer darunter liegenden Rezeptionsebene.

4 Fazit

Hargreaves (und Scarry) anverwandeln sich bereits früh Verfahrens- und Darstellungsweisen, die man heute postmodern-avanciert nennen würde: doppelte Adressierung, Ironie, Augenzwinkern und Genderinnovation. Scarry liefert mithin mehr als nur Benimmregeln, Hargreaves mehr als nur stereotype Geschlechtscharakterstudien – beide im Sinne des *delectare et prodesse*, also ausgewogen bezogen auf die Dualismen „Pädagogik und Ästhetik, Unterhaltung und Belehrung" (Weinkauff und von Glasenapp 2018, 36).

Die *Little Miss/Mr. Men*-Reihen lösen dabei alle unter Punkt 2 angesprochenen Tendenzen ein, die die Literatur für Kinder und Jugendliche in den 1970er und 1980er Jahren diskursiv umspielen: von der Vorreiterrolle der angloamerikanischen Literatur in puncto Antiautorität und Emanzipation über die Anleihen bei der Pop-Art bis hin zur frühzeitigen Etablierung eines non-binären Rasters des Sozialgeschlechtlichen, was gerade im Korsett der dichotom angelegten Reihe(n) erstaunt. Insbesondere hinsichtlich des hier gewählten methodischen Zugriffs mittels der Gender Studies lässt sich an *[u]nsere[n] [...] kleinen Damen und Herren* das weit gespannte „Spektrum der ästhetisch-medialen Realisierung von ‚Geschlecht' und der damit verknüpften Diskurse und Normen in der Kinder- und Jugendliteratur des 20. [...] Jahrhunderts" nachzeichnen, erstreckt sich dieses doch Serien-intern „von der Vermittlung geschlechterstereotyper Rollenbilder [...] über die diversitätssensible Dekonstruktion binärer Geschlechterkonstellationen und -identitäten [...]" (Standke und Kronschläger 2020, 343).

Die *Mr. Men/Little-Miss*-Reihen versinnbildlichen damit eine zentrale Prämisse des vorliegenden Sammelbandes, dass sich nämlich immer wieder bestimmte Werke der Kinder- und Jugendliteratur ausmachen lassen, allzumal in soziokulturellen und also literarhistorischen Schwellensituationen, welche sowohl das synchrone Nebeneinander von sozialgeschlechtlicher Innovation und Tradition als auch den diachronen Wandel zu exemplifizieren vermögen.

Literatur

1 Primärliteratur

Hargreaves, Roger. *Unser Herr Glücklich und seine Freunde. Die lustigen Geschichten von Inge Immerfroh, Herrn Killekille, Polly Plaudertasche und vielen anderen kleinen Damen und Herren*. Aus dem Englischen übersetzt von Lucia Czernich. München: Paladin, 1986 [seit 1971].
Hargreaves, Roger. *Mister Glücklich und seine Freunde*. Aus dem Englischen übersetzt von Lisa Buchner und Nele Maar. München: Rieder, 2018 [dt. Erstausgabe: 2012; englisches Original seit 1971].
Maar, Paul. *Dann wird es wohl das Nashorn sein. Rätselhaftes ABC*. Weinheim u. a.: Beltz & Gelberg, 1988.
Scarry, Richard. *Mein allerschönstes ABC. Ein Wörter-, Bilder- und Geschichtenbuch*. Aus dem amerikanischen Englisch übersetzt von Katrin Behrend. Stuttgart u. a.: Delphin, 1969 [1966].
Scarry, Richard. *Huckle's Good Manners*. Scoresby, Victoria (Australia): Five Mile Press, 2013 [2009].

2 Sekundärliteratur

Becker, Maria. „Geschichte der Kinder- und Jugendliteratur in der DDR". *Handbuch Kinder- und Jugendliteratur*. Hg. Tobias Kurwinkel/Philipp Schmerheim unter Mitarbeit von Stefanie Jakobi. Stuttgart: Metzler, 2020, 61–67.
Benner, Julia. „Geschichte der Kinder- und Jugendliteratur in der BRD". *Handbuch Kinder- und Jugendliteratur*. Hg. Tobias Kurwinkel/Philipp Schmerheim unter Mitarbeit von Stefanie Jakobi. Stuttgart: Metzler, 2020, 51–60.
Böhm, Kerstin. *Archaisierung und Pinkifizierung. Mythen von Männlichkeit und Weiblichkeit in der Kinder- und Jugendliteratur*. Bielefeld: transcript, 2017.
Evans, David. „The Family of Mr. Men". *Children's Literature in Education* 13.3 (1982), 130–137.
Hausen, Karin. „Die Polarisierung der ‚Geschlechtscharaktere' – eine Spiegelung der Dissoziation von Erwerbs- und Familienleben". *Sozialgeschichte der Familie in der Neuzeit Europas*. Hg. Werner Conze. Stuttgart: Klett, 1976, 363–393.
Kiesel, Helmuth/Roman Luckscheiter. „Literatur um 1968 – politischer Protest und postmoderner Impuls". *Ruperto Carola* 2 (1998). https://www.uni-heidelberg.de/uni/presse/RuCa2_98/kiesel.htm (12. Dezember 2020).
Kindt, Tom. *Literatur und Komik. Zur Theorie literarischer Komik und zur deutschen Komödie im 18. Jahrhundert*. Berlin: Akademie 2011.
Kümmerling-Meibauer, Bettina. *Kinder- und Jugendliteratur. Eine Einführung*. Darmstadt: Wiss. Buchges., 2012.
Kurwinkel, Tobias/Katharina Düerkop. *Bilderbuchanalyse. Narrativik – Ästhetik – Didaktik*. Tübingen u. a.: Francke, 2017.
Kurwinkel, Tobias/Katharina Düerkop. „Bilderbuch". *Handbuch Kinder- und Jugendliteratur*. Hg. Tobias Kurwinkel/Philipp Schmerheim unter Mitarbeit von Stefanie Jakobi. Stuttgart: Metzler, 2020, 201–219.
Kumschlies, Kirsten/Tobias Kurwinkel. „Geschlechtsstereotypen und -rollen in Kinderserien: *Horseland* und *Kickers* in der Grundschule". *Serialität in Literatur und Medien. Bd. 2: Theorie und Didaktik*. Hg. Petra Anders/Michael Staiger. Baltmannsweiler: Schneider Hohengehren, 2016, 45–55.

Lehnert, Nils. *Wilhelm Genazinos Romanfiguren. Erzähltheoretische und (literatur-)psychologische Zugriffe auf Handlungsmotivation und Eindruckssteuerung*. Berlin u. a.: De Gruyter, 2018.

Official Mr. Men & Little Miss Website. https://mrmen.com (24. Januar 2021).

Ottowitz, Taciana Valio. *Bilderbuchillustration in den 60er und 70er Jahren in der Bundesrepublik und Parallelen zur Kunstszene*. Münster: Münsterscher Verlag für Wissenschaft, 2017.

Retan, Walter/Ole Risom. *The Busy, Busy World of Richad Scarry*. New York: Harry N. Abrams, 1997.

Schneider, Jost. *Einführung in die Roman-Analyse*. Darmstadt: Wiss. Buchges., 2010.

Standke, Jan/Thomas Kronschläger. „Gender Studies". *Handbuch Kinder- und Jugendliteratur*. Hg. Tobias Kurwinkel/Philipp Schmerheim unter Mitarbeit von Stefanie Jakobi. Stuttgart: Metzler, 2020, 343–352.

Stegemann, Cornelia. „Manchmal kommen sie wieder". *Tigermaus8 bloggt. Streifzüge durch den Dschungel des Lebens*. 3. April 2013. https://tigermaus8.de/tag/unsere-kleinen-damen-und-herren (12. Dezember 2020).

Weinkauff, Gina/Gabriele von Glasenapp. *Kinder- und Jugendliteratur*. Paderborn: Schöningh, 2018.

Wulf, Rüdiger. „„Die Mutter ist auch für den Vater da"". *Mann und Frau in Schulbüchern der Jahre 1950 bis 1980*. 6. Oktober 2017. https://www.paedagogische-landkarte-nrw.de/blog/mutter-auch-fuer-den-vater-da (12. Dezember 2020).

Abbildungen

Abb. 1: „Scarrys *Storybook Dictionary*". Retan, Walter/Ole Risom. *The Busy, Busy World of Richad Scarry*. New York: Harry N. Abrams, 1997, 64.

Abb. 2: „Scarrys *Mein allerschönstes ABC*, Lemma X/Y". Scarry, Richard. *Mein allerschönstes ABC. Ein Wörter-, Bilder- und Geschichtenbuch*. Aus dem amerikanischen Englisch übersetzt von Katrin Behrend. Stuttgart u. a.: Delphin, 1969, 76.

Abb. 3: „Castle in Denmark". Retan, Walter/Ole Risom. *The Busy, Busy World of Richard Scarry*. New York: Harry N. Abrams, 1997, 58–59.

Abb. 4: „Ehrgeizige *Mise en abyme*". Hargreaves, Roger. *Unser Herr Glücklich und seine Freunde. Die lustigen Geschichten von Inge Immerfroh, Herrn Killekille, Polly Plaudertasche und vielen anderen kleinen Damen und Herren*. Aus dem Englischen übersetzt von Lucia Czernich. München: Paladin, 1986, 70.

Abb. 5: „Binäre Gegenüberstellung der stereotypen Geschlechtscharaktere". Vom Autor erstellte Graphik. Quelle der Abbildungen: *Official Mr. Men & Little Miss Website*. https://mrmen.com (24. Januar 2021).

Abb. 6: „Mr. Fussy (Mister Pingelig) vs. Mr. Clumsy (Mister Tölpel)". Vom Autor erstellte Graphik. Quelle der Abbildungen: *Official Mr. Men & Little Miss Website*. https://mrmen.com (24. Januar 2021).

Abb. 7: „Gendergerechte Fibel 1975". Wulf, Rüdiger. „„Die Mutter ist auch für den Vater da"". *Mann und Frau in Schulbüchern der Jahre 1950 bis 1980*. 6. Oktober 2017. https://www.paedagogische-landkarte-nrw.de/blog/mutter-auch-fuer-den-vater-da (12. Dezember 2020).

Abb. 8: „Androgynie/Neutrois". Vom Autor erstellte Graphik. Quelle der Abbildungen: *Official Mr. Men & Little Miss Website*. https://mrmen.com (24. Januar 2021).

Annette Kliewer
Mädchenliteratur von 1970 bis 1990
Von Gretchen Sackmeier zur Lady Punk

Zusammenfassung: Die neue Frauenbewegung der 1970er Jahre führte zu einer Revolutionierung im Bereich der Mädchenliteratur: Alle relevanten Themen der Emanzipation wurden aufgegriffen (von Sexualität über Bildung bis hin zu den Umbrüchen in den Familien). Dabei wurde weitestgehend auf ein Modell von aufgeklärten Selbstfindungsgeschichten zurückgegriffen, das schon kurz danach, in den 1980er Jahren, als veraltet wahrgenommen wurde. Deshalb traten nun weibliche Adoleszenzromane an die Stelle der emanzipatorischen Mädchenbücher. Hintergrund für diesen Wandel war zum einen eine neue Fokussierung auf die Innerlichkeit, wie sie sich auch in der Literatur für Erwachsene durchsetzte, und zum anderen ein neuer Differenzfeminismus, der Modelle von Gleichberechtigung ersetzte. Man wollte den Mädchen jetzt nicht mehr vorschreiben, wie ihre Entwicklung zu verlaufen habe, sondern Ambivalenzen und Widersprüche, ja sogar weibliche ‚Mittäterschaft' thematisieren.

Bis in die 1970er Jahre war die Geschichte der Mädchenliteratur von Mustern bestimmt, die sich im 19. Jahrhundert herausgebildet hatten. Nun entwickelte sich in zwei Schüben eine ganz neue Mädchenliteratur, zunächst in ‚emanzipatorischen Mädchenbüchern', dann in ‚weiblichen Adoleszenzromanen'. Die Entwicklung beider Genres lässt sich nicht angemessen darstellen, ohne ihre Verflechtung mit der Entwicklung der Frauenbewegung zu dokumentieren.[1]

1 Die neue Frauenbewegung und das emanzipatorische Mädchenbuch der 1970er Jahre

1.1 Die neue Frauenbewegung

Um 1900 erreichte die bürgerliche und proletarische Frauenbewegung in Deutschland erstmals, dass Frauen studieren, berufstätig sein und wählen durften. Diese und weitere Erfolge wurden nach 1945 rückgängig gemacht; das Frauenbild ähnelte zu diesem Zeitpunkt dem des Nationalsozialismus. Nachdem die Frauen im Krieg und beim Wiederaufbau gezwungen waren, selbständig zu handeln, kehrte in den 1950er Jahren das alte Klischee von ‚KKK' (‚Kinder, Küche, Kirche') zurück: Studium und

---

[1] Der Beitrag bezieht sich nur auf Westdeutschland, für die Situation in der DDR vgl. den Beitrag von Karin Richter in diesem Band.

Ausbildung blieben unrentabel, das Lebensziel der Frauen war die Versorgungsehe. Im Zuge der westdeutschen Studentenbewegung der 1960er Jahre entwickelte sich eine zweite bürgerliche Frauenbewegung, welche in den 1970er Jahren entscheidende Veränderungen im Hinblick auf Teilhabe und Mitwirkung von Frauen in der Gesellschaft brachte: So durften etwa ab 1977 Ehefrauen ohne Zustimmung ihres Mannes über ihre Berufstätigkeit entscheiden. Der Anteil der erwerbstätigen Mütter stieg kontinuierlich an. 1961 war jede dritte Mutter mit Kindern unter 18 Jahren erwerbstätig, zu Beginn der 1990er Jahre war es jede zweite (vgl. Nave-Herz 1994, 31). Die Doppelbelastung, die durch Berufstätigkeit und Kinderbetreuung entsteht, wurde den Frauen als egoistische Selbstverwirklichung vorgeworfen. Die Emanzipationswünsche berufstätiger Frauen würden zulasten der Kinder gehen, Verwahrlosung von Jugendlichen oder psychische Störungen bei Kindern seien die Folge. Frauen wurden durch ihre Erwerbsarbeit unabhängiger, waren also auch schneller bereit, sich aus problematischen Partnerbeziehungen zu lösen. Ein Anstieg der Ehescheidungen war die Folge. Ab 1977 wurde mit der Reform des Ehe- und Familienrechts das Schuldprinzip durch das Zerrüttungsprinzip ersetzt, womit nicht mehr einer der beiden Ehepartner die Schuld am Scheitern der Ehe haben musste. Mit der Eröffnung des ersten Frauenhauses im Jahr 1976 wurden die Probleme häuslicher Gewalt sichtbar. Ein weiterer Faktor war die sexuelle Liberalisierung, ausgelöst u. a. durch neue Verhütungsmethoden (Einführung der Antibabypille im Jahr 1961). In den Jahren 1974 bis 1976 wurde der Paragraph 218 zur Regelung der Abtreibung in der Bundesrepublik Deutschland durch die Fristenregelung verändert, d. h. Abtreibung war legal, wenn sie bis zu einem bestimmten Zeitpunkt durchgeführt wurde. Erstmals wurde die Selbstbestimmung über den eigenen Körper, ja die Frage weiblicher Lust, thematisiert. Eingreifende Veränderungen gab es auch im Bildungsbereich. Beim Erwerb des Abiturs kehrte sich von 1977 an das Verhältnis zwischen Jungen und Mädchen um (vgl. Helbig 2013,150). Verzeichneten zuvor hauptsächlich die Jungen schulische Erfolge, so waren nun eher die Mädchen erfolgreich. Diese tiefgreifenden Veränderungen führten in der Gesellschaft zu kritischen Auseinandersetzungen, auch zwischen den Generationen. Während ein Teil der Mütter die Bestrebungen unterstützte, lehnten andere sie als Angriff auf das eigene Lebenskonzept ab.

1.2 Das emanzipatorische Mädchenbuch

Die Forderungen der Frauenbewegung werden auch in Mädchenbüchern der 1970er und 1980er Jahre thematisiert. Das traditionelle Mädchenbuch ist in den 1970er Jahren zunächst noch von Klassikern der Backfischliteratur bestimmt, es folgt dem Muster des *Trotzkopf* von Emmy von Rhoden (1885). Hier überleben Klischees wie der Traum vom ‚Märchenprinzen', auf den Mädchen passiv warten sollen. Nur ihr naher Lebensbereich wird thematisiert; soziale Realität, Politik, Ökonomie etc. werden ausgeblendet. Damit propagierte man ein Rollenbild, das die Vorstellungen der damaligen Gesellschaft widerspiegelt, nach dem die geschlechtliche Identität angeboren und nicht erworben wäre.

Von 1975 an entsteht eine emanzipatorische Mädchenliteratur, in der auch Tabuthemen wie z. B. die selbstbestimmte Sexualität vorkommen: Autoerotische Erfahrungen, Vermarktung des weiblichen Körpers, sexuelle Kontakte, erste Verliebtheit, Fragen der Treue in der Beziehung,[2] ungewollte Schwangerschaft,[3] Homosexualität[4] und Vergewaltigung[5] werden thematisiert, auch Schönheitsterror und Reaktionen darauf, wie etwa Essstörungen. Selbstverwirklichung und Lebenssinn sollen in Studium und Berufsausbildung gefunden werden; dafür gibt die Heldin auch sie einengende Beziehungen zu Jungen auf.[6] Andere Romane führen weibliche Berufstätigkeit positiv vor und wagen sich auch an die Darstellung von sozialen Gruppen außerhalb der bürgerlichen Mittelschicht.[7] Ein wichtiges Thema der Studentenbewegung – die repressionsfreie Erziehung – findet ebenfalls Eingang in die Mädchenliteratur. Hier bildet sich eine antiautoritäre Kinder- und Jugendliteratur heraus, teilweise ausgehend von einem idealisierten Kindheitsbild im Rousseau'schen Verständnis. Der ‚unverdorbene' Zustand des Kindes sollte nicht durch Erwachsene gestört werden. Hervorgegangen aus der Kinderladenbewegung, die eine anti-bürgerliche und anti-hierarchische Haltung schon bei kleinen Kindern anstrebte, entwickelte sich auch eine entsprechende Literatur, die Phantasie und Sensibilität für soziale Vorgänge fördern wollte. Die Kritik an der patriarchalisch-autoritären Kleinfamilie wird vor allem in der Beziehung zwischen Vater und Tochter reflektiert. Anders als in der traditionellen Komplizenschaft zwischen Vater und Tochter wie etwa im *Trotzkopf* ist das Bild des Vaters nun eher negativ. Erstmals werden auch Erfahrungen von häuslicher Gewalt[8] und sexuellem Missbrauch[9] geschildert. Auch die Beziehung zur Mutter ist nicht unproblematisch: Sie ist kein Vorbild, wenn sie in veralteten Rollen verharrt (vgl. Pyerin 1991, 14).[10] Es gibt aber auch vereinzelt Beispiele, bei denen sich Mutter und Tochter gemeinsam emanzipieren.[11]

---

2 Helma Fehrmann/Peter Weismann: *Und plötzlich willste mehr* (1979), Christine Nöstlinger: *Pfui Spinne* (1980), Christine Nöstlinger: *Stundenplan* (1975).
3 Karin Bolte: *Ulla, 16: „Ich bin schwanger"* (1979), Irene Rodrian: *Viel Glück, mein Kind* (1975).
4 Ingeborg Bayer: *Dünensommer* (1977), Hannelore Krollpfeiffer: *Die Zeit mit Marie* (1986).
5 Sophie Brandes: *Total blauäugig* (1988).
6 Angelika Kutsch: *Man kriegt nichts geschenkt* (1976), Wolfgang Körner: *Ich gehe nach München* (1977), Irina Korschunow: *Ein Anruf von Sebastian* (1981) oder Dagmar Chidolue: *Aber ich werde alles anders machen* (1981).
7 Katja Henning: *Ein Mädchen aus geordneten Verhältnissen* (1973), Renate Welsh: *Zwischenwände oder Warum habe ich nie gefragt* (1980), Renate Welsh: *Das Leben leben* (1980), Ann Ladiges: *Blaufrau* (1981), Dagmar Chidolue: *Ein Jahr und immer* (1983).
8 Otti Pfeiffer: *Zwischen Himmel und Hölle* (1986).
9 Margret Steenfatt: *Nele. Ein Mädchen ist nicht zu gebrauchen* (1986), Brigitte Blobel: *Herzsprung* (1990), Heidi Glade-Hassenmüller: *Gute Nacht Zuckerpüppchen* (1989).
10 Bettina Hurrelmann spricht hier sogar von einem „Trivialmythos im emanzipatorischen Mädchenbuch" (Hurrelmann 1987, 34).

Während das traditionelle Mädchenbuch die Pubertät nur als Phase des Übergangs zum Erwachsenwerden sah, in der Aufbruchsphantasien und Freiheitswille gezügelt werden sollten, zeigt das emanzipatorische Mädchenbuch, dass der Selbstfindungsprozess des Mädchens nicht unbedingt in die Ehe führen muss. Erwachsenwerden heißt nun, den eigenen Lebensweg zu gestalten, und nicht, sich den gesellschaftlichen Konventionen zu fügen. Damit veränderte sich die Sprache: Eine oft drastische Alltagssprache wird an die Stelle einer betulich-naiven Sprache gesetzt. Eine aufklärerisch-didaktisch orientierte Literatur hat zum Ziel, realistisch auf gesellschaftliche Missstände hinzuweisen und „eine Selbstfindungsgeschichte" zu bieten, „und sei es auch im emanzipatorischen Sinne" (Grenz 1994, 259). Dabei kann das dargestellte Modell sowohl positiv sein (in vorbildhaften Emanzipationsgeschichten), aber auch negativ in ‚Abstiegsgeschichten', vor allem von sozial benachteiligten Mädchen. Warn- oder Abschreckungsgeschichten zeigen, wie Frauenleben vergeudet werden oder Frauen sich Klischees unterwerfen.[12] Dazu werden auch dokumentarische Textsorten aufgewertet, die sich vor allem in Anthologien und Jahrbüchern finden, womit man die Tradition der Mädchenjahrbücher emanzipatorisch umdeutet, die vor den Weltkriegen eine große Verbreitung hatten.[13]

2 Geschlechterdifferenz und weibliche Adoleszenzkrisen im neuen Mädchenbuch der 1980er Jahre

2.1 Veränderungen in der Frauenbewegung

In den 1980er Jahren veränderte sich die „Neue deutsche Frauenbewegung": Mittlerweile hatte sich eine Parallelkultur herausgebildet: In Frauenzentren, Frauenbuchläden, Frauencafés und vielen Selbsterfahrungsgruppen hatten sich Frauen aus dem gemeinsamen politischen Kampf zurückgezogen, um in autonomen Zusammenhängen ihre Identität zu finden. Im Zusammenhang mit Strömungen der „Neuen Innerlichkeit" oder „Neuen Subjektivität", die auch in anderen sozialen Bewegungen der 1980er Jahre bedeutsam waren, ging es in einem autonomen Rückzugsraum weniger um politische Forderungen als um die Definition von Weiblichkeit. Damit ent-

---

11 Besonders deutlich wird dies in Norgard Kohlhagens *Was soll ich denn mit Mutters Traum Oder die Reise nach Frankreich* (1986), wo abwechselnd aus Tochter- und Mutterperspektive erzählt wird.
12 Frank Göhre: *Gekündigt* (1974), Angelika Kutsch: *Rosen, Tulpen, Nelken, ...* (1978).
13 Doutiné et al.: *Mädchenbuch auch für Jungen* (1975), Ingrid Bachér: *Das war doch immer so? Ein Merkbuch für Mädchen und Jungen* (1976), Hedi Wyss und Isolde Schaad: *Rotstrumpf.* Sechs Bände (1975–1982), Hedi Wyss: *Das rosarote Mädchenbuch. Ermutigung zu einem neuen Bewusstsein* (1976), Gertrud Wilker: *Kursbuch für Mädchen* (mit einem Vorwort von Luise Rinser) (1982), Renate Boldt/ Gisela Krahl: *Das Rowohlt Lesebuch für Mädchen* (1984).

fernte sich die Frauenbewegung immer mehr von den Alltagsproblemen. Es ging nicht mehr nur um Gleichberechtigung, um ökonomische Eigenständigkeit und die Öffnung der Männerdomänen für Frauen, sondern um die besondere Identität, den Differenzfeminismus. Frauen, die bestimmte Rollenvorstellungen verinnerlicht hatten, wurden zu „Mittäterinnen" (vgl. Thürmer-Rohr 1983). Gleichzeitig wertete der amerikanische Feminismus ‚Weiblichkeit' auf: Die Frau solle sich nicht am Mann orientieren, sondern „weibliches Denken" entwickeln. Die Entwicklungspsychologin Carol Gilligan deutete die weibliche Entwicklungspsychologie neu: War bislang Autonomie des Subjekts das Ziel der Adoleszenz, so wurden nun Bindung und Fürsorge zu neuen Werten. Die totale Ablösung von der Mutter, Initiation des Erwachsenwerdens für Mädchen und Jungen, wurde nicht mehr nur positiv gesehen. Die Frauen befanden, dass weibliche Moralentwicklung, die nach den Moralstufen des Entwicklungspsychologen Lawrence Kohlberg (Kohlberg 1974) immer als defizitär beurteilt wurde, für das gesamtgesellschaftliche Zusammenleben von Vorteil sein konnte. Neue Untersuchungen zum Thema weibliche Adoleszenz (v. a. Flaake/King 1992) zeigten, dass Mädchen mit einer spezifischen Double-Bind-Forderung konfrontiert wurden: Sie sollten zum einen die Gründung einer Familie und die Fürsorge für ihre Kinder als Lebensziel wahrnehmen, zum anderen nun aber im Sinne der Gleichberechtigung auch eine qualifizierte Berufstätigkeit anstreben. Diese Widersprüche führten zu einer kritischeren Sicht auf die patriarchalen Strukturen und die Rolle des Mannes als Partner. Sie konnten aber auch die vorherrschende Polarisierung der Geschlechter noch verstärken und indirekt tradierte Klischees von Geschlechterrollen zementieren, indem sie Frauen auf eine vorgegebene, quasi natürliche Weiblichkeit verwiesen. Besonders deutlich wird dies in der poststrukturalistischen Philosophietradition aus Frankreich: Luce Irigaray und Hélène Cixous etwa gingen davon aus, dass es eine „verborgene Weiblichkeit" gäbe, die es wiederzuentdecken gelte.

2.2 Weibliche Adoleszenzromane der 1980er Jahre

Dem neuen Diskurs des Differenzfeminismus folgt auch die Mädchenliteratur: Ihr geht es im Unterschied zum emanzipatorischen Mädchenbuch von 1985 an „vielmehr um die Möglichkeit, die weibliche Geschlechtsidentität zu entwickeln, ohne männliche Eigenschaften übernehmen zu müssen oder sie kategorisch abzulehnen" (Wortmann 2004, 74). Es soll nicht mehr eine im feministischen Sinne gelungene Sozialisation gezeigt werden, sondern die weibliche Identitätskrise. Die Bücher wollen den Leser*innen nicht Modelle anbieten, sondern differenzierte Weiblichkeitsbilder. Beeinflusst von der skandinavischen Jugendliteratur[14] werden die Grenzen des emanzipatorischen Diskurses

---

14 Aus dem Schwedischen: Inger Edelfeldt: *Kamalas Buch* (1988). Oder aus dem Norwegischen: Vigdis Hjorth: *Hand aufs Herz* (1991; *Med hånden på hjertet*, 1989), Gunvor A. Nygaard: *Inger oder Jede Mahlzeit ist ein Krieg* (1985; *Den Svarte Steinen*, 1983) und Torill Eide: *Wir könnten Schwestern sein* (1997; Forhold, 1984).

aufzeigt. Dafür lassen sich literaturgeschichtlich zwei Erklärungen finden: Wie in der Neuen Subjektivität, die auch die Erwachsenenliteratur der 1980er Jahre bestimmt, ist die Psychologisierung in der Literatur wichtiger als neue Normen. Damit verändert sich auch die Schreibweise. Erzählerische Mittel der modernen Erwachsenenliteratur, wie beispielsweise der personale Ich-Erzähler oder der Stream of Consciousness, Collagetechniken oder die Einbeziehung phantastischer Elemente, werden nun auch in die Jugendliteratur aufgenommen.

Zudem führt der Paradigmenwechsel in der Jugendliteratur zu einer literarischen Form, die eine lange Tradition hat. Wie Hans-Heino Ewers darstellt, setzt sich in den 1980er Jahren in der Jugendliteratur der Adoleszenzroman gegen die „Problemliteratur" durch (Ewers 1989). Dieses Genre hatte sich lange Zeit nur an Erwachsene gerichtet und reicht zurück bis zum bürgerlichen Bildungsroman des 19. Jahrhunderts, in dem die Entwicklung eines jungen Mannes hin zu einem integrierten Mitglied der bürgerlichen Gesellschaft dargestellt wurde.[15] Die Entwicklungslinie führt weiter zur amerikanischen *adolescent novel* mit dem Klassiker *Der Fänger im Roggen* (1951) von J. D. Salinger, bei dem der jugendliche Außenseiter auch zum Schluss des Romans in seiner gesellschaftskritischen Haltung verharrt, statt sich den zuvor kritisierten Forderungen der Gesellschaft zu beugen, und deshalb ein tragisches Ende findet. Dieses Modell gab es bis in die 1980er Jahre nicht für Mädchen. Nun aber werden auch weibliche Initiationserlebnisse und die daraus resultierenden Krisenerfahrungen zum literarischen Sujet.

Es gibt also vom emanzipatorischen Mädchenbuch zum Adoleszenzroman eine neue Akzentuierung und eine Verschiebung der Darstellungsweise, die sich einerseits aus den Veränderungen innerhalb der Frauenbewegung erklären lassen, andererseits als Reaktion auf literaturgeschichtlich neue Strömungen zu verstehen sind. Sabine Keiner deutet diese Entwicklung so: Der weibliche Adoleszenzroman „kehrt das weibliche Innen nach außen und thematisiert die psychischen Bedingungen weiblicher Ich-Entwicklung" (Keiner 1994, 273). Zunehmend geht es um die psychologische Durchdringung einer Identitätssuche als Kampf gegen das von außen aufoktroyierte Über-Ich, den „Selbstzwang" (Lehnert 1994, 227). Ein Zeichen für die Ambivalenz verschiedener Identitätsentwürfe ist auch, dass in vielen Texten Antiheldinnen auftauchen, die die herrschende Ordnung internalisiert haben und damit zu ‚Mittäterinnen' werden. Äußere Erfahrungsräume werden zurückgedrängt, was bedeutet, dass auch keine ‚Gegner*innen' mehr die Heldinnen in ihrer Entwicklung behindern. Gertrud Lehnert schreibt über *Kamalas Buch* (1993; *Kamalas Bok*, 1986), einen der Schlüsseltexte der weiblichen Adoleszenzromane:

---

15 Vorbilder waren Johann Wolfgang Goethes *Wilhelm Meister* (1807) sowie Gottfried Kellers *Der grüne Heinrich* (1849). Dass die Auseinandersetzung mit den Erwartungen der bürgerlichen Gesellschaft auch tragisch verlaufen kann, zeigten schon Hermann Hesses *Demian* (1919) oder Robert Musils *Die Verwirrung des Zöglings Törleß* (1906).

Die Protagonistin verhält sich in einer Weise, die eine Zweiteilung der Welt in einen männlichen und einen weiblichen Teil voraussetzt, ohne dass diese Zweiteilung sich je realiter bewiese. Sie existiert in ihrem Kopf und wird zur einzigen Realität, die ihr erfahrbar ist: ihre eigene. (Lehnert 1994, 227)

Gesellschaftliche oder politische Rahmenbedingungen spielen eine geringere Rolle als in den 1970er Jahren, die Heldinnen der Romane fühlen sich selbst als Außenseiterinnen und leiden an ihren Identitätsproblemen, die sich in Essstörungen oder anderem autoaggressiven Verhalten äußern. Dies lässt sich mit der Krise der weiblichen Adoleszenz erklären: Das Mädchen gewinnt erst durch das männliche Begehren an Selbstbewusstsein. Das „verwickelt Frauen in eine oft genug leidvolle Auseinandersetzung mit eigenem und fremdem Begehren, männlichen Blicken und weiblichem Gesehenseinwollen" – so beschreibt es Evelyn Sauerbaum in einem Beitrag zu den weiblichen Adoleszenzromanen der 1980er Jahre (Sauerbaum 1994, 152). ‚Heile Familien' nach traditionellem Muster kommen in der Mädchenliteratur der 1980er Jahre kaum mehr vor, die Demontage der Väter hält an; allenfalls sind sie noch Idealbilder, besonders, wenn sie sich von ihrer Familie getrennt haben: „Der Vater ist in den Hintergrund gedrängt, er ist in seiner bisherigen Funktion gescheitert. Wie der neue Vater, der neue Mann aussehen könnte, bleibt weitgehend unbeantwortet." (Keiner 1994, 275) Spannend ist die Beziehung zur Mutter: In der früheren Emanzipationsliteratur wird sie oft als Negativmodell gezeigt, weil sie traditionellen Geschlechterrollen folgt, nun ist sie auch ‚die Emanzipierte'. So gibt es auch Situationen, in denen sich die Töchter von der feministischen Haltung der Mutter absetzen.[16] Literarisch war das emanzipatorische Mädchenbuch der 1970er Jahre oft wenig innovativ: So erschienen die emanzipatorischen Verhaltensweisen der Mädchen aufgesetzt und nicht sehr nachvollziehbar. Häufig folgten die Bücher den traditionellen Mustern des klassischen Mädchenbuchs, sie blieben meist auf der rein privaten Ebene, sodass eine Konfliktlösung am Ende allzu glatt und widerspruchslos erschien: Selten gab es Rückschläge, negative Gefühle oder wirkliche Konflikte. Wie Dagmar Grenz kritisiert, folgten diese Texte vorgegebenen Mustern: „Das Mädchenbuch greift wie früher gesellschaftlich herrschende Vorstellungen auf [...] es gibt keine Brüche, keine Widersprüche, keinen überschüssigen Rest." (Grenz 1994, 248–249) Der weibliche Adoleszenzroman der 1980er Jahre lebt stattdessen von diesen Widersprüchen. Sie zeigen sich vor allem in der Erzählperspektive: Ich-Perspektive oder personales Erzählen können nämlich dazu führen, dass Bewusstseinsinhalte dargestellt werden, die die Hauptfigur nur halbbewusst oder fragmentarisch wahrnimmt. Damit kommt es zu einer kritischen Brechung, da die Leser*innen keine Sympathielenkung durch eine auktoriale Erzählinstanz erfahren.

---

16 Etwa in Torill Eides *Wir könnten Schwestern sein* (dt. 1997) wendet sich die Tochter von der Frauenbewegung ab, für die ihre Mutter sich einsetzte.

3 Fünfzig Jahre Mädchenbuchforschung

Vor fünfzig Jahren eröffnete der Literaturwissenschaftler und Literaturdidaktiker Malte Dahrendorf mit *Das Mädchenbuch und seine Leserin. Jugendlektüre als Instrument der Sozialisation* (1970) einen neuen Schwerpunkt in der Kinder- und Jugendliteraturforschung. Hier wendet er die empirische Leseforschung auf die Kinder- und Jugendliteratur an, zeigt die sozialisierende Wirkung der Lektüre einerseits und das Beziehungsgeflecht zwischen gesellschaftlicher Entwicklung und speziell der Trivialliteratur andererseits. In der Folge haben fast ausschließlich Frauen, die mehr und mehr die Forschung der Kinder- und Jugendliteratur bestimmen, das Thema in verschiedenen Richtungen weiterverfolgt. Auch Hannelore Daubert (1984 u. ö.) untersucht unter Einbezug empirischen Materials Probleme bei der Rezeption emanzipatorischer Mädchenliteratur. Bei den jugendlichen Leserinnen beobachtet sie eine Abwehrhaltung gegen diese Art von Literatur, weil sie ihren eigenen Rollenvorstellungen widersprechen. Zu ähnlichen Ergebnissen kommen Brigitte Pyerin (1989 am Beispiel Dagmar Chidolue) und Christine Garbe (1997 am Beispiel von Inger Edelfeldts *Kamalas Buch*). Bettina Hurrelmann (1987) beschäftigt sich nur am Rande mit dem Phänomen des neuen Mädchenbuchs, greift aber mit ihrem Aufsatz zur Rolle der Mutter einen wichtigen psychologischen Aspekt heraus. Ein Überblick über die neuen Mädchenbücher findet sich in einer Expertise für die Sachverständigenkommission für den sechsten Jugendbericht (Mayr-Kleffel 1984) und in einem kommentierten Katalog, den Pyerin erstellt hat (1991). Aus den 1990er Jahren stammen die Arbeiten von Inge Wild, die sich der psychologischen Dimension der neuen Mädchenliteratur widmet (Wild 1991, 1994, 1997), und die Dissertation von Sabine Keiner *Emanzipatorische Mädchenliteratur 1980–1990. Entpolarisierung der Geschlechterbeziehungen und die Suche nach weiblicher Identität* aus dem Jahr 1994. Dagmar Grenz bearbeitet neben ihren historisch angelegten Arbeiten (Grenz 1981) auch die neueren Tendenzen seit den 1970er Jahren (Grenz 1997a, 1997b) und gibt in der zweiten Auflage der *Geschichte der deutschen Kinder- und Jugendliteratur* von Reiner Wild aus dem Jahr 2008 einen Überblick.[17]

4 Schlaglicht 1. Christine Nöstlinger: *Gretchen Sackmeier* (1981)

Christine Nöstlinger (1936–2018) hatte schon 1974 mit *Ilse Janda, 14* und 1975 mit *Stundenplan* innerfamiliäre Konfliktsituationen zwischen weiblichen Protagonistinnen und ihren Eltern dargestellt. Die Ursache der Probleme sieht sie in den „unsensiblen, autoritären Erwachsenen, die den Heranwachsenden keinen emotionalen

---

17 Vgl. auch Christina Wortmann 2004.

Rückhalt bieten und die Möglichkeiten zur Selbstfindung und Selbstentfaltung verweigern" (Lange 1995, 10). Nöstlinger wird in den 1970er und 1980er Jahren zur Verfechterin einer antiautoritären Kinderliteratur, die Kindern neues Selbstbewusstsein gegenüber Erwachsenen verleihen soll.[18] Dabei verknüpft sie die Darstellung individueller Lebenssituationen mit einer scharfen Gesellschaftskritik.

Spannend für die Erforschung der Mädchenliteratur ist Nöstlingers *Gretchen Sackmeier*-Trilogie (1981–1988). Im Folgenden geht es nur um den ersten Band *Gretchen Sackmeier. Eine Familiengeschichte* aus dem Jahr 1981, weil sich hier besondere Kennzeichen seiner Entstehungszeit festmachen lassen. Es folgten *Gretchen hat Hänschen-Kummer* (1983) und *Gretchen mein Mädchen* (1988). Dargestellt wird die Entwicklung der Protagonistin, die zu Beginn 14 und zum Ende der Trilogie 17 Jahre alt ist. Sie lebt im ersten Band mit ihren Geschwistern Hänschen (12 Jahre) und Mädi (6 Jahre) in einer kleinbürgerlichen Familie in Wien. Die ganze Familie ist übergewichtig, Essen spielt eine große Rolle. Umso erstaunlicher ist es, als die Mutter nach einem Klassentreffen abnehmen möchte, eine Putzstelle annimmt, um ihr eigenes Geld zu verdienen, und eine Ausbildung zur Sozialarbeiterin anstrebt. Der Vater und Hänschen wenden sich vehement dagegen; die Mutter verlässt schließlich das Haus zusammen mit ihren beiden Töchtern, um zu ihrer geschiedenen Freundin zu ziehen. Gretchen versucht in den Konflikten in ihrer Familie zu vermitteln, ist aber auch durch eigene Probleme abgelenkt: Sie hat sich in den gutaussehenden Klassenkameraden Florian Kalb verliebt, der sich aufs Knutschen mit ihr einlässt, ihre Beziehung aber vor dem Rest der Klasse verheimlichen möchte. Gleichzeitig befreundet sich Gretchen mit dem Außenseiter Hinzel, mit dem sie zwar gute Gespräche führen kann, der sie aber erotisch nicht anzieht. Die Konkurrenz zwischen diesen beiden Kandidaten, die unterschiedliche Männerbilder repräsentieren, wird in den Folgebänden die entscheidende Rolle spielen.

Zumindest der erste Band von *Gretchen Sackmeier* lässt sich in die Strömung der aufklärerisch-emanzipatorischen Mädchenliteratur einordnen. Dem hätte auch Nöstlinger selbst zugestimmt, die 1996 in ihrer Dankesrede bei der Verleihung des Österreichischen Würdigungspreises für Kinder- und Jugendliteratur rückblickend sagt:

> Darum war vor zwanzig Jahren ein ‚fortschrittliches' Kinderbuch legitimerweise auch ein politisches Buch, wenn nicht gar ein ideologisches, denn damals galt es – unserer Ansicht nach – Kindern nicht nur den Ist-Zustand dieser Welt zu erklären, sondern sie auch auf eine neue, viel bessere, freiere und gerechtere Gesellschaftsordnung vorzubereiten, in deren Genuß sie noch im Laufe ihres Kindseins kommen sollten, unserer Ansicht nach. (Nöstlinger 1996, 74–75)

Diese Literaturkonzeption erklärt, warum Gretchens Vorzeigefunktion so betont wird: Gemeinsam mit ihrer Mutter macht sie Emanzipationsprozesse durch, bemüht sich

---

18 Bekannte Werke dieser antiautoritären ersten Phase sind *Die feuerrote Friederike* (1970) und *Wir pfeifen auf den Gurkenkönig* (1972).

darum, in der Schule möglichst viel Bildung zu erlangen, um einen guten Beruf zu bekommen (vgl. Nöstlinger 1981, 163), und interveniert in ihrer Familie konfliktüberwindend und harmoniefördernd. Sie erscheint damit für die intendierten Leser*innen als Vorbild für eine bessere Welt. Einzig ihre Liebesbeziehungen zeugen von einer gewissen Widersprüchlichkeit, die sich durch die verqueren Vorbilder erklären lassen, die Gretchen in den Kitschromanen findet. Suchtartig widmet sie sich hier den Schicksalen von Adeligen und bekommt ein Vorbild für Geschlechterbeziehungen vermittelt, von dem sie sich auch in der Realität kaum lösen kann. Durchaus stimmig geht aus dem Text hervor, dass das, was die Mutter sich durch Selbstdisziplin und unter Schuldgefühlen erkämpfen muss,[19] der Tochter in den Schoß fällt. Gretchen wird ohne Anstrengung in einem identifikatorischen Prozess schlank, d. h. sie profitiert von dem, was zuvor von der Mutter und damit der ersten Generation der Frauenbewegung erreicht wurde (vgl. Wild 1997, 273).

Nöstlingers Stil, der geprägt ist von einer österreichischen Dialektfärbung, zieht sich durch all ihre Kinder- und Jugendbücher. Er hat groteske und oft komische Elemente, wobei die einzelnen Figuren aber eher sympathisch dargestellt werden. Selbst der Vater, der als Vertreter der alten Ordnung völlig von den Emanzipationsbemühungen seiner Frau überfordert ist, kommt nicht allzu schlecht weg, da man sein Verhalten aus seiner konservativen Haltung heraus nachvollziehen kann. Besonders stark sind die ausgeprägten Dialogpassagen, die es den Leser*innen erlauben, die Perspektive verschiedener Figuren nachzuvollziehen, was die auktoriale Perspektive des Romans etwas einschränkt.

5 Schlaglicht 2. Dagmar Chidolue: *Lady Punk* (1985)

Dagmar Chidolue (Jahrgang 1944) ist eine der herausragenden Vertreterinnen des emanzipatorischen Mädchenbuchs der 1970er und frühen 1980er Jahre.[20] Mit *Lady Punk*, für das sie 1986 den Deutschen Jugendliteraturpreis bekam, gehört sie aber auch zu denen, die den Schritt zum weiblichen Adoleszenzroman als eine der ersten gewagt hat. Die Protagonistin des Romans, die 15-jährige Terry, lebt mit ihrer Mutter und ihrer Großmutter zusammen, nachdem die Ehe ihrer Eltern gescheitert ist. Über Terrys amerikanischen Vater wird in der Familie nicht geredet, Terry aber idealisiert ihn und trägt ein Foto von ihm immer bei sich. Die Mutter hat ständig wechselnde Partner, die von Terry abgelehnt werden. Finanziell profitiert die Familie von der begüterten Großmutter. Niemand muss arbeiten, aber trotz des Wohlstands gibt es Zeichen der Verwahrlosung: „Sie bekam ja alles, was sie wollte, aber es sollte mehr drin sein, ir-

---

19 Aus der heutigen Sicht lässt sich mit Recht kritisieren, dass die Abmagerungsversuche von Mutter und Tochter von der auktorialen Erzählinstanz als Teil ihrer Emanzipation gewertet werden und damit natürlich unkritisch ein bestimmtes Schönheitsideal aufgegriffen wird.
20 *Aber ich werde alles anders machen* (1981), *Ruth hat lange auf den Herbst gewartet* (1982), *Diese blöde Kuh* (1984) und *Bist du irre* (1986).

gendwie mehr und auch anders. Sie war wirklich nicht glücklich." (Chidolue 1985, 75) Der Zeitraum der Handlung fällt in die Sommerferien, es gibt keine Struktur im Tagesablauf, keine gemeinsamen Mahlzeiten. Terry scheitert bei ihren sexuellen Begegnungen. Das Buch endet damit, dass dass Terry einen Brief aus Amerika mit einem Foto ihres Vaters erhält. Es zeigt ihn als dicken, glatzköpfigen Mann inmitten seiner neuen Familie, was für sie den Verlust eines Idols bedeutet. Im Roman heißt es zwar: „In Zukunft wollte sie alles anders machen als ihre Mutter" (Chidolue 1985, 26), aber Terry hat keine positiven Vorbilder. Der Hass gegen ihre Mutter steigert sich zu wüsten Beschimpfungen: „Sie hatte plötzlich die Vorstellung, dass die Frau den ganzen Kehrricht oben auffegen würde, mitsamt der Mutter, und dann: ab in den Müll! Terry genoß diesen Gedanken." (Chidolue 1985, 121–122) Ihr provozierendes Verhalten als Punk ist deshalb explizit eine Wendung gegen die Mutter. Auch die Großmutter nimmt Terrys Mutter als neurotische Person wahr, die sich allen Weiblichkeitsentwürfen einer Mutter, Hausfrau, Berufstätigen und Ehefrau entzieht. Anders als in *Gretchen Sackmeier*, wo die heftigen Konflikte in der Familie geklärt werden, wird hier nur ein „täglicher, aufreibender, nervender Kleinkrieg" (Grenz 1994, 249) dargestellt. Die Stimmung des Romans wird demnach zum einen durch die ewige Langeweile, zum anderen aber auch durch Terrys ständige Sinnsuche bestimmt. Erwachsene und ältere Menschen werden in ihrer ganzen Hässlichkeit aus der Sicht Terrys beschrieben. Sie selbst ist dabei keine Identifikationsfigur: Sie lügt, widerspricht sich von einem Satz zum andern, prahlt mit ihren sexuellen Erfahrungen und ist unfähig, sich auf andere einzulassen. All dies wird in der personalen Erzählhaltung aus der Sicht der Hauptfigur dargestellt, ohne dass die Autorin eine Wertung andeutet. Einen Ausweg aus der Erstarrung der Figuren gibt es nicht, also auch keine Begründung ihres Verhaltens in gesellschaftlichen Strukturen. In seinem Pessimismus ist der Roman aber ein Psychogramm einer Gesellschaft von Erwachsenen, die sich jeder Auseinandersetzung mit ihren Kindern entziehen und sich in einem ‚Laisser-faire-Stil' nur für ihr eigenes Leben interessieren (vgl. Kliewer 2004). Elke Liebs bedauert, dass die mutige „Reflexions- und Konfrontations-Literatur" der Frauenbewegung nicht „deutlicheren Einfluß auf die Jugendliteratur gehabt" hat (Liebs 1993, 313). Sie vermisst die Solidarität zwischen Töchtern und Müttern, die eine zentrale Forderung der Frauenbewegung war. Diese erfordert eine aufgeklärte, optimistische Sicht auf die Gesellschaft, die die Adoleszenzromane der späten 1980er Jahre aber nicht bieten wollen und können.

6 Ausblick

In den 1990er Jahren entwickelte sich der Adoleszenzroman im Zusammenhang mit der Popliteratur weiter zum postmodernen Adoleszenzroman und nähert sich immer mehr dem All-Age-Buch an, das auch von jungen Erwachsenen gelesen wird. Alexa Henning von Langes Roman *Relax* zum Beispiel wurde 1997 zunächst in einem Erwachsenenbuchverlag (Rogner & Bernhart) veröffentlicht und kam dann mit einem neuen Cover in einem Jugendbuchverlag heraus. In dem Roman geht es um die vergebliche Suche nach dem Sinn in Sex, Drogen und Vulgarität, verknüpft mit Versatzstücken aus verschiedenen Medien. Ist das Mädchenbuch in Stil und Themenwahl zur Erwachsenenliteratur geworden und damit zur anerkannten Literatur, wenn es sich erfolgreich von jeglicher Pädagogisierung verabschiedet? Dagmar Grenz kritisiert die weiblichen Adoleszenzromane der 1980er und beginnenden 1990er Jahre, weil sie ihrer Meinung nach immer noch den Konventionen des Jugendbuches folgten und zu viele aufgeklärt-utopische Elemente enthielten. Für Grenz existieren immer noch zu viele Mädchenbücher nach traditionellem Muster. Diese zeichneten sich durch folgende Merkmale aus:

> [...] einer benennenden und bewertenden Sprache sowie der Lösbarkeit von Konflikten und der Idealisierung von Konfliktlösungen, verbunden mit einer letztlich optimistischen Sicht auf die zeitgenössische Wirklichkeit, ferner an der Modellhaftigkeit der Geschichte, dem Angebot einer identifikatorischen Lesehaltung und klaren Wertigkeiten wie z. B. der generationsübergreifenden Frauensolidarität [...]. (Grenz 1997b, 290)

Wer aus heutiger Sicht über die Mädchenliteratur der 1970er und 1980er Jahre urteilt, befindet sich in einem Dilemma: Für heutige Leser*innen wirken viele emanzipatorische Mädchenbücher der 1970er Jahre in ihrer didaktischen Vermittlung neuer Werte antiquiert. Die weibliche Adoleszenzliteratur der 1980er Jahre nähert sich zwar den Mustern des postmodernen Erwachsenenbuchs an, aber ist ein Jugendbuch nur dann gut, wenn es eigentlich keines mehr ist, wenn es auf Sinnsuche und Vermittlung von Werten verzichtet? Damit wird eine Chance vertan: Mädchenbücher könnten den Leser*innen vermitteln, dass es sich lohnt, für eine Veränderung der Geschlechterverhältnisse einzutreten, dass die Verwirklichung von Utopien möglich ist.

Literatur

1 Primärliteratur

Bachér, Ingrid. *Das war doch immer so? Ein Merkbuch für Mädchen und Jungen*. Weinheim u.a.: Beltz & Gelberg, 1976.
Bayer, Ingeborg. *Die vier Freiheiten der Hanna B*. Baden-Baden: Signal, 1974.
Bayer, Ingeborg. *Dünensommer*. Baden-Baden: Signal, 1977.
Blobel, Brigitte. *Ach, Schwester. Protokoll einer Liebe*. München: F. Schneider, 1987.
Blobel, Brigitte. *Meine schöne Schwester*. Solothurn: Aare, 1989.
Blobel, Brigitte. *Herzsprung*. Solothurn: Aare, 1990.
Boldt, Renate/Gisela Krahl. *Das Rowohlt Lesebuch für Mädchen*. Reinbek: Rowohlt, 1984.
Bolte, Karin. *Ulla, sechzehn: „Ich bin schwanger"*. Weinheim u.a.: Beltz & Gelberg, 1979.
Brandes, Sophie. *Total blauäugig*. Weinheim u.a.: Beltz & Gelberg, 1988.
Chidolue, Dagmar. *Aber ich werde alles anders machen*. Weinheim u.a.: Beltz & Gelberg, 1981.
Chidolue, Dagmar. *Ein Jahr und immer*. Weinheim u.a.: Beltz & Gelberg, 1983.
Chidolue, Dagmar. *Diese blöde Kuh*. Frankfurt a.M.: Fischer (Boot), 1984.

Chidolue, Dagmar. *Lady Punk.* Weinheim u.a.: Beltz & Gelberg, 1985.
Doutiné, Heike/Barbara Frischmuth/Roswitha Fröhlich/Katrine von Hutten/Elfriede Jelinek/Christine Nöstlinger et al. *Mädchenbuch auch für Jungen.* Reinbek: Rowohlt, 1975.
Edelfeldt, Inger. *Kamalas Buch.* Aus dem Schwedischen übersetzt von Birgitta Kicherer. Stuttgart: Spectrum, 1988 [1986].
Eide, Torill. *Wir könnten Schwestern sein.* Aus dem Norwegischen übersetzt von Senta Kapoun. Wien: Ueberreuter, 1997.
Fehrmann, Helma/Peter Weismann. *Und plötzlich willste mehr.* München: Weismann, 1979.
Glade-Hassenmüller, Heidi. *Gute Nacht Zuckerpüppchen.* Recklinghausen: Bitter, 1989.
Göhre, Frank. *Gekündigt.* München: Weismann, 1974.
Henning, Katja. *Ein Mädchen aus geordneten Verhältnissen.* Baden-Baden: Signal, 1973.
Herfurtner, Rudolf. *Rita Rita.* Ravensburg: Maier, 1989.
Hjorth, Vigdis. *Hand aufs Herz. Von den Häutungen und Selbstfindungen der Eva H.* Aus dem Norwegischen übersetzt von Gabriele Haefs. Aarau: Sauerländer, 1991.
Kekulé, Dagmar. *Ich bin eine Wolke.* Reinbek: Rowohlt, 1978.
Körner, Wolfgang. *Ich gehe nach München.* Ravensburg: Maier, 1977.
Kohlhagen, Norgard. *Was soll ich denn mit Mutters Traum oder Die Reise nach Frankreich.* Reinbek: Rowohlt, 1986.
Korschunow, Irina. *Ein Anruf von Sebastian.* Zürich u.a.: Benzinger, 1981.
Krollpfeiffer, Hannelore. *Die Zeit mit Marie.* Berlin: Klopp, 1986.
Kutsch, Angelika. *Man kriegt nichts geschenkt.* Stuttgart u.a.: Union Deutsche Verlagsgesellschaft, 1973.
Kutsch, Angelika. *Rosen, Tulpen, Nelken....* Hamburg: Dressler, 1978.
Ladiges, Ann. *Blaufrau.* Reinbek: Rowohlt, 1981.
Lange, Alexa Hennig von. *Relax.* Hamburg: Rogner & Bernhardt für Zweitausendeins, 1997.
Marcus, Maria. *Das Himmelbett. Geschichten über Liebe, Lust und Sexualität.* Reinbek: Rowohlt, 1982.
Nöstlinger, Christine. *Oh, du Hölle! Julias Tagebuch.* Weinheim u.a.: Beltz & Gelberg, 1973.
Nöstlinger, Christine. *Stundenplan.* Weinheim u.a.: Beltz & Gelberg, 1975.
Nöstlinger, Christine. *Pfui Spinne.* Weinheim u.a.: Beltz & Gelberg, 1980.
Nöstlinger, Christine. *Gretchen Sackmeier. Eine Familiengeschichte.* Hamburg: Oetinger, 1981.
Nöstlinger, Christine. *Gretchen hat Hänschen-Kummer.* Hamburg: Oetinger 1983.
Nöstlinger, Christine. *Gretchen mein Mädchen.* Hamburg: Oetinger, 1988.
Nöstlinger, Christine. *Ilse Janda, 14 oder: Die Ilse ist weg.* Hamburg: Oetinger, 1988.
Nöstlinger, Christine. *Nagle einen Pudding an die Wand!* Hamburg: Oetinger, 1990.
Nygaard, Gunvor A. *Inger oder Jede Mahlzeit ist ein Krieg.* Aus dem Norwegischen übersetzt von Lothar Schneider. München: Weismann, 1985.
Pfeiffer, Otti. *Zwischen Himmel und Hölle.* Hamburg: Dressler, 1986.
Pressler, Mirjam. *Bitterschokolade.* Weinheim u.a.: Beltz & Gelberg, 1980.
Rheinsberg, Anna. *Alles Trutschen. Geschichten über Mädchen in einer Kleinstadt.* Frankfurt a.M.: Luchterhand, 1989.
Rodrian, Irene. *Viel Glück, mein Kind.* München: Weismann, 1989.
Rhoden, Emmy von: *Der Trotzkopf.* Köln: Anaconda, 2015 [1885].
Schuster-Schmah, Sigrid. *Mädchen heiraten ja doch.* Stuttgart: Franckh, 1975.
Steenfatt, Margret. *Nele. Ein Mädchen ist nicht zu gebrauchen.* Reinbek: Rowohlt, 1986.
Welsh, Renate. *Das Leben leben.* München: F. Schneider, 1980.
Wilker, Gertrud. *Kursbuch für Mädchen.* Mit einem Vorwort von Luise Rinser. Frankfurt a.M.: Fischer (Boot), 1982.
Wochele, Rainer. *Heißhunger.* Baden-Baden: Signal, 1985.

Wyss, Hedi. *Das rosarote Mädchenbuch. Ermutigung zu einem neuen Bewusstsein*. Bern u.a.: Hallwag, 1973 [Fischer 1976].

Wyss, Hedi/Isolde Schaad. *Rotstrumpf.* Sechs Bände. Zürich u.a.: Benzinger, 1975, 1977, 1979, 1981, 1983, 1985.

2 Sekundärliteratur

Chodorow, Nancy J. *Feminism and Psychanalytic Theory*. New Haven u.a.: Yale University Press, 1989.

Dahrendorf, Malte. *Das Mädchenbuch und seine Leserin. Jugendlektüre als Instrument der Sozialisation*. Hamburg: Verl. f. Buchmarkt-Forschung, 1970.

Daubert, Hannelore. „Literarisches Rollenbild und Leserrolle. Zur Rezeption von Mädchenlektüre". *Informationen des Arbeitskreises für Jugendliteratur* 4 (1984), 40–50.

Diehring, Silke. *Die Entwicklung vom „Trotzkopf" bis zu den „Wilden Hühnern"*. Saarbrücken: VDM, 2008.

Ewers, Hans-Heino. „Zwischen Problemliteratur und Adoleszenzroman. Aktuelle Tendenzen zur Belletristik für Jugendliche und junge Erwachsene". *Informationen des Arbeitskreises für Jugendliteratur* 15.2 (1989), 4–23.

Flaake, Karin/Vera King (Hg.). *Weibliche Adoleszenz. Zur Sozialisation junger Frauen*. Frankfurt a.M. u.a.: Campus, 1992.

Garbe, Christine. „Weibliche Adoleszenzromane in der Rezeptionsperspektive jugendlicher Leserinnen". *Geschichte der Mädchenlektüre. Mädchenliteratur und die gesellschaftliche Situation der Frauen vom 18. Jahrhundert bis zur Gegenwart*. Hg. Dagmar Grenz/Gisela Wilkending. Weinheim u.a.: Juventa, 1997, 296–311.

Gilligan, Carol. *Die andere Stimme. Lebenskonflikte und Moral der Frau*. München: Piper, 1982.

Grenz, Dagmar. *Mädchenliteratur. Von den moralisch-belehrenden Schriften im 18. Jahrhundert bis zur Herausbildung der Backfischliteratur im 19. Jahrhundert*. Stuttgart: Metzler, 1981.

Grenz, Dagmar. „Zeitgenössische Mädchenliteratur – Tradition und Neubeginn?" *Geschichte der Mädchenlektüre. Mädchenliteratur und die gesellschaftliche Situation der Frauen vom 18. Jahrhundert bis zur Gegenwart*. Hg. Dagmar Grenz/Gisela Wilkending. Weinheim u.a.: Juventa, 1997, 241–265. [= Grenz 1997a]

Grenz, Dagmar. „Darstellungsformen weiblicher Adoleszenz in der zeitgenössischen Literatur für Mädchen und in der allgemeinen Literatur". *Geschichte der Mädchenlektüre. Mädchenliteratur und die gesellschaftliche Situation der Frauen vom 18. Jahrhundert bis zur Gegenwart*. Hg. Dagmar Grenz/Gisela Wilkending. Weinheim u.a.: Juventa, 1997, 277–295. [= Grenz 1997b]

Grenz, Dagmar. „Mädchenliteratur". *Taschenbuch der Kinder- und Jugendliteratur*. Hg. Günther Lange. Baltmannsweiler: Schneider Hohengehren, 2002, 332–358.

Grenz, Dagmar. „Mädchenliteratur". *Geschichte der deutschen Kinder- und Jugendliteratur. Von den 70er Jahren bis zur Gegenwart*. Hg. Reiner Wild. Stuttgart u.a.: Metzler, 2008, 379–393.

Helbig, Marcel. „Geschlechtsspezifischer Bildungserfolg im Wandel. Eine Studie zum Schulverlauf von Mädchen und Jungen an allgemeinbildenden Schulen für die Geburtsjahrgänge 1944–1986 in Deutschland". *Journal for educational research online* 5.1 (2013), 141–183.
https://www.pedocs.de/volltexte/2013/8023/pdf/JERO_2013_1_Helbig_Geschlechtsspezifischer_Bildungserfolg_im_Wandel.pdf (21. Juli 2020).

Hurrelmann, Bettina. „Mädchen und Mütter: Signaturen des Weiblichen im neueren Mädchenbuch". *Vater, Mutter, Schwester, Brüder – Familie, wie sie im Buche steht.* Hg. Roswitha Cordes. Schwerte: Katholische Akademie, 1987, 28–47.

Jakob, Franziska. *Zur Wertung des Mädchenbuches. Untersuchungen an Texten aus der Zeit von 1945 bis 1980.* Zürich: Juris, 1985.

Kaulen, Heinrich. „Patchwork-Familie und Bastel-Identität. Zur Identitätssuche in neuen Adoleszenzromanen". *Deutschunterricht* 49.6 (1997), 84–90.

Kaulen, Heinrich. „Fun, Coolness und Spaßkultur. Adoleszenzromane der 90er Jahre zwischen Tradition und Postmoderne". *Deutschunterricht* 52.5 (1999), 325–336.

Keiner, Sabine. *Emanzipatorische Mädchenliteratur 1980–1990. Entpolarisierung der Geschlechterbeziehung und die Suche nach weiblicher Identität.* Frankfurt a.M. u.a.: Lang, 1994.

Kliewer, Annette. „Neue Mädchen, neue Bücher, neue Didaktik. Geschlechtsspezifische Zugänge zur Kinder- und Jugendliteratur am Beispiel von Mirjam Presslers *Nun red doch endlich* und *Stolperschritte*". *Zwischen Märchen und modernen Welten. Kinder- und Jugendliteratur im Literaturunterricht.* Hg. Carsten Gansel/Sabine Keiner. Frankfurt a.M. u.a.: Lang, 1998, 255–281.

Kliewer, Ursula. „Adoleszenzromane zwischen Ethik und postmodernem ‚laissez faire'". *Beiträge Jugendliteratur und Medien* 52.3 (2000), 157–166.

Kliewer, Ursula. „*Lady Punk* von Dagmar Chidolue – fast schon ein Klassiker der Jugendliteratur". *Neue Leser braucht das Land! Kinder- und Jugendliteratur im geschlechterdifferenzierenden Deutschunterricht.* Hg. Annette Kliewer/Anita Schilcher. Baltmannsweiler: Schneider Hohengehren, 2004, 182–197.

Kohlberg, Lawrence. *Zur kognitiven Entwicklung des Kindes.* Frankfurt a.M.: Suhrkamp, 1974.

Lange, Günter. „Christine Nöstlinger". *Kinder- und Jugendliteratur. Ein Lexikon.* Hg. Kurt Franz/Günther Lange/Franz-Josef Payrhuber. Meitingen: Corian, 1995–2004, 1. Ergänzungs-Lieferung, 1–28.

Lehnert, Gertrud. „Auf der Suche nach der verlorenen Identität. Oder: Die Dezentrierung des weiblichen Subjekts in zeitgenössischen Texten für junge Frauen". *Jugendkultur im Adoleszenzroman. Jugendliteratur der 80er und 90er Jahre zwischen Moderne und Postmoderne.* Hg. Hans-Heino Ewers. Weinheim u.a.: Juventa, 1994, 213–238.

Lehnert, Gertrud. „Literarische Gestaltung weiblicher Adoleszenz". *Mitteilungen des Deutschen Germanistenverbandes* 3 (1995), 19–26.

Libelt, Birgit. „Zur Problematik des Dickseins bei Christine Nöstlinger". *Arbeitskreis für Jugendliteratur* 1 (1983), 27.

Liebs, Elke. „Neue Töchter – neue Mütter? Ausblick auf die Jugendliteratur. Christine Nöstlinger, *Ilse Janda, 14,* und Dagmar Chidolue, *Aber ich werde alles anders machen, Lady Punk*". *Mütter-Töchter-Frauen. Weiblichkeitsbilder in der Literatur.* Hg. Helga Kraft/Elke Liebs. Stuttgart u.a.: Metzler 1993, 297–313.

Mayr-Kleffel, Verena. *Mädchenbücher. Leitbilder für Weiblichkeit. Expertise für die Sachverständigenkommission Sechster Jugendbericht.* Opladen: Leske und Budrich, 1984.

Nave-Herz, Rosemarie. *Familie heute. Wandel der Familienstrukturen und die Folgen für die Erziehung.* Darmstadt: Wiss. Buchges., 1994.

Nöstlinger, Christine. „Wenn Ansichten Einsichten werden. Ein paar Sätze über das Vergeltsgott- und Dankeschön hinaus". *Geplant habe ich gar nichts. Aufsätze, Reden, Interviews.* Hg. Dies. und Internationales Institut für Jugendliteratur und Leseforschung. Wien: Dachs, 1996, 74–77.

Pyerin, Brigitte. *Mädchenlektüre und Emanzipation. Kritische Fragen an Dagmar Chidolue im Kontext feministischer Literaturpädagogik.* Frankfurt a.M.: Dipa, 1989.

Pyerin, Brigitte. *Stärker als ihr denkt! Die neuen Bücher für Mädchen. Analysen, Dokumente und kritische Annotationen zu 200 Büchern für Leser*innen ab 12.* Remscheid: Bundesvereinigung Kulturelle Jugendbildung/Stadt Heidelberg, Amt für Frauenfragen, 1991.

Raabe, Elisabeth. „Beobachtungen zur Mädchenliteratur. Zu wenig klare Aussagen". *Börsenblatt für den deutschen Buchhandel* 90 (27.10.1982), 2359–2462.

Sauerbaum, Evelyn. „Literarische Erkundungen weiblicher Adoleszenz in aktuellen Jugendbuchproduktionen. Es ist ‚viel wichtiger…, man selbst zu sein als jemand anderer.'" *Jugendkultur im Adoleszenzroman. Jugendliteratur der 80er und 90er Jahre zwischen Moderne und Postmoderne.* Hg. Hans-Heino Ewers. Weinheim u.a.: Juventa, 1994, 139–164.

Thürmer-Rohr, Christina. „Aus der Täuschung in die Ent-Täuschung". *Beiträge zur feministischen Theorie und Praxis* 8 (1983), 11–25.

Wenke, Gabriela. „Nicht Fisch noch Fleisch. Mädchenbücher heute – viele Formen, wenig Trends". *Eselsohr. Fachzeitschrift für Kinder- und Jugendmedien* 3 (1998), 5–6.

Wild, Inge. „Christine Nöstlingers Gretchen Sackmeier". *Fundevogel* 82 (1991), 9–13.

Wild, Inge. „,In Zukunft wollte sie alles anders als ihre Mutter machen.' Zum weiblichen Generationskonflikt in der zeitgenössischen Mädchenliteratur." *Jugendkultur im Adoleszenzroman. Jugendliteratur der 80er und 90er Jahre zwischen Moderne und Postmoderne.* Hg. Hans-Heino Ewers. Weinheim u.a.: Juventa, 1994, 165–190.

Wild, Inge. „Christine Nöstlingers Gretchen Sackmeier". *Geschichte der Mädchenlektüre. Mädchenliteratur und die gesellschaftliche Situation der Frauen vom 18. Jahrhundert bis zur Gegenwart.* Hg. Dagmar Grenz/Gisela Wilkending. Weinheim u.a.: Juventa, 1997, 267–276.

Wortmann, Christina. *Der Wandel von Leitbildern in der Mädchenliteratur.* http://www.mythos-magazin.de/methodenforschung/cw_maedchenliteratur.pdf (20. Juli 2020).

Zahn, Susanne. *Töchterleben. Studien zur Sozialgeschichte der Mädchenliteratur.* Frankfurt a.M.: Dipa, 1983.

Karin Richter
Die Diskussion um das Mädchenbuch und die Gestaltung von Mädchen- und Jungenfiguren in der Kinder- und Jugendliteratur der DDR

Zusammenfassung: Der Beitrag beleuchtet die Suchbewegung nach einem ‚neuen Mädchenbuch', die in der DDR ab den 1950er Jahren einsetzte, und bezieht auch Diskurse zu genderspezifischen Problemstellungen und dem Konzept des Weiblichen Schreibens innerhalb der Erwachsenenliteratur mit ein. Die Diskussion um die Neuausrichtung des Mädchenbuchs und die Gleichberechtigung der Geschlechter führte zu einer Kritik an der Dominanz männlicher Figuren und ab den 1970er Jahren zu der Entstehung von Kinder- und Jugendbüchern mit eigenständigen Protagonistinnen, die sich nicht in das klassische Rollenparadigma einfügten. Parallel zur Entwicklung dieser spezifischen Mädchenliteratur gewannen die Themen Liebe und Sexualität innerhalb der Kinder- und Jugendliteratur an Bedeutung, wie Einzelanalysen ausgewählter Werke – beispielsweise Christa Grasmeyers *Friederike und ihr Kind* (1988), Wolf Spillners *Wasseramsel* (1984) und Christa Kožiks *Der Engel mit dem goldenen Schnurrbart* (1983) – zeigen. Insgesamt wendet sich der Beitrag gegen eine einseitige und verkürzende Behandlung der Mädchenliteratur der DDR und schlägt eine Neuorientierung in der Forschung zum Mädchenbuch der DDR vor.

1 Einleitung

Bis heute existiert keine wissenschaftliche Arbeit, die die Besonderheiten der Mädchenliteratur der DDR und insbesondere die Debatte um dieses leserinnenorientierte Genre akribisch erfasst. Selbst der Beitrag von Barbara Asper in dem von der DFG geförderten *Handbuch zur Kinder- und Jugendliteratur SBZ/DDR* (Steinlein et al. 2006) lässt viele Fragen unbeantwortet – auch weil er der Tendenz des Handbuches folgt, literarische Erscheinungen direkt aus politischen Bewegungen heraus zu erklären, ohne diese allerdings exakt erfasst zu haben. Insofern werden Postulate zu feststehenden Fakten erklärt sowie auf diese Weise Voraussetzungen für literarische Produktionen und Diskurse behauptet und in ideologische Kontexte eingebunden, die partiell nicht gegeben waren.

In Verbindung mit einer von mir initiierten und betreuten Dissertation zum Mädchenbuch in der DDR (Willuhn-Wolf 2002), die im engen Austausch mit Malte Dahrendorf entstand, wurde mir bewusst, wie schwierig es sich darstellt, die verstreuten Debatten um das Mädchenbuch, die auf Schriftstellerkongressen, Kultur-Plenen der SED, Kulturkonferenzen der FDJ sowie in Zeitschriftenbeiträgen geführt wurden, exakt zu erfassen und Zusammenhänge in den kontroversen Diskussionen zu erkennen. Insofern ist Aspers Versuch anerkennenswert, jedoch stellt sich dessen

Methode des Nebeneinanderreihens unterschiedlicher Ansichten vornehmlich westdeutscher Wissenschaftler*innen, anstelle eines exakten Quellenstudiums, als äußerst einseitiger Weg dar, der nicht nur zu oberflächlichen Ergebnissen führt, sondern auch zu einer eher zufällig erscheinenden Textauswahl. Das heißt auch, dass gerade die Texte, die sowohl im Interessenspektrum der jungen Leserinnen eine herausragende Rolle spielten als auch von Literaturexpert*innen bzw. kulturpolitischen Entscheidungsträger*innen angesichts ihrer Qualität gewürdigt wurden, bei Asper nur als ‚Vergleichstexte' erscheinen.

Im Folgenden wird deshalb im Gegensatz zum Ansatz Aspers der Versuch unternommen, einige Besonderheiten innerhalb der Diskussion um das spezielle Mädchenbuch zu kennzeichnen, sogenannte ‚Suchbewegungen' nach einer neuen Darstellung der weiblichen Individuation im Rahmen der DDR-Literatur zu erfassen und ausgewählte literarische Zeugnisse zu charakterisieren. Verschiedene Aspekte und Hintergründe sollen in diesem Kontext eine Rolle spielen, die in bisherigen Darstellungen ausgeblendet waren. Allerdings soll in diesem Rahmen auch deutlich werden, dass viele Fragen eine neue, intensive Betrachtung erfordern.

2 ‚Weibliches Schreiben' und die Berührungen zwischen der Literatur für Erwachsene und der Kinder- und Jugendliteratur

1. Im Gegensatz zur westdeutschen Literaturszene existierte in der DDR eine engere Verbindung zwischen der Literatur für Erwachsene und der für junge Leser und Leserinnen, selbst wenn es in beiden ‚Literaturbereichen' sehr eigenständige Entwicklungen gab, denen der Konnex zum jeweils anderen Bereich fehlte. Das ist auch im Werk von Autor*innen erkennbar, die sowohl für Kinder als auch für Erwachsene schrieben. Außerdem ist folgender Tatbestand interessant: Bedeutende Erzähler aus der Erwachsenenliteraturszene schufen auch Geschichten für Kinder und Jugendliche: Jurij Brězan, Günter de Bruyn, Franz Fühmann, Peter Hacks, Werner Heiduczek, Christoph Hein, Stephan Hermlin, Willi Meinck, Joachim Nowotny, Ludwig Renn, Erwin Strittmatter und Alfred Wellm.
2. Nicht nur ideologische Vorgaben spielten – wie in Nach-Wende-Darstellungen gern favorisiert – in den Diskursen auf verschiedenen Ebenen eine Rolle, sondern auch Fragen der ästhetischen Qualität, der Gestaltung des Verhältnisses zwischen Individuum und Gesellschaft und die literarische Darstellung männlicher und weiblicher Persönlichkeitsentwicklung in verschiedenen sozialen Kontexten.
3. Zu den sogenannten ‚Exportschlagern' der DDR im Buch-Transfer gehörten die Kunstwelten von Christa Wolf und Christoph Hein sowie (nach statistischen Darstellungen an dritter Stelle) die sogenannte ‚Frauenliteratur' mit Romanen von Irmtraud Morgner und Brigitte Reimann sowie die Protokoll-Literatur, aus der besonders Maxi Wanders *Guten Morgen, du Schöne* (1977) herausragte und eine

lebhafte Diskussion über weibliche Lebensmuster im gesellschaftlichen Kontext auslöste. In diesem Rahmen kam über einen beachtlichen Zeitraum auch Christa Wolfs These vom ‚Weiblichen Schreiben' im Zusammenhang mit ihrer Poetik der ‚Subjektiven Authentizität' hinzu, die wiederum in der innerliterarischen Debatte mit Helga Königsdorf ebenso Bedeutung gewann wie mit den vielbeachteten Geschlechtertauschgeschichten *Blitz aus heiterm Himmel* (1975), an denen neben Wolf auch Sarah Kirsch und Günter de Bruyn mitwirkten. Den Hintergrund einer Reihe dieser Texte bildete die Kritik an der von männlichen Lebensmustern geprägten patriarchalischen Geschichte der Menschheit, der die weiblich intendierte Utopie des Zu-sich-selbst-Kommens des einzelnen Individuums wie der gesamten menschlichen Gemeinschaft entgegengesetzt wurde. Diese gegen die Selbstentfremdung gerichtete Utopie besaß allerdings – nach Christa Wolf – zu allen Zeiten keine Chance auf ihre Verwirklichung. Insbesondere in ihrer Erzählung *Störfall* (1987) hebt die Autorin hervor, dass auch die zeitgenössische Gesellschaft keine Chance auf die Verwirklichung dieser Utopie bietet. Weibliches Schreiben erklärt sich für Christa Wolf aus der Tatsache, dass Frauen aus historischen und biologischen Gründen eine andere Wirklichkeit erleben als Männer (Wolf 1983, 146; Richter 1995, 21–22). Weiblichkeit wird bei ihr – auch auf der Grundlage eines Bezugs zu feministischen Tendenzen im Werk Ingeborg Bachmanns – immer deutlicher zur Metapher. Mit den Ansprüchen des weiblichen Geschlechts werden zugleich die Rechte der Menschheit überhaupt repräsentiert (Richter 1995, 19–20).

Diese Erscheinungen, Debatten und Phänomene spielten in der Literatur für Kinder und Jugendliche und ihren speziellen Ebenen des Austauschs – wie den Theoretischen Konferenzen zu den jährlich stattfindenden Tagen der Kinder- und Jugendliteratur – keine dominante Rolle, aber sie wirkten auch auf sie und die Gestaltung der weiblichen und männlichen Protagonist*innen im Kinder- und Jugendbuch zurück.

3 Der Ruf nach dem neuen Mädchenbuch und die weiblichen Leseinteressen

Von einem Diskurs zum Genre ‚Mädchenbuch' lässt sich – betrachtet man die 40-jährige Geschichte der Kinder- und Jugendliteratur der DDR – nicht sprechen. Es gab dazu immer wieder einzelne Wortmeldungen, auch Debatten, aber eine kontinuierliche, stringent geführte Diskussion fand nicht statt. Dennoch ist es interessant zu verfolgen, wie unterschiedlich auf die spezifischen weiblichen Lesebedürfnisse und -interessen in Verbindung mit der – auch politisch motivierten – Forderung nach dem ‚neuen Mädchenbuch' reagiert wurde. Es ist keinesfalls so, dass das Bild von der jungen Traktoristin als Ausdruck des neuen Mädchenideals die Kinder- und Jugendliteratur in den 1950er Jahren prägt, wie zuweilen dargestellt wird. Allerdings stand hinter diesem Bild als ‚realer Vorgang' die Anregung und Forderung, Mädchen mögen mit weiblichen Rollenmustern brechen und technische und naturwissenschaftliche Berufe ergreifen. Nach einer kurzen Phase der Ablehnung des Genres ‚Mädchenbuch', in der das Bild vom Trotzköpfchen und Nesthäkchen als Negativfolie bemüht wurde, erfolgte bereits in den 1950er Jahren der Ruf nach dem Mädchenbuch – natürlich verbunden mit dem Impetus, ein neues, anderes Mädchenbuch schaffen zu wollen. Einen wichtigen Hintergrund bildete dabei die als selbstverständlich erklärte Gleichberechtigung der Geschlechter. Asper (2006) sieht einen Widerspruch in der Postulierung der Gleichberechtigung der Geschlechter auf der einen Seite und dem Wunsch nach einer separaten mädchenorientierten Literatur. Diesen Widerspruch gilt es genauer zu hinterfragen und zugleich die Wandlungsprozesse der sogenannten mädchenorientierten Literatur in den verschiedenen Dezennien zu betrachten.

Bei aller Kritik an Hindernissen für die Umsetzung des erklärten Grundsatzes der Gleichberechtigung der Geschlechter ist zu betonen, dass dieser Grundsatz – im Unterschied zur sozialen Realität in der Bundesrepublik – in der DDR eine beachtliche Verwirklichung erfuhr, wie nicht nur die Betreuung in Kindergärten und Schulhorten offenbarte, sondern auch die Tatsache, dass Ehefrauen nicht der offiziellen Zustimmung des Mannes für die Aufnahme eines Arbeitsverhältnisses bedurften und die selbstbestimmte Entscheidung zu eigener Berufstätigkeit fraglos feststand. Die Verbindung weiblicher Berufstätigkeit mit dem Wirken als Ehefrauen und Mütter stellte eine Normalität dar und ergab sich nicht vordergründig daraus – wie heute oft dargestellt wird –, dass die Notwendigkeit bestand, mit zwei Gehältern die finanzielle Grundlage des Hausstandes zu garantieren.

Als wichtige Stimme wirkte in der frühen Debatte um das Mädchenbuch die der bekannten Kinderbuchautorin Alex Wedding. Bereits 1954 bricht sie in Verbindung mit massiven Forderungen von Bibliothekar*innen eine Lanze für die Existenzberechtigung von Mädchenbüchern (Wedding 1975, 240). Sie verweist dabei auf ihre ursprüngliche Ablehnung gegenüber Erscheinungen dieses Genres auf der einen Seite und auf die auf der Leipziger Verlegerkonferenz 1953 betonte Notwendigkeit, Mädchenbücher aufzulegen auf der anderen Seite. Den Hintergrund dafür bildeten die Wünsche vieler Bibliotheksnutzerinnen und potenzieller Buchkäuferinnen nach Mädchenbüchern. Alex Weddings Recherche bei vielen Lehrer*innen, Buchhändler*innen, Verleger*innen und Bibliothekar*innen sowie Gespräche mit Leserinnen über dieses Thema führten dazu, dass sie das große Bedürfnis nach einer spezifischen Literatur für Mädchen erkannte (Wedding 1975, 241–242).

In der vor allem in Zeitungen und Zeitschriften geführten Diskussion wurde sichtbar, dass man das traditionelle Mädchenbuch zwar ablehnte, allerdings keine klaren Vorstellungen von dem ‚modernen, sozialistischen Mädchenbuch' hatte. Nimmt man die sehr verstreuten Äußerungen in unterschiedlichen Medien in den 1950er und 1960er Jahren zur Kenntnis, so wird deutlich, dass eher unkonturierte Vorstellungen vom Charakter eines modernen Mädchenbuches existierten, andererseits aber belegen empirische Untersuchungen, dass es ausgeprägte geschlechtsspezifische Unterschiede in der Lektürewahl und im Leseverhalten gab. Die entsprechenden soziologischen Erhebungen, die vor allem am DDR-Zentrum für Kinderliteratur in Berlin, am Institut für Jugendforschung in Leipzig und am Germanistischen Institut der Martin-Luther-Universität Halle-Wittenberg durchgeführt wurden und nahezu alle Altersgruppen und sozialen Schichten erfassten, ließen diese Unterschiede ebenso erkennen wie die Tatsache, dass die zunächst erst am Übergang zum Jugendalter angenommene genderorientierte Lektüre- und Medienwahl bereits weitaus früher einsetzt. Die repräsentativen soziologischen Studien bei Erwachsenen bestätigten eine Genderorientierung der Lese- und Freizeitinteressen über die gesamte Lebenszeit hinweg.

Mit einer vielfältigen Literatur versuchte man, diesen Interessen gerecht zu werden. Vor dem Hintergrund der Wünsche nach einer Literatur, die sich eindeutig an Leserinnen und ihre spezifischen Lesebedürfnisse richtet, entstanden seit den 1950er Jahren in der DDR Mädchenbücher, die die Besonderheiten weiblicher Problematik aufnahmen und den spezifischen Wünschen hinsichtlich der Gestaltung sozialer Beziehungen, familiärer und sozialer Probleme und deren Lösungswegen nachkamen. Es bildete sich in diesem Rahmen kein ‚Muster' des sozialistischen Mädchenbuches heraus. Allerdings zeigen viele Mädchenbücher selbstbewusste weibliche Figuren, die einen Anspruch auf ihre berufliche Entwicklung erheben und in ihrem Interesse gegenüber dem männlichen Geschlecht und den Gedanken an eine später zu gründende Familie die eigene Profilierung im Blick haben.

4 Weibliche Protagonistinnen in der Kinder- und Jugendliteratur im Kontext der Debatte um die Geschlechterrollen

Das Mädchenbuch folgt in seinen Grundzügen durchaus den allgemeinen Tendenzen der Kinder- und Jugendliteratur und weist für die einzelnen Dezennien dieselben Grundzüge auf wie die literarischen Erscheinungen, die sich nicht speziell an Leserinnen wenden (vgl. Richter 1995 und Richter 2016). Die weiblichen Hauptfiguren weisen allerdings auch andere Ansprüche als die Jungenfiguren auf: Ihr Interesse an sozialen Fragen ist oft deutlicher ausgeprägt als bei Jungen; ihr Konfliktpotenzial ist partiell vielschichtiger, insbesondere wenn es um die Beziehungen zum anderen Geschlecht geht. Es ist nicht zu übersehen, dass – trotz aller Wandlungen – seit den 1950er Jahren eine Art Dualismus in der Gestaltung weiblicher Lebensmuster zu erkennen ist: Auf der einen Seite wird die Gleichberechtigung bejaht, auf der anderen Seite besteht die Neigung, das vertraute Klischee der überlieferten Rollenbilder beizubehalten und die Mädchenfiguren in die zweite Reihe zu stellen (George 1980, 20 und 24). Noch 1980 stellt Edith George fest, dass die Literatur für Kinder erst in Ansätzen zu einer bewussten Gestaltung der Frauenfrage gefunden hat und sie hinter der Literatur für erwachsene Leser*innen zurückgeblieben ist, in der die Geschlechterproblematik grundsätzlicher und kritischer gestaltet wird. Dabei verweist Edith George auf Irmtraud Morgner, Gerti Tetzner, Maxi Wander, Christa Wolf und Günter de Bruyn (George 1980, 20 und 24). Inwieweit diese innerliterarische ‚Debatte' das Mädchenbuch und die Gestaltung der Mädchenfiguren tatsächlich beeinflusst hat, lässt sich nicht eindeutig nachweisen. Allerdings haben viele Diskussionen über die Gestaltung grundlegender Lebensfragen, wie sie in der Literatur für Erwachsene erfolgte, in der öffentlichen Debatte – selbst in Tageszeitungen – eine große Rolle gespielt. Auch wenn es dabei zu Lenkungen durch Staats- und Parteiinstitutionen kam (auffällig bei Christa Wolfs *Der geteilte Himmel* [1963] und *Nachdenken über Christa T.* [1968] oder bei Erik Neutschs *Spur der Steine* [1964]), so belegen viele Stimmen innerhalb der öffentlichen Wortmeldungen, wie stark die Erzählliteratur den Austausch über Ideale und Realität prägte.

Das traf gerade auch auf die Debatte über die Geschlechtertauschgeschichten *Blitz aus heiterm Himmel* (1975) zu, die in der DDR völlig anders geführt wurde als in der Bundesrepublik, in der die Anthologie zeitgleich erschienen war (vgl. Hurrelmann et al. 1987). Insbesondere Christa Wolfs in diesem Sammelband erschienene Erzählung „Selbstversuch" setzt die weibliche Subjektivität gegen die patriarchalische Deformierung des Subjekts. Die weibliche Protagonistin, eine Wissenschaftlerin, nimmt das männliche Geschlecht an, um hinter das ‚Geheimnis' männlicher Existenz zu kommen und bemerkt in diesem Selbstversuch vor allem die menschlichen Verluste, die der Geschlechtertausch bei ihr bewirkt hat. Sie will fortan nach weiblichen Mustern leben. In de Bruyns „Geschlechtertausch" beschließt dagegen ein sich liebendes Paar, die Geschlechter zu tauschen. Der Mann ist bestrebt, sofort wieder seine ursprüngliche Existenzform anzunehmen, nachdem er erlebt hat, wie das andere Geschlecht sein Leben in merkwürdiger, für ihn nicht annehmbarer Weise verändert hat. Doch seine Frau genießt ihr Leben als Mann und würde einen Rücktausch als absurd empfinden, nachdem sie die Vorzüge männlichen Lebens genossen hat. Helga Königsdorf – eine der wichtigsten Protagonist*innen der DDR-Literaturszene – hat sich mit ihrer Erzählung *Respektloser Umgang* (1986) kritisch mit der Position Christa Wolfs auseinandergesetzt, weil sie die Annahme des männlichen Rollenmusters durch Frauen als Akt von geringer subjektiver Autonomie versteht, der auf die Haltung von Frauen zurückverweist. Königsdorf zielte damit auf ‚weibliche' Einseitigkeiten in der Kritik an männlicher Dominanz und erblickte darin einen Mangel an weiblicher Selbstkritik. Ihre Position und Argumentation erhellen die Schwierigkeiten in der Bewertung der Geschlechterrollen in der Gesellschaft wie in deren Reflexion in der Literatur (Richter 1995, 19–21). Diese Schwierigkeiten offenbaren sich in der Kinder- und Jugendliteratur der DDR in besonderer Weise, wie ein Blick auf die Jungen- und Mädchenfiguren in der Literatur der 1950er bis 1980er Jahre erkennen lässt.

Die Weiterwirkung traditioneller Rollenbilder zeigt sich in den 1950er und 1960er Jahren auch darin, dass weibliche Figuren aus dem Spektrum der dominanten Protagonisten weitgehend ausgeblendet sind. Die Mädchenfiguren rücken, wie bereits erwähnt, in die zweite Reihe. Gerade die Kinder- und Jugendromane, die im Zentrum der literarischen Debatten standen und eine neugewonnene ästhetische Qualität offenbarten, wie Strittmatters *Tinko* (1954), Karl Neumanns *Frank* (1958), Alfred Wellms

Kaule (1962), Benno Pludras *Tambari* (1969), Uwe Kants *Das Klassenfest* (1969) und Günter Görlichs *Den Wolken ein Stück näher* (1971), zeigen aktive männliche ‚Helden', an deren Seite zuweilen weibliche Figuren agieren, um den Aktionsraum der männlichen Protagonisten zu erweitern oder in ihrer Hilfsbereitschaft zum Erfolg des männlich geprägten Wirkens beizutragen.

Die Diskussion um das Mädchenbuch und die Zeichnung weiblicher Figuren in der Kinder- und Jugendliteratur hat nicht zuletzt dazu geführt, dass die einseitige Wahl von Jungen als Hauptfiguren der Texte überwunden wurde. Nachdem vor allem auf Konferenzen im Schriftstellerverband die Dominanz der Jungenfiguren in den Kinderromanen eine kritische Bewertung fand und eine Darstellung von Mädchenfiguren angeregt wurde, die die besondere Sozialisation und Persönlichkeitsentwicklung des weiblichen Geschlechts in den Mittelpunkt der literarischen Welten rücken sollte, entstanden tatsächlich in den 1970er und 1980er Jahren Kinderromane mit bemerkenswerten Mädchen, die nicht dem Paradigma eines traditionellen weiblichen Rollenverständnisses folgten. Den populären männlichen Protagonisten Lütt Matten (Benno Pludra, 1963) und Alfons Zitterbacke (Gerhard Holtz-Baumert, 1958) wurden nun Jella in Edith Bergners *Das Mädchen im roten Pullover* (1974), Irka in Alfred Wellms *Das Pferdemädchen* (1974), Carola in Peter Abrahams *Das Schulgespenst* (1978) und *Der Affenstern* (1985), Maxi in Gerti Tetzners gleichnamigem Kinderbuch (1979), Lilli in Christa Kožiks *Der Engel mit dem goldenen Schnurrbart* (1983) und Jessi in Benno Pludras *Das Herz des Piraten* (1985) zur Seite gestellt, die selbstbewusste, vielschichtige, eigenständige Persönlichkeiten verkörperten, die sich nicht als hilfs- und opferbereite Begleiterinnen männlicher Protagonisten verstanden. Diese Eigenständigkeit entfalteten auch nicht wenige weibliche Figuren in Jugendromanen, in denen die Mädchen an der Seite der Jungen Trägerinnen des fiktionalen Geschehens sind (wie zum Beispiel in Gerhard Holtz-Baumerts *Trampen nach Norden* [1975], Günter Görlichs *Das Mädchen und der Junge* [1981] und Wolf Spillners *Wasseramsel* [1984]). Mit der damit möglichen direkten Gestaltung und Gegenüberstellung männlicher und weiblicher Wahrnehmungsmuster, Wertmaßstäbe, Verhaltensweisen und Wünsche eröffnet sich ein weiter Spielraum – auch als Anregung für Leser und Leserinnen in Bezug auf den Entwurf ihrer Lebenskonzepte.

Die Zunahme gesellschaftskritischer Elemente, die in den 1980er Jahren in der Kinder- und Jugendliteratur der DDR insgesamt wahrnehmbar ist, offenbart sich auch in den spezifischen Mädchenbüchern wie in Gabriele Herzogs *Das Mädchen aus dem Fahrstuhl* (1985), in Sieglinde Dicks *Sattel im Gepäck* (1975) und in Wera Koselecks *Schafskälte* (1989). Allerdings ist unverkennbar, dass in Jugendromanen der 1980er Jahre – im Gegensatz zum Kinderroman – einige Mädchenfiguren ihre Persönlichkeitsentwicklung an den männlichen Part binden bzw. ihre Vorstellung von der Zukunft von einer Beziehung zu einem Angehörigen des männlichen Geschlechts dominiert wird.

5 Erotik und Liebe in Kinder- und Jugendromanen und die Zeichnung der weiblichen Protagonistinnen

Parallel zur Entwicklung einer spezifischen Literatur für Mädchen tritt in der Kinder- und Jugendliteratur der DDR seit den 1970er Jahren das Thema ‚Liebesbeziehungen und erotische Empfindungen junger Menschen' in den Mittelpunkt, ohne in jedem Fall eindeutig an das Genre Mädchenbuch gebunden zu sein. Einige in den 1970er und 1980er Jahren erschienene Bücher zum Thema ‚Liebe' waren ausgesprochene Bestseller, die die Trends wie auch die Veränderungen, die sich im Laufe von fünfzehn Jahren innerhalb der Darstellung von Erotik und Sexualität in der Kinder- und Jugendliteratur der DDR vollzogen, widerspiegeln.

An fünf Titeln, die sich aus einem völlig unterschiedlichen Kontext heraus diesem Thema zuwenden, sollen im Folgenden einige Charakteristika desselben aufgezeigt werden: Karl Neumanns *Ulrike* (1974), Eckhard Röslers *Liebesperlen* (1983), Christa Kożiks *Der Engel mit dem goldenen Schnurrbart* (1983), Wolf Spillners *Wasseramsel. Die Geschichte von Winfried und Ulla* (1984) und Christa Grasmeyers *Friederike und ihr Kind* (1988).

5.1 Karl Neumanns Jugendbuch *Ulrike* (1974)

Karl Neumann hatte mit seinen Kinder- und Jugendromanen *Frank* (1958) und *Frank und Irene* (1964) bereits ein großes Lesepublikum erreicht, ehe er mit seinem Mädchenbuch *Ulrike* wiederum einen Bestseller schrieb. Ganz im Stil der 1970er Jahre wird darin die Freundschaft und Liebe zwischen der fünfzehnjährigen Protagonistin Ulrike und ihrem zwei Jahre älteren Freund Steffen in größere gesellschaftliche und institutionelle Zusammenhänge eingebunden. Die erotische Beziehung zwischen beiden entfaltet sich eher verhalten im Hintergrund. Das Interesse beider aneinander basiert auf Kameradschaft, Anerkennung der Persönlichkeit des anderen und weniger auf erotischer Anziehungskraft.

In der Eingangspassage wird Ulrikes schmerzhafter Abschied von der Sportschule, deren Besuch sie gegen den Willen der Mutter durchgesetzt hatte, erzählt. Einer Auseinandersetzung wegen des Verstoßes gegen die Internatsordnung kommt Ulrike mit dem eigenen Entschluss, die Schule zu verlassen, zuvor. Ihre Enttäuschung und ihre Suche nach einem Neuanfang verbinden sich mit der Entwicklung einer tiefen Partnerschaftsbeziehung zwischen Ulrike und Steffen, in der allmählich auch erotische Gefühle eine Rolle spielen. Parallel dazu bietet der Erzähler Einblicke in die komplizierten Auseinandersetzungen Ulrikes mit ihrer Mutter, die sehr jung schwanger wurde, deren Ehe nur kurze Zeit währte und die vor diesem Hintergrund Ulrike vor einem ähnlichen Schicksal bewahren möchte. Ulrikes Flucht zur Mutter ihres Vaters, ihre Distanz gegenüber dem neuen Mann der Mutter und ihr Engagement in der Betreuung einer Sportgruppe von Kindern werden mit der Entwicklung der Liebesbeziehung verbunden, in der Steffen zunächst den aktiveren Part übernimmt.

In einem Gespräch mit der Großmutter wird das Problem der frühen Bindung und der Sexualität berührt und Ulrike betont, dass für sie eine sexuelle Beziehung noch lange nicht in Frage käme, auch wenn sie Steffens diesbezüglichen Wunsch spüre, zugleich betont sie aber die Stabilität ihrer Partnerschaft: „Ich glaube, ohne das hält es auch zwischen uns."" (Neumann 1974, 191) Diese Partnerschaft wird durch Steffens Krebserkrankung auf eine harte Probe gestellt. Eine große Gemeinschaft von Mitschüler*innen, Lehrer*innen und Sportkamerad*innen gibt dem Kranken die Kraft, trotz der Beinamputation neuen Lebensmut zu schöpfen. Die größte Kraft gibt ihm aber die Partnerschaft mit Ulrike. Der Leser bzw. die Leserin wird mit einem positiven Ausblick auf die Entwicklung entlassen: „Steffen übersteht die fünf kritischen Karenzjahre. Als Student der Medizin [...] heiratet er die Sportstudentin Ulrike Sebald." (Neumann 1974, 224)

Bereits die Inhaltsanalyse verweist auf Klischees und Vereinfachungen, die schon zu Zeiten der noch existierenden DDR – trotz des großen Erfolgs der Geschichte bei den Leserinnen – kritisch wahrgenommen wurden. Allerdings sind die Reaktionen auf den Text nach der Wende gleichermaßen durch Simplizität oder auch durch Verzeichnung einzelner Strukturelemente geprägt (vgl. Dankert 1993; Kuhnert 1992). Kuhnerts Behauptung, das ideelle Zentrum sei die sozialistische Ausprägungsform einer älteren bürgerlichen Mädchenbestimmung, lässt sich nur treffen, wenn man die Entscheidung Ulrikes, das Internat zu verlassen, mit einer Fehlinterpretation – die Protagonistin wolle damit das Internatskollektiv glücklich machen – verbindet. Eher dürften auf Neumanns Mädchenbuch kritische Einwände in folgenden Aspekten zutreffen:
- zu geringe Motivation und Begründung einzelner Schritte der Protagonistin, der ‚unterentwickelte' Blick in das Innere der Figur,
- die banale Ausgestaltung der angedeuteten Dreiecksgeschichte,
- die angestrengt wirkenden Bemühungen Steffens, eine Reportage für die Schule mit einer Recherche über die wirklichen Vorgänge im Internat zu verbinden, als Versuch der Erzählinstanz, die Ernsthaftigkeit der Beziehungen Steffens zu Ulrike zu gestalten,
- die starke Einbindung der weiblichen Hauptfigur in unterschiedliche Kollektivstrukturen, die die Handlung nicht verdichten, sondern geradezu verflachen.

Wenn der Mangel an feministischen Texten im Bereich der Kinder- und Jugendliteratur der DDR beklagt und darin eine ideologisch gesetzte Toleranz- und Qualitätsgrenze gesehen wird (Dankert 1993, 287), dann lässt sich dem partiell sicher zustimmen. Allerdings bedürfte dieser Einwand einer überzeugenderen Begründung und Reflexion, im Zuge derer die Möglichkeiten des Genres ‚Mädchenbuch' deutlicher auszuleuchten wären und auch die Frage gestellt werden sollte, warum die feministischen Positionen, die im Rahmen der poetischen Literatur für Erwachsene erkennbar sind, in der Kinder- und Jugendliteratur keine Rolle spielen. Eine derartige Ausrichtung literaturwissenschaftlichen Denkens könnte für die Literaturproduktion und -rezeption von nicht zu unterschätzender Bedeutung sein. Dass in diesem Kontext auch bei Dankert zwei Texte ausgeblendet werden, die diesbezüglich Grenzen überschreiten, verwundert: Gemeint sind Wolf Spillners *Wasseramsel* und Christa Grasmeyers *Friederike und ihr Kind*.

5.2 Christa Grasmeyers Jugendbuch *Friederike und ihr Kind* (1988)

Friederike und ihr Kind erzählt von der Mutterschaft einer Fünfzehnjährigen und ihrem Ringen um das Kind, um die Partnerschaft zu dem gleichaltrigen Benny und um die Weiterführung ihrer Schulausbildung. Einen realen Hintergrund dieser Geschichte bildete die Tatsache, dass in den 1980er Jahren zunehmend Mädchen im Schulalter schwanger wurden und sich die Frage nach den Möglichkeiten des Schulabschlusses und des weiteren Lebensweges dieser jungen Frauen auch als gesellschaftliches Problem stellte. Entscheidungen, in größeren Städten eigens Klassen für diese Mädchen einzurichten, um ihre weitere Schullaufbahn optimal zu gestalten, stellte eine Reaktion darauf dar. Christa Grasmeyer sucht mit ihrem Mädchenbuch aber nicht nur eine literarische Antwort auf diese Frage zu geben, sondern ihre fiktionale Welt insistiert auf ein Hinterfragen tatsächlich erreichter Positionen in der Gleichberechtigung der Geschlechter. Diese Absicht lässt sich bereits darin erkennen, dass die Autorin darauf verzichtet, die Schwierigkeiten zu zeigen, welche die Eltern von Friederike und Benny im Umgang mit der Nachricht von der frühen Schwangerschaft haben. Die Geschichte beginnt mit der Geburt des Kindes. Die äußeren Bedingungen sind alle geklärt: Friederikes Mutter wird das Kind ein Jahr lang betreuen, damit Friederike ihren Schulabschluss erlangen kann; der Vater des Kindes – ein Mitschüler von Friederike – will sie dabei unterstützen.

Dennoch stellt sich alles weitaus schwieriger dar als es alle Familienmitglieder erwartet haben. Das beginnt bereits mit der rechtlichen Stellung der nicht volljährigen Mutter. Friederike kämpft um ihr Kind; sie will keine Bevormundung durch die Mutter und sie setzt auf die Unterstützung von Benny. Friederikes Konflikte werden mit dem ‚Blick nach Innen' glaubhaft erzählt: Im Ringen um ihr Kind und ihre Konzentration auf die Mutterrolle verliert sie nicht nur den Kontakt zu den einstigen Freundinnen, auch ihr Verhältnis zu Benny verändert sich: Mit Erstaunen verfolgt sie, wie Benny die Freiheiten, seine Kontakte zu Freunden, seine Hobbys und Erfolge in der Schule genießt, während sie vollkommen an das Kind gebunden ist, dem Unterricht kaum folgen kann und am Ende nicht versetzt wird.

Die spannend und überzeugend erzählte Geschichte verflacht nicht und findet auch keine Happy-End-Lösung. Es erfolgt auch keine Desavouierung einzelner Figuren, selbst wenn der Leser oder die Leserin geneigt sein wird, dem Verhalten von Benny, der seinen Lebensplan unentwegt weiterverfolgt, kritisch gegenüberzustehen.

Die Flucht Friederikes in das Haus der Großmutter bietet keine Heile-Welt-Situation, aber Friederike findet hier – nicht zuletzt im Gespräch mit der Großmutter – einen Weg zu sich selbst. Die unterschiedlichsten Debatten um die Gleichberechtigung der Geschlechter, die Vereinbarkeit von Beruf und Familie und die historische und aktuelle Dimension dieses Problemfeldes sind Bestandteil dieses Romans, ohne dass dieser damit seinen fiktionalen Charakter verliert. Sehr offen erzählt die Geschichte von den unterschiedlichen Wünschen Bennys und Friederikes im erotischen und sexuellen Bereich. Soweit ich es sehe, wird hier in der Kinder- und Jugendliteratur der DDR zum ersten Mal die Frage der Enttäuschung über den Sex, der nicht zum Höhepunkt führt, berührt: Friederike fühlt sich „unnormal veranlagt", wie sie im Gespräch mit der Schwägerin bekennt:

> In Wirklichkeit, Janina, ist bei mir totale Asche. Das hab ich Benny nicht gesagt. Er würde denken, ihn tritt ein Pferd. Immer hab ich gehofft, daß es anders wird, aber es wird nicht anders. Ich bin nun mal so unnormal veranlagt. Irgendwie ist es der Witz des Jahrhunderts. Ausgerechnet ich! (Grasmeyer 1988, 167)

Durch Janina erfährt Friederike von der Normalität ihrer Empfindungen und von der Problematik eines Verhaltens, dass das eigene sexuelle Erleben den Zugeständnissen an den männlichen Partner unterordnet.

Das Buch endet mit einem Gespräch zwischen Friederike und Benny und einem Abschied, der kein endgültiger sein muss, aber sein kann. Unabhängig davon, ob diese Partnerschaft erhalten bleibt oder neu gewonnen wird: Der Leser weiß, dass Friederike ihren weiteren Lebensweg selbstbewusst beschreiten wird.

Dass damit (auch für die Autorin selbst) eine neue Qualität in der Darstellung dieser Problematik gewonnen wurde, zeigt ein Vergleich mit Grasmeyers Text *Eva und der Tempelritter* (1975), der deutlich dem traditionellen Muster des Mädchenbuchs und der traditionellen weiblichen Rolle folgt.

5.3 Wolf Spillners Jugendbuch *Wasseramsel* (1984)

Spillners Roman kann als eine der herausragenden Erscheinungen der Kinder- und Jugendliteratur der DDR gelten. Das betrifft sowohl die erzählerische Qualität, die inhaltliche Substanz der Kunstwelt und deren gesellschaftskritisches Potenzial als auch die bemerkenswerte Resonanz bei kindlichen und jugendlichen Leser*innen. Im Zentrum des literarischen Werks von Wolf Spillner steht die Darstellung der Natur- und Umweltproblematik im spezifischen gesellschaftlichen Kontext. Auch in seinem Roman *Wasseramsel* ist die Darstellung der natürlichen Umwelt mit der gesellschaftlichen Problematik verbunden. Anders als in früheren Texten des Autors steht die erste erotische und sexuelle Beziehung zwischen zwei Jugendlichen im Mittelpunkt.

Ulla, die Hauptfigur des Textes, begegnet dem Jungen Winfried in einer reizvollen natürlichen Umwelt – einem Naturschutzgebiet, in dem Winfrieds Eltern in einem Verstoß gegen die Naturschutzgesetze ein Wochenendgrundstück errichtet haben. Als Parallelhandlungen entfalten sich die Liebesbeziehung zwischen Ulla und Winfried und die allmähliche Entdeckung der ungesetzlichen Baugenehmigung für einen verdienstvollen Kombinatsdirektor und deren Konsequenzen, die in die Liebesbeziehung hineinragen.

Anders als in Texten der 1970er Jahre werden die erotischen und sexuellen Gefühle hier sehr offen und zugleich sehr poetisch erzählt. In Verbindung mit der Begegnung in der natürlichen Umwelt ist auch die Beziehung zwischen Ulla und Winfried von einer tiefen Natürlichkeit geprägt, die insbesondere von Ulla ausgeht. Der Aufenthalt am Wasser, die Nacktheit, die körperliche Nähe und die Ernsthaftigkeit in der Zuneigung zum anderen, die Unsicherheiten und die Sehnsüchte kennzeichnen die Qualität dieser beginnenden Partnerschaft. Überzeugend entfaltet Spillner die beginnende Liebe zwischen den beiden Jugendlichen in einem Geflecht von sehr unterschiedlichen Partnerschaftsbeziehungen der Erwachsenen, wie die neue Beziehung von Ullas Mutter zu Erich, der ebenso wie sie aus einer gescheiterten Ehe kommt, die Nähe zwischen dem ungewollt kinderlosen Lehrerehepaar, das von Ulla verehrt wird und die problematische Ehe von Winfrieds Eltern, die dennoch von einer Verantwortung gegenüber dem Partner zeugt. Die Handlung spitzt sich am Ende zu, als Winfrieds kranker Vater in der Auseinandersetzung mit dem Sohn stirbt. Ulla – so deutet der offene Schluss an – wird Winfried aufsuchen. Wie sich ihre weitere Beziehung gestaltet, bleibt offen.

Fragen der Qualität sozialer Beziehungen, der moralischen Glaubwürdigkeit einer Gemeinschaft prägen diesen Text und geben der Liebesbeziehung einen überzeugenden Kontext. Spillner verweist in einem Vorwort zu einer neuen Ausgabe des Romans nach der Wende auch darauf, warum Verlag und Autor sich nach längeren Überlegungen entschieden haben, den Text nicht für die veränderten Verhältnisse umzuschreiben und ihn so als Spiegelbild eines Teils der jüngeren deutschen Geschichte zu belassen.

5.4 Eckhard Röslers Kinderbuch *Liebesperlen* (1983)

Die Bedeutung, die Spillners *Wasseramsel* für Jugendliche hatte, lässt sich vergleichen mit der Resonanz, die Eckhard Röslers *Liebesperlen* bei Kindern erlangte. Während Spillners Jugendroman von jugendlichen Lesern und Leserinnen mit Begeisterung aufgenommen wurde und auch die Anerkennung durch die Literaturkritik fand, berichteten vor allem Buchhändlerinnen von der großen Resonanz, die Röslers Liebesgeschichten bei Leserinnen ab zehn Jahren fanden. Dieser Erzählband schildert in kleinen, prägnanten Geschichten erste Erfahrungen mit erotischen Empfindungen; beglückende Begegnungen mit dem anderen Geschlecht werden ebenso dargestellt wie Enttäuschungen.

Selbst wenn einzelne Klischees in den Texten nicht zu übersehen sind, so wird in ihnen poetisch dicht und einfühlsam von erfüllten und unerfüllten erotischen Beziehungen erzählt: vom zärtlichen Abschied zwischen Gundel und Hermann auf dem Boot, der die Hoffnung auf Wiederbegegnung in sich trägt („Gundels Abschied"); von der Eifersucht, die schließlich zur Freundschaft der beiden weiblichen Protagonistinnen führen wird („Isas Bild"); von der schmerzhaften Erkenntnis, dass die Glück verheißende Begegnung beim Tanz nur von Oberflächlichkeit gekennzeichnet war („Petite fleur").

Einzelne Erzählungen berühren auch das sehr unterschiedliche Verhalten Erwachsener in Situationen, die für junge Menschen in ihren Sehnsüchten nach einer Nähe zum anderen Geschlecht bedeutsam sind. Ohne aufgesetzt zu wirken, erzählt die Geschichte von Andrea („Warte an der Fähre") von einer Lehrerin, die die Enttäuschung des Mädchens über die Untreue des Freundes mildert, indem sie über ihre eigene gescheiterte Partnerschaft spricht. Dagegen lebt Andre in einer Familie, in der sich Oberflächlichkeit und Renommiersucht gegenüber den Nachbarn mit einem Mangel an Sensibilität in Bezug auf die Natur und der jungen Generation verbinden („Das Vogelnest"). In dieser Umgebung ist die tiefe Empfindung und Nähe zu dem Mädchen Katrin nicht nur tröstend, sondern vermittelt dem Jungen auch Selbstbewusstsein.

5.5 Christa Kożiks Kinderroman *Der Engel mit dem goldenen Schnurrbart* (1983)

Während in Röslers *Liebesperlen* und Spillners *Wasseramsel* die Themen Liebe und Erotik im Mittelpunkt stehen, sind diese in anderen Texten eher im Kontext mit anderen – dominierenden – Gegenständen verbunden, sodass sie zuweilen auch ‚überlesen' werden. Das trifft zum Beispiel auf Christa Kożiks Kinderbuch *Der Engel mit dem goldenen Schnurrbart* zu – ein Text, der zu den herausragenden Erscheinungen der Kinder- und Jugendliteratur der DDR zählt und dem das Schicksal beschieden ist, zu den unterschiedlichen ‚Rezeptionszeiten' (vor und nach der Wende) immer einseitig analysiert und interpretiert zu werden. Während in der DDR sein Sinnpotenzial in der literaturkritischen Debatte eingeschränkt dargestellt wurde – auch um ihn nicht durch die Zensur zu gefährden –, erlebte er nach der Wende ebenfalls eine unzulässige Reduktion, nun allerdings unter anderen Vorzeichen, indem er kaum noch als ‚Kunstgegenstand' wahrgenommen wurde, sondern als ideologisch zu sezierender Gegenstand.

Christa Kożiks phantastischer Kinderroman erzählt von einem Engel, der auf der Erde im Leben des Mädchens Lilli erscheint und ihr Dasein bereichert, am Ende aber wieder verschwindet, weil er in einer Welt der erzwungenen Anpassung und der Intoleranz nicht leben kann. Der Text akzentuiert damit zum einen den gesellschaftlichen Kontext, zum anderen offenbart er aber auch, dass in der Beziehung zwischen dem Mädchen Lilli und dem Engel letztlich Einschränkungen existieren, die eine

Entfaltung ihrer Freundschaft und Liebe behindern. Eine Analyse der begrifflich-semantischen Felder ergibt, dass Wunder, Schönheit, Erhabenheit und Nähe mit der Beziehung von Lilli und Ambrosius verbunden sind (Richter 1990, 57–58). Nach der Pervertierung von Ambrosius' Leben durch seine ‚Erziehung zum Menschen', die ihn in fremde Normen presst, erfolgt ein Inseldasein, das von Anbeginn seine zeitliche Begrenztheit offenbart. In diesem Dasein entfaltet sich die Liebesbeziehung zwischen Ambrosius und Lilli. Der Kuss wird von beiden bis in die Zehenspitzen gespürt. In der freien Natur genießen sie den Regenbogen als Brücke zwischen ihren beiden Welten. In ihrer Nacktheit und auch erotischen Nähe erscheint ihnen der Tag wie aus blauer Seide, das Glück legt sich auf die ganze Haut, aber zugleich ist die Furcht vor dem Verlassenwerden immer anwesend, die Schatten schieben sich vor die Sonne, verdunkeln das Glück und zerstören die Idylle.

Die erotische Nähe ist nur auf der Insel möglich, im Alltag wird sie behindert durch gesellschaftliche Zwänge, aber auch durch den Egoismus Lillis, die das Anderssein des Engels spürt: Ihr Versuch, sein Fliegen mit dem Hinweis einzuschränken, dass gezähmte Engel nicht fliegen, führt zum Verfall des Engels und letztlich, nachdem sie versucht, ihm die Flügel zu beschneiden, auch dazu, dass der Engel sie für immer verlässt. Damit werden in diesem Text für jüngere Kinder auch Beziehungsprobleme zwischen den Geschlechtern dargestellt.

Es ist interessant, dass dieser Kinderroman, der zu den kritischsten Texten der Kinder- und Jugendliteratur der DDR zählt, weil er mit dem ‚Erziehungsprogramm' für den Engel auf Tendenzen der ideologischen Einschränkungen auch kindlichen Lebens im öffentlichen Rahmen, speziell in der Schule, zielt, von kindlichen Lesern als eine Art Mädchenbuch wahrgenommen wurde. Diese einseitige Rezeption ist darauf zurückzuführen, dass Lilli die dominante Figur ist, die das gesamte Geschehen prägt, auch wenn manch einer ihrer Schritte von den Erziehungsinstanzen gelenkt wird und dergestalt ihre Einschränkungen gegenüber dem Engel erklärbar werden, selbst wenn Lillis Egoismus ein weiteres Erklärungsmuster bietet. Allerdings ist der Engel als eine Art Medium angelegt und gewinnt damit wenig eigene Persönlichkeitssubstanz für den Leser und die Leserin: Es wird über ihn erzählt, aber sein Spielraum des Agierens wird eingeschränkt. Damit wird er – so auch meine Erfahrungen in einer ganzen Reihe von Schulprojekten – auch keine interessante Figur für Jungen.[1]

---

[1] Der Engel ist eindeutig als männliches Wesen angelegt, allerdings wird er vornehmlich auf zwei Ebenen gezeigt – als erotisch konnotierter Partner Lillis, der auch Eifersüchteleien mit den Schulkameradinnen auslöst, und als intelligenter Kommunikationspartner im Unterricht, der durch seine Beiträge interessante weltanschauliche Debatten initiiert. Allerdings wird Ambrosius in keiner Passage des Romans in Interaktionen mit den männlichen Klassenkameraden sichtbar. Nach der Wirkung dieser Figurenkonstellation auf eine einseitige Genderwahrnehmung in den Unterrichtserprobungen in den 1980er und 1990er Jahren wurden 2015/16 Projekte mit veränderten handlungs- und produktionsorientierten Verfahren durchgeführt, um auch die Jungen mit dem Sinnpotenzial des Romans zu erreichen. Allerdings ließ sich auch durch diese veränderten didaktischen Schritte die Problematik der Wirkung auf die Rezeption der Jungen nicht überwinden (Richter 2017, 140–145).

6 Fazit

Es ist durchaus lohnenswert, den Grundzügen der ‚mädchenorientierten Literatur' im Kontext mit der gesamten Kinder- und Jugendliteratur der DDR und nicht zuletzt in Bezug zum Weiblichen Schreiben im Werk von Christa Wolf und der weiblichen Protokoll-Literatur im Stile von Maxi Wanders *Guten Morgen, du Schöne* nachzugehen. Der Blick in die poetische Vielfalt der entsprechenden Erzählungen und Romane dürfte zu einem interessanteren Ergebnis führen als eine Debatte über verschiedene Definitionen zum Mädchenbuch.

Eine derartige Neuorientierung, die für die literaturwissenschaftlichen Zugänge zur Kinder- und Jugendliteratur – nicht nur unter genderorientierten Fragestellungen – dringend erforderlich ist, könnte dazu beitragen, isolierte Fokussierungen zu überwinden. Aus meiner Sicht gilt es, in diesem Rahmen sowohl eine höhere Qualität der Literaturanalysen zu erreichen als auch eine Niveau-Erhöhung der literaturhistorischen Betrachtung anzustreben. Auf beiden Gebieten existieren unverkennbar beträchtliche Defizite. Die gegenwärtige Anlage literaturwissenschaftlicher Zugänge zur Kinder- und Jugendliteratur führt letztlich auch dazu, dass die Beiträge selbst in Tagungsbänden isoliert nebeneinander stehen und der vielzitierte Diskurs nicht stattfindet.

In der literaturwissenschaftlichen Szene der DDR bedurfte es intensiver Kritik, ehe die kinderliterarischen Editionen im Kontext mit der Literatur für Erwachsene betrachtet wurden. In der gegenwärtigen Literaturlandschaft und der mit ihr verbundenen Wissenschaftsszene sind Schritte dieser Art nicht erkennbar. Der Bezug zu Weiblichem Schreiben und zu genderorientierten Aspekten in den Erzählwelten könnte neue Wege literaturwissenschaftlicher Betrachtung auch der Kinderliteratur evozieren.

Literatur

1 Primärliteratur

Peter Abraham. *Das Schulgespenst.* Berlin: Der Kinderbuchverlag, 1978.
Peter Abraham. *Der Affenstern.* Berlin: Der Kinderbuchverlag, 1985.
Anderson, Edith (Hg). *Blitz aus heiterm Himmel. Geschlechtertauschgeschichten von Günter de Bruyn, Christa Wolf, Gotthold Gloger, Edith Anderson, Rolf Schneider, Sarah Kirsch, Karl-Heinz Jakobs und Annemarie Auer.* Rostock: Hinstorff, 1975.
Dick, Sieglinde. *Sattel im Gepäck.* Berlin: Verlag Neues Leben, 1975.
Edith Bergner. *Das Mädchen im roten Pullover.* Berlin: Der Kinderbuchverlag, 1974.
Herzog, Gabriele. *Das Mädchen aus dem Fahrstuhl.* Berlin: Verlag Neues Leben, 1985.
Holtz-Baumert, Gerhard. *Alfons Zitterbacke. Geschichten eines Pechvogels.* Berlin: Der Kinderbuchverlag, 1958.
Holtz-Baumert, Gerhard. *Trampen nach Norden.* Berlin: Der Kinderbuchverlag, 1975.
Görlich, Günter. *Den Wolken ein Stück näher.* Berlin: Der Kinderbuchverlag, 1971.

Görlich, Günter. *Das Mädchen und der Junge*. Berlin: Der Kinderbuchverlag, 1981.
Grasmeyer, Christa. *Eva und der Tempelritter*. Berlin: Verlag Neues Leben, 1975.
Grasmeyer, Christa. *Friederike und ihr Kind*. Berlin: Verlag Neues Leben, 1988.
Kant, Uwe. *Das Klassenfest*. Berlin: Der Kinderbuchverlag, 1969.
Königsdorf, Helga. *Respektloser Umgang*. Berlin u. a.: Aufbau, 1986.
Koseleck, Wera. *Schafskälte*. Berlin: Verlag Neues Leben, 1989.
Kożik, Christa. *Der Engel mit dem goldenen Schnurrbart*. Mit Illustrationen von Ruth Mossner. Berlin: Der Kinderbuchverlag, 1983.
Kożik, Christa. *Der Engel mit dem goldenen Schnurrbart*. Mit Illustrationen von Egbert Herfurth. Leipzig: leiv Kinderbuchverlag, 2010.
Neumann, Karl. *Frank* (Bd. 1). Berlin: Der Kinderbuchverlag, 1958.
Neumann, Karl. *Frank und Irene* (Bd. 2). Berlin: Der Kinderbuchverlag, 1964.
Neumann, Karl. *Ulrike*. Berlin: Der Kinderbuchverlag, 1974.
Neutsch, Erik. *Spur der Steine*. Halle (Saale): Mitteldeutscher Verlag, 1964.
Pludra, Benno. *Lütt Matten und die weiße Muschel*. Berlin: Der Kinderbuchverlag, 1963.
Pludra, Benno. *Tambari*. Berlin: Der Kinderbuchverlag, 1969.
Pludra, Benno. *Das Herz des Piraten*. Weinheim u. a.: Beltz & Gelberg, 1985.
Rösler, Eckhard. *Liebesperlen*. Berlin: Der Kinderbuchverlag, 1983.
Spillner, Wolf. *Wasseramsel. Die Geschichte von Ulla und Winfried*. Berlin: Der Kinderbuchverlag, 1995 [1984].
Strittmatter, Erwin. *Tinko*. Berlin u. a.: Aufbau, 1970 [1954].
Tetzner, Gerti. *Maxi*. Berlin: Der Kinderbuchverlag, 1979.
Wolf, Christa. *Der geteilte Himmel. Erzählung*. Halle (Saale): Mitteldeutscher Verlag, 1963.
Wolf, Christa. *Nachdenken über Christa T*. Halle (Saale): Mitteldeutscher Verlag, 1968.
Wolf, Christa. „Selbstversuch. Traktat zu einem Protokoll". *Blitz aus heiterm Himmel*. Hg. Edith Anderson. Rostock: Hinstorff, 1975, 47–82.
Wolf, Christa. *Die Dimension des Autors*. Bd. 2: *Essays und Aufsätze, Reden und Gespräche 1959–1985*. Berlin u. a.: Aufbau, 1986.
Wolf, Christa. *Störfall. Nachrichten eines Tages*. Berlin u. a.: Aufbau, 1987.
Wander, Maxi: *Guten Morgen, du Schöne*. Berlin: Der Morgen, 1977.
Wellm, Alfred. *Kaule*. Berlin: Der Kinderbuchverlag, 1962.
Wellm, Alfred. *Das Pferdemädchen*. Berlin: Der Kinderbuchverlag, 1974.

2 Sekundärliteratur

Asper, Barbara. „Mädchenliteratur". *Handbuch zur Kinder- und Jugendliteratur. SBZ/DDR von 1945 bis 1990*. Hg. Rüdiger Steinlein/Heidi Strobel/Thomas Kramer. Stuttgart u. a.: Metzler 2006, 260–322.
Baumert, Inge. „Familie, Geschlechterrollen, Sexualität in der Kinder- und Jugendliteratur der DDR". *Kinder- und Jugendliteratur. Material*. Hg. Malte Dahrendorf. Berlin: Volk und Wissen, 1995, 41–46.
Dankert, Birgit. „Mädchenorientierte Kinder- und Jugendbücher der DDR". *Helden nach Plan? Kinder- und Jugendliteratur der DDR zwischen Wagnis und Zensur*. Hg. Hermann Havekost/ Sandra Langenhahn/Anne Wicklein. Oldenburg: Bibliotheks- und Informationszentrum der Universität, 1993, 281–300.
George, Edith. „Das spezielle Problem oder Sind Frauen andere Geräte?". *Beiträge zur Kinder- und Jugendliteratur* 55 (1980), 20–36.

Hurrelmann, Bettina/Maria Kubitz/Brigitte Röttger. *Man müsste ein Mann sein...?* Düsseldorf: Schwann, 1987.
Kuhnert, Heinz. „Kinderliteratur der DDR: Was bleibt?" *Helden nach Plan? Kinder- und Jugendliteratur der DDR zwischen Wagnis und Zensur.* Hg. Hermann Havekost/Sandra Langenhahn/Anne Wicklein. Oldenburg: Bibliotheks- und Informationssystem der Universität, 1993, 107–130.
Richter, Karin. „Christa Kożik ‚Der Engel mit dem goldenen Schnurrbart'". *Zeitgenössische Kinder- und Jugendliteratur der DDR aus wirkungsästhetischer Sicht. Analysen und Interpretationen epischer Texte (1970–1985).* Dies. Berlin: DDR-Zentrum für Kinderliteratur, 1990, 55–63.
Richter, Karin. „Schreiben als Selbsterfahrung. Christa Wolfs Erzählwerk und dessen Behandlung in der Schule". *Praxis Deutsch* 133 (1995), 17–25.
Richter, Karin. „Kinder- und Jugendliteratur der DDR". *Taschenbuch der Kinder- und Jugendliteratur.* Bd. 1: *Grundlagen – Gattungen.* Hg. Günter Lange. Baltmannsweiler: Schneider Hohengehren, 2000, 137–156.
Richter, Karin. „Das Mädchenbuch und die Darstellung von Liebe, Erotik und Sexualität in der Kinder- und Jugendliteratur der 70er und 80er Jahre". *Die erzählende Kinder- und Jugendliteratur der DDR.* Bd. 1: *Entwicklungslinien – Themen und Genres – Autorenporträts und Textanalysen.* Hg. Dies. Baltmannsweiler: Schneider Hohengehren, 2016, 218–228.
Richter, Karin. „Kindliches Leben und phantastisches Geschehen. Christa Kożik ‚Der Engel mit dem goldenen Schnurrbart'. *Die erzählende Kinder- und Jugendliteratur der DDR.* Bd. 2: *Modelle und Anregungen für den Unterricht in der Grundschule und in der Sekundarstufe I.* Hg. Dies. Baltmannsweiler: Schneider Hohengehren, 2017, 135–145.
Strobel, Heidi. „Realistische Erzählungen und Romane mit Gegenwartsstoffen und zeitgeschichtlichen Themen. Überblick 1965 bis 1990". *Handbuch zur Kinder- und Jugendliteratur. SBZ/DDR von 1945 bis 1990.* Hg. Rüdiger Steinlein/Heidi Strobel/Thomas Kramer. Stuttgart u. a.: Metzler 2006, 189–258.
Wedding, Alex (geb. Margarete Bernheim). „Der Schrei nach dem Mädchenbuch". *Alex Wedding. Aus vier Jahrzehnten. Erinnerungen, Aufsätze und Fragmente.* Hg. Günter Ebert. Berlin: Der Kinderbuchverlag, 1975, 240–247.
Willuhn-Wolff, Susanne. *Das Mädchenbuch im gesellschaftlichen Kontext. Zur Darstellung der Geschlechtersozialisation und der Geschlechterrollen in der DDR-Kinder- und Jugendliteratur.* Dissertation an der Erziehungswissenschaftlichen Fakultät der Universität Erfurt, 2002.

X 1990 bis zur Gegenwart

Weertje Willms
Epochenüberblick

Für die Gegenwart lässt sich nicht nur eine enorme Produktionsquantität beobachten, sondern auch eine sehr große Vielfalt an Genres, ästhetischen Gestaltungsformen und Themen; die anderen Medien – vor allem die digitalen – gewinnen immer mehr an Gewicht und beeinflussen mit ihren Ästhetiken das Medium Buch. Außerdem ist zu beobachten, dass die Grenzen zwischen Kinder-, Jugend- und Erwachsenenbuch in vielen Werken hin zu einer All-age-Literatur verschwimmen.

Spätestens mit dem Erscheinen des Megasellers *Harry Potter* von Joanne K. Rowling (1998) sind Phantastik und Fantasy äußerst beliebte Genres auf dem kinder- und jugendliterarischen Buchmarkt. Einen neuen Boom erfährt außerdem die serielle Literatur, in der sich spezifische Reihen für Mädchen und für Jungen ausdifferenzieren. Nach dem Ende der DDR bildet sich eine Wendeliteratur aus, in der eine Auseinandersetzung mit dem DDR-Regime und der Nach-Wende-Situation stattfindet. Auch andere gesellschaftlich relevante Themen wie etwa Flucht, Vertreibung und Migration oder Mobbing werden breit in der Kinder- und Jugendliteratur diskutiert. Philosophisch-existenzielle Fragen nach Leben und Tod, Krankheit oder auch typische Jugendliteratur-Themen wie Coming of Age und Adoleszenz haben nach wie vor oder sogar in gesteigertem Maße einen großen Platz in der Jugendliteratur.

Eine wichtige Rolle spielt außerdem für viele Autor*innen der Gegenwart die Auseinandersetzung mit Genderkonstrukten. Es ist ein Bemühen zu erkennen, Geschlechterstereotype zu vermeiden, bislang wenig beachtete Genderkonzepte zu verhandeln und Diversität herzustellen. Wie schwierig es ist, hier einen überzeugenden Weg zu finden, zeigen die zahlreichen Werke der 1990er Jahre, in denen die bekannten Geschlechterstereotype einfach umgedreht wurden: Starke, kämpferische Mädchen treffen hier auf schwache, weinerliche Jungen (Schilcher 2016, 19). Dass hierdurch Stereotypisierungen nicht aufgebrochen, sondern im Gegenteil eher verhärtet werden, ist ebenso nachvollziehbar wie die mittlerweile empirisch nachgewiesene Tatsache, dass Jungen sich mit diesen männlichen Figuren nicht identifizieren können (vgl. Elstner 2003). Daneben erschienen zur selben Zeit zahlreiche Werke mit homosexuellen Protagonisten, in denen das Thema Homosexualität immer ‚nebensächlicher' wurde. Zum Thema Transgender sind mehrere Romane bekannt geworden (z. B. Alex Gino: *George*, 2015; dt. 2016). In Bezug auf die Familienformen ist schon seit langem ein Bestreben nach Diversität zu beobachten, etwa durch die Darstellung von alleinerziehenden Müttern und Vätern, Patchworkfamilien u. a.

Die Schere zwischen innovativen und konservativen Werken ist jedoch weit auseinander gegangen. Neben den genannten innovativen und problemorientierten Werken ist gerade auch in der seriellen Literatur (z.B. *Conni*, *Die drei !!!*) und in der Literatur, die sich spezifisch an Jungen oder Mädchen richtet, die Gestaltung konservativer Geschlechtermodelle zu beobachten.

Das für Jahrhunderte prägende Spannungsverhältnis zwischen dem kinder- und jugendliterarischen und dem pädagogischen Diskurs hat neue Formen angenommen. Zwar versteht sich Kinder- und Jugendliteratur heute nicht mehr als Erziehungsliteratur im engeren Sinne, kann aber nach wie vor als Lektüre verstanden werden, welche die Sozialisation und Entwicklung von Heranwachsenden begleitet und damit eine erzieherische Verantwortung trägt. Und so, wie sich die Pädagogik verändert hat und Erziehung heute in der Regel nicht mehr als Gehorsamserziehung angesehen wird, will die Kinder- und Jugendliteratur ihre Rezipient*innen nicht in gesellschaftliche Normen zwängen, sondern ihnen Werte vermitteln (etwa Freundschaft, Solidarität, Loyalität) und dem Empowerment der jungen Menschen dienen. Und auch für dieses Empowerment spielen Genderkonstrukte eine große Rolle, muss doch gefragt werden, wie die weiblichen und männlichen Figuren jeweils bestärkt werden sollen und welche Genderkonstrukte und -verhältnisse damit stabilisiert werden bzw. wie Neuerungen zu konzipieren sind.

Literatur

Elstner, Robert. „Leset ihr Knaben!" *JuLit* 29.2 (2003), 37–39.
Schilcher, Anita/Karla Müller. „Gender, Kinder- und Jugendliteratur und Deutschunterricht. Grundlagen und Didaktik". *Genderkompetenz mit Kinder- und Jugendliteratur entwickeln. Grundlagen – Analysen – Modelle.* Hg. Karla Müller/Jan-Oliver Decker/Hans Krah/Anita Schilcher. Baltmannsweiler: Schneider Hohengehren, 2016, 15–44.

Kirsten Kumschlies
Vaterfiguren und Genderkonstrukte in der Kinder- und Jugendliteratur zu Mauerfall und Wende von 1991 bis heute

Zusammenfassung: Erstmals werden im vorliegenden Beitrag in diachroner Perspektive Werke der Kinder- und Jugendliteratur, die sich mit der DDR und dem Mauerfall auseinandersetzen, hinsichtlich ihrer Genderaspekte analysiert, wobei der Untersuchungszeitraum sich von 1991 bis 2020 erstreckt. Im Zentrum der Analyse steht die Figur des Familienvaters, der sowohl in seiner Ausprägung als hilfloser, passiver Zuschauer des zerfallenden Staates als auch in seiner Manifestation des autoritären Parteigängers beleuchtet wird. Wie die Analyse der Genderverhältnisse auch in Bezug auf die anderen Figuren der Erzählungen zeigt, sind Vaterfiguren oftmals an Stillstand und Verfall gekoppelt, während Mutterfiguren in einer Allianz mit den Protagonist*innen für zukunftsgerichtete Handlungsweisen stehen. Lehrerinnen, die als Agentinnen des Staates fungieren, bilden in diesem Weiblichkeitsentwurf eine Ausnahme.

1 Einleitung

Seit der friedlichen Revolution im Jahr 1989 verzeichnet der deutsche Kinder- und Jugendbuchmarkt eine wachsende Zahl an fiktionalen und faktualen Texten, die sich mit der Geschichte der DDR, dem Mauerfall und der Wende auseinandersetzen. Dabei ist mit zunehmendem zeitlichen Abstand zum Mauerfall eine sich ausdifferenzierende Komplexität der Erzählweisen und Darstellungsformen festzustellen. An die Stelle von an Schwarz-Weiß-Malerei grenzender Stereotypisierung, wie sie in früheren Texten zu finden ist, tritt insbesondere in aktuellen Kinderromanen wie *Gertrude grenzenlos* von Judith Burger (2018) oder *Alles nur aus Zuckersand* von Dirk Kummer (2019) eine vielseitige Darstellung des Lebens in der DDR, die sich verstärkt auf das dortige Alltagsleben konzentriert und dieses nicht nur negativ konturiert (vgl. Mikota/Kumschlies 2020).

Schon 1996 hat Carsten Gansel drei wiederkehrende Stereotype in der Kinder- und Jugendliteratur zu Mauerfall und Wende festgestellt (Gansel 1996). Neben dem Täter-Opfer-Topos und dem Widerstandstopos spricht er vom „Feindbild Lehrer/Eltern": Lehrer und Eltern, so schreibt Gansel, avancieren zu der „Figurengruppe, auf der schuldhaftes Verhalten konzentriert, um nicht zu sagen, bei denen es entsorgt wird" (Gansel 2010, 39).

Mit Blick auf die Genderkonstellationen in den Texten müsste man das hier formulierte Stereotyp zuspitzen und eher vom Feindbild Lehrerinnen/Väter sprechen als vom Feindbild Lehrer/Eltern. Denn fast immer sind es die Väter, die bei der Stasi sind

OpenAccess. © 2022 bei den Autoren, publiziert von De Gruyter. Dieses Werk ist lizenziert unter einer Creative Commons Namensnennung 4.0 International Lizenz. https://doi.org/10.1515/9783110726404-021

und sich dem DDR-Regime verpflichtet fühlen, während die Mütter eine offenere Haltung einnehmen, mit Ausreisewilligen sympathisieren und die Grenzöffnung begrüßen (vgl. Keuler 2017, 90). An diesem negativen Vaterbild scheinen auch innovativere Kinderromane aus den letzten Jahren festzuhalten. Allerdings fällt die Darstellung der Väter zunehmend moderater aus, insofern sie nicht mehr reine Negativfiguren repräsentieren, sondern durchaus liebevolle Seiten aufweisen, wie z. B. in *Zorro Vela. Ein Märchen aus dem Kalten Krieg* (Zähringer 2019), wo der Vater am Ende offenlegt, in der Vergangenheit auch Widerstand geleistet zu haben.[1]

Im Beitrag wird dieser Befund näher in den Blick genommen, indem Genderaspekte in ausgewählten Titeln der Kinder- und Jugendliteratur zu Mauerfall und Wende aus den Jahren 1991 bis 2020 analysiert und neben Vater- und Mutterfiguren auch die Geschlechtsrollenbilder der kindlichen und jugendlichen Protagonist*innen näher untersucht werden. Damit wird ein Themenfeld berührt, das die Forschung zur Kinder- und Jugendliteratur über Mauerfall und Wende bislang außer Acht gelassen hat. Es wird eine diachrone Perspektive eingenommen und versucht, eine Entwicklung von Genderbildern in dieser spezifischen Richtung der Kinder- und Jugendliteratur herauszuarbeiten. Berücksichtigt werden nur narrative Kinder- und Jugendromane, ausgeklammert werden aus Platzgründen Bilder- und Sachbücher.

Zunächst ist der Gegenstand einzugrenzen: Was wird gemeinhin unter Kinder- und Jugendliteratur zu Mauerfall und Wende verstanden?

2 Eingrenzung: Kinder- und Jugendliteratur zu Mauerfall und Wende

Als Kinder- und Jugendliteratur zu Mauerfall und Wende werden im kinderliteraturwissenschaftlichen und literaturdidaktischen Diskurs meist jene Texte deklariert, die sich auf die Ereignisse ab September 1989, also die Zeit der Montagsdemonstrationen, bis zur offiziellen Auflösung der DDR am 3. Oktober 1990 beziehen. Impliziert sind zudem jene Texte, die, folgt man der Definition Petra Jostings, „auf die unmittelbare Wende Bezug nehmen und sich mit Fragen der Fremdheit und Annäherung zwischen Ost und West, Entfremdungserfahrungen unter den ehemaligen DDR-Bürgern, Wertewandel etc. beschäftigen" (Josting 2008, 39). Im Anschluss an diese Einordnung lassen sich die Texte mit Blick auf die verhandelten Inhalte (also auf der Ebene der *histoire*) folgendermaßen gliedern:
1. Herbst 89-Geschichten, in denen die Ereignisse im Herbst 1989 im Zentrum stehen (z. B. *Fritzi war dabei* von Hanna Schott [2009], *Mauerblümchen* von Holly-Jane Rahlens [2009], *Wir sehen uns im Westen* von Dorit Linke [2019]).

---

[1] Ähnliches ist in Bezug auf die Lehrer*innenfiguren zu konstatieren, nur sind es hier vornehmlich die Lehrerinnenfiguren, die als Vertreterinnen des DDR-Regimes auftreten.

2. DDR-Geschichten, in denen das Leben und der Alltag in der DDR vor der Wende fokussiert werden (z. B. *Lilly unter den Linden* von Anne C. Voorhoeve [2004], *Gertrude grenzenlos* von Judith Burger [2018], *Im Labyrinth der Lügen* von Ute Krause [2015], *Mauerpost* von Maike Dugaro und Anne-Ev Ustorf [2019]).
3. Jahrhundert-Geschichten, die einen großen historischen Bogen spannen und die Geschichte von den Weltkriegen über den Mauerbau bis zum Mauerfall rekonstruieren (z. B. *Die Lisa* [1991] sowie *Hundert Jahre und ein Sommer* [1999] von Klaus Kordon, *Grenzgänger* [Orig.: *Grensgangers*] von Alina Sax [2015]).
4. Nachwende-Geschichten, die vorrangig das Leben in Ost und/oder West nach der Wiedervereinigung beleuchten (z. B. *Ein Sommer, ein Anfang* von Herbert Günther [1995], *Bye-Bye, Berlin* von Petra Kasch [2009], *Mordskameradschaft* von Carlo Ross [1996], *Mauerspechte* von Reinhard Griebner [2014] , *Scherbenhelden* von Johannes Herwig [2020]).
5. Flucht-Geschichten, welche die Flucht aus der DDR kurz vor dem Mauerfall ins Zentrum stellen und vom Leben in der DDR in Rückblenden erzählen (z. B. *Jenseits der blauen Grenze* von Dorit Linke [2014], *Tonspur* von Olaf Hintze und Susanne Krones [2014]).[2]

3 Böse, frustrierte und passive Väter und ihre Familien im Wandel der Zeit

Die Negativdarstellung der Väter in der Kinder- und Jugendliteratur zu Mauerfall und Wende lässt sich in zwei (Stereo-)Type differenzieren:
1. der unfähig-passive Versagertyp, der angesichts der politischen Verhältnisse in Frust und Resignation verfällt,
2. der stramme Parteisoldat und SED-Funktionär, der als reine Negativfigur konzipiert ist.

3.1 „Nur noch eine stumme Hülle": Der unfähig-passive Versagertyp, seine Frau und seine Kinder

Einer der ersten Jugendromane, der sich mit dem Thema Mauerfall befasst, ist der 1991 erschienene Text *Ich fühl mich so fifty-fifty* der westdeutschen Autorin Karin König. Erzählt wird hier die Geschichte der Leipziger Schülerin Sabine, die die DDR im Zuge der ersten Ausreisewellen über Ungarn und Österreich verlässt. Sie folgt ihrem Bruder Mario, der als erster ‚abgehauen' ist und nun in Hamburg lebt. Die Mutter, die als Frührentnerin ausreisen darf, fährt dem Sohn nach, der Vater bleibt mit der Tochter zurück. Während die Protagonistin, ihr Bruder und die Mutter dynamische Figuren

---

2 Diese Gliederung wurde bereits veröffentlicht in Kumschlies 2018 und Mikota/Kumschlies 2020.

sind, ist der Vater passiv und frustriert und bleibt auf den Familienhintergrund reduziert. Als er sich nach der Ausreise des Sohnes im Haushalt betätigt, hebt die Tochter dies lobend hervor: „‚Du bist ein richtiger Hausmann geworden, komm, ich trockne ab.' Sabine nimmt ein Küchenhandtuch. ‚Weißt du, Vati, das mit dem Hausmann ist ein Kompliment."' (König 1991, 17) Offenbar traut die Tochter dem Vater gar nichts zu, auch nicht die Hausarbeit. Die Leser*innen erfahren recht früh im Text durch die Figur der Mutter, dass der Vater eine Widerstandsgeschichte hinter sich hat, die ihn innerlich zerbricht. Früher war er begeisterter Mineraloge, doch als er sich weigerte, in die Partei einzutreten, durfte er seinen Beruf nicht mehr ausüben, was die Mutter so reflektiert: „‚Ich glaube, Vati will sich seitdem nicht mehr mit der DDR auseinandersetzen, er hat seine private Nische gefunden.'" (König 1991, 22) Der innere Rückzug des Vaters geht so weit, dass ihn seine eigene Familie förmlich vergisst: „Herr Dehnert wird mal wieder vergessen. Bei seiner stillen, leisen Art hat Sabine oft das Gefühl, als ob ihr Vater gar nicht anwesend sei." (König 1991, 40) Nach der Ausreise der Mutter in den Westen wirkt „ihr Vater noch kleiner und gebeugter als sonst" (König 1991, 58). Die Mutter dagegen strahlt auch aus der Distanz noch Wärme und Beruhigung auf die Tochter aus, die sich im September 1989 dann auch entscheidet, Bruder und Mutter zu folgen und die DDR zu verlassen. Nur der stille Vater bleibt zurück. Am Ende aber reflektiert Sabine, ihr Verhältnis zum Vater habe sich wesentlich gebessert, seit sie „die Geschichte mit seinem verweigerten Parteieintritt" kenne: „Vielleicht sollte ich ihm das einmal sagen." (König 1991, 114)

Der Text konzentriert sich vorrangig auf die Emanzipation und Entwicklung der jugendlichen Protagonistin und lässt sich vor diesem Hintergrund auch als Adoleszenzroman lesen. Er liefert eher holzschnittartige Einblicke in die Perspektiven anderer Figuren, insofern er sich aus vielen Musterdialogen bzw. offensichtlich konstruierten Gesprächen konstituiert, denen der geschichtsdidaktisch-belehrende Anspruch deutlich anzumerken ist. Dies zeigt sich beispielsweise in Szenen, in denen Sabine und ihre Freundin in ausführlichen Dialogen die Zustände in ihren Familien beschreiben und dabei das politische System infrage stellen (König 1991, 26–27).

Ähnliche Geschlechtsrollenmuster führt *Hauptsache zusammen!* (1994) von Elisabeth Ahrendt vor, auch ein früher Mauerfall-Text einer westdeutschen Autorin, der sich aber mehr an Kinder richtet als an Jugendliche. Hier steht der Junge Timm im Mittelpunkt, dessen Eltern versuchen, mit ihm über Prag in die BRD zu fliehen. Der Fluchtversuch scheitert. Nur der Mutter Irmi gelingt die Flucht in den Westen, Timm und sein Vater bleiben zurück. Der Junge beschließt nach der Grenzöffnung, seine Mutter, die in Bayern bleiben will, zurück nach Schwerin zu holen und bricht in Begleitung seines geliebten Hundes zu einer abenteuerlichen Reise in den Westen auf. Anders als Herr Dehnert in *Ich fühl mich so fifty-fifty* wollte Timms Vater zwar auch das Land verlassen, zeigt sich jedoch beim Fluchtversuch und Grenzübertritt deutlich zaghafter als seine Frau Irmi. Nun bleiben Vater und Sohn allein in Schwerin zurück und sind mit dem Haushalt fortan sehr überfordert: „Zu Hause proben Timm und Paps den Alltag ohne Irmi: Einkaufen, Kochen, Haushalten. Eine Woche lang läuft alles bestens, doch nun sind die Dosen verbraucht. Sie müssen richtig kochen, nicht nur aufwärmen." (Ahrendt 1994, 44) So schreibt der kinderliterarische Text klischierte Geschlechtsrollenmuster unreflektiert fort, zumal beim Kochen zunächst eine Nachbarin hilft, beim Flicken des Fahrrads dann wieder ein Nachbar. Erst als die Großmutter erscheint, haben Timm und sein Vater wieder leckeres Essen. Der Vater ist nicht ganz so passiv wie Herr Dehnert aus *Ich fühl mich so fifty-fifty*, ist aber auch als hilflose und ängstliche Figur konzipiert, die zwar ebenso mit der DDR hadert, sich jedoch mit dem System arrangieren kann:

> Ich habe als Lokführer nicht so viele Schwierigkeiten gehabt und konnte das System besser ertragen. Ich wollte eigentlich lieber hierbleiben, weil Schwerin unsere Heimat ist und wir hier unsere Verwandten und Freunde haben. Aber ich konnte auch Irmi verstehen und hatte Angst um sie. (Ahrendt 1994, 60)

Als seine Frau verschwunden ist, steht ihm die aktive Großmutter zur Seite, die als stark und robust gezeichnet ist und „den Anglerpreis gewonnen hat" (Ahrendt 1994, 20). Der Vater verbleibt in Abhängigkeit von starken Frauen und scheint nicht in der Lage zu sein, wieder zur Mutter in Kontakt zu treten, sondern wartet einfach nur ab.

Anders sieht es mit der Jungenfigur im Roman aus: Indem Timm sich nach dem Mauerfall eigenständig auf den Weg macht, ist der Sohn deutlich aktiver als sein Vater. Als kindlicher Protagonist fungiert er als Sympathieträger. Durch den Fokus auf die kindliche Reise von Ost nach West folgt die Erzählung einem Abenteuermodell, dessen positiver Held der Junge ist. Angemerkt sei an dieser Stelle noch, dass der Text nicht nur wegen der Etablierung überholter Geschlechtsrollenbilder, sondern auch wegen seines verfälschenden Umgangs mit historischer Faktizität und einer sehr vereinfachten Darstellung von Ost-West-Verhältnissen kritisch betrachtet werden muss.[3]

Vergleichbare Familienmuster finden sich auch in *Fritzi war dabei* von Hanna Schott (2009). Das populäre Kinderbuch, das im Jahr 2019 als Zeichentrickadaption ins Kino kam, ist an der Grenze zum Bilderbuch anzusiedeln, da die Illustrationen von Gerda Raidt viel Raum einnehmen. Sie füllen vielfach eine ganze Seite, im Falle der Montagsdemonstrationen sogar zwei Doppelseiten. Die Handlung setzt am 1. September 1989 ein, beim Schulstart nach den Sommerferien: Die Kinder sind stolz, dass sie von nun an Thälmann-Pioniere sein dürfen. Zu Fritzis Erstaunen aber fehlt ihre Mitschülerin Sophie, was die Lehrerin bissig mit den Worten kommentiert: „‚Ihre Eltern halten es für besser, ihr Kind in einer Turnhalle übernachten zu lassen und einer ungewissen Zukunft auszusetzen, als seine Teilnahme an einem geregelten Schulunterricht zu ermöglichen." (Schott 2009, 12–13) Hier fällt die Lehrerin Fräulein Leisegang der Negativzeichnung zum Opfer. Die Illustrationen zeigen sie durchgängig als

---

[3] Gansel bezeichnet das Buch „als extremes Beispiel für das Verfehlen der Tatsächlichkeit gelebten Lebens" und expliziert „die falsche Verortung der Wirklichkeitselemente" u. a. daran, dass im Text von „konspirativen Versammlungen" (Ahrendt 1994, 9) in Schwerin die Rede ist, die es nicht gegeben hat (vgl. Gansel 1996, 41–42).

wütende, verbitterte Frau mit zusammengekniffenem, heruntergezogenem Mund und spitzer Nase.

Zuhause erfährt Fritzi, dass auch eine Geigenschülerin des Vaters nicht zum Unterricht erschienen ist, ebenso fehlten Kindergartenfreunde ihres jüngeren Bruders Hanno sowie der Chef der Mutter, ein Oberarzt im Krankenhaus. Von nun an erlebt die Protagonistin, wie immer mehr Menschen nach Ungarn fahren, um von dort aus über Österreich nach Westdeutschland zu reisen. Sie wird Zeugin der Montagsdemonstrationen, an denen sich auch die Mutter aktiv beteiligt. Der Vater hingegen hält sich zurück und wartet ab. Eine Rebellion mag er nicht riskieren. Erst als am 9. November die Mauer fällt, fährt Fritzi mit dem Vater und dem Bruder in den frühen Morgenstunden zur Großmutter nach München. Dort staunt sie nicht nur über die riesige Auswahl an Barbiepuppen (Fritzi wünscht sich schon lange eine), sondern auch über die Sauberkeit der Isar. Dem Mädchen kommt alles wie ein Wunder vor, und so schläft sie, völlig überwältigt, mit der neuen Barbiepuppe im Arm im Wohnzimmer der Großmutter ein. Der Westen erscheint, durch die Augen Fritzis betrachtet, wie ‚ein Wunderland voller Barbiepuppen' und ist damit festgeschrieben auf ein an Marken orientiertes Konsumbild, das sich hier an den Wunsch nach einer Barbie bindet, welche tradierte Geschlechtsrollenmuster aufruft. Barbie repräsentiert mit ihrem Aussehen (extreme Schlankheit, lange blonde Haare, aufreizende, meist rosa oder pinkfarbene Kleidung) den Anschluss an weibliche Körperdiskurse – eine Darstellung, die von Kerstin Böhm als „Pinkifizierung" bezeichnet wird. Diese verweise als „Strategie der Sichtbarmachung auf die Objektifizierung weiblicher Körper mit Tendenzen zur Sexualisierung" (Böhm 2017, 157).[4] Die Barbiepuppe avanciert im Text in Repräsentation des Westens zum großen kindlichen Sehnsuchtsobjekt, was unkommentiert stehenbleibt. Während Fritzi durch den Mauerfall die Möglichkeit zum Anschluss an den Konsumdiskurs der westlichen Kinderzimmer erhält, kann ihr Vater seine Passivität ablegen, durch den Grenzübertritt in Aktion treten und Autonomie gewinnen. Das bleibt anderen Vaterfiguren in der Kinder- und Jugendliteratur, wie oben gezeigt wurde, verwehrt.

Das Extrem des unfähig-passiven Vatertyps findet sich im Jugendroman *Bye-bye Berlin* von Petra Kasch (2009). Die Handlung ist im Jahr 1995 angesiedelt und zeichnet ein differenziertes Bild vom wiedervereinigten Berlin nach der Wende.[5] Im Zentrum der Handlung steht die 14-jährige Nadja, die mit ihrem Vater in Berlin geblieben ist, während die Mutter als erfolgreiche Journalistin in Hamburg arbeitet. Hier tritt ein Vater auf, der als klassischer Wendeverlierer etabliert wird:

> Ihr Vater gehörte in der DDR zu den bekanntesten Fotografen. Und nicht nur dort. Seine Fotoausstellungen reisten durch halb Europa. Er bekam jede Menge Preise und unterrichtete sogar an der Kunsthochschule. Und trotzdem fliegen sie jetzt aus der Wohnung. (Kasch 2009, 52)

---

4 Vgl. zum Barbie-Phänomen aus transmedialer Perspektive Kumschlies 2020.
5 Vgl. zum Berlin-Bild in *Bye bye Berlin* Dall'Armi 2018.

Der Vater verdient seit dem Ende der DDR kein Geld mehr. Das, was die Mutter ihnen schickt, gibt er für Alkohol aus, sodass kein Geld mehr für Miete, Strom und Essen übrigbleibt. Die jugendliche Tochter übernimmt Verantwortung für den schwachen Vater, „weil sie ihn nicht im Stich lassen wollte" (Kasch 2009, 12), und versucht immer wieder, ihm Mut zu machen: „Sie würden das auch zu zweit schaffen." (Kasch 2009, 43) So verkehren sich die Rollenverhältnisse: Während der Vater nur schweigt und trinkt, ist es Nadja, die den kümmernden Part in der Beziehung übernimmt und aktiv mithilfe guter Freund*innen versucht, das Geld für die Miete aufzubringen. Am Ende organisiert sie eine Fotoausstellung mit Bildern des Vaters, durch die es ihr gelingt, ihn quasi zu reanimieren. Der gesamte deutsch-deutsche Umbruch ist hier als Verlusterfahrung gekennzeichnet: „Neue Hauseigentümer haben Schilder dahinter aufgestellt. *Betreten verboten!* Als ob sie den Himmel gleich mitgekauft hätten" (Kasch 2009, 64), heißt es im Text.

Der Westen hat den Osten überrannt, und die ehemaligen DDR-Bürger*innen befinden sich inmitten eines Entsorgungsprozesses. Mit den Fotos des Vaters, die Nadja am Anfang des Buches aus Wut teilweise verbrennt, lösen sich Bildarchive auf: „Nadja versteht nicht, weshalb niemand mehr etwas mit seinem früheren Leben zu tun haben will. Alle sind plötzlich mit ganz wichtigen Dingen beschäftigt. Entweder mit Wegwerfen oder Wegziehen." (Kasch 2009, 119)

Die Fotos des Vaters reflektieren die Erinnerung. Durch ihre Dominanz in der Berliner Wohnung verleihen sie dieser einen musealen Charakter. Somit ist der Vater der Vergangenheit zugeordnet, die Mutter mit ihrer rentablen Position beim *Hamburger Abendblatt* der Zukunft. Nachdem die Mutter gegangen ist, verstummt der Vater. „Aber nichts als Schweigen. Von ihrem Vater ist nur noch eine stumme Hülle übrig" (Kasch 2009, 85), bemerkt die Jugendliche verzweifelt. Im Vater lebt die DDR weiter (vgl. Kasch 2009, 101). Das negative Vaterbild ist gleichsam an die Reifung und Adoleszenz der Figur Nadjas gekoppelt (vgl. Dall'Armi 2018, 196). Als sie mit ihren Freund*innen die Wohnung streicht, vollzieht sich ein Erneuerungs-, Reifungs- und Ablösungsprozess (vgl. Kasch 2009, 86), der es ihr schließlich möglich macht, Berlin zu verlassen und nach Hamburg zu gehen. Wie in den anderen Romanen vollzieht sich auch hier eine Bewegung hin zur Mutter. Bemerkenswert ist die starke Solidarität unter den jugendlichen Figuren – und dies unabhängig vom Geschlecht. In Biggi und Pascal hat Nadja gleichaltrige Bezugspersonen, die – anders als die Eltern – zu ihr stehen und sowohl die Erinnerung bewahren als auch den Aufbruch wagen können.

So stellen die meisten kindlichen und vor allem jugendlichen Figuren in den Texten die Träger*innen des deutsch-deutschen Umbruchs dar, die sich besser von normierten Genderzuschreibungen lösen können als die Elternfiguren. In allen Texten tendieren die kindlichen und jugendlichen Figuren zum Aufbruch und damit zur Solidarität mit der Mutter, während die Väter in ihrer Hilflosigkeit alleine zurückbleiben. Eine Ausnahme ist der Vater von Fritzi bei Schott, der in der Nacht des Mauerfalls den Übertritt in den Westen wagt und sich den gesellschaftlichen Umbrüchen nicht mehr verschließt.

3.2 „Er tobte wie das Rumpelstilzchen": Der autoritäre Vater als strammer Parteisoldat im Familiengefüge

Die stereotype Negativdarstellung des DDR-Regimes ist in vielen Werken der Kinder- und Jugendliteratur an die Vaterfigur gekoppelt. Das gilt vor allem für jene Texte, denen der zweite Typus der Vaterfigur zugeordnet ist: der stramme Parteisoldat und SED-Funktionär, der als reine Negativfigur konzipiert ist. Dieser Vatertyp erscheint z. B. in *Der Klassenfeind und ich* von Barbara Bollwahn (2007), *Tine Eisenbeisser* von Ira Wedel (2009), *Mauerpost* von Maike Dugaro und Anne-Ev Ustorf (2019) und *Zorro Vela* von Norbert Zähringer (2019).

In *Der Klassenfeind und ich* (2007) nimmt die ostdeutsche Autorin Barbara Bollwahn das Motiv der verhinderten Liebe auf, um vom Leben im geteilten Deutschland zu erzählen. Das Buch ist als Tagebuchroman gestaltet. Die Ich-Erzählerin und Protagonistin ist Ramona, die sich im Ungarn-Urlaub in Jürgen aus der BRD verliebt.[6] Erst durch diese Liebesbeziehung beginnt sie, unter der Mauer zu leiden, und sie notiert in ihrem Tagebuch: „Vorher war mir die Mauer ziemlich egal, dieser antifaschistische Schutzwall. Aber jetzt steht die Mauer als unüberwindbares Hindernis zwischen uns und ich weiß nicht, was ich machen soll." (Bollwahn 2007, 68)

Die Beziehung zu Jürgen ist die Initialzündung für die Konflikte mit dem Vater. Die Familie ist – wie in vielen Texten – in zwei Parteien aufgeteilt, die stereotyp die unterschiedlichen politischen Lager vertreten: Auf der einen Seite stehen Ramona und die Mutter, die offen für die Umbrüche im Land sind, auf der anderen Seite der Vater und der kleine Bruder Ralf. In Ramonas Tagebuch liest sich das so: „Papi ist in der Partei und erklärt alles immer mit irgendwelchen gesellschaftlichen Notwendigkeiten und dass im Kommunismus alles besser wird. Ralf ist erst 10 und glaubt noch daran." (Bollwahn 2007, 9) Der Bruder ist ein begeisterter Jungpionier: „Fahnenappelle am Morgen und Lagerfeuer am Abend sind für ihn das Größte. Er singt auch alle Arbeiterlieder total gerne." (Bollwahn 2007, 13) Doch Ramona artikuliert ihre Zweifel: „Es ist zum Beispiel nicht so, wie Papi sagt, dass die Partei immer recht hat und alle Menschen gleich sind." (Bollwahn 2007, 10) Vor diesem Hintergrund expliziert sie die Hinwendung zur Mutter: „Mittlerweile sehe ich viele Sachen wie Mutti. Sie ist nicht in der Partei und schimpft oft, wenn sie etwas ungerecht findet oder wenn es wieder mal irgendwas nicht zu kaufen gibt." (Bollwahn 2007, 10–11) Der Vater schaut die *Aktuelle Kamera*, die Mutter die *Tagesschau*. Durch die deutliche Zuordnung des Vaters und des kleinen Bruders zum SED-Regime ist die familiäre Eskalation vorprogrammiert, als Ramona sich in Jürgen aus der BRD verliebt. Der Vater bezeichnet Ramonas West-Freund Jürgen nur als „Klassenfeind"; er tritt in diesem Kontext als Negativ- und Hassfigur auf, fängt heimlich Jürgens Briefe ab, öffnet diese und ordnet die Auflösung der Liebesbeziehung autoritär an, ohne den Dialog mit der Tochter zu suchen. Da-

---

[6] Liebesbeziehungen zwischen Ost und West, die sich im Sommer am Balaton anbahnen, sind ein populäres Thema narrativer Medien, vgl. die ZDF-Serie *Honigfrauen* (Verbong 2016).

gegen tritt die Mutter als Vermittlerin auf, aber nicht in offensiver Weise, sondern indem sie beschwichtigt und ihre Tochter heimlich unterstützt, um den autoritären Vater nicht zu verärgern. Die Beziehung zu Jürgen zerbricht an der Mauer, vor allem aber daran – und das ist im Hinblick auf die Genderkonzeptionen höchst interessant –, dass Ramona stärker ist als Jürgen. Die einzige Chance, eine Ausreisegenehmigung zu erhalten, scheint für sie eine Heirat zu sein. Doch Jürgen bekommt Angst und lehnt ihren Heiratsantrag ab. In seinem (vorerst) letzten Brief schreibt er: „Die Mauer ist stärker als ich. Du anscheinend auch. Es tut mir leid!" (Bollwahn 2007, 137)

Ramona geht zum Studium nach Leipzig und tritt in einen Ablösungs- und Identitätsfindungsprozess ein, der es ihr erlaubt, manchmal auch versöhnlich auf den Vater zu blicken. Sie schreibt in ihr Tagebuch: „Und nur, weil er an den Sozialismus glaubt, ist er ja kein schlechter Mensch." (Bollwahn 2007, 116) Erneut sind Aufbruch und emanzipatorische Bewegung vor allem den jugendlichen Figuren zugeschrieben. Nachdem Jürgen am Balaton noch wie der ‚Retter in der Not' aufgetreten ist, dann aber nicht die Stärke hatte, zu seiner Liebe zu stehen, versucht Ramona nun in Leipzig, sich ganz bewusst Genderklischees zu entziehen:

> Dir kann ich es ja sagen, mein liebes Tagebuch: In letzter Zeit finde ich es total toll, Sachen zu machen, für die eigentlich eher Männer bekannt sind. Ich gehe freitags oder samstags in die „Moritzbastei", mit der Absicht, einen Jungen aufzureißen, den ich dann mit nach Hause nehme. Meistens klappt es. Nervig finde ich nur, wenn die Typen am nächsten Morgen noch zum Frühstück bleiben wollen. Ich komme mir dann wirklich vor wie einer von den Männern, die eine Frau für die Nacht abschleppen und sie am nächsten Morgen so schnell wie möglich loswerden wollen. Und komischerweise kommen viele Männer nicht damit klar. (Bollwahn 2007, 149–150)

Den Wunsch nach Beziehung und Kindern stellt sie grundsätzlich in Frage, fokussiert sich vor allem auf eine berufliche Karriere, was in einem geschlossenen System denkbar schwierig ist, da ihr Werdegang durch die Partei vorgezeichnet zu sein scheint. Doch Ramona sucht hier selbstbewusst und mutig nach einem Weg der emanzipierten Selbstfindung. Sie studiert Sprachen und widersetzt sich aktiv dem politischen Regime. Während Ramona sich 1989 an den Montagsdemonstrationen beteiligt, verlässt ihre Mutter das Land. Sie hat einen neuen Mann kennengelernt, mit dem sie in der BRD leben will.

So etabliert der Roman das Modell der starken Frau, die die als schwach gekennzeichneten Männer abhängt. Ramonas Vater ist nach dem Mauerfall und der Trennung von der Mutter ein gebrochener Mann. Während der Lebensweg des kleinen Bruders offen bleibt, zeichnet sich für Ramona die Selbstverwirklichung ab. Im März 1990 besucht sie ihre Studienstadt Leipzig und gerät am Abend beim Ausgehen unfreiwillig in eine verunglückte Stripshow. Eine völlig überforderte Frau ist als Rotkäppchen verkleidet und zieht sich auf der Bühne aus. Für Ramona repräsentiert sich hier der Untergang des Ostens. Sie schreibt in ihr Tagebuch, die Show sei nicht nur peinlich, sondern todtraurig gewesen: „Die Frau raffte ihre Sachen zusammen und rannte von der Bühne. Ein strippendes Rotkäppchen war es nicht gerade, was ich am Osten vermisst hatte." (Bollwahn 2007, 243)

Die weibliche Subjektwerdung und die Emanzipation vom autoritären Vater binden sich unmittelbar an die Freiheit, die mit der Grenzöffnung verbunden ist. Die männlichen Figuren bleiben verlassen im Osten zurück, allein mit der Lächerlichkeit, die das strippende Rotkäppchen ausdrückt. Für den einst gefürchteten Vater hat Ramona am Ende nur noch Mitleid übrig:

> Ich musste mich beherrschen, um nicht zu weinen. Papi tut mir so leid, aber ich weiß, dass ich ihm nicht helfen kann. Er scheint noch immer nicht wahrhaben zu wollen, dass seine Ideale gescheitert sind. Oder er merkt, dass er aufs falsche Pferd gesetzt hat, und es fällt ihm „nur" schwer, sich das einzugestehen. (Bollwahn 2007, 203–204)

Die einzige handlungsaktive, starke Männerfigur, die der Text anbietet, ist Thorsten, eine Bekanntschaft, die Ramona in einer Bar macht. Er ist aus der Partei ausgetreten und passt sich nicht an – jedoch bleibt er als Nebenfigur eher blass.

Mit *Tine Eisenbeisser* stellt Ira Wedel eine jugendliche Protagonistin vor, die nahezu mit den gleichen Problemen kämpft wie Ramona aus Bollwahns Tagebuchroman. Auch sie bildet mit der Mutter die Union gegen den autoritären Vater und den kleinen Bruder. Der Vater ist bei der Volkspolizei, duldet keine Widerworte und agiert mit autoritärer Strenge. Während Ramona sich in einen echten Emanzipationsprozess begibt, bleibt Tine aber der kindlichen Rebellion verhaftet, insofern sie vor allem auf die Inszenierung ihrer Weiblichkeit setzt, indem sie sich am Vorbild Madonnas orientiert, sich stark schminkt und Miniröcke anzieht. Als sie im Unterrichtsfach „Produktive Arbeit" vom Meister sexuell belästigt wird, befreit sie sich nicht selbst aus der Situation, sondern ihr Freund Nils (der später in den Westen geht) tritt als ‚Retter in der Not' auf.

Dass Tines Akt der Emanzipation sich nur vordergründig vollzieht, verwundert nicht, wenn man auf die Mutterfigur blickt. Sie ordnet sich ihrem Mann unter und verheimlicht ihm, dass sie noch Kontakt zu ihrem Bruder im Westen hat. Für diese Unehrlichkeit bewundert Tine die Mutter:

> Tine ist schwer beeindruckt von ihrer Mutter. Sie gaukelt allen vor, die linientreue Gattin des Oberstleutnants zu sein, aber in Wirklichkeit spielt sie mit dem Gedanken, in den Westen zu gehen. Oder zumindest schreibt sie sich trotz Verbots mit ihrem Bruder. (Wedel 2009, 118)

Die Bewunderung, die sich hier ausdrückt, erscheint insofern besonders problematisch, als der Vater von Anfang an als Negativfigur auch noch der Lächerlichkeit preisgegeben wird. So beobachtet Tine ihn bei der Gartenarbeit: „Dieser übereifrige Blick, die hochgeschobenen Ärmel – ganz zu schweigen von dem fast freigelegten Hintern, weil er vor lauter Konzentration nicht mehr merkt, dass seine Hose rutscht." (Wedel 2009, 34) Trotzdem fügen sie und die Mutter sich. Erst der politische Umbruch und die Nacht des Mauerfalls bringen den Wendepunkt und lösen die Familienstrukturen auf. Mit den Worten: „Kommt, Kinder, das hat keinen Sinn. Euer Vater will sich lieber weiter vor der neuen Zeit verstecken, als sich ihr zu stellen" (Wedel 2009, 141), bricht die Mutter mit Tine und Ralf zu den Kundgebungen auf. Ein Aufbruch, der sowohl auf die neu gewonnene Freiheit der DDR-Bürger*innen als auch auf die Emanzipationsprozesse der weiblichen Figuren verweist.

Sowohl *Der Klassenfeind und ich* als auch *Tine Eisenbeisser* sind Jugendbücher, die im Kontext des 20. Jahrestages des Mauerfalls erschienen sind.[7] Dass neuere Texte aus der Zeit des 30-jährigen Jubiläums den Leser*innen immer noch ähnliche Genderstereotype anbieten, mag einigermaßen erstaunen. Tatsächlich sind die Familien in den 2019 erschienenen Romanen *Mauerpost, Alles nur aus Zuckersand* und *Zorro Vela* ähnlich strukturiert wie bei Bollwahn und Wedel. Bei *Mauerpost* handelt es sich um einen Briefroman, der den Briefaustausch zwischen den Mädchen Ines und Julia abbildet, die in West- und Ostberlin leben und sich dank ihrer Nachbarin „Oma Ursel" Briefe schreiben können. Beide schildern in konstruiert anmutenden Briefen, die mit historischem Hintergrundwissen überfrachtet sind, ihr Leben in der getrennten Stadt im Jahr 1988, wobei sie langsam einem fatalen Familiengeheimnis auf die Spur kommen: Die Mädchen entpuppen sich als Schwestern, die in der frühen Kindheit getrennt wurden – neben der durch die Mauer verhinderten Liebe, wie sie schon bei Wedel und Bollwahn auftritt, ein beliebtes Motiv der Kinder- und Jugendliteratur zu Mauerfall und Wende, das sich z. B. auch in *Zweimal Marie* von Nina Petrick (2009) oder in *Todesstreifen* von Helen Endemann (2019) findet.[8] So wird die durch die Grenze evozierte Teilung auf individuelle Schicksale der Buchfiguren übertragen.

Wie Ramonas und Tines Vater ist Julias Vater ein treues Mitglied der SED und hält auch zuhause Vorträge über die Partei. Das stört Julia, sie fühlt sich unfrei, und sie öffnet sich Ines immer mehr und wendet sich vom Vater ab.

Ähnliche Familienmuster finden sich auch im Kinderroman *Alles nur aus Zuckersand* von Dirk Kummer (2019). Im Zentrum steht hier die enge Freundschaft zwischen Fred und Jonas, die einen tiefen Bruch erfährt, weil die Familie von Jonas einen Ausreiseantrag stellt. Freds Vater ist der Ernährer und arbeitet als Zollbeamter an der Berliner Mauer, die Mutter kümmert sich um den Haushalt. Die ältere Tochter Ramona ist in der Pubertät, nimmt eine rebellische Haltung ein und ist auf ihre wechselnden Liebesbeziehungen konzentriert. Hier wird nun eine Familie vorgeführt, deren Mitglieder alle an den sozialistischen Staat glauben, nicht nur der Vater. Vor allem aber sieht er die Gefahren, die von Freds Freundschaft mit Jonas ausgehen, nachdem dessen Familie einen Ausreiseantrag gestellt hat. Jonas' Familie bildet einen Gegensatz zu der ‚sozialistischen Musterfamilie': Sein Vater ist in politischer Haft verstorben, die Mutter ist alleinerziehend und engagiert sich in der Kirche. Auch äußerlich unterscheiden sich die Familien voneinander. Während Freds Familie von

---

7 Darauf, dass die Kinder- und Jugendliteratur zu Mauerfall und Wende vor allem in sogenannten Wellen zu den Jahrestagen erscheint, hat Ute Dettmar aufmerksam gemacht (vgl. Dettmar 2016, 51).
8 Auch diese beiden Bücher halten am Bild des schwachen Vaters, der einer starken Mutter gegenübersteht, fest. *Zweimal Marie* von Nina Petrick ist eine Hommage an Erich Kästners *Doppeltes Lottchen*, die Zwillingsmädchen sind nach der Trennung der Eltern in Ost und West aufgeteilt worden, denn der Vater ist in der DDR geblieben und die Mutter ist in die BRD ausgereist. In *Todesstreifen* von Helen Endemann begeht der depressive Vater der Zwillinge Suizid.

„weißen Porzellanteller[n]" isst, kennt Jonas „buntes Keramikgeschirr mit Blumen und Schmetterlingen" (Kummer 2019, 18). Freds Familie ist politisch, aber die Gespräche über Politik sind unkritisch, die Zugehörigkeit zur Partei wird nicht hinterfragt. Jonas' Mutter dagegen kritisiert das Leben in der DDR, leidet unter der Enge und den eingeschränkten Reisemöglichkeiten. Trotz der Unterschiede sind Jonas und Fred beste Freunde, und auch die Eltern akzeptieren die Freundschaft grundsätzlich. Als jedoch klar ist, dass Jonas' Mutter das Land verlassen wird, häufen sich die Probleme. Freds Vater möchte, dass sein Sohn die Freundschaft beendet, was für diesen unter keinen Umständen in Frage kommt. So muss Fred seine Eltern belügen, wenn er sich unbehelligt mit seinem besten Freund treffen will. Als der Vater schließlich erfährt, dass der Ausreiseantrag genehmigt wurde, wirft er seinem Sohn gar vor, mit „dem Klassenfeind" (Kummer 2019, 35) zu spielen und bedient sich damit desselben Vokabulars, das auch Ramonas Vater bei Bollwahn und Tines Vater bei Wedel benutzt. Damit wird der Vater endgültig zu einem Gegenspieler, denn er scheint den Kummer seines Sohnes überhaupt nicht zu verstehen. Allerdings, und hier liegt der Unterschied zu den Vaterfiguren der früheren Texte, lässt er seinem Sohn auch Freiheiten, erlaubt ihm zum Beispiel, unkontrolliert im Grenzgebiet zu spielen. Zudem lässt der Text seine Leser*innen wissen, dass der Vater nach den Parteiversammlungen oft Kopfschmerzen hat, womit angezeigt ist, dass ihm die SED-Zugehörigkeit auch psychische Schwierigkeiten bereitet. Die Mutter aber nimmt erneut eine untergeordnete Rolle ein, bemüht sich eher im Hintergrund um ein friedliches Familienleben. Kummer zeigt den Vater als einen treuen Bürger der DDR, aber er verzichtet weitestgehend auf eine stereotype Zeichnung, da der Vater nicht als reine Negativfigur konzipiert ist. Zwar bleibt er bei seiner sozialistischen Haltung und hat auch wenig Verständnis dafür, dass Fred Jonas nach dessen Ausreise vermisst, erklärt seinem Sohn aber immerhin, dass er ihn schützen wolle (Kummer 2019, 129).

Ähnliche Entwicklungen in der Geschlechterrollendarstellung finden sich in einem der ersten Kinderromane, die einen phantastischen Zugriff auf das Thema Mauerfall und Wende suchen. Der Kalte Krieg kommt in Norbert Zähringers *Zorro Vela. Ein Märchen aus dem Kalten Krieg* (2019) ein paar negativ konnotierten Außerirdischen äußerst gelegen. Sie fühlen sich von den dümmlichen Menschen bedroht und wollen nun die innerdeutsche Grenze dazu nutzen, dass die Menschheit sich durch einen Atomkrieg selbst auslöscht. Doch der Planet Oneiros schickt, in Opposition zu den anderen Außerirdischen, den Gestaltwandler Zorro Vela zu den Menschen, und zwar ausgerechnet zu dem schüchternen, etwas dicklichen Brillenträger René Reinhardt, der in der DDR nahe der deutsch-deutschen Grenze lebt. René ist ein klassischer Außenseiter, hat in der Schule keine Freunde, wird aber auch nicht gemobbt, was daran liegt, dass sein Vater ein einflussreicher Oberst bei den Grenztruppen ist. Dieser Vater tritt zwar ähnlich autoritär auf wie die schon betrachteten Vaterfiguren, jedoch sucht er auch immer wieder den Dialog mit seinem Sohn, und am Ende erfahren die Leser*innen, dass er in der Vergangenheit Widerstand geleistet hat.

Zusammenfassend lässt sich sagen, dass sich in allen hier genannten Texten die Kinder und Jugendlichen an ihren Vätern reiben, die in den frühen Texten ihre Familien regelrecht tyrannisieren, wogegen die Mütter sich bis zum Mauerfall nur vorsichtig wehren. Letztere teilen die politischen Ansichten ihrer Männer nicht, wagen entscheidende Emanzipationsschritte aber erst mit dem Umbruch im Jahr 1989. So stehen die Väter in Opposition zu Müttern und Kindern, denn (nur) diese haben den Mut, nach der Grenzöffnung nach vorne zu schauen. Damit weisen sie ein viel stärkeres Entwicklungspotenzial auf als die Väter.

4 Bilanz

Gerade der Blick auf die neueren Kinderromane hat gezeigt, dass sich die Genderstereotype allmählich auflösen und einer differenzierteren Darstellung weichen. Jedoch gilt dieser Befund mehr für die Kinder- als für die Jugendliteratur, wie die Beispieltexte zeigen. Insgesamt konstruiert die Kinder- und Jugendliteratur zu Mauerfall und Wende eine dominant weibliche Perspektive. Sie zeichnet einen weiblich konnotierten Umbruch, der von den Frauen getragen wird. Die Männer bleiben mehrheitlich frustriert und gebrochen zurück und trauern der DDR nach. Hier spiegelt sich die „entschiedene Abrechnung mit der Vätergeneration" (Born 2019, 227), die Arne Born in seiner *Literaturgeschichte der Deutschen Einheit* für die frühen Texte der Allgemeinliteratur konstatiert, die dann aber mit Monika Maron (*Animale triste*, 1996) und Thomas Brussig (*Helden wie wir*, 1995) gebrochen wurde, indem auch die Mutterfiguren der Lächerlichkeit preisgegeben wurden.

Dieser Bruch steht für die Kinder- und Jugendliteratur noch aus. Allerdings konnte die Analyse zeigen, dass er sich doch vorsichtig abzeichnet, da sich neuere Texte, die Kindern und Jugendlichen von der DDR erzählen, von der eindeutigen Schuldzuweisung an die Väter lösen. Beispiele sind neben *Alles nur aus Zuckersand* und *Zorro Vela* in noch stärkerem Maße die Kinderromane *Gertrude grenzenlos* von Judith Burger (2018) und *Pullerpause im Tal der Ahnungslosen* von Franziska Gehm (2016), die ganz ohne die negativ und frustriert gezeichneten Väter auskommen.[9]

Ähnliches gilt für *Jenseits der blauen Grenze* von Dorit Linke (2014), wobei es in diesem Fluchtroman, in dem ein jugendliches Paar über die Ostsee in den Westen schwimmt, bezeichnenderweise die Mädchenfigur ist, die es schafft, das Meer zu überqueren, während ihr Freund ertrinkt, obwohl er eigentlich der bessere Schwim-

---

9 Graphic Novels und Comics über die DDR, die hier aus Platzgründen nicht aufgenommen werden konnten, haben diese Genderstereotype interessanterweise zu keinem Zeitpunkt in vergleichbarer Weise bedient wie die hier analysierten Texte ohne Bildebene. Beispiele für sehr differenzierte Blickweisen, auch im Hinblick auf die Geschlechterverteilung, sind *Drüben!* von Simon Schwartz (2009) und *Kinderland* von Mawil (2014). Zudem gibt es auch einige wenige Romane vor allem aus den frühen Jahren nach dem Mauerfall, die auf das negative Männerbild verzichten, z. B. *Lilly unter den Linden* von Anne C. Voorhoeve (2004), *An einem Freitag im Mai* von Maria Seidemann (1997) oder der autobiographische Text *Tonspur* von Olaf Hintze und Susanne Krones (2014). Aber der neue Roman *Scherbenhelden* von Johannes Herwig (2020) hält an den hier beschriebenen Genderzuschreibungen fest.

mer ist. Die jugendlichen und kindlichen Figuren in den Romanen entziehen sich grundsätzlich den Genderzuschreibungen, da sie schlichtweg immer als die revolutionären Andersdenker*innen konzipiert sind, die die Mauer (in Begleitung ihrer mutigen Mütter) zu Fall gebracht haben. Die Grenzöffnung und der deutsch-deutsche Umbruch avancieren so gleichsam zum Akt der Emanzipation und zum weiblichen Befreiungsschlag. Auch rein zahlenmäßig fällt der Überhang an weiblichen Identifikationsfiguren auf, wodurch wiederum das Muster der starken Frauen fortgeschrieben wird, die den Umbruch tragen und ihre Männer verlassen. Die Erneuerung in den Texten ist weiblich konnotiert, der rückwärtsgewandte Stillstand männlich. Die Lehrerinnen fallen hier heraus, denn diese sind meistens streng und haben wenig Verständnis für ihre Schüler*innen. Frau Knebelmann aus *Alles nur aus Zuckersand*, „eine absolut voll überzeugte Kommunistin" (Kummer 2019, 39), wirbt im Unterricht für die Stärke der „organisierten Arbeiterklasse" (Kummer 2019, 42). Als Jonas nicht mehr in der Klasse ist, ignoriert sie dessen Fehlen schlicht und enthält sich eines Kommentars. Und es ist vor allem Frau Wendler aus *Gertrude grenzenlos*, die sich Gertrude gegenüber ungerecht verhält. So spricht sie die Schülerin nicht bei ihrem Vornamen an und lacht sie sogar offen vor der Klasse aus, als Gertrude die biblische Schöpfungsgeschichte rezitiert (Burger 2018). Fast wirkt es, als bräuchten die männlichen Antagonisten im Sinne der ausgleichenden Geschlechtergerechtigkeit noch weibliche Mitspielerinnen, die aber als Nebenfiguren insgesamt blasser bleiben.

Zu fragen ist, inwiefern sich durch diese kinder-und jugendliterarischen Genderzuschreibungen gesellschaftliche Realität in der DDR wiederspiegelt, eingedenk des Umstands, dass die SED-Chefetagen in der großen Mehrheit von Männern besetzt waren. Darauf macht prägnant die *Amazon Prime*-Serie *Deutschland 86* aufmerksam. Als sich die junge, aufstrebende Parteifunktionärin und die skrupellose HVA-Agentin auf der Herrentoilette der Parteizentrale treffen, da es im ganzen Haus keine Damentoilette gibt, kommentiert die Neue mit den Worten: „Auf so was ist man hier nicht eingestellt", und erhält die Antwort: „Du meinst auf so was wie uns, ohne Penis? Ist mir bekannt, ich habe mein halbes Leben hier verbracht!"

Literatur

1 Primärliteratur

Bollwahn, Barbara. *Der Klassenfeind und ich*. Stuttgart: Thienemann, 2007.
Brussig, Thomas. *Helden wie wir*. Frankfurt a. M.: Fischer, 1995.
Burger, Judith. *Gertrude grenzenlos*. Hildesheim: Gerstenberg, 2018.
Dugaro, Maike/Anne-Ev Ustorf. *Mauerpost*. München: cbj, 2019.
Endemann, Helen. *Todesstreifen*. Reinbek: Rowohlt, 2019.
Funke, Beate. *Das Wunder von Germausia*. Zwickau: Westermann Druck, 2015.
Gehm, Franziska. *Pullerpause im Tal der Ahnungslosen*. Leipzig: Klett Kinderbuch, 2016.
Griebner, Reinhard. *Mauerspechte*. Weimar: Knabe, 2014.
Günther, Herbert. *Ein Sommer, ein Anfang*. Hamburg: Oetinger, 1995.

Herwig, Johannes. *Scherbenhelden*. Hildesheim: Gerstenberg, 2020.
Hintze, Olaf/Susanne Krones: *Tonspur. Wie ich die Welt von gestern verließ*. München: dtv, 2014.
Kasch, Petra. *Bye-bye, Berlin*. Ravensburg: Ravensburger, 2009.
König, Karin. *Ich fühl mich so fifty-fifty*. München: dtv, 2002 [1991].
Kordon, Klaus. *Hundert Jahre und ein Sommer*. Weinheim u. a.: Beltz & Gelberg, 2002 [1999].
Kordon, Klaus/Peter Schimmel. *Die Lisa. Eine deutsche Geschichte*. Weinheim u. a.: Beltz & Gelberg, 2002/2007 [*Die Lisa. Ein Leben*, 1991].
Krause, Ute. *Im Labyrinth der Lügen*. München: cbj, 2015.
Kummer, Dirk. *Alles nur aus Zuckersand*. Hamburg: Carlsen, 2019.
Linke, Dorit. *Jenseits der blauen Grenze*. Bamberg: Magellan, 2014.
Linke, Dorit. *Wir sehen uns im Westen*. Hamburg: Carlsen, 2019.
Maron, Monika. *Animale triste*. Frankfurt a. M.: Fischer, 1996.
Mawil. *Kinderland*. Berlin: Reprodukt, 2014.
Petrick, Nina. *Zweimal Marie*. Berlin: Tulipan, 2009.
Rahlens, Holly-Jane. *Mauerblümchen*. Aus dem Englischen übersetzt von Sabine Ludwig. Reinbek: Rowohlt, 2009.
Raki, Ina. *In einem Land vor meiner Zeit*. Berlin u. a.: Aufbau, 2012.
Ross, Carlo. *Mordskameradschaft: Tim, unter Skinheads geraten*. München: Bertelsmann, 1996.
Sax, Alina. *Grenzgänger*. Aus dem Niederländischen übersetzt von Eva Schweikart. Stuttgart: Freies Geistesleben, 2019 [2015].
Schott, Hanna. *Fritzi war dabei. Eine Wendewundergeschichte*. Leipzig: Klett Kinderbuch, 2009.
Schwartz, Simon. *drüben!* München: Avant, 2009.
Seidemann, Maria. *An einem Freitag im Mai*. München: Ellermann, 1997.
Stern, Maike. *Ein halber Sommer*. Hamburg: Oetinger, 2019.
Voorhoeve, Anne C. *Lilly unter den Linden*. Ravensburg: Ravensburger, 2004.
Wedel, Ira. *Tine Eisenbeisser*. Berlin: Jacoby Stuart, 2009.
Zähringer, Norbert. *Zorro Vela. Ein Märchen aus dem Kalten Krieg*. Stuttgart: Thienemann, 2019.

Filme/Serien

Deutschland 86. Regie Florian Cossen, Arne Feldhusen, Amazon, 2018.
Honigfrauen. Regie Ben Verbong, ZDF, 2017.

2 Sekundärliteratur

Böhm, Kerstin. *Archaisierung und Pinkifizierung. Mythen von Männlichkeit und Weiblichkeit in der Kinder- und Jugendliteratur*. Bielefeld: transcript, 2017.
Born, Arne. *Literaturgeschichte der deutschen Einheit 1989–2000. Fremdheit zwischen Ost und West*. Hannover: Werhahn, 2019.
Dall'Armi, Julia von. „Abschied von und mit den Bildern einer Stadt: Petra Kaschs *Bye-Bye, Berlin* (2009)". Berlin: *Bilder einer Metropole in erzählenden Medien für Kinder und Jugendliche*. Hg. Sabine Planka. Würzburg: Königshausen & Neumann, 2018, 191–212.
Dettmar, Ute. „Kindsein – Erinnern – Erzählen. (Selbst-)Beschreibungen von Kindheiten in ‚Wendezeiten' in erinnerungskultureller und generationeller Perspektive". *Die andere deutsche Erinnerung. Tendenzen literarischen und kulturellen Lernens*. Hg. Carolin Führer. Göttingen: V&R unipress, 2016, 39–58.

Gansel, Carsten. „Zwischen Wirklichkeitserfahrung und Stereotypenbildung. Vom Dilemma einer Jugendliteratur zur ‚Wende'". *Der Deutschunterricht* 4 (1996), 32–42.

Gansel, Carsten. „Atlantiseffekte in der Literatur? Zur Inszenierung von Erinnerung an die verschwundene DDR". *Grenzenlos. Mauerfall und Wende in (Kinder- und Jugend-)Literatur und Medien.* Hg. Ute Dettmar/Mareile Oetken. Heidelberg: Winter, 2010, 17–50.

Josting, Petra. „Wendeliteratur für Kinder und Jugendliche." *Literatur zur Wende. Grundlagen und Unterrichtsmodelle für den Deutschunterricht der Sekundarstufen I und II.* Hg. Petra Josting/Clemens Kammler/Barbara Schubert-Felmy. Baltmannsweiler: Schneider Hohengehren, 2008, 39–54.

Keuler, Gunhild. *Literatur zur ‚Wende' im Deutschunterricht.* Frankfurt a. M. u. a.: Peter Lang, 2017.

Kumschlies, Kirsten. „‚Als wäre Berlin in diesem Herbst die schönste Stadt der Welt …': Das Berlin-Bild in aktueller Kinder- und Jugendliteratur zum Mauerfall". *Berlin: Bilder einer Metropole in erzählenden Medien für Kinder und Jugendliche.* Hg. Sabine Planka. Würzburg: Königshausen & Neumann 2018, 173–190.

Kumschlies, Kirsten. „‚Was, du hast Kniegelenke? Das glaube ich einfach nicht!' Der Barbie-Medienverbund in transmedialer Lektüre". *denkste puppe. multidisziplinäre Zeitschrift für Mensch-Puppen-Diskurse* 1 (2020). https://dspace.ub.uni-siegen.de/handle/ubsi/1723 (13. November 2020).

Mikota, Jana/Kirsten Kumschlies. „‚Ich fühlte mich geborgen in diesem Staat, in dem alle Menschen Brüder waren…' Zur Darstellung der DDR in aktuellen Kinder- und Jugendromanen". *Literatur im Unterricht. Texte der Gegenwartsliteratur für die Schule.* 21.1 (2020): Themenheft DDR. Wissenschaftlicher Verlag Trier, 7–21.

Peter Podrez
Geschlechterbilder phantastischer Tierwesen in der Kinderbuchreihe *Der kleine Drache Kokosnuss*

Zusammenfassung: Kinderbücher erzählen in unüberschaubarer Anzahl Geschichten mit tierlichen[1] Protagonist*innen. Bei deren oft anthropomorphisierten Repräsentationen werden nicht nur anthropozentrische Vorstellungen von ‚Animalität', sondern, damit verbunden, auch von Geschlechtern und deren (Macht-)Verhältnissen konstruiert. Der Beitrag beleuchtet diese Verbindung von Tierfiguren und Genderrollen am Beispiel der Kinderbuchreihe *Der kleine Drache Kokosnuss* von Ingo Siegner. Dabei rücken nicht nur die textuellen, sondern mit Blick auf die Illustrationen auch die visuellen Konstruktionen von Animalität und Geschlecht in den Mittelpunkt der Analyse. Untersucht werden unter anderem die Genderimplikationen in Bezug auf die phantastische Tierart ‚Drache', vergeschlechtlichte Inszenierungen humaner und animalischer Körper, gegenderte Wissensformen sowie Vorstellungen von männlicher und weiblicher bzw. menschlicher und tierlicher *agency*.

1 Tiere/Geschlechter/Medien: Diskursive Felder und disziplinäre Schnittstellen

Tiere haben Geschlechter. So schlicht und unumstößlich diese Tatsache ist, so voraussetzungs- und folgenreich ist sie auch. Bei physisch-realen Tieren ist sie folgenreich, da das Geschlecht bei vielen, insbesondere bei denjenigen Tierarten, die unter die kulturell konstruierte Kategorie ‚Nutztiere' fallen, den Ausschlag über den Verlauf ihres Lebens (und Todes) geben kann – etwa in der Eierindustrie bei der Sortierung in weibliche Küken, die ‚produktionsfähig' sind und überleben, und männliche Küken, die als ‚unproduktiv' eingestuft und getötet werden (Hildebrandt 2011, 216). Voraussetzungsreich ist sie, da die Geschlechterkategorien aufgrund ‚harter' bio- und zoologischer Erkenntnisse als naturalisiert erscheinen, in Wirklichkeit aber den Blick darauf versperren, dass auch Naturwissenschaften kulturellen Deutungsmustern unterliegen (vgl. Haraway 1995). Tiere sind so gesehen nicht nur biologisch-naturalisierte Lebewesen, sondern ihre Bedeutung ist „gesellschaftlich konstruiert und somit historisch und kulturell bedingt" (Kompatscher et al. 2017, 31).

---

[1] Der Ausdruck ‚tierlich' ist in den Human-Animal Studies verbreitet und im Sinne einer linguistischen Kritik daran angelehnt, negative Zuschreibungen mittels Sprache abzubauen. Wie bei den Begriffspaaren ‚weiblich/weibisch' oder ‚kindlich/kindisch' kann der Ausdruck ‚tierisch' im Vergleich zu ‚tierlich' eine negative(re) Bedeutung konnotieren (Kompatscher et al. 2017, 54).

Dass Tiere Geschlechter haben, gilt auch und insbesondere für medial repräsentierte Tiere. Ob durch Sprache, Schrift, bewegte oder unbewegte Bilder – in tierlichen Repräsentationen wird nicht nur Animalität, sondern zugleich Geschlechteridentität konstruiert.[2] Dabei können die vergeschlechtlichten Tiere um ihrer selbst willen im Mittelpunkt stehen, sie können aber auch als bloße Vehikel für die Vermittlung von Gendervorstellungen dienen. Überraschenderweise ist der Diskurs um dieses Phänomen relativ neu, obwohl er zwei Forschungsströmungen direkt betrifft. Zum einen sind dies die Human-Animal Studies, die sich mit den Interaktionen und (Macht-)Verhältnissen von Menschen und Tieren in Kultur, Gesellschaft und Medien beschäftigen (Kompatscher et al. 2017, 16); allerdings wurde in diesem Zusammenhang die Frage nach Geschlechteridentitäten von Tieren bis dato nur marginal behandelt. Zum anderen sind dies die Gender Studies, die indes aufgrund ihrer anthropozentrischen Ausrichtung gegenüber Tieren größtenteils blind geblieben sind.[3]

Als Folge sind die unzähligen tierlichen Repräsentationen in Medien von der Literatur bis zum Film, vom Theater bis zur Photographie, von der Malerei bis zum Computerspiel unter der Prämisse ihrer Geschlechtlichkeit bisher nahezu unbeobachtet. Der vorliegende Beitrag widmet sich dieser Thematik anhand des bebilderten fiktionalen Kinderbuchs. Für dieses Medium trifft insbesondere zu, dass Tierfiguren vorrangig in einer symbolischen Rolle im Mittelpunkt stehen. Im Hinblick auf Genderkonstrukte bedeutet dies, dass Tierfiguren genutzt werden, um menschliche Geschlechteridentitäten darzustellen und sie den kindlichen Leser*innen nahezubringen. Das (bebilderte) Kinderbuch spiegelt damit gesellschaftliche und, ausgehend von dem didaktischen Anliegen des Mediums (Valio Ottowitz 2017, 40), pädagogische Diskurse wider und es produziert diese Diskurse zugleich. Relevant für den vorliegenden Beitrag und seinen exemplarischen Analysegegenstand, die Kinderbuchreihe *Der kleine Drache Kokosnuss* (Siegner, seit 2002), sind aktuelle Diskurse zu den Themenfeldern ‚Tiere' und ‚Geschlecht'. Diese können hier nicht detailliert betrachtet werden, zumindest aber seien einige wichtige Merkmale und Topoi kurz benannt.

In gesellschaftlichen, aber auch akademischen Diskursen über Tiere nimmt die Sensibilisierung gegenüber diesen als Lebewesen mit eigenen Bedürfnissen und auch Rechten zu, was sich z. B. in der vermehrten Diskussion von tierethischen Fragen äußert (Kompatscher et al. 2017, 108 – 140). Auch die vermehrte Gründung von Tierschutzorganisationen oder der langsam zunehmende Einfluss der Tierthematik auf pädagogische Diskurse, insbesondere in der tiergestützten Pädagogik oder im Tierschutzunterricht (Spannring 2015, 29 – 33), legen von dieser Tatsache Zeugnis ab. Andererseits ist das (Macht-)Verhältnis zwischen Menschen und Tieren in unserer

---

2 Auch dort, wo diese Kategorie unter Umständen nicht thematisiert wird, stellt dies eine Aussage über die – in diesem Fall – (Nicht-)Geschlechtlichkeit von Tieren dar.
3 Die vielleicht bekannteste Schnittstelle zwischen beiden Forschungsrichtungen stellen Ansätze des Ökofeminismus dar, die von einer Verbindung zwischen der Unterdrückung von Frauen und jener der natürlichen Umwelt ausgehen; allerdings sind diese Ansätze eher randständig (vgl. Schachinger 2015, 59 – 63).

Gesellschaft durch die Objektivierung und Ausbeutung von animalischen Lebewesen geprägt (Brucker et al. 2015) – sei es in industriellen Kontexten oder auch in alltäglichen Praktiken, oft gelten Tiere als ‚das Andere' des Menschen. Dieses diskursive Spannungsfeld zwischen Annäherung und Entfremdung ist wesentlich beeinflusst von der Frage nach der Mensch-Tier-Grenze (Kompatscher et al. 2017, 31–47). Je nachdem, wo und wie jene gezogen wird – etwa im Sinne einer strikten kategorialen Distinktion, bei der Menschen und Tiere als sehr unterschiedliche Lebensformen gesehen werden, oder im Sinne eines graduellen Kontinuums, bei dem das Augenmerk mehr auf Ähnlichkeiten als auf Differenzen liegt –, resultieren daraus andere Konsequenzen. Ebenfalls relevant ist in aktuellen Diskursen über Tiere die Frage nach der *agency*, die Tieren zu- oder abgesprochen wird (vgl. Wirth et al. 2016); dabei reicht der Kontext von einer generellen Unterdrückung jeglicher Handlungsmacht bis hin zur Aufwertung animalischer *agency*, indem Tiere als Akteur*innen oder sogar Künstler*innen eigenen Rechts (vgl. Ullrich 2016) angesehen werden. Und schließlich ist das diskursive Spannungsfeld zwischen Annäherung und Entfremdung auch eines zwischen Sichtbarkeit und Unsichtbarkeit von Tieren (Merskin 2018, 45): Auf der einen Seite entzieht sich gerade die Ausbeutung von Tieren unseren Augen und auch direkte Begegnungen mit (Nutz-)Tieren nehmen tendenziell ab, auf der anderen Seite lässt sich eine Zunahme von Haustieren im menschlichen Alltag ebenso beobachten wie eine große Zahl an medialen Repräsentationen von Tieren. Letztere lassen sich als Begleiterscheinung des Kontaktverlustes mit realen Tieren deuten (vgl. Berger 2007), sie werden aber oft so stark anthropomorphisiert, dass sie mit ihren biologischen Vorbildern kaum mehr etwas gemeinsam haben und so durch die Reproduktion einer anthropozentrischen Weltsicht wieder zu einer Entfremdung oder sogar Abwertung von animalischen Lebewesen führen.

Die gesellschaftlichen Diskurse über Geschlechterthemen sind sehr heterogen und die jeweils eingenommenen Positionen stehen sich oft diametral gegenüber. So werden etwa Ungleichheiten und Hierarchisierungen der Geschlechter in Bezug auf gesellschaftliche Stellungen (z. B. Führungspositionen), aber auch alltägliche, durch Machtmissbrauch und (sexuelle) Gewaltausübung geprägte Interaktionen (wie sie etwa durch *#metoo* Sichtbarkeit erlangen) kritisiert – oder von der Gegenseite geleugnet. Forderungen nach einer Gleichberechtigung der Geschlechter, wie sie sich beispielsweise auch in der Pädagogik im Konzept des Gender-Mainstreaming widerspiegeln (vgl. Schaufler 2004), stehen Positionen gegenüber, denen zufolge eine Gleichstellung bereits erreicht ist. Neben der Thematisierung ungleicher Machtverhältnisse drehen sich zentrale Diskursstränge um Fragen nach Identitätsbildungsprozessen (Hof 2005, 312). Während essenzialistische Positionen auf dem Primat des biologischen Geschlechts beharren, versteht man aus konstruktivistischen Perspektiven, ausgehend von der *sex-gender*-Unterscheidung, Geschlecht als nicht (nur) biologisches, sondern vor allem sozial konstruiertes Phänomen. Dieses wird durch performative Akte (Sprache, Verhaltensweisen, Kleidung usw.) ständig hergestellt, worauf der Ansatz des *doing gender* verweist (vgl. Butler 1991). Dadurch erscheint Geschlecht dynamisch, es entstehen Räume für queere Genderidentitäten jenseits der heteronormativen Vorstellung der Geschlechterbinarität ‚männlich'/‚weiblich'. In diesem Zusammenhang sind in Genderdiskursen Fragen nach der Inszenierung von Körpern zentral,[4] wird doch über den Körper eine (De-)Stabilisierung des Geschlechts vollzogen (Faulstich-Wieland 2004, 181). Deshalb sind auch Beobachtungen medialer (Körper-)Repräsentationen relevant, schließlich sind Medien als „Technologies of Gender" (Lauretis 1989) wesentlich an der Herausbildung von Geschlechteridentitäten beteiligt; sie fungieren als Identifikationsangebote und Vorbilder, sie (re-)produzieren Geschlechterrollen und spiegeln und erzeugen dabei gleichzeitig gesellschaftliche Strukturen. Im Kontext des Pädagogischen bedeutet dies, dass nicht nur der Aufbau von „Gender-Kompetenz" (Schaufler 2004, 583) essenziell ist, wie er etwa durch die geschlechtssensible Pädagogik befördert wird, sondern dass auch der Erwerb von Medienkompetenz (vgl. Baacke 1999) große Relevanz besitzt. Dazu gehören der reflektierte Umgang mit und das Wissen um Medien wie Film, Fernsehen oder Computerspiel, aber eben auch um das Kinderbuch, das eine wesentliche Rolle bei der Entwicklung der (geschlechtlichen) Identität einnimmt (Rendtorff 1999, 85).

2 Vergeschlechtlichte Tierdarstellungen in der (bebilderten) Kinderliteratur

Aus den bisherigen Betrachtungen wird deutlich, dass für eine Analyse der Reihe *Der kleine Drache Kokosnuss* und ihrer vergeschlechtlichten Tierdarstellungen Rückbezüge auf die skizzierten Diskurse und ein interdisziplinäres Vorgehen sinnvoll sind. Das Kinderbuch ist ein literaturwissenschaftlicher Gegenstand; bei der Betrachtung *bebilderter* Kinderbücher indes kann eine auf visuelle Phänomene fokussierte medien(kultur)wissenschaftliche Perspektive dabei helfen, das Verhältnis von Bild und Wort besser zu verstehen. Die Human-Animal Studies liefern Anhaltspunkte zur Analyse von Tierbildern, die Gender Studies Zugänge zur Analyse von Geschlechterbildern. Um die animalisch-geschlechtlichen Darstellungen in *Der kleine Drache Kokosnuss* adäquat analysieren zu können, ist es schließlich wichtig, die Reihe in die Tradition von Konstruktionen gegenderter Tiere in der Kinderliteratur einzuordnen. Deshalb soll ein notwendigerweise kursorischer Blick einige Eckpunkte dieser Tradition benennen.

Tiere begleiten Kinderliteratur seit ihren historischen Ursprüngen (Bonacker 2016, 73). Die Gründe dafür sind vielfältig: So wird angenommen, dass eine besondere Nähe zwischen Kindern und Tieren besteht und Letztere deshalb als wichtige Identifikationsfiguren für Erstere fungieren können (Barilaro 2018, 30); darüber hinaus wird argumentiert, dass Kindern durch eine Übertragung von Rollen und Verhaltensweisen

---

[4] Ein weiterer Aspekt sind Themen, die die Sexualität betreffen. Da diese im Kontext von Kinderbüchern – insbesondere für jüngere Leser*innen – keine große Rolle spielen, werden sie im Folgenden nicht mitberücksichtigt.

auf Tiere gesellschaftliche Normen besonders gut vermittelt werden können (Barilaro 2018, 31). Weiterhin wird darauf verwiesen, dass Kinder in einer Welt, in der animalische Begegnungen zunehmend seltener werden, vor allem durch Bücher (erste) Kontakte zu Tieren aufnehmen können (Haas 2005, 305–306).

So nimmt es nicht wunder, dass Tiere in so gut wie allen historischen Phasen und kinderliterarischen Gattungen – sowie Gattungen, die retrospektiv als kinderliterarisch eingeordnet wurden – präsent sind. Dazu gehören etwa Fabeln (vgl. Aesop 2005), in denen Tiere als Chiffren dienen, um moralische Lehren zu vermitteln, oder Märchen (vgl. Grimm 2010 [1812] und Grimm 1812–1815), in denen Tiere nicht nur in ihrer animalischen Gestalt, sondern auch als verzauberte Kreaturen oder Mischwesen auftreten. Und dazu gehören selbstverständlich neuere und neueste Kinderbücher des 20. und 21. Jahrhunderts von *Die Biene Maja und ihre Abenteuer* (Bonsels 1912) bis zu *Die Schule der magischen Tiere* (Auer 2013). Gattungsübergreifend sind auch andere Kategorisierungen denkbar, wie diejenige von „Geschichten, in denen ausschließlich Tiere auftreten" und „Geschichten, in denen Tiere zusammen mit Menschen auftreten und gleichgewichtig die Handlung bestimmen" (Haas 2005, 290); diejenige von biologisch-realistischen und anthropomorphisierten Tieren (Bonacker 2016, 73–74) oder von realen und phantastischen Tieren (Haas 2005, 288–291).

Für den vorliegenden Beitrag entscheidend ist, dass in diesen Repräsentationen von Tieren nicht nur deren Animalität (bzw. bei starken Anthropomorphisierungen deren Negation), sondern, damit verbunden, auch Geschlechterrollen konstruiert werden. Dies kann bedeuten, dass Geschlechterindifferenz oder Geschlechtslosigkeit inszeniert wird, etwa in Fällen, in denen der Genderaspekt keine Rolle spielt oder eine Genderdeutung nicht möglich ist. Aufbauend auf der *sex-gender*-Unterscheidung kann aber auch das animalische *sex* bedeutsam sein, etwa in Fällen, in denen biologische Geschlechtsmerkmale von Tieren dargestellt werden (z. B. die Mähne des männlichen Löwen). Hier hat man es noch mit einer Orientierung an biologisch-realen Tieren zu tun, häufig aber werden menschliche Geschlechterbilder auf (kinder-)literarische Tiere transferiert. Dabei kann das menschliche *sex* auf die animalische Gestalt projiziert werden, etwa wenn Tiere mit humanen biologischen Geschlechtsmerkmalen versehen werden, z. B. Brüsten oder Bartwuchs. Häufiger noch findet aber eine Überlagerung von Tieren mit menschlichen *gender*-Elementen statt, etwa wenn die animalischen Figuren geschlechtlich konnotierte Kleidung wie Röcke oder Muscleshirts tragen, geschlechtlich konnotiert sprechen oder sich gemäß – oft stereotypen[5] – Genderkonventionen verhalten: angeberisch, risikobereit, dominant, mithin ‚männlich', oder zaghaft, einfühlsam, fürsorglich, mithin ‚weiblich'. Natürlich können auch menschliche *sex*- und *gender*-Elemente zugleich auf Tierfiguren projiziert werden, und ebenso natürlich muss bei diesen Projektionen nicht auf die heteronormative Vorstellung der Geschlechterbinarität ‚männlich'/‚weiblich' Bezug genommen werden, sondern es können Räume für Diversität eröffnet werden.

---

5 Zum Begriff des Stereotyps in kulturellen und medialen Repräsentationen vgl. Hall 1997; Thiele 2015.

All diese Phänomene können auf verschiedenen Ebenen lokalisiert sein. So kann eine Verknüpfung von Animalität und Geschlecht bereits im Titel etabliert werden, wie dies etwa bei dem Märchen *Der gestiefelte Kater* der Fall ist. Die Vergeschlechtlichung von Tieren kann für verschiedene Handlungselemente wesentlich sein, etwa bei *Bambi. Eine Lebensgeschichte aus dem Walde* (Salten 1923), in der das männliche titelgebende Reh zunächst seine Mutter verliert, sich später in seine Freundin Faline verliebt und schließlich als ‚Prinz des Waldes' das Erbe seines Vaters antritt. Im Falle bebilderter Kinderbücher können natürlich auch Illustrationen zur Genderkonstruktion bei Tieren beitragen, etwa in *Histoire de Babar le petit éléphant* (Brunhoff 1931), in welcher die animalischen Protagonist*innen mit allerlei geschlechtsbezogenen Kleidungsstücken abgebildet sind.

Dies verweist auf die Rolle des Visuellen; denn obwohl die Illustration definitorisch und historisch betrachtet scheinbar eine „dienende Rolle [...] gegenüber dem Text" (Thiele 2003, 45) einnimmt, erweist sich diese Hierarchie bei näherer Betrachtung als nicht zutreffend. Tatsächlich gehen in illustrierten Büchern Bild und Text komplexe Beziehungen zueinander ein und tragen auf jeweils unterschiedliche Weise zum Verständnis von Sachverhalten bei. Dies liegt in ihren medialen Spezifika begründet: Wo Sprache auf abstrakter Ebene von etwas erzählt, so dass jede*r es anders imaginieren kann, stellen Bilder Evidenz her, und wo der Erzähltext Leerstellen lässt, treten in Bildern konkrete Formen in Erscheinung. In Bezug auf animalische Geschlechterkonstruktionen kann dies bedeuten, dass bei einem textuellen Verweis auf ein ‚männliches Tier' dessen Männlichkeit – vorausgesetzt, das Bild korreliert mit dem Text – auf irgendeine Weise visuell vermittelt wird, die über den Text hinausgeht; schließlich werden im Bild Aspekte wie Körper, Details, Farbe usw., die im Text nicht zwangsläufig mitformuliert sind, sichtbar (Valio Ottowitz 2017, 14). Allerdings ist das Bild immer auch eine Reduktion, insofern es bei seiner Produktion einen Selektionsprozess durchlaufen hat, in dem bestimmt wurde, was dargestellt wird; so können im Regelfall nicht alle möglichen geschlechtsbezogenen Aspekte einer Tierfigur oder einer Szene visualisiert werden, sondern es findet eine Verdichtung statt (Valio Ottowitz 2017, 14). Selbstverständlich sind auch Fälle denkbar, in denen Illustrationen etwas gänzlich anderes ausdrücken als der Text, bis hin zu einer „Autonomie visueller Narration" (Thiele 2003, 57). Wichtig ist also die Frage, wie genau die Beziehung zwischen Bild und Text aussieht. Dabei sind – unter anderem – folgende Konstellationen denkbar (Thiele 2003, 65–68; Valio Ottowitz 2017, 12–17): Text und Bild affirmieren sich und verstärken das Dargestellte; sie kollidieren miteinander, indem sie jeweils andere Aspekte eines Sachverhalts darstellen, wodurch Irritation, aber auch eine Assoziationsbildung auf höherer Ebene entstehen kann; sie ergänzen, kommentieren oder interpretieren einander, sodass beide eigene Bedeutungsschichten in den Gesamtzusammenhang einbringen, wodurch neue Sinnzusammenhänge entstehen können. Text und Bild sind also einerseits eigene Bedeutungsträger und können im Hinblick auf die Konstruktion von animalischen Geschlechteridentitäten spezifische ästhetische Strategien verfolgen, andererseits kann ihr Zusammenspiel ein eigenes Verständnis von gegenderten Tieren hervorbringen.

Welche Strategie auch gewählt wird, die Verbindung von Animalität und Geschlecht in gegenderten Tierfiguren zieht verschiedene Konsequenzen nach sich. Auf der einen Seite kann eine an genuin animalischen Prämissen orientierte Genderzuweisung die Augen dafür öffnen, dass auch im Tierreich Geschlechterzugehörigkeiten relevant sind – ein Aspekt, der sich, wie bereits erwähnt, etwa in gesellschaftlichen Diskursen um Tiere oft der Wahrnehmung entzieht. Auf der anderen Seite kann eine Übertragung menschlicher Geschlechterrollen auf Tiere als zentraler Bestandteil anthropomorphisierender Gestaltungsstrategien verstanden werden, etwa neben der ihnen zugewiesenen Fähigkeit, sich der menschlichen Sprache zu bedienen, der Eigenart, in Räumen zu leben, die menschlichen Umwelten nachempfunden sind, usw.; dadurch wird das Tiersein zugunsten eines anthropozentrischen Weltbildes nivelliert. Andersherum schließlich kann die Codierung von Figuren als Tiere in subtileren Fällen die Bedeutung und den Konstruktcharakter der ausgestellten Geschlechterrollen, die durch ihre Kopplung an Tiere als ‚ursprünglich-biologische' Wesen naturalisiert erscheinen, verdecken. In stark übersteigerten Fällen hingegen, in denen die Inkompatibilität zwischen Tieren und den auf sie projizierten menschlichen Geschlechterrollen offensichtlich ist, kann dies zu einer verstärkten Reflexion über die Artifizialität und kulturelle Bedingtheit von Genderkonstrukten führen. Was genau der Fall ist, kann nur in detaillierten Einzelanalysen entschieden werden.

3 *Der kleine Drache Kokosnuss*

Der kleine Drache Kokosnuss ist eine seit 2002 bestehende Reihe, die inzwischen nicht nur ihren ursprünglichen Kern, nämlich bebilderte Bücher für (Grundschul-)Kinder, sondern auch diverse andere Medien, unter anderem Hörspiele, eine Fernsehserie und einen Film umfasst. Autor und Illustrator von *Der kleine Drache Kokosnuss* ist Ingo Siegner, den erwähnten Kern der Reihe stellen die von ihm verfassten und bebilderten aktuell 29 Kinderbücher dar, die als Gegenstand des Beitrags fungieren und sowohl stilistisch als auch inhaltlich eine homogene Einheit bilden. Die Bücher handeln von den Abenteuern des Feuerdrachenjungen Kokosnuss und seiner Freund*innen Oskar, einem Fressdrachenjungen, sowie Matilda, einem Stachelschweinmädchen. Die Geschichten beschäftigen sich thematisch mit Szenarien des (tier-)kindlichen Alltags[6] oder erzählen von Reisen in fremde Regionen und Begegnungen mit dort beheimateten Menschen und Tieren;[7] ab einem bestimmten Moment der Reihe können Ko-

---

[6] So etwa in *Der kleine Drache Kokosnuss kommt in die Schule* (Siegner 2004a) oder *Der kleine Drache Kokosnuss – Schulfest auf dem Feuerfelsen* (Siegner 2006).
[7] Unter anderem in *Der kleine Drache Kokosnuss und der Schatz im Dschungel* (Siegner 2009a) oder *Der kleine Drache Kokosnuss und die Reise zum Nordpol* (Siegner 2014).

kosnuss, Oskar und Matilda eine Zeitmaschine nutzen (Siegner 2012a), wodurch spätere Bände sie auch in verschiedene Epochen der Vergangenheit führen.[8]

Die Texte und Bilder der Bücher folgen einer bis in das 19. Jahrhundert zurückreichenden und bis heute dominanten – nicht unproblematischen – Kinderbuchtradition, in der die Kategorie des Einfachen als kindgemäße Repräsentationsform gilt (Thiele 2003, 12–15, 189). Die Sprache ist leicht verständlich, Reduktion und Klarheit prägen die Abbildungen. Experimentelle Darstellungen in Text und Bild sind nicht anzutreffen, beide produzieren im Verhältnis zueinander keine Brüche, sondern verstärken und interpretieren sich gegenseitig. So wie die Inhaltsebene mittels der Konstruktion einer fröhlich-familiären diegetischen Welt auf ein idyllisches Leitbild verweist, präsentiert sich damit auch die Form als harmonisch-einheitliches und konventionell ineinandergreifendes Zusammenspiel von Text und Bild.

Insgesamt stellt die Reihe durch ihre ästhetische Gestaltung sowie ihre Beliebtheit und millionenfache Verbreitung ein repräsentatives Fallbeispiel für populäre bebilderte Kinderbuchreihen des 21. Jahrhunderts dar. So verstanden, kann angenommen werden, dass relevante zeitgenössische Diskurse zu den Themen ‚Tiere' und ‚Geschlecht' sich in der Reihe einerseits widerspiegeln, aber durch die Verbreitung der Bücher und den damit einhergehenden Einfluss auf ihre Leser*innen andererseits auch produziert werden.

3.1 Figurenrepertoire

Zunächst ist ein Blick auf das Figurenrepertoire der Reihe aussagekräftig. Denn hier findet sich erstens eine Konzentration auf die Konstruktion des phantastischen Tierwesens ‚Drache', das einen größeren Raum einnimmt als alle anderen Spezies, wobei in Bezug auf diese Menschen den Rang vor anderen realen Tierarten und sonstigen Kreaturen (Vampire, Aliens usw.) einnehmen. Zweitens lässt sich im Zusammenhang mit allen Spezieskonstruktionen eine Hierarchisierung von Geschlechtern beobachten, die sich in die Tradition ungleicher Gender-Repräsentationsverhältnisse in so verschiedenen Medien wie dem Film, dem Fernsehen oder eben der (Kinder-)Literatur einreiht (vgl. Schründer-Lenzen 2004, 558–559; Rendtorff 1999). In *Der kleine Drache Kokosnuss* sind weibliche Figuren zahlenmäßig unterrepräsentiert und werden zudem in unterlegene Positionen gerückt, handelt es sich doch – mit Ausnahme von Matilda und einigen wenigen für Einzelbände spezifischen Figuren – um Nebenfiguren, während die Hauptfiguren männlich gegendert sind;[9] Raum für andere Geschlechteridentitäten jenseits der binären Opposition ‚männlich'/‚weiblich' existiert nicht.

---

[8] Beispielsweise in *Der kleine Drache Kokosnuss reist in die Steinzeit* (Siegner 2012b) oder *Der kleine Drache Kokosnuss bei den Römern* (Siegner 2019).
[9] Selbst bei den zentralen Protagonist*innen Kokosnuss, Oskar und Matilda liegt das Geschlechterverhältnis bei 2:1 zugunsten männlicher Figuren.

Die männliche Konnotation einer großen Mehrheit von handlungstragenden Figuren erfolgt in *Der kleine Drache Kokosnuss* durch die Namensgebung, durch Abbildungen oder durch nachfolgend näher ausgeführte Charakterisierungen in der Narration. Dabei ist es egal, ob es sich um Drachen (neben Kokosnuss, Oskar und ihren Vätern z. B. der Mediziner Markus Medikus oder der Lehrer Dr. Blumenkohl), andere Tierarten (z. B. der Wal Kasimir, der Affe Jojo), Menschen (z. B. der Professor Champignon, der Gladiator Maximus Doppelplus) oder sonstige Wesen (der Vampir Bissbert, der Außerirdische Bobbi) handelt. Analog ist es auch für die Darstellung weiblicher Figuren unerheblich, welcher Spezies sie angehören: Drachen (z. B. Lulu und die Mütter von Kokosnuss und Oskar), andere Tierarten (Matilda, der Pinguin Greta), Menschen (das Indianermädchen Wilde Hummel, die Hexe Rubinia) oder sonstige Kreaturen (das Gespenst Klemenzia). Spezieskonstruktionen erweisen sich so als ‚leere Vehikel', die mit Genderkonnotationen aufgeladen werden können – und in der Regel auch werden, denn Figuren ohne eindeutige Geschlechteridentität sind sehr selten.

Das geschlechtlich ungleiche Figurenrepertoire ist nicht nur bei der Lektüre auffällig, sondern zeigt sich Leser*innen, die mit der Reihe nicht vertraut sind, bereits beim Blick auf die Büchereinbände. Dies wird anhand eines repräsentativen Covers der Reihe – *Der kleine Drache Kokosnuss und der große Zauberer* (Siegner 2005a) – deutlich (vgl. Abb. 1).

Beim Blick auf den reihentypischen Titel (*Der kleine Drache Kokosnuss und ‚X'*) fällt auf, dass, obwohl Kokosnuss seine Abenteuer in aller Regel mit Oskar und Matilda erlebt, eine Engführung auf ihn als alleinigen – männlichen – Protagonisten stattfindet, wodurch die anderen Figuren – z. B. die weibliche Matilda – marginalisiert werden. In der graphischen Anordnung wird zudem deutlich, dass die Nennung des Namens von Kokosnuss deutlich mehr Raum erhält als der Untertitel des Bandes, wodurch seine Sonderstellung noch mehr betont wird. Dies ist auch das Prinzip der restlichen visuellen Konstellation der Titelbilder: Vor einer Szenerie, die auf Schauplätze des jeweiligen Bandes anspielt (hier das Schloss), ist Kokosnuss abgebildet. Auf 20 von 29 Titelbildern ist er ohne seine Freunde zu sehen, die entweder auf der Rückseite des Bucheinbandes platziert sind oder überhaupt nicht visualisiert werden. Wie im obigen Beispiel steht er oft einer unbekannten Situation oder einer fremden bzw. antagonistischen Figur, die meistens einer anderen Spezies angehört, gegenüber (hier dem Zauberer), wobei er dieser im wahrsten Sinne des Wortes mutig ins Angesicht blickt. In der Regel sind alle bandspezifischen Figuren unabhängig von ihrer Spezieszugehörigkeit ebenfalls männlich gegendert, wie in diesem Fall der Zauberer. Dies geschieht aufgrund kultureller Codierungen, die in animalische ebenso wie in humane Figuren eingeschrieben werden und so gleichzeitig Prozesse eines *doing species* wie eines *doing gender* anleiten.

Abb. 1: Buchcover von *Der kleine Drache Kokosnuss und der große Zauberer*.

3.2 *Doing species, doing gender:* Körper

Vom obigen Titelbild ausgehend, lässt sich feststellen, dass der Zauberer durch seinen Bartwuchs und seine nachtblaue, mit Himmelskörpern gemusterte Robe männlich konnotiert wird. Die Farbe Blau spielt hier – und in weiteren Abbildungen der Reihe –

eine wichtige Rolle, wird damit doch auf die in westlichen Kulturen seit ungefähr Mitte des 20. Jahrhunderts vorherrschende stereotype Konnotation von ‚blau = männlich' (vgl. Paoletti 2012) Bezug genommen. Gleiches gilt für die oppositionelle stereotype Konnotation von ‚rosa = weiblich', die sich etwa bei Abbildungen der Hexe Gula in *Der kleine Drache Kokosnuss und die Wetterhexe* (Siegner 2007) finden lässt, besteht ihre Kleidung doch nicht nur aus blauen und grauen, sondern auch aus rosafarbenen Elementen. Diese kulturelle Farblogik gilt nicht nur für menschliche, sondern auch für animalische Figuren, insbesondere für Drachen. Demnach ist sowohl das Cap, das Kokosnuss trägt, als auch das seines Vaters blau; diese geschlechtliche Codierung wird nicht vom Text, sondern von den Bildern vorgenommen. Unabhängig von der Farbe wird das Cap bei den Drachen als Zeichen für lässige Maskulinität verwendet, denn das Tragen dieser Kopfbedeckung ist männlichen Drachen vorbehalten, wie wiederum bildlich, nicht aber textuell vermittelt wird.

Im Symbol des Caps werden mehrere Gestaltungsstrategien des *doing species* und des *doing gender* sichtbar. Im Hinblick auf die Konstruktion von Animalität ist wichtig, dass die Reihe – neben dem Stachelschwein Matilda – vorrangig auf Drachen, also phantastische Tierwesen als Protagonist*innen setzt. Die Tradition von literarischen Drachenfiguren ist alt und kulturraumabhängig (vgl. Chen und Honegger 2009), doch schnell wird bei den Beschreibungen und Illustrationen der Reihe klar, dass hier kaum eine Anbindung an traditionelle Drachengestalten und ihre Konnotationen als ‚gefährlich', ‚mächtig' oder ‚weise' erfolgt,[10] sondern dass der Typus eines „draco modernus domesticus" (Honegger 2009, 34), eines gezähmten, verniedlichten Drachen vorherrscht. Diese Domestizierung der phantastischen Tierfigur geht mit einer Negation ihrer Animalität einher; die Drachen sind nicht nur durch ihre Sprachfähigkeit, ihre Verhaltensweisen und ihre Lebenswelt anthropomorphisiert, sondern auch durch die ihnen zugewiesenen Genderidentitäten. Obwohl der phantastische Charakter des Drachen vielfältige Freiheiten in der Ausgestaltung von Genderidentitäten zulassen würde, greift die Reihe vor allem auf konventionelle menschliche Geschlechtermerkmale zurück. Oder anders ausgedrückt: Die phantastischen Tierfiguren beziehen ihr Geschlecht aus kulturellen, oft stereotypen Zuschreibungen in einem anthropozentrischen Weltbild. Damit verschwimmt nicht nur die Grenze zwischen dem (phantastischen) Tier und dem Menschen, auch die an aktuelle Diskurse anschließenden Geschlechterkonstruktionen werden als omnipräsent und damit quasi auch unhinterfragbar inszeniert, denn sie beziehen sich nicht nur auf Drachen, sondern – in verschiedenen Ausprägungen – auf alle möglichen Spezies.

Die zugrundeliegende Basis ist die heteronormative Geschlechterbinarität; davon ausgehend gelten für Menschen und Drachen einerseits sowie für weitere Tierarten und übernatürliche Kreaturen andererseits verschiedene Konventionen. Letztere werden

---

[10] Eine seltene Ausnahme ist etwa der Band *Der kleine Drache Kokosnuss und der chinesische Drache* (Siegner 2020), in dem sich Elemente der fernöstlichen Drachentradition in der Figur des Long Long manifestieren.

vornehmlich durch ihre Namensgebung gegendert (Dieter die Düse, Wolfgang Troll), in ihren textuellen Beschreibungen und Visualisierungen ist eine grobe, an den Stil der Reihe angepasste Orientierung an biologischen Formen (oder bei übernatürlichen Lebewesen wie Vampiren an medialen Repräsentationstraditionen) zu beobachten. Drachen und Menschen hingegen werden geschlechtlich homogenisiert, indem unterschiedliche biologische Gestalten mit gleichen sozialen Geschlechtermerkmalen aufgeladen werden: die Prozesse des *doing species* und des *doing gender* greifen ineinander und produzieren vergeschlechtlichte Körperbilder von Menschen und (phantastischen) Tieren. Und erneut ist es vor allem die Funktion der Illustrationen, diese Körper sichtbar zu machen, denn der Text geht kaum auf das konkrete Aussehen der Figuren ein, sondern lässt dieses zugunsten von Formulierungen wie „der Fressdrachenjunge Oskar" (Siegner 2009b, 12) im Vagen.

Bildlich hingegen lassen sich verschiedene Strategien der Gendercodierung beobachten. Bereits erwähnt wurden der Aspekt der Bekleidung sowie das – insgesamt eher dezente – Aufgreifen von Farbstereotypen. Hinzu gesellen sich bei menschlichen und bei Drachenfiguren Aspekte wie Behaarung, Schmuck oder ‚Styling'. Dies soll repräsentativ an zwei Abbildungen, die zum einen eine Gruppe von menschlichen Figuren, zum anderen eine Gruppe von Drachen zeigen, verdeutlicht werden.

In *Der kleine Drache Kokosnuss und die wilden Piraten* (Siegner 2008) treffen Kokosnuss und Matilda auf Freibeuter*innen. Die Begegnung wird im Text wie folgt geschildert:

> Als die beiden das Schiffsdeck betreten, blicken ihnen die Piraten grimmig entgegen. Der grimmigste von allen aber steht in ihrer Mitte: der Schlimme Jim! In seinem Gesicht wuchern Bartstoppeln. Eine lange Narbe zieht sich vom Auge bis zum Kinn. Sein Bauch wölbt sich unter einer alten Seemannsjacke und am Gürtel trägt er einen Säbel, zwei Pistolen und ein großes Fernrohr. Und tatsächlich: Er hat ein Holzbein. Sein breites Grinsen entblößt eine Reihe fauliger Zähne, zwischen denen ein paar Goldzähne aufblitzen. (Siegner 2008, 14–15)

Das dazugehörige Bild (vgl. Abb. 2) ist nicht nur eine affirmative Visualisierung der Beschreibung des männlichen Kapitäns, sondern zeigt auch die anderen Pirat*innen im Detail. Erst das Bild macht schon an dieser Stelle (später folgen namentliche Nennungen im Text) deutlich, dass neben männlichen Piraten auch weibliche Freibeuterinnen präsent sind – wenngleich diese im Bild im Vergleich zu den zentralen maskulinen Figuren an den Rand gedrängt werden. Geschlechtlich codiert werden die Pirat*innen zum einen durch die schon in der Beschreibung des Kapitäns erwähnten Bartstoppeln bei Männern. Zum anderen werden die Piratinnen durch einen längeren Haarwuchs, angedeutete lange Wimpern (Figur links) bzw. eine Art Kleid mit Dekolleté (Figur rechts) von den männlichen Freibeutern unterschieden.

Ein sehr ähnliches Muster findet sich in einer Illustration des Bandes *Der kleine Drache Kokosnuss. Schulfest auf dem Feuerfelsen* (Siegner 2006) (vgl. Abb. 3). Darin schüttet Kokosnuss in einer Art Initiationsritus für Drachenschulkinder Holzscheite auf einen großen Stoß, während er von seinen Eltern (im Bildvordergrund) und seinen

Abb. 2: Pirat*innen in *Der kleine Drache Kokosnuss und die wilden Piraten*.

Lehrerinnen[11] (rechts) beobachtet wird. Im Text heißt es an dieser Stelle nur: „Aus dem Flug schüttet er sein Holz dazu." (Siegner 2006, 65) Das Bild hingegen konstruiert die Drachen als geflügelte, aber auch aufrecht stehende Tierwesen mit Stacheln und Krallen, die allerlei menschliche Geschlechtsmerkmale besitzen. So tragen Kokosnuss und sein Vater Magnus das bereits erwähnte blaue Cap; längere und frisierte Haare wie bei Kokosnuss' Mutter Mette und den Lehrerinnen Proselinde und Emma signalisieren hingegen (im Gegensatz zu strubbeligen Haaren bei einigen männlichen Drachen in der Reihe) nicht nur die Zugehörigkeit zum weiblichen Geschlecht, sondern auch damit einhergehende Konnotationen von Ordentlichkeit, Pflege und der erhöhten Relevanz einer ästhetisierten Außendarstellung. Passend dazu wird Proselinde mit aufgetragenem Lippenstift und Mette mit einem Ohrring visualisiert. Auch bei den Drachen dienen lange Wimpern als quasi naturalisiert-biologisches Zeichen für Weiblichkeit. Kleidung jenseits von Kopfbedeckungen hingegen bleibt ein konstitutiver Bestandteil der Repräsentation menschlicher Figuren.

---

11 Dies kann als Reproduktion von gesellschaftlichen Genderverhältnissen in pädagogischen Feldern gedeutet werden, sind die Lehrkräfte an (insbesondere Grund-)Schulen doch vorwiegend weiblich; vgl. dazu aktuell Statistisches Bundesamt 2020.

Abb. 3: Männliche und weibliche Drachen in *Der kleine Drache Kokosnuss. Schulfest auf dem Feuerfelsen.*

3.3 *Doing species, doing gender:* Wissen und Handeln

Prozesse des *doing species* und *doing gender* beziehen sich indes nicht nur auf die Körperlichkeit von humanen und animalischen Figuren, sondern auch auf Wissens- und Handlungsformen. Dabei entstehen verschiedene Konstruktionen vergeschlechtlichter Tiere (und Menschen), in denen sich traditionelle und progressivere Positionen finden lassen.

Der kleine Drache Kokosnuss etabliert Wissen und Bildung als wichtige Bestandteile der Erzählungen. Dabei wird hinsichtlich der Verbindung zu *agency* jedoch zwischen theoretischem und praktischem Wissen unterschieden, wobei beide Formen wiederum an Geschlechterrollen rückgebunden werden. So etabliert sich im Laufe der Reihe vor allem Matilda, die Forscherin werden möchte (Siegner 2012b, 15), als belesene und intelligente Akteurin, die anderen Figuren Sachverhalte näher erklärt. Dies stellt einen Bruch mit femininen Stereotypen dar und kann als Ermächtigung einer weiblichen Figur verstanden werden – jedoch verleiht theoretisches Wissen noch keine *agency*. Dafür bedarf es, so macht die Reihe klar, eines praktisch-intuitiven Wissens, das in der Regel an Kokosnuss als männliche Figur gekoppelt wird. Nicht durch Lektüre, sondern durch einen *hands-on-approach* werden Probleme gelöst, wie exemplarisch eine Szene verdeutlicht, in der Kokosnuss und Matilda versuchen, den Umgang mit einem total unbekannten Flugobjekt („Tufo") zu erlernen:

> Matilda liest die Gebrauchsanweisung. „Ich verstehe nur Bahnhof", brummt das Stachelschwein. [...] Kokosnuss betrachtet das Gefährt von allen Seiten. Plötzlich klatscht er in die Pfoten und ruft: „Tufo, öffne dich!" Mit einem leisen Zischen öffnet sich die Glaskuppel. Matilda blickt verblüfft auf die Gebrauchsanweisung und sagt: „Davon steht hier aber nichts drin." Kokosnuss zuckt mit den Schultern. (Siegner 2011a, 22)

Beruht die Ermächtigung zur Problemlösung in diesem Fall auf einem spontanen und durchaus irrational wirkenden Einfall, nimmt sie in vielen anderen Situationen innerhalb der Reihe die Züge eines durchdachten Plans an, der aber oft als plötzlicher Geistesblitz dargestellt wird. Dies geschieht etwa, wenn in *Der kleine Drache Kokosnuss und die wilden Piraten* auf Anweisung des Drachenjungen die Freibeuter*innen durch das nächtliche Entern ihres Schiffs, das Entwenden ihrer Waffen und die Präparierung des Decks entmachtet werden. Dieses im folgenden Kapitel beschriebene systematische Vorgehen wird zuvor nur mittels des Satzes „Ich habe da so eine Idee ..." angekündigt, wobei die Illustration auf derselben Seite Kokosnuss mit einer Glühbirne über dem Kopf zeigt – die Ikonographie seiner ‚Erleuchtung' (Siegner 2008, 49).

Das Entscheidende ist, dass solche Ideen und Pläne in der Regel Kokosnuss zugeschrieben werden, wodurch er die folgenden Handlungsketten in Gang setzt, während andere Figuren rat- und tatenlos bleiben. Hier greift eine traditionelle Vorstellung maskuliner *agency:* Problemlösung ist nur durch aktives Handeln möglich, aktives Handeln wiederum führt zur Lösung von Problemen, und zu alledem sind vor allem männliche Figuren ermächtigt.

Grundlage dieses aktiven Handelns ist eine andere stereotype Geschlechterrollenzuweisung, nämlich die Verbindung von Männlichkeit, Neugierde und Mut. Tatsächlich erweisen sich sowohl Kokosnuss als auch Oskar, die den Wunsch äußern, Abenteurer zu werden (Siegner 2012b, 15), als hochgradig risikofreudig. Dabei wird im Kreis der animalischen Freund*innen in der Regel folgende Hierarchie etabliert: Kokosnuss hat die Idee für eine Unternehmung, Oskar stimmt freudig zu, Matilda mahnt vor Gefahren und verweigert sich – zunächst. Beispielhaft äußert sich das in einer Szene, in der Kokosnuss eine mit Symbolen markierte Karte findet und

> freudig [ruft]. „Nichts wie hin! Da liegt ein Schatz, ist doch klar wie Kleister!" „Mich kriegen da keine zehn Drachen hin", sagt Matilda und verschränkt entschlossen ihre Arme vor der Brust. [...] „Eine Schatzsuche?", sagt Oskar. „Ich bin dabei!" (Siegner 2009a, 10–11)

In den meisten Fällen allerdings knickt Matilda – ein Verweis auf das Stereotyp weiblicher Nachgiebigkeit – ein und schließt sich den Drachenjungen doch an. Die Hierarchie der Geschlechter ist auch während der Abenteuer in der Regel klar: Kokosnuss als Anführer geht voraus, er lenkt die verwendeten Gefährte auf dem Boden, über das Wasser oder durch die Luft, die anderen folgen ihm (vgl. Abb. 4). Dabei zeigt Matilda mit Abstand am häufigsten Anzeichen von Angst und sucht in einer klassischen Geschlechterrollenzuweisung auch Schutz bei den männlichen Figuren: „Matildas Knie zittern plötzlich wie Wackelpudding. Ängstlich springt sie auf Kokosnuss' Rücken." (Siegner 2018, 63) Das Meistern der Abenteuer erfordert zwar in der Regel Teamwork und das Einbringen der individuellen Stärken eines*einer jeden, doch wie beschrieben geht der entscheidende Impuls zur Problemlösung in den meisten Fällen von Kokosnuss aus. Obwohl also durchaus Vorstellungen von kollektiver *agency* der animalischen Kinderfiguren impliziert werden, gilt echte Führungskraft vor allem als männlich konnotiert.

Abb. 4: Kokosnuss als Anführer in *Der kleine Drache Kokosnuss bei den Dinosauriern*.

Bemerkenswerterweise trifft all dies vor allem auf Drachen(-Kinder) zu. Die Konstruktion humaner vergeschlechtlichter Handlungsmacht hingegen erweist sich als ambivalenter. So lässt sich in der Reihe neben traditionellen maskulinen Figurationen, etwa bei den mächtigen Zauberern Holunder und Ziegenbart (Siegner 2005a) oder den streitlustigen Piraten um den Schlimmen Jim (Siegner 2008), auch immer wieder das Muster männlicher Figuren finden, die den konventionellen Erwartungen an ihr Geschlecht nicht entsprechen. Insbesondere die Verbindung von Mut, Handlungsmacht und Maskulinität wird dabei als brüchig inszeniert, wobei die Abweichung von stereotyper Männlichkeit als humoristischer Effekt Verwendung findet. Dies ist etwa der Fall bei einer Gruppe von textuell und visuell als grimmig und kräftig dargestellten Wikingern, die indes das Kämpfen verlernt haben: „‚Äh, wie muss man beim Kämpfen noch mal den Schild halten?', fragt Gnupi der Große." (Siegner 2010, 44) Es zeigt sich aber auch bei dem Piraten Pieter Backbord, der von den anderen Freibeutern aufgrund seiner Schreckhaftigkeit verstoßen wurde und deshalb in Tränen ausbricht; bei der ersten Begegnung mit Kokosnuss, Matilda und Oskar klettert er schreiend auf eine Palme, wo er, wie die dazugehörige Abbildung verdeutlicht, vor Angst zitternd verharrt (vgl. Abb. 5).[12] Der Ausweg kann auf konservative Weise darin liegen, die verlorene Maskulinität wiederzuerlangen: So stellt sich Pieter Backbord seinen Ängsten und wird am Ende zum „richtigen Piraten" (Siegner 2004b, 65). Oder aber die konventionell gegenderten Verhaltensweisen werden abgelegt und neue Wege beschritten, wie bei den Wikingern, die vom Kämpfen auf das Handeln mit Waren umsteigen (Siegner 2010, 47).

Die Konstruktion weiblicher Handlungsmacht(-losigkeit) bei humanen Figuren ist noch breiter gefächert. Das eine Ende des Spektrums bildet eine konservative Objektivierung der Frau, wie sie in *Der kleine Drache Kokosnuss und der schwarze Ritter* (Siegner 2005b) zu finden ist. Darin soll der Ritter, der einen Drachen bezwingt, als Belohnung Bruniberta, die Tochter des Burgherrn heiraten dürfen, wie der Patriarch selbst bestimmt. Obwohl Bruniberta in einen anderen Mann verliebt ist, verleiht ihr die Erzählung keine Möglichkeit, Einspruch zu erheben, ja überhaupt keine eigene Stimme, bleibt sie doch bis zum Happy End, im Rahmen dessen sie ihren Auserwählten ehelichen darf, ohne jede sprachliche Äußerung. Das andere Ende des Spektrums zeigt sich in einer progressiven Emanzipation weiblicher Figuren, wie sie etwa *Der kleine Drache Kokosnuss bei den Indianern* (Siegner 2011b) vorführt. Darin befreit das als geschickt und mutig charakterisierte Indianermädchen Wilde Hummel nicht nur Kokosnuss, Matilda und Oskar von dem Marterpfahl, an den diese von den erwachsenen (männlichen) Indianern gebunden wurden, sondern es führt zudem eine Mission zur Rettung ihres Vaters, des Häuptlings, an, bei der zugleich illegale (männliche) Büffeljäger gestellt werden. Die dazugehörige Illustration zeigt, wie das

---

12 Zu beachten sind freilich Elemente, die seine Ängstlichkeit feminisieren, etwa das erneute Aufrufen von stereotypen Farblogiken hinsichtlich seines rosafarbenen Kopftuchs und, in einer späteren Abbildung, des rosafarbenen Interieurs seines U-Boots (Siegner 2004b, 30–31). Dadurch beruht der erwähnte humoristische Effekt in diesem Fall auch auf – abwertenden – geschlechtlichen Stereotypen.

auch im Aussehen keinen weiblichen Darstellungskonventionen folgende Mädchen vorausreitet und den Weg weist, während der Text seine Kommandos vermittelt (vgl. Abb. 6). Schließlich zeichnet sich Wilde Hummel durch die Rebellion gegen Geschlechtertraditionen aus; so kommentiert sie die Schelte ihres Vaters, sie solle im Camp bei der Hausarbeit helfen: „Der Weise Rat ist ein Haufen alter Schlümpfe. [...] Und dass Mädchen im Camp arbeiten müssen, ist ungerecht. [...] Viel lieber würde ich sammeln und jagen." (Siegner 2011b, 40–41) Am Ende überwältigt das Indianermädchen zusammen mit Kokosnuss, Matilda und Oskar die Büffeljäger, rettet seinen Vater und wird zur Jägerin ‚befördert', doch das bedeutet noch lange nicht das Ende seiner Ambitionen: „[U]nd wenn Wilde Hummel einmal groß ist, dann wird sie ein Häuptling sein!" (Siegner 2011b, 63)

Abb. 5 und 6: Spiel mit männlichen und weiblichen Geschlechterkonventionen in *Der kleine Drache Kokosnuss. Hab keine Angst!* und *Der kleine Drache Kokosnuss bei den Indianern.*

3.4 Heteronormative Familienmodelle

Als letzte zu analysierende Facette, in der Animalität mit Geschlecht verbunden wird, rücken die Familienkonstellationen in den Mittelpunkt. Die animalischen kindlichen Hauptfiguren sind alle eingebunden in ein festes Familienmodell. Dabei handelt es sich um die bürgerliche Kernfamilie, bestehend aus Vater, Mutter und (Einzel-)Kind; hinzu kommen noch selten in die Narration eingebundene Verwandte wie Großeltern. Innerhalb dieser Familienkonstellation wachsen die Kinder behütet auf, Konflikte gibt es nicht. Die Grundlage dieses heilen, anthropomorphisierten Familienmodells bildet einmal mehr die Vorstellung der binären Geschlechterordnung, kombiniert mit dem Primat der heteronormativen, monogamen Partnerschaft. Die Familie beruht aber nicht nur auf diesen Genderprämissen, sondern bietet auch einen Raum, in dem Geschlechterrollen ausgelebt werden. Dabei werden in *Der kleine Drache Kokosnuss* im Wesentlichen zwei mögliche Varianten dargestellt; diese spiegeln sich in den Familien von Oskar und Kokosnuss.

Die Familie von Oskar ist nach einer traditionellen Ordnung mit generationalen und geschlechtlichen Hierarchien aufgebaut. Die Hauptfunktion von Adele, der Mutter, besteht darin, für Herbert, den Vater, und für Oskar zu kochen. „Zu Tisch!" (Siegner 2020, 12) ruft sie, wobei die Illustration die Geschlechterhierarchien unterstreicht, indem der bereits am Tisch sitzende Herbert in den Vordergrund und die servierende Adele in den Hintergrund des Bildes gerückt wird (vgl. Abb. 7). Herbert wiederum lässt sich nicht nur bedienen und ist gefräßig, er wird auch als herrisch und intolerant – unter anderem gegenüber seinem eigenen Sohn, mit dem er kaum Zeit verbringt – charakterisiert; das Bild des klassischen Patriarchen wird dadurch abgerundet, dass er bei Entscheidungen das letzte Wort hat.

Die Familie von Kokosnuss bietet ein etwas gendergerechteres Modell mit flacheren geschlechtlichen und generationalen Hierarchien an. Zwar ist auch hier Mutter Mette hauptsächlich für den Haushalt zuständig und Vater Magnus wird als bequem beschrieben, doch gelegentlich erzählen die Bücher auch davon, dass Magnus, illustriert durch Darstellungen mit Koch- und Backutensilien sowie Küchenschürze, Essen zubereitet oder anrichtet (vgl. Abb. 8). Darüber hinaus werden immer wieder gemeinsame Aktivitäten von Magnus und Kokosnuss oder der gesamten Familie geschildert. Schließlich wird Magnus in den Abbildungen durch seine Statur und auch das obligatorische Cap seinem Sohn Kokosnuss angenähert, wodurch auch auf visueller Ebene eine engere Beziehung zu seinem Sohn etabliert wird.

Trotz dieser Unterschiede bewegt sich *Der kleine Drache Kokosnuss* hinsichtlich der vorgeführten Familienmodelle in einem engen Rahmen, in dem einige kinderliterarische Klischees von Vater- und Mutterfiguren (Rendtorff 1999, 92–94) bedient werden und auch die „Gleichsetzung von Stabilität und Sicherheit mit traditionellen bürgerlichen Stereotypen" (Rendtorff 1999, 87–88) auffällig ist.

Abb. 7 und 8: Patriarchat in *Der kleine Drache Kokosnuss und der chinesische Drache* und aufgelockerte Geschlechterrollen in *Der kleine Drache Kokosnuss. Schulfest auf dem Feuerfelsen*.

4 Fazit: Phantastisch konventionell?

Kinderliteratur ist „Sozialisationsliteratur" (Wanning 2016). Sie bietet ihren Leser*innen Modelle für Normen, Werte und Verhaltensweisen an, mit denen sie sich auseinandersetzen können; im Fall von kindlicher Tierliteratur fungieren nicht nur humane, sondern auch animalische Akteur*innen als besagte Rollenmodelle. Dabei agiert Kinderliteratur nicht im gesellschaftlichen Vakuum, sondern sie greift auf bestehende Diskurse zurück; diese kann sie affirmieren oder kritisieren, sie unterwandern und alternative Angebote schaffen. Abschließend soll vor diesem Hintergrund kurz zusammengefasst werden, auf welche Diskurse *Der kleine Drache Kokosnuss*

Bezug nimmt, wie die Reihe Tiere und Geschlechter inszeniert und welche Erkenntnisse daraus gezogen werden können.

Die erste Erkenntnis betrifft die Frage nach den zentralen phantastischen Tierwesen, den Drachen. Diese werden so stark anthropomorphisiert, dass sie bis auf ihre Größe oder spezifische Eigenschaften wie das Fliegen oder Feuerspeien Menschen sein könnten. Dies knüpft, motivgeschichtlich betrachtet, an eine historisch neue Traditionslinie der Drachendarstellung an und verbindet sich zudem, allgemeiner perspektiviert, mit einem typischen anthropozentrischen Weltbild, das massenmediale Erzeugnisse (Merskin 2018, 103) und pädagogische Diskurse prägt (Spannring 2015, 39). Dadurch wird den kindlichen Leser*innen eine leicht zugängliche Identifikationsmöglichkeit angeboten, im selben Zug aber wird ihnen das besagte anthropozentrische Weltbild als naturalisiert vermittelt (vgl. Wanning 2016).

Die zweite Erkenntnis betrifft das Verhältnis von Tieren und Geschlechtern. In *Der kleine Drache Kokosnuss* dienen reale und phantastische Tiere ebenso wie menschliche Figuren als Vehikel für die Vermittlung von Geschlechtervorstellungen. Dabei werden aktuelle Tier- und Genderdiskurse aufgegriffen, etwa Fragen nach der Hierarchie zwischen Tier und Mensch (die in der Reihe analog zu hegemonialen gesellschaftlichen Diskursen oft umgekehrt wird) bzw. zwischen den Geschlechtern (die in der Reihe analog zu hegemonialen gesellschaftlichen Diskursen oft affirmiert wird). In diesem Zusammenhang werden einerseits Stereotype, etwa des männlich gegenderten aktiven und mutigen Anführers, bedient, aber gelegentlich auch Korrektive in Form ermächtigter weiblicher Figuren etabliert. Unhintergehbar erscheint die heteronormative Geschlechterbinarität ‚männlich'/‚weiblich', Platz für andere Genderidentitäten bietet die Reihe nicht. Außerdem ist in ihr, wie in vielen anderen massenmedialen Produkten, eine Unterrepräsentation weiblich gegenderter Akteurinnen auffällig, woraus sich wiederum die klassische männlich dominierte Hierarchie der Geschlechter ergibt.

Die dritte Erkenntnis betrifft die Ebene der Medialität des bebilderten Kinderbuchs. Die Analyse hat gezeigt, dass Bild und Text jeweils verschiedene Aufgaben im Hinblick auf die Konstruktionen von Animalität und Geschlecht übernehmen können: So erweisen sich in *Der kleine Drache Kokosnuss* Illustrationen für die Darstellung von Körperlichkeit als maßgeblich und machen so Geschlechterbilder im wahrsten Sinne des Wortes sichtbar. Allerdings verlaufen viele Charakterisierungen von Wissen und Handlungsmacht über den Text, wobei die Bilder eine unterstützende Rolle einnehmen. Zudem sind die Bedeutungsebenen, die sich aus dem Zusammenspiel von Textualität und Visualität ergeben, relevant – etwa in der Darstellung von unterwanderten (Geschlechter-)Konventionen.

Die vierte und letzte Erkenntnis ist ebenso schlicht wie unumstößlich: Sie betrifft die Tatsache, dass weitere Untersuchungen nötig sind, um die immer noch unterschätzte Rolle der Beziehung von Bild und Text in Kinderbüchern näher zu erforschen und damit auch die Reihe *Der kleine Drache Kokosnuss* in einem größeren Korpus zu verorten – aber auch um den vielfältigen Wechselwirkungen von Geschlecht und Animalität in der (Kinder-)Literatur nachzuspüren. Denn, und auch dies bleibt ebenso schlicht wie unumstößlich: Medial repräsentierte Tiere haben Geschlechter. Und die Forschung sollte sich damit beschäftigen.

Literatur

1 Primärliteratur

Aesop. *Fabeln. Griechisch/Deutsch*. Stuttgart: Reclam, 2005.
Auer, Margit. *Die Schule der magischen Tiere*. Hamburg: Carlsen, 2013.
Bonsels, Waldemar. *Die Biene Maja und ihre Abenteuer*. Stuttgart: Deutsche Verlags-Anstalt, 1912.
Brunhoff, Jean de. *Histoire de Babar le petit éléphant*. Paris: Editions du Jardin des Modes, 1931.
Grimm, Jacob/Wilhelm Grimm. *Kinder- und Hausmärchen. Gesammelt durch die Brüder Grimm*. Berlin: Realschulbuchhandlung, 1812–1815.
Grimm, Jacob/Wilhelm Grimm. *Der gestiefelte Kater*. Esslingen: Schreiber, 2010 [1812].
Salten, Felix. *Bambi. Eine Lebensgeschichte aus dem Walde*. Berlin: Ullstein, 1923.
Siegner, Ingo. *Der kleine Drache Kokosnuss. Seine ersten Abenteuer* (Bd. 1). München: cbj, 2018 [2002].
Siegner, Ingo. *Der kleine Drache Kokosnuss kommt in die Schule* (Bd. 3). München: cbj, 2004. [= 2004a]
Siegner, Ingo. *Der kleine Drache Kokosnuss. Hab keine Angst!* (Bd. 4). München: cbj, 2004. [= 2004b]
Siegner, Ingo. *Der kleine Drache Kokosnuss und der große Zauberer* (Bd. 5). München: cbj, 2005. [= 2005a]
Siegner, Ingo. *Der kleine Drache Kokosnuss und der schwarze Ritter* (Bd. 6). München: cbj, 2005. [= 2005b]
Siegner, Ingo. *Der kleine Drache Kokosnuss. Schulfest auf dem Feuerfelsen* (Bd. 7). München: cbj, 2006.
Siegner, Ingo. *Der kleine Drache Kokosnuss und die Wetterhexe* (Bd. 8). München: cbj, 2007.
Siegner, Ingo. *Der kleine Drache Kokosnuss und die wilden Piraten* (Bd. 10). München: cbj, 2008.
Siegner, Ingo. *Der kleine Drache Kokosnuss und der Schatz im Dschungel* (Bd. 12). München: cbj, 2009. [= 2009a]
Siegner, Ingo. *Der kleine Drache Kokosnuss und das Vampir-Abenteuer* (Bd. 13). München: cbj, 2009. [= 2009b]
Siegner, Ingo. *Der kleine Drache Kokosnuss und die starken Wikinger* (Bd. 15). München: cbj, 2010.
Siegner, Ingo. *Der kleine Drache Kokosnuss auf der Suche nach Atlantis* (Bd. 16). München: cbj, 2011. [= 2011a]
Siegner, Ingo. *Der kleine Drache Kokosnuss bei den Indianern* (Bd. 17). München: cbj, 2011. [= 2011b]
Siegner, Ingo. *Der kleine Drache Kokosnuss im Weltraum* (Bd. 18). München: cbj, 2012. [= 2012a]
Siegner, Ingo. *Der kleine Drache Kokosnuss reist in die Steinzeit* (Bd. 19). München: cbj, 2012. [= 2012b]
Siegner, Ingo. *Der kleine Drache Kokosnuss bei den Dinosauriern* (Bd. 21). München: cbj, 2013.
Siegner, Ingo. *Der kleine Drache Kokosnuss und die Reise zum Nordpol* (Bd. 23). München: cbj, 2014.
Siegner, Ingo. *Der kleine Drache Kokosnuss bei den Römern* (Bd. 28). München: cbj, 2019.
Siegner, Ingo. *Der kleine Drache Kokosnuss und der chinesische Drache* (Bd. 29). München: cbj, 2020.

2 Sekundärliteratur

Baacke, Dieter (Hg.). *Handbuch Medien: Medienkompetenz. Modelle und Projekte.* Bonn: Bundeszentrale für politische Bildung, 1999.
Barilaro, Christina. „Sprechende Tiere in der Kinderliteratur – Fantasie oder Realität?". *Erzähl mir vom Tier. Tiere in der Kinderliteratur und in der Natur.* Hg. Dies./Mareile Oetken. Oldenburg: Isensee, 2018.
Berger, John. „Why Look at Animals?". *The Animals Reader. The Essential Classic and Contemporary Writings.* Hg. Linda Kalof/Amy Fitzgerald. London u. a.: Bloomsbury, 251–261.
Bonacker, Maren. „Eine wundersame Menagerie. Zur Vielgestaltigkeit von Tieren in der phantastischen Kinder- und Jugendliteratur". *kids+media. Zeitschrift für Kinder- und Jugendmedienforschung* 6.1 (2016), 73–96.
Brucker, Renate/Melanie Bujok/Birgit Mütherich/Martin Seeliger/Frank Thieme (Hg.). *Das Mensch-Tier-Verhältnis. Eine sozialwissenschaftliche Einführung.* Wiesbaden: Springer VS, 2015.
Butler, Judith. *Das Unbehagen der Geschlechter.* Aus dem amerikanischen Englisch übersetzt von Kathrina Menke. Frankfurt a. M.: Suhrkamp, 1991 [1990].
Chen, Fanfan/Thomas Honegger (Hg.). *Good Dragons are Rare. An Inquiry into Literary Dragons East and West.* Frankfurt a. M. u. a.: Peter Lang, 2009.
Faulstich-Wieland, Hannelore. „Doing Gender: Konstruktivistische Beiträge". *Handbuch Gender und Erziehungswissenschaft.* Hg. Edith Glaser/Dorle Klika/Annedore Prengel. Bad Heilbrunn: Julius Klinkhardt, 2004, 175–190.
Haas, Gerhard. „Das Tierbuch". *Taschenbuch der Kinder- und Jugendliteratur. Bd. 1: Grundlagen – Gattungen.* Hg. Günter Lange. Baltmannsweiler: Schneider Hohengehren, 2005, 287–307.
Hall, Stuart. *Representation: Cultural Representations and Signifying Practices.* Thousand Oaks: Sage, 1997.
Haraway, Donna. *Die Neuerfindung der Natur. Primaten, Cyborgs und Frauen.* Aus dem amerikanischen Englisch übersetzt von Dagmar Fink, Carmen Hammer, Helga Kelle, Anne Scheidhauer, Immanuel Stieß und Fred Wolf. Frankfurt a. M. u. a.: Campus, 1995.
Hildebrandt, Swetlana. „Vergeschlechtlichte Tiere – Eine queer-theoretische Betrachtung der Gesellschaftlichen Mensch-Tier-Verhältnisse". *Human-Animal Studies. Über die gesellschaftliche Natur von Mensch-Tier-Verhältnissen.* Hg. Chimaira – Arbeitskreis für Human-Animal Studies. Bielefeld: transcript, 2011, 215–242.
Hof, Christiane. „Das Geschlecht der Bildung: Gender in Pädagogik und Erziehungswissenschaft". *Genus. Geschlechterforschung/Gender Studies in den Kultur- und Sozialwissenschaften. Ein Handbuch.* Hg. Hadumod Bußmann/Renate Hof. Stuttgart: Kröner, 2005, 296–327.
Honegger, Thomas. „A Good Dragon Is Hard to Find, or from *Draconitas* to *Draco*". *Good Dragons are Rare. An Inquiry into Literary Dragons East and West.* Hg. Fanfan Chen/Thomas Honegger. Frankfurt a. M. u. a.: Peter Lang, 2009, 27–60.
Kompatscher, Gabriela/Reingard Spannring/Karin Schachinger. *Human-Animal Studies. Eine Einführung für Studierende und Lehrende.* Münster u. a.: Waxmann, 2017.
Lauretis, Teresa de. *Technologies of Gender. Essays on Theory, Film and Fiction.* Basingstoke u. a.: Macmillan, 1989.
Merskin, Debra L. *Seeing Species. Re-presentations of Animals in Media & Popular Culture.* Berlin u. a.: Peter Lang, 2018.
Paoletti, Joe Baraclough. *Pink and Blue. Telling the Boys from the Girls in America.* Bloomington: Indiana University Press, 2012.
Rendtorff, Barbara. „Geschlechtstypische Aspekte in Kinderbüchern". *Geschlecht und Geschlechterverhältnisse in der Erziehungswissenschaft. Eine Einführung.* Hg. Dies./Vera Moser. Opladen: Leske und Budrich, 1999, 85–102.

Schachinger, Karin. „Gender Studies und Feminismus. Von der Befreiung der Frauen zur Befreiung der Tiere". *Disziplinierte Tiere? Perspektiven der Human-Animal Studies für die wissenschaftlichen Disziplinen.* Hg. Dies./Reingard Spannring/Gabriela Kompatscher/Alejandro Boucabeille. Bielefeld: transcript, 2015, 53–75.

Schaufler, Birgit. „Gender Mainstreaming – Perspektiven für die erziehungswissenschaftliche Geschlechterforschung". *Handbuch Gender und Erziehungswissenschaft.* Hg. Edith Glaser/Dorle Klika/Annedore Prengel. Bad Heilbrunn: Julius Klinkhardt, 2004, 574–586.

Schründer-Lenzen, Agi. „Gender und Medienpädagogik". *Handbuch Gender und Erziehungswissenschaft.* Hg. Edith Glaser/Dorle Klika/Annedore Prengel. Bad Heilbrunn: Julius Klinkhardt, 2004, 557–573.

Spannring, Reingard. „Bildungswissenschaft. Auf dem Weg zu einer posthumanistischen Pädagogik?". *Disziplinierte Tiere? Perspektiven der Human-Animal Studies für die wissenschaftlichen Disziplinen.* Hg. Dies./Karin Schachinger/Gabriela Kompatscher/Alejandro Boucabeille. Bielefeld: transcript, 2015, 29–52.

Statistisches Bundesamt. „Lehrkräfte nach Schularten und Beschäftigungsumfang". 2020. https://www.destatis.de/DE/Themen/Gesellschaft-Umwelt/Bildung-Forschung-Kultur/Schulen/Tabellen/allgemeinbildende-beruflicheschulen-lehrkraefte.html (12. Februar 2021).

Thiele, Jens. *Das Bilderbuch. Ästhetik – Theorie – Analyse – Didaktik – Rezeption.* Oldenburg: Isensee, 2003.

Thiele, Martina. *Medien und Stereotype. Konturen eines Forschungsfeldes.* Bielefeld: transcript, 2015.

Ullrich, Jessica. „Jedes Tier ist eine Künstlerin". *Das Handeln der Tiere. Tierliche Agency im Fokus der Human-Animal Studies.* Hg. Sven Wirth/Anett Laue/Markus Kurth/Katharina Dornenzweig/Leonie Bossert/Karsten Balgar. Bielefeld: transcript, 2016, 245–266.

Valio Ottowitz, Taciana. *Bilderbuchillustration in den 60er und 70er Jahren in der Bundesrepublik und Parallelen zur Kunstszene.* München: Universitätsbibliothek der LMU, 2017.

Wanning, Berbeli. „Posthuman von Anfang an? Wie Tiergeschichten für Kinder das anthropozentrische Weltbild prägen". *Philologie im Netz.* Beiheft *Mensch – Maschine – Materie – Tier. Entwürfe posthumaner Interaktionen* 10 (2016), o.S. http://web.fu-berlin.de/phin/beiheft10/b10t07.pdf (22. Dezember 2020).

Abbildungen

Abb. 1: „Buchcover von *Der kleine Drache Kokosnuss und der große Zauberer*". Siegner, Ingo. *Der kleine Drache Kokosnuss und der große Zauberer* (Bd. 5). München: cbj, 2005, Coverillustration.

Abb. 2: „Pirat*innen in *Der kleine Drache Kokosnuss und die wilden Piraten*". Siegner, Ingo. *Der kleine Drache Kokosnuss und die wilden Piraten* (Bd. 10). München: cbj, 2008, 14.

Abb. 3: „Männliche und weibliche Drachen in *Der kleine Drache Kokosnuss. Schulfest auf dem Feuerfelsen*". Siegner, Ingo. *Der kleine Drache Kokosnuss. Schulfest auf dem Feuerfelsen* (Bd. 7). München: cbj, 2006, 64.

Abb. 4: „Kokosnuss als Anführer in *Der kleine Drache Kokosnuss bei den Dinosauriern*". Siegner, Ingo. *Der kleine Drache Kokosnuss bei den Dinosauriern* (Bd. 21). München: cbj, 2013, 14 [Ausschnitt].

Abb. 5 und 6: „Spiel mit männlichen und weiblichen Geschlechterkonventionen in *Der kleine Drache Kokosnuss. Hab keine Angst!* und *Der kleine Drache Kokosnuss bei den Indianern*".

Abb. 5: Siegner, Ingo. *Der kleine Drache Kokosnuss. Hab keine Angst!* (Bd. 4). München: cbj, 2004, 23.

Abb. 6: Siegner, Ingo. *Der kleine Drache Kokosnuss bei den Indianern* (Bd. 17). München: cbj, 2011, 43 [Ausschnitt].

Abb. 7 und 8: „Patriarchat in *Der kleine Drache Kokosnuss und der chinesische Drache* und aufgelockerte Geschlechterrollen in *Der kleine Drache Kokosnuss. Schulfest auf dem Feuerfelsen*".

Abb. 7: Siegner, Ingo. *Der kleine Drache Kokosnuss und der chinesische Drache* (Bd. 29). München: cbj, 2020, 11.

Abb. 8: Siegner, Ingo. *Der kleine Drache Kokosnuss. Schulfest auf dem Feuerfelsen* (Bd. 7). München: cbj, 2006, 15.

Sarah Ruppe
Männliche Heldenfiguren und Genderstereotype in populärer Jugendliteratur für Jungen

Zusammenfassung: In diesem Aufsatz werden Rahmenbedingungen für Konstrukte von Männlichkeit und Weiblichkeit in Agenten- und Fantasyromanen erschlossen, die sich an die männliche Zielgruppe der 12- bis 18-Jährigen richten. Dabei erweisen sich das Gendermarketing der Kinder- und Jugendbuchverlage, das Merkmal der Popularität sowie die Konzeption der Gattungen Agententhriller und Fantasyroman als grundlegend für Typisierungen. Gleichzeitig bieten sie jedoch auch Raum für individuelle Charakterzeichnungen. In beiden Genres sind sowohl typisierende als auch individualistische Formen von Figuren- und damit auch Geschlechterkonstrukten zu finden. Dies zeugt von einer Spannung zwischen einem dualistischen Verständnis der Geschlechter, welches sich auf weitere soziokulturelle Settings, Konstellationen und Figureneigenschaften auswirkt, auf der einen Seite und differenzierten, kritischen und kreativen Gestaltungsweisen von sozioökonomischen Realitäten und psychosozialen Entwicklungen der jugendlichen Protagonist*innen auf der anderen Seite.

1 Jugendliteratur und Genderkonstrukte der 2000er Jahre

1.1 Jugendliteratur und Gendermarketing

Besucht man die Homepages einschlägiger Kinder- und Jungendbuchverlage wie Ravensburger, Loewe und Carlsen, findet man sich in folgendem Setting wieder, welches an die Erstellung eines Avatars zu Beginn eines Computerspiels erinnert: Werbende Texte und produktberatende Suchmasken konstruieren mit den Parametern Geschlecht, Alter, Themen- und Genrepräferenzen nicht nur ihre Produkte, sondern auch ihre Konsument*innen (vgl. Abb. 1).

Abb. 1: Ravensburger Produktberater.

Kinder- und Jugendliteratur wird in hohem Maße in Mädchen- und Jungenliteratur differenziert. Dies erläutert die Reportage „Blaue Bücher, rosa Bücher" der *Süddeutschen Zeitung* (Brunner et al., 2019). Die Icons der Suchmatrix des Ravensburger Verlags illustrieren, dass das Verlagsmarketing auf einem binären System der Geschlechter basiert. Dabei liegt es nahe, dass sich das Marketing neben einer spezifischen Zielgruppenansprache auch auf die Gestaltung von Geschlechterrollen und -konstellationen in den Jugendbüchern selbst bezieht.

Laut der Reportage der *Süddeutschen Zeitung* schlägt sich die genderbezogene Differenzierung der Kinder- und Jugendliteratur in der Zuweisung von Textgattungen nieder. So haben beispielsweise historische Erzählungen sowie Abenteuer- und Detektivgeschichten zum überwiegenden Teil männliche Protagonisten (vgl. Abb. 2; Brunner et al., 2019).

Jungen erleben die meisten Abenteuer

Anzahl der Protagonisten, die mit den Schlagwörtern „Abenteuer" und „Abenteuererzählung" verknüpft sind

männliche Protagonisten: 3450
ohne menschliche Protagonisten: 1824
weibliche Protagonisten: 1325
männliche und weibliche Protagonisten: 990

Abb. 2: Gender in Abenteuergeschichten.

Außerdem unterscheiden sich die Art und die Breite der Themen und Motive der Kinder- und Jugendliteratur für ein weibliches und ein männliches Publikum, was die Reportage in Wortwolken graphisch veranschaulicht. Dabei zeigt sich eine sehr viel größere thematische und textsortenbezogene Vielfalt für die Jungenliteratur im Vergleich zur Mädchenliteratur (vgl. Abb. 3 und 4).

Abb. 3: Themen in Mädchenbüchern.

Abb. 4: Thematische Vielfalt in Büchern für männliche Rezipienten.

Man kann vermuten, dass in der Kinder- und Jugendliteratur im männlichen Protagonisten, quasi als dem Repräsentanten der Gattung Mensch, Kinder und Jugendliche aller Geschlechter aufgehen, weshalb sich Mädchen sowie nicht-binäre Jugendliche auch in männliche Figuren hineinversetzen. Mädchenliteratur befasst sich demnach spezifisch mit der Suche nach weiblicher Identität in der Gesellschaft, häufig klischeehaft thematisiert im Zusammenhang mit Liebe, Mädchenfreundschaft, Familie, Schule und Pferden (vgl. Abb. 3). Von einer Gleichberechtigung der Geschlechter ist weder in der Kinder- und Jugendliteratur generell noch in den jeweiligen Büchern für Jungen oder Mädchen zu sprechen.

Charaktere, Setting und Konflikte sowie Erzählinstanz, Sprache und (multi-)mediale Features werden auf die Jugendlichen zugeschnitten und prägen Thematik und Produktionsästhetik. Dabei werden keine gesellschaftspolitischen Debatten zu Geschlechterfragen geführt, sondern es findet eine Absetzung vom LGBTQI+-Marketing statt, und die klare Opposition von Männlichkeit und Weiblichkeit sowie generell ein dualistisches Weltbild mit weiteren soziokulturellen Normierungen (z.B. heterosexuell, Weiß, westlich und christlich geprägt), die der Diversität in heutigen Gesellschaften und den öffentlichen Bildungszielen nicht entsprechen, jedoch auf dem Markt als erstrebenswerte Güter funktionieren, werden genutzt.

Laut der Sozialpädagogin Margarete Blank-Mathieu (2005) hat die stereotype mediale Darstellung von Geschlechterrollen nur für die Entwicklung von Kindern bis zum fünften Lebensjahr ihre Berechtigung, denn in dieser Lebensphase bietet sie Orientierung. Da sich Blank-Mathieu (2005) zufolge Sprache, Denken und Genderidentität parallel zueinander ausbilden, sind Lesegewohnheiten, Bücher und andere Medien als prägende Sozialisationsinstanzen zu verstehen. Für Kinder ab dem Schulalter sei es daher wichtig, Diversität auch in Medien zu erfahren, um einen Abgleich mit der sie umgebenden Realität herzustellen. Nur dann biete die Kinder- und Jugendliteratur für die Leser*innen einen Raum, um ihre eigenen Vorstellungen und Umgangsformen mit den verschiedenen Geschlechtern messen und ausprägen zu können (Blank-Mathieu 2005). Kinder und Jugendliche als Rezipient*innen sind in einem Entwicklungs- und Sozialisationsprozess begriffen, der durch Verunsicherungen und Konflikte, aber auch durch Neugier und Kreativität in Bezug auf die eigene Identität geprägt ist. Bücher, welche analog zum Markt eine klare Zuordnung der eigenen Person und Vorlieben zum binären Geschlechtersystem unterstützen, können eine freie, individuelle Identitätsbildung hemmen. Anstatt Räume für eigene Vorstellungen, Gestaltungs- und Entscheidungsprozesse zu eröffnen, fördern sie eine Form der Identitätsprägung, die auf Abgrenzung vom anderen Geschlecht basiert und darüber hinaus, aufgrund des mit diesem Konstrukt zusammenhängenden normativen Anspruchs, mit Angst und Druck besetzt ist.

1.2 Jugendliteratur und Popularität

Die Bedeutung des Gendermarketings kommt vor allem bei populärer Literatur zum Tragen. Popularität meint die Relevanz von Kulturgütern, somit auch die der Kinder- und Jugendliteratur, für spezifische Rezipient*innenkreise und Kontexte. Dabei werden die produktions- und rezeptionsästhetischen Aspekte sowie die Medialität gleichermaßen berücksichtigt: Populärkulturelle Werke bearbeiten Stoffe und Diskurse, welche ihre Rezipient*innen kennen und anhand derer sie Fragen nach Werten und

Geschmack diskutieren. Die Neubearbeitung antiker und märchenhafter Elemente in beispielsweise den Fantasywelten J. K. Rowlings oder J. R. R. Tolkiens erlaubt die Entstehung differenzierter Sichtweisen, Narrative und Positionierungen hinsichtlich gesellschaftlicher und künstlerischer Normen innerhalb verschiedener Interpretationsgemeinschaften (vgl. Berner et al. 2021).

Da die meisten Bücher nicht von den Jugendlichen selbst, sondern zu 93 % von Eltern, Großeltern und anderen Erwachsenen gekauft werden (Börsenverein des deutschen Buchhandels 2007, 99), sind auch deren Kriterien in Bezug auf die kulturelle Bildung bzw. Unterhaltung als Rezeptionsschichten in den Werken integriert (vgl. Ruppe 2021). Gendermarketing geht deshalb Hand in Hand mit weiteren Strategien der Popularisierung und Kommerzialisierung. Jugendromane mit jugendlichen Helden in Settings, Konflikten oder Erzählstrukturen, die sich beispielsweise an Helden- und Göttersagen seit Antike und Mittelalter, an Märchen und Klassiker der Weltliteratur wie *Alice im Wunderland*, *Gullivers Reisen* oder *Robinson Crusoe* anlehnen, werden diesen Anforderungen gerecht. Währenddessen stehen Genderdebatten hintenan. „Möglicherweise reproduzieren Eltern und Großeltern durch eine geschlechtsspezifische Schieflage im Angebotssortiment das traditionelle Rollenbild." (Börsenverein des deutschen Buchhandels 2007, 100)

Die populäre Kinder- und Jugendliteratur ist ebenso wie die populäre Erwachsenen- und All-Age-Literatur, der sie sich im 20. und 21. Jahrhundert immer mehr annähert, im deutschsprachigen Raum seit dem 18. Jahrhundert durch zwei Merkmale geprägt: Instrumentalisierung und Medialität. Denn seit der Volksaufklärung und -disziplinierung sowie der Sammlung von Volks- und Kinderliteratur wird diese ästhetisch, ethisch-pädagogisch und politisch überformt und zuweilen instrumentalisiert. Die Medienrevolutionen um 1900 (Radio, Schallplatten und Film) sowie der neuerliche Innovationsschub in Technik und Medien seit den 1990er Jahren, der die allgemeine Nutzung von PCs, Internet, Online- und Konsolenspielen sowie Social Media mit sich brachte, verliehen der Populärkultur in einem bisher ungekannten Ausmaß ökonomische Relevanz. Kritiker wie die Kulturphilosophen Adorno, Horkheimer und Cassirer sprachen von Kulturgütern als kapitalistischer Massenware, welche aufgrund ihrer Instrumentalisierung für die völkische Kulturideologie den nationalistischen, imperialistischen und rassistischen Terror des NS-Regimes mitbegünstigt hätten (vgl. Berner et al. 2021).

Gegen diesen Missbrauch sowie gegen die kulturkonservative Dichotomie von Hoch- und Volkskultur wandten sich zahlreiche Künstler*innen, Literatursoziolog*innen und Rezeptionstheoretiker*innen der Nachkriegszeit. Sie entwickelten ein Bewusstsein für zwei Formen von populärer Kultur: eine Popularisierung von kanonischen Texten, Schriftsteller*innen sowie Ästhetiken und Normen durch Kultureliten einerseits und andererseits eine populäre Kulturproduktion jenseits und z.T. unabhängig von einem bildungsbürgerlichen Mainstream, also eine „volkläufige" (Rühmkorf 2008, 111) Literatur, die sich durch eine größere Nähe zu zeitgenössischen Tendenzen einer multikulturellen und multimedialen Gesellschaft und Kulturpraxis auszeichnet. Die Rezipient*innen (populärer) Kultur rückten ins

Zentrum der Aufmerksamkeit einer zunehmend kulturwissenschaftlichen Betrachtungsweise.

Unter den Vorzeichen einer globalisierten, kommerzialisierten und technisierten Gesellschaft offenbart die populäre Jugendliteratur nicht nur allgemeine alterstypische Problemstellungen von Sozialisation und Sexualität, sondern bereitet diese marktwirksam vor dem Hintergrund aktueller globaler Diskurse um die Auseinandersetzungen mit der politischen und wirtschaftlichen Stellung der Nationen in der Welt sowie dem Verhältnis von Mensch und Maschine auf. An den Fallbeispielen wird somit zu zeigen sein, inwiefern sich populäre bis klischeehafte Vorstellungen von Männlichkeit und Weiblichkeit und die Relationen der Geschlechter zueinander in diese durch Dualismen (Gender, Nationen [wir vs. die Anderen], Mensch vs. Maschine) geprägte Weltauffassung einfügen und auf mediale Vielfalt verweisen.

1.3 Gestaltungsspielräume für Genderkonzepte in phantastischer Literatur und Abenteuerliteratur

Der Roman des 20. und 21. Jahrhunderts weist zwei Tendenzen auf, welche die Konstruktion von Geschlechtern beeinflussen: die auf technischen Innovationen beruhende Medialisierung und die Gattungshybridisierung (Sommer 2011, 283). Beide stellen konstitutive Merkmale der Gattung dar bzw. setzen sie, die Kinder- und Jugendliteratur prägend, in der Gegenwart fort.

Romane haben sich seit der Frühen Neuzeit explizit von der lateinischen Gelehrtenkultur abgesetzt und als populäre, volkssprachliche und formal offene Texte entwickelt. Als epische Großformen präsentieren sie komplexe, mehrsträngige Handlungen, die sich über einen längeren Zeitraum erstrecken können (Vogt und Richter 2009).

In der Zeit um 1800, parallel zum Höhepunkt der Volksaufklärung und den Projekten zur Sammlung von Volksliedern, Märchen und Sagen, erfuhren Romane, besonders phantastische Romane und Erzählungen als Paradetextsorten der Romantiker*innen, große Beliebtheit. Der Einbezug übernatürlicher Phänomene und die Beschäftigung mit der menschlichen Psyche und Phantasie, mit Horror und den Grenzen von Realitäten, Wahrnehmungen und Wahrheiten übt bis heute eine große Faszination auf Leser*innen aller Altersgruppen aus. Gerade Märchen, Mythen und religiöse Texte mit ihren Vorstellungen von Zauberei, Jenseits und göttlichen Instanzen halten dafür ein beinahe unerschöpfliches Stoffrepertoire bereit (Gansel 2016, 131). Die in der Gegenwart beliebte Gattung der Fantasyliteratur stellt dabei eine Subgattung oder Variante phantastischer Literatur mit einem hohen Anteil an übernatürlichen Elementen dar (Gansel 2016, 140; Schikorsky 2003, 171).

Dabei lässt sich die Phantastik in drei Spielarten untergliedern. Es gibt rein erfundene Phantasiewelten, in denen übernatürliche Erscheinungen normal sind und nicht hinterfragt werden (z. B. *Der Herr der Ringe*). Außerdem können Welten mit zwei Ebenen geschaffen werden, einer realen und einer übernatürlichen; dabei können entweder Figuren und/oder Übergangswege zwischen den Ebenen eine Verbindung schaffen (z. B. *Tintenherz*) oder unvermittelt phantastische Elemente in der realen Welt auftauchen (z. B. *Harry Potter*) (Gansel 2016, 145–149).

Der Jugend- und zunehmend der All-Age-Roman kombinieren je nach Thema, Intention oder Rezipient*innen Elemente des Abenteuer-, Bildungs-, Fantasy- und Kriminalromans. In Büchern für Jungen spielen ‚Nachtseiten' und Gefahren eine wichtige Rolle, ist der jugendliche Held doch zumeist mit Bedrohungen aus der phantastischen Welt und/oder aus der Welt des Verbrechens konfrontiert (Gansel 2016, 132–133). Seine Aufgabe ist es, die äußere Bedrohung zu identifizieren, anhand von immer neuen Hinweisen aufzuklären und letztendlich zu beseitigen. Um nicht selbst zum Opfer zu werden und um die psychologische Anspannung zu bewältigen, trainiert er spezielle Fähigkeiten und nutzt die Unterstützung von Freund*innen, Teams und Expert*innen. Dieses Grundmuster ähnelt Abenteuerromanen sowie Computerspielen mit Avataren, in denen Jugendliche in die Rolle des Helden bzw. der Heldin schlüpfen. In dieser Rolle können sie Dinge tun und erleben, die in der Realität nicht möglich sind, und dadurch Distanz zu ihrer realen Situation gewinnen. Darin liegt das Potenzial phantastischer Abenteuer: Durch sie können neue Vorstellungen, Meinungen und Konzepte von sich selbst und vom eigenen Lebensumfeld generiert werden. Dieses Potenzial wird jedoch eingeschränkt durch die Grenzen der fiktionalen Welt selbst.

Aus diesen thematischen und gattungsbezogenen Rahmungen für den populären Jungenroman erwächst somit die Frage, inwiefern die Potenziale der Phantastik als experimentellem Gestaltungsspielraum und der informellen Gattung des Romans für Diskurse und Genderkonstrukte genutzt werden.

2 Aktuelle Fallbeispiele der Jungenliteratur der 2000er Jahre

Jugend- und All-Age-Romane für Jungen der Gegenwart orientieren sich zumeist an zwei Vorbildtextgruppen, an deren kommerziellen sowie literarischen Erfolg sie anzuknüpfen versuchen. Zum einen sind es Kriminal- und Agententhriller wie *James Bond*, zum anderen phantastische und Fantasy-Universen à la *Harry Potter*, *Der kleine Hobbit* und *Der Herr der Ringe*. Beide Genres gibt es in verschiedenen medialen Ausführungen (z. B. Film, PC-Spiel). Die Werke selbst bzw. ihre populären medialen Bearbeitungen liegen in serieller Form vor (Schikorsky 2003, 184), wobei entweder das erzählerische Grundmuster mit anderen Gegner*innen und in anderen Settings wiederholt (v. a. Agententhriller) oder die Erzählung in Fortsetzungsreihen zerlegt wird. Diese Werke werden in der aktuellen Kinder- und Jugendliteratur popularisierend und genderrelevant bearbeitet. Gemeinsam ist diesen Bearbeitungen ein ‚heldenhafter', zumeist männlicher Protagonist (als eine der wenigen Ausnahmen davon kann Cornelia Funkes *Tinten*-Trilogie gelten), der sich gegen böse Mächte durchsetzen muss. Dabei sorgt vor allem die dualistische Weltaufteilung konstant für Spannung, beispielsweise in Agententhrillern wie der *Bodyguard*- und der *Top Secret*-Reihe. Die Kombination von Agententhriller und Fantasy wird u. a. durch die Schaffung einer virtuellen Realität innerhalb der fiktionalen Welt möglich: Zur Lösung der rätselhaften Ereignisse und Bedrohungen müssen sich die Helden in *Erebos* (2017) und *Boy in a White Room* (2017) gegen künstliche Intelligenzen beweisen. Beide Genres bieten dabei Potenzial für gesellschaftskritische Diskurse sowie in diesem Rahmen für eine Distanzierung und angedeutete Reflexion von Geschlechterkonstrukten und -rollen.

2.1 Dualistische Welt- und Genderkonstrukte in Action- und Agententhrillern

Die *Bodyguard*-Reihe des britischen Autors Chris Bradford ist ein Beispiel einer auf Dualismen basierenden fiktionalen Welt, in der jedes die Figuren und die Handlung konstituierende Merkmal konsequent einem Gegenpart gegenübergestellt wird und Spannung entsteht, indem die Antagonisten aufeinandertreffen und ihre Kräfte messen, bis ein Sieger aus diesem Kampf hervorgeht. Für die Genderkonstrukte und -relationen bedeutet dies ein Set von festen, eindeutig dem binären Geschlechtermodell zugeordneten Charaktereigenschaften, Funktionen und Rollen.

Der 14-jährige Protagonist Connor zeichnet sich durch körperliche Stärke sowie durch eine moralische Haltung aus, die diese Stärke in den Dienst des Schutzes von Schwächeren stellt. Zu Beginn des ersten Bandes *Die Geisel* (2015) begegnet er im Kickbox-Wettkampf der „kalte[n] Wut" seines kräftemäßig ebenbürtigen Gegners mit „einem durchtrainierten Oberkörper, der wie aus Stein gemeißelt schien" (Bradford 2018, 19), und trägt den Sieg davon. Auf dem Heimweg beweist er seine moralische Integrität und verteidigt einen von einer Gang bedrohten Jungen indischer Herkunft: „Aber Connor konnte nicht einfach daran vorbeigehen. Die Starken haben die Pflicht, die Schwachen zu beschützen, hatte ihm sein Vater immer wieder klargemacht." (Bradford 2018, 26) Diese Eigenschaften qualifizieren ihn dafür, bei der Organisation „Buddyguard" aufgenommen und auf die Mission geschickt zu werden, die gleichaltrige Tochter des neugewählten US-Präsidenten vor einer Entführung zu bewahren. Parallel zum spannungsreichen Finale um den Meistertitel im Kickboxen erfolgt die Zuspitzung von Connors Mission hin zu einem internationalen, politisch motivierten Endkampf gegen den islamistischen Terror.

Der Leiter von „Buddyguard", Mentor und Vorbildfigur für Connor, ist ein im Kampf erfahrener und politisch versierter Militär:

> „Ich bin Colonel Black", stellte sich Silberhaar mit kurzem Nicken vor. [...] Seine ganze Erscheinung machte jedem auf Anhieb klar, dass Black sein Leben beim Militär verbracht hatte. Jetzt erst, da er ihn so nah vor sich sah, bemerkte Connor, dass sein Gesicht hart wirkte; sein kantiges Kinn ließ vermuten, dass er es gewohnt war, schnelle Entscheidungen zu treffen und Befehle zu erteilen. Sein ganzes Auftreten war diszipliniert und befehlsgewohnt, die steingrauen Augen wichen nicht für eine Sekunde von Connors Gesicht. (Bradford 2018, 38)

Im Zuge der Geschichte werden die Verbindungen zwischen den Hauptfiguren deutlich und zeigen eine Art ‚Vererbung' der Personenmerkmale und -funktionen und damit auch der Konflikte im dargestellten System von der Vätergeneration auf die der Jugendlichen. Connor ist der Sohn eines mustergültigen Bodyguards, welcher beim erfolgreichen Schutz eines vielversprechenden US-Diplomaten im Irak ums Leben kam, als Connor acht Jahre alt war. Partner und Freund des Vaters war Colonel Black (Bradford 2018, 41); der Diplomat stellt sich als späterer US-Präsident Mendez mit hispanischen Wurzeln und Vater von Connors Schutzbefohlener Alicia heraus (Bradford 2018, 158–159). Die ‚Vererbung' erfolgt einerseits durch Instinkte und Anlagen, die scheinbar vom Vater auf Connor übertragen wurden, sowie andererseits durch die Führung und Ausbildung durch Colonel Black der diese Fähigkeiten zur Geltung bringt: Connor wird nach dem Ebenbild seines heroischen Vaters und den damit übereinstimmenden Körper- und Charaktereigenschaften als Bodyguard erschaffen. „‚Er [d. i. der Colonel] sagt, du hast es im Blut … und bisher hat er sich noch nie geirrt.'" (Bradford 2018, 460) Die Figur Connors nimmt dadurch eine spezifische Rolle in der Figurenkonstellation ein, welche, ebenso wie das Gendersystem, zwei sich gegenüberstehende Pole besitzt: Der Protagonist muss demnach in einem Kampf zwischen Gut und Böse auf der ‚richtigen' Seite stehen. Einem durch männliche Führungsfiguren (Black, Präsident) verkörperten, westlich und christlich geprägten System steht das des orientalischen Terrors gegenüber.

> Er [d. i. Connors Vater] hatte das Leben eines Mannes gerettet, der später Präsident der Vereinigten Staaten wurde. Ein Politiker, der nach allem, was Connor über ihn gelesen hatte, als eine neue Hoffnung für Amerika angesehen wurde. Ein Visionär, der das Land zu Frieden und Wohlstand führen wollte. Und dass er das tun konnte, war nur seinem, Connors, Vater zu verdanken. (Bradford 2018, 160–161)

Eine islamistische Bruderschaft aus dem Jemen plant einen groß angelegten Angriff auf verschiedene US-Institutionen und die Entführung der Präsidententochter: „‚Wir müssen Amerika dort treffen, wo es am meisten schmerzt', fuhr er fort. Seine Stimme steigerte sich und klang immer fanatischer." (Bradford 2018, 50) In einer dualistischen Weltauffassung wie der in *Bodyguard* kämpfen beide Seiten um die Vorherrschaft, während sie sich in ihrer Struktur ähneln: Auch auf der gegnerischen Seite – in der islamistischen Bruderschaft – gibt es mit Malik ein bestimmendes und schillerndes Oberhaupt, das den jungen Erwachsenen Hazim zu offensiver Gewalt und zur Durchsetzung der eigenen Machtposition anleitet (Bradford 2018, 70–72). Die Machtfülle, die Connor an Präsident Mendez fasziniert (und die Leser*innen an der demokratischen Ausrichtung des Systems in *Bodyguard* zweifeln lässt), findet sich auch bei Malik: „Connor betrat das Oval Office. […] Connor konnte einfach nicht anders – er musste den Mann anstarren. Seine Persönlichkeit und die Macht, die er besaß, schienen den Raum förmlich zu füllen." (Bradford 2018, 155)

Die ‚gute' Seite, verkörpert in der Organisation „Buddyguard" und im Weißen Haus, zeichnet sich durch eine defensive Beschützerhaltung sowie Andeutungen einer Offenheit für interkulturelle Personen und Settings aus; beispielsweise sind der

Präsident und seine Familie südamerikanischer Herkunft und es gibt einige interkulturelle Charaktere wie Connors Buddyguard-Kolleg*innen Amir aus Indien, Ling aus China und Jason aus Australien (Bradford 2018, 66–68) sowie Alicias Freundinnen Grace, eine Afroamerikanerin, und Kalila, ein „arabisches Mädchen" aus einer Diplomatenfamilie (Bradford 2018, 187). Sympathie für die ‚gute Seite' und ihren Erfolg entsteht auch durch die Strukturierung als Ersatzfamilie für Connors nicht funktionierende Herkunftsfamilie. Mit seinem Dienst bei „Buddyguard" verdient Connor so viel Geld, dass seine an Multipler Sklerose erkrankte Mutter und die gebrechliche Großmutter finanziell und durch eine Pflegerin versorgt werden können (Bradford 2018, 52–53). Im Gegensatz zu diesen beiden schwachen weiblichen Figuren stellen Präsident Mendez und besonders Colonel Black starke Führungs- und Versorgerfiguren dar. Während sie als Vaterfiguren fungieren, übernimmt die First Lady die Mutterrolle; die Jugendlichen bei „Buddyguard" sind für Connor wie Brüder und Schwestern.

Die Frauenfiguren nehmen passive Funktionen ein: Sie werden von den Männern versorgt und beschützt, entweder weil sie körperlich unterlegen und voller Angst sind wie Alicia oder weil sie krank und alt sind wie Connors Mutter und Großmutter. Mit 14 Jahren wird Connor als Buddyguard bereits zum Hauptverdiener und Ernährer der Familie (Bradford 2018, 252–257).

Gemäß der Genderstereotypisierungen handelt es sich bei Alicia um ein zickiges ‚It-Girl', das sich naiv und ohne Bewusstsein für drohende Gefahren ihrer Bewachung entzieht, um shoppen zu gehen. Connor, der zunächst in das Mädchen verliebt ist und auch ihrem Drang nach Unabhängigkeit positiv gegenübersteht, erkennt angesichts ihrer Verfolgung durch einen zwielichtigen Schlägertypen seine Aufgabe, Alicia ins dualistische System der Erwachsenen zu integrieren. Sie ist wie die meisten weiblichen Charaktere eine gefährdete und ängstliche Person, die er beschützen muss:

> Alicia vergrub ihr Gesicht in seinem T-Shirt. Connor spürte, dass ihre Tränen es nässten. [...] Sie hatte Angst, allein zurückbleiben zu müssen. [...] Connor drückte Alicia an sich. „Ich habe deinem Vater versprochen, dich zu beschützen. Genau wie mein Vater deinen beschützt hat. Und das werde ich auch – mit meinem Leben." (Bradford 2018, 387)

Connor führt Alicia als junge, hübsche und begehrenswerte Frau zum Schulball aus:

> Alle Blicke wandten sich Alicia und Connor zu, als sie in die Halle kamen, in der die große Sommer-Prom der Schule stattfand. Zum ersten Mal in seinem Leben trug Connor einen Smoking und eine schwarze Fliege, und er konnte nicht leugnen, dass er sich in diesem James-Bond-Look recht gut gefiel. Alicia sah in ihrem fließenden, weichen, roten Seidenkleid hinreißend aus. (Bradford 2018, 272)

Dies verleiht ihm Glamour und hohes Ansehen: Der junge Agent und seine Begleitung werden zum schönsten Paar des Abends gewählt: „‚Mein Ritter ist jetzt mein Prinz!', lachte sie überglücklich." (Bradford 2018, 283)

Das Selbstverständnis als loyaler, männlicher Kämpfer erfordert dagegen eine klare Abgrenzung vom Weiblichen in Form von Körperpräsenz, Kleidung und Accessoires: „Danke ... aber das ist mir ein bisschen zu ... mädchenhaft." (Bradford 2018, 141)

Die Nähe zu den männlichen Vorgesetzten muss immer und absolut im Sinne eines militärischen Gehorsams aufrechterhalten werden. Das eigene Leben wird der Mission untergeordnet. Connor wird auf körperliche Stärke, Techniken mit und ohne Waffen und Kampfwillen gedrillt. Dabei wird von ihm Brutalität und Härte gefordert:

> Die Situation verlangte einen Alles-oder-Nichts-Angriff. Er rammte Goldzahn die Handkante in die Kehle. Der plötzliche harte Schlag schnitt Goldzahn die Luft ab. Seine Augen quollen aus den Höhlen, als er um Luft rang. [...] Connor setzte mit einem Haken in den Solarplexus des Angreifers nach und ließ sofort noch einen blitzschnell ausgeführten Aufwärtshaken ans Kinn folgen. Knochen knackten hörbar; der Goldzahn flog aus dem Mund des Gangsters. Ein letzter Boxhieb setzte dem Kampf nach nicht einmal fünf Sekunden ein Ende. (Bradford 2018, 253–254)

Connor erweist sich als ‚mittlerer Held' aus einer vom sozialen Abstieg bedrohten Mittelstandsfamilie, der aufgrund seines loyalen und soldatischen Dienstes am System zu einem Aufsteiger und zukünftigen Führer aufgebaut wird.

Im ersten Band der *Top Secret*-Reihe des ebenfalls britischen Autors Robert Muchamore wird eine vergleichbare Grundstruktur genutzt, um einer sozialkritischen Lesart in Bezug auf das Großbritannien der Gegenwart den Boden zu bereiten. James ist ein von beiden Eltern vernachlässigter und zuweilen für ihre kleinkriminellen Machenschaften ausgenutzter 12-Jähriger, der nach und nach aus allen sozialen Strukturen wie Schule, Familie und Freundeskreis herausfällt und bei CHERUB landet, einer Jugendorganisation des MI5 zur Terrorbekämpfung. Auch diese Gruppierung hat eine familienähnliche Struktur und eine charismatische männliche Führungsfigur (McAfferty/Mac), wobei die Zusammensetzung divers ist und James es mit verschiedenen jüngeren und gleichaltrigen Trainees, älteren jugendlichen Ausbilder*innen und erwachsenen Mentor*innen zu tun hat und sich die verschiedenen zu erlernenden Stärken auf eine Vielzahl von Figuren verteilen.

Im Unterschied zu Connor stammt James nicht aus geordneten Familienverhältnissen und ist deshalb für CHERUB besonders interessant: „Alle Mitglieder von CHERUB sind entweder Waisen oder Kinder, die von ihren Familien im Stich gelassen wurden." (Muchamore 2005, 379–380) Mit seiner jüngeren Schwester Lauren wächst James bei der Mutter auf, die stark übergewichtig und Alkoholikerin ist und einen Ring von Einbrecher*innen und Dieb*innen koordiniert. James schlägt sich mehr schlecht als recht durch, fliegt von der Schule und versucht, sich und seiner Schwester die Gewalt der Jugendlichen und Erwachsenen vom Leib zu halten.

> Dass er in solch einem Schlamassel steckte, brachte James dazu, über sich selbst nachzudenken. Er wusste, dass er kein besonders guter Mensch war. Er stritt sich ständig. Er war intelligent, aber faul, und bekam deshalb schlechte Noten. Er erinnerte sich an all die Male, in denen die Lehrer ihm gesagt hatten, dass er sein Potenzial verschwende und dass es einmal ein schlimmes Ende mit ihm nehmen würde. (Muchamore 2005, 22)

Als seine Mutter plötzlich stirbt, nimmt der ebenfalls kriminelle Stiefvater Lauren gegen ihren Willen zu sich. James landet in einem ärmlichen Kinderheim. Bevor er endgültig in die Kriminalität rutscht („James war nervös, aber es war cool, zusammen mit einer Gang, bewaffnet mit Hämmern und Schraubenschlüsseln die Straße entlang zu gehen." [Muchamore 2005, 63]), wird er von CHERUB rekrutiert.

Für James ist dieser Schritt ein Ausweg aus einer gewalttätigen und kriminellen Welt, die im Gegensatz zur *Bodyguard*-Welt eher die Abwesenheit eines moralisch-politischen Systems darstellt. Die bedrückende Realität, aus der James stammt, sowie die Ablösung von ihr geben Raum für eine sozialkritische Lesart des Textes: Welche Art von Gesellschaft verleitet einen so jungen Jugendlichen, in den Dienst einer Antiterroreinheit einzutreten, sich Gefahren für Leib und Leben auszusetzen und eine Existenz jenseits der Öffentlichkeit, ohne gesellschaftliche Anerkennung zu wählen? Daran schließen sich auch Fragen nach dem Konzept von Männlichkeit und der Rolle in der Gesellschaft an. Während Connor aufgrund des Ansehens seines Vaters dessen Weg fortsetzt, muss sich James als Persönlichkeit neu erfinden und setzt sich von seiner von Schikane und Vernachlässigung geprägten Herkunft an der Grenze zur Kriminalität ab. Auch wächst er über seine körperlichen und schulischen Defizite, Ängste und Misserfolge hinaus.

Im Zentrum der Ausbildung zum jugendlichen Spion stehen wie in *Bodyguard* extrem hartes körperliches Training sowie ein strenges Reglement, gegen das James immer wieder verstößt, aus schlechten Gewohnheiten heraus sowie auch aus der Notwendigkeit, seine Schwester zu unterstützen. Er nimmt einen neuen Namen an und baut sich für jede Mission eine neue Identität auf (Muchamore 2005, 112).

James lernt schwimmen und kämpft gegen sein Übergewicht („Der Doktor kniff in eine Speckrolle an James' Bauch" [Muchamore 2005, 121]). Als James sich zum ersten Mal seit dem Ausbildungsbeginn im Spiegel sieht, steht er einem veränderten Selbst gegenüber:

> Es war seltsam, den eigenen Körper zu betrachten, aber sich selbst kaum wiederzuerkennen. Das Bäuchlein über dem Gummibund seiner Shorts war verschwunden. Seine Brustmuskeln und sein Bizeps waren größer, und er hatte den Eindruck, dass ihn der kurz geschorene Kopf und die Kratzer und die blauen Flecke härter aussehen ließen. Unwillkürlich musste er grinsen. Er fand sich total klasse. (Muchamore 2005, 196)

Zwar nähert sich James dem gängigen Männlichkeitsideal an, jedoch auf seine ganz eigene Art und Weise, immer an der Grenze zum Regelbruch (z. B. durch unangemessene Gewaltbereitschaft) und an der Grenze seiner physischen und psychischen Belastbarkeit (Unsportlichkeit, Angst vor Wasser). Seine körperlichen und sozialen Defizite sowie seine hohe Begabung für Zahlen erlauben es James, seine individuelle Persönlichkeit und seine Vorstellungen vom Leben zu entwickeln sowie seine Mission erfolgreich abzuschließen.

Ebenso divers und individuell sind die Frauenrollen in *Top Secret* gestaltet: Zu nennen sind die kriminelle Bandenführerin (Mutter), die schwesterlich-strenge Schwimmtrainerin Amy, die Polizistentochter Joana, die James als Spion enttarnt, die charakterlich mit James resonierende Kerry, die er zuerst verprügelt, weil sie ihn provoziert (Muchamore 2005, 180, 396), die Kommunenchefin Gladys und nicht zuletzt seine Schwester Lauren, welche sich aus den Fängen des Vaters befreit und sich ebenfalls – James hat hierüber gemischte Gefühle – für CHERUB entscheidet (Muchamore 2005, 237–240).

Die Figurenkonzeptionen und -konstellationen unterlaufen einen simplen Dualismus von Gut und Böse. Figuren treffen schlechte Entscheidungen und befinden sich aufgrund dessen in einer prekären Lage, nicht primär aufgrund einer nachteiligen Prägung durch ihre sozioökonomische Schicht, ihr Geschlecht, ihre Nationalität, ihre Religion, ihren Bildungsgrad etc.:

> Im Fernsehen wusste man immer, wer die Bösen waren und dass sie am Ende kriegten, was sie verdienten. Jetzt erkannte James, dass auch die Bösen ganz normale Leute waren, die Witze erzählten, einem Kaffee anboten, zum Klo gingen und Familien hatten, die sie liebten. [...] Nicht ganz im Klaren war sich James über seine eigene Rolle. Soweit er es beurteilen konnte, hatte er eine kleine Gruppe von schlechten Menschen daran gehindert, eine größere Gruppe von schlechten Menschen zu töten, was dazu führte, dass die guten Menschen von wieder anderen schlechten Menschen aus ihren Häusern vertrieben wurden. War er selbst demnach gut oder schlecht? Das einzige Ergebnis, zu dem ihn seine Überlegungen führten, waren Kopfschmerzen. (Muchamore 2005, 353–354)

Agententhriller für männliche Jugendliche thematisieren die Suche des Protagonisten nach seinem Platz in der Welt, welche entweder auf einem grundlegenden Dualismus beruht (*Bodyguard*) oder darüber hinaus Potenzial für Diskussionen gesellschaftspolitischer Realitäten jenseits von Bewertungen von Gut und Böse eröffnet – auch in Bezug auf Genderkonzepte und das Rollenverhalten in sozialen Gemeinschaften. Wie am Beispiel von *Top Secret* gezeigt, kann dieses Potenzial besonders dann ausgeschöpft werden, wenn die sozialen, politischen und kulturellen Bedingungen differenziert die Figurenmerkmale und Verhaltensweisen prägen und sich die Figur individuell mit diesen Gegebenheiten auseinandersetzt wie im Fall von James. In Abgrenzung vom *Bodyguard*-Heldentypus entwickelt sich der jugendliche, männliche Protagonist unter der Anleitung einer männlichen Führungsfigur sowie weiterer verschiedener Anleiter*innen, während seine Schwester als weibliches Pendant aufgebaut wird. Der Figur James ist es möglich, seine eigene (Hetero-)Sexualität zu entdecken und auszuprobieren und auch in diesem Aspekt wichtige Schritte hin zum Erwachsenwerden zu gehen. Die Offenheit auch in Bezug auf Genderkonstrukte zeigt sich beispielsweise im Coming-out von James' Freund Kyle im zweiten Band der Reihe.

2.2 Genderkonzepte in Fantasy- und Science-Fiction-Büchern für Jungen

Die Verschränkung von Virtualität und Fantasyelementen in Geschichten mit Thrillercharakter eröffnet Raum zur Thematisierung von Identitätskonstrukten im Rahmen der Lösung des Konflikts zwischen Gut und Böse.

Auch *Erebos* (2011) basiert auf einem dualistischen Prinzip: einer alltäglichen, guten Welt und dem verdeckten Einbrechen des Bösen in die Welt der Jugendlichen in Form eines Computerspiels, das Personen gegeneinander aufbringt, sie zu Gewalttaten motiviert und vor Mord nicht zurückschreckt. In der Alltagswelt der Jugendlichen und des Protagonisten Nick, aus dessen Perspektive der Roman erzählt ist, herrscht ein binäres Geschlechtersystem, welches Mädchen und Jungen, Frauen und Männer einander gegenüberstellt. Beispiel idealer jugendlicher Männlichkeit ist Eric, der für Nick eine Konkurrenz darstellt: „War das der Typ Mann, auf den Emily flog? Schlaksig, halbasiatisch mit Prinz-Eisenherz-Frisur und Streberbrille? Ein Literaturklub-Fuzzi?" (Poznanski 2017, 202) Im Kampf um die Vorrangstellung in der Peergroup wird ausgerechnet der ruhig-distanzierte, auf die Schule fokussierte Eric des sexuellen Übergriffs gegenüber Aicha, einem Mädchen mit Kopftuch, verdächtigt. Erics Ansehen wird mit dem tabubehafteten Vorwurf zerstört, er habe seine Überlegenheit gegenüber einer jungen Frau ausgenutzt. Die Gegenüberstellung eines Jungen mit asiatisch-europäischem Hintergrund und guten schulischen Leistungen und eines muslimischen Mädchens mit Kopftuch impliziert soziale und kulturelle Klischees in Bezug auf den Erfolg und das Prestige von Gruppierungen in westlichen Gesellschaften. Harte, durch soziale und kulturelle Dualismen verstärkte Gendergrenzen führen zu rigorosen Kämpfen: „,Sie lügt', sagte Eric, diesmal lauter. Aicha wirbelte herum. ,Das sagen die Männer dann immer, nicht?'" (Poznanski 2017, 257)

Figuren, die männlichen oder weiblichen Genderstereotypen dem Aussehen nach nicht entsprechen, werden körperlich und psychisch angegriffen. So werden „die Häkelschwestern", kleine, unsportliche, akademisch jedoch starke Jungs, ausgegrenzt und z. B. als „Dan, der lächerliche Klops" (Poznanski 2017, 11), gehänselt. Auch Helen wird aufgrund ihres Übergewichts gemobbt. Ihr gegenüber werden die Jungen sogar handgreiflich:

> „[...] unser aller Liebling: Helen!" Jamie klapste dem fülligen Mädchen, das sich eben an ihm vorbei in die Klasse zwängen wollte, kräftig aufs Hinterteil. [...]
> Helen fuhr herum und versetzte ihm einen Stoß, der ihn über den halben Korridor beförderte.
> „Finger weg, Arschloch", zischte sie. [...]
> „Aber ja. Obwohl es mir bei deinem Anblick echt schwerfällt. Ich stehe wie verrückt auf Pickel und Fettschwarten."
> „Lass sie in Ruhe", sagte Nick. Jamie sah verblüfft aus.
> „Was ist denn mit dir los? Bist du seit Neuestem bei Greenpeace? Rettet die Walrosse und so?"
> (Poznanski 2017, 14)

In der virtuellen Parallelwelt des Spiels Erebos steigen Dan und sein Freund Alex aufgrund ihrer Taktik und Helen aufgrund ihrer Kampfkraft in den inneren Zirkel der Spielführer*innen auf. Genau wie diese drei Figuren gibt sich der Protagonist Nick der Faszination der Phantasiewelten von Computerspielen und „den Verlockungen der Weltenflucht" (Poznanski 2017, 219) hin. Er „stürz[t] [s]ich mit ganzem Herzen in die Unendlichkeit des Irrealen" (Poznanski 2017, 219). Beim ersten Eintritt wird Nick vom Spiel aufgefordert, sich einen Avatar zu gestalten: „‚Wähle ein Geschlecht', verlangt die erste [Tafel]. Ohne zu zögern wählt er den Mann. Erst nach seiner Entscheidung überlegt er, dass ein Spiel als Frau seinen Reiz haben könnte. Egal, zu spät." (Poznanski 2017, 48) Nicks spontane und unreflektierte Entscheidung für das männliche Geschlecht seines Avatars, welche die Konzeption der Figur offenlegt, könnte auch Einfluss auf das Selbstverständnis der Rezipierenden haben. Obwohl im virtuellen Raum die Möglichkeit besteht, spielerisch mit Genderrollen umzugehen, wird dieses Thema im Moment seines Aufkommens wieder eliminiert. Im Zusammenhang mit den folgenden zu wählenden Kategorisierungen von Volk, Äußerem, Berufung, Fähigkeiten, Waffen und Namen wird der Zusammenhang von Geschlecht und anderen Kategorien deutlich und hier ein gewisser Gestaltungs- und Imaginationsraum gewährt, im Rahmen eines Fantasyabenteuers eine Persönlichkeit zu sein, Rollen einzunehmen und Fertigkeiten zu nutzen, die im Alltag nicht möglich sind.

Während die Welt von Erebos für Nick wie geschaffen zu sein scheint, nimmt die weibliche Figur Emily die Einschränkungen wahr, die das Spiel bei der Wahl von Charaktermerkmalen vorgibt. Aber auch sie entscheidet sich prompt für ihr natürliches Geschlecht und die Gattung Mensch, trotz Nicks Versuch, einzuwenden: „‚Da ist es nicht so wichtig, was du nimmst, obwohl die Männer schon ein bisschen stärker – '" (Poznanski 2017, 343).

Helen hingegen spielt als großer, vollbewaffneter männlicher Barbar und verbreitet Angst und Schrecken auf ihrem Siegeszug. Im Unterschied zu ihr, die in der realen Welt aufgrund ihres Körpers Häme einstecken muss, hat die hübsche Emily keinen Grund, nicht „‚Frau' an[zu]klick[en]. Der Körper des Namenlosen veränderte sich, wurde insgesamt schmaler, Brust und Hüften wölbten sich. ‚Sorry, Nick, aber das wird *meine* Spielfigur', sagte Emily." (Poznanski 2017, 343) Nick gestaltet sich als Dunkelelf mit Attributen des Ritterhelden:

> Er will seinem wirklichen Ich so wenig wie möglich ähneln. Also kurzes blondes Haar, spitze Nase und schmale grüne Augen. [...] Er arbeitet noch einmal an seinen Gesichtszügen – vergrößert die Augen und den Abstand zwischen Mund und Nase. Hebt die Augenbrauen. Arbeitet die Backenknochen noch deutlicher heraus und findet, dass er nun aussieht wie ein verlorener Königssohn. (Poznanski 2017, 49)

Nick gibt sich einen klassisch-römischen Namen: Sarius (Poznanski 2017, 52). Seine eklektischen Vorstellungen über eine erfolgreiche männliche Figur entstammen den Heldendarstellungen aus antiken Mythen, Rittergeschichten und den Fantasywelten des 20. und 21. Jahrhunderts. Die Identifikationsfigur für die jugendlichen Leser*innen bietet somit Anknüpfungspunkte für verschiedene populäre Interessen, welche durch die Medien bekannt und durch das Gendermarketing befeuert werden.

Aufgelöst wird das Rätsel um Erebos durch eine ins Böse und Dunkle verkehrte Gender- und Figurenkonstellation, die aus Agententhrillern bekannt ist. Schöpfer des Spiels ist der Vater des Mitschülers Adrian. Er entwickelte eine künstliche Intelligenz, die reale Eigenschaften, Emotionen und Interessen nutzt, um die Spieler*innen an das Spiel zu binden und damit reale Beziehungen zu manipulieren. Als ihm das Spielkonzept gestohlen wird, um es kommerziell und zu Spionagezwecken einzusetzen, lässt er das Spiel auf die Jugendlichen los und begeht Selbstmord. Der Außenseiter und Waisenjunge Adrian entschlüsselt dieses Geheimnis und hilft Nick, den Dieb Ortolan unschädlich zu machen, bevor Helen und die anderen ihm Gewalt antun können.

Die väterliche Schöpferfigur erscheint Adrian, um sich zu erklären und zu verabschieden. Der Junge und alle anderen Jugendlichen in Erebos müssen erkennen, dass dieses Rollenspiel sie ihrer eigenen Identität, auch als junge Männer und Frauen, nur bedingt näher gebracht hat. Ihnen wird klar, dass sie Konstrukte sind, die von männlichen Schöpfer- bzw. Vaterfiguren in einer genderdifferenzierten, kommerzialisierten und populärmedial vermittelten Welt geschaffen wurden, von der sie sich emanzipieren müssen: „Ich mache dir Vorwürfe. Ich war für dich wie eine deiner Spielfiguren."' (Poznanski 2017, 482)

In Karl Olsbergs Roman *Boy in a White Room* (2017) wird der Prozess der jugendlichen Identitätsfindung im Rahmen philosophischer und technischer Diskurse diskutiert. Anhand des Schicksals von Manuel, einer von zwei Computerspezialisten geschaffenen künstlichen Intelligenz, wird der Descartes'sche Grundsatz *cogito ergo sum* ('Ich denke, also bin ich') nachvollzogen. Es wird immer wieder infrage gestellt, ob es den schwer verletzten Hamburger Jungen namens Manuel in der Realität überhaupt gibt und inwiefern die Ich-Instanz im Roman im Ganzen ein Konstrukt der Programmierer Henning und Marten ist. Im Rahmen dieser Fantasy-Fiktion wird im Vergleich zu den vorher besprochenen Jugendromanen durch das Wegfallen einer Realitätsebene ein expliziter Diskurs darüber geführt, inwiefern der jugendliche Protagonist Produkt eines männlichen Schöpfers ist und dessen Vorstellungen von Manuels Form und Funktion für dessen Ziele benutzt werden. Der Junge findet sich anfangs in einer körper- und gefühllosen Existenz in einem weißen Würfel wieder. „Wer bin ich? – Da ist kein Name in meinem Gedächtnis, kein Selbstbild, nur Begriffe." (Olsberg 2018, 9)

Manuel hat keine Erinnerungen an seine Vergangenheit und kennt seinen Namen nicht. Über sein Geschlecht besteht jedoch kein Zweifel, als er sich, ähnlich wie Nick und Emily, in einer virtuellen Welt definieren soll: „Benutzername? Keine Ahnung, wie ich heiße. Ich gebe ‚Boy in the white room' ein." (Olsberg 2018, 18)

Als ihm zu einem späteren Zeitpunkt ein Bild seines Körpers gezeigt wird, ist er tief erschüttert:

> Auf dem Tisch liegt der nackte Körper eines Jungen. Sein Kopf ist kahlgeschoren. Ganze Bündel von Kabeln ragen aus dem Schädel und verschwinden in den Geräten neben dem Tisch. Das

Gesicht ist vollständig mit Bandagen verhüllt, aus denen Schläuche hervortreten. Ich kann nicht glauben, dass ich es bin, der da liegt. Nackt, schutzlos, auf bestialische Weise missbraucht und misshandelt. (Olsberg 2018, 181)

Henning gibt sich zunächst als Manuels Vater aus, der einen Weg gefunden hat, seinen beinahe gestorbenen Sohn am Leben zu erhalten und mit ihm in Kontakt zu treten. Nach und nach wird Manuels Umgebung durch den scheinbaren Kontakt nach außen über Datenbanken und Messenger sowie die Simulation verschiedener Welten und Körperempfindungen erweitert. Der Junge muss versuchen, dies als Existenzform zu akzeptieren, und ist von vornherein von der Begrenztheit seiner Welt enttäuscht, was ihn am ganzen Konstrukt und seiner Wahrheit zweifeln lässt. Dies zerstört ihm auch die Faszination dafür, als Avatar ein Abenteuer à la *Der Herr der Ringe* zu erleben. Anstatt sich der Illusion hinzugeben, will Manuel sein Gedächtnis und seine Identität zurückerlangen:

Ich möchte ihn anschreien, aber meine synthetische Stimme bleibt emotionslos. „Dass ich mein Schicksal selbst in der Hand habe, war wohl ebenso eine Illusion wie dieser Elbenpalast!" „So darfst du es nicht sehen", widerspricht er. „Viele Jungen in deinem Alter würden alles dafür geben, jetzt hier zu sein und diese phantastische Welt so zu erleben, wie du es kannst." „Und ich würde alles dafür geben, mit ihnen zu tauschen." (Olsberg 2018, 30)

Vor diesem Hintergrund erscheinen die Versuche äußerst plump, Manuels virtuelle Welt mit Figuren zu bevölkern, denen er Vertrauen schenken kann. Besonders die weiblichen Figuren, konstruiert von einem männlichen Schöpfer für einen männlichen Jugendlichen, sind genderstereotyp und bringen Manuel zum Nachdenken bzw. stoßen ihn ab.

Genau wie die Figuren der anderen Bücher ist Manuel Halbwaise, seine Mutter starb angeblich bei einem Autounfall, den er selbst knapp überlebte. Ihr Bild aus einer fiktiven „Collage von Fotos und Texten" (Olsberg 2018, 40) wird stereotyp gestaltet und mit den Daten auf dem Grabstein, von dem „eine Lebenskraft aus[geht], die befruchtend auf die Natur wirk[t]", zusammengefasst: „Maria Jaspers, geb. Hochleitner. 26.9.1970 – 30.8.2016" (Olsberg 2018, 49). Sie wird als verheiratete Frau konzipiert, die den Namen des Ehemannes trägt, ihr Kind mit 30 bekommt und mit 45 Jahren stirbt. Henning resümiert: „Sie war eine wunderbare Frau." (Olsberg 2018, 41)

Zur Ablenkung und Unterhaltung stellt man Manuel Alandil zur Seite, eine Elbenfrau mit scheinbar unerschöpflichem Wissen über die Tolkien-Welt, die sich wie eine ergebene, mütterliche Krankenschwester um die (imaginären) körperlichen und seelischen Bedürfnisse des 16-Jährigen kümmert („Wenn dir zum Beispiel die kleine Elbin gefällt..." [Olsberg 2018, 113]): „‚Eure Verbände müssen gewechselt werden. Bitte legt eure Kleidung ab.' Ich zögere, mich vor ihr auszuziehen." (Olsberg 2018, 114) Alandil hat die Funktion, in Manuel sexuelle Erregung zu wecken und ihm virtuell zu ersten sexuellen Erfahrungen zu verhelfen. Er jedoch erkennt die Strategie und provoziert die Alandil-Software:

> „Küss mich, Alandil!" Sie weitet die Augen, als erschrecke sie über diese Aufforderung. Doch dann beugt sie sich tatsächlich vor, legt ihren Arm um meinen Hals, schließt die Augen und presst die Lippen auf meine. Ich kann den sanften Druck ihres Mundes ebenso spüren wie die Wärme ihres Atems. „Ich liebe dich, Manuel", flüstert sie, als sich ihre Lippen von meinen lösen. Die Lüge fühlt sich wie ein Dolchstoß an. Was war ich nur für ein naiver Trottel! (Olsberg 2018, 116)

Manuel entscheidet sich zum Kampf gegen das Eingesperrtsein in der Simulation und gegen die Dominanz des ‚Vaters' Henning. In Marten, dem zweiten Erfinder der Software, findet er seinen vermeintlichen Retter. Als auch diese Illusion zerbricht, fokussiert sich die Diskussion um das Menschsein auf den Geist und den freien Willen.

Schließlich muss Manuel die finale Frage beantworten, als was er sich selbst versteht. Entsprechend dem Leitsatz *cogito ergo sum* trifft er eine Entscheidung, die seine künstliche Intelligenz der menschlichen zur Seite stellt, jedoch seine virtuelle Existenz beendet, da sie sich nicht missbrauchen lässt:

> Braucht man einen menschlichen Körper, um ein Mensch zu sein? Oder genügt es, wenn man wie ein Mensch denkt und fühlt? Kann ich ein Mensch sein, obwohl ich eine Maschine bin?
> Die Antwort lautet: Ich allein entscheide, wer ich sein will, und damit auch, wer ich bin – mit allen Konsequenzen. [...] „Ja", antworte ich. „Ich bin Manuel. Ich bin ein Mensch." (Olsberg 2018, 282)

3 Fazit

Genderkonstrukte in Büchern für Jungen der Gegenwart orientieren sich am Gendermarketing und den Konventionen populärer Lese- und Filmstoffe (v. a. Tolkien) sowie der Textsorten Agententhriller und Fantasyroman. Das dargestellte binäre Geschlechtersystem ist Ausdruck und Teil einer dualistischen Weltauffassung, in der sich Gut und Böse gegenüberstehen. Dieser Dualismus bestimmt auch weitere Parameter soziokultureller und -ökonomischer Identität der dargestellten Figuren in Bezug auf Ethnie, soziale Schicht, Religion, politische Auffassung und Alter.

Extremfall ist der jugendliche Bodyguard aus der gleichnamigen Buchreihe, ein männlicher, westlich geprägter, körperlich durchtrainierter und militärisch gehorsamer Heldentypus, der von einer väterlichen Schöpferfigur angeleitet wird und mit Gewalt und Unnachgiebigkeit die Antagonisten bezwingt. Entsprechend sind Frauenfiguren Helferinnen oder schwache und ängstliche Opfer.

Allerdings bietet eine differenzierte Darstellung der psychosozialen und ökonomischen Verhältnisse sowie eine Diversität hinsichtlich der Gestaltung der Figuren die Möglichkeit, nach den Ursachen für Kriminalität, Gewalt und Armut in der Gesellschaft zu fragen und den Protagonist*innen eine selbstbestimmte und individuelle Entwicklung zu ermöglichen, wie dies in der *Top Secret*-Reihe vorgeführt wird.

Phantastische Elemente und eine virtuelle Handlungsebene eröffnen ebenfalls eine Distanz und einen potenziellen Gestaltungsspielraum für die Protagonist*innen gegenüber ihren Lebensbedingungen. In *Erebos* und *Boy in a White Room* werden auf diese Weise Konstellationen und Identitätsfragen der Figuren neu ausgehandelt. Die

Frage des Geschlechts wird dabei nur als Gedankenspiel berührt; konservative Rollenbilder, binäre Geschlechterauffassungen und heterosexuelle Normativität werden nicht angetastet.

Literatur

1 Primärliteratur

Bradford, Chris. *Bodyguard – Die Geisel*. Aus dem Englischen übersetzt von Karlheinz Dürr. München: cbj, 2015 [2013].
Brooks, Kevin. *iBoy*. München: dtv, 2015.
Craig, Joe. *J.C. – Agent im Fadenkreuz*. München: cbj, 2016.
Muchamore, Robert. *Top Secret. Der Agent*. Aus dem Englischen übersetzt von Tanja Ohlsen. München: cbj, 2005 [2004].
Olsberg, Karl. *Boy in a White Room*. Bindlach: Loewe, 2018 [2017].
Poznanski, Ursula. *Erebos*. Bindlach: Loewe-Taschenbuch, 2016 [2011].

2 Sekundärliteratur

Berner, Hannah/Frédérique Renno/Sarah Ruppe (Hg.). *Popularität – Lied und Lyrik vom 16. bis zum 19. Jahrhundert*. Stuttgart: Metzler, 2022 (im Druck).
Berner, Hannah/Frédérique Renno/Sarah Ruppe. „Popularität – Lied und Lyrik vom 16. bis zum 19. Jahrhundert. Eine Einführung". *Popularität – Lied und Lyrik vom 16. bis zum 19. Jahrhundert*. Hg. Dies. Stuttgart: Metzler, 2022 (im Druck).
Blank-Mathieu, Margarete. *Männliche und weibliche Rollen im Kinder- und Jugendbuch*. 2005. https://kindergartenpaedagogik.de/fachartikel/bildungsbereiche-erziehungsfelder/geschlechtsbezogene-erziehung-sexualerziehung/1267 (23. Juni 2020).
Börsenverein des deutschen Buchhandels. *Kinder- und Jugendbücher. Marktpotenzial, Käuferstrukturen und Präferenzen unterschiedlicher Lebenswelten*. 2007. file:///C:/Users/User/AppData/Local/Temp/grundlagenstudie_jugendbuecher_kinder-_und_jugendbuecher_teil_1_3.pdf und file:///C:/Users/User/AppData/Local/Temp/grundlagenstudie_jugendbuecher_kinder-und_jugendbuecher_teil_3_3.pdf (16. Dezember 2020), einzusehen auf: http://www.avj-online.de/brancheninformationen/studien/studien_kinder-_u_jugendbuch/ (11. März 2021).
Brunner, Katharina/Sabrina Ebitsch/Kathleen Hildebrand/Martina Schories. „Blaue Bücher, rosa Bücher". *Süddeutsche Zeitung*. 11. Januar 2019. https://projekte.sueddeutsche.de/artikel/kultur/gender-wie-gleichberechtigt-sind-kinderbuecher-e970817/ (23. Juni 2020).
Budeus-Budde, Roswitha. „Fantasywelten". *Süddeutsche Zeitung*. 22. Mai 2020. https://www.sueddeutsche.de/kultur/jugendliteratur-fantasywelten-1.4912644 (23. Juni 2020).
Ebitsch, Sabrina. „,Kinder müssen auch mal irritiert werden'". *Süddeutsche Zeitung*. 14. Januar 2019. https://www.sueddeutsche.de/kultur/kinder-bilderbuch-kinderbuch-stereotyp-1.4279054 (23. Juni 2020).
Gansel, Carsten. *Moderne Kinder- und Jugendliteratur: Vorschläge für einen kompetenzorientierten Unterricht*. Berlin: Cornelsen Scriptor, 2016.
Marquardt, Manfred. *Handbuch Kinder- und Jugendliteratur*. Troisdorf: Bildungsverlag EINS, 2010.

Martínez, Matías (Hg.). *Handbuch Erzählliteratur. Theorie, Analyse, Geschichte.* Stuttgart u. a.: Metzler, 2011.
Rauch, Marja. *Jugendliteratur der Gegenwart. Grundlagen, Methoden, Unterrichtsvorschläge.* Seelze-Velber: Klett Kallmeyer, 2012.
Rühmkorf, Peter. *Über das Volksvermögen. Exkurse in den literarischen Untergrund.* Reinbek: Rowohlt, 2008.
Ruppe, Sarah. „Rezeption: Schichten und Kontexte populärer Lieder und Gedichte". *Popularität – Lied und Lyrik vom 16. bis zum 19. Jahrhundert.* Hg. Hannah Berner/Frédérique Renno/Sarah Ruppe. Stuttgart: Metzler 2022 (im Druck).
Schikorsky, Ina. *Kinder- und Jugendliteratur.* Köln: Dumont, 2003.
Sommer, Rolf. „Ausblick: Gattungshybridisierung und Medialisierung des Romans." *Handbuch Erzählliteratur: Theorie, Analyse, Geschichte.* Hg. Matías Martínez. Stuttgart u. a.: Metzler, 2011, 283–284.
Vogt, Jochen/Steffen Richter. „Roman". *Einladung zur Literaturwissenschaft. Ein Vertiefungsprogramm zum Selbststudium.* Hg. Elke Reinhardt-Becker. Universität Duisburg-Essen, 2009. http://www.einladung-zur-literaturwissenschaft.de/index85e6.html?option=com_content&view=article&id=228%3A5-5-roman&catid=40%3Akapitel-5&Itemid=53 (17. Dezember 2020).

Abbildungen

Abb. 1: „Ravensburger Produktberater". https://www.ravensburger.de/produkte/produktberater/index.html (19. Juni 2020).
Abb. 2: „Gender in Abenteuergeschichten". Brunner, Katharina/Sabrina Ebitsch/Kathleen Hildebrand/Martina Schories. „Blaue Bücher, rosa Bücher". *Süddeutsche Zeitung.* 11. Januar 2019. https://projekte.sueddeutsche.de/artikel/kultur/gender-wie-gleichberechtigt-sind-kinderbuecher-e970817/ (23. Juni 2020).
Abb. 3: „Themen in Mädchenbüchern". Brunner, Katharina/Sabrina Ebitsch/Kathleen Hildebrand/Martina Schories. „Blaue Bücher, rosa Bücher". *Süddeutsche Zeitung.* 11. Januar 2019. https://projekte.sueddeutsche.de/artikel/kultur/gender-wie-gleichberechtigt-sind-kinderbuecher-e970817/ (23. Juni 2020).
Abb. 4: „Thematische Vielfalt in Büchern für männliche Rezipienten". Brunner, Katharina/Sabrina Ebitsch/Kathleen Hildebrand/Martina Schories. „Blaue Bücher, rosa Bücher". *Süddeutsche Zeitung.* 11. Januar 2019. https://projekte.sueddeutsche.de/artikel/kultur/gender-wie-gleichberechtigt-sind-kinderbuecher-e970817/ (23. Juni 2020).

Henriette Hoppe
Weiblichkeitskonstruktionen in zeitgenössischer serieller Literatur für Mädchen

Zusammenfassung: Im vorliegenden Beitrag werden die drei Mädchenliteraturserien *Conni*, *Die drei !!!* und *Emma* im Hinblick auf die Konstruktion von Weiblichkeit näher untersucht. Auf der Folie von Beschreibungen der Charaktere der Protagonistinnen, der Figurenkonstellationen und des familiären Umfelds werden Handlungen der Protagonistinnen und ihre Verständigungen über Jungen in ausgewählten Bänden der Reihen dargestellt. Die Protagonistinnen werden in allen drei Serien als starke Charaktere identifiziert, die ihr Leben selbstbewusst gestalten. Eine Analyse der Tiefenstruktur zeigt, dass in allen drei Serien aber auch stereotype Mädchenrollen zugrunde gelegt werden. Ausdifferenzierungen in der Gestaltung von Weiblichkeits- und Männlichkeitsstereotypen können auf die unterschiedliche Konzeption der Serien insgesamt zurückgeführt werden.

1 Hinführung

Die wissenschaftlichen Darstellungen zur Mädchenliteratur sind wichtiger Bestandteil des Genderdiskurses und schreiben eine eigene Geschichte. Viele Ansätze fokussieren Facetten dieser Literatur auf der Grundlage von historischen Ausprägungen der Mädchenlektüre (vgl. z. B. Grenz 2005; Diehring 2012) und zeigen die Entwicklung von Mädchenliteratur von den Anfängen bis zur heutigen Zeit auf. Dagmar Grenz arbeitet in ihrer historisch angelegten Studie heraus, dass sich auch in neueren Werken unterschiedlicher Typen von Mädchenliteratur Motive der Backfischliteratur des 19. Jahrhunderts wiederfinden (Grenz 2005, 349).

Da man Autor*innen zeitgenössischer Zielgruppenliteratur einen nur geringen Anspruch auf Erziehung zur traditionellen Weiblichkeit unterstellen wird, erscheint es besonders lohnenswert, das große Angebot an Mädchenliteratur auf dem Buchmarkt im Hinblick auf die Etablierung neuer Konzepte von Mädchenrollenbildern[1] zu untersuchen. Welches Bild von Weiblichkeit in den explizit an die Rezipientinnengruppe

---

[1] In bildungstheoretischer Hinsicht ist zu ergänzen, dass Literatur zur Ausprägung von Identität dienen soll, sodass Lehrpersonen ihre Buchauswahl in Bezug auf die Darstellung von Geschlechterrollen sehr bewusst treffen müssen. Stachowiak mahnt insbesondere in Bezug auf den Medienverbund an, dass gerade die Figurendarstellung kritisch untersucht werden müsse. Die besonders hohe Motivation bei der Rezeption von Filmen verhindere eine kritische Auseinandersetzung (Stachowiak 2013, 417).

OpenAccess. © 2022 bei den Autoren, publiziert von De Gruyter. Dieses Werk ist lizenziert unter einer Creative Commons Namensnennung 4.0 International Lizenz. https://doi.org/10.1515/9783110726404-024

adressierten Texten zu finden ist und wie Weiblichkeit hier konstruiert wird, soll im Folgenden an Beispielen serieller Mädchenbücher dargestellt werden.

In einem ersten Teil des vorliegenden Beitrags werden die Ergebnisse aktueller Untersuchungen von Mädchenliteratur knapp zusammengefasst. Es folgen Überlegungen zur Eingrenzung des Korpus sowie zum methodischen Vorgehen. Zentral ist schließlich die Ergebnisdarstellung der Analyse zu drei zeitgenössischen Serien von Mädchenliteratur: *Conni, Die drei !!!* und *Emma*. Anhand von exemplarischen Analysen einzelner Bände dieser Reihen werden die in den Werkbeispielen verhandelten Weiblichkeitskonstruktionen nach Figurengruppen differenziert, und es wird ein Bezug zum seriellen Konzept hergestellt.

2 Neuere Tendenzen der Mädchenliteratur: Diskurse

Vor dem Hintergrund vieler Errungenschaften der Frauenbewegung seit dem Beginn des 20. Jahrhunderts, nach der Frauenbewegung der 1960er Jahre und nach der Etablierung und Dekonstruktion der Genderdebatte in der Literaturwissenschaft[2] hat es eine besondere Bedeutung, dass im ersten Viertel des 21. Jahrhunderts gerade der Bereich der spezifischen Mädchenliteratur boomt. Durch die Ausprägung spezifischer Mädchenliteratur nach der Jahrtausendwende scheinen die Kontexte aktueller Genderdebatten zum Zusammenhang zwischen Macht, Diskurs und Sexualität sowie das Streben nach „positiver Diversitätskultur" (Nieberle 2016, 19) komplett ausgeblendet zu werden.[3] Für die allgemeine Debatte um Gender und Weiblichkeitskonstruktionen sei auf das Einleitungskapitel dieses Buches verwiesen.

Als relevante Ergebnisse wissenschaftlicher Untersuchungen zu weiblichen Geschlechterrollen in der Kinderliteratur können folgende Punkte festgehalten werden:

Schilcher (2004) macht drei Typen von Mädchen in Kinderbüchern der 1990er Jahre aus: das normale, das schwache und das starke, emanzipierte Mädchen.[4] Der Typ des normalen Mädchens umfasst Mädchen, die sehr empfindlich sind, die ihrem Äußeren viel Wert beimessen oder die nach den Erwartungen der Erwachsenen eher

---

2 Vgl. dazu Nünning und Nünning 2014. Die Autorin und der Autor plädieren für die Verbindung von Kategorien der Narratologie und feministischem Erkenntnisinteresse und geben Impulse für eine „narratologisch fundierte Intersektionalitätsforschung" (Nünning und Nünning 2014, 55).
3 Nieberle fasst für die problemorientierte Kinder- und Jugendliteratur zusammen: „Die Kinder- und Jugendliteraturforschung hat deshalb mit weitreichenden Konsequenzen zu rechnen, was Identifikationsmodelle, Sozialisationsfunktion, Persönlichkeitsbildung und geschlechtliche Selbstbestimmung in Bezug auf die Literarizität betrifft. Denn aus einem Chiasmus der männlich-weiblichen Figurenkonstellation könnte sich künftig eine buchstäblich unübersichtliche Vielfalt verschiedener geschlechtlicher Konstellationen entwickeln." (Nieberle 2016, 26)
4 Schilcher geht auch auf Jungen ein und stellt bei der Untersuchung von Kinderliteratur u. a. auch den „normalen" Jungen vor (Schilcher 2004, 12). Eine Untersuchung der Jungenfiguren wird im vorliegenden Beitrag nur indirekt vorgenommen, da Jungen in den hier untersuchten Mädchenbüchern selten als zentrale Figuren auftreten.

ordentlich-angepasst auftreten; dieser Mädchentypus wird „in Opposition zu den Heldinnen gesetzt und damit [...] negativ bewertet" (Schilcher 2004, 4). Demgegenüber hat der Typ des schwachen Mädchens zu wenig Selbstvertrauen, auch in Bezug auf das Äußere, was zu dem Wunsch führt, eine Andere zu sein. „Durch einen ‚katalysatorischen Eingriff' von außen in ihr Leben schaffen [diese Mädchen] es, ihr negatives Selbstbild abzubauen." (Schilcher 2004, 6) Daher kann dieser Typ durchaus eine positive Identifikationsfigur darstellen. Das starke, emanzipierte Mädchen zeichnet sich durch eine Figurenkonzeption aus, die aktive Haltung und Selbstbewusstsein betont, die Darstellung von Zweifeln und Ängsten aber nicht ausschließt; die Mädchen dieser Gruppe haben außerdem starke verbale Fähigkeiten (Schilcher 2004, 4–8). Schilcher erkennt bei diesem Typus eine Tendenz zur Androgynität: Die positiv besetzten, „starke[n] Mädchen weisen meist keine oder wenige geschlechtsrollentypische Verhaltensweisen auf" (Schilcher 2004, 8). Beim Vergleich von Mädchen- und Jungenfiguren in Kinderbüchern der 1990er Jahre sind die Mädchenfiguren insgesamt „im Kampf [...] gegen Rollenklischees" laut Schilcher (2004, 11) schon weiter fortgeschritten als Jungen; sie lehnen die „Einhaltung mädchentypischer Verhaltenscodes" (Schilcher 2004, 11) ab.

Kerstin Böhm (2017) stellt in ihrem Überblick[5] fest, dass es seit den 1990er Jahren zwei Tendenzen der Kinder- und Jugendliteratur im Hinblick auf die Kategorien Mädchen- bzw. Jungenliteratur gibt: einerseits den Diskurs über die starken Mädchen und die schwachen Jungen, andererseits den Post-PISA-Diskurs über die Revitalisierung männlicher Heldenfiguren (vgl. Böhm 2017, 48). Grundsätzlich wird festgehalten, dass das „Aufkommen des Typs des ‚neuen Jungen' häufig verbunden wird mit einem Wandel der Darstellung der Mädchenfiguren und somit zu einer Verdrängungshypothese stilisiert wird, in deren Logik das eine nicht neben dem anderen existieren kann" (Böhm 2017, 49).[6] Im Detail beschreibt Böhm mit ihrem Begriff der Archaisierung die Revitalisierung archaischer Heldenmythen für die Zielgruppe der Jungen, während mit dem Terminus Pinkifizierung andererseits die Strategie der Sichtbarmachung der Objektifizierung weiblicher Körper mit Tendenzen zu einer Sexualisierung charakterisiert werden kann. Im Kontext dieser „Gegentendenzen" können beide „Korpora, Mädchen- wie Jungenliteratur, erneut außerhalb der allgemeinen Kinder- und Jungendliteratur positionier[t]" (Böhm 2017, 52) werden bzw. die geschlechterübergreifende Kinder- und Jugendliteratur verdrängen.

Die Detailanalysen zu der Serie *Die wilden Hühner* (vgl. Böhm 2017; Stachowiak 2013) zeigen zum einen die unterschiedlichen Bandenstrukturen von Mädchen- und Jungenbanden, die hier nach Geschlechtsstereotypen sehr unterschiedlich inszeniert

---

5 Böhm untersucht in ihrer Studie die Geschlechterbeziehungen im Medienverbund. Über die Analyse der Gegenstände hinausgehend versucht Böhm außerdem, die Begünstigungsfaktoren zu verstehen, die eine Dynamik zwischen ökonomischen Interessen und der literarischen Inszenierung von Geschlecht erst ermöglichen (Böhm 2017, 11).
6 In diesem Kontext schließt Böhm die Frage an, ob starke Jungenfiguren nicht auch neben starken Mädchenfiguren existieren können.

sind, zum anderen können in dieser Serie das Motiv und die Inszenierung des Stereotyps „schwärmerisch-romantischer, emotionaler Weiblichkeit" (Kalbermatten 2011, 231, zit. n. Böhm 2017, 158) in unterschiedlichen Facetten aufgedeckt werden.

Ein weiteres Phänomen auf dem Buchmarkt ist seit den 1990er Jahren das sogenannte ‚Girlietum'. Bücher, die dieses Phänomen aufgreifen und umsetzen, betonen das Mädchenhafte und rücken das Spielen mit der Weiblichkeit in den Vordergrund. Laut Einwohlt (2010) geht es den Autoren*innen dieser Mädchenbücher um eine positive Definition von Weiblichkeit, die eher flippig als spießig, eher rosa als lila (Einwohlt 2010, 11) agiert. Die Mädchenclique funktioniert als moralische Instanz zur gegenseitigen Durchsetzung von typisch weiblichen Charaktereigenschaften.

Demgegenüber stehen Texte, die gerade gegen etablierte Klischees ankämpfen (wollen), indem sie vom Verlag zum Beispiel als Reihe mit dem Titel *Freche Mädchen – freche Bücher* vermarktet werden (Krah 2016b). Laut Krah wird damit ein Genderargument instrumentalisiert und das Paradigma des „frechen Mädchens" installiert (Krah 2016b, 79). In Bezug auf die Geschlechterverhältnisse entwerfe die Reihe eine Welt, in der eine grundsätzliche Konkurrenzsituation angelegt sei, in der jede Frau „prinzipiell mit jeder anderen um einen Mann" (Krah 2016b, 83) kämpfe. Abschließend resümiert Krah, dass der Titel der Reihe als rein „symbolischer Rahmen" funktioniere; da die Mädchen alle sehr ähnlich – „frech" – gezeichnet seien, liege keine Abweichung vor (Krah 2016b, 94). Indem auch das Erzählverfahren und die Konsequenzen der seriellen Darstellung auf die Entwicklung der Protagonistinnen untersucht werden, greift Krah Überlegungen der Kinder- und Jugendliteraturforschung auf (vgl. Benner 2016).

3 Die Serien *Conni*, *Die drei !!!* und *Emma*: Bestandteile und Vermarktung

Für den vorliegenden Beitrag wurden drei unterschiedliche Serien für Mädchen anhand einer exemplarischen Auswahl von Einzelbänden untersucht. Im Fokus stehen dabei Bücher für die Gruppe der Zehn- bis Dreizehnjährigen, die um die Jahrtausendwende erschienen sind.[7] Die Etablierung von Serien hat seit der Jahrtausendwende stark zugenommen und kann zum einen didaktisch in den Blick genommen (vgl. Anders und Staiger 2016) und andererseits als ästhetisches Phänomen gewertet werden (vgl. Schlachter 2016). Zusätzlich stehen Serien im „engen Zusammenhang mit den kommerziellen Bedingungen des Jugendbuchmarktes und seiner Mechanismen" (Schlachter 2016, 144); die Schemata der Wiederholung und Variation bilden die Voraussetzung dafür, dass diese Bücher von einem Massenpublikum gelesen werden (Schlachter 2016, 144). Die von Anders und Staiger angebotene Ausdifferenzierung

---

[7] Die Bestandteile des Medienverbunds wurden keiner näheren Analyse unterzogen, vgl. dazu Böhm 2017 und Stachowiak 2013.

von Serialität wird für die Analyse der Werkbeispiele im Folgenden als Orientierung genutzt und an entsprechender Stelle problematisiert (vgl. Anders und Staiger 2016).

Die *Conni*-Bücher für jüngere Leserinnen erscheinen seit 1992 im Carlsen-Verlag; inzwischen haben sich für unterschiedliche Zielgruppen verschiedene *Conni*-Serien etabliert: Mit dem Label *Kleine Conni* werden die Bücher für Vorschulkinder zum Vorlesen ausgezeichnet, außerdem gibt es *Conni in der Grundschule* für die Zielgruppe der Leseanfänger*innen sowie explizite Erstlesebücher; die Reihe *Conni & Co* richtet sich an Mädchen ab zehn Jahren und *Conni 15* wird für Mädchen ab zwölf Jahren angeboten.[8]

Zum Selbstverständnis der Serie wird auf der Internetseite erläutert:

> Conni ist ein ganz normales Mädchen, das ein ganz alltägliches Leben führt. Trotzdem ist ihr Leben alles andere als langweilig. Jedem könnte, gleich morgen, ein echtes Conni-Abenteuer passieren. Conni ist das Versprechen, dass das Leben – auch ohne Hexenschule, Monsterwald und Märchenprinz – ungeheuer spannend und schön ist! Und so wie Du jeden Tag ein Stückchen wächst und älter wirst, wird auch Deine Freundin Conni in den Geschichten älter. (Kaufmann 2020)

Die Leserin wird hier direkt als eine Heldin des Alltags angesprochen; indirekt findet mit dem Verweis auf andere – bekannte – und erfolgreiche Kinderbücher auch eine Abgrenzung zur phantastischen Kinder- und Jugendliteratur statt, bei der es eben außergewöhnliche Held*innen gibt. Damit wird die *Conni*-Serie vom Verlag als eine Serie konzipiert, die sich an „normale" Mädchen[9] in deren Alltag richtet und die eine Identifikationsfigur schaffen soll. Die in sich abgeschlossenen Bände hängen in Bezug auf die Figurenkonstellation zusammen. Hier ändert sich innerhalb einer *Conni*-Serie wenig. Connis Abenteuer als Heldin betreffen ihren Alltag als Schülerin, zu dem mit der Reihe *Conni & Co* auch ihr Freund Phillip gehört.

Die Serie *Die drei !!!* kann in das Genre der Bandenbücher eingeordnet werden, da hier drei Protagonistinnen zusammen als Detektivinnen agieren. Die Bücher erscheinen seit 2006 im Kosmos-Verlag[10] (zeitlich versetzt auch als dtv junior-Bände),

---

8 Auf der Internetseite des Verlags werden außerdem diverse Merchandisingartikel wie Mitmachbücher, Bilderbücher, Stofftiere, Hausaufgabenhefte und Malbücher angeboten. Es liegen außerdem zwei Filme, verschiedene Apps und Hörbücher vor. Die Internetseite richtet sich an Leser*innen im Grundschulalter und bietet Angebote zur Interaktion, wie z. B. zum Schreiben und Einreichen von eigenen Texten.
9 Es kann den Titeln der Teilserien zufolge vermutet werden, dass Conni zunächst als Freundin und Vorbild der Leserin konzipiert ist, die sie im Leben begleitet; bei *Conni & Co* geht es dann um den Alltag mit Freundinnen und Freunden; schließlich wird Conni als Jugendliche zur Protagonistin und tritt wieder alleine auf. Dass Conni in den Geschichten älter wird, ist damit auf die Konzeption der Reihe als Sammlung von Leseangeboten für unterschiedliche Altersgruppen bezogen.
10 Die Krimiserie ist nach dem Vorbild der inzwischen generationsübergreifend beliebten Serie *Die drei ???* entstanden, welche seit 1968 in Deutschland erscheint, in den USA spielt und in der die drei bekannten Jungen Justus, Peter und Bob als Protagonisten auftreten (vgl. Hebben). Dieser Aspekt der Bezugnahme auf andere Serien wird von Schlachter (2016, 145) als paradigmatische Serialität bezeichnet; dabei spielt es in Bezug auf die Konstruktion von Weiblichkeit auch eine Rolle, dass *Die drei*

werden von verschiedenen Autorinnen geschrieben und sind vom Verlag für Mädchen ab zehn Jahren empfohlen. Jeweils drei Jahre nach Erscheinen des Buches wird das entsprechende Hörspiel im Umfang von sechzig Minuten herausgegeben. Die Serie ist als Endlosserie angelegt, bei der vor dem Hintergrund einer sich über mehrere Bände hinweg kaum verändernden Figurenkonstellation immer neue Fälle auftreten, die die drei !!! lösen.

Der Medienverbund umfasst nach den Angaben auf der Internetfanseite zurzeit 87 Bücher, zusätzlich einige Sonderausgaben (z. B. Geheimschrift oder Anleitung für Upcycling, Bände zu Großstädten in Europa, Titel zum Thema Weihnachten) und einige mehrteilige Folgen, außerdem gibt es einen Film sowie das Buch zum Film.[11] Besonders bekannt wurden *Die drei !!!* wegen ihrer Hörspiele, von denen laut Internetseite bislang 69 veröffentlicht sind; auf der Internetseite gibt es außerdem Anleitungen zur Produktion eigener Hörspiele.

Die *Emma*-Serie erscheint als Hardcover im Oetinger-Verlag bzw. als Taschenbuch bei Klopp im Dressler Verlag und hat einen vergleichsweise geringen Umfang: Von 2005 bis 2014 sind insgesamt zehn Bücher der *Emma*-Serie erschienen. Die Autorin ist Maja von Vogel, die auch einige Bände von *Die drei !!!* geschrieben hat und als Kinder- und Jugendbuchautorin bekannt geworden ist. Die *Emma*-Serie ist abgeschlossen und kann wegen des Umfangs auch als Reihe bezeichnet werden; auffallend ist bei diesem Beispiel der sich stärker verändernde familiäre Rahmen, der direkten Einfluss auf die Ereignisse im Umfeld der Protagonistin Emma ausübt.

4 Textanalysen ausgewählter Werke

Die Analyse der Werkbeispiele[12] folgt dem Ansatz von Krah (2016a), der mit seinem modellhaften Vorgehen das Offenlegen und Hinterfragen von medialen Konstruktionen aufzeigt (Krah 2016a, 45). Als grundlegende Prämissen formuliert Krah in Anlehnung an die semiotische Textanalyse, dass Texte kulturabhängiges Wissen konstruieren, welches als „Denksystem" (Krah 2016a, 46) verstanden werden kann und durch Paradigmenbildung strukturiert ist. Der Text sei „keine unmittelbare Abbildung von Wirklichkeit, sondern nur ein Modell" (Krah 2016a, 47); literarische Texte ver-

---

??? durchaus traditionelle Geschlechtsrollen vermitteln und einen Kultstatus für Hörer*innen allen Alters erreicht haben.

11 Als zusätzliche Merchandisingprodukte sind zahlreiche Downloadmaterialien (Freundschaftskalender, Visitenkarten, Wallpaper, Stundenplan, Türschild, Rezepte u. a.) auf der Internetseite zu finden. Unter dem Button „Produkte" gibt es weitere Artikel käuflich zu erwerben: einen Adventskalender-Experimentierkasten, Spiele und Apps.

12 Zur Debatte gehört auch die Auseinandersetzung mit den Rezipient*innen. So wurden seit den ersten PISA-Untersuchungen die Ergebnisse herangezogen, um die Debatte der spezifischen Leseförderung für Mädchen und Jungen empirisch zu untermauern. Zahlreiche Forderungen für den Literaturunterricht, insbesondere für die Literaturauswahl geeigneter Werke, wurden daraus abgeleitet und werden weiterhin diskutiert; ein Aufgreifen dieser Diskussionen ist in diesem Kontext nicht möglich.

mitteln Werte- und Normensysteme, denn sie sind Medien der kulturellen Selbstverständigung, über die auch Ideologeme eingeübt werden können. Jeder Text sagt also etwas über die Kultur aus, wobei der Wertehorizont nicht explizit benannt sein muss. Dementsprechend wird auch in der folgenden Analyse zwischen der Textoberfläche und der semantisch-ideologischen Tiefendimension, die zugrundeliegende „Denkweisen" (Krah 2016a, 47) beinhaltet, unterschieden.[13] Ein Schwerpunkt soll im Folgenden auf die Figurenanalyse der Protagonistinnen und deren häusliche Umgebung sowie auf die Handlungen der Protagonistinnen und die im Werk angesprochenen Genderdiskurse gelegt werden.

In Bezug auf die Konstituierung von Weltmodellen wird bei den hier fokussierten Werkbeispielen auch der serielle Charakter berücksichtigt werden und damit die Tatsache, dass serielle Werke auch einer narrativen Logik folgen: „Das heißt, die Dynamik des seriellen Erzählens führt tendenziell zu einer Ablösung der textuellen Normativität von einem auf die Wirklichkeit bezogenen normativen Weltmodell." (Schulz-Pernice 2016, 49) Es werden daher im Folgenden auch Zusammenhänge zwischen der Ereignishaftigkeit und den vorgeführten Weltmodellen diskutiert.

4.1 Dagmar Hoßfeld: *Conni*

In der ersten Folge der Serie *Conni & Co*[14] kommen Conni und ihre drei Freundinnen in die fünfte Klasse eines Gymnasiums in einer fiktiven Kleinstadt, wo Conni mit ihren Eltern, ihrem jüngeren Bruder Jakob und ihrem Kater Mau in gut situierten Verhältnissen lebt. Das familiäre Umfeld wird eher fortschrittlich konstruiert, da beide Elternteile arbeiten und auch der Vater im Haushalt mit anpackt. Allerdings gibt es viele Situationen, die eher für ein traditionelles Rollenverständnis stehen, bei dem es eine klare Rollenzuweisung für männliches und weibliches Verhalten gibt: So steht beispielsweise der Vater am Grill und sitzt am Steuer, während die Mutter öfter schon am Nachmittag zu Hause ist, sich um den Haushalt kümmert und Conni als Gesprächspartnerin zur Verfügung steht.

Wie bereits der Titel der Serie andeutet, sind in Connis Leben ihre Freundinnen besonders wichtig; die Clique bezeichnet sich selber als Kleeblatt. Jede der drei Freundinnen von Conni hat ein besonderes Merkmal, auf das sie reduziert wird und welches in allen Folgen beibehalten wird, sodass man von statischen Charakteren sprechen kann: Billi begeistert sich für Physik und ist praktisch veranlagt, Anna ist sehr zielstrebig und schwärmt gleichzeitig für romantische Situationen, Dina kann gut zeichnen. Conni wird dagegen nicht mit einem speziellen Merkmal charakterisiert, sie

---

[13] Krahs (2016a) Analyse der *Freche Mädchen*-Reihe zeigt unter anderem, dass eine Abweichung von Stereotypen an der Oberfläche auf der Ebene der Tiefenstruktur dennoch für die Bestätigung von Klischees stehen kann.

[14] Als Werkbeispiele werden exemplarisch die Bände 2, 8, 10, 11 und 16 betrachtet und bei Zitaten als Kürzel verwendet.

erscheint eher als die Besonnene, die sich zurückhält und sich über ihre Umwelt Gedanken macht. Innerhalb des Kleeblatts nimmt sie eine Sonderstellung ein, denn sie reflektiert das Verhalten der Freundinnen in ihrem Tagebuch als teilweise unangemessen. Neben dem Tagebuch sind es auch gegenüber Kater Mau geäußerte Gedanken, die Aufschluss über Connis Gefühls- und Gedankenwelt geben.[15] Die hier durch Conni vermittelten Werte des Zusammenlebens wie Toleranz und Verlässlichkeit beziehen sich sowohl auf das Verhalten von Mädchen als auch auf das von Jungen.

Im Kontrast zum Kleeblatt der Freundinnen steht in einigen Bänden eine weitere Mädchengruppe, die als der „Zickenclub" bezeichnet wird. Die Mädchen, die sich in dieser Clique zusammengefunden haben, achten sehr stark auf ihr Äußeres, sind permanent damit beschäftig, sich die Fingernägel zu lackieren und bilden damit den Extrempol eines weiblichen Klischees, das von Conni und ihren Freundinnen eindeutig negativ bewertet wird.

Das Weltmodell zeichnet sich durch eine Polarisierung in „die Mädchen" und „die Jungen" aus, beispielsweise machen die Mädchen Reiterferien, während die Jungen in der Nähe im Fußballcamp sind. Conni fühlt sich eher der Gruppe der Mädchen zugehörig, ihre Aktivitäten und Gedanken beziehen sich in erster Linie auf die Freundinnen, mit denen ein häufiger Austausch stattfindet, sodass der Eindruck entsteht, dass ihr die Freundinnen wichtiger sind als die Eltern. Festzuhalten ist in Bezug auf beide Mädchengruppen, dass der Eintritt der Jungen in den ‚Kosmos Mädchenwelt' eine große Wirkung hat. Das gilt neben dem „Zickenclub" insbesondere für Connis Freundin Anna, die sich für Jungen mit einem neuen T-Shirt und Lipgloss schick macht. Conni hat zunächst kein besonderes Interesse an Jungen und verhält sich auch nicht anders, wenn diese in der Nähe sind. Dennoch fällt auf, dass Jungen, insbesondere ihr späterer Freund Phillip, der neu in die Klasse kommt, auch Connis Aufmerksamkeit in besonderer Weise auf sich ziehen. Beispielsweise findet Conni es cool, wie der Neue vor der Klasse steht (Bd. 2, 29), er beeindruckt Conni, weil er gegenüber der Lehrerin ein charmantes Lächeln aufsetzt und die Zicke Janette ‚abbügelt'; schließlich fängt auch Conni an, auf ihr Äußeres zu achten (Bd. 2, 29).

Von dem Moment an, als Phillip und Conni ein Paar sind, stehen die beiden in der Serie für eine Verbindung der Jungen- und der Mädchenwelt. Jedes Alltagsgeschehen wird nun von Conni auch in Bezug auf Phillip reflektiert, die Beziehung mit Phillip und seine körperliche Nähe geben ihr Sicherheit und Geborgenheit. Beziehungsprobleme von anderen werden von Conni sehr oft mit ihrer Beziehung zu Phillip vergli-

---

15 Eine weitere Ebene ist bei den *Conni & Co*-Büchern bedeutsam: Die Autorin wendet sich auf den letzten Buchseiten an die Leserinnen und erläutert ihre Themenwahl bzw. kommentiert das Verhalten von Figuren aus dem jeweiligen Band. Eine Besonderheit der *Conni*-Bücher ist somit der ein bis drei Seiten umfassende Kommentar der Autorin am Schluss einiger Folgen. Die Autorin greift die behandelte Thematik auf und fungiert auch als Wertsetzungszentrum, wenn ihr z. B. das Verhalten einzelner Figuren nicht gefällt, oder sie wendet sich an die Leser*innen, die sich ein Thema (z. B. Pferde) gewünscht haben.

chen und dienen eher der Bestätigung ihrer Beziehung. Als Grundlage des Konzepts von Weiblichkeit wird hier eine ausgeglichene heterosexuelle Beziehung definiert, die durch die beiden verkörpert wird. Das Weltmodell konstruiert zum einen den Gegensatz zwischen dem Zickenclub und der Gruppe von Connis Freundinnen; aber auch innerhalb der Gruppe ihrer Freundinnen sticht Conni als Identifikationsfigur heraus, denn nur von ihr erfahren die Leser*innen, wie die positiv besetzte Beziehung zu Connis Freund Phillip im Alltag aussieht.

Die Konzeption von Männlichkeit kann in der *Conni*-Serie an zwei wichtigen Figuren festgemacht werden: zum einen an Connis Grundschulfreund Paul und zum anderen an Phillip, mit dem sie seit der sechsten Klasse zusammen ist. Während Paul eine große Vertrautheit aus Kindertagen mit Conni teilt, ist das Merkmal von Phillip, dass er durch seine besondere Familiengeschichte fremd und geheimnisvoll wirkt. Er sieht zudem gut aus, ist verständnisvoll und mutig. Conni schätzt auch seine guten Manieren, denn sie kann sich nicht erinnern, „dass ihr schon jemals zuvor irgendein Junge irgendeine Tür aufgehalten hat. Die sind doch sonst immer nur rücksichtlos und schubsen und drängeln ohne Rücksicht auf Verluste – bzw. Mädchen!" (Bd. 2, 94)

Als Folie für die Figur Phillips dienen weitere Jungen, die andere Männlichkeitsbilder verkörpern: Da sind zum Beispiel die beiden italienischen Cousins von Billi, die zu Besuch kommen und mit starken Muskeln, viel Charme, Humor und feurigem Italienisch (vgl. Bd. 10, 76) zunächst die Aufmerksamkeit von Connis Freundinnen auf sich ziehen. Im Verlauf der Handlung werden sie als Machos entlarvt, die wenig umsichtig sind, sich bedienen lassen, sich selbst überschätzen und angeben. Es ist bezeichnend, dass die beiden Cousins später mit den Mädchen des Zickenclubs zusammenkommen. Zusätzlich dienen die hier gezeichneten Männlichkeitsbilder dazu, unterschiedliche Verhaltensweisen in einer Beziehung zu reflektieren: Während Anna und Dina unbedingt ein Foto von den Italienern besitzen wollen, und Anna ein Treffen mit ihnen vor ihrem Freund verheimlicht, versucht Conni, den eifersüchtigen Phillip in die Betreuung der italienischen Verwandten einzubeziehen.

Zusammenfassend lässt sich sagen, dass mit Conni auf den ersten Blick eine zeitgemäße Identifikationsfigur geschaffen wird, deren Handlungen auf der Oberfläche kaum stereotype Verhaltensmuster aufweisen: Conni ist aktiv, setzt sich für andere ein, ist selbstbewusst und versucht, eigene Ideen selbstständig umzusetzen. Ihre ausgeprägten verbalen Fähigkeiten beruhen auf Diskussionen mit den Eltern und der Peergroup. Eine Zuordnung zu Schilchers Typ des starken, emanzipierten Mädchens ist daher angemessen, muss aber modifiziert werden.[16] Wie in der Tiefenstruktur deutlich wird, ist Connis Identität nämlich sehr stark an das harmonische Zusammenleben mit ihrem Freund Phillip gebunden. Wenn Phillip ihre Hand hält, ist sie

---

16 Für ein eher stereotypes Frauenbild in den *Conni*-Büchern spricht die Tatsache, dass in jedem Band ein Rezept abgedruckt ist. Backen ist hier ein Hobby für Mädchen, und diese machen damit vor allem Jungen eine Freude (vgl. Bd. 11). Da das Mädchenbild in den *Conni*-Büchern aber auch als ein fortschrittliches wahrgenommen werden soll, sind in späteren Bänden außerdem Rezepte von Jakob und Phillip abgedruckt (vgl. Bd. 16, 177–179).

glücklich: Der Freund vermittelt ihr ein Gefühl von Sicherheit durch seine Anwesenheit und körperliche Nähe; er kann ihr auch bei der Lösung von Problemen helfen, bei denen sie alleine nicht weiterkommt bzw. zu früh aufgibt (vgl. Bd. 2 oder Bd. 11). Dabei ist Connis Affinität zu weiblichen Stereotypen durch den im Weltbild der Serie konstruierten Kontrast zu den „Zicken" zwar abgeschwächt dargestellt, und Phillip wird durch den Kontrast zu anderen Jungenfiguren als verständnisvoller, einfühlsamer Typus charakterisiert, aber dennoch werden Elemente eines stereotypen Mädchenbildes zementiert: Conni wünscht sich schließlich auch einen romantischen Prinzen, der sie verführt (vgl. z. B. Bd. 10, 124).

Die Handlungen der Figuren, insbesondere von Conni als Identifikationsfigur, beziehen sich oft auf Alltagsprobleme, sodass auf der inhaltlichen Ebene nicht nur das Verhältnis zu Jungen oder zwischenmenschliche Probleme fokussiert werden, sondern es stehen z. B. im neuesten Band mit der Darstellung von gesellschaftlich relevanten Problemen wie Tierhaltung oder Klimawandel (vgl. Bd. 16) klare Bezüge zur außertextuellen Wirklichkeit im Vordergrund. Conni wird also auch als eine weibliche Figur gezeichnet, die an der Lösung gesellschaftlicher Probleme beteiligt sein möchte, die nicht alles mit anderen besprechen will, sondern die durchaus in der Lage ist, über ihr Leben und ihre Probleme (schriftlich) zu reflektieren.

4.2 Mira Sol, Maja von Vogel, Henriette Wich: *Die drei !!!*

Titelgebend für diese Serie[17] ist keine Mädchenfigur, sondern der Name des Detektivclubs, der in Entsprechung zu der chronologisch vorher auf dem Markt etablierten Serie *Die drei ???* für eine Trias von Ermittelnden steht und auf das Genre Kriminalliteratur hinweist. Bereits der Titel und die Zuordnung zum Genre Kriminalliteratur sprechen für ein Weiblichkeitskonzept, welches traditionell eher Jungen zugesprochene Eigenschaften wie Cleverness, Schnelligkeit, Fähigkeit zum Kombinieren, Erfolg usw. auf Mädchen überträgt und zudem die Gemeinschaft über das Individuum stellt.

Die Konzeption von drei unterschiedlichen Persönlichkeiten als Ermittlerinnen greift wenige Charaktermerkmale auf, welche sich nur zum Teil auf ein stereotypes weibliches Rollenbild festlegen lassen:[18] Franziska Walter (Franzi) ist sehr sportlich, kann gut skaten und hat gelegentlich Auseinandersetzungen mit ihrer Mutter. Kim hat den Detektivclub gegründet, schreibt das Detektivtagebuch und auch ein geheimes persönliches Tagebuch, kann gut Schlüsse ziehen und isst gerne Süßigkeiten. Marie ist diejenige, die sich perfekt stylt und auch deshalb oft zu spät kommt; ihr Vater ist

---

17 Exemplarisch werden die Bände 2, 16, 33 und 86 analysiert.
18 Diese unterschiedlichen Eigenschaften werden auch bei der Vermarktung der Serie auf den Punkt gebracht und können als ein Bündel von Merkmalen stehen, das Weiblichkeit repräsentiert: Kim, die Clevere, Franzi, die Sportliche, Marie, die Hübsche. Auf der Homepage von *Die drei !!!* können Leser*innen unter der Kategorie „Character-Check" Fragen beantworten, um herauszufinden, welcher der drei Detektivinnen sie am ähnlichsten sind.

(zumindest in den ersten Bänden der Serie) alleinerziehend und verwöhnt Marie ziemlich. Durch die wiederkehrenden Treffen an abgeschlossenen Orten sowie durch das Motto des Detektivclubs findet eine Inszenierung von Freundschaft statt; konstituiert wird damit ein Weltmodell, in dem alles auf die drei Figuren konzentriert ist und durch die Sichtweise der Detektivinnen gefiltert wird. Typisch für das serielle Format ist es, dass die Figuren zu Beginn fast jeden Bandes immer wieder mit denselben Merkmalen eingeführt werden; vor diesem Hintergrund des Immergleichen kann dann eine Variation von Ereignishaftigkeit entfaltet werden (vgl. Schulz-Pernice 2016, 43). In Bezug auf die bislang genannten Merkmale (unterschiedliche Charaktere und ähnliche Konstituierung des seriellen Charakters) kann eine starke Ähnlichkeit zwischen den *drei ???* und den *drei !!!* festgehalten werden.

Die Elternhäuser der drei Mädchen sind sehr unterschiedlich: Es werden sowohl intakte Familien als auch eine Familie mit einem alleinerziehenden Vater vorgestellt. Die häusliche Umgebung spielt vor allem dann eine Rolle, wenn sie auch zum Thema des jeweiligen Bandes gemacht wird; meistens dient die Umgebung jedoch nur als Kulisse für die szenisch angelegten Auftritte der Detektivinnen. Vor diesem Hintergrund spielen sich die diversen ‚Fälle' ab, im Zuge derer den Leserinnen unterschiedliche Themen, Berufsfelder und Schauplätze nähergebracht werden. Die so bearbeiteten Themen beschäftigen sich mit vielen, den Leser*innen vermutlich nicht sehr geläufigen Verstößen gegen Recht und Ordnung (z. B. Tierschmuggel, Erpressung, Fahrerflucht, Missbrauch von Identität durch Adressfälschung), die den Anspruch haben, außerliterarische Wirklichkeit, in den meisten Fällen unabhängig von Geschlechterstereotypen, abzubilden. Die Erkundung der gesellschaftlichen Phänomene durch die drei !!! geschieht in Form von Abenteuern und sorgt für Spannung. Auch in dieser Hinsicht ist die Serie mit den *drei ???* vergleichbar, wobei dem Eindruck nach die drei Detektivinnen stärker den Zeitgeist widerspiegeln und dabei auf die Erkundung bestimmter gesellschaftlicher Bereiche gesetzt wird, während bei den *drei ???* eher eine analytische Herangehensweise im Vordergrund steht.

Erzähltechnisch werden die Ereignisse aus der Sicht von Franzi vermittelt, sodass Maries Leidenschaft für das aufwändige Stylen öfter relativiert und in ein negatives Licht gerückt wird. Als Marie beispielsweise behauptet, sie habe sich nur schnell etwas übergeworfen, kennt Franzi die Wahrheit: „Franzi hätte beinahe einen Lachkrampf bekommen. Für ihre Kombination aus Jeans, Pumps, zwei übereinanderdrapierten Glitzertops, Ohrringen und jede [sic!] Menge Ketten hatte Marie garantiert zwei Stunden im Badezimmer verbracht." (Bd. 2, 95) Nur von Kim erfahren wir zusätzliche Gedanken über ihr persönliches Tagebuch.

Trotz der unterschiedlichen Eigenschaften, die an der Oberfläche sichtbar sind, ist das Konstrukt von Weiblichkeit bei allen drei Mädchen an die Vorstellung einer heterosexuellen Partnerschaft gebunden. Während Franzi und Marie wechselnde Freunde haben, ist Kim schon seit dem ersten Fall mit Michi Millbrandt zusammen und bleibt dies auch über den Großteil der Bände: „Es gab nur einen Menschen, der Kims glasklaren Verstand außer Kraft setzen konnte, und das war Michi Millbrandt.

Kim hatte sich gleich bei ihrem ersten Fall Hals über Kopf in ihn verliebt und freute sich jedes Mal wie verrückt, wenn er den drei !!! bei den Ermittlungen half." (Bd. 16, 32)

Das Weltmodell dieser Serie besteht größtenteils aus den Auftritten der drei Mädchen in unterschiedlichsten gesellschaftlichen Bereichen, der Kosmos der Jungen bzw. Männer wird von den Detektivinnen jedoch beständig mitgedacht und etabliert damit einen Gegensatz zu der Serie *Die drei ???*. Besonders in dem Band *Total verknallt* wird deutlich, inwieweit Weiblichkeit durch das Konzept einer ‚romantischen' Liebesbeziehung konstituiert wird: In diesem Band ist jedes der Mädchen mit einem Jungen befreundet, und es gilt, den Valentinstag als Tag der Verliebten zu gestalten. Dabei ist es immer wieder Thema, Ansprüche an das eigene Verhalten gegenüber Jungen zu erfüllen, mit enttäuschten Erwartungen umzugehen oder misslungene Szenen zu verarbeiten: Mädchen, so das vom Text vermittelte Bild, erwarten Aufmerksamkeit und romantische Inszenierungen,[19] sind einfühlsam und harmoniesüchtig, Jungen dagegen vergessen auch mal den Jahrestag der Beziehung und legen weniger Wert auf gegenseitige Aufmerksamkeitsbekundungen. Entscheidend ist, dass die drei Mädchen der Serie sich in jeder Lebenslage gegenseitig trösten können, was im Hintergrund immer wieder thematisiert wird: „Jetzt wusste sie wieder, warum die beiden ihre besten Freundinnen waren. Niemand verstand sie so gut, und niemand konnte sie so gut trösten." (Bd. 16, 33) Die Jungen selbst treten in der konstruierten Welt kaum auf: Meistens wird ein Streit oder Missverständnis zwischen Mädchen und Jungen durch die Mädchen per SMS vermittelt, und es folgt ein Treffen, bei dem sie sich ihre Sorgen erzählen. Neben einer glücklichen Beziehung zu einem Jungen ist das die Konstante der Weiblichkeitskonstruktion: Mädchenfreundschaften sind wichtig, um sich über Jungen auszutauschen und sich gegenseitig zu trösten. Die Inszenierung der Mädchenfreundschaften als Kompensation von Problemen, die mit Jungen auftreten, spielt im Weltmodell der Serie eine große Rolle. Die Beziehungen zu den Jungen sind folglich in den meisten Bänden durch die Abwesenheit derselben geprägt und werden somit nur indirekt über die Freundinnen ausgehandelt. Dabei entwickeln diese Aushandlungen sich zu eigenen Erzählsträngen, die zur Ereignishaftigkeit der Serie beitragen. Durch die drei unterschiedlichen Charaktere kommt es zur „Expansion" (vgl. Schulz-Pernice 2016, 45), nämlich zur Ausweitung der ereignishaften Strukturen, die für das Funktionieren einer Endlosserie notwendig ist.

Männlichkeitsbilder lassen sich aus dieser Serie nur auf der Grundlage weniger Szenen ableiten, die Jungen werden hauptsächlich über den Austausch der Mädchen thematisiert: Die Mädchen wünschen sich kluge, gutaussehende, zuvorkommende Freunde, die vor allem einen Hang zur Romantik haben.

Auch bei dieser Serie kann der von Schilcher definierte starke Mädchentyp erkannt werden: Die drei Mädchen sind durch ihre Detektivtätigkeit stark und haben Erfolg; sie

---

19 Selbst Franzi, die eigentlich gegen den „Romantikkram" ist (Bd. 16, 9) und am Valentinstag nur mit Benni skaten will, ist unglücklich, als Benni heimlich eine Rose bestellt, weil sie vermutet, dass er eine Freundin hat; sie ist enttäuscht, als sie keine Rose von ihm bekommt und sie weint vor Rührung, als sie dann doch eine Rose von ihm erhält (Bd. 16, 105).

setzen sich in der innerliterarischen Realität, auch zum Beispiel gegenüber der Polizei, durch. Trotz der spannenden Geschehnisse und der Bewältigung unterschiedlichster Herausforderungen lässt sich festhalten, dass die Ideale von Weiblichkeit der drei Mädchenfiguren wie auch die ihrer Eltern sehr ähnlich konstruiert sind. Alle weiblichen Figuren streben eine heterosexuelle romantische Beziehung an und wünschen sich von ihrem Partner viel Aufmerksamkeit. Die Auseinandersetzung mit den Partnern nimmt auch während der Aufklärung von Fällen viel Raum ein und überlagert zum Teil die Detektivtätigkeit. Andererseits wird die Mädchenfreundschaft über die Beziehungen zu Jungen gestellt, die letztlich in einer parallelen Welt verortet sind.

4.3 Maja von Vogel: *Emma*

Die Serie *Emma* zeichnet sich unter anderem durch die besondere Gestaltung und Bedeutung von Emmas häuslichem Umfeld aus. In dem Mehrteiler wird ein Weltmodell vorgestellt, in welchem Frauen zu großen Teilen alleine agieren und Stereotype eines weiblichen Lebensstils ausleben.

Nachdem Emmas Vater die Familie im ersten Band der Serie verlassen hat, wird Emmas Elternhaus zu einer Wohngemeinschaft umstrukturiert: Emmas Mutter, die Künstlerin ist und VHS-Kurse für Aktmalerei gibt, holt ihre Freundin Gesa samt deren Tochter Mona in das renovierte Bauernhaus, sodass Emma fortan ihr Zimmer mit Mona teilen muss. Da Gesa ernährungsbewusst kocht, wollen die beiden Mütter ein Gesundheitszentrum gründen, in dem Yoga-, Mal- und Kochkurse angeboten werden. Monas Vater kommt nur kurz vor, als Mona ihn nach heimlicher Suche findet, denn ihre Mutter hat ihr nähere Informationen über den Vater stets verschwiegen. („Ich wollte die Sache alleine durchziehen, ohne von einem Mann abhängig zu sein, den ich nicht liebe." [Bd. 2, 170]) Das Weltmodell zeichnet sich also durch die Abwesenheit von Männern aus.

Eine wichtige Rolle spielt zudem Emmas Oma, mit der die Geschichte um eine zusätzliche Generation und um eine weitere starke Frau sowie einen anderen Tonfall ergänzt wird. Die Oma bringt sich durch einfühlsame Gespräche und immer wieder durch das Zitieren von Lebensweisheiten ein, wodurch sie den Status einer moralischen Instanz einnimmt.[20]

Während Emma zu ihrer Oma ein sehr gutes Verhältnis hat und sich oft mit Problemen an sie wendet, geht sie zu dem vermeintlich freizügigen und etwas chaotischen Leben ihrer Mutter eher auf Distanz: „Früher waren wir eine richtige Familie. Eine ganz normale Familie mit einem Vater, einer Mutter und drei Kindern. Keine blöde WG." (Bd. 2, 184)

---

20 Dass Emmas Oma in einem Zimmer unter dem Dach wohnt, zeigt zusätzlich in einer räumlichen Dimension ihre besondere Stellung an.

Vor diesem Hintergrund, der sich wie ein großes Familientableau über die ganze Serie hinweg ausbreitet, spielen sich auf der Oberfläche ganz unterschiedliche Geschichten ab, die Emma mit ihrem Zwillingsbruder Tim und mit Mona erlebt. Die Protagonistin wird charakterlich und äußerlich nicht mit weiblichen Stereotypen gekennzeichnet: Sie kann sehr wütend sein, kann sich verbal behaupten und setzt sich auch mit ihren Fäusten für Mona ein, die in der Klasse gemobbt wird. Dennoch drehen sich fast alle Aktivitäten Emmas und ihre Alltagssorgen um die Beziehungen zwischen Jungen und Mädchen aus ihrem Umfeld. Über Eifersüchteleien, ‚Verknalltsein', Küssen und Liebe wird in kurzen, oft auch komischen Episoden erzählt. Das Nachdenken und Nachfühlen der Beziehungen kosten Emma, aus deren Perspektive erzählt wird, viel Kraft; sie geht auf ironische Distanz und kommt mehrfach zu dem Schluss: „Liebe war wirklich nicht besonders praktisch. Man wusste nie, was sie so alles anrichten würde." (Bd. 2, 168) Es gibt auch immer wieder Momente, in denen Emma eine Stimme in ihrem Kopf hört, die ihr eine andere Sichtweise einflüstert. Eine weitere Ebene ironischer Distanz wird durch den häufigen Vergleich der aktuellen Situation mit Kitschromanen oder -filmen etabliert: „Bastian dachte gar nicht daran, um mich zu kämpfen, so wie es der Mann in dem Kitschfilm getan hätte." (Bd. 2, 149) In Emmas Phantasien und später in der Realität erfüllt ihr Freund Felix schließlich wider Erwarten alle Klischees einer romantischen Beziehung und macht Emma damit glücklich. Aber auch die Erwachsenen haben in der letzten Folge (fast) alle einen neuen Partner oder eine Partnerin zum Küssen gefunden.

Ein Blick auf die Entwicklung der Serie insgesamt macht deutlich, dass sich die Figuren des Umfelds und die Protagonistin aufeinander zubewegen; es müssen wegen des geringen Umfangs der Serie keine weiteren Formen von Ereignissen etabliert werden. Die Ereignishaftigkeit der einzelnen Episoden bezieht sich beständig auf das Küssen, sodass in dieser Serie die Gedanken und die Handlungen der Protagonistin mit denen der anderen Figuren des Rahmens eine Einheit bilden; denn auch die Erwachsenen gruppieren sich so, wie Emmas Weiblichkeitskonstruktion es vermittelt: Glücklich ist, wer verliebt ist und seine*n Partner*in küsst. Zwar distanziert sich Emma verbal von diesem Ideal, aber dennoch ist es wesentlicher Bestandteil ihrer Identität. Auch Emmas Versuche, das mit Komik abzuschwächen („Diese ewige Knutscherei ging mir echt auf die Nerven. In meiner Familie knutschten alle ständig herum: Mama knutschte mit Thomas, Papa mit Melinda, Klaus mit Nadine und Mona mit Daniel. Bäh! Da konnte einem doch nur schlecht werden, oder?" [Bd. 10, 39]), münden später in einem diesem ‚Vorbild' entsprechenden Leben.

Gesa hat in der Zwischenzeit herausgefunden, dass sie lesbisch ist. Das bedeutet ein Angebot an eine differenzierte Darstellung von Beziehungskonstellationen; letztlich wird Gesa aber außerhalb der Familienkonstellation platziert. In der Tiefenstruktur zeigt sich, dass die auf der Oberfläche vermeintlich starken Frauen schließlich doch nicht ohne Männer auskommen: Da das Gesundheitszentrum pleite ist, finden sich Emmas und Monas Mutter mit einem älteren Herrn zusammen, der zufälligerweise alleine in einer großen Villa lebt und diese gerne der Wohngemeinschaft zur Verfügung stellt.

5 Fazit

In den drei untersuchten Serien sind die weiblichen Protagonistinnen als starke Charaktere konzipiert, die ihrer Umwelt offen gegenübertreten, Auseinandersetzungen nicht scheuen und eigene Ziele verfolgen. Gleichzeitig wird Weiblichkeit im Rückgriff auf Stereotype von Weiblichkeit und Männlichkeit konstruiert und ist auf das Ideal einer heterosexuellen ‚romantischen' Beziehung angelegt. Denn alle untersuchten Protagonistinnen schwärmen für starke, gutaussehende, zärtliche Jungen, die ihnen viel Aufmerksamkeit entgegenbringen.

Allerdings gibt es Unterschiede in der Gestaltung der Protagonistinnen, der Figurenkonstellation, der seriellen Anlage der Werke und somit auch in der Gestaltung von Weltmodellen und Bezugnahmen auf die außerliterarische Wirklichkeit.

Die unterschiedlichen Wertungen und Gestaltungen des Ideals von heterosexueller Partnerschaft ergeben sich auch aus der Gestaltung der untersuchten Bände als Teil einer Serie. *Conni* kann als Serie bezeichnet werden, bei der Handlungsstränge der Grundkonstellation langfristig weitergeführt werden; ihr Freund Phillip tritt zu Beginn der Serie *Conni & Co* in Connis Leben und begleitet sie langfristig und partnerschaftlich. Conni kann durch die Anwesenheit ihres Freundes ihre Identität finden und Stabilität für ihr eigenes Handeln entwickeln.

Bei der Serie *Die drei !!!* handelt es sich um eine Endlosserie, in der durch die besondere Gestaltung der Ereignishaftigkeit Spannung erzeugt wird. Insofern treten die Gespräche über die sich ständig entwickelnden Beziehungen zu Jungen neben die Ereignisse, die in den Fällen der Detektivinnen vordergründig eine Rolle spielen und bieten damit einen weiteren Handlungsstrang an. Der Schwerpunkt liegt hier aber auf der Inszenierung der Mädchenfreundschaft, die eine größere Priorität als die Beziehungen zur Jungenwelt zu haben scheint; die Jungen sind meistens abwesend und liefern nur den Stoff für die Auseinandersetzungen.

Bei dem Mehrteiler *Emma* spielt die Entwicklung der familiären Situation als zugrundeliegende Ordnung für die gesamte Serie eine gewichtige Rolle; gleichzeitig wird die Ereignishaftigkeit in der Begegnung mit Jungen inszeniert und dabei wird sehr konkret die körperliche Dimension des Küssens betont. Die Tiefenstruktur des Textes zeigt ein ambivalentes Bild: Die Protagonistinnen der Elterngeneration werden durch einen Mann finanziell unterstützt und somit wird eine Lebensform ‚gerettet', in der auch die gleichgeschlechtliche Liebe eine Rolle spielt.

Weiblichkeit wird in allen Serien auch in Verbindung mit Möglichkeiten der Reflexion konzipiert. Dies ist bei Conni und Kim das Tagebuch, in dem von Conni sehr persönliche Gedanken aufgeschrieben werden bzw. von Kim dagegen eher der Stand der Beziehungsprobleme dargestellt wird. Bei *Emma* wird die Reflexionsebene auf die Generation der Großmutter verlagert, die Ratschläge gibt oder durch passende Sprichwörter zum Nachdenken anregt.

Die Konstruktionen von Männlichkeit erfahren die Leser*innen hauptsächlich aus der Sicht der Protagonistinnen, denn als Handlungsträger tauchen Jungen eher selten auf.

Literatur

1 Primärliteratur

Hoßfeld, Dagmar. *Conni*. Hamburg: Carlsen, seit 1992.
Hoßfeld, Dagmar. *Conni & Co. Conni und der Neue* (Bd. 2). Hamburg: Carlsen, 2007.
Hoßfeld, Dagmar. *Conni & Co. Dina und das Liebesquiz* (Bd. 10). Hamburg: Carlsen, 2014.
Hoßfeld, Dagmar. *Conni & Co. Das Kleeblatt und die Pferde am Meer* (Bd. 11). Hamburg: Carlsen, 2015.
Hoßfeld, Dagmar. *Conni & Co. Phillip und das Katzenteam* (Bd. 16). Hamburg: Carlsen, 2020.
Sol, Mira. *Die drei !!! Rätselhafter Raub* (Bd. 86). Stuttgart: Franckh-Kosmos, 2020.
Vogel, Maja von. *Emma*. Hamburg: Erika Klopp, 2005–2014.
Vogel, Maja von. *Emma traut sich was* (Bd 2). Hamburg: Erika Klopp, 2006.
Vogel, Maja von. *Für alle Fälle Emma* (Bd. 3). Hamburg: Erika Klopp, 2006.
Vogel, Maja von. *Emma hebt ab* (Bd. 10). Hamburg: Oetinger, 2014.
Vogel, Maja von/Henriette Wich. *Die drei !!! Total verknallt!* (Bd. 16). Stuttgart: Franckh-Kosmos, 2009.
Wich, Henriette. *Die drei !!! Skaterfieber* (Bd. 2). München: dtv, 2013 [2007].
Wich, Henriette. *Die drei !!! Küsse im Schnee* (Bd. 33). Stuttgart: Franckh-Kosmos, 2011.

2 Sekundärliteratur

Anders, Petra/Michael Staiger. *Serialität in Literatur und Medien. Bd. 1: Theorie und Didaktik*. Baltmannsweiler: Schneider Hohengehren, 2016.
Benner, Julia. „Intersektionalität und Kinder- und Jugendliteraturforschung". *Immer Trouble mit Gender? Genderperspektiven in der Kinder- und Jugendliteratur und -medien(forschung)*. Hg. Petra Josting/Caroline Roeder/Ute Dettmar. München: kopaed, 2016, 29–42.
Böhm, Kerstin. *Archaisierung und Pinkifizierung. Mythen von Männlichkeit und Weiblichkeit in der Kinder- und Jugendliteratur*. Bielefeld: transcript, 2017.
Diehring, Silke. *Die Entwicklung vom „Trotzkopf" bis zu den „Wilden Hühnern". Der Wandel des Frauenbilds in der Mädchenlektüre vom 19. Jahrhundert bis heute*. Saarbrücken: Akademikerverlag, 2012.
Einwohlt, Ilona. *Powergirls im Glitzerkleid – Mädchenbücher zwischen Rollenklischees und Emanzipation*. https://www.uni-frankfurt.Einwohlt_Vortrag_100927 (18. Dezember 2020).
Fleissner, Frank. *Willkommen in der Welt von Kim, Franzi und Marie!* Internetauftritt der Frankch-Kosmos Verlags-GmbH Co. KG, Stuttgart. https://www.diedreiausrufezeichen.de/ (10. November 2020).
Grenz, Dagmar. „Mädchenliteratur". *Taschenbuch der Kinder- und Jugendliteratur. Bd. 1: Grundlagen – Gattungen*. Hg. Günter Lange. Baltmannsweiler: Schneider Hohengehren, 2005, 332–358.
Hebben, Marilyn. Internetauftritt *Die drei ???*. Sony Music Entertainment Germany GmbH. https://www.dreifragezeichen.de/ (10. November 2020).

Kalbermatten, Manuela. *Von nun an werden wir mitspielen. Abenteurerinnen in der Phantastischen Kinder- und Jugendliteratur der Gegenwart.* Zürich: Chronos, 2011.
Kaufmann, Joachim. *Meine Freundin Conni.* Carlsen Verlag GmbH. https://www.conni.de/ (10. November 2020).
Kliewer, Annette/Anita Schilcher (Hg.). *Neue Leser braucht das Land! Zum geschlechterdifferenzierenden Unterricht mit Kinder- und Jugendliteratur.* Baltmannsweiler: Schneider Hohengehren, 2004.
Krah, Hans. „Gender, Kinder- und Jugendliteratur und analytische Praxis. Grundlagen und Methodik". *Genderkompetenz mit Kinder- und Jugendliteratur entwickeln.* Hg. Ders./Karla Müller/Jan-Oliver Decker/Anita Schilcher. Baltmannsweiler: Schneider Hohengehren, 2016, 45–64. [= Krah 2016a]
Krah, Hans. „*Freche Mädchen – freche Bücher.* Ideologische Zumutungen in einer populären Mädchenbuchreihe". *Genderkompetenz mit Kinder- und Jugendliteratur entwickeln. Grundlagen – Analyse – Modelle.* Hg. Ders./Karla Müller/Jan-Oliver Decker/Anita Schilcher. Baltmannsweiler: Schneider Hohengehren, 2016, 79–96. [= Krah 2016b]
Nieberle, Sigrid. „Gender Trouble als wissenschaftliche und literarische Herausforderung". *Immer Trouble mit Gender? Genderperspektiven in Kinder- und Jugendliteratur und -medien(forschung).* Hg. Petra Josting/Caroline Roeder/Ute Dettmar. München: kopaed 2016, 19–28.
Nünning, Vera/Ansgar Nünning. „‚Gender'-orientierte Erzähltextanalyse als Modell für die Schnittstelle von Narratologie und Intersektioneller Forschung? Wissenschaftsgeschichtliche Entwicklung, Schlüsselkonzepte und Anwendungsperspektiven". *Intersektionalität und Narratologie: Methoden – Konzepte – Analysen.* Hg. Christian Klein/Falko Schnicke. Trier: Wissenschaftlicher Verlag, 2014, 33–60.
Schilcher, Anita. „‚Du bist wie alle Weiber, gehorsam und unterwürfig, ängstlich und feige' – Geschlechterrollen im Kinderbuch der 90er Jahre". *Neue Leser braucht das Land! Zum geschlechterdifferenzierenden Unterricht mit Kinder- und Jugendliteratur.* Hg. Dies./Annette Kliewer. Baltmannsweiler: Schneider Hohengehren, 2004, 1–22.
Schlachter, Birgit. „Syntagmatische und paradigmatische Serialität in der populären Jugendliteratur." *Serialität in Literatur und Medien. Bd. 1: Theorie und Didaktik.* Hg. Petra Anders/Michael Staiger. Baltmannsweiler: Schneider Hohengehren, 2016, 100–114.
Schulz-Pernice, Florian. „Narrative und normative Probleme des seriellen Erzählens und ihr Potenzial für den Aufbau narrativer Kompetenzen und die Wertebildung". *Serialität in Literatur und Medien. Bd. 1: Theorie und Didaktik.* Hg. Petra Anders/Michael Staiger. Baltmannsweiler: Schneider Hohengehren, 2016, 42–57.
Stachowiak, Kerstin. „Literarisches Lernen im Medienverbund. Zur Problematik polarisierender Genderkonstruktionen in der Kinder- und Jugendliteratur und ihrer Festschreibung im Literaturunterricht". *„Geschlecht" in der Lehramtsausbildung. Die Beispiele Geschichte und Deutsch.* Hg. Bea Lundt/Toni Tholen. Münster u. a.: Lit Verlag, 2013, 411–434.

Marie Flüh, Jan Horstmann, Mareike Schumacher
Genderaspekte in Fantasy-Jugendromanen von 2008 bis 2020

Distant Gender Reading

Zusammenfassung: In einem digitalen Mixed-Methods-Ansatz werden im Beitrag verschiedene Distant-Reading-Methoden angewendet, um Aussagen über Tendenzen stereotyper Darstellungen von Genderaspekten in Fantasyromanen für Jugendliche treffen zu können. Im Detail wird das aus 28 Romanen bestehende Korpus mithilfe der Named Entity Recognition, des Topic Modeling und der Emotionsanalyse (mit Unterstützung von digitaler Annotation) untersucht. Das dreiteilige und partiell aufeinander aufbauende Analyseverfahren ermöglicht es, Genderaspekte in zeitgenössischer Fantasyliteratur aus drei unterschiedlichen Analyseperspektiven zu betrachten. Die Kombination unterschiedlicher Methoden der digitalen Textanalyse erlaubt eine inhaltliche Erschließung einer breiten Materialbasis.

1 Gender in kontemporären Fantasy-Jugendromanen digital erforschen

Im Vergleich zu anderen Spielarten der phantastischen Literatur handelt es sich bei Fantasyliteratur um ein vergleichsweise junges Subgenre.[1] Die literaturwissenschaftliche Auseinandersetzung mit Fantasyromanen hat bisher vor allem wertvolle Einzelfallstudien hervorgebracht, in denen Gender in zeitgenössischen sowie historischen Fantasyromanen untersucht wurde.[2] Die Analyse von Gegenwartsliteratur, wie sie auch im vorliegenden Beitrag vorgenommen wird, ist mit spezifischen Herausforderungen konfrontiert, wie etwa der „Unsicherheit bei der Auswahl der zu behandelnden Texte und deren fragliche Bedeutung in der Zukunft" (Ammon und Herrmann 2020, 223). Dieser Problematik begegnen wir mit einer korpusbasierten Fallstudie, die die bisher eher auf Einzelfallstudien aufbauende Forschungstradition

---

1 Insbesondere die Genres Sage, Märchen und Legende weisen eine lange Traditionslinie auf; die erste Hochphase der phantastischen Literatur innerhalb der deutschen Literatur fällt in die Romantik (Dunker 2009, 243).
2 Vgl. Wille (2012) über strikt männlich und weiblich konnotierte Sphären in Chestertons Werk, v.a. *The Club of Queer Trades*; deutlich medienwissenschaftlich ausgerichtet Heilman (2003) über Geschlechteridentitäten in Rowlings *Harry Potter*; Schwab (2013) über Genderrollen und -motive in englischer Literatur von 1596 bis 2002; Anne Gjelsvik und Rikke Schubart (2016) über Frauenrollen in *Game of Thrones* oder Byrne (2018) über Genderaspekte in mittelenglischer Literatur des 11. bis 15. Jahrhunderts.

OpenAccess. © 2022 bei den Autoren, publiziert von De Gruyter. Dieses Werk ist lizenziert unter einer Creative Commons Namensnennung 4.0 International Lizenz. https://doi.org/10.1515/9783110726404-025

ergänzt. Gerade in Bezug auf Genderaspekte wird die quantitative Analyse von Gegenwartsliteratur besonders relevant, reagiert Literatur doch immer auch „auf aktuelle politische und kulturelle Auseinandersetzungen" (Vedder 2020, 267). Kontemporäre Fantasy-Jugendliteratur könnte gerade Genderaspekte nicht nur aufnehmen und spiegeln, sondern eventuell sogar in kreativer Art und Weise fortschreiben oder alternative Diversitätsszenarien anbieten. Auch wenn der Bedeutungszuwachs der Kinder- und Jugendliteraturforschung in den 1970er und 1980er Jahren den Diskurs über genderbezogene Perspektiven auf Kinder- und Jugendliteratur begünstigt (Schmideler 2020, 47), bleiben genrespezifische Analysen von deutschsprachigen zeitgenössischen Fantasyromanen bisher eher selten (vgl. Loid 2016).[3]

Größer angelegte Studien, die die wertvollen Ergebnisse der Einzelfallstudien um neue Facetten ergänzen und das aktuelle methodische Instrumentarium des Distant Reading[4] (vgl. Moretti 2000) der digitalen Literaturwissenschaft einsetzen, um zeitgenössische Kinder- und Jugendliteratur zu erforschen, liegen bisher nicht vor.[5] Doch wie lassen sich Genderaspekte operationalisieren und digital erforschen? In einem Mixed-Methods-Ansatz wenden wir verschiedene Methoden der Digital Humanities an und setzen sie miteinander in Bezug. Auf diese Weise können wir zu Thesen über Tendenzen der stereotypen Darstellung von Genderaspekten gelangen, die sich nicht auf eng begrenzte Einzelfallstudien stützen. Im Detail untersuchen wir das Korpus mithilfe von Named Entity Recognition (vgl. Schumacher 2018), Topic Modeling (vgl. Horstmann 2018), Emotionsanalyse (vgl. Flüh 2019 und 2020) und halbautomatischer wie manueller Annotation (vgl. Horstmann 2020). Diese Methoden gehören in den digitalen Geisteswissenschaften mittlerweile zum Standardrepertoire der Textanalyse, werden bislang aber nur selten in Kombination angewendet. Den Methoden folgend gehen wir hier einer dreischrittigen Fragestellung nach: Wie häufig kommen in den Texten männliche, weibliche oder neutrale Figurenbezeichnungen (*named entities*) vor und welche stereotypen Genderrollen sind besonders bedeutsam? Welche Themen sind in den Romanen in Bezug auf die Kategorie Gender männlich, weiblich oder

---

[3] Vgl. Sonja Fritzsche (2006) über Fantasyliteratur in Ostdeutschland von 1994 bis 1990; Jutta Landa (2000) über Feminismus in Irmtraud Morgners Roman *Leben und Abenteuer der Trobadora Beatriz*.
[4] Moretti entwarf den Begriff dezidiert als Gegenbegriff zum traditionellen Close Reading. Ziel war und bleibt, große Textmengen analysierbar zu machen. Jockers prägte den Begriff der „Makroanalyse", der die Analyse als ergänzende Tätigkeit gegenüber dem Lesen betont, denn: „This is no longer reading that we are talking about" (Jockers 2013, 25). Für den hier verfolgten Ansatz haben wir zwei der analysierten 28 Romane gelesen, um das NER-Modell und die Emotionskategorien zu adaptieren und zu überprüfen.
[5] Ein Grund hierfür stellt sicherlich die fehlende Basis von Primärtexten in adäquater digitaler Form dar. Aktuelle Werke unterliegen einem urheberrechtlichen Schutz und große digitale Repositorien oder Korpora für Forschungszwecke mit Fokus auf zeitgenössische (Fantasy-)Literatur stehen nicht zur Verfügung. Entsprechende Forschungsprojekte – wie auch dieser Beitrag – sind bislang auf die Zusammenarbeit mit Verlagen angewiesen. Um mit diesem Problem umzugehen, werden derzeit sogenannte „abgeleitete Textformate" diskutiert, um auch für urheberrechtlich geschützte Texte das Potenzial des Text Minings voll ausschöpfen zu können (vgl. Schöch et al. 2020).

neutral konnotiert und an welchen Stellen kommen sie vor? Welche positiven oder negativen Emotionen erscheinen in der Nähe der genderspezifischen Entitäten und sind damit selbst als besonders genderspezifisch zu klassifizieren? Zu den Texten lassen sich mit diesen Methoden aus den drei Perspektiven Genderprofile modellieren, die einerseits untereinander vergleichbar sind, andererseits aber auch in Ansätzen verallgemeinerbare Feststellungen über zeitgenössische (genrespezifische) Genderdarstellungen in der Jugendliteratur zulassen. Methodisch bewegen wir uns von einem distanzierten Blick auf das Korpus im zweiten Schritt näher auf die Texte zu und betrachten schließlich kurze Textpassagen sehr genau, sodass im Sinne von Mueller (2012) von einem „Scalable Reading" gesprochen werden kann.

Ergänzend zu den genannten inhaltlichen Fragestellungen interessiert uns besonders, wie die Methoden der digitalen Geisteswissenschaften so kombiniert bzw. eingesetzt werden können, dass sie zu validen inhaltlichen Einsichten führen, die von Relevanz für die Kinder- und Jugendbuchforschung sind und traditionellere Close-Reading-Ansätze sinnvoll ergänzen. Unsere Untersuchung verfolgt aus diesem Grund stets eine Doppelperspektive des sowohl inhaltlichen als auch methodischen Forschungsinteresses.[6]

2 Beschreibung des Romankorpus und des Vorgehens

Phantastische Literatur hat vielfältige Erscheinungsformen und gehört zu den populärsten kinderliterarischen Textsorten. Zur Gattung zählen zahlreiche Subgenres wie Märchen, Science-Fiction, Legende, Sage, Utopie, Anti-Utopie oder Fantasyliteratur (Weinkauff und Glasenapp 2010, 101). Die Fallstudie nimmt Genderaspekte in 28 zeitgenössischen deutschsprachigen Fantasyromanen für Jugendliche in den Blick. Es handelt sich um aktuelle Veröffentlichungen aus den Jahren 2008 bis 2020, die für die vorliegende Analyse von Jugendbuchverlagen in digitaler Form zur Verfügung gestellt wurden. Bis auf Wolfgang Hohlbein, der bereits in gängigen Nachschlagewerken Erwähnung findet (vgl. Rouget 2017), handelt es sich um populäre Autor*innen, die literaturwissenschaftlich noch nicht betrachtet wurden.[7] Das Korpus enthält 19 Romane von Autorinnen und neun Romane von Autoren.[8]

---

[6] Die zahlreichen Analyseergebnisse unserer Studie können nicht sämtlich im vorliegenden Beitrag dargestellt werden. In ihrer Gesamtheit lassen sie sich in Datentabellen, Listen und Visualisierungen im projektspezifischen GitHub-Repository nachvollziehen unter: https://github.com/janhorstmannn/gender-fantasynovels (30. November 2020).
[7] Im Einzelnen setzt sich das Korpus zusammen aus Claudia Kerns *Der verwaiste Thron* 1–3 (2008–2009), Wolfgang Hohlbeins *Die Tochter der Midgardschlange* (2010) und *Thor* (2010), Keto von Waberers *Mingus* (2012), Bernd Perplies' *Flammen über Arcadion* (2012), *Im Schatten des Mondkaisers* (2013) und *Imperium der Drachen* 1–2 (2014–2015), Daphne Unruhs *Zauber der Elemente* 1–3 (2012–2014), Andreas Eschbachs *Aquamarin*-Reihe (2015–2019), Carina Zacharias' *Emba* 1–2 (2016), Ka-

Zunächst haben wir das Korpus mithilfe einer auf literarische Texte abgestimmten Variante des Named-Entity-Recognition-Tools StanfordNER (vgl. Finkel et al. 2005) annotiert. Das bereits im Projekt m*w entwickelte, für literarische Texte angepasste StanfordNER-Modell basiert auf grundlegenden Annahmen der feministischen Theorie und der frühen Masculinity Studies. Insbesondere findet im dort entwickelten theoriebasierten Modell die Rollenbeschreibung Anwendung, die Beauvoir in *Das andere Geschlecht* (2018) ausführlich als Basis stereotyper Genderzuweisungen ausdifferenziert hat und die unter anderem mithilfe von Schriften von Connell (1996 [1987] und 2015 [1999]) und Bourdieu (2010 [1998]) ergänzt wurde. Von Connell und Butler (2016 [1990]) wurde in dieses Modell die Idee der Dreiteilung von Gendererfahrungen in geschlechtliche, identifikatorische und handlungsorientierte Aspekte übernommen. Die Automatisierung der Erkennung von Genderzuschreibungen macht zunächst nur die identifikatorischen Aspekte von Gender sichtbar, weil konkret nur die Selbst- und Fremdäußerungen mit Bezug auf die Genderidentität markiert werden. Da die hinter der Erkennung stehenden Algorithmen aber kontextsensitiv funktionieren, werden auch Geschlecht (in Form von Verbindungen mit Personalpronomen) und Genderperformanz (in Form von häufig mit der Genderzuschreibung im Kontext stehenden Handlungsbeschreibungen) einbezogen.[9]

Parallel haben wir das Korpus mithilfe von Topic Modeling mit dem DARIAH Topics Explorer (vgl. Pielström et al. 2018) hinsichtlich wiederkehrender semantischer Felder untersucht, die sich im Hinblick auf Themenkomplexe der Romane interpretieren lassen. Dieses Distant-Reading-Verfahren basiert auf Wahrscheinlichkeitsrechnung und erstellt sogenannte Topics, die anzeigen, welche Wörter in einem Textkorpus statistisch relevant häufig miteinander auftreten (vgl. Blei 2012). Ein Topic besteht aus diesem Grund immer aus mehreren Wörtern (die in absteigender Häufigkeit angegeben werden), sodass es Betrachter*innen der Topics häufig möglich ist, auf dieser Grundlage Themen zu benennen. In mehreren Durchgängen werden die entstehenden

---

tharina Herzogs *Faye* (2019), Jennifer Alice Jagers *Terra 1–4* (2019–2020), Mela Nagels *Burning Magic 1–3* (2019–2020), Katharina Hartwells *Silbermeer-Saga* (2020) sowie Linda Rottlers *Die Stadt der gläsernen Träume* (2020). Wir danken den Verlagen Arena, Bastei Lübbe, dtv und Loewe ganz herzlich für ihre Unterstützung durch die digitale Bereitstellung der Texte für unsere Korpusanalyse.

8 Diese Rahmenbedingung soll nicht vergessen werden; wichtiger ist für unseren Ansatz jedoch, dass wir nicht ausschließlich Metadaten wie das Geschlecht der Autor*innen erfassen, sondern mit unseren Methoden in die Texte hineinschauen und innertextliche Genderaspekte analysieren. Die Korpusauswahl basiert einerseits auf den Filtermöglichkeiten der Verlagswebseiten und andererseits auf den Entscheidungen der Verlage, welche Texte sie uns zur Verfügung stellen wollten.

9 Aufgrund des Projektsettings, in dem das Training des hier eingesetzten Machine-Learning-Tools stattgefunden hat, ist es derzeit noch nicht möglich, Genderzuschreibungen der Diversität automatisch zu annotieren. Das liegt vor allem daran, dass ein Großteil des eingesetzten Trainingsmaterials aus literarhistorischen Erzähltexten besteht, in denen genderdiverse Figuren nicht häufig genug vorkommen. Es ist aber bereits möglich, neutrale Genderzuschreibungen zu erkennen. Da es ein Desiderat des Projektes m*w ist, ein Diversitätskorpus aufzubauen und einen Algorithmus zur Erkennung von Genderdiversität zu trainieren, ist es absehbar, dass auch dies in nicht allzu ferner Zukunft möglich und damit auch für die Erforschung von Kinder- und Jugendliteratur einsetzbar sein wird.

Topics hinsichtlich einer konkreten Fragestellung modelliert, indem verschiedene Parameter verändert werden (vgl. Abschnitt 4). Ziel ist es, Topics zu modellieren, die in mehreren der im Korpus vorhandenen Texte in unterschiedlicher Ausprägung vorkommen und nicht zu dokumentspezifisch sind, um allgemeingültige Aussagen über das Korpus treffen zu können. Die Wörter der so entstandenen Gender-Topics haben wir halbautomatisch im Korpus annotiert.

Die textbezogene Emotionsanalyse mit CATMA (vgl. Meister et al. 2019) widmet sich der Untersuchung im Text dargestellter Emotionen und deren Interdependenz mit Geschlechterrollen literarischer Figuren. Die Emotionsanalyse nutzt im Rahmen eines Scalable-Reading-Prozesses die Ergebnisse der NER-Analyse als ‚Einstiegshilfe' in den hermeneutischen Zirkel und bezieht sich ausschließlich auf das nähere semantische Umfeld der Figurenreferenz. Wir untersuchen dabei in einem Teilkorpus kurze Textpassagen, bestehend aus dem Figurenerwähnungssatz selbst, drei Sätzen davor und drei Sätzen danach. Das Vorgehen basiert auf der Annahme, dass Emotionen stets an ein Subjekt gebunden sind und vor allem die Kommunikation der Figuren einen der zentralen Bestandteile literarischer Emotionalisierungstechniken darstellt (Anz 2007, 219). Gerade in unmittelbarer Nähe der mithilfe von NER herausgefilterten Figurenreferenz ist folglich mit emotionstragenden Textstrukturen zu rechnen.

3 Automatische Erkennung von Figurengender und Genderrollen

Named Entity Recognition (NER) ist ein Verfahren, das in der Computerlinguistik entwickelt wurde, um die Entitätenerkennung in Sachtexten zu automatisieren. Gängige NER-Tools erreichen darum in Sachtexten eine hohe Erkennungsgenauigkeit, ihre Anwendung auf literarische Texte ist allerdings derzeit noch problematisch (vgl. Jannidis 2015).

In der digitalen geisteswissenschaftlichen Forschung gibt es derzeit Ansätze, sowohl die Figurenerkennung (vgl. Jannidis 2015) als auch die Erkennung von Ortsentitäten (vgl. Barth und Viehhauser 2017) mittels NER für literarische Texte zu adaptieren. Beide Kategorien bieten vielfältige Einsatzmöglichkeiten in der Kinder- und Jugendbuchforschung. Die Genderforschung beschäftigt sich in besonderer Weise mit Charakteren. Hier reicht es nicht aus, lediglich die Menge der genannten Figuren zu erkennen, eine differenziertere Kategorisierung und Kontextualisierung ist notwendig. Die Anpassung des StanfordNER-Tools für die Domäne der literarischen Texte und die Analysekategorie des Figurengender, die im Projekt m*w (vgl. Schumacher und Flüh 2020) vorgenommen wurde, ist ein Vorstoß auf diesem Gebiet, an den die vorliegende Fallstudie unmittelbar anschließt.

Ein erster Schritt, für den Distant-Reading-Methoden besonders geeignet sind, besteht darin, für die Kinder- und Jugendliteratur besonders typische, stereotype oder gar normative Darstellungen zu betrachten. Wir gehen darum zunächst von den einem binären Gendersystem zugehörigen Kategorien weiblich und männlich aus. Hinzu kommt die Kategorie neutral, die häufig auch für Kinder angewendet wird und damit für die Kinder- und Jugendbuchforschung von Interesse ist.

3.1 Vorbereitende Tests des NER-Modells

Das hier zum Einsatz kommende NER-Modell wurde auf Novellen und Romanen des 18. bis 21. Jahrhunderts trainiert (vgl. Schumacher und Flüh 2020). Da es bisher wenig Forschung dazu gibt, wie spezifisch ein Trainingskorpus erstellt werden muss (ob z. B. Synchronizität oder Genreuniformität von Bedeutung sind), um für literarische Textkorpora anwendbar zu sein, haben wir hier einen Test durchgeführt, um zu ermitteln, wie hoch die durchschnittliche Erkennungsgenauigkeit bei Texten unseres Korpus ist. Dazu wurden Textpassagen aus zwei Texten von zwei voneinander unabhängigen Annotatorinnen manuell nach Beispielen der relevanten Kategorien (weiblich, männlich, neutral) untersucht und annotiert. Die manuell erstellten Annotationen haben wir mit denen, die das Tool erstellt hat, verglichen und so Erkennungsquoten für jede Kategorie ermittelt (F1-Score). Die Ergebnisse der beiden Testtexte wurden dann gemittelt:

	Frau	Mann	Neutral	Gesamt
F1-Score in %	74,86	84,22	62,99	79,13

Tabelle 1: Erkennungsquoten der automatisch annotierten Kategorien.

Trotz Schwankungen innerhalb des Gender-Kategorien-Systems ist die Gesamterkennungsgenauigkeit von 79,13 % fast so hoch wie die von deutschsprachigen aktuellen NER-Tools für Sachtexte (vgl. Faruqui und Padó 2010 oder auch die Ergebnisse von GermEval 2014[10]). Wie sich in vorausgehenden Untersuchungen des m*w-Projektes gezeigt hat, werden durch das Modell vor allem typische Bezeichnungen, wie sie auch hier von Interesse sind, gefunden; das Modell kann damit sogar als Indikator dienen, um besonders genderstereotype Erzähltexte ausfindig zu machen (vgl. Flüh und Schumacher 2020). Dass andere, weniger stereotype Darstellungen hier seltener gefunden werden, ist für diese Fallstudie nicht so zentral.

Die Tests mit den beiden Romanen aus unserem Korpus zeigen aber auch, dass die Erkennungsgenauigkeit der einzelnen Kategorien variiert. Männliche Genderzuschreibungen werden hier am besten erkannt, weibliche rund 10 %, neutrale rund 20 % schlechter. Solche Abweichungen müssen bei der Analyse miteinbezogen wer-

---

10 Die Ergebnisse dieses Named-Entity-Sprints für die deutsche Sprache (ausgerichtet von Chris Biemann, Sebastian Padó, Darina Benikova und Max Kisselew) wurden in Form einer Google-Tabelle veröffentlicht unter: https://sites.google.com/site/germeval2014ner/results (25. November 2020).

den. Der Vergleich der beiden Testtexte zeigt, dass die Erkennung unterschiedlich gut funktioniert.[11] Die Zahlenwerte zeigen also lediglich eine Tendenz.

3.2 NER-Analysen

In jedem der 28 Romane im Korpus hat der Gender-StanfordNER automatisch Genderzuschreibungen annotiert. Im gesamten Korpus kommen 33.957 männliche Genderzuschreibungen vor und es werden 25.491 Mal weibliche Genderzuschreibungen erwähnt. Selbst wenn berücksichtigt wird, dass die Erkennung rund 10 % schlechter ist und der Wert für weibliche Zuschreibungen dementsprechend eher bei 28.040 liegen könnte, sind die männlichen Genderzuschreibungen hier zahlreicher. Neutrale Benennungen kommen mit 1.862 Vorkommnissen vergleichsweise selten vor. Genauer als die reinen Zahlenwerte zeigt Visualisierungen der Annotationsverteilungen in den einzelnen Texten, wie das Genderverhältnis rein quantitativ beschaffen ist. Aufgeteilt in Zehn-Prozent-Segmente wird eine Verteilungskurve für jeden der drei Tags angezeigt. Genau die Hälfte der Romane im Korpus zeigen eine nahezu ausgeglichene Verteilung bei der Erwähnung von Genderzuschreibungen (vgl. Abb. 1).

---

11 In den ausführlicheren Tabellen im Daten-Repository dieses Beitrags auf GitHub (vgl. https://github.com/janhorstmann/gender-fantasynovels/tree/main/NER; 30. November 2020) ist zu sehen, dass im hier angegebenen F1-Score Werte für Precision und Recall, das heißt Genauigkeit und Trefferquote, verrechnet wurden. Während die Genauigkeit recht gut ist, ist die Trefferquote eher gering. Das heißt, dass das, was das Tool findet, meist korrekt ist. Es werden aber bei Weitem nicht alle Genderzuschreibungen gefunden. Die gefundenen Zuschreibungen sind dafür aber besonders stereotyp, was für den Fokus dieser Untersuchung im Vordergrund steht.

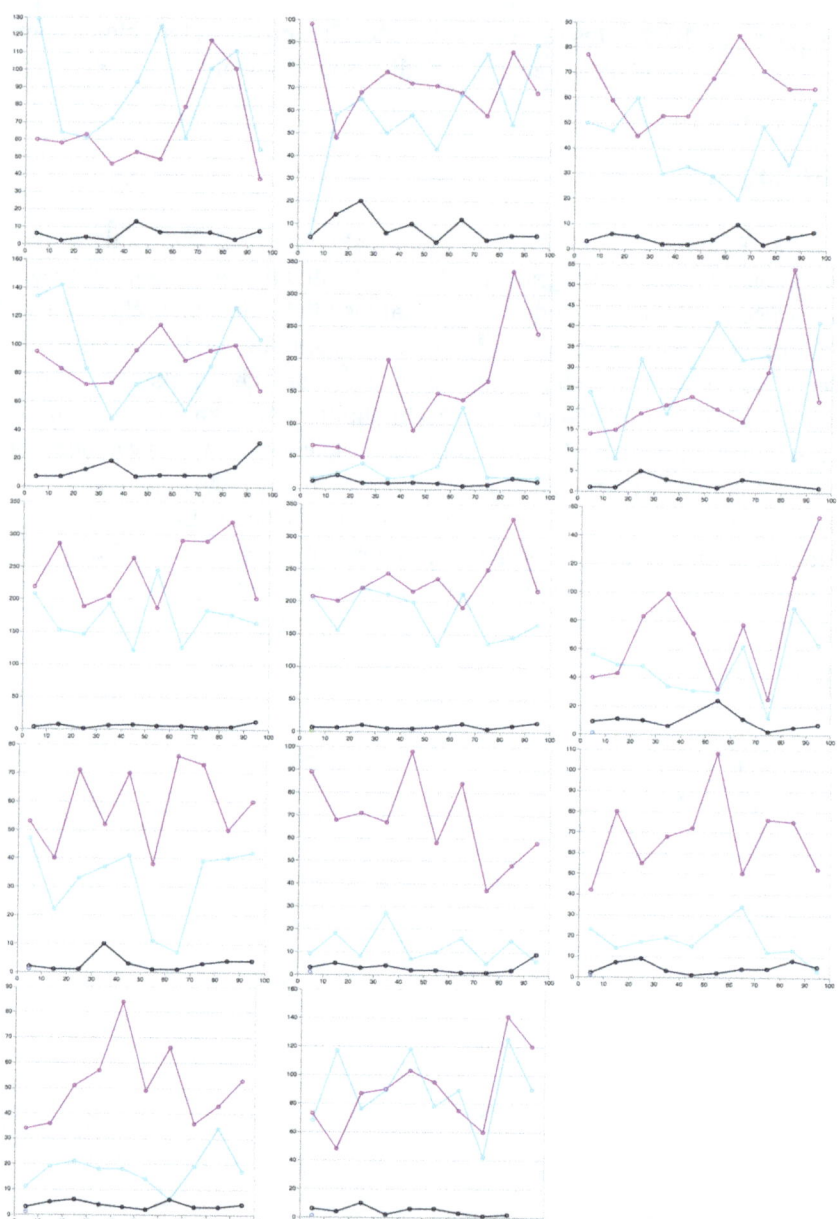

Abb. 1: Romane mit nahezu ausgeglichenem Genderverhältnis: (in Leserichtung) *Aquamarin, Mingus, Die Stadt der gläsernen Träume, Zauber der Elemente 1–3, Im Schatten des Mondkaisers, Flammen über Arkadion, Submarin, Terra 1–4, Faye – Herz aus Licht und Lava*. Die Farben stehen für die Kategorien ‚weiblich' (hellblau), ‚männlich' (lila) und ‚neutral' (dunkelblau), auf der Y-Achse werden jeweils die absoluten Annotationszahlen der Kategorien angezeigt, auf der X-Achse der Romanverlauf auf 100% normalisiert und in 10%-Abschnitte unterteilt.

In insgesamt sieben Romanen werden deutlich häufiger weibliche Genderzuschreibungen erwähnt als männliche und neutrale (vgl. Abb. 2).

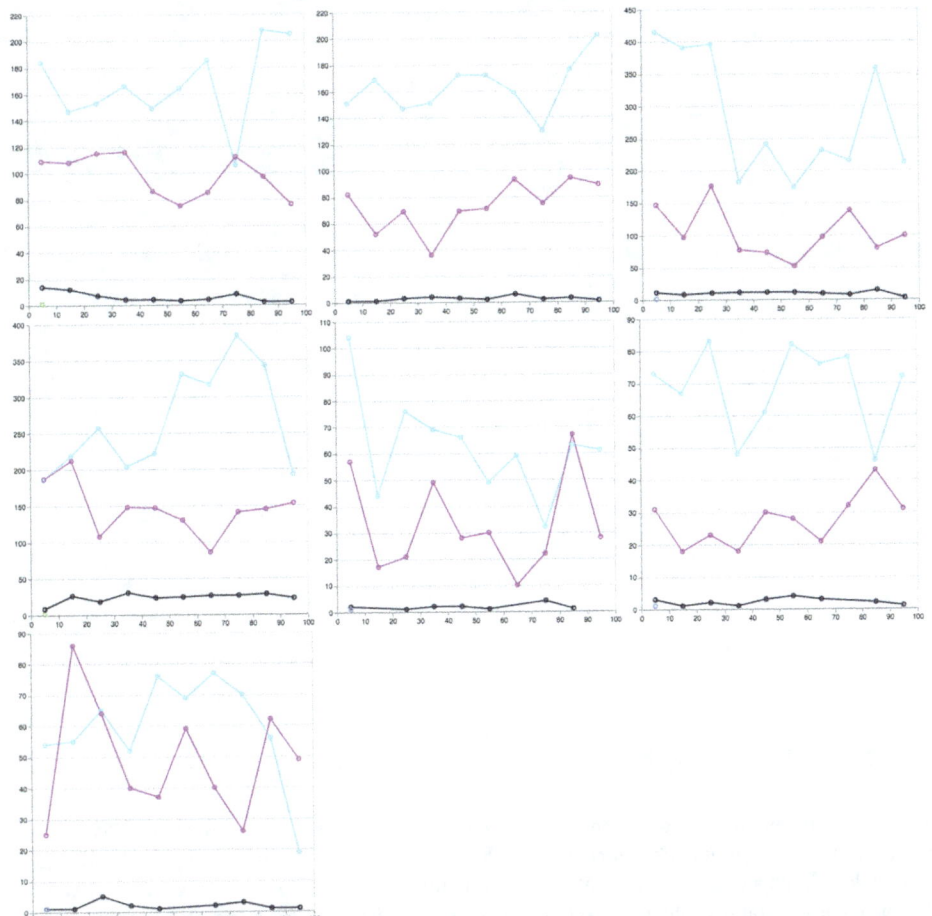

Abb. 2: Romane mit überwiegend weiblichen Genderzuschreibungen: (in Leserichtung) *Emba 2: magische Wahrheit, Emba 1: Bittersüße Lüge, Die Silbermeer-Saga, Die Tochter der Midgardschlange, Burning Magic 1–3*. Die Farben stehen für die Kategorien ‚weiblich' (hellblau), ‚männlich' (lila) und ‚neutral' (dunkelblau), auf der Y-Achse werden jeweils die absoluten Annotationszahlen der Kategorien angezeigt, auf der X-Achse der Romanverlauf auf 100% normalisiert und in 10%-Abschnitte unterteilt.

In ebenfalls sieben weiteren gibt es deutlich häufiger männliche Genderzuschreibungen als weibliche (vgl. Abb. 3).

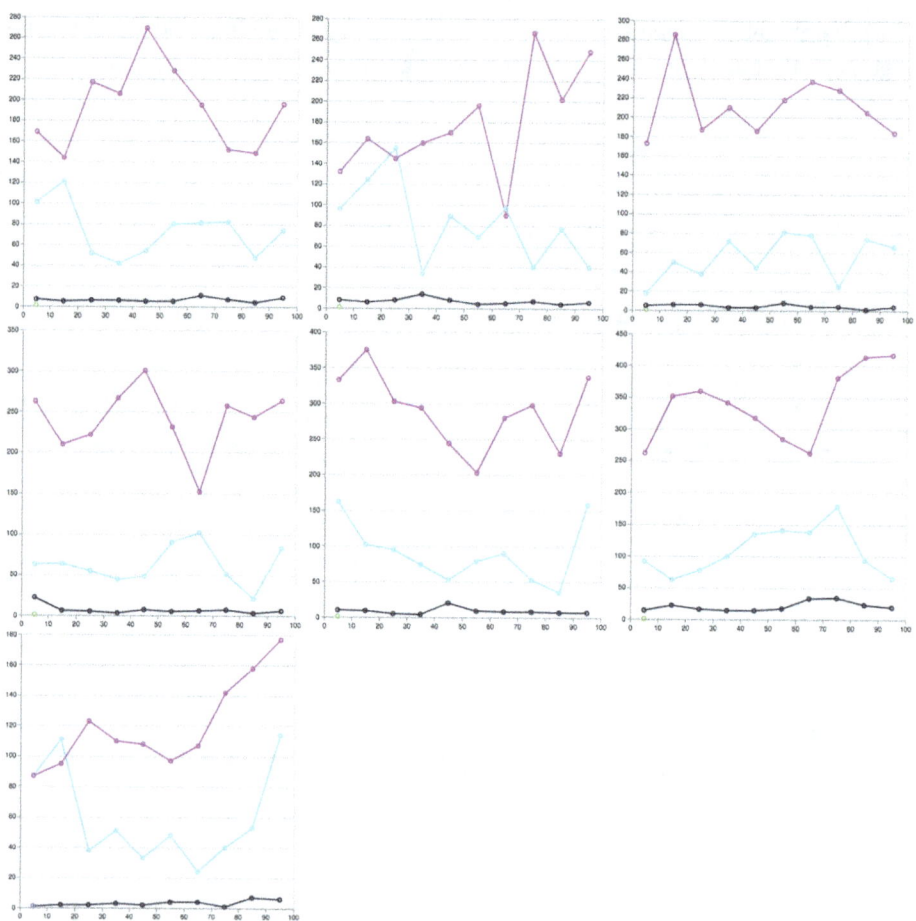

Abb. 3: Romane mit überwiegend männlichen Genderzuschreibungen: (in Leserichtung): *Der verwaiste Thron* 1–3, *Imperium der Drachen* 1–2, *Thor*, *Ultramarin*. Die Farben stehen für die Kategorien ‚weiblich' (hellblau), ‚männlich' (lila) und ‚neutral' (dunkelblau), auf der Y-Achse werden jeweils die absoluten Annotationszahlen der Kategorien angezeigt, auf der X-Achse der Romanverlauf auf 100 % normalisiert und in 10 %-Abschnitte unterteilt.

Mit der tatsächlichen Referenzierung von Figuren haben die hier gesuchten Genderzuschreibungen nicht unmittelbar etwas zu tun, da – anders als in der folgenden Topic-Modeling-Analyse – keine Pronomen miteinbezogen werden, die ebenfalls Figuren referenzieren können. Dennoch wird eine Tendenz deutlich, nämlich dass Figuren sehr viel häufiger gegendert referenziert werden als dass sie mit neutralen Beschreibungen versehen werden. Auch interessant ist die relativ gleichmäßige Verteilung männlicher und weiblicher Figurenreferenzierungen in einem Großteil der analysierten Romane. Nur in wenigen Texten gibt es auffällige quantitative Schwankungen. So nehmen z. B. in *Faye – Herz aus Licht und Lava* am Ende die weiblichen und männlichen Genderzuschreibungen zu, in *Submarin* und *Flammen über Arcadion* nehmen die männlichen am Ende stark zu. In der *Silbermeer-Saga* gibt es sowohl zu Beginn als auch am Ende deutlich mehr weibliche Genderzuschreibungen als in der Mitte.[12] In *Die Tochter der Midgardschlange* wiederum ist eine kontinuierliche Steigerung weiblicher Genderzuschreibungen zum Ende hin zu erkennen. Im Hinblick auf weibliche und männliche Genderzuschreibungen legt eine Auswertung der rein quantitativen Daten der hier betrachteten Stichprobe zeitgenössischer Fantasy-Romane keine eindeutige Überbetonung weiblicher oder männlicher Genderstereotype nahe. Die Mehrheit der Texte ist relativ ausgeglichen. Vom Rest ist genau die Hälfte stark von weiblichen, die andere stark von männlichen Genderzuschreibungen geprägt.

Auffällig ist in diesem Korpus im Vergleich zu anderen bisher im Projekt m*w betrachteten Korpora (vgl. Flüh und Schumacher 2020), dass unter den meistgenannten Genderzuschreibungen nicht hauptsächlich stereotype Genderrollen verzeichnet sind. Stattdessen sind unter den meistgenannten gegenderten Figurenreferenzen viele individuelle Vornamen. Lediglich die Bezeichnungen „Mann" (2.682 Annotationen), „Vater" (2.085 Annotationen) und „Frau" (1.453 Annotationen) schaffen es unter die zehn häufigsten mit der automatischen Annotation versehenen Ausdrücke. „Mutter" (1.358 Annotationen), „Mädchen" (869 Annotationen) und „Kind" (668 Annotationen) sind lediglich unter den 15 häufigsten. Auffallend ist hier, dass „Mädchen" sehr viel häufiger vorkommt als „Junge" (497 Annotationen). Dies könnte auf eine Verkindlichung weiblicher Figuren, auf häufigeres Gendern weiblicher Kinder oder auf das häufigere Vorkommen von Mädchen im Vergleich zu Jungen hinweisen. Ein reines Distant-Reading-Verfahren kann hier jedoch lediglich Hinweise geben. Wenn auch deutlich seltener als die bisher genannten, sind auch die auf männliche Herrschaft deutenden Ausdrücke „König" (582 Annotationen) und „Herr" (462 Annotationen) in diesem Korpus von Bedeutung. Herrscherinnen sind deutlich seltener. Die Ausdrücke „Fürstin" (102), „Prinzessin" (100), „Herrin" (78) und „Königin" (72) sind zusammengenommen seltener als die Annotationen von „König". Die feudalen Systeme, die in diesem Korpus dargestellt werden, sind also wahrscheinlich eher patriarchalisch und folgen damit auch eher einer stereotypen Darstellung von Herrschaft.

Die zahlreichen Erwähnungen familiär geprägter Rollen deuten darauf hin, dass viele der Romane jugendliche Protagonist*innen haben, die mit einem oder beiden Elternteilen zusammenleben. Dass so auffallend häufig individuelle Vornamen annotiert wurden, kann zum Teil, aber keineswegs gänzlich, darauf zurückgeführt werden, dass unter den Romanen einige sind, die zusammen eine Reihe bilden, in der die gleichen Figuren vorkommen. Allerdings gehört auch „Thor" z.B. zu den am häufigsten mit dem Gender-Tool annotierten Wörtern und Thor ist lediglich der Protagonist eines einzelnen, für sich stehenden Romans (wenn auch des umfang-

---

12 Die Topic-Modeling-Analyse kommt bei der *Silbermeer-Saga* interessanterweise zu einem gegensätzlichen Ergebnis (vgl. Abschnitt 4).

reichsten). Wahrscheinlich zeigt sich hier, dass zum Korpus viele Romane gehören, die Held*innengeschichten erzählen. Diese sind oft stark auf eine Protagonistin/einen Protagonisten zugespitzt, neben welcher/m lediglich eine kleinere Anzahl anderer Figuren steht.

4 Gender thematisch erforschen

4.1 Analyse des Korpus mit Topic Modeling

Beim Modellieren von Topics können verschiedene Parameter verändert werden, um thematische Einblicke in ein Textkorpus zu generieren, die dem jeweiligen Erkenntnisinteresse bzw. der Fragestellung entsprechen.[13] Die häufigsten Parameter sind die Menge der zu erstellenden Topics, die Anzahl der Iterationen, die der Algorithmus durchlaufen soll, und die sogenannte Stoppwortliste.

Für Topics sind hier insbesondere Substantive bedeutsam, kann an ihnen doch am ehesten der identifikatorische Genderaspekt abgelesen werden (vgl. Abschnitt 2). Viele der im Korpus vorkommenden Wörter sind in thematischer Hinsicht weniger aussagekräftig, weshalb hier eine Stoppwortliste zum Einsatz kommt. In der Regel stehen die häufigsten Wörter (sogenannte *most frequent words*, MFW) auf dieser Liste, d. h. Funktionswörter ohne eigene Semantik wie „und", „aber", „denn", „weil" usw., die zahlenmäßig den höchsten Anteil in Texten ausmachen. Auch Personalpronomen gehören zu den häufigsten Wörtern in Texten und werden im Topic Modeling oft gestoppt. Da aber gerade der geschlechtliche Aspekt von Gender sprachlich an den Pronomen „sie" und „er" (und eventuell auch „es") abgelesen werden kann, haben wir uns im vorliegenden Fall entschlossen, diese drei Pronomen in der Topic-Modeling-Analyse zu berücksichtigen.[14] Die Konsequenz dieses Vorgehens ist, dass die Topics sehr stark durch die drei Pronomen dominiert werden, da sie statistisch häufiger auftreten als andere Lexeme. Aussagekräftig ist hierbei jedoch, dass etliche Topics entstehen, in denen etwa „sie", aber weder „er" noch „es" vorkommt oder auch „er" und „es", aber nicht „sie" etc. Die in diesen Topics vorkommenden anderen Wörter können damit als männlich oder weiblich gegendert interpretiert und als solche im nächsten Schritt im Korpus annotiert werden.

Auch wenn etliche Figurennamen auf geschlechtliche Identität schließen lassen, haben wir sie der Stoppwortliste hinzugefügt, damit die entstehenden Topics nicht zu dokumentspezifisch sind. Genderrelevante Bezeichnungen wie „Vater", „Mutter",

---

13 Zur Einführung in die Methode mit Rückbezug auf eine spezifisch literaturwissenschaftliche Tradition der Forschung zu Themen und Stoffen in literarischen Texten vgl. Horstmann 2018.
14 Ob das Pronomen „sie" in einem Topic im Singular oder im Plural verwendet wird (nur der erste Fall ist hier in Bezug auf Genderaspekte aussagekräftig), lässt sich in der Regel an den im jeweiligen Topic vorkommenden Verbformen ablesen.

„Tante", „Herr", „Frau", „Mum", „Jungen" etc. haben wir jedoch nicht gestoppt, da sie – wie die NER-Analyse gezeigt hat – nicht dokumentspezifisch sind. Unter diesen Prämissen haben wir 15 Topics erstellt, für die der Algorithmus 3.000 Iterationen durchlaufen hat, während 1.103 Wörter gestoppt wurden.[15] Von diesen 15 können zehn Topics als relevant in Bezug auf Genderaspekte bewertet werden.[16] Davon kommt jeweils unter den häufigsten 15 Wörtern des Topics

- in vier Topics „sie" als einziges Pronomen vor (im Folgenden „sie"-Topics genannt),
- in drei Topics „sie" und „es", aber nicht „er" (im Folgenden „sie"-Topics genannt),
- in einem Topic „sie" und „er", aber nicht „es",
- in einem Topic „er" und „es", aber nicht „sie" (im Folgenden „er"-Topic genannt) und
- in einem Topic „es", aber weder „er" noch „sie" (im Folgenden „es"-Topic genannt).

Im Gegensatz zu der häufigeren Zuschreibung von männlichem Figurengender (vgl. Abschnitt 3) gibt es demnach mehr ‚weibliche' Topics in unserem Korpus als ‚männliche', wodurch sich die Romane in Bezug auf Topics bereits grob als eher männlich oder eher weiblich klassifizieren lassen. Das „er"-Topic ist besonders stark vertreten in Claudia Kerns *Der verwaiste Thron* 1–3, Bernd Perplies' *Imperium der Drachen* 1 und 2 sowie Wolfgang Hohlbeins *Thor*.[17]

Um die jeweils 15 in den einzelnen Topics am stärksten vertretenen Wörter hinsichtlich ihres jeweiligen Genderaspekts einzuordnen und damit im Korpus annotierbar zu machen, haben wir folgende Regeln angewendet:

- Wörter, die den stereotypen Genderrollen des theoriebasierten Modells (vgl. Abschnitt 2) zugeordnet werden können (z. B. „Frau", „Mutter" bzw. „Vater", „Fürst" etc.), haben wir als weiblich bzw. männlich klassifiziert.
- Wörter, die nur in „sie"-Topics vorkommen, sind für diejenigen Dokumente weiblich konnotiert, in denen das jeweilige Topic am häufigsten vorkommt.

---

[15] Sämtliche Topics, Visualisierungen, Häufigkeitsverteilungen in Dokumenten, die Stoppwortliste, logarithmierte Wahrscheinlichkeitswerte (sogenannte *log-likelihoods*) etc. können im Projektrepository nachvollzogen werden unter: https://github.com/janhorstmann/gender-fantasynovels/tree/main/to picmodeling (30. November 2020).
[16] Ein Beispiel für ein Gendertopic im Korpus lautet etwa: „sie", „quelle", „feuer", „tür", „gesicht", „kopf", „nebel", „finger", „blick", „gedanken", „hände", „träume", „körper", „augen", „hand" als häufigste 15 Wörter. Im Topic Modeling werden generell alle Buchstaben in Kleinbuchstaben verwandelt, um am Satzanfang großgeschriebene Tokens nicht als andere Types zu bewerten.
[17] Vgl. https://github.com/janhorstmann/gender-fantasynovels/blob/main/topicmodeling/Docu ment-Topic-Distributions.svg und https://github.com/janhorstmann/gender-fantasynovels/blob/ main/topicmodeling/Gender%20Topics.pdf (30. November 2020).

- Wörter, die sowohl in „er"- als auch in „sie"-Topics vorkommen, sowie Wörter aus dem „es"-Topic werden neutral klassifiziert.[18]
- Wörter, die ausschließlich im „er"-Topic vorkommen, sind für diejenigen Dokumente männlich konnotiert, in denen das Topic am häufigsten vorkommt.[19]

Vor diesem Hintergrund konnten zahlreiche Wörter in den durch „sie" dominierten Topics als weiblich konnotiert klassifiziert werden. Darunter finden sich sowohl traditionellen Zuordnungen entsprechende Begriffe (vgl. Beauvoir 2018, Bourdieu 2010 sowie Connell 1996 und 2015; vgl. Abschnitt 2) wie „schön", „Hause", „Wasser" oder „Träume", aber auch weniger zu erwartende oder laut den Bezugstheorien eher männlich konnotierte Begriffe wie „Soldaten", „Festung", „Gedanken", „Körper" oder „Feuer". Es wäre freilich übereilt, aufgrund dieser Ergebnisse weiblichen Figuren in kontemporären Fantasy-Jugendromanen eine stärkere, aktivere Rolle zuzuordnen, als sie Frauen traditionell zugeschrieben wurde. Der Distant-Reading-Algorithmus vermag es jedoch, auf potenziell interessante Genderaspekte und -konstellationen zu verweisen. Es wird im nächsten Schritt darum gehen, die Topics in den Texten halbautomatisch zu annotieren, um einerseits pro Dokument ein topicbasiertes Genderprofil erstellen und schließlich in Kombination mit den NER- und Emotionsannotationen synthetisierende Aussagen über Genderaspekte in unserem Korpus treffen zu können.

4.2 Halbautomatische Annotation der Gender-Topics

Um die jeweiligen Vorkommnisse der erstellten Gender-Topics in den Romanen genauer darstellen zu können als lediglich durch die Benennung derjenigen Romane, in denen ein bestimmtes Topic am häufigsten vorkommt, haben wir ein Vorgehen entwickelt, um die Topicwörter mit CATMA halbautomatisch zu annotiert werden. Da es sich bei den Topicwörtern um potenziell häufig vorkommende Wörter wie „Wasser", „Tür" etc. handelt, sollen die Wörter aber einerseits nur an solchen Stellen annotiert werden, an denen sie (a) im Topic-Zusammenhang vorkommen und (b) potenziell Genderaspekte berühren. Beides lässt sich näherungsweise erreichen, indem man die einzelnen Wörter in den Romanen an solchen Textstellen suchen lässt, an denen sie im Zusammenhang mit dem das jeweilige Topic dominierenden Pronomen „sie", „er" oder „es" vorkommen. Dies lässt sich über sogenannte Kollokationsabfragen umset-

---

[18] Darunter nehmen diejenigen Wörter, die ausschließlich im „es"-Topic vorkommen, eine Sonderstellung ein. Es handelt sich um die Wörter „Stimme", „Angst", „fiel", „Moment", „Licht", „Herz", „sicher" und „starrte", die insbesondere in den *Burning Magic*-Bänden, den *Zauber der Elemente*-Bänden und den *Terra*-Bänden vorkommen.
[19] Es handelt sich um die Wörter „hob", „Seite", „Stadt", „trat", „trug" und „schlug" in Claudia Kerns *Der verwaiste Thron* 1–3, Bernd Perplies' *Imperium der Drachen* 1 und 2 sowie Wolfgang Hohlbeins *Thor*.

zen. Wir extrahieren dabei die jeweiligen Topicwörter nur in einem Umfeld von zehn Wörtern (Tokens) des im Topic jeweils häufigsten Pronomens. Nach diesem Muster haben wir die Tags „weiblich", „männlich" und „neutral" für diejenigen Romane, in denen das jeweilige Topic am stärksten vorkommt, vergeben, je nachdem wie die einzelnen Wörter klassifiziert wurden (s. o.). Wörter wie „Mutter", „Vater", „Schwester" etc. haben wir hierbei übersprungen, da sie bereits im NER-Verfahren als gegendert erfasst wurden (vgl. Abschnitt 3). Es sind somit 4.545 Topic-Annotationen für „neutral" (davon 459 in *Die Stadt der gläsernen Träume*), 2.922 für „weiblich" (davon 485 in *Die Silbermeer-Saga*) und 652 für „männlich" (davon 194 in *Thor*) entstanden. Interessant ist außerdem, dass die *Terra*-Bände sowie *Die Tochter der Midgardschlange* mit diesem Verfahren ausschließlich „neutral"-Annotationen erhalten.

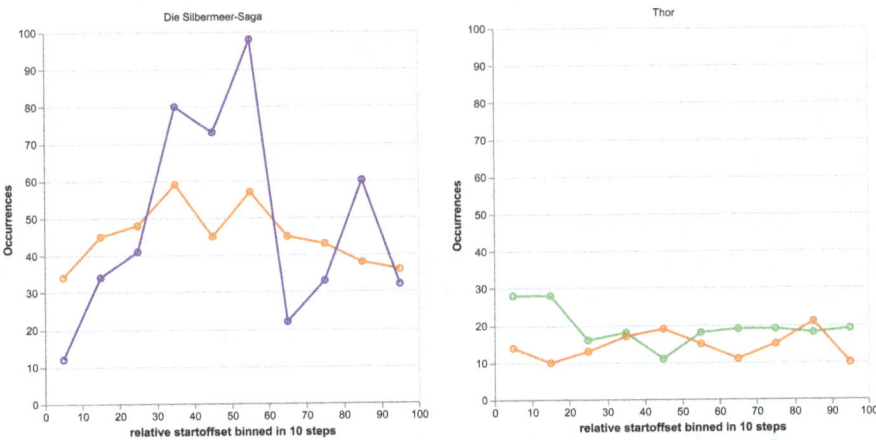

Abb. 4: Distribution gegenderter Topic-Wörter in *Die Silbermeer-Saga* und *Thor* (violett: weiblich; orange: neutral; grün: männlich).

Mit der skizzierten Kombination aus Topic Modeling und halbautomatischer Annotation nimmt man in Kauf, dass Wörter nicht an allen Stellen korrekt annotiert werden. Dies berührt eine generelle Dimension von Distant-Reading-Ansätzen: Die große Menge von Daten ermöglicht, auch aus nicht hundertprozentig ‚sauberen' Daten relevante Ergebnisse ermitteln zu können, etwa über Tendenzen, Verteilungen und Entwicklungen im jeweiligen Textverlauf. Die Gesamtheit aller vergebenen Gendertopic-Annotationen lässt sich etwa vergleichend in Form von Distributionsgraphen betrachten (vgl. Abb. 4), die nicht nur die Verteilung ‚weiblicher', ‚männlicher' und ‚neutraler' Topics in den einzelnen Romanen nachvollziehbar machen, sondern auch Vergleiche zwischen den einzelnen Romanen zulassen.[20] Neben zahlreichen Auffäl-

---

20 Sämtliche Distributionsgraphen können hier eingesehen werden: https://github.com/janhorst

ligkeiten kann so etwa abgelesen werden, dass *Die Silbermeer-Saga* insbesondere ‚weiblich' und ‚neutral', nicht aber ‚männlich' annotiert wurde und dass im Textabschnitt zwischen 30 und 50 % des Textverlaufs (also ziemlich in der Mitte des Romans) sehr viele als weiblich klassifizierte Topicwörter annotiert wurden. Schauen wir genauer in diese Textpassage (Close Reading), finden wir heraus, dass das als weiblich klassifizierte Wort „Brand" in diesem Roman der (sprechende) Name einer männlichen Figur ist, die jedoch durch die weibliche Protagonistin Edda – auf die der Text intern fokalisiert – wahrgenommen wird. Interessant scheint weiter (und wir können hier nur beispielhaft vorgehen), dass im Roman *Thor* die Wörter des einen ‚männlichen' Topics fast gleichmäßig stark über den gesamten Textverlauf annotiert wurden (häufig stärker als die aus unterschiedlichen Topics stammenden ‚neutralen' Wörter) und keines der „sie"-Topics in *Thor* stark vertreten ist.

5 Genderaspekte in der Emotionsanalyse

Obwohl text-, rezeptions-, produktions- oder kontextbezogene Analysen emotionstragender Textstrukturen zum klassischen literaturwissenschaftlichen Methodenkanon gehören (vgl. Winko 2003 und 2020), sind exemplarische Untersuchungen, die Emotionen in zeitgenössischen Fantasyromanen für Kinder und Jugendliche betrachten, in einschlägigen Nachschlagewerken eher selten zu finden.[21] Maßgeblich für die Gattungsdefinition der phantastischen Literatur war vor allem Todorov, der das Unheimliche und Wunderbare als gattungskonstitutive Momente anführt (Todorov 2018, 55–75). Caillois benennt ein „Klima des Grauens" (1974, 56) als Kennzeichen phantastischer Literatur und stellt dadurch implizit einen Zusammenhang zu emotionalen Komponenten her. Das hier skizzierte Vorgehen ist als textbezogene und textnahe Korpusanalyse zu verstehen.

5.1 Analyseverfahren

Das Analyseverfahren umfasst vier Aspekte, auf die wir im folgenden Teil näher eingehen werden: 1. die Konzeptionierung des definitorischen Rahmens und der Annotationsguidelines, 2. die Beschreibung des Tagsets zur Emotionsanalyse, 3. die manuelle Annotation der Gender-Peaks im Teilkorpus und 4. die Auswertung und Visualisierung der Daten. Als Arbeitsdefinition dient Schwarz-Friesels Definition von Emotionen als

---

mannn/gender-fantasynovels/blob/main/topicmodeling/gendertopic-distribution-small-multiples.svg (30. November 2020).
21 Vgl. aber Frank 2016 über die Ästhetik des Schreckens im Schauerroman.

mehrdimensionale, intern repräsentierte und subjektiv erfahrbare Syndromkategorien, die sich vom Individuum ichbezogen und introspektiv-geistig sowie körperlich registrieren lassen, deren Erfahrungswerte an eine positive oder negative Bewertung gekoppelt sind und die für andere in wahrnehmbaren Ausdrucksvarianten realisiert werden (können). (Schwarz-Friesel 2007, 55)

Um Emotionen im Text erkennen und benennen zu können, haben wir einen bereits erprobten strukturorientierten Ansatz zur Emotionsanalyse herangezogen und in ein Tagset übertragen (vgl. Schumacher und Flüh 2020). Das Tagset besteht aus Emotionsfamilien, die wiederum mehr oder weniger typische Vertreter dieser übergeordneten Kategorie beinhalten. Zur näheren Beschreibung der einzelnen Emotionstypen haben wir einheitliche Parameter (Wertigkeit, Dauer, Intensität, Genderbezug) festlegt (vgl. Abb. 5).

Abb. 5: Ebenenmodell zur Emotionsanalyse.

Während Wertigkeit (positiv, negativ, neutral), Dauer (dauerhafter Zustand, vorübergehende Eigenschaft) und Intensität (gemäßigt, erregt) gängige Parameter zur Beschreibung von Emotionen darstellen (vgl. Schwarz-Friesel 2007), haben wir die Genderkategorie ergänzt, um abschließend valide Aussagen über die genderspezifische Emotionsverteilung machen zu können.[22] Der Annotationsprozess operiert auf der Makroebene, auf der die unterschiedlichen Emotionstypen (= Tags) bestimmt

---

22 Emotionsfamilien werden stets durch Majuskelschrift kenntlich gemacht (ANGST, FREUDE, LIEBE, TRAUER, EKEL, ZORN), während Vertreter der jeweiligen Kategorien der gängigen Schreibweise folgen (Schrecken, Erheiterung, Zuneigung, Verzweiflung, Abneigung, Hass).

werden. Auf der Mikroebene werden die einzelnen Emotionstypen genauer beschrieben (= Properties, Values). Die Mehrebenenanalyse zielt darauf ab, zu einer genauen Beschreibung der im Text identifizierten Emotionen zu gelangen, indem unterschiedliche Aspekte der Arbeitsdefinition aufgegriffen werden. Unter Emotionskonzepten oder -profilen verstehen wir die durchschnittliche Zusammensetzung aus positiven und negativen Basisemotionen. Sämtliche hier untersuchten Emotionen sind Teil der Diegese und werden als literarische Emotionen bezeichnet.

5.2 Datenauswertung Emotionsanalyse

Im Rahmen der Emotionsanalyse haben wir die Gender-Peaks – also diejenigen Textstellen, in denen der NER-Analyse zufolge Genderzuschreibungen am häufigsten vorkommen – in einem aus 18 Romanen bestehenden Teilkorpus manuell annotiert.[23] Aus methodischer Perspektive geht es darum, herauszufinden, ob die Ergebnisse des NER-Modells als Einstieg in die textnahe Emotionsanalyse genutzt werden können und ob sich die digitale manuelle Annotation der entsprechenden Passagen (im Close-Reading-Modus) eignet, um Emotionen aus literarischen Texten herauszufiltern. Inhaltlich stehen nach wie vor Fragen nach genderstereotypen Emotionsprofilen im Fokus.

Innerhalb der untersuchten Textpassagen bringen weibliche Figuren 2.200 Mal eine emotionale Reaktion zum Ausdruck und reagieren deutlich häufiger gefühlsbetont als männliche Figuren, denen lediglich 1.474 Mal eine Emotion zugeschrieben wird. Aus quantitativer Perspektive wird ein genderspezifisches Emotionsgefälle deutlich, in dem weibliche Emotionalität männlicher Emotionsarmut gegenübersteht. Dem quantitativen Ungleichgewicht steht zunächst ein qualitatives Gleichgewicht gegenüber. Figuren beider Geschlechter bringen besonders häufig ANGST-Emotionen zum Ausdruck (W: 612; M: 291); hier bestätigt sich das genretypische Klima des Grauens und kann weiter spezifiziert werden. Darüber hinaus lässt sich ein Rückbezug zum Topic Modeling herstellen, in dem „angst" als neutrales Wort des „es"-Topics markiert wurde, was als Hinweis gelesen werden kann, dass Angst auch in genderneutralen Kontexten eine zentrale Rolle spielt.

---

[23] Um Tagset und Annotationsguidelines zu überprüfen, haben wir zunächst zwei Romane – *Die Tochter der Midgardschlange* und *Der verwaiste Thron. Sturm* (Bd. 1) – vollständig annotiert und Tagset und Guidelines anschließend überarbeitet. In einer zweiten Analyse haben wir in den Romanen *Aquamarin, Ultramarin, Submarin, Burning Magic 1–3, Der verwaiste Thron 2 und 3, Die Silbermeer-Saga, Die Stadt der gläsernen Träume, Emba – Bittersüße Lüge, Emba – Magische Wahrheit, Faye – Herz aus Licht und Lava, Imperium der Drachen – Flammen über Arcadion, Imperium der Drachen – Kampf um Aidra* sowie *Terra 1–3* die Gender-Peaks manuell annotiert. Die Auswahl stellt eine Stichprobe dar, sollte sich aber eignen, um die Tendenz der Verteilung literarischer Emotionen zu erkennen. Die Ergebnisse aller Analysen können im GitHub-Repositorium eingesehen werden: https://github.com/jan horstmann/gender-fantasynovels/tree/main/sentimentanalysis (30. November 2020).

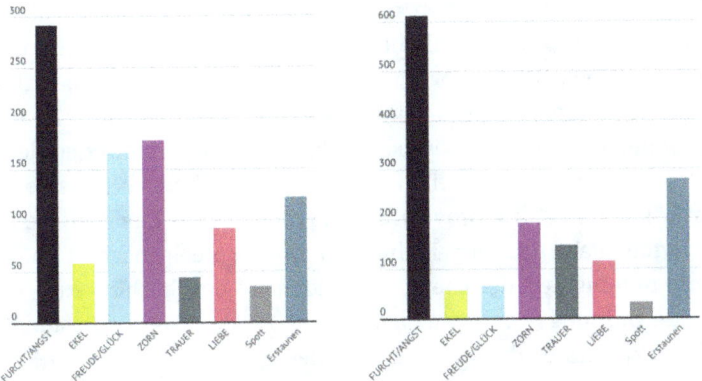

Abb. 6: Emotionsprofile für männliche (links) und weibliche (rechts) Figuren in 18 Fantasyromanen.

Weibliche Figuren bringen – deutlich häufiger als männliche Figuren – Besorgnis zum Ausdruck, reagieren erschrocken oder panisch (Besorgnis, Erschrecken und Panik als Unterkategorien der Emotionsfamilie ANGST, vgl. Fußnote 22 und Abbildung 6). Unter den männlichen Figuren tritt ebenfalls die Besorgnis als Spielart der ANGST in Erscheinung, gefolgt von Nervosität und Panik. Während im Teilkorpus für weibliche Figuren die Abfolge aus Erstaunen (häufigster Vertreter der Problemfälle), ZORN, TRAUER, LIEBE, FREUDE, EKEL und Spott (häufigster Vertreter der nicht kategorisierten Emotionstypen) gilt, bringen männliche Figuren ZORN, FREUDE, Erstaunen, LIEBE, EKEL, TRAUER und Spott zum Ausdruck. Auffällig ist vor allem, dass im männlichen Emotionsprofil die positive Basisemotion FREUDE (166) deutlich präsenter ist als im weiblichen Emotionsprofil (65). Männliche Figuren sind emotional weniger präsent, greifen aber häufiger auf ein positives Wertungssystem zurück als die emotional aktiveren weiblichen Figuren. Die Gesamtverteilung der genderspezifischen Emotionen lässt sich in drei Kategorien gliedern: ähnliche Frequenz (d. h. geringe Diskrepanz von max. 20), hohe Diskrepanz sowie geringe Anzahl an Emotionen bei hoher Diskrepanz (d. h. Unterschiede von über 20). Genderspezifische Frequenzunterschiede bestehen u. a. bei Abneigung (W: 53, M: 33), Verachtung (W: 10, M: 22), Besorgnis (W: 221, M: 151), Schrecken (W: 111, M: 31), Panik (W: 86, M: 35), Nervosität (W: 51, M: 38), Entsetzen (W: 62, M: 11), Zaghaftigkeit (W: 21, M: 8), Kummer (W: 61, M: 22), Verzweiflung (W: 54, M: 12), Erstaunen (W: 280, M: 122), Misstrauen (W: 41, M: 26), Verwirrung (W: 49, M: 26) sowie Gefühlskälte (W: 6, M: 17). Ein relativ homogenes Emotionsprofil weisen Zuneigung (W: 95, M: 78), Erheiterung (W: 64, M: 84), Zufriedenheit (W: 53, M: 41), Wut (W: 99, M: 96), Empörung (W: 36, M: 23), Hass (W: 21, M: 37), Bedauern (W: 87, M: 78), Interesse (W: 47, M: 55), Scham (W: 45, M: 31), Spott (W: 31, M: 34), Ratlosigkeit (W: 34, M: 29) und Hoffnung (W: 16, M: 15) auf. Kaum ins Gewicht fallen Hingabe, Güte und Intimität (LIEBE), Humor (FREUDE), Verbitterung (ZORN), Eifersucht, Hassliebe oder Selbstsicherheit (PROBLEMFÄLLE). Insgesamt fügen sich die Auswertungen zu einem stimmigen Gesamtbild zusammen. Die punktuellen Textanalysen zeigen, dass v. a. FURCHT und ZORN die unterschiedlichen phantastischen Erzählwelten bestimmen. Erstaunen nimmt bei Figuren beider Geschlechter eine Sonderposition ein. Hier präzisiert die literaturwissenschaftliche Emotionsanalyse etablierte, aber nach wie vor unabgeschlossene Bemühungen der Begriffsbestimmung des Terminus ‚phantastische Literatur' (vgl. Schmitz-Emans 2017). Phantastische Literatur ist geprägt von Ungewissheit, „die ein Mensch empfindet, der nur die natürlichen Gesetze kennt und sich einem Ereignis gegenübersieht, das den Anschein des Übernatürlichen hat" (Todorov 2018, 34). Erstaunen als Emotion, die beim Erleben von Unerwartetem auftritt, verweist hier auf eine Genreeigenschaft phantastischer Literatur und untermauert die These, dass Momente der Erschütterung – unzulässig erscheinende Ordnungsstörungen (vgl. Caillois 1974) – zentrale Bestandteile zeitgenössischer Fantasyliteratur darstellen und in besonderem Maße durch Erstaunen zum Ausdruck gebracht werden. Die Emotionsanalyse der vergleichsweise wenigen genderneutralen Zuschreibungen hat sich als kaum ertragreich herausgestellt. In den meisten Fällen finden sich im Umfeld der Lexeme „Mensch", „Kind" oder „Wesen" keine emotionstragenden Textstrukturen. Um eine methodisch-reflektierte Perspektive einbringen zu können, muss auch die Kategorie „Kein Bezug" in die Auswertung aufgenommen werden. Mit diesem Tag haben wir diejenigen Passagen annotiert, in denen keine emotionstragenden Textstrukturen vorkommen. Mit 1.642 Annotationen handelt es sich um einen der am häufigsten vergebenen Tags. Im Vergleich mit der Gesamtanzahl emotionstragender Textstrukturen wird jedoch deutlich, dass in ca. zwei Dritteln der Fälle (3.804 Annotationen) innerhalb des direkten semantischen Umfelds einer Genderzuschreibung bzw. einer Figur mit emotionstragenden Textstrukturen zu rechnen ist. Aus methodischer Perspektive ebnen die Ergebnisse der NER-Analyse den Weg für die genderspezifische Emotionsanalyse.

6 Synthese und Ausblick

Anhand der hier vorliegenden Fallstudie wird deutlich, dass Distant-Reading-Verfahren wie maschinelles Lernen (NER und Topic Modeling) und ein Scalable Reading wie in der Emotionsanalyse für die Kinder- und Jugendbuchforschung fruchtbar gemacht werden können. Die Tests und Analysen der automatischen Erkennung von Figurengender haben ergeben, dass die Domänenadaption eines auf Erzähltexte des 18. bis 21. Jahrhunderts trainierten NER-Modells für das Genre des jugendliterarischen Fantasyromans relativ unproblematisch ist. Die Ermittlung gegenderter Topics sowie die halbautomatische Annotation dieser Gendertopics in den Texten ist zwar rechnerisch aufwändig, bietet jedoch schnell eine Übersicht über die Verteilung männlich, weiblich und neutral konnotierter Topicwörter über das gesamte Textkorpus.

Es konnte ein Überblick über das Gesamtkorpus erzeugt werden. Die Hälfte der Romane zeigt eine relativ ausgeglichene Genderverteilung, der Rest lässt sich zu 50 % in Romane mit mehr weiblichen und zu 50 % in Romane mit mehr männlichen Genderzuschreibungen klassifizieren. Dem steht die Einsicht aus dem Topic Modeling gegenüber, dass im gesamten Korpus mehr weibliche Topics vorkommen. Dies lässt den vorsichtigen Schluss zu, dass jugendliterarische Fantasyromane ein Genre mit Tendenz zu weiblichen Topics sind. Diese Topics zeigen allerdings bei Weitem nicht nur stereotyp dem Weiblichen zugeschriebene Eigenschaften und Objekte. Stattdessen sind in einigen der weiblichen Topics in der Gendertheorie dem Männlichen zugeschriebene Wörter aus dem Bereich der Herrschaft, Selbstwirksamkeit und Körperlichkeit zu finden.

Als ein auffallend abweichender Roman konnte Wolfgang Hohlbeins *Thor* identifiziert werden. Nicht nur wurden hier eklatant mehr männliche als weibliche Genderzuschreibungen gefunden, im Roman ist auch ein überproportionaler Anteil männlicher Topics festzustellen.

Unabhängig von Genderverteilungen und genderspezifischen Topics findet sich im gesamten Korpus ein ‚Klima der Angst'. Die Emotionsanalyse macht deutlich, dass Furcht eine alle Figuren nahezu gleichermaßen betreffende Empfindung ist. Die Emotionsanalyse sattelt in unserer Untersuchung beispielhaft auf den Funden der NER-Analyse auf und annotiert im Zuge eines punktuellen Close Reading an den Textpassagen mit erhöhter genderstereotyper Figurenreferenz die Emotionsstrukturen. Auf Grundlage der vorliegenden semantisch angereicherten Daten lassen sich automatisierte verknüpfende Abfragen anstellen: Finden wir in Textpassagen, die durch weiblich konnotierte Topics dominiert werden, vermehrt positive oder negative Emotionen? Wie gestaltet sich das Verhältnis bei männlich konnotierten Topics? Lassen sich diesbezüglich Unterschiede in Bezug auf das jeweilige Autor*innengender feststellen? Die möglichen Fragestellungen sind vielfältig, die Anknüpfungspunkte zahlreich. Unmöglich können diese Fragen in einem kurzen Beitrag sämtlich beantwortet werden. Auch deshalb ist unsere Studie in methodischer Hinsicht ergebnisoffen und hat Experimentcharakter. Das Vorgehen betont den etwa von Schubert (2013, 180–185) beschriebenen Serendipitätscharakter datengetriebener Forschung, einer „Kombination aus Überraschung, nicht-beabsichtigtem Ergebnis und strategischer Bedeutung" (2013, 183). Alle hier angewendeten Methoden bieten einzeln oder zusammen eingesetzt großes Potenzial für die Kinder- und Jugendbuchforschung. Als Desiderat kann hier zum Beispiel die Analyse von weder binären noch neutralen Genderrollen festgehalten werden. Eine dichtere Beschreibung einzelner Romane muss hier auf Anschlussuntersuchungen vertagt werden. In diesem Sinne ist die hier dokumentierte Fallstudie als Probebohrung zu verstehen, der weitere folgen sollten.

Literatur

1 Primärliteratur

Eschbach, Andreas. *Aquamarin* (Bd. 1). Würzburg: Arena, 2015.
Eschbach, Andreas. *Submarin* (Bd. 2). Würzburg: Arena, 2017.
Eschbach, Andreas. *Ultramarin* (Bd. 3). Würzburg: Arena, 2019.
Hartwell, Katharina. *Die Silbermeer-Saga. Der König der Krähen* (Bd. 1), Bindlach: Loewe, 2020.

Herzog, Katharina. *Faye – Herz aus Licht und Lava.* Bindlach: Loewe, 2019.
Hohlbein, Wolfgang. *Die Tochter der Midgardschlange (Die Asgard-Saga,* Bd. 1). Köln: Bastei Lübbe, 2010.
Hohlbein, Wolfgang. *Thor (Die Asgard-Saga,* Bd. 2). Köln: Bastei Lübbe, 2010.
Jager, Jennifer Alice. *Terra. Awakening* (Bd. 1). Würzburg: Arena, 2019.
Jager, Jennifer Alice. *Terra. Rising* (Bd. 2). Würzburg: Arena, 2019.
Jager, Jennifer Alice. *Terra. Collapse* (Bd. 3). Würzburg: Arena, 2020.
Jager, Jennifer Alice. *Terra. Afterglow* (Bd. 4). Würzburg: Arena, 2020.
Kern, Claudia. *Der verwaiste Thron. Sturm* (Bd. 1). Köln: Bastei Lübbe, 2008.
Kern, Claudia. *Der verwaiste Thron. Verrat* (Bd. 2). Köln: Bastei Lübbe, 2009.
Kern, Claudia. *Der verwaiste Thron. Rache* (Bd. 3). Köln: Bastei Lübbe, 2009.
Nagel, Mela. *Burning Magic. Magiegeboren* (Bd. 1). Würzburg: Arena, 2019.
Nagel, Mela. *Burning Magic. Nachtgefangen* (Bd. 2). Würzburg: Arena, 2019.
Nagel, Mela. *Burning Magic. Sturmgeworden* (Bd. 3). Würzburg: Arena, 2020.
Perplies, Bernd. *Flammen über Arcadion* (Bd. 1). Köln: Bastei Lübbe, 2012.
Perplies, Bernd. *Im Schatten des Mondkaisers* (Bd. 2). Köln: Bastei Lübbe, 2013.
Perplies, Bernd. *Imperium der Drachen. Das Blut des schwarzen Löwen* (Bd. 1). Köln: Bastei Lübbe, 2014.
Perplies, Bernd. *Imperium der Drachen. Kampf um Aidranon* (Bd. 2). Köln: Bastei Lübbe, 2015.
Rottler, Linda. *Die Stadt der gläsernen Träume.* München: dtv, 2020.
Unruh, Daphne. *Zauber der Elemente. Himmelstiefe* (Bd. 1). Bindlach: Loewe, 2012.
Unruh, Daphne. *Zauber der Elemente. Schattenmelodie* (Bd. 2). Bindlach: Loewe, 2013.
Unruh, Daphne. *Zauber der Elemente. Seerosennacht* (Bd. 3). Bindlach: Loewe, 2014.
Waberer, Keto von. *Mingus.* München: dtv, 2012.
Zacharias, Carina. *Emba. Bittersüße Lüge* (Bd. 1). Köln: Bastei Lübbe, 2016.
Zacharias, Carina. *Emba. Magische Wahrheit* (Bd. 2). Köln: Bastei Lübbe, 2016.

2 Sekundärliteratur

Ammon, Frieder von/Leonhard Herrmann. „Einleitung". *Gegenwartsliteraturforschung. Positionen – Probleme – Perspektiven.* Hg. Dies. Göttingen: Vandenhoeck & Ruprecht, 2020, 223–225.
Anz, Thomas. „Kulturtechniken der Emotionalisierung. Beobachtungen, Reflexionen und Vorschläge zur literaturwissenschaftlichen Gefühlsforschung." *Im Rücken der Kulturen.* Hg. Karl Eibl/Katja Mellmann/Rüdiger Zymner. Paderborn: mentis, 2007, 207–241.
Barth, Florian/Gabriel Viehhauser-Mery. „Towards a Digital Narratology of Space". *Digital Humanities 2017. Conference Abstracts.* 2017. https://dh2017.adho.org/abstracts/DH2017-abstracts.pdf (30. November 2020).
Beauvoir, Simone de. *Das Andere Geschlecht. Sitte und Sexus der Frau.* Aus dem Französischen übersetzt von Uli Aumüller und Grete Osterwald. Reinbek: Rowohlt, 2018 [1949].
Biemann, Chris/Sebastian Padó/Darina Benikova/Max Kisselew. „GermEval 2014. Results". 2014. https://sites.google.com/site/germeval2014ner/results (25. November 2020).
Blei, David M. „Probabilistic Topic Models". *Communications of the ACM* 55.4 (2012), 77–84.
Bourdieu, Pierre. *Die Männliche Herrschaft.* Aus dem Französischen übersetzt von Jürgen Bolder. Frankfurt a.M.: Suhrkamp, 2010 [1998].
Butler, Judith. *Das Unbehagen Der Geschlechter.* Aus dem amerikanischen Englisch übersetzt von Kathrina Menke. Frankfurt a.M.: Suhrkamp, 2016 [1990].
Byrne, Aisling. *Otherworlds: Fantasy and History in Medieval Literature.* Oxford: Oxford University Press, 2018.

Caillois, Roger. „Das Bild des Phantastischen. Vom Märchen bis zur Science Fiction". *Phaicon. Almanach der phantastischen Literatur* 1. Hg. Rein A. Zondergeld. Frankfurt a.M.: Suhrkamp, 1974, 44–83.

Connell, Raewyn. *Gender and Power*. Cambridge: Polity Press u.a., 1996 [1987].

Connell, Raewyn. *Der Gemachte Mann. Konstruktion und Krise von Männlichkeiten*. Aus dem Englischen übersetzt von Christian Stahl. Wiesbaden: Springer, 2015 [1999].

Dunker, Alex. „Fantastische Literatur". *Handbuch der literarischen Gattungen*. Hg. Sandra Poppe/Sascha Seiler/Frank Zipfel. Stuttgart: Kröner, 2009, 240–248.

Faruqui, Manaal/Sebastian Padó. „Training and Evaluating a German Named Entity Recognizer with Semantic Generalization". *Proceedings of Konvens*. 2010. http://www.nlpado.de/~sebastian/pub/papers/konvens10_faruqui.pdf (29. November 2020).

Finkel, Jenny Rose/Trond Grenager/Christopher Manning. „Incorporating Non-local Information into Information Extraction Systems by Gibbs Sampling". *Proceedings of the 43nd Annual Meeting of the Association for Computational Linguistics*. 2005, 363–370. http://nlp.stanford.edu/~manning/papers/gibbscrf3.pdf (29. November 2020).

Flüh, Marie. „Sentimentanalyse". *forTEXT. Literatur digital erforschen*. 2019. https://fortext.net/routinen/methoden/sentimentanalyse (29. November 2020).

Flüh, Marie. „Emotionsanalyse". *forTEXT. Literatur digital erforschen*. 2020. https://fortext.net/ressourcen/tagsets/emotionsanalyse (29. November 2020).

Flüh, Marie/Mareike Schumacher. „Von Nebenbefunden und Methodenadaptionen in den Digital Humanities am Beispiel von m*w". *DH-Kolloquium der BBAW*. 3. Juli 2020. https://vimeo.com/437882692 (25. November 2020).

Frank, Michael C. „Ästhetik des Schreckens: Der Schauerroman von Horace Walpole bis Ann Radcliff". *Handbuch Literatur und Emotionen*. Hg. Martin von Koppenfels/Cornelia Zumbusch. Berlin u. a.: De Gruyter, 2016, 461–481.

Fritzsche, Sonja. „Science Fiction Literature in East Germany". *East German Studies/DDR-Studien* 15. Hg. Richard A. Zipser. Frankfurt a. M. u. a.: Peter Lang, 2006.

Gjelsvik, Anne/Rikke Schubart. *Women of Ice and Fire: Gender, Game of Thrones and Multiple Media Engagements*. London u. a.: Bloomsbury, 2016.

Heilman, Elisabeth E. „Blue Wizards and Pink Witches: Representations of Gender Identity and Power". *Critical Perspectives on Harry Potter*. Hg. Dies. New York: Routledge, 2003, 221–241.

Horstmann, Jan. „Topic Modeling". *forTEXT. Literatur digital erforschen*. 2018. https://fortext.net/routinen/methoden/topic-modeling (29. November 2020).

Horstmann, Jan. „Undogmatic Literary Annotation with CATMA". *Annotations in Scholarly Editions and Research. Functions, Differentiation, Systematization*. Hg. Julia Nantke/Frederik Schlupkothen. Berlin u. a.: De Gruyter, 2020. DOI: 10.1515/9783110689112-008.

Jannidis, Fotis/Isabella Reger/Lukas Weimer/Markus Krug/Martin Toepfer/Frank Puppe. „Automatische Erkennung von Figuren im deutschsprachigen Roman". *DHd 2015. Von Daten zu Erkenntnissen. Konferenzabstracts*. 2015. http://gams.uni-graz.at/o:dhd2015.abstracts-gesamt (29. November 2020).

Jockers, Matthew L. *Macroanalysis: Digital Methods and Literary History*. Urbana u. a.: University of Illinois Press, 2013.

Landa, Jutta. „Feminismus und Systemkritik im mittelalterlichen Kostüm: Irmtraud Morgners ‚Trobadora'-Roman". *Medieval German Voices in the 21st Century. The Paradigmatic Function of Medieval German Studies for German Studies. A Collection of Essays*. Hg. Albrecht Classen. Amsterdam: Rodopi, 2000, 199–210.

Loid, Sonja. „Den Tod als Gewissheit, geringe Aussichten auf Erfolg – worauf warten wir noch? Opferbereitschaft und Gnadengabe als zentrale Aspekte von HeldInnenidentitäten in aktueller phantastischer Literatur". *Fantasy Studies*. Hg. Paul Ferstl/Thomas Walach/Stefan Zahlmann. Wien: Ferstl & Perz, 2016, 147–169.

Meister, Jan Christoph/Marco Petris/Christian Bruck/Marie Flüh/Jan Horstmann/Mareike Schumacher et al. *CATMA 6.0.0 (Version 6.0.0)*. Zenodo (2019). DOI: 10.5281/zenodo.3523228.

Moretti, Franco. „Conjectures on World Literature". *New Left Review* 1 (2000), 54–68.

Mueller, Martin. „Scalable Reading". *Scalable Reading*. 29. Mai 2012. https://scalablereading.northwestern.edu/?page_id=22 (27. November 2020).

Pielström, Steffen/Severin Simmler/Thorsten Vitt/Fotis Jannidis. „A Graphical User Interface for LDA Topic Modeling". *Proceedings of the 28th Digital Humanities Conference*. 2018. https://dh2018.adho.org/en/a-graphical-user-interface-for-lda-topic-modeling/ (17. Dezember 2020).

Rouget, Timo. „Wolfgang Hohlbein". *Lexikon der deutschsprachigen Science Fiction-Literatur seit 1900. Mit einem Blick auf Osteuropa*. Hg. Christoph F. Lorenz. Frankfurt a. M. u. a.: Peter Lang, 2017, 335–358.

Schmideler, Sebastian. „Kinder- und Jugendliteraturforschung nach 1945". *Handbuch Kinder- und Jugendliteratur*. Hg. Tobias Kurwinkel/Philipp Schmerheim. Stuttgart: Metzler, 2020, 43–48.

Schmitz-Emans, Monika. „Phantastische Literatur: eine Herausforderung für die Literaturtheorie". *Fremde Räume. Interkulturalität und Semiotik des Phantastischen*. Hg. Klaus Schenk/Ingold Zeisberger. Würzburg: Königshausen & Neumann, 2017, 13–30.

Schöch, Christof/Frédéric Döhl/Achim Rettinger/Evelyn Gius/Peer Trilcke/Peter Leinen et al. „Abgeleitete Textformate: Text und Data Mining mit urheberrechtlich geschützten Textbeständen". *Zeitschrift für digitale Geisteswissenschaften*. Wolfenbüttel 2020. DOI: 10.17175/2020_006.

Schubert, Charlotte. „Zauberlehrling und Meister: Digital Humanities zwischen Informatik und Geisteswissenschaften?". *20 Jahre Arbeitsgemeinschaft Geschichte und EDV*. Hg. Jörn Kobes/Kai Ruffing/Wolfgang Spickermann. Gutenberg: Computus, 2013, 167–186.

Schumacher, Mareike. „Named Entity Recognition (NER)". *forTEXT. Literatur digital erforschen*. 2018. https://fortext.net/routinen/methoden/named-entity-recognition-ner (29. November 2020).

Schumacher, Mareike/Marie Flüh. „m*w – Figurengender zwischen Stereotypisierung und literarischen und theoretischen Spielräumen. Genderstereotype und -bewertungen in der Literatur des 19. Jahrhunderts". *DHd 2020 Spielräume: Digital Humanities zwischen Modellierung und Interpretation. Konferenzabstracts*. Hg. Christof Schöch. 2020, 162–167. DOI: 10.5281/zenodo.3666690.

Schwab, Sandra Martina. *Of Dragons, Knights, and Virgin Maids: Dragonslaying and Gender Roles from Richard Johnson to Modern Popular Fiction*. Trier: WVT, 2013.

Schwarz-Friesel, Monika. *Sprache und Emotionen*. Tübingen u. a.: Francke, 2007.

Todorov, Tzvetan. *Einführung in die fantastische Literatur*. Aus dem Französischen übersetzt von Karin Kersten, Senta Metz und Caroline Neubaur. Berlin: Wagenbach, 2018 [1976].

Vedder, Ulrike. „Kanonkritik, Interventionen, Identitätsfragen. Zur gegenwartsliterarischen Geschlechterforschung". *Gegenwartsliteraturforschung. Positionen – Probleme – Perspektiven*. Hg. Frieder von Ammon/Leonhard Herrmann. Göttingen: Vandenhoeck & Ruprecht, 2020, 267–277.

Weinkauf, Gina/Gabriele von Glasenapp. *Kinder- und Jugendliteratur*. Paderborn: Schöningh u. a., 2010.

Wille, Anne. „Gender and Male Domesticity in G.K. Chesterton's the Club of Queer Trades". *The Inheritance oft the Inklings. Zeitgenössische Fantasy und Phantastik*. Hg. Dieter Petzold. Frankfurt a. M. u. a.: Peter Lang, 2012, 228–243.

Winko, Simone. *Kodierte Gefühle. Zu einer Poetik der Emotionen in lyrischen und poetologischen Texten um 1900*. Berlin: Erich Schmidt, 2003.

Winko, Simone. „Literaturwissenschaftliche Emotionsanalyse". *Emotionen. Ein interdisziplinäres Handbuch*. Hg. Hermann Kappelhoff/Jan-Hendrik Bakels/Hauke Lehmann/Christina Schmitt. Stuttgart u. a.: Metzler, 2020, 397–402.

Abbildungen

Tabelle 1: „Erkennungsquoten der automatisch annotierten Kategorien". Von den Autor*innen im Rahmen des Projekts erstellte Tabelle.
Abb. 1: „Romane mit nahezu ausgeglichenem Genderverhältnis". Von den Autor*innen im Rahmen des Projekts erstellte Graphik.
Abb. 2: „Romane mit überwiegend weiblichen Genderzuschreibungen". Von den Autor*innen im Rahmen des Projekts erstellte Graphik.
Abb. 3: „Romane mit überwiegend männlichen Genderzuschreibungen". Von den Autor*innen im Rahmen des Projekts erstellte Graphik.
Abb. 4: „Distribution gegenderter Topic-Wörter in *Die Silbermeer-Saga* und *Thor*". Von den Autor*innen im Rahmen des Projekts erstellte Graphik.
Abb. 5: „Ebenenmodell zur Emotionsanalyse". Von den Autor*innen im Rahmen des Projekts erstellte Graphik.
Abb. 6: „Emotionsprofile für männliche und weibliche Figuren in 18 Fantasyromanen". Von den Autor*innen im Rahmen des Projekts erstellte Graphik.

Sabine Planka
Transgender-Identitäten in Jugendromanen des 21. Jahrhunderts

Zusammenfassung: Im vorliegenden Beitrag wird Kinder- und Jugendliteratur betrachtet, die das Thema Transgender bzw. Transsexualität aufgreift und für Jugendliche umsetzt. Im ersten Teil des Beitrages wird ein Überblick über die kinder- und jugendliterarischen Werke geboten, die bislang im anglophonen Bereich und in Deutschland erschienen sind. Dabei werden einzelne Werke punktuell eingehender thematisiert, um zu zeigen, wie sich die identitäre Entwicklung der Protagonist*innen im Kontext gesellschaftlicher Zusammenhänge vollzieht. Im zweiten Teil stehen mit Lisa Williamsons *Zusammen werden wir leuchten* (2015; *The Art of Being Normal*, 2015) und John Boynes *Mein Bruder heißt Jessica* (2020; *My Brother's Name is Jessica*, 2019) zwei Werke im Zentrum, die aus dem anglophonen Raum ins Deutsche übersetzt wurden. Unter Berücksichtigung raumtheoretischer Überlegungen wird besonders die identitäre Entwicklung der Protagonist*innen in den Fokus gerückt, die im Zuge der Transgender- bzw. Transsexualitätsthematik nahezu immer im Fokus der Narrationen steht.

1 Einleitung

„Endlich bin ich nicht mehr allein. Es gibt jemanden, der *genau* versteht, wie ich mich fühle" (Williamson 2016, 232; Hervorh. im Original), stellt David in Lisa Williamsons Roman *Zusammen werden wir leuchten* fest, als er auf Leo trifft, der sein ‚Schicksal' teilt: Beide Protagonisten sind im falschen Körper geboren. Während Leo seine Transformation schon erfolgreich durchlaufen hat, jedoch mit sozialen Stigmatisierungen im öffentlichen Raum zu kämpfen hat, stehen David sowohl Transformation als auch Outing im privaten und öffentlichen Raum gegenüber Familie, Freund*innen, Mitschüler*innen und Lehrer*innen noch bevor. Es erfordert Wochen und mehrere Ortswechsel, bis David an Selbstbewusstsein gewinnt und schließlich fähig ist, sich zunächst gegenüber der eigenen Familie zu outen. Während sich in vielen Romanen, die ein Transgenderthema verhandeln, ein ähnliches Bild bietet – ein aus der Sicht eines männlichen Protagonisten mit weiblicher *Gender Identity* erzählter Roman[1] –,

---
1 Zwei Romane können hier beispielhaft benannt werden. (1) In Ami Polonskys Jugendroman *Und mittendrin ich* (2019) wird mit Grayson ein männlicher Protagonist etabliert, der sich nichts sehnlicher wünscht, als ein Mädchen zu sein. In einer Theateraufführung in der Schule sieht er die Möglichkeit, sich durch das Spiel einer weiblichen Rolle öffentlich zu outen. (2) Mit Alex Ginos Kinder- bzw. Jugendroman *George* (2016; Orig. 2015) wird ein ähnliches narratives Konzept entwickelt: Eine Theateraufführung bietet der Protagonistin George letztlich die Möglichkeit, sich zu outen und die gefühlte *Gender Identity* ausleben zu können.

OpenAccess. © 2022 bei den Autoren, publiziert von De Gruyter. Dieses Werk ist lizenziert unter einer Creative Commons Namensnennung 4.0 International Lizenz. https://doi.org/10.1515/9783110726404-026

bietet sich mit John Boynes Jugendroman *Mein Bruder heißt Jessica* ein anderes Bild: Protagonist Sam erzählt die Geschichte seines Bruders Jason und dessen Weg vom Outing, das am Anfang des Romans steht, über die innerfamiliären Schwierigkeiten und die Reaktionen der Öffentlichkeit bis zur endgültigen Akzeptanz Jasons als Jessica durch die Öffentlichkeit, vor allem aber durch die Familie selbst.

Bereits hier wird deutlich, dass sich alle Protagonist*innen dieser als Adoleszenzromane zu bezeichnenden Bücher in einer Lebensphase befinden, in der sich die eigene Identität unter unterschiedlichen Einflüssen herauszubilden beginnt. Während sich der Konflikt im klassischen Fall innerfamiliär in der zunehmenden Abnabelung von den Eltern manifestiert (vgl. Tholen 2014, v. a. 381; Planka 2021) und auch Abgrenzungen zu Geschwistern erfolgen, sind es gleichzeitig die familiären Erwartungen, bestimmten Rollenbildern entsprechen zu müssen, die das Individuum vor Herausforderungen stellen. Zugleich wird das Individuum im öffentlichen Raum mit gesellschaftlichen, hinsichtlich der *Gender Identity* oftmals stereotypen Erwartungen konfrontiert, die im sozialen Umfeld, ergo an unterschiedlichen Orten, erfahren werden. Die eigene Identität wird im Rahmen privater und öffentlicher Interaktionsprozesse beeinflusst, das Selbstverständnis wird mitunter determiniert.

In Bezug auf Transsexualität bzw. die Transgender-Identität zeigt sich insgesamt, dass hier ein Themenkomplex vorliegt, der sich in originär deutschsprachigen Bilder- und Kinderbüchern, vor allem aber Jugendromanen noch verhalten präsentiert – im Gegensatz zum Beispiel zu Werken, die Homosexualität thematisieren.[2] Parallel dazu lässt sich eine größere Zahl an Übersetzungen vor allem aus dem angloamerikanischen Bereich finden, sodass konstatiert werden kann, dass der angloamerikanische Buchmarkt selbst bereits eine deutlich höhere Zahl an Büchern für alle Altersstufen zum Thema Transgender-Identität bzw. Transsexualität vorhält.[3] Der vorliegende Beitrag präsentiert sich vor diesem ersten Befund somit als zweigeteilt. Im ersten Teil wird ein allgemeiner Überblick über Bilder-, Kinder- und Jugendbücher gegeben, die sich mit dem Thema Transsexualität/Transgender befassen,[4] wobei der Fokus auf Narrativen liegt wird, die Leser*innen auf Deutsch zugänglich sind. Auch der angloamerikanische Buchmarkt wird punktuell berücksichtigt. Daran schließt ein zweiter Teil an, der speziell die beiden eingangs genannten Jugendbücher *Zusammen werden wir leuchten* (Williamson 2016) und *Mein Bruder heißt Jessica* (Boyne 2020; Orig. 2019) in den Fokus nimmt, die als Übersetzungen aus dem Englischen bereits auf dem deutschsprachigen Buchmarkt erschienen sind. Exemplarisch soll die Analyse der

---

[2] Lediglich die Intersexualitätsthematik wird noch weniger in Büchern aufgegriffen.
[3] Einen entsprechenden sehr guten und informativen Überblick über die Entwicklung von LGBTQ-Romanen im Allgemeinen und Transgender-Jugendromanen im Speziellen bieten Jenkins und Cart (2018; 2015). Daneben finden sich im Internet zahlreiche Buchempfehlungslisten zu Kinder- und Jugendbüchern mit entsprechender Transgenderthematik. Als Schlagworte bieten sich in Kombination „transgender AND children's literature" (oder auch nur „transgender children's literature") in den unterschiedlichsten Suchmaschinen an, ggf. auch unter Verwendung von Trunkierungen.
[4] Vgl. hierzu auch Planka 2021.

beiden Werke zeigen, wie sich die Identitätsentwicklung der Protagonist*innen vor dem Hintergrund von Orts- und Raumwechseln vollzieht, die einhergehen mit Veränderungen des sozialen Umfelds und damit Auswirkungen auf die Entwicklung bzw. die Vergewisserung der eigenen (geschlechtlichen) Identität der Protagonist*innen haben. Das freie Ausleben der eigenen Persönlichkeit wird oftmals erst durch die räumlichen Veränderungen und die Einflüsse von Räumen möglich, die nicht nur als reine geographische Marker implementiert werden, sondern den sozialen Raum bzw. das soziale Umfeld, den *social space* einschließen und es ermöglichen, sich selbst als transgender bzw. transsexuell anzuerkennen. Dies kann dann auch gegenüber der Umwelt respektive dem alten und neuen sozialen Umfeld artikuliert werden. Erst der Wechsel aus dem alten, bekannten in ein neues Umfeld ermöglicht diese Entwicklung bzw. dieses Ausleben, und es kann bereits an dieser Stelle notiert werden, dass sich hier eine Abwandlung des Zwei-Welten-Modells finden lässt, das ein Erstarken der Protagonist*innen ermöglicht.

2 Transsexualität und Transgender

Nicholas Teich definiert Transsexualität und Transgender wie folgt:

> By and large, *transsexual* refers to a person who identifies as the opposite sex of that which he or she was assigned at birth. *Transgender*, on the other hand, includes transsexual people, but the term also encompasses many more identities [...]. All transsexual people are transgender, but not all transgender people are transsexual. (Teich 2012, 3)

Diese Differenzierung geht einher mit der dualistischen Unterscheidung zwischen *sex* und *gender*. Während mit *sex* das biologische Geschlecht bezeichnet wird, ist *gender* als soziokulturelles Konstrukt von Geschlechtlichkeit verknüpft mit genderspezifischen Verhaltensweisen[5] und ist zugleich gekoppelt an spezifische Erwartungshaltungen, die dem Individuum entgegengebracht werden. Nicholas Teich bezeichnet diese an *Gender* geknüpften und von außen an das Individuum herangetragenen Erwartungshaltungen als *Gender Expression*: „Gender expression is not something that we normally allow our children to form for themselves." (Teich 2012, 9)[6] Als Gegenbegriff etabliert Teich den Begriff der *Gender Identity*:

> *Gender identity* is an inner sense of being a man, woman, neither, somewhere in between, and so on. It does not necessarily correspond with the sex one is labeled with at birth, as is the case with transpeople. *Gender expression* is how people dress and carry themselves, whether it be in a masculine, feminine, or in-between way. (Teich 2012, 6)

---

[5] Vgl. dazu Planka 2021; Stryker 2017, 14; Mahnkopf 2019, 183; Februari 2013, 11; Teich 2012, 5.
[6] Vgl. dazu auch Simone de Beauvoir und ihren berühmten Ausspruch: „Man kommt nicht als Frau zur Welt, man wird es" (Beauvoir 2009, 334).

Als drittes Element führt Teich die sexuelle Orientierung an: „*Sexual orientation* relates to someone's romantic and sexual attraction to another person. One may be attracted to a person of a different gender, the same gender, 'both' or all genders, or to no one at all." (Teich 2012, 14) Die von Teich als *Transpeople* bezeichneten Individuen bettet er nun in diese Trias, bestehend aus *Gender Expression*, *Gender Identity* und *Sexual Orientation*, ein:

> For instance, a transman/transguy is usually someone who was labeled female at birth but now identifies as a man or a male. [...] The opposite obviously goes for transwomen. The term transwomen is usually used as a descriptor for someone who was labeled male at birth but now identifies as a woman or a female. (Teich 2012, 10)

Diese terminologischen Feinheiten werden zwar nicht in allen Jugendromanen auch als solche benannt – entsprechend jugendgerecht wird die Problematik zum Beispiel in *Jenny mit O* (Fessel 2005) oder auch *Mein Bruder heißt Jessica* erklärt –, lassen sich jedoch bei eingehender Analyse der einzelnen Bücher immer wieder klar erkennen, vor allem wenn man berücksichtigt, dass die im Rahmen von Teichs Feststellung genannte Transsexualität im Fokus der Jugendromane steht: „[T]*ranssexual* refers to a person who identifies as the opposite sex of that which he or she was assigned at birth" (Teich 2012, 3 ; Hervorh. im Original).

In diesem komplexen Gefüge findet die Identitätssuche und -findung der Protagonist*innen statt, in deren Rahmen sich die eigene Persönlichkeit weiterentwickelt, Bedürfnisse entstehen und ausgelebt werden, sich aber auch die Ablösung von den Eltern vollzieht und die eigene Sexualität entwickelt und ausprägt wird. „Identität bedeutet [...] immer auch eine Geschlechtsidentität, die die unterschiedlichsten Komponenten von Sexualität und Geschlecht vereint" (Jensen 2013, 158), „so dass hier Identität und *Gender Studies* aufeinandertreffen." (Planka 2021, 204) Vor dem Hintergrund der komplexen *Gender*-Terminologie und den damit einhergehenden externen Einflüssen lässt sich zudem notieren, dass Identität auch immer eine Akzeptanz durch andere erfordert:

> Es ist nicht einfach, eine eigene Identität aufzubauen, die sich allein auf eigene Annahmen und Eingebungen stützt. Aus einer solchen selbstgebastelten Identität kann man wenig Selbstsicherheit beziehen, wenn sie nicht von einer Macht anerkannt und bestätigt wird, die stärker und dauerhafter ist als der einsame Bastler. [...] Deshalb fühlen wir alle immer wieder ein überwältigendes „Bedürfnis nach Zugehörigkeit" – ein Bedürfnis, uns nicht nur als einzelne Menschen, sondern als Mitglieder einer größeren Einheit zu identifizieren. (Baumann 2019a, 32–33)

Das bedeutet im Umkehrschluss auch, dass das Outing des Individuums, eine Transgenderpersönlichkeit zu sein, Akzeptanz erfahren muss, sowohl im privaten als auch im öffentlichen Bereich, denn „[b]ecause of societal constraints, it is common for a person to try to ignore signs pointing toward transgenderism, whether consciously or unconsciously" (Teich 2012, 30).

3 Transsexualität und Transgender als Thema von Kinder- und Jugendromanen

Der Themenkomplex Transsexualität und Transgender scheint nun – im Gegensatz zu Homosexualität – recht neu vornehmlich in Jugendromanen verhandelt zu werden,[7] die sich zugleich als Adoleszenzliteratur verstehen lassen, da es „für die jugendlichen Hauptfiguren auch [immer] darum [geht], ihren Platz in der Familie, in der Welt auszuloten und die Beziehungen zu den Menschen in ihrer nächsten Umgebung neu zu definieren" (Pressler 2006). Die Anzahl der bisher auf Deutsch erschienenen Bücher ist bisher überschaubar und oszilliert zwischen zwei Narrationsmustern: (1) Ein aus biologischer Sicht männlicher Protagonist strebt danach, seine gefühlte weibliche *Gender Identity* ausleben zu können (= Transgenderfrau). (2) Im Gegenzug bietet sich das komplementäre Konstrukt, dass eine biologisch weibliche Protagonistin ihre männliche *Gender Identity* ausleben möchte (= Transgendermann). An dieser Stelle kann bereits notiert werden, dass mehrheitlich über Transgenderfrauen bzw. -mädchen geschrieben wird und weniger über Transgendermänner bzw. -jungen. Beide Narrationsmuster werden in der Regel aus homodiegetischer Perspektive, in Einzelfällen aus autodiegetischer Perspektive erzählt und verhandeln das Moment der sexuellen Orientierung parallel zur Identitätsentwicklung in der Pubertät.

Während im angloamerikanischen Bereich der 2004 erschienene Roman *Luna* von Julie Anne Peters als erster Transgenderroman gehandelt wird,[8] erscheinen erste Transgender-Protagonist*innen bereits in früheren Romanen ohne handlungsbestimmend zu sein (Jenkins und Cart 2018, 162). Bereits in Peters Roman wird der narrative Ansatz verfolgt, der später auch in Boynes Roman *My Brother's Name is Jessica* (2019) vorherrschend ist: Erzählt wird die Geschichte der Protagonistin Luna, einer Transfrau, aus der Sicht der jüngeren Schwester Regan, die sich um die Sicherheit Lunas sorgt, als diese öffentlich – und nicht mehr nur heimlich nachts – als Frau (an-)erkannt werden möchte. Dargestellt werden in Peters Roman nicht nur Regans Sorgen, sondern auch die Situation in der Highschool, in der Regan versucht, Lunas Geheimnis zu wahren. Hinzu kommen die ‚Erziehungsmethoden' des Vaters, der versucht, in der Erziehung seiner Kinder stereotype Gendervorstellungen umzusetzen und nicht versteht, dass sich Liam (alias Luna) nicht als Mann, sondern als Frau fühlt. Die Mutter der beiden ist mehrheitlich abwesend und ignoriert die Lebenssituationen ihrer Kinder.

In der Tradition von Peters Roman *Luna* und Boynes Roman *My Brother's Name is Jessica* steht interessanterweise auch ein Bilderbuch: Erica Silvermans *Jack (not Ja-*

---

[7] Vgl. hierzu auch Planka 2021. In Kinderbüchern taucht das Thema bis auf vereinzelte Ausnahmen – zu nennen wäre hier exemplarisch das bereits erwähnte Kinderbuch *George* von Alex Gino, aber auch Franz Orghandls *Der Katze ist es ganz egal* (2020) – so gut wie nicht auf, sondern wird prominent in Jugendbüchern verhandelt.
[8] Dank an dieser Stelle an Prof. Dr. Julia Benner, die mich auf diesen Titel hingewiesen hat.

ckie) (2018) erzählt aus der Perspektive der großen Schwester, dass Jackie sich nicht wie ein Mädchen kleidet, sondern Kleidung für Jungen bevorzugt – und als Jack angesprochen werden will. Auch wenn hier mit Klischees gespielt wird – vor allem auf farblicher Ebene bildet schon das Cover ab, dass Jackie (rosa Schrift und ein rosafarbenes Kleid) Jack (blaue Schrift auf blauem Hintergrund) sein will –, so wird doch ebenso wie beispielsweise in Boynes Roman das Thema der Akzeptanz in den Fokus gerückt.

Seit 2004 erschienen im angloamerikanischen Bereich vermehrt Transgenderromane für ein jugendliches Lesepublikum, die sowohl Reaktionen der Familie als auch der Öffentlichkeit auf die Entwicklung bzw. Transformierung der Protagonist*innen thematisieren. Darunter Ellen Wittlingers Roman *Parrotfish* (2007), Brian Katchers *Almost Perfect* und Adam Rapps *Punkzilla* (beide 2009), Catherine Ryan Hydes *Jumpstart the World* (2010), Kristin Cronn-Mills' *Beautiful Music for Ugly Children* (2012), David Levithans *Two Boys Kissing* (2013), Rachel Eliasons *The Best Boy Ever Made* und Jeannie Woods *A Boy Like Me* (beide 2014), Lisa Williamsons *The Art of Being Normal* (*Zusammen werden wir leuchten*, 2015) oder auch M. G. Hennesseys *The Other Boy* und Megan Atwoods *Raise the Stakes* (beide 2016).[9] Aber nicht nur in Jugendbüchern finden sich Transgenderthematiken oder zumindest Anklänge daran, sondern auch im Bilderbuch. Hier sind es neben (auto-)biographisch geprägten Erzählungen ebenso fiktive Narrationen, die sowohl Transfrauen als auch Transmänner betreffen (wobei sich darüber streiten lässt, ob nicht die Terminologie Transmädchen und Transjunge bei Kindern passender erscheint). Autobiographisch ist beispielsweise das Bilderbuch *I Am Jazz* (2014) der beiden Autorinnen Jessica Herthel und Jazz Jennings, das auf Jennings' eigenen Erfahrungen beruht und ihre Wandlung beschreibt.

In Deutschland zeigt sich – wie erwähnt – ein anderes Bild. Ein recht früher, in Deutschland und auf Deutsch erschienener Jugendroman mit Transgenderthematik ist Karen-Susan Fessels *Jenny mit O* aus dem Jahr 2005.[10] Fessels Roman stellt Jenny in den Fokus der Narration, die aus einer Kleinstadt in die Metropole Berlin flüchtet, um dort ein Leben führen zu können, das nicht geprägt ist von der Aussichtslosigkeit des kleinstädtischen Milieus, dem anzüglichen und gewalttätigen Stiefvater, der desinteressierten Mutter und den anderen Jugendlichen, die sie aufgrund ihres maskulinen Aussehens manchmal aufziehen, zu denen sie sich selbst aber auch nicht richtig zugehörig fühlt. Im großstädtischen Raum gelingt es Jenny, nach mehreren Stationen und unerwarteter Hilfe zu sich selbst und zu einer Bezeichnung für das zu finden, was sie fühlt, nämlich, eine Transgenderpersönlichkeit zu sein. Sie integriert fortan ein entsprechendes Vokabular in ihren Sprachschatz, ihr ‚Anderssein' wird von ihrer neuen Clique und neuen Freund*innen ohne Einschränkungen akzeptiert. Die Ein-

---

9 Eine Liste, in der vor allem ab 2020 erschienene Romane genannt und zum Teil auch ausführlich analysiert werden, findet sich in Jenkins und Cart 2018, 165–175. Die Autor*innen listen hier insgesamt 29 Jugendromane mit Transgenderthematik.
10 Zum Roman vgl. Planka 2019, 123–146; Planka 2021, 219–238.

zelkämpferin Jenny wird zum in der Gesellschaft akzeptierten Jonny und kann Bedürfnisse artikulieren und ausleben, ohne im kleinstädtischen Milieu ausgegrenzt zu werden. Steht Jennys/Jonnys Aufenthalt in Berlin im Mittelpunkt – und damit einhergehend auch die Identitätsentwicklung –, wird diese Zeit in der Metropole durch die Kleinstadt gerahmt: Am Anfang bricht Jenny aus ihr aus, am Ende legt sie mit ihren neuen Freund*innen einen Zwischenstopp in selbiger ein, um sich mit der Fähre nach Gedser in Dänemark übersetzen zu lassen.[11] Im ‚Dazwischen' der Großstadt, die erkundet und erfahren wird und so erst eine Ablösung von alten Strukturen ermöglicht, die die Ausbildung der eigenen Identität behindert haben (Planka 2019, 145), entwickelt sich ihre/seine Identität, sodass Jenny/Jonny als Transmann am Ende resümieren kann:

> Vielleicht werde ich eines Tages ein Mann im Körper eines Mannes sein. Aber im Moment bin ich es nicht. Im Moment bin ich das, was ich bin. Oder der, der ich bin: ein junger Mann im Körper einer jungen Frau. Und damit geht es mir so weit [sic!] erst mal ganz gut. (Fessel 2005, 305–306)

Ein Jahrzehnt später erscheinen zwei aus dem Englischen übersetzte Romane auf dem deutschsprachigen Buchmarkt. Es handelt sich zum einen um Lisa Williamsons Jugendroman *Zusammen werden wir leuchten* (2015; *The Art of Being Normal*, 2015), der im nachfolgenden zweiten Teil eine eingehendere Betrachtung erfahren wird. Zum anderen erscheint Alex Ginos Buch *George* (2016; *George*, 2015), das als erster Kinderroman zu dieser Thematik gilt und dessen Protagonistin George sich als Transfrau entpuppt, die gefühlte *Gender Identity* jedoch nicht ausleben kann, sondern zunächst noch durch die an sie herangetragene *Gender Expression* bestimmt ist.[12] Erst verschiedene Ortswechsel in private und öffentliche Räume, die Begegnung mit Fremden und auch die Unterstützung durch die beste Freundin ermöglichen es George, sich im öffentlichen Rahmen bei einer Theateraufführung in der Schule zu outen. Erst hier und erst jetzt gelingt es auch Georges Mutter, Unterstützung für George aufzubringen – im Gegensatz zu Georges Bruder Scott, der relativ unkompliziert mit Georges Outing, ein Mädchen zu sein, umgeht. Am Ende steht Georges Zoobesuch mit der besten Freundin und ein neuer Name, den sie sich gegeben hat: Melissa. Gerade das Moment des neuen, eigens ausgesuchten Mädchennamens verweist auf eine fortschreitende Identitätsentwicklung, erscheint dieser Akt doch als Ausdruck der Willensbekundung, die eigene *Gender Identity* entgegen der *Gender Expression* auszuleben.[13]

---

[11] Zumindest kann das angenommen werden. Am Ende des Romans wird lediglich der Schiffsname genannt: *Prins Joachim*. Da Jenny am Anfang des Romans jedoch mit dem Wissen der Schiffsfahrpläne ausgestattet wird, fällt hier auch der Hinweis, dass die *Prins Joachim* nach Gedser/Dänemark fährt (Fessel 2005, 14 und 306).
[12] Bewusst wurde hier das weibliche Pronomen gewählt, da Gino in seinem Buch ebenfalls durchgehend „George" und „sie" benutzt. Zur eingehenderen Analyse von Ginos Roman vgl. Planka 2021, 219–238.
[13] Zum Moment des Namens als Ausdruck einer zunehmenden Individuation bzw. ausgeprägten Identität vgl. Planka 2013, 41–56.

Ähnlich strukturiert und konzipiert ist Ami Polonskys dreiteiliger Jugendroman *Und mittendrin ich* (2019; *Gracefully Grayson*, 2014), auch wenn am Ende kein neuer Name das Outing vollendet, sondern eine optische Veränderung ein Statement markiert. Wendepunkte am Ende eines jeden Teils bestimmen die Handlung um den und die Entwicklung des Protagonisten Grayson, einer Transfrau. Der erste Teil ist geprägt durch die Beschreibungen der Lebensumstände Graysons, der nach dem Tod der Eltern beim Bruder seines Vaters und dessen Familie lebt. Die Handlung oszilliert hauptsächlich zwischen dem privaten Haushalt, in dem Grayson lebt, und der Schule – schulintern kann noch einmal unterteilt werden zwischen der Aula, die als Schutzraum für Grayson fungiert, und den restlichen Gebäudeteilen, in denen er den Mobbingattacken einiger Mitschüler ausgesetzt ist, die ihn schließlich auch verletzen. Während Grayson sich immer wieder selbst als Mädchen in Mädchenkleidung imaginiert und schließlich auch in einem Secondhandshop Mädchenkleidung kauft – er versteckt sie zunächst, bevor er sie unter seiner ‚Jungenkleidung' anzieht –, spricht er zudem für die weibliche Hauptrolle der Persephone im Schultheaterstück vor. Dieses Vorsprechen markiert das Ende und damit den Höhepunkt des ersten Teils – es versteht sich, dass Grayson die Rolle schließlich auch bekommt.[14] Dieser Umstand hat Konfliktpotenzial auf verschiedenen Ebenen und prägt den zweiten und dritten Teil der Narration. Erzählt werden die zunehmenden Mobbingattacken der Mitschüler, aber auch der Widerstand innerhalb der Familie, der sich besonders in der Figur der Tante manifestiert, die alles daransetzt, Graysons Lehrer, der ihm die Rolle gegeben hat, zur Rechenschaft zu ziehen, sodass Grayson die Rolle wieder abgesprochen wird. Graysons Transsexualität wird somit von einigen Außenstehenden zu einem Problem gemacht, weil sie befürchten, Grayson könne durch eine Mädchenrolle Schaden nehmen. Im Gegenzug wird jedoch der Leidensdruck nicht wahrgenommen, dem Grayson durch die heimlich gekaufte Mädchenkleidung entgegentritt, die er schließlich auch öffentlich, zunächst im geschützten Raum der Aula trägt. Hier erfährt er unter den anderen theaterspielenden Mitschüler*innen durchweg Akzeptanz, was ihn schließlich motiviert, die Mädchenkleidung auch im Unterricht zu tragen. Gerade über die Kleiderwahl manifestiert sich Graysons zunehmender Wunsch, sich auch nach außen als Mädchen zu präsentieren, seine *Gender Identity* ausleben zu können – und sich damit gegen Normen und Erwartungen zu stellen. Das Ende des zweiten Teils wird markiert durch Graysons Erkenntnis „Ich weiß, dass ich ein Mädchen bin" (Polonsky 2019, 179), während der dritte Teil mit der optischen Veränderung Graysons endet: Er trägt deutlich sichtbar ein pinkfarbenes T-Shirt für Mädchen und steckt seine Haare mit Haarspangen fest, bevor er den Klassenraum betritt.

Im Jahr 2020 erscheint noch einmal ein Kinderroman: Franz Orghandls *Der Katze ist es ganz egal*. Er beginnt mit dem wunderbaren Satz: „Leo hat einen schönen neuen

---

[14] Hier ergibt sich eine Schnittmenge zu Alex Ginos Roman: Auch George kann sich über das in der Schule aufgeführten Theaterstück und die hier eingenommene weibliche Rolle zunächst im Spiel erproben und über das Spiel schließlich zur Selbstverwirklichung gelangen.

Namen: Jennifer." (Orghandl 2020, 9) Danach folgt erst einmal eine Leerzeile, bevor die Geschichte weitererzählt wird. Dieser erste Satz gleicht einem Statement, das in der folgenden Narration verteidigt werden will, die von Leo handelt, der sich als Mädchen fühlt und mal deutlicher, mal weniger deutlich zeigen kann, wer er wirklich ist. Während die Schulfreunde sofort Leos neuen Namen akzeptieren und zeigen, dass das für sie überhaupt kein Problem ist – auf dem Schulhof entbrennt ein Gespräch darüber, dass „sicher [...] nicht jeder mit Penis ein Bub [ist]" (Orghandl 2020, 23), an dem sich sogar der Hausmeister maßgeblich beteiligt –, reagieren die anderen Erwachsenen verhaltener, allen voran Jennifers Eltern, denen Jennifer ihr Problem nicht begreiflich machen kann:

> Sie denkt darüber nach, wie viel schwerer es ist, den Erwachsenen etwas begreiflich zu machen als irgendjemandem sonst. Klar, Eltern müssen ihren Babys einen Namen geben, die können sich den noch nicht selbst aussuchen, wo sie noch nicht sprechen und nur sabbern und verkehrt sehen können. Da kann es schon mal passieren, dass man den falschen Namen bekommt. Leo ist kein schlechter Name, aber er ist falsch, das spürt Jennifer genau. [...] Woher Jennifer plötzlich ihren echten Namen kennt, weiß sie selbst nicht. Aber sie ist sehr froh, eines Tages endlich mit ihm aufgewacht zu sein. Wie mit etwas, mit dem man besser atmen kann, ist er aus ihrer Brust gekommen und hat sich gut angefühlt. (Orghandl 2020, 16–17)

Der Roman ist aus auktorialer Perspektive erzählt, sodass Leser*innen Jennifers Gedanken und Emotionen folgen können, aber auch denen ihrer Freunde und ihrer Familie. Die Narration oszilliert zwischen Leo und Jennifer, je nachdem, wie sich die Stimmung im Elternhaus verändert: „Der begeisterte Blick vom Papa lässt Jennifer sofort in der Leohülle verschwinden, so tief, dass sie niemand so leicht finden wird." (Orghandl 2020, 33) Der Begriff der Hülle beschreibt den transformatorischen Prozess, dem sich alle Transgenderpersönlichkeiten stellen müssen und an dessen Ende sie ‚aus sich herauskommen' können, um ihre wahre *Gender Identity* ausleben zu können. Auch Leo/Jennifer erfährt schließlich von den Eltern Akzeptanz und kann resümieren:

> „Ich bin niemand anderer als früher", sagt sie. „Außer, dass ich einer Verwechslung auf die Spur gekommen bin." Dann machte sie einen Schritt zurück, damit der Papa sie auch ja gut sehen kann, und sagt: „Und so schaue ich jetzt aus." (Orghandl 2020, 93)

Beigetragen dazu hat nicht nur die Mädchenkleidung, die Jennifer mithilfe Stellas, einer Schulkameradin, angezogen hat, sondern auch der anschließende Ausflug in die Stadt zu anderen Orten, an denen Jennifer als Mädchen ‚anerkannt' wird (Orghandl 2020, 64–67).

Diese bisher recht typischen Narrationsmuster werden durch Romane erweitert, deren Erzählung anders aufgebaut ist. Eines dieser Bücher ist Meredith Russos[15] 2017 erschienener Jugendroman *Als ich Amanda wurde* (*If I was your girl*, 2016). Russo

---

[15] Die Autorin ist selbst eine Transgenderfrau und hat eigene Erfahrungen in ihr Debüt einfließen lassen.

beschreibt hier nicht den Weg, den Amanda (vormals Andrew) gehen muss, um endlich die gefühlte *Gender Identity* ausleben zu können. Beschrieben werden hingegen der Umzug und der damit einhergehende Neuanfang der Protagonistin nach der erfolgreichen Transformation inklusive Hormontherapie und Geschlechtsangleichung. Doch die Vergangenheit holt sie an diesem neuen Ort ein, die sie vor neuen Freundinnen und einem neuen Partner nicht verheimlichen kann und will. Der Ortswechsel dient hier dem Neuanfang und dem Versuch, sich von der Vergangenheit zu lösen – ein Versuch, der zwangsläufig zum Scheitern verurteilt sein muss, da die Vergangenheit immer Teil der Persönlichkeit ist und zur Identität gehört. Auch Russos zweites Buch *Birthday* (2019) – bisher nur auf Englisch erschienen – rückt die Transgenderthematik in den Mittelpunkt der Narration und verbindet sie mit der Freundschaft der Protagonist*innen.

Ein weiteres Beispiel für einen ungewöhnlichen narrativen Ansatz ist John Boynes 2020 auf Deutsch erschienener Jugendroman *Mein Bruder heißt Jessica*, der die Geschichte Jasons, der seine weibliche *Gender Identity* ausleben will, aus der Sicht des Bruders Sam erzählt. Durch diese gewählte Erzählperspektive können zwar nicht die empfundenen Gefühle des Transgenderakteurs wiedergeben werden, jedoch rücken so die innerfamiliären Konflikte und Probleme in der Öffentlichkeit und auch der Prozess der Akzeptanz und des Verstehens aus der Sicht eines Familienangehörigen in den Fokus. Es steht zwar Jason im Mittelpunkt, genauso aber auch die Schwierigkeiten, die sich für die Familie auftun.

4 Das Private und das Öffentliche in raumtheoretischen Kontexten

> Stadt und sozialer Wandel sind beinahe synonym. Wandel gehört zum städtischen Leben und zur urbanen Existenzweise. [...] Es ist üblich, Städte als Orte zu bestimmen, wo Fremde aufeinandertreffen, einander nahe bleiben und für lange Zeit miteinander umgehen, ohne dass sie aufhören, einander fremd zu sein. (Baumann 2019b, 10–11)

Genau hier liegt die Chance für Transgenderpersönlichkeiten, die sich ihrer selbst zwar vollkommen sicher sind, sich jedoch noch vor der Außenwelt verbergen und ihre *Gender Identity* nicht ausleben können. Der bisherigen Vertrautheit mit dem eigenen sozialen Milieu entfliehend, wechseln sie in ein für sie neues Milieu, in dem die dortigen Vertrautheiten für sie nicht gelten, denn „[s]ie [die ProtagonistInnen] sind fremd in der Stadt" (Baumann 2019b, 11) und treffen auf für sie neue, für das urbane Leben jedoch „alteingesessene Bewohner" (Baumann 2019b, 11), ergo Fremde, denen sie mit einer gewissen Anonymität gegenübertreten können.[16] Hier wird ausgehandelt,

---

16 An späterer Stelle formuliert Baumann (2019b, 41): „Städte sind Räume, in denen sich Fremde aufhalten und sich nahe zueinander bewegen".

wie sich das Individuum im urbanen und sozialen Gefüge entfalten kann, denn Städte waren und sind

> Orte, wo der Ausgleich gegensätzlicher Interessen, Anliegen und Kräfte immer wieder erkämpft, verhandelt, unterminiert, gebrochen, widerrufen, wiedererkämpft, neu verhandelt, infrage gestellt, gefunden und verloren, begraben und wiederbelebt wurde. [...] Nach wie vor ist der städtische Raum Treffpunkt und Schlachtfeld für entgegengesetzte Kräfte, unvereinbare und doch wechselseitig ausgleichende Tendenzen. (Baumann 2019b, 23–24)

In diese Konflikte fügen sich nicht nur die individuellen Interessen der Protagonist*innen ein, sondern auch Wünsche nach Anerkennung, Wahrgenommen-Werden und Akzeptanz – nicht nur der eigenen Persönlichkeit, sondern eben auch der gefühlten *Gender Identity*, die die Protagonist*innen imstande sein wollen, auszuleben. Neue, ‚fremde' Umgebungen bieten hier das nahezu perfekte Umfeld und präsentieren sich in den meisten Fällen als öffentliche Räume, in denen sich die Protagonist*innen zurechtfinden und orientieren müssen, während mit dem Topos des Privaten in der Regel der geschlossene Raum kombiniert wird, der ausschließlich für einen bestimmten Personenkreis zugänglich ist und in der Mehrheit der Fälle mit privaten Wohnräumen assoziiert wird.

> Der privative Charakter des Privaten liegt in der Abwesenheit von anderen; was diese anderen betrifft, so tritt der Privatmensch nicht in Erscheinung, und es ist, als gäbe es ihn gar nicht. Was er tut oder läßt, bleibt ohne Bedeutung, hat keine Folgen, und was ihn angeht, geht niemanden sonst an. (Arendt 2019, 73)

Das Private selbst wird primär mit dem privaten Raum in Verbindung gebracht, „den man [...] schätzt (und braucht), weil man nicht beobachtet werden will, weil man gleichsam auch und gerade hier die informationelle Kontrolle behalten möchte" (Rössler 2001, 254). Und nicht zuletzt wird das Private bzw. der private Raum nicht nur mit dem Bedürfnis nach Sicherheit verschränkt (Schreiber 2018, 10), sondern auch mit Geheimnissen in Verbindung gebracht:

> What does it mean that private life accompanies us as a secret or a stowaway? First of all, that it is separated from us as clandestine and is, at the same time, inseparable from us to the extend that, as a stowaway, it furtively shares existence with us. (Agamben 2016, xx)[17]

Somit muss auch Arendts Aussage im Hinblick auf die Bedeutung von Handlungen im Privaten aus zwei Blickwinkeln betrachtet werden: (1) Vor dem Hintergrund von Agambens und Rösslers Aussagen und dem Umstand, dass sich das Individuum durch den Rückzug in die Privatheit vor den Augen anderer quasi unsichtbar macht, bleiben Handlungen des Individuums auch privat und werden nicht geteilt. (2) Ein anderer

---

[17] Zum Komplex des Privaten und Öffentlichen in Verbindung mit Geheimnissen vgl. auch Planka 2020, 59–71.

Befund ergibt sich, wenn (a) das Öffentliche (partiell) in diese Privatheit eindringt[18] und Handlungen im privaten Umfeld vice versa durchaus Auswirkungen auf die Öffentlichkeit haben können. Damit verbunden ist (b) die berechtigte Frage, wie viel Privatheit dem Individuum bleibt, wenn es umgeben ist von anderen Individuen mit Verbindungen zur Außenwelt. Als Beispiel können hier andere Familienmitglieder angeführt werden, die immer wieder in den privaten Raum des Individuums eindringen können, wie es beispielsweise im Fall von Alex Ginos *George* der Fall ist. George hat sich das Badezimmer als Rückzugsort ausgesucht – per se der Ort des Intimen schlechthin, in dem Individuen mit sich und der eigenen Identität allein und auf sich zurückgeworfen sind – und wird vom großen Bruder aufgeschreckt.

Als Öffentlichkeit kann „die Welt selbst [bezeichnet werden], insofern sie das uns Gemeinsame ist und als solches sich von dem unterscheidet, was uns privat zu eigen ist, also dem Ort, den wir unser Privateigentum nennen" (Arendt 2019, 65). Gleichzeitig bedeutet Öffentlichkeit aber auch das gemeinsame Erleben von singulär wahrgenommenen Ereignissen, denn

> alles, was vor der Allgemeinheit erscheint, für jedermann sichtbar und hörbar ist, [erfährt] größtmögliche Öffentlichkeit [...]. Daß etwas erscheint und von anderen genau wie von uns selbst als solches wahrgenommen werden kann, bedeutet innerhalb der Menschenwelt, daß ihm Wirklichkeit zukommt. (Arendt 2019, 62)

Die gemeinsam erfahrene Öffentlichkeit mit anderen geschieht im Austausch und wird zur Wirklichkeit (Berger und Luckmann 2009, 37), denn

> der Mensch – freilich nicht isoliert, sondern inmitten seiner Kollektivgebilde – und seine gesellschaftliche Welt stehen miteinander in Wechselwirkung. Das Produkt wirkt zurück auf den Produzenten. Externalisierung und Objektivation – Entäußerung und Vergegenständlichung – sind Bestandteile in einem dialektischen Prozeß (Berger und Luckmann 2009, 65).

Im Speziellen bedeutet das für die Protagonist*innen, dass sie sich in ihrer gefühlten *Gender Identity* Fremden in einer allgemeinen Öffentlichkeit präsentieren können und im Idealfall dann in ihrer *Gender Identity* akzeptiert werden, sodass sie diese erlebte Akzeptanz in vertraute öffentliche und private Umgebungen transferieren können, denn Identität und damit auch die *Gender Identity* stehen „in dialektischer Beziehung zur Gesellschaft. Sie wird in gesellschaftlichen Prozessen geformt. Ist sie einmal geformt, so wird sie wiederum durch gesellschaftliche Beziehungen bewahrt, verändert oder sogar neu geformt" (Berger und Luckmann 2009, 185).

Die Topoi des Privaten und des Öffentlichen markieren in raumtheoretischer Perspektive und in Rückgriff auf Ray Oldenburgs raumtheoretische Überlegungen erste Orte (das private Zuhause) und zweite Orte (öffentliche Orte) und werden ergänzt durch sogenannte dritte Orte, namentlich:

---

[18] Arendt selbst führt das Moment der Bedrohung des Privaten an (Arendt 2019, 75).

> Cafés, Dorfläden, Gemeinschaftshäuser oder Bars [...] [, die] einen Ausgleich zwischen dem ‚ersten Ort' des (privaten) Zuhauses und dem ‚zweiten Ort' des (öffentlichen) Arbeitsplatzes zu schaffen in der Lage sind. Dritte Orte dienen nach Oldenburg als ‚Gleichmacher' (engl. *leveler*) sowohl zwischen den ersten beiden Orten als auch der soziale[n] oder ökonomische[n] Unterschiede. (Günzel 2020, 101)

Interessant ist, dass Oldenburg Gespräche in den Fokus rückt und als maßgebliches Kennzeichen dieser Orte auf neutralem Grund benennt, das die sozialen Unterschiede aller Anwesenden aufhebt:

> Third places exist on neutral ground and serve to level their guests to a condition of social equality. Within these places, conversation is the primary activity and the major vehicle for the display and appreciation of human personality and individuality. [...] The character of a third place is determined most of all by its regular clientele and is marked by a playful mood, which contrasts with people's more serious involvement in other spheres. (Oldenburg 199[9], 42)

Schon hier kann vorweggenommen werden, dass sich diese Beschreibung eines dritten Ortes par excellence in Lisa Williamsons *Zusammen werden wir leuchten* wiederfinden lässt, der es David ermöglichen wird, über alle Grenzen hinweg seine *Gender Identity* an einem Ort auszuleben, der nicht nur dritter Ort ist, sondern durchaus auch heterotope Züge trägt und der sich zugleich als öffentlicher Ort präsentiert – immerhin treffen hier mehrere Menschen, die einander nicht kennen, an einem Ort zusammen, der nicht durch Privatheit gekennzeichnet ist.[19]

Zu alldem passt auch, was Michel de Certeau zu Ort und Raum notiert, die er durch den Aspekt der Bewegung voneinander separiert: Orte konstituieren sich durch „eine momentane Konstellation von festen Punkten" (Certeau 2006, 343). Interessant ist, dass Schreiber (2018, 11) zum Topos des *Zuhauses* notiert, dass es „an einen festen Ort gebunden [ist]", während ein

> Raum entsteht, wenn man Richtungsvektoren, Geschwindigkeitsgrößen und die Variabilität der Zeit in Verbindung bringt. Der Raum ist ein Geflecht von beweglichen Elementen. Er ist gewissermaßen von der Gesamtheit der Bewegungen erfüllt, die sich in ihm entfalten. Er ist also ein Resultat von Aktivitäten, die ihm eine Richtung geben, ihn verzeitlichen und ihn dahin bringen, als eine mehrdeutige Einheit von Konfliktprogrammen und vertraglichen Übereinkünften zu funktionieren. [...] Insgesamt ist der Raum ein Ort, mit dem man etwas macht. (Certeau 2006, 343)

Und auch de Certeau hält fest, dass sich nicht nur durch Handlungen, sondern eben auch durch Sprache ein Raum konstituieren kann (Certeau 2006, 346).

---

19 Vielleicht kann man an diesem Punkt folgern, dass – legt man Oldenburgs Definition zugrunde – jeder dritte Ort auch ein öffentlicher Ort ist, während umgekehrt nicht jeder öffentliche Ort ein dritter Ort ist, sondern (mehrheitlich) eben auch ein Ort zweiter Ordnung sein kann. Dies wäre zu diskutieren.

5 Einzelanalysen

Vor diesen entwicklungsgeschichtlichen und theoretischen Hintergründen erscheint es sinnvoll, zwei Transgender-Romane hinsichtlich der Identitätsentwicklung der Protagonist*innen unter veränderten räumlichen bzw. lokalen Bedingungen exemplarisch zu befragen. Während Williamsons Roman direkt zwei Transgenderpersönlichkeiten implementiert und damit ein doppeltes Identifikationspotenzial bietet, greift Boyne in seinem Roman die Sichtweise eines Geschwisterkindes auf.

5.1 Lisa Williamson: *Zusammen werden wir leuchten* (2015)

> Ich bin einfach nur ein Mädchen, das blöderweise im Körper eines Jungen steckt. Aber wie soll ich ihnen das erklären? (Williamson 2016, 150)

In Lisa Williamsons Jugendroman *Zusammen werden wir leuchten* werden als primäre Handlungsorte die Schule, die Elternhäuser der beiden Protagonisten Leo und David sowie die Stadt Tripton-on-Sea in der Grafschaft Kent, zu der die beiden aufbrechen, um Leos biologischen Vater zu finden, implementiert, allesamt (nach Oldenburg) zunächst einmal Orte der ersten und zweiten Ordnung.

Die Besonderheit dieses Romans besteht in der Tatsache, dass die Leser*innen mit zwei Transgenderpersönlichkeiten konfrontiert werden, die auf dieselbe Schule gehen und aus deren Perspektive der Roman wechselseitig erzählt wird. Zum einen wird Leo als Transjunge etabliert, der als Mädchen geboren und in einem Mädchenkörper gefangen ist, sich aber als Mann fühlt und dies auch bereits sichtbar auslebt und zwar so überzeugend, dass David – der zweite Protagonist – nicht erkennt, dass Leo eine Transgenderpersönlichkeit ist. An diesem Punkt hat für Leo bereits ein erster Raumwechsel stattgefunden: Aufgrund seiner Transgenderidentität, die in Mobbing an der alten Schule mündete, hat er die Schule gewechselt, in der Hoffnung, dass niemand sein ‚Geheimnis' lüftet – eine Hoffnung, die sich nicht erfüllt, da (der Logik der Narration folgend) Mitschüler*innen auf- und entdecken, ‚that Leo is labelled at birth as female'.[20]

Im Gegensatz zu Leo zeigt David, der sich später als Transfrau entpuppen wird – er wurde als Junge geboren, fühlt sich aber als Mädchen –, niemandem, wie er sich fühlt und wer er wirklich ist, denn auch er hat Angst vor der Offenlegung seiner wahren Identität durch die Mitschüler*innen. Bei ihm hat noch kein Ortswechsel stattgefunden, der ein Outing erlaubt und möglich gemacht hätte. Dies geschieht erst

---

[20] Eine Formulierung, die sich in nahezu jeder Abhandlung über Transgender und Transsexualität finden lässt (Teich 2012, 4). Ähnlich bei Stryker: „[P]eople who move away from the gender they were assigned at birth" (2017, 1), und bei Whittle: „[A]nyone who does not feel comfortable in the gender role they were attributed with at birth" (2006, xi).

bei dem Ausflug nach Tripton-on-Sea, der es ihm zunächst in einem Zug und schließlich in einer Bar – beides dritte Orte – ermöglicht, sich in der neuen unbekannten und anonymen Umgebung frei zu entfalten, das wahre ‚*Gender Identity*-Ich' der Außenwelt zu präsentieren und damit einhergehend neues Selbstbewusstsein entwickeln zu können – denn seine biologisch männliche Erscheinung trägt nicht dazu bei, dass er sich frei und wohl in seiner Haut fühlt. Dieses Unwohlsein zeigt sich vor allem in den wöchentlichen selbst auferlegten Körperinspektionen, bei denen David seinen Körper akribisch vermisst und jegliche Veränderung hin zu einem männlicheren Körper mit Ärger und Bitterkeit zur Kenntnis nimmt. David hasst nahezu seinen ganzen Körper und kann sich kaum mit ihm anfreunden. Diese Inspektionen finden in Davids Schlafzimmer statt, das er nicht nur verschließt, sondern auch noch absichert, indem er einen Stuhl unter die Türklinke schiebt, damit weder seine Eltern noch seine Schwester plötzlich in den selbst konstruierten Intimraum eindringen können. Der private Raum bietet also nur Schutz, indem er zusätzlich verschlossen wird – eine Parallele, die sich rückbinden lässt an Ginos Roman, in dem George sich im Badezimmer einschließt.

Das Moment des Einschließens, des ‚Sich-selbst-Wegschließens' verweist auf die im privaten Raum gestörte Kommunikation: Weder George noch David können sich – zunächst – den Eltern anvertrauen und sich ihnen und auch den Geschwistern gegenüber outen. Dabei hat David genau diesen Punkt – bezeichnenderweise als letztes – auf seiner „To-do-Liste für den Sommer von David Piper" notiert: „Es Mum und Dad erzählen" (Williamson 2016, 15). Davids Eltern ahnen jedoch durchaus, dass David etwas vor ihnen verbirgt:

> Sie sprachen mit gedämpfter Stimme und versicherten einander, dass alles nur „eine Phase" sei, aus der ich „herauswachsen" würde. So, wie man vielleicht über ein Kind spricht, das nachts ins Bett macht. (Williamson 2016, 16)

Im Gegensatz zum Haushalt, diesem privaten und eigentlich geschützten Raum, der qua Konzeption ideale Voraussetzungen bietet, um sich Geheimnisse, Emotionen und Intimitäten anzuvertrauen, wird die Schule als semi-öffentlicher Raum etabliert, der sich doppelt konnotiert präsentiert: Einerseits entpuppt er sich als ‚Bedrohung' für David – er wird von Klassenkameraden gemobbt, die auch noch zufällig sein Notizbuch mit den Maßen seiner Körperinspektionen finden –, andererseits bietet er auch Unterstützung durch Davids beste Freunde und Freundinnen und schließlich auch durch Leo, der David bei einer Rangelei in der schuleigenen Mensa plötzlich zur Seite steht. Es ist diese Begegnung, die das Leben der beiden Protagonisten nachhaltig verändern wird. Im Gegensatz zu David, der durchaus aus einem behüteten Elternhaus kommt und dessen Eltern sich um ihn und seine Schwester kümmern, ihn jedoch nicht immer verstehen und ihre heile Welt durch Davids Queerness bedroht sehen, ist Leo ohne Vater aufgewachsen. Seine Mutter hat wechselnde Bekanntschaften, bis schließlich Spike in das Leben aller tritt – neben Leo leben noch seine Zwillingsschwester Amber sowie seine jüngere Schwester Tia im Haushalt – und so etwas wie

Verantwortung übernimmt. Wenn partiell desolate Zustände durchschimmern, zeigen sich auf der anderen Seite jedoch Momente der Fürsorge, vor allem dann, wenn sich Leos Mutter für ihren Sohn einsetzt. Als Leo beginnt, seinen Wunsch in die Tat umzusetzen, seine wahre *Gender Identity* auszuleben, und von seinen Mitschüler*innen nicht nur gemobbt, sondern nahezu misshandelt wird, nimmt Leos Mutter ihn von der alten Schule, und nicht nur das: Sie prügelt sich für Leo mit einer anderen Mutter und besorgt ihrem Sohn einen Platz an der neuen Schule, an der Leo auf David trifft.

Es sind somit zunächst zwei Raumkonstruktionen, die relevant sind: Die Elternhäuser als privater Raum und die Schule als semiöffentlicher Raum. Hinzu kommen maßgeblich als dritte Raumkonstruktion zwei (vormals) öffentliche Räume, die sich als relevant für Leo und David entpuppen. Zum einen ist mit dem Schwimmbad ein verlassener Ort, ein *Lost Place*, gegeben, den Leo entdeckt hat, an den er sich oft zurückzieht und an dem er von David aufgespürt wird. In dieser Verlassenheit des Schwimmbades, die es zu einem intimen Raum macht und ihm das Moment der Privatheit einschreibt, eröffnet David Leo, dass er sich als Mädchen fühlt. Gleichzeitig offenbart Leo David, dass er biologisch als Mädchen geboren wurde (Williamson, 2016, 213–215). Die Geheimnisse beider werden an einem Ort geteilt, dem seine öffentliche Benutzung entzogen wurde. Der vormals öffentliche und damit belebte Raum ist zu einem verlassenen Raum geworden, an dem Zeit keine Rolle spielt und quasi nicht existent ist. *Lost Places* können zunächst als statische Räume interpretiert werden, in die sich – durchaus im Sinne der kulturellen Erinnerung und aufgrund fehlender aktiver Nutzung – Vergangenheit einschreibt.[21] Bedienen sich die Protagonist*innen dieser verlassenen Räume, schreiben sie sich ihnen – im Sinne Löws – selbst ein, platzieren sich in ihnen und erleben sie, gestalten sie zeitweilig so, wie sie die Räume haben wollen und ‚aktivieren' diese vergessenen Orte kurzzeitig wieder. Eine solche Raumkonzeption und -nutzung im Zuge der Narration ist mit ebendiesem verlassenen Schwimmbad gegeben, in dem sich nicht nur David und Leo gegenseitig outen, sondern in dem auch am Ende der Handlung der alternative Eden-Park-Weihnachtsball stattfindet, zu dem

> die sogenannten Spinner und Außenseiter der Highschool [kommen]. Aber dann sehe ich [d.i. David], dass es nicht nur die Goths, Emos und Nerds sind. Es sind auch andere dabei, Schüler, die ich immer als normal abgespeichert hatte. Von denen ich niemals erwartet hätte, dass sie lieber zu einem Ball in einem stillgelegten Schwimmbad in Cloverdale gehen würden als zu Harry Beaumonts Schneemaschinen-Angebershow. (Williamson 2016, 369–370)

David outet sich hier ‚semiöffentlich' vor seinen Klassenkamerad*innen als Mädchen, indem er in einem Kleid und geschminkt zum Ball geht und nicht nur mit seinen Freund*innen tanzt, sondern schließlich auch mit Leo, der ihm auch in diesem nun

---

21 Auf das Paradox, dass man dieses Einschreiben von Vergangenheit in einen vergessenen bzw. verlassenen Ort nur wahrnehmen und erleben kann, wenn man diese *Lost Places* wieder ‚aktiviert' und sie nutzt, sie zumindest zugänglich macht, kann an diesem Punkt nur hingewiesen werden.

semiöffentlichen Rahmen beisteht und von dem die Schülerschaft inzwischen auch weiß, dass er eine Transgenderpersönlichkeit ist. Akzeptanz und Toleranz werden hier ausgelebt und der Leserschaft des Romans vermittelt. Zugleich eröffnen *Lost Places* – zumindest wenn sie wie in diesem Fall mit einem Zaun gesichert und nur beschränkt zugänglich sind (oder wenn man weiß, welche Holzplanke im Zaun man lösen kann) – die Verbindung zu den heterotopen Orten im Sinne Foucaults, die nur beschränkt und selektiv zu betreten sind.[22]

Ein weiterer Raum, der zwischen dem Outing im privaten Kreis der Familie und dem Outing im Schwimmbad vor Schulfreunden angesiedelt ist und das zweite Outing im öffentlichen vertrauten Raum erst möglich macht, ist die Kleinstadt Tripton-on-Sea, in der Leo seinen Vater vermutet und aufsuchen will. Auch wenn die Begegnung ganz anders verläuft, als Leo sich das erträumt hat – sein Vater distanziert sich von Leo und verleugnet ihn vor seiner neuen Familie –, so hat die Fahrt doch Auswirkungen vor allem für David, die ihren Anfang bereits auf dem Weg nach Tripton-on-Sea nehmen: David zieht sich noch im Zug – dem ersten erwähnten dritten Ort nach Oldenburgs Definition – um und verwandelt sich in ein Mädchen. Er stellt fest: „Jetzt ist es kein Verkleiden mehr, jetzt ist es echt." (Williamson 2016, 273) Und auch für Leo ist der ‚verwandelte' David neu, staunend bemerkt er: „Die Klamotten stehen ihm sogar, viel besser als alles andere, in dem ich ihn bis jetzt gesehen habe. Er wirkt sicherer, scheint sich wohler in seiner Haut zu fühlen. Ich bekomme bereits Schuldgefühle, weil ich ihn in Gedanken immer noch als ‚er' bezeichne." (Williamson 2016, 281) Der Ortswechsel ermöglicht den öffentlich vollzogenen Kleiderwechsel – die Anonymität bietet hier einen sicheren Rahmen –, sodass David seine eigene *Gender Identity* erfolgreich ausleben kann: Niemand zweifelt daran, dass ‚er' ein Mädchen ist. Schon auf der Zugfahrt ist seine Verwandlung perfekt, denn

> [a]uf dem Weg zu meinem Platz warte ich dauernd darauf, dass die Leute mich kritisch mustern. Fallen ihnen nicht meine überdurchschnittlich großen Füße auf? Was ist mit meinem Kinn, dem falschen Glanz meiner Perücke, irgendetwas, was mich verraten könnte? Versehentlich stoße ich mit meinem Rucksack gegen den Arm eines Mannes. Er blickt verärgert hoch, nur um dann verständnisvoll zu reagieren. „'tschuldigung", stoße ich hervor. „Nicht so schlimm, Kleine", erwidert er lächelnd und vertieft sich wieder in seine Zeitung. […][A]ll meine Furcht und Nervosität [werden] von einem reinen Glücksgefühl überlagert. *Kleine*. Dieser Mann, ein völlig Fremder, hat mich „Kleine" genannt. (Williamson 2016, 273–274)

Das hat Auswirkungen, zunächst auf die zunehmend erkennbare Freiheit, mit der David seine *Gender Identity* auszuleben beginnt, und zudem auf die Unterhaltungen zwischen ihm und Leo, die immer ungezwungener werden: Im Pub *Mermaid Inn* – einem weiteren dritten Ort – löchert David Leo mit Fragen, zunächst zu seinem Aussehen – ob er wirklich als Mädchen durchgeht etc. –, dann aber auch zu ‚gendertypischen' Verhaltensweisen und Körperbewegungen, was schlussendlich zeigt, wie stigmatisierend gesellschaftliche Labels in den Köpfen der Protagonist*innen veran-

---

[22] Zum Konzept der Heterotopie vgl. Foucault 2005, 7–22; Foucault 1992, 34–46.

kert sind (Williamson 2016, 292–293). Der Umstand, dass sich beide in einem für sie unbekannten Raum befinden und gleichzeitig selbst Unbekannte sind, macht diesen Austausch und diese Freiheit erst möglich, die nicht nur David auskostet, sondern auch für Leo eine völlig neue Erfahrung ist:

> Es ist eine gute Gegenwart – wir haben Spaß, und ich fühle mich auf eine ganz neue Weise beinahe frei. Nach einer Weile verstehe ich, dass David recht hatte (nicht, dass ich ihm das jemals verraten würde): Es liegt daran, dass ich nicht lügen muss. Ausnahmsweise einmal kann ich mit jemandem reden, ohne jeden Satz genau abwägen zu müssen, um mich nicht zu verraten. (Williamson 2016, 296)

Der Höhepunkt ihrer ‚Performance' ist erreicht, als Leo auf der Bühne des Pub einen Karaokesong zum Besten gibt, während David ihn vor der Bühne anfeuert, und ein Gast zu Leo sagt, bevor dieser die Bühne betritt: „‚Komm schon, Kumpel, enttäusch deine Freundin nicht.'" (Williamson 2016, 300) Nicht nur ist die Verwandlung der beiden perfekt, sie zeugt auch davon, dass beide sich nun so wohl in ihrer Haut fühlen, dass kein Gast an ihrer gelebten *Gender Identity* zweifelt. Als Davids Mutter schließlich nach Davids Outing ein Foto sieht, dass in Tripton-on-Sea aufgenommen wurde und ihn mit Leo zeigt, stellt sie fest: „‚Du siehst wirklich glücklich aus.'" (Williamson 2016, 343)

In diesem Zusammenhang ist die Reihenfolge von Davids Outings im Hinblick auf die Räume interessant: Das Outing gegenüber den Eltern im privaten Rahmen erfolgt erst, nachdem er sich den Freund*innen und Leo gegenüber in semiöffentlichen Räumen geoutet hat und nachdem er das erste Mal an einem öffentlichen (in diesem Fall dritten) Raum und für ihn in anonymer Umgebung als Mädchen in Erscheinung getreten ist. Es scheint nicht nur so, als habe er sich selbst prüfen müssen, er bezeichnet dies im Gespräch mit Leo sogar als „Alltagstest", um sich wirklich über seine *Gender Identity* sicher zu sein:

> Ich habe alles über diesen „Alltagstest" im Internet gelesen. Manche der spezialisierten Ärzte verschreiben einem keine Medikamente, bevor man nicht beweisen kann, dass man tatsächlich mit dem gewählten Geschlecht leben kann. Und bisher habe ich es gerade mal zu Hause bis in den Garten geschafft. Aber jetzt habe ich ein ganzes Wochenende in einer Stadt vor mir, in der mich niemand kennt. Es ist eine zu gute Gelegenheit, um sie zu versäumen. (Williamson 2016, 270–271)

Das Ende des Romans gleicht dem Ende in Alex Ginos Roman *George:* David ändert seinen Namen in Kate[23] und tut es damit nicht nur George gleich, die sich, vorerst nur während des Ausflugs in den Zoo, Melissa nennt, sondern auch Leo, dessen ursprünglicher Mädchenname Megan war. Diese Namensänderungen – auch bei *Jenny*

---

[23] Im Pub von Tripton-on-Sea fragt Leo David nach dessen ‚neuem' Namen. Abgesehen von der Ernsthaftigkeit der Frage und der sich daraus ergebenden Diskussion wird auch hier deutlich, dass sich zwischen David und Leo eine gelöste Stimmung verbreitet, die in einer zwanglosen Unterhaltung mündet, die jedoch wiederum nur abseits der gewohnten und vertrauten Umgebung möglich ist (Williamson 2016, 293–294).

mit O stellt der Wechsel von Jenny zu Jonny einen markanten Einschnitt dar – zeigen, dass sich alle Protagonist*innen immer mehr ihrer wahren *Gender Identity* annähern und diese offener, bewusster und vor allem für alle sichtbar ausleben. Sie stehen zu sich, zu ihrem wahren Ich und zeigen dies nicht nur durch veränderte Kleidung und Körper, sondern auch über die selbstgewählten Namen, denen im Zuge der Identitätsbildung per se große Relevanz zukommt (vgl. Planka 2013).

5.2 John Boyne: *Mein Bruder heißt Jessica* (2020; Orig. 2019)

Privatheit und Öffentlichkeit stehen in Boynes Roman ebenfalls im Fokus, der im Prinzip das gleiche strukturelle Muster aufweist wie alle anderen Romane auch, die eine Transgenderpersönlichkeit in den Fokus rücken und deren Weg hin zu einem möglich gewordenen Ausleben der eigenen *Gender Identity* nachzeichnen: Jason outet sich im privaten Rahmen seiner Familie gegenüber und gesteht, dass er sich schon immer als Mädchen gefühlt habe. Die Reaktionen der Eltern zeugen von Unverständnis und Ablehnung: Sie sehnen ihre alte Normalität herbei und ziehen sogar eine Elektroschocktherapie in Betracht, um Jason ‚zu behandeln'.[24] Jasons Bruder Sam hingegen kann aufgrund seines Alters die Situation nicht einschätzen und wünscht sich seinen Bruder zurück. Jasons Geheimnis verlässt allerdings den privaten Raum und verbreitet sich im öffentlichen Raum, namentlich zuerst in der Schule, worunter nicht nur Jason, sondern auch Sam zu leiden hat, aus dessen Perspektive der Roman geschrieben ist. Was zunächst überrascht, erscheint jedoch – vor allem im Kontrast zu anderen Romanen mit Transgenderthematik – nur folgerichtig, kann doch mit diesem Roman auch ein Identifikationsangebot für Leser*innen eröffnet werden, die sich ebenfalls in der Geschwisterkinderrolle befinden und sich somit an dem dargestellten Setting orientieren können.

Während in anderen Romanen das Outing der Protagonist*innen das Ende markiert und die Narrationen somit den Weg bis zu diesem Outing und damit den inneren Konflikt der Individuen darstellen, steht in Boynes Roman Jasons Outing am Anfang der Geschichte. Nachfolgend wird der Umgang der einzelnen Akteur*innen mit demselben in den Mittelpunkt gerückt: Neben Sam sind das zum einen die Eltern der Geschwister und zum anderen die Mitschüler*innen, weitere Verwandte sowie die Öffentlichkeit, die aufgrund der elterlichen Berufe – die Mutter ist Politikerin, der Vater ihr persönlicher Sekretär – zwangsläufig in die familiären Belange involviert wird. Damit einhergehend eröffnen sich auch hier hauptsächlich zwei Räume, näm-

---

24 An dieser Stelle kann im Rückgriff auf Teich angemerkt werden, dass der Wunsch, das Geschlecht zu wechseln, in den USA als Krankheit im „American Psychiatric Association's official diagnostic book" eingetragen ist. „GID [Gender Identity Disorder], soon to be changed to *gender dysporia*, is classified as a mental health condition in which a person desires to be the ‚opposite' sex of that with which he or she was born. Due to its criteria, many transpeople fall under this diagnosis." (Teich 2012, 79)

lich das elterliche Zuhause, dem die Schule (und dann nachfolgend die Öffentlichkeit) gegenübergestellt werden. Als weiterer privater Raum, in den sich Jason schließlich zurückzieht und sich damit aus dem Elternhaus ausklinkt, wird das Haus der Tante eingeführt. Als semiöffentliche Räume bzw. Orte werden die Praxis des Psychologen sowie das Hotel bei einem gemeinsamen Ferienaufenthalt etabliert.

Die privaten Räume – das Zuhause von Sam und Jason sowie das Haus von Tante Rose – lassen sich noch einmal deutlich unterscheiden, werden sie einander doch diametral gegenübergestellt: Während Jason im eigenen Zuhause von den Eltern kein Verständnis erfährt, sie sogar nach einer Therapiemöglichkeit suchen, um Jason ‚zu heilen', und ihn schließlich zu einem Psychologen bringen, wird seine gefühlte *Gender Identity* von Tante Rose vollends akzeptiert. Erst bei der Tante gelingt es Jason, sich zum einen wirklich in eine Frau zu verwandeln und sich einen neuen Namen zu geben (Boyne 2020, 191). Zum anderen ist es Jason, der sich fortan Jessica nennt, erst hier möglich, Sam verständlich zu machen, was er fühlt und wie er leben möchte. Frühere Erklärungsversuche Jasons Sam gegenüber, die in der Wortwahl und der Erklärung der Thematik im Übrigen den Erläuterungen Nicholas Teichs ähneln, stießen auf Unverständnis:

> „Aber du siehst – ich bin nicht schwul."
> „Okay."
> „Echt nicht!"
> „Ich glaub's dir ja!", rief ich, allmählich genervt. „Aber wenn du denkst, du bist eigentlich ein Mädchen, dann müsstest du doch eigentlich mit Jungs zusammen sein wollen."
> „Nicht unbedingt", sagte er. „Das ist alles ziemlich kompliziert."
> „Dann erklär's mir", sagte ich und drehte mich zu ihm. „Ich kapiere das nicht. Sag du's mir."
> (Boyne 2020, 79–80)

Jason erklärt Sam, dass er sich immer als Mädchen gefühlt habe und sich darum auch lieber mit Mädchen habe umgeben wollen. Dies und die Tatsache, dass er Jungs schließlich gehasst habe, waren letztlich Gründe dafür, Behindertentoiletten zu benutzen, weil er die Männertoiletten nicht benutzen konnte, die für Damen jedoch nicht benutzen durfte. Nach einigen weiteren Erklärungen kommt es zu folgendem Dialog (beginnend mit Jason):

> „Aber trotzdem findest du es toll, Bilder von Mädchen anzuschauen, die fast nichts anhaben. So ist das bei den meisten Jungen in deinem Alter. Aber ich war schon immer anders. Ich wollte mit Mädchen zusammen sein *und* Bilder von Mädchen anschauen."
> „Heißt das, du bist *doch* nicht hetero?"
> „Aber ich hab dir doch schon gesagt –"
> „Nein, ich meine, wenn du denkst, du bist eigentlich ein Mädchen, aber du magst Mädchen, dann heißt das doch, du bist nicht hetero, sondern ein Mädchen, das Mädchen mag."
> „Ja, irgendwie schon", sagte er nachdenklich. „Keine Ahnung. An dem Punkt wird alles so kompliziert, das muss ich erst noch rausfinden. So ganz genau weiß ich es selbst noch nicht, Sam. Ich bin gerade mal siebzehn. Ich muss das erst noch selbst verstehen. Es ist echt schwierig."
> (Boyne 2020, 83)

Teich verweist auf ebendiese Problematik, die er unter *Sexual Orientation* subsumiert und von der *Gender Identity* differenziert (s. o.).

Während Sams Unverständnis altersbedingt ist, wollen Jasons Eltern sein Coming-out nicht nachvollziehen und stellen ihre beruflichen bzw. politischen Ambitionen in den Vordergrund. Sie verlangen, dass Jason sein Outing nicht in die Öffentlichkeit trägt und wollen es zugleich im privaten Raum ungeschehen machen, indem sie für das Vergessen plädieren. Als dies keine Wirkung zeigt, ziehen sie, wie erwähnt, einen Psychologen zu Hilfe, der Jason die ganze Transgenderproblematik ‚ausreden' soll. „One common reaction of parents is to tell their child [...] that he or she is being selfish and not thinking about the effect that coming out might have on the larger family", notiert Teich zu einem solch ablehnenden Verhalten und führt weiter aus: „What these parents might not understand is how torn their child has likely been over whether gender transition would hurt the family and that their child has already delayed coming out as long as possible." (2012, 32)

Im elterlichen Zuhause als privatem Raum ist das Ausleben der *Gender Identity* nicht möglich. Die Chance, sich selbst zu verwirklichen, die eigene Identität auszuprägen und nicht länger unterdrücken zu müssen, wird Jason verwehrt, was nicht zuletzt an den politischen Ambitionen der Mutter liegt. Zunehmend kristallisiert sich heraus, dass sie Premierministerin werden will und alles daransetzt, der Öffentlichkeit ein ihrem Verständnis nach traditionelles Familienleben zu präsentieren. Die familieninternen Konflikte spielen sich zunächst hinter verschlossenen Türen ab, bis sie den Weg in die Öffentlichkeit finden und sich auch in der Schule fortsetzen. Die Resultate dieses unfreiwilligen Outings sind mitunter skurril und eröffnen Überraschendes: So steht eines Tages Jasons Fußballtrainer vor der Tür und will Jason überreden, nicht (!) aus dem Team auszutreten. Dessen *Gender Identity* ist ihm dabei völlig egal und er akzeptiert Jason, so wie er ist – zu Sams eigener Überraschung, der den Trainer vollkommen falsch eingeschätzt hat (Boyne 2020, 125–126).[25]

Im Gegensatz dazu gestaltet sich das Miteinander mit den Mitschüler*innen als zunehmend schwierig, denn nicht nur Jason selbst leidet unter den Mobbingattacken, sondern auch sein Bruder Sam, der sich nichts sehnlicher wünscht, als dass alles so wie früher wird, weil er seinen Bruder nicht verlieren möchte. „[S]iblings of transwomen often struggle with the fact that their brother is now their sister and they must deal with all the consequences of that change." (Teich 2012, 34) Dieses Noch-nicht-verstehen-Können, kombiniert mit der Angst, den Bruder zu verlieren, manifestiert sich schließlich darin, dass Sam Jason nachts seine Haare abschneidet, die Jason immer als Pferdeschwanz getragen hatte, was zusätzlich für Ärger, Spott und Irritation

---

25 Der Coach antwortet auf die Frage von Jasons Eltern, ob Jasons sexuelle Orientierung ein Problem hinsichtlich des Fußballspielens darstelle, Folgendes: „Dass mir das schnurzpiepegal ist – selbst wenn Jason sich anziehen würde wie Papa Schlumpf oder leben möchte wie ein Außerirdischer aus dem Weltall. Das hat überhaupt nichts mit mir zu tun. Aber Fußball! Ja, Fußball! Das ist was anderes. Der Fußball ist wirklich wichtig. Alles Übrige – wen interessiert das schon. Es tut doch keinem weh!" (Boyne 2020, 125–126)

sorgte – nicht nur im privaten, sondern auch im öffentlichen Raum. Hier ist vor allem der Hotelaufenthalt anzusiedeln. Die Familie sitzt am Frühstückstisch, als Sams und Jasons Mutter von einer älteren Dame als Politikerin erkannt wird. Im Laufe des Gesprächs entspinnt sich ein Disput zwischen Jason und ihr, in dem ihre konservativen und national ausgerichteten Ansichten Jasons Meinung kontrastiv gegenübergestellt werden.

Jasons – noch nicht verbalisiertes – Outing ist im öffentlichen Raum rückgebunden an seine Familie, die dieses verhindert. Erst das Verlassen des Elternhauses, die räumliche Trennung von der Familie und die Flucht zur Tante ermöglichen es Jason, seine Transformation in Jessica zu vollenden. Seine Veränderung manifestiert sich zunächst optisch durch feminine Kleidung und Make-up, wird jedoch schließlich auch medikamentös eingeleitet.

Auch in Boynes Buch zeigt sich, dass erst ein Wechsel der privaten Räume an unterschiedlichen Orten die Transformation begünstigt und das Ausleben der wahren *Gender Identity* des Protagonisten bzw. der Protagonistin fördert. Dabei mag es zunächst erstaunen, dass Jason einen Ort wählt, der ebenfalls privat ist und an dem ein Mensch lebt, der Teil der Familie ist. Schaut man sich jedoch die Familienkonstellation an, so verwundert es nicht, dass Jason zu seiner Tante Rose geflohen ist – denn einer Flucht kommt dieser Ortswechsel durchaus gleich –, immerhin hat sie zu ihrer Schwester (Jasons und Sams Mutter) kaum noch Kontakt und kann so als Vertrauensperson für Jason fungieren, zumal sie als Gegenpol zu ihrer Schwester konzipiert ist: Ihre Liberalität, ihre Offenheit und ihre Unkonventionalität – sie hat ihr Auto verund ein Pferd gekauft, um von A nach B zu kommen und etwas Gutes für die Umwelt zu tun – stehen der in tradierten Denkstrukturen verhafteten Politikerin gegenüber.

6 Resümee

Insgesamt zeigt sich in der Mehrheit der Romane zu Transgender-Identitäten, dass es die Menschen sind, die an bestimmten Orten relevant sind und sie prägen. Während es im Fall von *Zusammen werden wir leuchten* ein Mitschüler mit ähnlichen Erfahrungen ist, der die Reise in eine andere Stadt initiiert und damit auch dafür sorgt, dass die beiden Protagonist*innen in einem ihnen unbekannten Pub landen, wo sie niemanden kennen und ihre wahren *Gender Identities* ausleben können, ist es in *Mein Bruder heißt Jessica* die Tante, die Jason versteht und beherbergt. Die anfängliche Ablehnung der Veränderungen der Protagonist*innen durch die Familien wird narrativ kontrastiert durch einzelne liberale Akteur*innen, die die Protagonist*innen in ihren Bestrebungen unterstützen.

Die Öffentlichkeit reagiert in der Regel ablehnend auf die Veränderungen der Transgenderpersönlichkeit und folgt dabei zunächst den Reaktionen der Familie. Als in diesem privaten Bereich die Akzeptanz für Jason/Jessica zunimmt, überträgt sich dies auf die Öffentlichkeit, die damit auf die familiären Veränderungen reagiert. Daneben gibt es Fremde aus dem öffentlichen Raum, die die Protagonist*innen erst nach vollzogener Verwandlung sehen und akzeptieren. Die öffentlichen Räume entpuppen sich dabei als Räume, die auch für die Protagonist*innen fremd sind, sodass von einer gegenseitigen Anonymität gesprochen werden kann.

So unterschiedlich sich die Transgendernarrative in den genannten Büchern präsentieren, im Kern geht es immer darum, sich selbst zu behaupten, um die eigene *Gender Identity* ausleben zu können und als Individuum akzeptiert zu werden. Selbst- und Fremdbild kollidieren deutlich, zumal das Fremdbild durch den sozialen Raum, der sich in diesen Fällen hauptsächlich als ein öffentlicher Raum konstituiert, bestimmt wird (vgl. Planka 2021). Alle Romane zeigen, dass die Protagonist*innen dazu ermächtigt werden, ihre empfundene *Gender Identity* auszuleben, indem sie Raum- und Ortswechsel vollziehen. Erst der Schritt aus der vertrauten in eine neue, fremde Umgebung und die dort erfahrene Akzeptanz machen den komplexen Schritt des Outings möglich, das final besiegelt wird durch die Wahl eines neuen Namens als Akt der Selbstbestimmtheit. Dabei wird auch klar, dass der Begriff des Ortes einer doppelten Konnotation unterliegt: Neben dem Ort als Platz, der physisch gewechselt wird, müssen die Protagonist*innen gleichzeitig im übertragenen Sinn ihren Platz in der Gesellschaft finden. Dazu gehört die Abnabelung von den Eltern ebenso wie der Aufbau eines neuen Freundeskreises, der das Individuum in seiner Einzigartigkeit akzeptiert. Die Abnabelung geht mitunter einher mit der Exploration neuer privater und öffentlicher Räumlichkeiten, in denen das Individuum die eigene Identität und damit zusammenhängend die eigene *Gender Identity* ausleben kann.

Literatur

1 Primärliteratur

Atwood, Megan. *Raise the Stakes*. Plain City, Ohio: Darby Creek, 2016.
Boyne, John. *My Brother's Name is Jessica*. London: Puffin Books, 2020 [2019].
Boyne, John. *Mein Bruder heißt Jessica*. Aus dem Englischen übersetzt von Adelheid Zöfel. Frankfurt a. M.: Fischer Kinder- und Jugendbuch, 2020.
Cronn-Mills, Kristin: *Beautiful Music for Ugly Children*. Woodbury, MN: Flux, 2012.
Eliason, Rachel. *The Best Boy Ever Made*. Kindle E-Book, o.O., 2014.
Fessel, Karen-Susan. *Jenny mit O*. Berlin: Querverlag, 2005.
Gino, Alex. *George*. Aus dem amerikanischen Englisch übersetzt von Alexandra Ernst. Frankfurt a. M.: Fischer, 2016.
Hennessey, M.G. *The Other Boy*. New York: HarperCollins, 2016.
Herthel, Jessica/Jazz Jennings: *I Am Jazz*. New York: Penguin, 2014.
Hyde, Catherine Ryan. *Jumpstart the World*. New York: Ember, 2010.
Katcher, Brian. *Almost Perfect*. New York: Delacourt Press, 2009.
Levithan, David. *Two Boys Kissing*. New York: Knopf Books for Young Readers, 2013.
Orghandl, Franz. *Der Katze ist es ganz egal*. Mit Bildern von Theresa Strozyk. Leipzig: Klett Kinderbuch, 2020.
Peters, Julie Anne. *Luna*. New York: Little, Brown and Company, 2004.

Polonsky, Ami. *Und mittendrin ich*. Aus dem amerikanischen Englisch übersetzt von Petra Koob-Pawis. München: cbj, 2019.
Rapp, Adam. *Punkzilla*. Somerville, Massachusetts: Candlewick, 2009.
Silverman, Erica. *Jack (not Jackie)*. Illustrationen von Holly Hatam. New York: little bee books, 2018.
Williamson, Lisa. *The Art of Being Normal*. London: Faber and Faber, 2015.
Williamson, Lisa. *Zusammen werden wir leuchten*. Aus dem Englischen übersetzt von Eisold Viebig. Frankfurt a. M.: Fischer, 2016 [2015].
Wittlinger, Ellen. *Parrotfish*. New York: Simon & Schuster, 2007.
Wood, Jeannie. *A Boy Like Me*. Philadelphia: 215 Ink, 2014.

2 Sekundärliteratur

Agamben, Giorgio. *The Use of Bodies. Homo Sacer IV, 2*. Aus dem amerikanischen Englisch übersetzt von Adam Kotsko. Stanford, CA: Stanford University Press, 2016.
Arendt, Hannah. *Vita activa oder Vom alltäglichen Leben*. München: Piper, 2019 [1958].
Baumann, Zygmunt. *Wieder allein. Ethik am Ende der Gewissheit*. Aus dem Englischen übersetzt von Georg Hauptfeld. Wien u. a.: Edition Konturen, 2019. [= Baumann 2019a]
Baumann, Zygmunt. *Stadt der Ängste – Stadt der Hoffnungen*. Aus dem Englischen übersetzt von Georg Hauptfeld. Wien u. a.: Edition Konturen, 2019. [= Baumann 2019b]
Beauvoir, Simone de. *Das andere Geschlecht. Sitte und Sexus der Frau*. Aus dem Französischen übersetzt von Uli Aumüller und Grete Osterwald. Reinbek: Rowohlt, 2009 [1949].
Berger, Peter L./Thomas Luckmann. *Die gesellschaftliche Konstruktion der Wirklichkeit. Eine Theorie der Wissenssoziologie*. Mit einer Einleitung zur deutschen Ausgabe von Helmuth Plessner. Aus dem amerikanischen Englisch übersetzt von Monika Plessner. Frankfurt a. M.: Fischer Taschenbuch, 2009 [1966].
Certeau, Michel de. „Praktiken im Raum". *Raumtheorie. Grundlagentexte aus Philosophie und Kulturwissenschaften*. Hg. Jörg Dünne/Stephan Günzel. Frankfurt a. M.: Suhrkamp Taschenbuch, 2006, 343–353.
Februari, Maxim. *The Making of Man. Notes on Transsexuality*. Aus dem Niederländischen übersetzt von Andy Brown. London: Reaktion Books, 2015 [2013].
Foucault, Michel. *Die Heterotopien. Der utopische Körper. Zwei Radiovorträge*. Zweisprachige Ausgabe. Aus dem Französischen übersetzt von Michael Bischoff. Mit einem Nachwort von Daniel Defert. Frankfurt a. M.: Suhrkamp, 2005, 7–22 [1966].
Foucault, Michel. „Andere Räume". *Aisthesis. Wahrnehmung heute oder Perspektiven einer anderen Ästhetik*. Hg. Karlheinz Barck/Peter Gente/Heidi Paris. Leipzig: Reclam, 1992, 34–46 [1967].
Günzel, Stephan. *Raum. Eine kulturwissenschaftliche Einführung*. Bielefeld: transkript, 2020.
Jenkins, Christine A./Michael Cart. *TOP 250 LGBTQ Books for Teens. Coming Out, Being Out, and the Search for Community*. Chicago: Huron Street Press, 2015.
Jenkins, Christine A./Michael Cart. *Representing the Rainbow in Young Adult Literature. LGBTQ+ Content since 1969*. Lanham u. a.: Rowman & Littlefield, 2018.
Jensen, Heike. „Sexualität". *Gender@Wissen. Ein Handbuch der Gender-Theorien*. Hg. Christina Braun/Inge Stephan. Köln u. a.: Böhlau, 2013, 143–161.
Mahnkopf, Claus-Steffen. *Philosophie des Orgasmus*. Frankfurt a. M.: Suhrkamp, 2019.
Oldenburg, Ray. *The Great Good Place. Cafés, Coffee Shops, Bookstores, Bars, Hair Salons and Other Hangouts at the Heart of a Community*. Cambridge, MA: Da Capo Press, 199[9].
Planka, Sabine. „Auf der Suche nach Identität. Eine Betrachtung des Klons in Sangu Mandannas Roman *Lost Girl*". *interjuli* 02 (2013), 41–56.

Planka, Sabine. „Raumparadigmatische Überlegungen zu Karen-Susan Fessels *Was in den Schatten ruht* (2015), *Jenny mit O* (2005) und *Steingesicht* (2001)". *Karen-Susan Fessel. Poet in Residence 2018/Paderborner Kinderliteraturtage 2019: Karen-Susan Fessel*. Hg. Petra Josting/Iris Kruse. München: kopaed, 2019, 123–146.

Planka, Sabine. „My Home is my Castle, my Garden your Grave. The Private Garden as Graveyard in Selected Crime Novels". *Death and Garden Narratives in Literature, Art, and Film. Song of Death in Paradise*. Hg. Sabine Planka/Feryal Cubukcu. Lanham u. a.: Lexington, 2020, 59–71.

Planka, Sabine. „,Ich *bin* [ein Junge]. Ich hab nur nicht den richtigen Körper erwischt.' Transgenderidentitäten im öffentlichen und privaten Raum in Jugendromanen des 20. und 21. Jahrhunderts". *Von der Vielheit der Geschlechter. Neue interdisziplinäre Beiträge zur Genderdiskussion*. Hg. Julia von Dall'Armi/Verena Schurt. Wiesbaden: Springer VS, 2021, 219–238.

Pressler, Mirjam. „Karen-Susan Fessel – eine Autorin mit Mut zur Auseinandersetzung". *Leser treffen Autoren*. Hg. Kurt Franz/Paul Maar. Baltmannsweiler: Schneider Hohengehren, 2006. http://www.karen-susan-fessel.de/index.php/schriftstellerin-sein/ (22. Juli 2020).

Rössler, Beate. *Der Wert des Privaten*. Frankfurt a. M.: Suhrkamp Taschenbuch, 2001.

Schreiber, Daniel. *Zuhause. Die Suche nach dem Ort, an dem wir leben wollen*. Frankfurt a. M.: Suhrkamp Taschenbuch, 2018.

Stryker, Susan. *Transgender History. The Roots of Today's Revolution*. New York: Hachette Book Group, 2017.

Teich, Nicholas M. *Transgender 101. A Simple Guide to a Complex Issue*. Mit einem Vorwort von Jamison Green. New York: Columbia University Press, 2012.

Tholen, Toni. „Gender-Dystopien. Beobachtungen zu Adoleszenz und Pop-Figurationen in der Gegenwart". *Topographien der Kindheit. Literarische, mediale und interdisziplinäre Perspektiven auf Orts- und Raumkonstruktionen*. Hg. Caroline Roeder. Bielefeld: transcript, 2014, 381–391.

Die Autor*innen dieses Bandes

MARTINA BACKES, Prof. Dr., Lehrstuhlvertretung für Germanistische Mediävistik an der Universität Freiburg/Br. Studium der Germanistik und Philosophie an den Universitäten Bonn, Freiburg/Br., Zürich und Köln. Lehrtätigkeiten an den Universitäten Aachen, Basel, Freiburg/Br., Lausanne, Fribourg. Forschungsschwerpunkte: Literatur des Spätmittelalters und der Frühen Neuzeit, französisch-deutsche Literaturbeziehungen, mittelalterliche Handschriften- und Buchkultur, regionale Literaturgeschichte des deutschsprachigen Südwestens. Wichtige Publikationen: „Schauspiel in der Stadt. Der ‚Weltspiegel' des Valentin Boltz". In: *Raum und Medium. Literatur und Kultur in Basel in Spätmittelalter und Früher Neuzeit*. Hg. Johanna Thali/Nigel Palmer. Berlin u. a. 2020, 459–474; „Anna von Munzingen. Frauenmystik in Freiburg". In: *Auf Jahr und Tag. Leben im mittelalterlichen Freiburg*. Hg. Heinz Krieg et al. Freiburg/Br. u. a. 2017, 51–67; „Weder man noch wîp? Maskerade und Geschlechtertausch in der mittelalterlichen Literatur". In: *Geschlechterkonstruktionen in Sprache, Literatur und Gesellschaft. Gedenkschrift für Gisela Schoenthal*. Hg. Elisabeth Cheauré et al. Freiburg/Br. 2002, 24–43.

WIEBKE VON BERNSTORFF, Dr., wissenschaftliche Mitarbeiterin am Institut für deutsche Sprache und Literatur an der Universität Hildesheim. Studium der Diplom-Kulturpädagogik an der Universität Hildesheim (Theater- und Literaturwissenschaft sowie Musikwissenschaft). Forschungsschwerpunkte: Feministische Literaturwissenschaft, Exil- und interkulturelle Literatur und ihre Didaktik, Intermedialität und Theaterpädagogik. Wichtige Publikationen: *Fluchtorte. Die mexikanischen und karibischen Erzählungen von Anna Seghers*. Göttingen 2006 (Promotion); „Die musikalische Poetik Elfriede Jelineks". In: *Literatur und die anderen Künste*. Universität Hildesheim 2014 (hg. gemeinsam mit Toni Tholen und Burkhard Moennighoff), 190–223; *Grenzüberschreitungen. Migrantinnen und Migranten als Akteure im 20. Jahrhundert*. München 2019 (hg. gemeinsam mit Kristina Schulz und Heike Klapdor).

SUSANNE BLUMESBERGER, Dr., Leiterin der Abteilung Repositorienmanagement PHAIDRA-Services an der Universitätsbibliothek Wien; Vorsitzende der Österreichischen Gesellschaft für Kinder- und Jugendliteraturforschung; Mitherausgeberin von *libri liberorum. Zeitschrift der österreichischen Gesellschaft für Kinder- und Jugendliteraturforschung* und der Schriftenreihe *Kinder- und Jugendliteraturforschung in Österreich*. Studium der Publizistik und Kommunikationswissenschaft sowie der Germanistik an der Universität Wien. Forschungsschwerpunkte: Österreichische Kinder- und Jugendliteratur, Exilliteratur, Frauenbiographieforschung, Forschungsdatenmanagement. Wichtige Publikationen: *Handbuch der österreichischen Kinder- und Jugendschriftstellerinnen*. Bd. 1: *A–L*. Wien 2014; *Deutschsprachige Kinder- und Jugendliteratur während der Zwischenkriegszeit und im Exil. Schwerpunkt Österreich*. Frankfurt a. M. u. a. 2017 (hg. gemeinsam mit Jörg Thunecke); „Rusia Lampels Blick auf die israelische Jugend. Jugendbücher als fast vergessene Zeitdokumente?". In: *Das Exil von Frauen. Historische Perspektive und Gegenwart*. Hg. Ilse Korotin/Ursula Stern. Wien 2020, 128–147.

MARIE FLÜH, M.Ed., Doktorandin und wissenschaftliche Mitarbeiterin am Institut für Germanistik der Universität Hamburg; Promotion zu Emotionen und Referenzgrößen in Briefen und literarischen Werken. Im Projekt *forTEXT* v. a. für die Dissemination digitaler Methoden in den schulischen Bereich zuständig; Mitarbeiterin im Projekt *Dehmel digital*, in dem die wissenschaftliche Erschließung des Korrespondenznetzes von Richard und Ida Dehmel mittels digitaler Methoden erarbeitet wird; Projektgründerin m*w (gemeinsam mit Mareike Schumacher). Studium der Germanistik und Geographie an der Universität Hamburg. Forschungsschwerpunkte: Emotions- und Bewertungsanalyse, Methoden der Digital Humanities, Zeitschriftenwesen des 18. und 19. Jahrhunderts, Literatur des 18., 19. und 20. Jahrhunderts. Wichtige Publikationen: „m*w Figurengender zwischen Stereotypisierung und literarischen und theoretischen Spielräumen: Genderstereotype und -bewertungen in der Literatur des 19. Jahrhunderts". In: *DHd2020: Digital Humanities zwischen Modellierung und Interpretation. Konferenzabstracts.* Hg. Christof Schöch. Paderborn 2020, 162–167 (gemeinsam mit Mareike Schumacher); „Christoph Martin Wieland und die Rezeptionspraxis des 18. und 19. Jahrhunderts. Digitale literaturwissenschaftliche Rekonstruktion von Wertungskriterien aus der ‚Allgemeinen Literatur-Zeitung'". In: *Wieland-Studien* 11. Hg. Klaus Manger. Heidelberg 2021, 269–325.

CHRISTIAN HEIGEL, Staatsexamen für das Lehramt an Gymnasien, Gymnasiallehrer, wissenschaftlicher Mitarbeiter im Bereich Fachdidaktik Deutsch (mit dem Schwerpunkt Literatur- und Mediendidaktik) an der Universität Konstanz sowie Lehrbeauftragter am Seminar für Ausbildung und Fortbildung der Lehrkräfte Rottweil (Gymnasium). Studium der Germanistik, Anglistik und Romanistik an der Universität Freiburg/Br. Lehr-/Forschungsschwerpunkte: Intermedialität, Theaterästhetik und -didaktik, Gender in Literatur und Film, Interkulturalität in der Deutschdidaktik. Wichtige Publikationen: „Ästhetik der Künste. Bildende Kunst und Musik im Lichte Salvator Rosas bei E. T. A. Hoffmann". In: *Salvator Rosa in Deutschland: Studien zu seiner Rezeption in Kunst, Literatur und Musik.* Hg. Achim Aurnhammer/Günter Schnitzler/Mario Zanucchi. Freiburg/Br. 2008, 263–277; „Wenn Texte auftreten. Spielarten der Rezeptionslenkung bei der theatralen Vermittlung von Literatur (am Beispiel der Romanadaption von Houellebecqs ‚Unterwerfung')". In: *Öffentliche Literaturdidaktik: Grundlagen in Theorie und Praxis.* Hg. Dieter Wrobel/Christine Ott. Berlin 2018, 161–177; „Alltagsnahes Erzählen im biographisch-dokumentarischen Theater". In: *Erzähltheater.* Hg. Gabriela Paule/Anne Steiner. Münster 2020, 181–202.

HENRIETTE HOPPE, Dr., Akademische Oberrätin am Institut für Sprache und Literatur an der Pädagogischen Hochschule Schwäbisch Gmünd im Bereich Literaturwissenschaft und Literaturdidaktik. Studium der Germanistik und Romanistik an der FU Berlin. Lehr- und Forschungsschwerpunkte: Theorie und Praxis der Kinder- und Jugendliteratur, Aufgabenformate, Medien im Deutschunterricht, Schulbuchforschung. Wichtige Publikationen: *Schreiben in Unterrichtswerken. Eine qualitative Studie über die Modellierung der Textsorte Bericht in ausgewählten Unterrichtswerken sowie den Einsatz im Unterricht.* Frankfurt 2011 (Promotion); „Fragmentstruktur und Wahrnehmungsweisen Isas in Wolfgang Herrndorfs *Bilder deiner großen Liebe*". In: *Wolfgang Herrndorf lesen. Beiträge zur Didaktik der deutschsprachigen Gegenwartsliteratur.* Hg. Jan Standke. Trier 2016, 149–166; „Die Arbeit der Kinderjury – Bilder wahrnehmen, versprachlichen und mitteilen." In: *Bildliteralität im Übergang von Literatur und Film.* Frankfurt a. M. 2017 (hg. gemeinsam mit Christian Weißenburger und Claudia Vorst), 137–158.

JAN HORSTMANN, Dr., Leiter des Service Center for Digital Humanities (SCDH) an der Westfälischen Wilhelms-Universität Münster, Universitäts- und Landesbibliothek. Zuvor Geschäftsführer des Forschungsverbunds Marbach, Weimar, Wolfenbüttel (MWW) und Projektkoordinator im DFG-Projekt *forTEXT* zur Dissemination digitaler Methoden in die traditionelleren Literaturwissenschaften. Studium der Germanistik und Geschichte (B.A., Münster) sowie Deutschsprachige Literaturen (M.A., Hamburg). Forschungsschwerpunkte: Methoden und Theorie der Digital Humanities, insbesondere der digitalen Literaturwissenschaft und digitalen Sammlungsforschung, transmediale Erzähltheorie, Theater und Performance. Wichtige Publikationen: *Theaternarratologie. Ein erzähltheoretisches Analyseverfahren für Theaterinszenierungen.* Berlin u. a. 2018; „Alte Fragen, neue Methoden – Philologische und digitale Verfahren im Dialog. Ein Beitrag zum Forschungsdiskurs um Entsagung und Ironie bei Goethe". In: *Zeitschrift für digitale Geisteswissenschaften* 4 (2019), https://zfdg.de/2019_007 (09. März 2021) (gemeinsam mit Rabea Kleymann); „Textvisualisierung: Epistemik des Bildlichen im Digitalen". In: *Wovon sprechen wir, wenn wir von Digitalisierung sprechen? Gehalte und Revisionen zentraler Begriffe des Digitalen.* Hg. Martin Huber/Sybille Krämer/Claus Pias. Frankfurt a. M. 2020, 154–173.

Jennifer Jessen, M.A., Doktorandin an der Justus-Liebig-Universität Gießen, Promotion zum Thema „Sünde und Schuld bei Jakob Michael Reinhold Lenz"; bis 2021 Promotionsstipendiatin des Evangelischen Studienwerks Villigst e.V. Seit November 2021 wissenschaftliche Mitarbeiterin für digitale Kulturvermittlung im Stadt- und Stiftsarchiv Aschaffenburg. Studium der Neueren deutschen Literatur und Kunstgeschichte an der Universität Gießen. Forschungsschwerpunkte: Literarische Interpretationen gesellschaftlichen Wandels insbesondere in der Aufklärung und der Wiener Moderne. Wichtige Publikationen: „Geschlechterdifferente Erziehungsmodelle in der europäischen Aufklärung. Rousseaus ‚Emile oder über die Erziehung' im Vergleich zu Joachim Heinrich Campes ‚Robinson der Jüngere' und ‚Väterlicher Rath für meine Tochter'". In: *Gender-Dialoge. Gender-Aspekte in den Literatur- und Kulturwissenschaften*. Hg. Annette Simonis. Berlin 2015, 79–100; „Dreieck". In: *Lexikon der Revolutions-Ikonographie in der Europäischen Bildpublizistik 1789–1889*. Bd. 1. Hg. Rolf Reichardt. Münster 2017, 723–732 (gemeinsam mit Fabian Stein); „Vergissmeinnicht". In: *Metzler Lexikon literarischer Symbole*. 3. Aufl. Hg. Günter Butzer/Joachim Jacob. Stuttgart 2021, 682–683.

Joseph Kebe-Nguema, M.A., Doktorand im Rahmen eines Cotutelle-Verfahrens unter der Leitung von Prof. Dr. Bernard Banoun (Sorbonne Université) und Prof.in Dr. Bettina Kümmerling-Meibauer (Eberhard Karls Universität Tübingen) zum Thema *„Die Mauer in den Köpfen"? Eine intersektionale Analyse der Konstruktion des Schwarzseins in der Kinder- und Jugendliteratur der beiden deutschen Staaten von 1949 bis 1989*. Mitglied der Forschungseinheit REIGENN. Deutschstudium an den Universitäten Nantes und Paris. Forschungsschwerpunkte: Gesamtdeutsche Kinder- und Jugendliteratur, Intersektionalität, Gender, Kritische Weißseinsforschung, Schwarzsein, Jugendkolonialliteratur. Wichtige Publikationen: „Das deutsche Kolonialerbe in der Jugendkolonialliteratur der BRD und der DDR". In: *TRANSIT* 13.1 (2021), 144–160; „Der amerikanische Alptraum in *Sally Bleistift in Amerika* (1935) von Auguste Lazar". In: *kids+media* (im Druck).

Annette Kliewer, Dr. habil., Studiendirektorin am Gymnasium im Alfred-Grosser-Schulzentrum mit den Fächern Deutsch, Französisch, Ethik und Religion. Studium der Evangelischen Theologie, Germanistik, Romanistik und Erziehungswissenschaften in Heidelberg, Hamburg, Rennes und Freiburg/Br. Forschungsschwerpunkte: Interkulturalität, Holocaust-Forschung und Gender-Forschung. Wichtige Publikationen: *Geistesfrucht und Leibesfrucht. Mütterlichkeit und „weibliches Schreiben" im Kontext der bürgerlichen Frauenbewegung*. Pfaffenweiler 1993 (Promotion); *Neue Leser braucht das Land! Kinder- und Jugendliteratur im geschlechterdifferenzierenden Deutschunterricht*. Baltmannsweiler 2004 (hg. gemeinsam mit Anita Schilcher); *Interregionalität. Literaturunterricht an der Grenze zum Elsass*. Baltmannsweiler 2006 (Habilitation).

Kirsten Kumschlies, Dr., Akademische Rätin für Grundschuldidaktik Deutsch an der Universität Trier; Leitung des Ressorts „KJL-Rezensionen" des wissenschaftlichen Internetportals www.kinderundjugendmedien.de. Zuvor Lehrerin an Gesamt- und Grundschulen in Hamburg, Bremen und Madrid. Studium der Fächer Erziehungswissenschaft, Grundschulpädagogik, Evangelische Theologie und Germanistik an der Universität Hamburg, dort Promotion in Literaturdidaktik. Forschungsschwerpunkte: Didaktik des Kinderromans, Mediendidaktik für die Grundschule, Narratologie, zeitgeschichtliche Kinder- und Jugendliteratur zum Mauerfall. Wichtige Publikationen: „Transmediale Lektüre. Medienverbünde im Deutschunterricht der Primarstufe". In: *kjl&m* 71.4 (2019), 78–85 (gemeinsam mit Tobias Kurwinkel); „Vergessene Schätze wiederentdeckt. Die Bilderbücher John Burninghams". In: *Die Welt im Bild entdecken. Multidisziplinäre Perspektiven auf das Bilderbuch*. Hg. Tobias Kurwinkel/Philipp Schmerheim/Corinna Norrick-Rühl. Würzburg 2020, 219–232; „‚Ich fühlte mich geborgen in diesem Staat, in dem alle Menschen Brüder waren…'. Zur Darstellung der DDR in aktuellen Kinder- und Jugendromanen." In: *Literatur im Unterricht. Texte der Gegenwartsliteratur für die Schule: DDR*. 21.1 (2020), 7–21 (gemeinsam mit Jana Mikota).

NILS LEHNERT, Dr., Lecturer für Germanistische Literaturwissenschaft im Arbeitsbereich Kinder- und Jugendliteratur/Kinder- und Jugendmedien an der Universität Bremen. Studium der Germanistik, Psychologie und Philosophie an der Universität Kassel. Forschungsschwerpunkte: Kinder- und Jugendliteratur, Bilderbuch, Gender, Literaturtheorie, Popkulturforschung. Wichtige Publikationen: „'So ermahnte man ihn, in Zukunft besser beim Niesen aufzupassen, und schickte ihn nach Hause.' Paul Maars Pixi-Buch *Vorsicht, Niesgefahr!* zwischen Exklusion und (Re-)Integration, Über-Ich und Es, Philistertum und Selbstbestimmung, Sams und Sturmniesen". In: *Paul Maar. Studien zum kinder- und jugendliterarischen Werk.* Hg. Andreas Wicke/Nikola Roßbach. Würzburg 2017, 139–158; „'Es wird einmal' in Mauldawien. Serialitäts-, transtextualitäts- und genderdidaktische Annäherungen an Finn-Ole Heinrichs *Maulina Schmitt*-Trilogie". In: *Serialität in der Kinder- und Jugendliteratur. Fachwissenschaftliche und fachdidaktische Perspektiven.* Hg. Ina Brendel-Perpina/Anna Kretzschmar. Baltmannsweiler 2021, 163–177; „Genderdiskurse: Figur und Geschlecht am Beispiel von Elfriede Jelineks *Für den Funk dramatisierte Ballade von drei wichtigen Männern sowie dem Personenkreis um sie herum*". In: *Gehörte Geschichten. Phänomene des Auditiven* (hg. gemeinsam mit Ina Schenker und Andreas Wicke; im Druck).

SIMONE LOLEIT, PD Dr., wissenschaftliche Mitarbeiterin im Fach Germanistik-Mediävistik an der Universität Duisburg-Essen; Studium der Germanistik und Geschichte ebendort; Habilitation 2016. Forschungsschwerpunkte: Minnesang, Topos- und Raumforschung, Inszenierungen interreligiöser und interkultureller Freund-Feind-Beziehungen, Fabeln des Mittelalters und der Frühen Neuzeit, Quellen der *Kinder- und Hausmärchen* der Brüder Grimm. Wichtige Publikationen: *Zeit- und Alterstopik im Minnesang. Eine Untersuchung zu Liedern Walthers von der Vogelweide, Reinmars, Neidharts und Oswalds von Wolkenstein.* Berlin 2018; „'wir gern ze den swebenden ünden'. Nautische Bildlichkeit in mittelalterlicher Kreuzzugslyrik". In: *Text und Kontext* 41 (2019), 114–131; „Gibt es einen Märchenkanon? Überlieferungs- und editionsgeschichtliche Überlegungen zu den *Kinder- und Hausmärchen* der Brüder Grimm". In: *Kanonbildung und Editionspraxis.* Hg. Jörn Bohr/Gerald Hartung/Rüdiger Nutt-Kofoth. Berlin 2021, 137–158.

JANA MIKOTA, Dr., Oberstudienrätin im Hochschuldienst und Mitarbeiterin im Bereich Literaturdidaktik an der Universität Siegen. Herausgeberin der Zeitschrift *de:do. Denkste Puppe* (https://denkste-puppe.info) und Mitglied im erweiterten Präsidium der deutschen Akademie für Kinder- und Jugendliteratur. Studium der Germanistik, Geschichte und Kunstgeschichte in Siegen und Prag. Forschungsschwerpunkte: Historische und aktuelle Kinder- und Jugendliteratur und ihre Theorie, literarische Sozialisation und literarisches Lernen. Wichtige Publikationen: *Alice Rühle-Gerstel: Ihre kinderliterarischen Arbeiten im Kontext der Kinder- und Jugendbücher der Weimarer Republik, des Nationalsozialismus und des Exils.* Berlin u. a. 2004 (Promotion); *Aktuelle Kriminalromane für ein junges Publikum.* Siegen 2020 (gemeinsam mit Nadine J. Schmidt); *Von Kindheit an ist Lesen Vorbereitung auf das Leben. Lesegeschichten von Autorinnen und Autoren. Mit Bildern von Hanni Müller-Kranzhoff.* Siegen 2020 (hg. gemeinsam mit Bastian Dewenter und Nadine J. Schmidt).

SABINE PLANKA, Dr., wissenschaftliche Mitarbeiterin im geisteswissenschaftlichen Fachreferat der Universitätsbibliothek der FernUniversität Hagen und Lehrbeauftragte im Bereich Kinder- und Jugendliteratur. Studium der Germanistik, Kunstgeschichte und Allgemeinen Literaturwissenschaft an der Universität Siegen; Promotion ebendort mit einer kultur- und filmwissenschaftlichen Arbeit. Forschungsschwerpunkte: Kinder- und Jugendliteratur vom 19.–21. Jahrhundert unter Berücksichtigung kunst- und filmwissenschaftlicher Aspekte. Wichtige Publikationen: *Berlin. Bilder einer Metropole in erzählenden Medien für Kinder und Jugendliche* (als Hg.). Würzburg 2018; „'Wir ist nicht ihres Kammerdieners!' Revolutionen im Hause Hogelmann in Christine Nöstlingers *Wir pfeifen auf den Gurkenkönig*". In: *kjl&m* 71.1 (2019), 25–34; „'Also, in dem Spiel muss man in alle Dewey-Räume gehen und eine Frage zu einem Buch beantworten.' Chris Grabensteins *Die Flucht aus Mr. Banancellos Bibliothek* als wissensvermittelnder Abenteuerroman". In: *kjl&m* 73.1 (2021), 66–74.

PETER PODREZ, Dr., wissenschaftlicher Mitarbeiter am Institut für Theater- und Medienwissenschaft der Friedrich-Alexander-Universität Erlangen-Nürnberg. Studium der Theater- und Medienwissenschaft sowie der Pädagogik ebendort. Forschungsschwerpunkte: medienwissenschaftliche Human-Animal Studies, medienwissenschaftliche Gender Studies, mediale Zukunftsvisionen, Film und Räumlichkeit, Game Studies, medialer Horror. Wichtige Publikationen: *Der Sinn im Untergang. Filmische Apokalypsen als Krisentexte im atomaren und ökologischen Diskurs.* Stuttgart 2011; „Aus dem Leben eines Wolfs. Anthropozentrimus und Lykozentrismus in der Tiersimulation WolfQuest". In: *Tierstudien: Tiere erzählen.* 15 (2019), 152–161; *Urbane Visionen. Filmische Entwürfe der Zukunftsstadt.* Würzburg 2021.

KARIN RICHTER (1943–2022), Prof. Dr., emeritierte Professorin für Literarische Erziehung/Kinder- und Jugendliteratur an der Universität Erfurt (vormals Pädagogische Hochschule Erfurt). Studium der Germanistik, Geschichte und Pädagogik an der Martin-Luther-Universität Halle-Wittenberg. Oberschullehrerin für Deutsch, Geschichte und Englisch; ab 1968 wissenschaftliche Mitarbeiterin, Oberassistentin und Hochschuldozentin an der Universität Halle; mehrjährige Tätigkeit als Dozentin für deutsche Sprache und Literatur im Ausland. Sprecherin der Forschungsgesellschaft für Kinder- und Jugendliteratur (1996–2000); Sprecherin des Fachgebietes „Grundschulpädagogik und Kindheitsforschung" (2000–2005); mehrjähriges Präsidiumsmitglied der Deutschen Akademie für Kinder- und Jugendliteratur. Forschungsschwerpunkte: Theorie, Geschichte und Didaktik der Kinder- und Jugendliteratur. Wichtige Publikationen: *Bilder erzählen Geschichten – Geschichten erzählen zu Bildern. Modelle und Materialien für den Literaturunterricht.* 15 Bde. Baltmannsweiler 2005–2015 (hg. gemeinsam mit Monika Plath); *Die Erfurter Kinder-Universität „Rund um das Buch". Vorlesungen und Seminare für Grundschule und Sekundarstufe I.* Baltmannsweiler 2013 (gemeinsam mit Monika Plath, Leonore Jahn und Susanne Heinke); *Die Kinder- und Jugendliteratur der DDR.* 2 Bde. Baltmannsweiler 2016 und 2017.

INKA RUPP, M.A., freiberufliche Lektorin. Zuvor wissenschaftliche Hilfskraft bei Prof.in Dr. Weertje Willms und in diesem Rahmen Betreuung des vorliegenden Bandes. Studium der Literatur-, Kunst- und Medienwissenschaften in Konstanz (B.A.) und Studium der Neueren deutschen Literatur, Kultur, Medien an der Albert-Ludwigs-Universität Freiburg/Br. (M.A.), ehemalige Stipendiatin des Deutschlandstipendiums. Forschungsschwerpunkte: Kinder- und Jugendliteratur, Gender in Literatur und Film, Literatur des 19. Jahrhunderts. Der Beitrag in diesem Band stellt die erste publizierte wissenschaftliche Arbeit dar.

SARAH RUPPE, Dr., Lehrerin für Deutsch und Deutsch als Fremdsprache, Französisch und Geschichte am UWC Robert Bosch College in Freiburg. Studium der Germanistik, Geschichte und Romanistik in Konstanz. Forschungsschwerpunkte: Literatur und Umbruchepochen (Reformation, Französische Revolution, Zeit um 1800), Popularität, deutsch-schweizerisch-französische Literatur- und Kulturbeziehungen, Buch-, Sammlungs- und Bibliotheksgeschichte, Provenienzforschung. Wichtige Publikationen: „Eine Gelehrtenbibliothek am Ende des 18. Jahrhunderts. Herders Bücherverzeichnis von 1776". In: *Autorschaft und Bibliothek. Sammlungsstrategien und Schreibverfahren.* Hg. Stefan Höppner/Caroline Jessen/Jörn Münkner/Ulrike Trenkmann. Göttingen 2018, 37–49; *Panorama, Gesellschaftskunst und Statistik. Darstellungsweisen der Schweiz um 1800 in Johann Gottfried Ebels Werken und Briefen.* Heidelberg 2020 (Dissertation); *Popularität: Lied und Lyrik vom 16. bis zum 19. Jahrhundert.* Tagungsband zur FRIAS-Konferenz vom 24.–26.09.2018 (hg. gemeinsam mit Hannah Berner und Frédérique Renno) (im Druck).

ANNA SATOR, Staatsexamen für das Lehramt an Gymnasien, Doktorandin am Internationalen Graduiertenkolleg „Kulturtransfer und ‚kulturelle Identität'. Deutsch-russische Kontakte im europäischen Kontext" (Promotion zum Thema „Geschlechterkonstruktionen in deutschsprachigen Reiseberichten über die frühe Sowjetunion") und wissenschaftliche Mitarbeiterin am Zentrum für Anthropologie und Gender Studies Freiburg. Studium der Germanistik, Geschichte und Anglistik an der Albert-Ludwigs-Universität Freiburg/Br. Forschungsschwerpunkte: Identitätskonstruktionen, Intersektionalität, Reiseliteratur. Wichtige Publikationen: „‚Schneller als Moskau selber lernt man Berlin von Moskau aus sehen.' Konstruktionen von Nation und Kultur in deutschen Reiseberichten über die frühe Sowjetunion". In: *Literaturkontakte. Kulturen – Medien – Märkte*. Hg. Dorine Schellens et al., Berlin 2018, 97–112; „Berta Lasks *Die Befreiung* (1926). Betrachtungen zum Verhältnis von Frausein und Revolution". In: *Gender. Zeitschrift für Geschlecht, Kultur und Gesellschaft* 1 (2021), 125–138; „Breaking the Silence or The Importance of Addressing Sexualized Violence in Young Adult Fiction: An Analysis of Lilly Axsters' *Die Stadt war nie wach* (2017; *The City Was Never Awake*) and Beate Teresa Hanikas' *Rotkäppchen muss weinen* (2009; *Red Riding Hood Has to Cry*)". In: *#GermanMeToo*. Hg. Patricia Simpson/Elisabeth Krimmer (im Druck).

PHILIPP SCHMERHEIM, Dr., wissenschaftlicher Mitarbeiter mit Schwerpunkt Kinder- und Jugendliteratur am Institut für Germanistik der Universität Hamburg. Mitbegründer des Portals www.kinderundjugendmedien.de und der wissenschaftlichen Buchreihe *Kinder- und Jugendliteratur Intermedial* (Würzburg, seit 2012). Studium der Philosophie, Medien- und Kommunikationswissenschaft und Alten Geschichte in Göttingen, Rom und Santa Barbara, CA, Promotion an der Universität Amsterdam mit einer filmphilosophischen Arbeit. Forschungsschwerpunkte: Narratologie der Kinder- und Jugendmedien, insbesondere Film, graphisches Erzählen, Theater. Wichtige Publikationen: *Kinder- und Jugendfilmanalyse*. Konstanz 2013 (gemeinsam mit Tobias Kurwinkel); *Skepticism Films. Knowing and Doubting the World in Contemporary Cinema*. New York u. a. 2016; *Michael Ende Intermedial. Von Lokomotivführern, Glücksdrachen und dem (phantastischen) Spiel mit Mediengrenzen*. Würzburg 2016 (hg. gemeinsam mit Tobias Kurwinkel und Annika Sevi); *Handbuch Kinder- und Jugendliteratur*. Stuttgart 2020 (hg. gemeinsam mit Tobias Kurwinkel).

SEBASTIAN SCHMIDELER, Dr., wissenschaftlicher Mitarbeiter für Kinder- und Jugendliteratur und Literatur- und Mediendidaktik im Fachbereich Grundschuldidaktik Deutsch des Instituts für Pädagogik und Didaktik im Elementarbereich der Erziehungswissenschaftlichen Fakultät der Universität Leipzig. Doppelstudium der Germanistik und Mittleren/Neueren Geschichte (Magister Artium) sowie der Fächer Deutsch, Geschichte und Erziehungswissenschaften an der Universität Leipzig (Erstes Staatsexamen für das Höhere Lehramt an Gymnasien). Forschungsschwerpunkte: Geschichte und Theorie der Kinder- und Jugendliteratur vom 18. Jahrhundert bis zur Gegenwart. Wichtige Publikationen: *Vergegenwärtigte Vergangenheit. Geschichtsbilder des Mittelalters in der Kinder- und Jugendliteratur vom 18. Jahrhundert bis 1945*. Würzburg 2012 (Dissertation); *Wissensvermittlung in der Kinder- und Jugendliteratur der DDR*. Göttingen 2017 (als Hg.); *Bilderbücher – Reimgeschichten. Leben, Werk und Wirkung des Bückeburger Kinderlyrikers Adolf Holst*. Göttingen 2021 (hg. gemeinsam mit Stefan Brüdermann).

NADINE J. SCHMIDT, Dr., wissenschaftliche Mitarbeiterin im Bereich Literaturdidaktik an der Universität Siegen. Studium der Literatur-, Kultur- und Medienwissenschaften an der Universität Siegen; Promotion mit einem literaturwissenschaftlichen Thema zur „Konstruktion von Authentizität in autobiographischen Erzähltexten". Forschungsschwerpunkte: Kinder- und Jugendliteratur, literarische Sozialisation, Theatersozialisation und literarisches Lernen. Wichtige Publikationen: „‚[D]ie Theatergeschichte sieht doch nur die glänzende Seite dieser Gestirne'. Theater und Publikum in Autobiographien von Schauspielerinnen des 19. Jahrhunderts: Lina Fuhr (1828–1906), Maria Anna Löhn-Siegel (1830–1902) und Anna Ethel (1850–1939)". In: *Theater und Publikum in Autobiographien,*

Tagebüchern und Briefen des 19. und 20. Jahrhunderts. Hg. Hans-Joachim Jakob/Bastian Dewenter. Heidelberg 2016, 159–182; *Aktuelle Kriminalromane für ein junges Publikum.* Siegen 2020 (gemeinsam mit Jana Mikota); *Von Kindheit an ist Lesen Vorbereitung auf das Leben. Lesegeschichten von Autorinnen und Autoren. Mit Bildern von Hanni Müller-Kranzhoff.* Siegen 2020 (hg. gemeinsam mit Bastian Dewenter und Jana Mikota).

LIANE SCHÜLLER, Dr., Oberstudienrätin im Hochschuldienst an der Universität Duisburg-Essen in der Literaturwissenschaft und Literaturdidaktik. Studium der Germanistik, der Theater-, Film- und Fernsehwissenschaften und der Philosophie an der Ruhruniversität Bochum und der Universiteit van Amsterdam. Forschungsschwerpunkte: Sozialgeschichte und Literatur der Weimarer Republik, Theater- und Medientheorie, Kultur- und Frauenforschung, literarisches und ästhetisches Lernen mit Medien. Wichtige Publikationen: *Orwells Enkel. Überwachungsnarrative.* Bielefeld 2019 (hg. gemeinsam mit Werner Jung); *Ästhetische Lektüren – Lektüren des Ästhetischen.* Bielefeld 2021 (hg. gemeinsam mit Rolf Parr); *Digitale Medien und Inklusion im Deutschunterricht.* Münster u. a. 2021 (hg. gemeinsam mit Björn Bulizek und Manuel Fiedler).

MAREIKE SCHUMACHER, M.A., wissenschaftliche Mitarbeiterin an der Technischen Universität Darmstadt; Koordinatorin im DFG-Projekt *forTEXT*; Projektgründerin m*w, gemeinsam mit Marie Flüh. Zuvor im Projekt *efoto-Hamburg* tätig. Studium der Kulturwissenschaften und Wirtschaftspsychologie (B.A., Lüneburg) sowie der Deutschsprachigen Literaturen (M.A., Hamburg). Forschungsschwerpunkte: Digital Humanities mit Schwerpunkt auf Distant-Reading-Methoden, Kulturwissenschaften mit Schwerpunkt auf Kulturphilosophie, Narratologie, Gegenwartsliteratur. Wichtige Publikationen: „Explaining Events to Computers: Critical Quantification, Multiplicity and Narratives in Cultural Heritage". In: *Digital Humanities Quaterly* 10.3 (2016), http://www.digitalhumanities.org/dhq/vol/10/3/000262/000262.html (30. November 2020) (gemeinsam mit Stuart Dunn); „The efoto-Project: Narrative Construction of the Past and Semi-automated Data Curation". In: *Journal of Historical Fictions* 1.2 (2017), http://historicalfictionsjournal.org/pdf/JHF%202017-149.pdf (30. November 2020); „Efoto Hamburg: From Image Data to a Digitally Mediated Cultural Heritage Process". In: *Digital Cultural Heritage.* Hg. Horst Kremers. Cham 2019, 343–358.

WEERTJE WILLMS, Prof. Dr., apl. Professorin für Komparatistik und (interkulturelle) Germanistik an der Albert-Ludwigs-Universität Freiburg/Br. Studium der Komparatistik, Slavistik und Psychologie in Moskau, Mainz und München. Ausgezeichnet u. a. mit dem Bertha-Ottenstein-Preis für Genderforschung. Forschungsschwerpunkte: Genderforschung, Kinder- und Jugendliteratur, deutsch-russische Kulturbeziehungen, Interkulturalitäts- und Kulturtransferforschung, Kreatives Schreiben, Literatur und Psychologie. Wichtige Publikationen: *Gesellschaftlicher Diskurs und literarischer Text in Deutschland zwischen 1945 und 1970.* Würzburg 2000 (Dissertation); *Geschlechterrelationen in Erzähltexten der deutschen und russischen Romantik.* Hildesheim 2009 (Habilitation); *Migration und Gegenwartsliteratur. Der Beitrag von Autorinnen und Autoren osteuropäischer Herkunft zur literarischen Kultur im deutschsprachigen Raum.* Paderborn 2019 (hg. gemeinsam mit Matthias Aumüller).

Autor*innen- und Werkregister

Die hinter den Namen der Autor*innen aufgeführten Seitenzahlen verweisen auf die Stellen im vorliegenden Buch, an denen von diesen Autor*innen bzw. von ihren Werken die Rede ist. Alle im Buch erwähnten bzw. besprochenen Werke dieser Autor*innen und ihre Erscheinungsdaten sind unter den Autornamen aufgeführt. Bei fremdsprachigen Werken sind auch der Originaltitel und das Originalerscheinungsdatum angegeben.

Abraham, Peter   361
– *Das Schulgespenst* (1978)
– *Der Affenstern* (1985)
Aesop   397
Afritsch, Anton   239
Ahrendt, Elisabeth   380 f.
– *Hauptsache zusammen!* (1994)
Arnheim, Lotte   185
– *Lusch wird eine Persönlichkeit* (1932)
Atwood, Megan   488
– *Raise the Stakes* (2016)
Auer, Margit   397
– *Die Schule der magischen Tiere* (seit 2013)
Augusti, Brigitte   124, 129–134, 188
– *An fremdem Herd. Bunte Bilder aus der Nähe und der Ferne mit besonderer Berücksichtigung des häuslichen Lebens in verschiedenen Ländern. Für das reife Mädchenalter* (1889–1894)
– *Gertruds Wanderjahre. Erlebnisse eines deutschen Mädchens im Elsaß, in Spanien, Italien und Frankreich. Für das reifere Mädchenalter* (*An fremdem Herd*, Bd. 1) (1889)
– *Jenseits des Weltmeeres. Schilderungen aus dem nordamerikanischen Leben. Für das reifere Mädchenalter* (*An fremdem Herd*, Bd. 4) (1894)
– *Unter Palmen. Schilderungen aus dem Leben und der Missionsarbeit der Europäer in Ostindien. Für das reifere Mädchenalter* (*An fremdem Herd*, Bd. 3) (1893)
– *Zwillingsschwestern. Erlebnisse zweier deutscher Schwestern in Skandinavien und England. Für das reifere Mädchenalter* (*An fremdem Herd*, Bd. 2) (1891)

Bachér, Ingrid   342
– *Das war doch immer so? Ein Merkbuch für Mädchen und Jungen* (1976)

Baisch, Amalie   141
– *Hilde Stirner. Eine Jungmädchenerzählung* (1909)
Bake, Elise   143–146, 149
– *Schwere Zeiten. Schicksale eines deutschen Mädchens in Südwestafrika* (1913)
Balázs, Béla   239 f., 248, 264 f.
– *Heinrich beginnt den Kampf* (1955)
– *Karlchen durchhalten!* (1956)
Bärfuss, Lukas   34
– *Parzival* (2012)
Basile, Giambattista   63, 66 f., 69, 78 f.
– *Das Pentameron oder – Das Märchen aller Märchen* (1846; Orig. *Il Pentamerone ossia La fiaba delle fiabe* [1674]; *Le cunto de li cunti* [1634–1636])
Bauer, Elvira   215 f., 221, 228 f.
– *Trau keinem Fuchs auf grüner Heid und keinem Jud bei seinem Eid* (1936)
Bayer, Ingeborg   341
– *Die vier Freiheiten der Hanna B.* (1974)
– *Dünensommer* (1977)
Bechstein, Ludwig   98
– *Deutsches Märchenbuch* (1845)
Beeker, Käthe van   129, 143, 145, 149 f.
– *Heddas Lehrzeit in Südwest. Erzählung für Mädchen* (1909)
Berges, Grete   184
– *Liselott diktiert den Frieden* (1932)
Bergner, Edith   361
– *Das Mädchen im roten Pullover* (1974)
Bertasage (12. Jh.), s. Boiardo, Matteo Maria
Blobel, Brigitte: 341
– *Ach, Schwester. Protokoll einer Liebe* (1987)
– *Herzsprung* (1990)
– *Meine schöne Schwester* (1989)
Blyton, Enid   303, 306 f.
– *Dolly sucht eine Freundin* (1966; Orig. *First Term at Malory Towers* [1946])

– *Fünf Freunde erforschen die Schatzinsel* (1953; Orig. *Five on a Treasure Island* [1942])
– *Geheimnis um einen nächtlichen Brand* (1953; Orig. *The Mystery of the Burnt Cottage* [1943])
– *Hanni und Nanni sind immer dagegen* (1965; Orig. *The Twins at St. Clare's* [1941])
Bohny, Niklas 97
– *Neues Bilderbuch. Anleitung zum Anschauen, Denken, Sprechen und Rechnen für Kinder von 2 ½ bis 7 Jahren zum Gebrauche in Familien, Kleinkinderschulen, Taubstummen-Anstalten und auf der ersten Stufe des Elementarunterrichts* (1847)
Boiardo, Matteo Maria 63, 66f., 69–71, 79, 81
– *Rolands Abentheuer in hundert romantischen Bildern. Nach dem Italienischen des Grafen Bojardo. Über die italienischen Helden-Gedichte aus dem Sagenkreis Karls des Großen, dritter Theil* (1820)
Boldt, Renate/Gisela Krahl 342
– *Das Rowohlt Lesebuch für Mädchen* (1984)
Bollwahn, Barbara 384–388
– *Der Klassenfeind und ich* (2007)
Bolte, Karin 341
– *Ulla, sechzehn: „Ich bin schwanger"* (1979)
Bonsels, Waldemar 183, 397
– *Die Biene Maja und ihre Abenteuer* (1912)
Boyne, John 483f., 487f., 492, 496, 501–504
– *Mein Bruder heißt Jessica* (2020; Orig. *My Brother's Name is Jessica* [2019])
Bradford, Chris 426–429
Brandes, Sophie 341
– *Total blauäugig* (1988)
Brecht, Bertolt 180
Brender, Irmela 301
– *Jeannette zur Zeit Schanett* (1972)
Březan, Jurij 356
Brockmann, Clara 141, 143–147, 149
– *Briefe eines deutschen Mädchens aus Südwest* (1912)
Brück, Anita 178
Bruckner, Karl 307
– *Giovanna und der Sumpf* (1953)
Brüder Grimm, s. Grimm
Bruder Philipp 19
– *Marienleben* (Abfassung um 1300)
Brunhoff, Jean de 398
– *Histoire de Babar le petit éléphant* (1931)

Brussig, Thomas 389
– *Helden wie wir* (1995)
Bruyn, Günter de 356f., 360
Bülow, Frieda von 139
– *Deutsch-Ostafrikanische Novellen* (1892)
– *Tropenkoller. Episode aus dem deutschen Kolonialleben* (1895)
Burger, Judith 377, 379, 389f.
– *Gertrude grenzenlos* (2018)
Busch, Wilhelm 106
– *Max und Moritz. Eine Bubengeschichte in sieben Streichen* (1865)

Campe, Joachim Heinrich 13, 43–58, 91, 95, 98, 163, 282, 285, 287
– *Robinson der Jüngere, zur angenehmen und nützlichen Unterhaltung für Kinder* (1779)
– *Theophron, oder der erfahrne Rathgeber für die unerfahrne Jugend* (1783)
– *Vaeterlicher Rath für meine Tochter* (1789)
Carroll, Lewis 423
– *Alice's Abenteuer im Wunderland* (1869; Orig. *Alice's Adventures in Wonderland* [1865])
Chidolue, Dagmar 341, 346, 348f.
– *Aber ich werde alles anders machen* (1981)
– *Diese blöde Kuh* (1984)
– *Ein Jahr und immer* (1983)
– *Lady Punk* (1985)
Chrétien de Troyes 29, 34
– *Erec et Enide* (Abfassung um 1160)
Clément, Bertha 123, 129f.
– *Im Rosenhause* (1898)
– *In den Savannen* (1900)
Collodi, Carlo 306
– *Pinocchio* (1905; *Le avventure di Pinocchio. Storia di un burattino* [1883])
Cooper, James Fenimore 157
– *Lederstrumpf* (1824–1841; Orig. *The Leatherstocking Tales* [1823–1841])
Cosmar, Antonie 101
– *Schicksale der Puppe Wunderhold* (1839)
Crescentia-Erzählung (12. Jh.) 76
Cron, Clara 123
– *Mädchenleben* (1861)
– *Magdalenen's Briefe* (1863)
Cronn-Mills, Kristin 488
– *Beautiful Music for Ugly Children* (2012)

Dantz, Carl 184
– *Peter Stoll. Ein Kinderleben* (1925)

Defoe, Daniel   45, 102, 157, 183, 423
- *Robinson Crusoe* (1720; Orig. *The Life and Strange Surprizing Adventures of Robinson Crusoe of York, Mariner: Who lived Eight and Twenty Years, all alone in an un-inhabited Island on the Coast of America, near the Mouth of the Great River of Oroonoque; Having been cast on Shore by Shipwreck, wherein all the Men perished but himself. With An Account how he was at last as strangely deliver'd by Pirates. Written by Himself* [1719])
Dick, Sieglinde   361
- *Sattel im Gepäck* (1975)
Ditter, Rosemarie   303
- *O diese Rasselbande!* (1953)
Dorsten, Dagmar   310
- *Balle, Malle, Hupe und Artur: Ein Spiel für Kinder* (1970)
Doutiné, Heike   342
- *Mädchenbuch auch für Jungen* (1975)
Dugaro, Maike/Anne-Ev Ustorf   379, 384, 387
- *Mauerpost* (2019)
Durian, Wolf   182 f.
- *Kai aus der Kiste. Eine ganz unglaubliche Geschichte* (1926)

Eberhard, August Gottlob   94
- *Hannchen und die Küchlein* (1823)
Edelfeldt, Inger   343 f., 346
- *Kamalas Buch* (1993; Orig. *Kamalas Bok* [1986])
Eide, Torill   343, 345
- *Wir könnten Schwestern sein* (1997; Orig. *Forhold* [1984])
Eliason, Rachel   488
- *The Best Boy Ever Made* (2014)   488
Elmendorf, Wernher von   23
Ende, Michael   10, 149, 169, 273 f., 280, 301, 307, 309 f.
- *Die unendliche Geschichte* (1979)
- *Jim Knopf und Die Wilde 13* (1962)
- *Jim Knopf und Lukas der Lokomotivführer* (1960)
- *Momo oder die seltsame Geschichte von den Zeit-Dieben und von dem Kind, das den Menschen die gestohlene Zeit zurückbrachte. Ein Märchen-Roman* (1973)
Endemann, Helen   387
- *Todesstreifen* (2019)

Eschbach, Andreas   459, 464, 465, 466, 474
- *Aquamarin* (Bd. 1) (2015)
- *Submarin* (Bd. 2) (2017)
- *Ultramarin* (Bd. 3) (2019)
Eschen, Mathilde von   121
- *Pension und Leben. Eine Erzählung für junge Mädchen* (1880)
Eschenbach, Olga   121

Faber, Helene   145
- *Die Pensionsbriefe eines enfant terrible* (1909)
Faber du Faur, Irmgard   239
- *Die Kinderarche* (1949)
Falkenhausen, Helene von   139
- *Ansiedlerschicksale. Elf Jahre in Deutsch-Südwestafrika* (1905)
Fechner, Clara   93, 98 f.
- *Die schwarze Tante. Märchen und Geschichten für Kinder* (1848)
Fehrmann, Helma/Peter Weismann   341
- *Und plötzlich willste mehr* (1979)
Fessel, Karen-Susan   486, 488 f., 500 f.
- *Jenny mit O* (2005)
Fleißer, Marieluise   181
Förtsch, J. Chr. C.   95
- *Familien-Scenen aus dem wirklichen Leben. Zur belehrenden Unterhaltung der Jugend gewidmet* (1837)
Frank, Anne   304
- *Das Tagebuch der Anne Frank 14. Juni 1942 - 1. August 1944* (1950; Orig.: *Het Achterhuis. Dagboekbrieven van 12 Juni 1942 - 1 Augustus 1944* [1947])
Franz, Agnes   100 f.
Frenssen, Gustav   139, 141, 143, 145, 149
- *Peter Moors Fahrt nach Südwest. Ein Feldzugsbericht* (1906)
Fröhlich, Roswitha   94
Fühmann, Franz   356
Funke, Cornelia   425
- *Tintenblut* (2005)
- *Tintenherz* (2003)
- *Tintentod* (2007)

Gebhardt, Hertha von   303
- *Ein Mädel bin ich!* (1940)
Gehm, Franziska   389
- *Pullerpause im Tal der Ahnungslosen* (2016)

Gino, Alex   5, 375, 483, 487, 489 f., 494, 497, 500
– George (2016; Orig. 2015)
Glade-Hassenmüller, Heidi   341
– Gute Nacht, Zuckerpüppchen (1989)
Gmeyner, Anna (unter dem Pseudonym Anna Reiner)   239 f., 257–260
– Manja. Ein Roman um fünf Kinder (1938)
Göhre, Frank   342
– Gekündigt (1974)
Goldingen, Gräfin von   97
– Marie und Amalie, Vorbilder einer kindlichen Liebe und frommen Jugend. Ein Muttergeschenk für liebe Töchter (1829)
Görlich, Günter   361
– Das Mädchen und der Junge (1981)
– Den Wolken ein Stück näher (1971)
Grasmeyer, Christa   353, 362, 364 f.
– Eva und der Tempelritter (1975)
– Friederike und ihr Kind (1988)
Griebner, Reinhard   379
– Mauerspechte (2014)
Grimm, Jacob/Grimm, Wilhelm   63–82, 90, 397
– Aschenputtel (KHM 15, 1812 u. ö.)
– Brüderchen und Schwesterchen (KHM 11, 1812 u. ö.)
– Der gestiefelte Kater (KHM 33a, 1812 u. ö.)
– Deutsche Mythologie (1835)
– Die Gänsemagd (KHM 89, 1819 u. ö.)
– Die sechs Schwäne (KHM 49, 1812 u. ö.)
– Die weiße und die schwarze Braut (KHM 135, 1819 u. ö.)
– Hänsel und Gretel (KHM 15, 1812 u. ö.)
– Kinder- und Hausmärchen (1812–1815 u. ö.)
Grün, Max von der   311 f.
– Vorstadtkrokodile. Eine Geschichte vom Aufpassen (1973)
Güll, Friedrich   102 f.
– Kinderheimath in Bildern und Liedern (1836)
Gumpert, Thekla von   90, 92 f., 99 f., 103 f., 106
– Herzblättchens Zeitvertreib. Unterhaltungen für kleine Knaben u. Mädchen zur Herzensbildung u. Entwickelung der Begriffe (1856–1926)
– Töchter-Album. Unterhaltungen im häuslichen Kreise zur Bildung des Verstandes und Ge-

müthes der heranwachsenden weiblichen Jugend (1855–1930)
Günther, Herbert   379
– Ein Sommer, ein Anfang (1995)

Hacks, Peter   356
Haffner, Ernst   182
– Blutsbrüder (1932)
Halden, Elisabeth   123
– In Heimat und Fremde. Erzählung für junge Mädchen (1897)
Hargreaves, Roger   319, 327, 331, 334–336, 338
– Mister Glücklich und seine Freunde (2012; Orig. Mr. Men/Little Miss [seit 1971])
– Unser Herr Glücklich und seine Freunde. Die lustigen Geschichten von Inge Immerfroh, Herrn Killekille, Polly Plaudertasche und vielen anderen kleinen Damen und Herren (1986; Orig. Mr. Men/Little Miss [seit 1971])
Harten, Angelica   121 f., 126
– Wildfang im Pensionat. Erzählung für junge Mädchen (1897)
Härtling, Peter   311 f.
– Ben liebt Anna (1979)
– Das war der Hirbel (1973)
Hartmann von Aue   19, 21
– Der Arme Heinrich (Abfassung vor 1200)
– Erec (Abfassung um 1180/90)
– Gregorius (Abfassung vor 1190)
– Iwein (Abfassung um 1200)
Hartwell, Katharina   460
– Die Silbermeer-Saga. Der König der Krähen (Bd. 1) (2020)
Heiduczek, Werner   356
Hein, Christoph   356
Held, Kurt (eigentlich Kurt Kläber)   248, 300, 303
– Die rote Zora und ihre Bande (1941)
Helm, Clementine   100, 119, 121–123
– Backfischchens Leiden und Freuden. Eine Erzählung für junge Mädchen (1863)
– Lillis Jugend. Eine Erzählung für junge Mädchen (1871)
Hennessey, M. G.   488
– The Other Boy (2016)
Henning, Katja   341
– Ein Mädchen aus geordneten Verhältnissen (1973)

Hermlin, Stephan   356
Herthel, Jessica/Jazz Jennings   488
– *I Am Jazz* (2014)
Herwig, Johannes   379, 389
– *Scherbenhelden* (2020)
Herzog, Gabriele   361
– *Das Mädchen aus dem Fahrstuhl* (1985)
Herzog, Katharina   460, 464, 466, 474
– *Faye. Herz aus Licht und Lava* (2019)
Hintze, Olaf/Susanne Krones   379, 389
– *Tonspur. Wie ich die Welt von gestern verließ* (2014)
Hjorth, Vigdis   343
– *Hand aufs Herz. Von den Häutungen und Selbstfindungen der Eva H* (1991; Orig. Med hånden på hjertet [1989])
Hodann, Valerie   142 f.
– *Auf rauhen Pfaden. Schicksale einer deutschen Farmerstochter in Deutsch-Südwest-Afrika* (1910)
Hoffmann, E. T. A   63, 90
Hoffmann, Franz   89, 93, 103
– *Neuer deutscher Jugendfreund* (1846–1863)
Hoffmann, Heinrich   94, 106, 301
– *Struwwelpeter* (1845)
Hohlbein, Wolfgang   459, 465-467, 469-472, 474, 477
– *Die Asgard-Saga* (2010)
– *Die Tochter der Midgardschlange (Die Asgard-Saga, Bd. 2)* (2010)
– *Thor (Die Asgard-Saga, Bd. 1)* (2010)
Hohrath, Clara   184
– *Hannelore erlebt die Großstadt. Eine vorzügliche Geschichte von den heutigen Schwaben* (1932)
Holting, Gustav   101
– *Der kleine Vorleser. Kleine Erzählungen für Knaben von 6 bis 10 Jahren* (1841)
Holtz-Baumert, Gerhard   361
– *Alfons Zitterbacke. Geschichten eines Pechvogels* (1958)
– *Trampen nach Norden* (1975)
Hoppe, Felicitas   35
– *Iwein Löwenritter. Erzählt nach dem Roman von Hartmann von Aue* (2008)
Hoßfeld, Dagmar   375, 439 f., 442-448, 453, 455
– *Conni & Co. Conni und der Neue (Bd. 2)* (2007)
– *Conni & Co. Das Kleeblatt und die Pferde am Meer (Bd. 11)* (2015)
– *Conni & Co. Dina und das Liebesquiz (Bd. 10)* (2014)
– *Conni & Co. Philipp und das Katzenteam (Bd. 16)* (2020)
– *Conni* (seit 1992)
Hyde, Catherine Ryan   488
– *Jumpstart the World* (2010)

Jacobs, Friedrich   96
– *Die Feierabende in Mainau* (1820)
Jager, Jennifer Alice   460, 464, 470 f., 474
– *Terra. Afterglow (Bd. 4)* (2020)
– *Terra. Awakening (Bd. 1)* (2019)
– *Terra. Collapse (Bd. 3)* (2020)
– *Terra. Rising (Bd. 2)* (2019)
Jennings, Jazz, s. Herthel, Jessica/Jazz Jennings
Jokl, Anna-Maria   237, 239, 245
– *Die Perlmutterfarbe. Ein Kinderroman für fast alle Leute* (1948)

Kanitz, Otto Felix   239
Kant, Uwe   361
– *Das Klassenfest* (1969)
Kasch, Petra   379, 382 f.
– *Bye-bye, Berlin* (2009)
Kästner, Erich   169, 175–210, 215, 278 f., 297 f., 303, 305, 387
– *Das doppelte Lottchen* (1949)
– *Das fliegende Klassenzimmer* (1933)
– *Der 35. Mai oder Konrad reitet in die Südsee* (1931)
– *Emil und die Detektive. Ein Roman für Kinder* (1929)
– *Emil und die drei Zwillinge* (1934)
– *Pünktchen und Anton* (1931)
Katcher, Brian   488
– *Almost Perfect* (2009)
Kern, Claudia   459, 465, 469 f., 474
– *Der verwaiste Thron. Rache (Bd. 3)* (2009)
– *Der verwaiste Thron. Sturm (Bd. 1)* (2008)
– *Der verwaiste Thron. Verrat (Bd. 2)* (2009)
Kerr, Judith   215
– *Als Hitler das rosa Kaninchen stahl* (1973; Orig. *When Hitler Stole Pink Rabbit* [1971])
Keun, Irmgard   179
– *Das kunstseidene Mädchen* (1932)

Kilian, Susanne/Günther Stiller   300
– Nein-Buch für Kinder. Hinterher ist man schlauer. Bilder u. Geschichten u. Texte (1972)
Kirsch, Sarah   357
Klemm, Johanna   121, 125–128
– Das kleine Klosterfräulein. Erzählung für junge Mädchen und solche, die mit der Jugend fortleben (1898)
Knöpke-Joest, Helga   218
– Ulla, ein Hitlermädel (1933)
Koch, Henny   129, 142–149
– Die Vollrads in Südwest. Eine Erzählung für junge Mädchen (1916)
– Papas Junge. Eine Erzählung für junge Mädchen (1905)
Kohlhagen, Norgard   342
– Was soll ich denn mit Mutters Traum oder Die Reise nach Frankreich (1986)
Kollontai, Alexandra   179
König, Karin   379–381
– Ich fühl mich so fifty-fifty (1991)
Königsdorf, Helga   357, 360
– Respektloser Umgang (1986)
Kordon, Klaus   379
– Hundert Jahre und ein Sommer (1999)
Kordon, Klaus/Peter Schimmel   379
– Die Lisa. Eine deutsche Geschichte (2002)
Körner, Wolfgang   297 f., 341
– Ich gehe nach München (1977)
Korschunow, Irina   341
– Ein Anruf von Sebastian (1981)
Koseleck, Wera   361
– Schafskälte (1989)
Kožik, Christa   355, 361 f., 367
– Der Engel mit dem goldenen Schnurrbart (1983)
Krahl, Gisela   342
Krause, Ute   379
– Im Labyrinth der Lügen (2015)
Krollpfeiffer, Hannelore   341
– Die Zeit mit Marie (1986)
Krones, Susanne   379, 389
Kummer, Dirk   378, 387, 390
– Alles nur aus Zuckersand (2019)
Kutsch, Angelika   341 f.
– Man kriegt nichts geschenkt (1973)
– Rosen, Tulpen, Nelken … (1978)

Ladiges, Ann   341
– Blaufrau (1981)
Lange, Alexa Hennig von   349
– Relax (1997)
Lawrence, Cynthia   310, 343
– Barbie löst ein Geheimnis (1967; Orig. Barbie Solves a Mystery [1963])
Lazar, Auguste (unter dem Pseudonym Mary Macmillan)   239, 261–264
– Sally Bleistift in Amerika (1935)
Lechner, Auguste   35
– Iwein. Die Geschichte vom Ritter Iwein und der Königin Laudine, von Frau Lunete und dem Löwen (1988)
Leitner, Maria   252 f.
– Elisabeth, ein Hitlermädchen (1937)
Levithan, David   5, 7, 488
– Letztendlich sind wir dem Universum egal (2014; Orig. Every Day [2012])
– Two Boys Kissing (2013)
Lindgren, Astrid   10, 273, 277–293, 301, 304–309
– Die Brüder Löwenherz (1974; Orig. Bröderna Lejonhjärta [1973])
– Mio, mein Mio (1955; Orig. Mio, min Mio [1954])
– Pippi geht an Bord (Bd. 2) (1950; Orig. Pippi Långstrump går ombord [1946])
– Pippi in der Villa Kunterbunt (Bd. 1) (1949; Orig. Pippi Långstrump [1945])
– Pippi in Taka-Tuka-Land (Bd. 3) (1951; Orig. Pippi Långstrump i Söderhavet [1948])
– Ur-Pippi (2007; Orig. 2007; Manuskript 1944)
Linke, Dorit   378 f., 389
– Jenseits der blauen Grenze (2014)
– Wir sehen uns im Westen (2019)
Lobe, Mira   239, 241, 260 f.
– Insu-Pu. Die Insel der verlorenen Kinder (1951; Orig. I-Hajeladim [1948])
Löwenstein, Kurt   237, 239

Maar, Paul   10, 15, 301, 307 f., 322, 327
– Eine Woche voller Samstage (1973)
Mann, Erika   178, 227, 241–244, 247–249, 251
– Zehn jagen Mr. X (1990; Orig. A Gang of Ten [1942])
Maron, Monika   389
– Animale triste (1996)

Marryat, Frederick   102
- *Sigismund Rüstig der Bremer Steuermann. Ein neuer Robinson nach Capitain Marryat* (1841)
Mawil   389
- *Kinderland* (2014)
May, Karl   157, 218
Meinck, Willi   356
Meynier, Johann Heinrich   90
Morgner, Irmtraud   356, 360, 458
Muchamore, Robert   429–431
Muschg, Adolf   34
- *Der rote Ritter. Eine Geschichte von Parzival* (1993)

Nagel, Mela   460, 465, 470, 474
- *Burning Magic. Magiegeboren* (Bd. 1) (2019)
- *Burning Magic. Nachtgefangen* (Bd. 2) (2019)
- *Burning Magic. Sturmgeworden* (Bd. 3) (2020)
Nelken, Dinah   178
Neumann, Karl   361–364
- *Frank* (Bd. 1) (1958)
- *Frank und Irene* (Bd. 2) (1964)
- *Ulrike* (1974)
Neurath, Marie   241
Neutsch, Erik   360
- *Spur der Steine* (1964)
Nieritz, Gustav   89, 91–94, 102–105
- *Der Lohn der Beharrlichkeit. Keine Dichtung* (1864)
Nöstlinger, Christine   274, 309, 311f., 321, 341, 346–348
- *Gretchen hat Hänschen-Kummer* (Bd. 2) (1983)
- *Gretchen mein Mädchen* (Bd. 3) (1988)
- *Gretchen Sackmeier. Eine Familiengeschichte* (Bd. 1) (1981)
- *Ilse Janda, 14 oder Die Ilse ist weg* (1988)
- *Nagle einen Pudding an die Wand!* (1990)
- *Oh, du Hölle! Julias Tagebuch* (1973)
- *Pfui Spinne* (1980)
- *Stundenplan* (1975)
- *Wir pfeifen auf den Gurkenkönig* (1972)
Nowotny, Joachim   356
Nygaard, Gunvor A.   343
- *Inger oder Jede Mahlzeit ist ein Krieg* (1985; Orig. *Den Svarte Steinen* [1983])

Oelfken, Tami   184f.
- *Nickelmann erlebt Berlin. Ein Großstadt-Roman für Kinder und deren Freunde* (1931)
Oette, Johann Gottlieb   98f.
- *Onkel Brisson's interessante Abend-Erzählungen im Kreise seiner Kinder in belehrenden Unterhaltungen über das Ausserordentliche in der Natur und Kunst. Für das Alter von 8–14 Jahren bestimmt* (1831)
Olsberg, Karl   426, 434–436
- *Boy in a White Room* (2017)
Orghandl, Franz   487, 490f.
- *Der Katze ist es ganz egal* (2020)
Ott, Estrid   185
- *Drei Mädels in einem Auto* (1929)

Perplies, Bernd   459, 464, 466f., 469f., 474
- *Flammen über Arcadion* (Carya-Trilogie, Bd. 1) (2012)
- *Im Schatten des Mondkaisers* (Carya-Trilogie, Bd. 2) (2013)
- *Imperium der Drachen. Das Blut des schwarzen Löwen* (Bd. 1) (2014)
- *Imperium der Drachen. Kampf um Aidranon* (Bd. 2) (2015)
Peters, Julie Anne   487
- *Luna* (2004)
Petrick, Nina   387
- *Zweimal Marie* (2009)
Pfeiffer, Otti   341
- *Zwischen Himmel und Hölle* (1986)
Plant, Richard, s. Seidlin, Oskar/Richard Plaut [Plant]
Plenzdorf, Ulrich   312f.
- *Die neuen Leiden des jungen W.* (1973)
Pludra, Benno   361
- *Das Herz des Piraten* (1985)
- *Lütt Matten und die weiße Muschel* (1963)
- *Tambari* (1969)
Polonsky, Ami   483, 490
- *Und mittendrin ich* (2019; Orig. *Gracefully Grayson* [2014])
Popp, Adelheid   239
Poznanski, Ursula   432–434
Pressler, Mirjam   487
- *Bitterschokolade* (1980)
Preußler, Otfried   273, 280, 307–309, 311
- *Die kleine Hexe* (1957)

Rahlens, Holly-Jane 378
– *Mauerblümchen* (2009)
Rapp, Adam 488
– *Punkzilla* (2009)
Reimann, Brigitte 356
Renn, Ludwig 356
Rewald, Ruth 239, 249–252
– *Janko, der Junge aus Mexiko* (1934)
– *Müllerstraße. Jungens von heute* (1932)
– *Vier spanische Jungen* (geschr. 1938; 1987)
Rhoden, Emmy von 6, 105, 115, 119, 126, 148, 163, 165, 183 f., 280, 302, 340
– *Der Trotzkopf. Eine Pensionsgeschichte für junge Mädchen* (1885)
Rice, Anne 308
– *Interview with the Vampire* (1976)
Richter, Hans Peter 215, 273
– *Damals war es Friedrich* (1979)
Rodrian, Irene 341
– *Viel Glück, mein Kind* (1989)
Rösler, Eckhard 362, 366 f.
– *Liebesperlen* (1983)
Ross, Carlo 379
– *Mordskameradschaft. Tim, unter Skinheads geraten* (1996)
Rottler, Linda 460, 464, 471, 474
– *Die Stadt der gläsernen Träume* (2020)
Rowling, J. K. 375, 423, 425, 457
– *Harry Potter* (1998–2007; Orig. 1997–2007)
Russo, Meredith 491 f.

Saillet, Alexandre de 98
– *Mémoires d'un centenaire. Dédier a ses arrière-petits-enfants* (1842)
Salinger, J. D. 312, 344
– *Der Mann im Roggen* (1954; Orig. *The Catcher in the Rye* [1951])
Salten, Felix 398
– *Bambi. Eine Lebensgeschichte aus dem Walde* (1923)
Sax, Alina 379
– *Grenzgänger* (2019; Orig. *Grensgangers* [2015])
Scarry, Richard 323–326, 328, 335 f., 338
– *Huckle's Good Manners* (2009)
– *Mein allerschönstes ABC. Ein Wörter-, Bilder- und Geschichtenbuch* (1969; Orig. *Storybook Dictionary* [1966])
Schaad, Isolde, s. Wyss, Hedi/Isolde Schaad
Schanz, Frida 123 f.

Schenzinger, Karl Aloys 215 f., 224–227, 252
– *Der Hitlerjunge Quex* (1932)
Schimmel, Peter, s. Kordon, Klaus/Peter Schimmel
Schmid, Christoph von 90, 93 f., 103 f.
Schoppe, Amalie 90, 92 f., 97, 105
– *Wilhelm und Elfriede oder die glücklichen Tage der Kindheit. Ein nützliches und unterhaltendes Lesebuch für gute Kinder, die eben so wohl Unterhaltung als Belehrung suchen* (1829)
Schott, Hanna 378, 381, 383
– *Fritzi war dabei. Eine Wendewundergeschichte* (2009)
Schreiber, Jakob Ferdinand 91, 97
– *Bilder zum Anschauungsunterricht für die Jugend* (1835)
Schwartz, Simon 389
– *drüben!* (2009)
Seidemann, Maria 389
– *An einem Freitag im Mai* (1997)
Seidlin, Oskar/Richard Plaut [Plant] 239
– *S.O.S Genf. Ein Friedensbuch für Kinder* (1940; Orig. *S.O.S. Geneva* [1939])
Siegner, Ingo 393–415
– *Der kleine Drache Kokosnuss auf der Suche nach Atlantis* (Bd. 16) (2011)
– *Der kleine Drache Kokosnuss bei den Dinosauriern* (Bd. 21) (2013)
– *Der kleine Drache Kokosnuss bei den Indianern* (Bd. 17) (2011)
– *Der kleine Drache Kokosnuss bei den Römern* (Bd. 28) (2019)
– *Der kleine Drache Kokosnuss. Hab keine Angst!* (Bd. 4) (2004)
– *Der kleine Drache Kokosnuss im Weltraum* (Bd. 18) (2012)
– *Der kleine Drache Kokosnuss kommt in die Schule* (Bd. 3) (2004)
– *Der kleine Drache Kokosnuss reist in die Steinzeit* (Bd. 19) (2012)
– *Der kleine Drache Kokosnuss. Schulfest auf dem Feuerfelsen* (Bd. 7) (2006)
– *Der kleine Drache Kokosnuss. Seine ersten Abenteuer* (Bd. 1) (2002)
– *Der kleine Drache Kokosnuss und das Vampir-Abenteuer* (Bd. 13) (2009)
– *Der kleine Drache Kokosnuss und der chinesische Drache* (Bd. 29) (2020)

- *Der kleine Drache Kokosnuss und der große Zauberer* (Bd. 5) (2005)
- *Der kleine Drache Kokosnuss und der Schatz im Dschungel* (Bd. 12) (2009)
- *Der kleine Drache Kokosnuss und der schwarze Ritter* (Bd. 6) 2005)
- *Der kleine Drache Kokosnuss und die Reise zum Nordpol* (Bd. 23) (2014)
- *Der kleine Drache Kokosnuss und die starken Wikinger* (Bd. 15) (2010)
- *Der kleine Drache Kokosnuss und die Wetterhexe* (Bd. 8) (2007)
- *Der kleine Drache Kokosnuss und die wilden Piraten* (Bd. 10) (2008)

Siemsen, Anna   237, 239, 278
Siemsen, Hans   252–254
- *Die Geschichte des Hitlerjungen Adolf Goers* (1947; Orig. *Hitler youth* [1940])

Silverman, Erica   487 f.
- *Jack (not Jackie)* (2018)

Sol, Mira   439–454
- *Die drei !!! Rätselhafter Raub* (Bd. 86) (2020)

Sommer-Bodenburg, Angela   308
- *Der kleine Vampir* (1979)

Spillner, Wolf   355, 361 f., 364–367
- *Wasseramsel. Die Geschichte von Ulla und Winfried* (1984)

Spyri, Johanna   124, 183, 273
- *Heidi kann gebraucen, was sie gelernt hat* (Bd. 2) (1881)
- *Heidis Lehr- und Wanderjahre* (Bd. 1) (1880)
- *Sina. Eine Erzählung für junge Mädchen* (1884)

Steenfatt, Margret   341
- *Nele. Ein Mädchen ist nicht zu gebrauchen* (1986)

Steffin, Margarete   239, 241
- *Konfutse versteht nichts von Frauen* (1991)

Stein, Anna (eigentlich Margarete Wulff)   100, 103
- *Die kleine Anna. Zur Unterhaltung für ganz kleine artige Mädchen* (1853)
- *Die kleine Monica. Eine Unterhaltung für das zarteste Kindesalter* (1855)
- *Marien's Tagebuch. Fortsetzung der 52 Sonntage* (1852)
- *52 Sonntage oder Tagebuch dreier Kinder* (1846)
- *Tagebuch dreier Kinder. Fortsetzung der 52 Sonntage* (1850)
- *Zwölf kleine Mädchen. Erzählungen für Mädchen von 5 bis 8 Jahre* (1851)

Stein, Sophie   124 f.
- *Vor Tagesanbruch. Erzählungen aus der Gegenwart für jüngere wie reifere Mädchen* (1896)

Steinhöfel, Andreas   5
- *Die Mitte der Welt* (1998)

Stiller, Günther, s. Kilian, Susanne/Günther Stiller

Strittmatter, Erwin   356, 361
- *Tinko* (1954)

Swift, Jonathan   423
- *Gullivers Reisen* (1987; Orig. *Travels into Several Remote Nations of the World in Four Parts By Lemuel Gulliver, first a Surgeon, and then a Captain of Several Ships* [1726])

Taylor, Edgar   64
- *German Popular Stories. Translated from the Kinder- und Hausmärchen* (1823)

Tesarek, Anton   239
Tetzner, Gerti   360 f.
- *Maxi* (1979)

Tetzner, Lisa   239, 241, 249, 254–257, 303, 307
- *Die Kinder aus Nr. 67* (1933–1949)
- *Die Kinder aus Nr. 67. Als ich wiederkam* (Bd. 8) (1946)
- *Die Kinder aus Nr. 67. Das Mädchen aus dem Vorderhaus* (Bd. 2) (1947; Orig. *Vi i 67:an* [1935])
- *Die Kinder aus Nr. 67. Das Schiff ohne Hafen* (Bd. 4) (1943)
- *Die Kinder aus Nr. 67. Der neue Bund* (Bd. 9) (1949)
- *Die Kinder aus Nr. 67. Die Kinder auf der Insel* (Bd. 5) (1944)
- *Die Kinder aus Nr. 67. Erwin kommt nach Schweden* (Bd. 3) (1944; Orig. *Erwin i Lappland* [1941])
- *Die Kinder aus Nr. 67. Erwin und Paul* (Bd. 1) (1933)
- *Die Kinder aus Nr. 67. Mirjam in Amerika* (Bd. 6) (1945)
- *Die Kinder aus Nr. 67. War Paul schuldig?* (Bd. 7) (1945)

Thomas, Adrienne 237
– Die Katrin wird Soldat. Ein Roman aus Elsaß-Lothringen (1950)
Tieck, Ludwig 63
Tolkien, J. R. R. 423–425, 435 f.
– Der Herr der Ringe (1978; Orig. The Lord of the Rings [1954, 1955])
– Der kleine Hobbit. (2012; Orig. The Hobbit or There and Back Again [1937])
Trott, Magda 184, 215–218, 221–224, 229
– Das deutsche Mädel-Buch (1935)
– Försters Pucki (1935)
– Pucki (1935–1941)
Twain, Mark 288
– Die Abenteuer des Tom Sawyer (1876; Orig. The Adventures of Tom Sawyer [1876])

Unger, Helene Friederike 120 f.
– Julchen Grünthal. Eine Pensionsgeschichte (1784)
Unruh, Daphne 459, 464, 470
– Zauber der Elemente. Himmelstiefe (Bd. 1) (2012)
– Zauber der Elemente. Schattenmelodie (Bd. 2) (2013)
– Zauber der Elemente. Seerosennacht (Bd. 3) (2014)
Ury, Else 125, 302, 358
– Nesthäkchen im weißen Haar. Erzählung für junge Mädchen (Bd. 10) (1925)
– Nesthäkchen und ihre Puppen. Eine Geschichte für kleine Mädchen (Bd. 1) (1913)
– Studierte Mädel. Eine Erzählung für junge Mädchen (1906)
Ustorf, Anne-Ev 379, 384

Vogel, Maja von 439–454
– Emma (2005–2014)
– Emma hebt ab (Bd. 10) (2014)
– Emma traut sich was (Bd. 2) (2006)
– Für alle Fälle Emma (Bd. 3) (2006)
Vogel, Maja von/Henriette Wich 375, 439–454
– Die drei !!! Total verknallt! (Bd. 16) (2009)
Voorhoeve, Anne C. 379, 389
– Lilly unter den Linden (2004)

Waberer, Keto von 459, 464
– Mingus (2012)
Waechter, Friedrich Karl 309, 325
– Der Anti-Struwwelpeter (1970)

Wander, Maxi 356, 360, 369
Wedding, Alex 184, 236, 239–241, 261, 358
– Ede und Unku (1931)
Wedel, Ira 384, 386–388
– Tine Eisenbeisser (2009)
Weidenmann, Alfred 303 f.
– Die Glorreichen 7 und der rätselhafte Kunstraub (1972)
– Jungzug 2 (1936)
– Kaulquappe, der Boss der Zeitungsjungen (1951)
– Kaulquappe und die Falschmünzer (1953)
– Unternehmen Jaguar. Taten der Panzerwaffe in Polen (1940)
– Winnetou Junior fliegt nach Berlin (1952)
Weiße, Christian Felix 99
– Der Kinderfreund. Ein Wochenblatt (1776–1782)
Weiskopf, Franz C. 236
Weismann, Peter 341
Wellm, Alfred 356, 361
– Das Pferdemädchen (1974)
– Kaule (1962)
Welsh, Renate 341
– Das Leben leben (1980)
Wendt, Emil 96
– Das Kind auf dem Schooße der Mutter. ABC und Lesebuch (1838)
Wich, Henriette 375, 439–454
– Die drei !!! Küsse im Schnee (Bd. 33) (2011)
– Die drei !!! Skaterfieber (Bd. 7) (2007)
Wildermuth, Ottilie 90, 92 f., 105
– Das braune Lenchen. Des Königs Pathenkind. Zwei Erzählungen für die Jugend. Mit vier Illustrationen (1872)
Wildhagen, Else 115
– Trotzkopfs Brautzeit (1892)
Wilker, Gertrud 342
– Kursbuch für Mädchen (1982)
Williamson, Lisa 483 f., 488 f., 495–501, 504
– Zusammen werden wir leuchten (2015; Orig. The Art of Being Normal [2015])
Wisser, Eva-Maria 220
– Kämpfen und Glauben. Aus dem Leben eines Hitlermädels (1933)
Wittlinger, Ellen 488
– Parrotfish (2007)
Wolf, Christa 355–357, 360, 369
Wölfel, Ursula 311
– Feuerschuh und Windsandale (1961)

– *Sinchen hinter der Mauer* (1960)
Wood, Jeannie   488
– *A Boy Like Me* (2014)
Wörishöffer, Sophie   155, 157–171
– *Das Naturforscherschiff. Abenteuerroman. Fahrt der jungen Hamburger mit der Hammonia nach den Besitzungen ihres Vaters in die Südsee* (1880)
Wulff, Margarete, s. Anna Stein
Wyss, Hedi   342
– *Das rosarote Mädchenbuch. Ermutigung zu einem neuen Bewusstsein* (1973)
Wyss, Hedi/Isolde Schaad   342
– *Rotstrumpf* (1975–1985)

Wyss, Johann David   96
– *Der Schweizerische Robinson oder der schiffbrüchige Schweizer-Prediger und seine Familie. Ein lehrreiches Buch für Kinder und Kinder-Freunde zu Stadt und Land* (1812–1828)

Zacharias, Carina   459, 465, 474
– *Emba. Bittersüße Lüge* (Bd. 1) (2016)
– *Emba. Magische Wahrheit* (Bd. 2) (2016)
Zähringer, Norbert   378, 384, 387–389
– *Zorro Vela. Ein Märchen aus dem Kalten Krieg* (2019)
Zerclaere, Thomasîn von   19, 25
Zimmering, Max   239, 245–248
– *Die Jagd nach dem Stiefel* (1955)

www.ingramcontent.com/pod-product-compliance
Lightning Source LLC
Chambersburg PA
CBHW081943230426
43669CB00019B/2909